Rotter/Placzek
Beck'sches Mandatshandbuch
Bankrecht

Beck'sches Mandats Handbuch

Bankrecht

von

Klaus Rotter
Rechtsanwalt in Grünwald

und

Dr. Thomas Placzek
Rechtsanwalt in München

Verlag C.H. Beck München 2009

Zitiervorschlag:
Rotter/Placzek, Bankrecht, § 10 Rn. 130

Verlag C.H. Beck im Internet:
beck.de

ISBN 978 3 406 50292 7

© 2009 Verlag C.H. Beck oHG
Wilhelmstraße 9, 80801 München

Druck und Bindung: Thomas Müntzer GmbH,
Neustädter Str. 1-4, 99947 Bad Langensalza
Satz: Cicero Computer GmbH, Mirecourtstr. 14, 53225 Bonn

Gedruckt auf säurefreiem, alterungsbeständigem Papier
(hergestellt aus chlorfrei gebleichtem Zellstoff)

Vorwort

Ob Girokonto, Sparbuch, Wertpapierkauf oder Immobilienfinanzierung: Fast jeder volljährige Deutsche unterhält eine Bankverbindung. Genauso vielfältig wie die Rechtsbeziehungen sind die Rechtsfragen, die sich im Bereich des Bankrechts stellen.

Dieses Buch will die in der Bankpraxis häufig auftretenden Problemstellungen und Möglichkeiten zu ihrer Lösung darstellen. Es ist nicht zuletzt für den Praktiker konzipiert, der sich nicht täglich mit dem Bankrecht beschäftigt. Gemäß dieser Zielvorgabe haben wir uns auf die Darstellung der höchstrichterlichen Rechtsprechung konzentriert und soweit wie möglich die Formularpraxis der Kreditinstitute berücksichtigt. Nur dort, wo praktisch relevante Rechtsfragen noch keine höchstrichterliche Klärung erfahren haben, wird ausführlicher auf die Rechtsprechung der Instanzgerichte und den Meinungsstand in der Literatur zurückgegriffen. Auf die Darstellung unserer eigenen Rechtsauffassung haben wir bewusst verzichtet.

Aufgrund unserer beruflichen Belastung hat das Erscheinen dieses Buchs länger auf sich warten lassen als geplant. Wir danken Herrn Frank Lang vom Verlag C.H. Beck für seine Geduld und Frau Staatsanwältin Kathrin Huber, Frau Heide Placzek sowie den Herren Kollegen Bernd Jochem, Dr. Jan Querfurth, Constantin von Piechowski und Matthias Kilian für ihre tatkräftige Unterstützung.

Das Buch befindet sich unter Einbeziehung des Risikobegrenzungsgesetzes auf dem Stand vom August 2008. Für Kritik, Anregungen und Verbesserungsvorschläge sind wir jederzeit dankbar.

Grünwald/München, im Februar 2009
Klaus Rotter
Dr. Thomas Placzek

Inhaltsübersicht

Inhaltsverzeichnis

Literaturverzeichnis

Aldenhoff, Hans-Hermann/Kühn, Sascha, Strafrechtliches Risiko bei der Unternehmenssanierung durch Banken?, ZIP 2004, 103 ff.

Artzt, Mathias/Weber, Sebastian, Rechtsfolgen bei unzureichendem Tilgungsersatz durch Kapitallebensversicherungen bei endfälligen Darlehen, BKR 2005, 264 ff.

Assies, Paul H./Beule, Dirk/Heise, Julia/Strube Hartmut, Handbuch des Fachanwalts: Bank- und Kapitalmarktrecht, 1. Auflage 2008

Assmann, Heinz-Dieter, Negativberichterstattung als Gegenstand der Nachforschungs- und Hinweispflichten von Anlageberatern und Anlagevermittlern, ZIP 2002, 637 ff.

Assmann, Heinz-Dieter/Schneider, Uwe H., Wertpapierhandelsgesetz Kommentar, 4. Auflage 2006

Assmann, Heinz-Dieter/Schütze, Rolf A., Handbuch des Kapitalanlagerechts, 3. Auflage 2007

Balzer, Peter, Aufklärungs- und Beratungspflichten bei der Vermögensverwaltung, WM 2000,441 ff.

Balzer, Peter, Kurzkommentar: LG Freiburg, Urt. v. 14.8.2003 – 1 O 551/01, Entscheidungen zum Wirtschaftsrecht 2004, 215 f.

Balzer, Peter, Kurzkommentar: LG Kiel, Urt. v. 15.2.2005 – 17 O 248/02, Entscheidungen zum Wirtschaftsrecht 2006, 135 f.

Balzer, Peter, Rechtsfragen des Effektengeschäfts der Direktbanken, WM 2001, 1533 ff.

Balzer, Peter, Vermögensverwaltung durch Kreditinstitute, Bank- und kapitalmarktrechtliche Schriften des Instituts für Bankrecht Köln, Band 13, 1999

Bamberger, Georg/Roth, Herbert, Kommentar zum Bürgerlichen Gesetzbuch, 2. Auflage 2008

Baumbach, Adolf/Hopt, Klaus J./Merkt, Hanno, Handelsgesetzbuch, 33. Auflage 2008

Baumbach, Adolf/Lauterbach, Wolfgang/Albers, Jan/Hartmann, Peter, Zivilprozessordnung, 66. Auflage 2008

Baur, Fritz/Stürner, Rolf, Sachenrecht, 17. Auflage 1999

Borges, Georg, Rechtsfragen des Phishing – Ein Überblick, NJW 2005, 3313 ff.

Braun, Eberhard, Insolvenzordnung Kommentar, 3. Auflage 2007

Brox, Hans/Walker, Wolf-Dietrich, Zwangsvollstreckungsrecht, 8. Auflage 2008

Bruchner, Helmut/Metz, Rainer, Variable Zinsklauseln, 2002

Butter, Michael/Aigner, Kathrin, Weder Bankgeheimnis noch Bundesdatenschutzgesetz stehen der wirksamen Abtretung von Darlehensforderungen entgegen, BB 2007, 793 ff.

Canaris, Claus-Wilhelm/Ulmer, Peter, Handelsgesetzbuch Großkommentar: Bankvertragsrecht Band 5, 4. Auflage 2005

Derleder, Peter, Kurzkommentar: LG Bremen, Urt. v. 16.6.2005 – 2 O 408/05, Entscheidungen zum Wirtschaftsrecht 2006, 9 f.

Ebenroth, Carsten Thomas/Boujong, Karlheinz/Joost, Detlev, Handelsgesetzbuch Band 1,2. Auflage 2008

Ebenroth, Carsten Thomas/Boujong, Karlheinz/Joost, Detlev, Handelsgesetzbuch Band 2, 2001

Einsele, Dorothee, Bank- und Kapitalmarktrecht, 2006

Ellenberger, Jürgen/Schäfer, Ulrike A., Fehlgeschlagene Wertpapieranlagen, 1. Auflage 2005

Freckmann, Peter, Praktische Rechtsfragen der Sicherungsgrundschuld, BKR 2005, 167 ff.

Freitag, Robert, Die Beendigung des Darlehensvertrages nach dem Schuldrechtsmodernisierungsgesetz, WM 2001, 2370 ff.

Literaturverzeichnis

Gaberdiel, Heinz/Gladerbeck, Martin, Kreditsicherung durch Grundschulden, 8. Auflage 2007

Gaßner, Otto/Escher, Markus, Bankpflichten bei der Vermögensverwaltung nach Wertpapierhandelsgesetz und BGH Rechtsprechung, WM 1997, 93 ff.

Gay, Barbara, Der Beginn der Verjährungsfrist bei Bürgschaftsforderungen, NJW 2005, 2585 ff.

Gernhuber, Joachim, Oder- Konten von Ehegatten, WM 1997, 645 ff.

Gößmann, Wolfgang/van Look, Frank, Die Banküberweisung nach dem Überweisungsgesetz, WM 2000 Sonderbeilage l zu Heft 19

Gößmann, Wolfgang/Hellner, Thorwald/Schröter, Jürgen/Steuer, Stephan/Weber, Berlin, Bankrecht und Bankpraxis, Loseblatt- Sammlung Band l bis 6, Stand 2008

Gottwald, Peter, Insolvenzrechts-Handbuch, 3. Auflage 2006

Grundmann, Stefan, Grundsatz- und Praxisprobleme des neuen deutschen Überweisungsrechts, WM 2002, 2269 ff.

Habersack, Mathias, Zinsänderungsklauseln im Lichte des AGBG und des VerbrKrG, WM 2001, 753 ff.

Habersack, Mathias, Finanzierter Grundstücks- und Anteilserwerb im Wandel, BKR 2006, 305 ff.

Habersack, Mathias, Urteilsanmerkung: EuGH, Urteile vom 25. 10. 2005, Rs. C-350/03 und C-229/04, JZ2006, 91 ff.

Helmschrott, Harald/Waßmer, Martin Paul, Aufklärungs-, Beratungs- und Verhaltenspflichten von Wertpapierdienstleistern nach §§ 31, 32 WpHG bei der Anlage in Aktien des Neuen Marktes, WM 1999, 1853 ff.

Hoffmann, Jochen/Petrick, Tom F., Von Fehlzeiten und Umsetzungsdefiziten – § 676h BGB und die Fernabsatzrichtlinie, ZBB 2003, 343 ff.

Hofmann, Christian, Schadensverteilung bei Missbrauch der ec-Karte, WM 2005, 441 ff.

Hofmann, Stefan/Walter, Bernhard, Die Veräußerung Not leidender Kredite – aktives Risikomanagement der Bank im Spannungsverhältnis zwischen Bankgeheimnis und Datenschutz, WM 2004, 1566 ff.

Hohmann, Jörg, Verjährung und Kreditsicherung, WM 2004, 757 ff.

Hopt, Klaus J., Grundsatz- und Praxisprobleme nach dem Wertpapierhandelsgesetz, ZHR 159 (1995), 135 ff.

Horn, Norbert/Lwowski, Hans-Jürgen/Nobbe, Gerd, Bankrecht: Schwerpunkte und Perspektiven, Festschrift für Herbert Schimansky, 1999

Hüffer, Uwe/van Look, Frank, Rechtsfragen zum Bankkonto, 4.Auflage 2000

Jungmann, Karsten, Die Verteilung des Missbrauchsrisikos beim Einsatz von Kreditkarten im E-Commerce – Einführung neuer Sicherheitsstandards und Neugestaltung der Akquisitionsverträge als Reaktionen der Praxis auf die Rechtsprechung des Bundesgerichtshofs, WM 2005, 1351 ff.

Kamiah, Wulf, Das SCHUFA-Verfahren und seine datenschutzrechtliche Zulässigkeit, MMR 1999, 395 ff.

Kloepfer, Michael/Kutzschbach, Gregor, Schufa und Datenschutzrecht, MMR 1998, 650 ff.

Knops, Kai-Oliver, Die „weite" Sicherungszweckerklärung des persönlich schuldenden Eigentümers in der AGB-Kontrolle, ZIP 2006, 1964 ff.

Köndgen, Johannes, Darlehen, Kredit und finanzierte Geschäfte nach neuem Schuldrecht – Fortschritt oder Rückschritt?, WM 2001, 1637 ff.

Krauß, Hans-Frieder, Immobilienkaufverträge in der Praxis, 4. Auflage 2007

Kristen, Sebastian/Kreppel, Ulf, NPL-Transaktionen aus Sicht des Verkäufers – Risiken und Lösungsansätze, BKR 2005, 123 ff.

Krüger, Ulrich, Kreditzusage ohne Kreditgewährung? – Ein Problem der Kreditfinanzierung von klein- und mittelständischen Unternehmen im Rechtsprechungsüberblick, WM 2002, 156 ff.

Lang, Volker, Informationspflichten bei Wertpapierdienstleistungen, 1. Auflage 2003

Lang, Volker/Eberhardt, Maxi, Anmerkung zur Darlegungs- und Beweislast für das Vorliegen einer objektiven Pflichtverletzung im Rahmen einer Vermögensverwaltung, BKR 2008, 86 ff.

Larenz, Karl/Canaris, Claus-Wilhelm, Lehrbuch des Schuldrechts Band II/2, 13. Auflage 1994

Lauer, Jörg, Probleme bei Finanzierungsbestätigungen, WM 1985, 705 ff.

Lenenbach, Markus, Kapitalmarkt- und Börsenrecht, 1. Auflage 2002

Löhnig, Martin/Würdinger, Markus, Zum Phishingrisiko: Bereicherungsausgleich und Stornierungsrecht nach Nr. 8 Abs. 1 AGB- Banken, WM 2007, 961 ff.

Luke, Wolfgang, Anfechtungsrechtliche Probleme bei Dreiecksverhältnissen am Beispiel der Erfüllung durch Dritte, ZIP 2001, 1 ff.

Martis, Rüdiger/Meinhof, Alexander, Verbraucherschutzrecht, 2. Auflage 2005

Möllers, Thomas/Rotter, Klaus, Ad-hoc-Publizität – Handbuch der Rechte und Pflichten von börsennotierten Unternehmen und Kapitalanlegern, 2003

Münchener Kommentar, Bürgerliches Gesetzbuch, Sachenrecht Band 6, 4. Auflage 2004

Münchener Kommentar, Bürgerliches Gesetzbuch, Schuldrecht Besonderer Teil II Band 4., 4. Auflage 2005

Musielak, Hans-Joachim, Zivilprozessordnung, 6. Auflage 2008

Neuhof, Rudolf, Sanierungsrisiken der Banken: Die Vor-Sanierungsphase, NJW 1998, 3225 ff.

Neuhof, Rudolf, Sanierungsrisiken der Banken: Die Sanierungsphase, NJW 1999, 20 ff.

Nobbe, Gerd, Bankgeheimnis, Datenschutz und Abtretung von Darlehensforderungen, WM 2005. 1537 ff.

Nobbe, Gerd, Die Sicherungszweckerklärung bei Bürgschaft und Mithaftung in der Rechtsprechung des Bundesgerichtshofs, BKR 2002, 747 ff.

Nobbe, Gerd/Ellenberger, Jürgen, Unberechtigte Widersprüche des Schuldners im Lastschriftverkehr, „sittliche Läuterung" durch den vorläufigen Insolvenzverwalter?, WM 2006. 1885 ff.

Oechsler, Jürgen, Schadensersatzanspruch des Immobilienanlegers wegen „institutionalisierten Zusammenwirkens" von Bank und Verkäufer beim Vertrieb, NJW 2006, 2451 ff.

Palandt, Bürgerliches Gesetzbuch, 67. Auflage 2008 München

Rösler, Patrick/Fischer, Michael, Sicherungszweckvereinbarung als zentraler Bestandteil aller Kreditsicherheiten: Probleme aus AGB-Kontrolle und Akzessorietät, BKR 2006, 50 ff.

Rösler, Patrick/Lang, Volker, Zinsklauseln im Kredit- und Spargeschäft der Kreditinstitute: Probleme mit Transparenz, billigem Ermessen und Basel II, ZIP 2006, 214 ff.

Roßnagel, Alexander, Handbuch Datenschutzrecht, 1. Auflage 2003

Schäfer, Frank, Vereinbarungen über Benachrichtigungspflichten in Vermögensverwaltungsverträgen, WM 1995, 1009 ff.

Schäfer, Frank, Sind die §§ 31 ff. WpHG n.F. Schutzgesetze i.S.v. § 823 Abs. 2 BGB, WM 2007, 1872 ff.

Schäfer, Frank A., Literaturbesprechung zu Peter Balzer, Vermögensverwaltung durch Kreditinstitute: Eine Untersuchung der Rechtsbeziehung zwischen Kreditinstitut und Anleger bei der Verwaltung von Wertpapiervermögen, Bank- und kapitalmarktrechtliche Schriften des Instituts für Bankrecht Köln, Band 13, zugl. Dissertation Uni Köln 1998, ZBB 2000, 150 ff.

Literaturverzeichnis

Schäfer, Frank A./Müller, Jörg, Haftung für fehlerhafte Wertpapierdienstleistungen, 2. Auflage 2008

Schebesta, Michael, Zinsklauseln im Spiegel der Aktuellen Rechtsprechung, BKR 2005, 217 ff.

Schebesta Michael/Kalkbrenner, Arndt, Bankprobleme beim Tod eines Kunden, BVR-Bankenreihe Band 3, 14. Auflage 2008

Schimansky, Herbert, Zinsanpassungsklauseln in AGB, WM 2001, 1169 ff.

Schimansky, Herbert, Aktuelle Rechtsprechung des BGH zur krassen finanziellen Überforderung von Mithaftenden bei der Kreditgewährung, WM 2002, 2437 ff.

Schimansky, Herbert, Zinsanpassung im Aktivgeschäft – Entsprechen die vorgestellten Klauseln den Vorgaben des BGH?, WM, 2003, 1449 ff.

Schimansky, Herbert/Bunte, Hermann/Lwowski, Hans-Jürgen, Bankrechts-Handbuch Band I und II, 3. Auflage 2007

Schnauder, Franz, Rechtsfolgen nach Abhandenkommen eines Schecks, WM 1998, 1901 ff.

Schödermeier, Martin, Nachforschungspflichten einer Bank als Vermögensverwalterin zur Person ihres Kunden, WM 1995 , 2053 ff.

Schöner, Hartmut/Stöber, Kurt, Grundbuchrecht, 14. Auflage 2008

Schönke, Adolf/Schröder, Horst, Strafgesetzbuch, 27. Auflage 2008

Schröder, Holger/Meyer, Torben, Eröffnetes notarielles Testament versus Erbschein, NJW 2006, 3252 ff.

Schwennicke, Andreas, Die Dokumentation der Erfüllung von Verhaltenspflichten nach § 31 Abs. 2 WpHG durch die Bank, WM 1998, 1101 ff.

Schwintowski, Hans-Peter/Schäfer, Frank, Bankrecht Commercial Banking – Investment Banking, 2. Auflage 2004

Sprockhoff, Tilman, Die Bankenhaftung bei Abschluss und Umsetzung eines Vermögensverwaltungsvertrags in der richterlichen Praxis, WM 2005, 1739 ff.

Starke, Timm, Erbnachweis durch notarielles Testament, NJW 2005, 3184 ff.

Stöber, Kurt, Forderungspfändung, 14. Auflage 2005

Stöber, Kurt, Zwangsvollstreckung in das unbewegliche Vermögen, 8. Auflage 2007

Storz, Karl-Alfred/Kiderlen, Bernd, Praxis des Zwangsversteigerungsverfahrens. Leidfaden für Gläubiger, Schuldner und Rechtspfleger, 11. Auflage 2008

Taupitz, Jochen, Kreditkartenmissbrauch: Thesen zur zulässigen Verteilung des Haftungsrisikos in AGB, NJW 1996, 217 ff.

Tetzlaff, Christian, Die anfangliche Übersicherung – Eine neue Gefahr für Sicherheitenbestellungen in der Insolvenz des Sicherungsgebers, ZIP 2003, 186 ff.

Vorwerk, Volkert, Das Prozess-Formular-Buch, 8. Auflage 2005

Weis, Ditmar, Zwangsversteigerungsrecht für Banken: Ein praktischer Leitfaden anhand eines Mustergrundbuchs, 2. Auflage 2003

Welter, Reinhard/Lang, Volker, Handbuch der Informationspflichten im Bankverkehr, 2005

Wessels, Peter, Die Saldoklage, WM 1997, 1509 ff.

Westermann, Peter, Erman, Bürgerliches Gesetzbuch, Band 1 und 2,11. Auflage 2004

Wittig, Judith/Wütig, Arne, Das neue Darlehensrecht im Überblick, WM 2002, 145 ff.

Zimmer, Maximilian, Grundpfandrechtsbestellung, Schuldanerkenntnis und Zwangsvollstreckungsunterwerfung in der neueren Rechtsprechung des BGH, MDR 2006, 306 ff.

Zöller, Richard, Zivilprozessordnung, 26. Auflage 2007

Abkürzungsverzeichnis

Abkürzungsverzeichnis

InsO	Insolvenzordnung
InvG	Investmentgesetz
ISE	Imagegestützter Scheckeinzug
i.V.m.	in Verbindung mit
KapMuG	Kapitalanlegermusterverfahrensgesetz
KG	Kommanditgesellschaft
KWG	Gesetz über das Kreditwesen
MDR	Monatsschrift für Deutsches Recht
MMR	Multimedia und Recht
m.w.N.	mit weiteren Nachweisen
n.E.	nach Eingang
NJW	Neue Juristische Wochenschrift
NJW-RR	NJW-Rechtsprechungs-Report Zivilrecht
OHG	Offene Handelsgesellschaft
PAngV	Preisangabenverordnung
PIN	Persönliche Identifikationsnummer
POS	Point of sale
POZ	Point of sale ohne Zahlungsgarantie
RBerG	Rechtsberatungsgesetz
RechKredVO	Verordnung über die Rechnungslegung der Kreditinstitute und Finanzdienstleistungsinstitute
Rn.	Randnummer
ScheckG	Scheckgesetz
SGBI	Sozialgesetzbuch I
SGG	Sozialgerichtsgesetz
SMG	Schuldrechtsmodernisierungsgesetz
SoBed	Sonderbedingungen
SoBedWp	Sonderbedingungen für Wertpapiergeschäfte
StGB	Strafgesetzbuch
StPO	Strafprozessordnung
str.	strittig
st. Rspr.	ständige Rechtsprechung
TAN	Transaktionsnummer
VerbrKrG	Verbraucherkreditgesetz
VO	Verordnung
VwGO	Verwaltungsgerichtsordnung
WM	Wertpapier-Mitteilungen IV – Zeitschrift für Wirtschafts- und Bankrecht
WpDVerOV	Verordnung zur Konkretisierung der Verhaltensregeln und Organisationsanforderungen für Wertpapierdienstleistungsunternehmen
WpHG	Gesetz über den Wertpapierhandel
WpÜG	Wertpapiererwerbs- und Übernahmegesetz
WuB	Entscheidungssammlung zum Wirtschafts- und Bankrecht
z.B.	zum Beispiel
ZBB	Zeitschrift für Bankrecht und Bankwirtschaft
ZIP	Zeitschrift für Wirtschaftsrecht
ZKA	Zentraler Kreditausschuss
ZPO	Zivilprozessordnung
ZVG	Gesetz über die Zwangsversteigerung und Zwangsverwaltung

§ 1 Rechtsbeziehungen zwischen Bank und Kunde

Art und Umfang der Geschäftsbeziehungen zwischen Kreditinstituten und ihren Kunden sind sehr unterschiedlich ausgeprägt. Je nachdem, ob der Kunde bei seiner Bank nur ein Girokonto, darüber hinaus auch Spareinlagen unterhält, ein Depot betreibt oder einen Kredit in Anspruch nimmt, besteht eine mehr oder weniger große Zahl rechtsgeschäftlicher Vertragsbeziehungen. Die den einzelnen Leistungen bzw. Leistungspakten zugrunde liegenden Rechtsverhältnisse haben keine einheitliche „bankrechtliche" Struktur.[1] Sie basieren vielmehr auf spezifischen Vertragstypen wie dem Girovertrag, dem Darlehensvertrag oder dem Depotvertrag. Dem entspricht, dass das Bankrecht kein eigenständiges Rechtsgebiet bildet, sondern als Sammelbegriff für verschiedene zivilrechtliche Rechtsbeziehungen dient, die im Verhältnis zwischen Kreditinstitut und Kunde häufig anzutreffen, nur teilweise gesetzlich geregelt und durch Allgemeinen Geschäftsbedingungen bzw. Sonderbedingungen der Kreditwirtschaft besonders ausgestaltet worden sind. 1

Ob dem sich hieraus ergebenden Bündel an Vertragsbeziehungen ein **allgemeiner Bankvertrag** als Rahmenvertrag zugrunde liegt, ist Gegenstand eines umfangreichen Literaturstreits.[2] Der BGH hat die Auffassung, mit der Einbeziehung Allgemeiner Geschäftsbedingungen in einen Giro- oder Darlehensvertrag werde generell ein allgemeiner Bankvertrag als Rahmenvertrag begründet, abgelehnt, weil es an einer eigenständigen bindenden Rechtsfolge eines solchen Rahmenvertrags fehle.[3] Insbesondere hat der BGH argumentiert, dass nichts für eine Selbstverpflichtung der Bank spreche, aufgrund einer bestehenden Geschäftsbeziehung weitere risikoneutrale Geschäftsbesorgungen vorzunehmen.[4] Des Weiteren hat der BGH darauf hingewiesen, dass das Konstrukt eines allgemeinen Bankvertrags auch nicht benötigt werde, um bestimmte **Schutz- und Verhaltenspflichten**, insbesondere Aufklärungspflichten, der Bank gegenüber ihren Kunden zu begründen, da diese – auch nach Meinung der Befürworter eines allgemeinen Bankvertrags – selbst dann bestehen sollen, wenn der allgemeine Bankvertrag im Einzelfall nichtig sein sollte.[5] Tatsächlich liegt es daher wohl näher, den Rechtsgrund für solche Schutzpflichten in den zwischen Kunde und Bank geschlossenen Einzelverträgen bzw. in einem durch Aufnahme von Verhandlungen begründeten vorvertraglichen Schuldverhältnis gemäß §§ 311 II, 241 II BGB zu suchen. 2

Hinweis:

Die Berufung des Kunden auf bestimmte Nebenpflichten der Bank setzt regelmäßig keinen allgemeinen Bankvertrag voraus, da sich entsprechende Nebenpflichten entweder aus dem aufgrund der Geschäftsanbahnung zustande kommenden Schuldverhältnis oder aus bereits bestehenden Verträgen ergeben. Will der Kunde bestimmte Rechte dennoch auf einen allgemeinen Bankvertrag stützen, muss er nach der Rechtsprechung des BGH konkrete Anhaltspunkte für die Begründung eines solchen Vertrags liefern. Hierbei reicht der Verweis auf die Einbeziehung der AGB in eine bereits bestehende Vertragsbeziehung nicht aus. Der Kunde muss vielmehr den von der Bank geäußerten Willen, einen solchen Rahmenvertrag einschließlich der sich hieraus ergebenden spezifischen Rechtsfolgen schließen zu wollen, konkret darlegen und gegebenenfalls nachweisen. 3

---

[1] *Ebenroth/Boujong/Joost/Thessinga*, HGB Bank- und Börsenrecht Rn. I 2.
[2] Siehe BGH NJW 2002, 3695, 3696 m.w.N.
[3] BGH NJW 2002, 3695, 3696.
[4] BGH NJW 2002, 3695, 3696. Zur Pflicht der Bank, bestimmte Dienstleistungen erbringen zu müssen, siehe unten, § 2.
[5] BGH NJW 2002, 3695, 3696 f.

§ 2 Pflicht der Bank zum Abschluss von Verträgen

Übersicht

1   Trotz der erheblichen Bedeutung einzelner Bankdienstleistungen, vor allem des Girokontos, für die Teilnahme des Einzelnen am Wirtschaftsverkehr wird eine allgemeine Pflicht der Kreditinstitute, Verträge über einzelne Bankdienstleistungen mit entsprechenden Interessenten abzuschließen, grundsätzlich verneint.[6] Dass Banken in ihrer Entscheidung, ob und mit wem sie welche Vertragsbeziehungen eingehen, frei sind, folgt aus dem verfassungsrechtlich verankerten Grundsatz der Privatautonomie.

I. Girokonto für Jedermann

2   Insbesondere existiert eine gesetzliche Verpflichtung **privater Banken**, ein Girokonto auf Guthabenbasis zu führen, bislang nicht, obwohl dieser Zustand vielfach als unbefriedigend empfunden und die Einführung einer entsprechenden gesetzlichen Verpflichtung immer wieder gefordert wird.[7] Allerdings beinhalten die Sparkassenverordnungen zahlreicher Bundesländer mittlerweile eine Verpflichtung der jeweils betroffenen **Sparkassen**, unter bestimmten Bedingungen ein Girokonto für natürliche Personen zu führen.[8]

3   Der Zentrale Kreditausschuss (ZKA), in dem die Spitzenverbände der deutschen Kreditwirtschaft zusammengeschlossen sind, hat allen Kreditinstituten, die Girokonten für alle Bevölkerungsgruppen führen, empfohlen,[9] jedem Interessenten die Führung eines Girokontos auf Guthabenbasis zu ermöglichen. Der Empfehlung zufolge sind schlechte wirtschaftliche Verhältnisse eines Interessenten ausdrücklich kein Grund dafür, die Eröffnung eines solchen Girokontos abzulehnen. Ist die Eröffnung oder Fortführung des Kontos für die Bank aus bestimmten Gründen, die in der Empfehlung ebenfalls genannt sind, unzumutbar (z.B. Nutzung des Kontos für gesetzeswidrige Transaktionen, keine Entrichtung des Entgelts, Blockade des Kontos durch Pfändungen), gilt die Empfehlung nicht.

4   Nach einem Urteil des LG Bremen sollte die Empfehlung des ZKA einen einklagbaren Anspruch aus einem abstrakten Schuldversprechen gemäß §§ 780, 328 BGB auf Einrichtung eines Girokontos gegen alle Kreditinstitute, die dem Dachverband angeschlossen sind, begründen.[10] Das Hanseatische Oberlandesgericht hob das Urteil auf und begründete seine Entscheidung damit, dass die Empfehlung lediglich eine an die Mitglieder gerichtete Bitte darstelle, sich an die Empfehlung zu halten, ohne näher auf die Frage der Vertretungsbefugnis des ZKA einzugehen.[11] Der Standpunkt des Hanseatischen Oberlandesgerichts entspricht auch der herrschenden Literaturauffassung.[12]

---

[6] BGH NJW 2002, 3695, 3696; *Ebenroth/Boujong/Joost/Thessinga,* HGB Bank- und Börsenrecht Rn. I 2.
[7] Vgl. z.B. *Bunte,* Bankrechts-Handbuch I § 2 Rn. 27 ff.
[8] Z.B. in Bayern (§ 5 II SpkO), Brandenburg (§ 5 SpkVO), Sachsen-Anhalt (§ 5 SpkVO), Mecklenburg-Vorpommern (§ 5 SpkVO), Nordrhein-Westfalen (§ 5 II SpkVO).
[9] Die Empfehlung ist abrufbar unter www.zka-online.de/zka/zahlungsverkehr/girokonto-fuer-jedermann/zka-empfehlung.
[10] LG Bremen WM 2005, 2137; zustimmend *Derleder* EWiR 2006, 9; a.A. LG Stuttgart WM 2005, 2139; *Mülbert* WuB I C 1 Kontoführung 1.06.
[11] OLG Bremen ZIP 2006, 798.
[12] *Palandt/Heinrichs* Vor § 145 BGB Rn. 10 m.w.N.

II. Sonstige Verträge

Aufgrund der Sparkassengesetze der Länder sowie den entsprechenden Sparkassenverord- 5
nungen besteht ein Kontrahierungszwang für Sparkassen im Bereich des Sparverkehrs.[13] Darüber hinaus lässt sich insbesondere aus einer bereits bestehenden Geschäftsverbindung kein
allgemeiner Anspruch des Kunden auf Abschluss von (weiteren) Verträgen ableiten, wenn
nicht eine abweichende Vereinbarung getroffen wurde.[14] Dementsprechend sind Kreditinstitute grundsätzlich nicht verpflichtet, aufgrund der Führung eines Girokontos ein Depot zu eröffnen oder gar Kredit zu gewähren.[15]

III. Verweigerung von Teilleistungen

Hat ein Kreditinstitut mit einem Kunden einen bestimmten Vertrag über eine Bankdienst- 6
leistung, z.B. die Führung eines Girokontos, geschlossen, stellt sich die Frage, ob die Bank berechtigt ist, einzelne Leistungselemente zu kündigen. Der BGH hat dies verneint, wenn die ge-
kündigte Leistung einen nicht abtrennbaren Teil der Geschäftsbeziehung bildet.[16] Dies gilt
insbesondere für die Gutschrift eingehender Zahlungen, die das Kreditinstitut gemäß §§ 676
f, 676 g BGB aufgrund des Girovertrags vornehmen muss. Ausdrücklich als Teilleistungen in
diesem Sinne hat der BGH ferner die Ausführung von Daueraufträgen und die Belastung eingehender Lastschriften qualifiziert.[17]

Ob die gegebenenfalls in Streit stehende Leistung eine Teilleistung eines einheitlichen 7
Rechtsverhältnisses ist, muss im Einzelfall ermittelt werden. So bildet der Abschluss eines
Überweisungsvertrags gemäß § 676 a BGB keine Teilleistung des der Kontoführung zugrunde
liegenden Girovertrags. Ein Kreditinstitut ist daher nach überwiegender Auffassung allein auf-
grund des bestehenden Girovertrags nicht verpflichtet, Überweisungsaufträge auszuführen.[18]
Gleiches gilt für den Abschluss eines Kundenkartenvertrags.[19]

---

[13] *Bunte*, Bankrechts-Handbuch I § 2 Rn. 28.
[14] BGH NJW 2002, 3695, 3696.
[15] Siehe insoweit auch unten, § 10 Rn. 7.
[16] BGH NJW 2006, 430.
[17] BGH NJW 2006, 430.
[18] Siehe hierzu unten, § 6 Rn. 13.
[19] BGH NJW 2006, 430.

§ 3 Entgelte des Kunden

I. Rechtsgrundlage für Entgelt- und Zinsansprüche der Bank

1   Dass Kreditinstitute mit ihren Leistungen Einnahmen erzielen wollen, versteht sich von selbst. Den Entgeltanspruch für einzelne Leistungen im **Privatkundengeschäft** erwirbt das Kreditinstitut in der Regel durch die **Einbeziehung des Preisaushangs und des Preis-/Leistungsverzeichnisses** in den jeweiligen Vertrag mit dem Kunden. Die Einbeziehung wird über die AGB des Kreditinstituts bewirkt, die ihrerseits durch einen Hinweis auf dem Vertragsformular der Bank zum jeweiligen Vertragsverhältnis (z.B. Kontovertrag) in den entsprechenden Vertrag einbezogen werden. Aus Nr. 12 I 1, 2 AGB-Banken bzw. Nr. 17 II AGB-SPK ergibt sich wiederum, dass die Höhe von Zinsen und Entgelten aus dem Preisaushang und dem Preis-/Leistungsverzeichnis folgt. Zur Erstellung eines Verzeichnisses, das zumindest die Entgelte und Auslagen für Standardgeschäfte ausweist, sind die Kreditinstitute im Übrigen gemäß § 675 a I 1 BGB verpflichtet.

2   Des Weiteren können Entgelte und Zinssätze **individuell** vereinbart werden. Dies gilt nicht nur für Standardleistungen, die ansonsten entsprechend den Angaben im Preisaushang oder im Preis-/Leistungsverzeichnis zu vergüten wären, Nr. 12 I 2 AGB-Banken bzw. Nr. 17 II 1 AGB-SPK. Individuelle Vereinbarungen finden sich vor allem dort, wo das Kreditinstitut keine Standardgeschäfte, sondern individuelle Leistungen erbringt. Dies gilt vor allem für die Kreditgewährung, wo der jeweilige Zinssatz maßgeblich von dem mit der Kreditgewährung verbundenen individuellen Risiko abhängt. In diesen Fällen sind die Zinsen und Entgelte in aller Regel im betreffenden (Darlehens-)Vertrag selbst geregelt.

3   Existiert im Preis-/Leistungsverzeichnis oder im Preisaushang keine Entgeltklausel für eine Leistung der Bank, die im Auftrag des Kunden oder in seinem mutmaßlichen Interesse erbracht wird und deren Erbringung, nach den Umständen zu urteilen, nur gegen eine Vergütung zu erwarten ist, kann die Bank die Höhe des Entgelts gemäß Nr. 12 I 3 AGB-Banken bzw. Nr. 17 II 1 AGB-SPK nach **billigem Ermessen** (§ 315 BGB) festsetzen. Dem Kreditinstitut steht insoweit ein einseitiges Leistungsbestimmungsrecht zu. Gegenüber **Geschäftskunden** kann das Kreditinstitut Zinsen und Entgelte sogar generell nach billigem Ermessen bestimmen, Nr. 12 II AGB-Banken bzw. Nr. 17 II 1 AGB-SPK. Im Übrigen stünde der Bank im Rahmen eines Geschäftsbesorgungsvertrags auch gemäß § 675 I, 632 II, 612 II BGB ein Anspruch auf die übliche Vergütung zu, wenn die Geschäftsbesorgung den Umständen nach nur gegen Vergütung zu erwarten war.[20]

4   Gemäß Nr. 12 III AGB-Banken (vgl. auch Nr. 17 II AGB-SPK) kann die Bank Entgelte nach billigem Ermessen gemäß § 315 BGB **ändern**, wenn sich diese auf Leistungen der Bank beziehen, die vom Kunden im Rahmen der Geschäftsverbindung typischerweise dauerhaft in Anspruch genommen werden. Gemäß Nr. 12 IV AGB-Banken muss das Kreditinstitut den Kunden über die Änderung informieren, was praktisch meist durch eine entsprechende Mitteilung auf einem Kontoauszug geschieht. Der Kunde kann die von der Erhöhung betroffene Geschäftsverbindung dann innerhalb von sechs Wochen nach Bekanntgabe der Änderung mit sofortiger Wirkung kündigen. Die Kündigung hat zur Folge, dass die erhöhten Entgelte der Geschäftsbeziehung nicht zugrunde gelegt werden, Nr. 12 IV AGB-Banken bzw. Nr. 17 II 4 AGB-SPK.

5   Das Kreditinstitut kann auch Kreditzinsen bei Krediten mit veränderlichem Zinssatz ändern. Diesbezüglich gelten besondere Regelungen im Kreditvertrag, auf die Nr. 12 III AGB-Banken ausdrücklich verweist.[21]

---

[20] *Palandt/Sprau* § 675 BGB Rn. 8.
[21] Zur Zinsänderung bei Krediten siehe ausführlich unten, § 10 Rn. 129.

II. Wirksamkeit von Entgeltklauseln

Bei der Schaffung von Entgelttatbeständen im Preis-/Leistungsverzeichnis unterliegen Kre- 6
ditinstitute AGB-rechtlichen Beschränkungen, da Entgeltklauseln nach der Rechtsprechung
des BGH der Inhaltskontrolle gemäß § 307 BGB unterliegen können. Nach Auffassung des
BGH steht § 307 III BGB der Inhaltskontrolle jedenfalls dann nicht entgegen, wenn Entgeltklauseln nicht den Preis für die Hauptleistungspflicht abbilden, sondern als sogenannte **Preis-
nebenabreden** zu qualifizieren sind, die zwar mittelbare Auswirkungen auf Preis und Leistung
haben, an deren Stelle aber, wenn eine wirksame vertragliche Regelung fehlt, dispositives Ge-
setzesrecht treten kann.[22]

Hiervon ausgehend hält eine Entgeltklausel nach der Rechtsprechung des BGH nicht der In- 7
haltskontrolle gemäß § 307 BGB stand, wenn sie sich auf einen Geschäftsvorfall eines Kreditinstituts bezieht, der keine Leistung der Bank an den Kunden darstellt, weil er in Erfüllung einer gesetzlichen Verpflichtung[23] oder im ausschließlichen Eigeninteresse[24] des Kreditinstituts
ausgeführt wird. Unzulässig sind daher z.B. Entgeltklauseln für die Bearbeitung von Pfän-
dungs- und Überweisungsbeschlüssen,[25] für die Übertragung von Wertpapieren in ein Depot
bei einem anderen Kreditinstitut,[26] für die Rückgabe von Lastschriften mangels Deckung,[27] für
die Ausfertigung von Löschungsbewilligungen,[28] für die Ein- und Auszahlung am Bankschal-
ter[29] oder für die Verwaltung von Freistellungsaufträgen.[30]

Sofern eine Entgeltklausel unwirksam ist, kann die Bank einen Entgeltanspruch auf Nr. 12 I 8
3 AGB-Banken bzw. Nr. 17 II 1 AGB-SPK stützen, wenn die entsprechenden Voraussetzungen
vorliegen. Dies kann der Fall sein, wenn die unwirksame Entgeltklausel zu weit geraten ist,
jedoch auch solche Geschäftsvorfälle erfasst, für die nach der Rechtsprechung des BGH ein
Entgelt verlangt werden dürfte.

---

[22] BGH NJW 1997, 2752; st. Rspr.
[23] BGH NJW 1991, 1953; BGH NJW 1999, 2277.
[24] BGH NJW 2005, 1645, 1647.
[25] BGH NJW 1999, 2276, 2278.
[26] BGH WM 2005, 272.
[27] BGH NJW 2005, 1645, 1647.
[28] BGH NJW 1991, 1953, 1954.
[29] BGH NJW 1994, 318.
[30] BGH NJW 1997, 2752.

§ 4 Girokonto

Übersicht

I. Allgemeines

1   Neben seiner herausragenden wirtschaftlichen Bedeutung für den Bankkunden, dem es die Teilnahme am bargeldlosen Zahlungsverkehr ermöglicht, spielt das Girokonto auch im Bankrecht eine besondere Rolle. Es dient der Verrechnung gegenseitiger Ansprüche von Bank und Kunde und ist damit Dreh- und Angelpunkt der bankmäßigen Geschäftsverbindung. Die gegenseitigen Forderungen aus der Geschäftsverbindung werden von der Bank aufgrund der Kontokorrentvereinbarung mit dem Kunden in die laufende Rechnung eingestellt und saldiert.

2   Die rechtlichen Grundlagen der Verrechnung gegenseitiger Forderungen im Rahmen eines Kontos sind in vielerlei Hinsicht bedeutsam. Von ihnen hängt nicht nur die Natur der sich aus der Verrechnung ergebenden Ansprüche von Kunde bzw. Bank ab. Sie entscheiden z.B. über die Zulässigkeit von Berichtigungs- bzw. Stornobuchungen durch die Bank oder von Lastschriftrückgaben durch den Kunden, die Abtretung und Pfändung von Ansprüchen, aber auch über die korrekte Formulierung von Klageanträgen.

II. Rechtliche Grundlagen des Girokontos

3   Die rechtlichen Grundlagen des Girokontos erscheinen zunächst komplex und verwirrend, was vor allem auf das Zusammenspiel von Girovertrag und Kontokorrentabrede zurückzuführen ist. Die rechtlichen Implikationen des Kontokorrents, das seine gesetzliche Verankerung in den §§ 355 ff. HGB erfahren hat, werden teilweise durch Rechtsfolgen aus dem Girovertrag ergänzt bzw. überlagert. Aus dem Girovertrag ergeben sich dabei vor allem diejenigen Pflichten der Bank, die die Teilnahme des Kunden am bargeldlosen Zahlungsverkehr ermögli-

chen (z.B. die Verpflichtung zur Gutschrift eingehender Zahlungen oder Ausführung von Aufträgen). Die Grundsätze des Kontokorrents regeln demgegenüber die Modalitäten der Verrechnung der aus den verschiedenen Bankgeschäften resultierenden Forderungen und Verbindlichkeiten.

1. Die gutzuschreibenden und zu verrechnenden Forderungen

Die Funktionsweise des Girokontos lässt sich am besten verdeutlichen, indem von den 4 verschiedenen Zahlungsvorgängen (z.B. Überweisungseingänge und -ausgänge, Barauszahlungen, Lastschriftbelastungen, Wertpapierkäufe etc.) ausgegangen wird. Sie werden in die laufende Rechnung des Kontokorrents eingestellt und bilden die Grundlage der kontokorrentmäßigen Saldierung sowie eines Überschusses (Tagesguthaben) zugunsten bzw. eines Sollsaldos zu Lasten des Kunden.

Die Grundlage der **Ansprüche der Bank gegen den Kunden**, die in das Kontokorrent einge- 5 stellt und schließlich saldiert werden, ergibt sich aus dem Rechtsverhältnis, das dem jeweiligen Vorgang zugrunde liegt. Führt die Bank z.B. eine Überweisung des Kunden aus, steht ihr in Höhe des Überweisungsbetrags ein Aufwendungsersatzanspruch gemäß §§ 670, 669 BGB zu.[31] Durch Ausführung eines Wertpapierkaufs im Auftrag des Kunden erlangt die Bank ebenfalls einen Aufwendungsersatzanspruch gemäß § 670 BGB bzw. vertraglicher Vereinbarung in den jeweiligen Sonderbedingungen.[32] Gleiches gilt für die Einlösung von Schecks entsprechend einem zwischen Kunden und Bank geschlossenen Scheckvertrag. Schließlich können sich Ansprüche der Bank als Gegenleistung für die von ihr angebotenen Leistungen ergeben, z.B. Kontoführungs- oder Depotgebühren sowie Zinsansprüche, die ebenfalls in die laufende Rechnung eingehen. Belastungsbuchungen der Bank haben dabei lediglich deklaratorischen Charakter.[33] Sie geben die Ansicht der Bank wieder, eine Forderung gegen den Kunden in entsprechender Höhe zu haben,[34] begründen aber keine zusätzlichen Rechte des Kreditinstituts.

Ansprüche des Kunden gegen die Bank ergeben sich z.B. aus der in § 676 f S. 1 BGB nor- 6 mierten Pflicht der Bank zur Gutschrift von Zahlungseingängen (z.B. Überweisungen, Bareinzahlungen). Verbucht die Bank diese auf dem Girokonto, bewirkt sie hierdurch ein abstraktes Schuldversprechen[35] (Anspruch **aus** Gutschrift), d.h. eine selbständige Forderung, die in das Kontokorrent eingestellt und verrechnet wird.[36]

Der Anspruch aus der Gutschrift entsteht, wenn das Kreditinstitut die Daten der Gutschrift 7 durch einen Organisationsakt mit Rechtsbindungswillen nach außen hin erkennbar macht.[37] Bei einer rein elektronischen Durchführung einer Überweisung entsteht der Anspruch erst mit Datenfreigabe nach Ablauf der Nachdisposition[38], in deren Rahmen die Bank z.B. ihrer Verpflichtung zum Kontonummern-Namensvergleich nachkommt.

2. Die Kontokorrentabrede

Die Kontokorrentabrede ergibt sich regelmäßig aus einer Vereinbarung im Kontovertrag 8 oder in den jeweiligen Sonderbedingungen der Banken zu Girokonten, wonach das Girokonto in laufender Rechnung geführt wird. Sie beschränkt sich darauf, gegenseitige Ansprüche in Rechnung zu stellen und zu saldieren, und setzt das Bestehen gegenseitiger Zahlungsansprüche somit voraus.

Welche Ansprüche in die laufende Rechnung einzubeziehen sind, hängt prinzipiell vom Um- 9 fang der Parteivereinbarung ab. Grundsätzlich sind nur Geldansprüche kontokorrentfähig. Bedingte, nicht fällige oder unpfändbare Forderungen können nicht in die laufende Rechnung eingehen. Ob ein fälliger Zahlungsanspruch in die laufende Rechnung eingestellt werden darf, ist eine Frage der Kontokorrentgebundenheit.[39] Mangels abweichender Vereinbarung können bei einem Girokonto sämtliche Forderungen als kontokorrentgebunden gelten, die in Zusam-

---

[31] *Palandt/Sprau* § 676a BGB Rn. 14.
[32] Siehe unten, § 13 Rn. 15.
[33] BGHZ 107, 192, 197.
[34] *Schimansky*, Bankrechts-Handbuch I § 47 Rn. 28.
[35] BGH NJW 1991, 2140.
[36] BGHZ 105, 263, 269; BGH NJW 2005, 1771.
[37] *Palandt/Sprau* § 676f BGB Rn. 10.
[38] BGH NJW 2000, 804, 805.
[39] *Palandt/Sprau* § 676f BGB Rn. 10.

menhang mit der laufenden Geschäftsverbindung stehen, was im Bankverkehr regelmäßig der Fall ist. In die Verrechnung fließen daher vor allem die oben dargestellten Einzelforderungen aus den unterschiedlichen Bankgeschäften ein.

10   Durch das Einstellen der Einzelforderungen in die laufende Rechnung werden diese dergestalt gelähmt, dass eine selbständige Geltendmachung bzw. Verfügung über sie ausgeschlossen ist.[40] Die Rechnungsposten werden regelmäßig, d.h. zu bestimmten Zeitpunkten (vgl. § 355 II HGB), saldiert. Gemäß Nr. 7 I 1 AGB-Banken findet diese Verrechnung im Bankverkehr üblicherweise zum Ende eines Kalenderquartals statt, kann aber je nach vertraglicher Vereinbarung im Einzelfall auch in anderen Intervallen, z.B. monatlich, erfolgen. Bei dem sich aus der Saldierung zum Abschluss der vereinbarten Kontokorrent- bzw. Rechnungsperiode ergebenden Überschuss handelt es sich um den sogenannten **kausalen Saldo**. Die Mitteilung des kausalen Saldos führt regelmäßig ein abstraktes **Schuldanerkenntnis** gemäß § 781 BGB herbei. Die Übersendung des **Rechnungsabschlusses** durch die Bank bildet dabei den Antrag auf Abschluss eines Schuldanerkenntnisvertrags gemäß § 781 S. 1 BGB. Dessen Annahme erfolgt, indem der Kunde ihn gemäß Nr. 7 II 2 AGB-Banken bzw. Nr. 7 III 2 AGB-SPK durch das Unterlassen von Einwendungen innerhalb von sechs Wochen nach Zugang des Abschlusses genehmigt (Genehmigungsfiktion). Der Bank steht dabei ein Anspruch auf Anerkennung des korrekt berechneten Saldos durch den Kunden zu.[41]

11   Der Kontoinhaber kann dem übersandten Rechnungsabschluss **widersprechen** und hierdurch das Zustandekommen des Schuldanerkenntnisses verhindern. Während nach Nr. 7 III 1 AGB-SPK Einwendungen schriftlich, bei Vereinbarung des elektronischen Kommunikationswegs elektronisch übermittelt werden müssen, schreiben die AGB-Banken keine bestimmte Form vor, so dass die Einwendungen auch mündlich erhoben werden können.[42] Aus Beweisgründen empfiehlt sich jedoch ein schriftlicher Widerruf. Die Sechs-Wochen-Frist ist gewahrt, wenn der schriftliche Widerspruch innerhalb dieser Frist abgesendet wurde, Nr. 7 II 1 AGB-Banken, Nr. 7 III 3 AGB-SPK.

12   Ein wirksames Anerkenntnis führt zunächst einen eigenständigen Anspruch herbei, der an die Stelle der verrechneten Einzelforderungen tritt und vom jeweils Berechtigten grundsätzlich selbständig geltend gemacht werden kann.[43] Das wirksame Anerkenntnis ist im Bankverkehr zugleich Grundlage der Saldierung mit Forderungen und Verbindlichkeiten, die in der darauffolgenden Rechnungsperiode entstehen (Saldovortrag). Mit der vereinbarten Einstellung des Anspruchs aus dem Schuldanerkenntnis in das Kontokorrent zu Beginn der folgenden Rechnungsperiode verliert er jedoch seine selbständige Klagbarkeit wieder. Allein aus dem Kontokorrent könnte daher ein Zahlungsanspruch desjenigen, dem aus der Saldierung ein Überschuss zusteht, nur durch Kündigung des Kontokorrents herbeigeführt werden.[44]

13   Das Anerkenntnis zum Ende der Rechnungsperiode lässt nicht nur einen eigenständigen Anspruch unter Einbeziehung von Forderungen entstehen, die zu Unrecht in das Kontokorrent eingestellt wurden. Es führt grundsätzlich auch zum Erlöschen bestehender Forderungen, die zu Unrecht nicht im Rechnungsabschluss erfasst wurden, da es die Feststellung beinhaltet, dass andere als die verrechneten Forderungen nicht bestehen.[45] Hiermit ist jedoch **keine Genehmigung aller** dem Rechnungsabschluss zugrunde liegenden **Buchungen** dergestalt verbunden, dass tatsächlich nicht bestehende Forderungen, die in die Saldierung eingeflossen sind, rechtlich verbindlich werden und hingenommen werden müssten[46] oder ein Anspruch des Kunden auf Gutschrift nicht berücksichtigter Forderungen ausgeschlossen wäre. Ist der Saldo aufgrund fehlerhafter Buchungen oder Einstellung nicht bestehender Forderungen nicht korrekt, kann das entsprechende Anerkenntnis vielmehr gemäß § 812 I 1 BGB kondiziert werden.[47] Dementsprechend kann auch das Anerkenntnis, wonach weitere, im Rechnungsabschluss nicht berücksichtigte Forderungen nicht bestehen, gemäß § 812 II BGB zurückgefordert werden.[48] Eine Ausnahme ergibt sich nunmehr allerdings aus Nr. 7 III AGB-Banken in Bezug auf Belastungen aus Lastschriften. Ferner ist der Bereicherungsanspruch gemäß § 814 BGB ausge-

---

[40] *Baumbach/Hopt* § 355 HGB Rn. 7.
[41] *Schimansky*, Bankrechts-Handbuch I § 47 Rn. 51.
[42] *Bunte*, Bankrechts-Handbuch I § 12 Rn. 12.
[43] BGHZ 80, 172, 176.
[44] *Wessels* WM 1997, 1509, 1510.
[45] BGH NJW 1985, 3010 f.
[46] BGHZ 144, 349, 355.
[47] BGHZ 144, 349, 355; BGH WM 1972, 283, 286.
[48] Vgl. BGHZ 51, 346, 348.

schlossen, wenn der Kunde wusste, dass er zur Abgabe des Anerkenntnisses nicht verpflichtet war.[49]

Hinweis:
Ein wirksames Saldoanerkenntnis des Kunden nach Ablauf einer Kontokorrentperiode hat **keine** endgültige rechtliche Bindungswirkung für den Kunden. Soweit Forderungen des Kunden unberücksichtigt geblieben, oder unberechtigte Forderungen des Kreditinstituts in den Saldo eingeflossen sind, stehen dem Kunden auch nach wirksamen, jedoch unrichtigen bzw. unvollständigen Saldoanerkenntnis noch diesbezügliche Ansprüche zu. Die Wirkung des Saldoanerkenntnisses beschränkt sich daher auf eine Veränderung der Darlegungs- und Beweislast bezüglich der Zusammensetzung des Saldos.[50] Umgekehrt kann auch das Kreditinstitut nach dem Saldoanerkenntnis noch Ansprüche gegenüber dem Kunden geltend machen. **14**

Andere Zahlungsansprüche aus der Kontokorrentabrede als die sich aus dem dargelegten **15** Schuldanerkenntnis ergebenden bestehen bei laufendem Kontokorrent nicht.[51] Vielmehr müsste eine Partei das Kontokorrentverhältnis kündigen, um vor dem nächsten Abschluss einen fälligen Zahlungsanspruch zu erlangen, § 355 III HGB. Ergänzende Ansprüche des Kunden auf Auszahlung eines Überschusses, die gegebenenfalls einklagbar sind, ergeben sich allerdings aus dem die Kontokorrentabrede überlagernden Girovertrag.[52]

Insbesondere die Übermittlung von **Kontoauszügen** (Tagesauszügen) zwischen den Rech- **16** nungsabschlüssen, aus denen die bis dahin vorgenommenen Buchungen für den Kunden ersichtlich werden, hat nach allgemeiner Auffassung für die Führung des Kontokorrents keine rechtliche Bedeutung.[53] Mit ihnen erfüllt die Bank lediglich ihre Auskunftspflichten gegenüber dem Kunden aus dem Girovertrag.[54]

3. Der Girovertrag

Die oben dargestellten, an die Kontokorrentabrede anknüpfenden Rechtsfolgen werden **17** durch den Girovertrag ergänzt. Der Girovertrag hat in den §§ 676 f, 676 g BGB eine gesetzliche Ausformung erfahren. Er ist ein entgeltlicher Geschäftsbesorgungsvertrag mit Dienstvertragscharakter, so dass über § 675 I BGB auch die dort genannten Normen des Auftragsrechts zur Anwendung kommen.

Der Girovertrag beinhaltet ein ganzes Bündel an Rechten und Pflichten der Vertragspar- **18** teien. Der gesetzlichen Klarstellung entsprechend verpflichtet er das Kreditinstitut zur Einrichtung eines Kontos und zur Gutschrift eingehender Zahlungen, §§ 676 f S. 1, 676 g I BGB (**Anspruch auf Gutschrift**).[55] Darüber hinaus hat die Bank aufgrund des Girovertrags Schecks einzuziehen sowie Lastschriften einzulösen.[56] Der Girovertrag verpflichtet die Bank auch zu korrekter Buchung bzw. zur Unterlassung falscher Buchungen.[57] Erst der Girovertrag ermöglicht dem Kunden somit die Teilnahme am bargeldlosen Zahlungsverkehr.

Aus dem Girovertrag folgt insbesondere ein Recht des Kunden auf Verfügung über den **Ta-** **19** **gessaldo des Kontokorrents**.[58] Dieser Anspruch ist für das Wesen des Girokontos von herausragender Bedeutung, da die Ansprüche des Kunden gegenüber der Bank aus den einzelnen Bankgeschäften durch die Einstellung in das Kontokorrent nicht mehr selbständig geltend gemacht werden können.[59] Aus der Kontokorrentabrede ergibt sich ein selbständiger Anspruch des Kunden gegenüber der Bank wiederum nur aus dem abstrakten Schuldanerkenntnis in-

---

[49] BGH WM 1972, 283, 286.
[50] BGH NJW 1995, 320, 321.
[51] Eine Ausnahme bildet das Staffelkontokorrent, bei dem die Saldierung nicht erst zum Periodenabschluss, sonder nach jeder Buchung erfolgt. Bankkonten werden jedoch regelmäßig nicht als Staffelkontokorrent geführt, vgl. BGHZ 50, 277, 280.
[52] Dazu sogleich, Rn. 17 ff.
[53] Vgl. BGHZ 50, 277, 279 f.
[54] Siehe unten, Rn. 22.
[55] Siehe ausführlich unten, § 6 Rn. 38 ff.
[56] *Palandt/Sprau* § 676f BGB Rn. 4. Ein Aufwendungsersatzanspruch der Bank gemäß § 670 BGB gegen den Kunden wegen der Einlösung von Lastschriften entsteht jedoch erst mit Genehmigung der Belastung durch den Kunden, BGHZ 144, 349, 353.
[57] KG WM 1977, 1236, 1237.
[58] BGHZ 84, 325, 328 f.; BGHZ 50, 277, 282.
[59] Siehe oben, Rn. 10. Zur Unterscheidung vgl. auch BGHZ 84, 325, 330.

folge des anerkannten quartalsmäßigen Rechnungsabschlusses, der aufgrund des Saldovor-trags zudem seinerseits der Kontokorrentbindung unterliegt.[60] Über den Tagessaldo des Kon-tokorrents kann der Kunde dagegen allein auf der Grundlage der Kontokorrentabrede nicht verfügen. Seine tägliche Verfügbarkeit wird erst durch den Girovertrag gewährleistet.

Beispiel:

20   Beim Kreditinstitut geht eine Überweisung zugunsten des Girokontos eines Kunden ein. Gemäß § 676 g I 1 BGB hat die Bank den Betrag auf dem Girokonto des Kunden gutzuschreiben. Die pflicht-gemäße Buchung der Bank auf dem Konto bildet ein abstraktes Schuldversprechen gegenüber dem Kunden. Die hieraus resultierende Forderung wird sodann in das Kontokorrent eingestellt und ver-rechnet. Die Verrechnung ergibt den entsprechenden Tagessaldo, über den der Kunde gemäß Verein-barung aus dem Girovertrag verfügen kann. Dem zum Quartalsende gebildeten Tagessaldo kommt insofern besondere Bedeutung zu, als seine Genehmigung durch den Kunden zu einer Beweislast-umkehr hinsichtlich seiner Zusammensetzung führt. Er ist Grundlage der weiteren Verrechnung in der folgenden Rechnungsperiode.

21   Wesensmäßig verbirgt sich hinter dem Zahlungsanspruch des Kunden in Bezug auf ein Gut-haben eine unregelmäßige Verwahrung gemäß § 700 I 1 BGB.[61] Der Auszahlungsanspruch aus dem Girovertrag beschränkt sich auf ein vorhandenes **Guthaben** des Kunden. Soweit durch einen Zahlungseingang ein vorhandener Soll-Saldo reduziert wird, ohne dass das Konto da-raufhin ein Guthaben aufweist, begründet die Gutschrift keine Zahlungsansprüche des Konto-inhabers, da das mit der Gutschrift verbundene Schuldanerkenntnis der Bank durch Einstel-lung in Kontokorrent gelähmt wird und nicht mehr selbständig geltend gemacht werden kann.[62] Zahlungsansprüche des Kunden im Fall eines Soll-Saldos könnten sich daher allenfalls aus einem ihm eingeräumten Dispositionskredit ergeben. Der Anspruch des Kreditinstituts auf Zahlung eines zu seinen Gunsten bestehenden Überschusses korrespondiert mit dem Rückzah-lungsanspruch aus dem Kontokorrentkreditvertrag bzw. mit dem Anspruch auf Rückführung einer nicht genehmigten Überziehung.

III. Einzelfragen

1. Auskunfts- und Rechenschaftspflicht des Kreditinstituts

22   Aufgrund des Girovertrags steht dem Kunden gemäß §§ 666, 675 I BGB auch ein Anspruch auf Auskunft und Rechenschaft durch das Kreditinstitut zu.[63] Die entsprechende Verpflich-tung erfüllt das Kreditinstitut regelmäßig, indem es dem Kunden Kontoauszüge zur Verfügung stellt. Der Anspruch erfasst jedoch auch zusätzliche Auskünfte, soweit sie zur Überprüfung der Richtigkeit einzelner Buchungen erforderlich sind.[64] So hat die Bank dem Kunden z.B. auch Auskunft zu erteilen, von wem ein auf das Konto des Kunden gezogener Scheck zur Einlösung eingereicht wurde.[65] Soweit sich die Bedeutung und Berechnung einzelner Buchungen aus den Kontoauszügen und eventuell übersandten Belegen nicht eindeutig ergibt, ist die Bank zu wei-terer Erläuterung verpflichtet, wenn sie dazu noch in der Lage ist.[66] Gegebenenfalls muss die Bank Zinsen und Gebühren so aufschlüsseln, dass der Kunde die Richtigkeit der Berechnung überprüfen kann.[67] Die Auskunftpflicht der Bank erstreckt sich auch auf Buchungen, für die der Kontoinhaber bereits Kontoauszüge erhalten hat, und zwar gerade dann, wenn den Kun-den aufgrund eines Saldoanerkenntnisses die Darlegungs- und Beweislast für Fehler des Kre-ditinstituts trifft.[68] Die Auskunftpflicht erlischt nicht nach Ablauf der handelsrechtlicher Auf-bewahrungsfristen für die zur Erteilung der Auskunft erforderlichen Unterlagen, sofern diese von der Bank tatsächlich noch aufbewahrt werden.[69] Der mit der Beschaffung der Informatio-

---

[60] Siehe oben, Rn. 12, 10.
[61] Vgl. BGH 131, 60, 63 f.; *Gößmann*, Bankrechts-Handbuch I § 70 Rn. 27.
[62] BGH NJW 2005, 1771.
[63] BGH NJW 1985, 2699.
[64] BGH NJW 2001, 1486.
[65] BGH NJW 1997, 2528.
[66] BGH NJW 1985, 2699, 2700.
[67] BGH NJW 1985, 2699, 2700.
[68] BGH NJW 1985, 2699, 2700.
[69] BGH NJW 2001, 1486, 1487.

nen verbundene Aufwand für die Bank ändert an dem Auskunftsanspruch nichts, da sie die Auskunft nur Zug um Zug gegen **Kostenerstattung** erteilen muss.[70]

2. Storno- und Berichtigungsbuchungen der Bank

Gemäß Nr. 8 I AGB-Banken bzw. Nr. 8 I AGB-SPK darf die Bank fehlerhafte Gutschriften 23 auf Kontokorrentkonten bis zum nächsten Rechnungsabschluss durch eine Belastungsbuchung rückgängig machen, soweit ihr ein Rückzahlungsanspruch gegen den Kunden zusteht (**Stornobuchung**). Der Entreicherungseinwand des Kunden gemäß § 818 III BGB ist in diesem Fall gemäß Nr. 8 I 2. HS AGB-Banken ausgeschlossen.[71] Die Fehlerhaftigkeit folgt aus dem Bestehen eines Rückzahlungsanspruchs, z.B. bei Gutschrift eines Überweisungseingangs, der nicht für den Kunden bestimmt war. Da insoweit keine Verpflichtung der Bank aus § 676 f BGB zur Gutschrift bestand, fehlte der Gutschrift der Rechtsgrund. Schreibt die Bank dem Kundenkonto eine Überweisung gut, obwohl die Überweisung vom Auftraggeber zuvor widerrufen wurde, steht der Bank allerdings kein Bereicherungsanspruch gegen den Kunden zu, wenn der Überweisung ein Anspruch des Kunden gegen den Überweisenden zugrunde lag und der Kunde keine Kenntnis vom Widerruf hatte.[72]

Nach einem erteilten Rechnungsabschluss kann die Bank gemäß Nr. 8 II AGB-Banken bzw. 24 Nr. 8 II AGB-SPK Korrekturen nur noch in Form einer **Berichtigungsbuchung** vornehmen. Widerspricht der Kunde der Berichtigung, muss die Bank den Betrag dem Konto wieder gutschreiben und ihren Anspruch gesondert wegen ungerechtfertigter Bereicherung verfolgen.[73] Das Stornorecht der Bank wird insoweit durch das Saldoanerkenntnis beschränkt.[74] Der Kunde kann sich dann auch auf die Entreicherung gemäß § 818 III BGB berufen.

3. Fehlende Kundenweisung

a) **Allgemeines.** Sofern eine Belastung des Kundenkontos im Auftrag des Kunden, z.B. auf- 25 grund einer Überweisung oder Barauszahlung, erfolgt, setzt diese eine rechtswirksame Willenserklärung des Kontoinhabers oder eines vom Kontoinhaber wirksam Bevollmächtigten tatsächlich voraus. Liegt eine rechtswirksame Willenserklärung des Kontoinhabers nicht vor,[75] fehlt es an einem Rechtsgrund für die Kontobelastung durch die Bank, und zwar unabhängig davon, ob die Verfügung auf einer Weisung (z.B. Barabhebung, Scheck) oder auf einem Vertrag mit der Bank (Überweisung) beruht. Die Bank muss dem Konto den gegebenenfalls zu Unrecht belasteten Betrag daher wieder gutschreiben[76] und selbst mit Hilfe der Nichtleistungskondition gemäß § 812 I 1 2. Alt. BGB gegen den Zahlungsempfänger vorgehen.[77]

Typische Fälle des Fehlens einer wirksamen Willenserklärung des Kontoinhabers sind: 26
- Geschäftsunfähigkeit des Anweisenden[78]
- fehlende Vertretungsmacht des Anweisenden[79]
- Fälschung von Überweisungen oder Schecks[80]
- Missbrauch von EC-Karten
- Phishing/Pharming

Da die Bank als Anspruchsteller nach allgemeinen Grundsätzen diejenigen Tatsachen zu be- 27 weisen hat, die den infolge eines Kundenauftrags entstehenden Aufwendungsersatzanspruch tragen, muss sie zunächst auch den Nachweis führen, dass die der Verfügung zugrunde liegende Willenserklärung tatsächlich vom Kontoinhaber stammt bzw. auf diesen zurückzuführen ist. Dies betrifft z.B. die Echtheit der Unterschrift auf einem Überweisungsbeleg bzw. Scheck oder die Geschäftsfähigkeit des Kontoinhabers zum Zeitpunkt der Abgabe der Willenserklärung. Da die Führung des Nachweises häufig nicht möglich ist, stellt sich vor allem beim

---

[70] BGH NJW 2001, 1486, 1488.
[71] *Bunte*, Bankrechts-Handbuch I § 13 Rn. 14.
[72] BGH WM 1983, 907.
[73] BGHZ 72, 9, 12.
[74] BGHZ 72, 9, 11.
[75] Siehe auch unten, § 6 Rn. 36 f., zum Wegfall einer zunächst vorhandenen Kundenweisung.
[76] Siehe ausführlich unten, Rn. 54 ff.
[77] Vgl. z.B. BGH NJW 1994, 2357, 2358.
[78] Vgl. BGH NJW 1990, 3194.
[79] Vgl. BGH NJW 2001, 1855.
[80] Vgl. BGH NJW 1994, 2357.

EC-Karten-Missbrauch und beim Phishing bzw. Pharming die Frage nach Beweiserleichterungen zugunsten der Bank, z.B. in Form eines Anscheinsbeweises.[81] Die Beweislast für das Fehlen einer Weisung hat der Kunde im Übrigen dann zu tragen, wenn er einen Rechnungsabschluss anerkannt hat, in den die streitgegenständliche Buchung eingegangen ist.[82] Im Rahmen der Kondiktion des Schuldanerkenntnisses hat er die Unrichtigkeit des Anerkenntnisses zu beweisen.

28   Ein bereicherungsrechtlicher Anspruch des Kontoinhabers gegen den Empfänger der Überweisung bzw. Zahlung besteht in der Regel nicht, da die Zahlung nicht in seinem Auftrag erfolgte.[83] Auch ein Schadensersatzanspruch des Kontoinhabers gegen den Zahlungsempfänger in Höhe des Überweisungsbetrags ist grundsätzlich ausgeschlossen. Da der Kontoinhaber von seiner Bank die Rückgängigmachung der Belastung verlangen kann, hat er in Höhe dieses Betrags keinen Schaden erlitten.[84] Schadensersatzansprüche gegen den Verursacher der unberechtigten Verfügung können sich jedoch aus dem Umstand ergeben, dass der Betrag vorübergehend nicht verfügbar und eine Auszahlung bzw. Überweisung daher zeitweilig ausgeschlossen war. Ist dem Kontoinhaber ein Schaden entstanden, weil er aufgrund eines Sorgfaltspflichtverstoßes, der die unberechtigte Verfügung erst ermöglicht hat, einem Schadensersatzanspruch der Bank gemäß § 280 BGB in Höhe der unberechtigten Verfügung ausgesetzt ist,[85] kann er von dieser gemäß § 255 BGB die Abtretung des der Bank gemäß § 812 I 1 Alt. 2 BGB zustehenden Bereicherungsanspruchs gegen den Überweisungsempfänger verlangen und diesen anschließend gegenüber dem Überweisungsempfänger durchsetzen.[86]

29   b) Missbrauch von ec-Karten. Zu einem Missbrauch einer ec-Karte kommt es, wenn sich ein unbefugter Dritter die ec-Karte des Karteninhabers samt PIN verschafft und hiermit Verfügungen an Geldausgabeautomaten vornimmt. Möglich wird der Missbrauch vor allem dadurch, dass dem Karteninhaber die ec-Karte und die PIN entwendet werden oder ein Geldausgabeautomat durch Anbringung einer technischen Vorrichtung in der Weise manipuliert wird, dass diese die verwendete Karte einbehält und die eingegebene PIN speichert. Vorstellbar ist auch, dass die PIN bei der Eingabe durch den Kontoinhaber am Geldausgabeautomaten (z.B. durch eine Kamera) ausgespäht und gemeinsam mit der später entwendeten ec-Karte verwendet wird.

30   Hat sich ein Dritter die ec-Karte und die PIN des Kontoinhabers unbefugt verschafft und hiermit Barabhebungen am Geldausgabeautomaten vorgenommen, **fehlt** es – wie bereits dargelegt – an einer **Weisung** des Kontoinhabers, weshalb der Bank kein Aufwendungsersatzanspruch gegenüber dem Kontoinhaber zusteht, der die Grundlage für eine entsprechende Belastungsbuchung bilden würde. Dem Kreditinstitut kann jedoch im Einzelfall ein **Schadensersatzanspruch gemäß § 280 I BGB** gegen den Karteninhaber in Höhe der unberechtigten Verfügung zustehen, wenn dieser seine Sorgfaltspflichten im Umgang mit der ec-Karte verletzt hat. Die **Sonderbedingungen** der Kreditinstitute für die ec-Karte sehen insoweit regelmäßig vor, dass Schäden, die aufgrund eines Missbrauchs nach einer Verlustanzeige eintreten, von der Bank getragen werden. Für missbräuchliche Verfügungen vor der Verlustmeldung haftet der Karteninhaber nur im Fall grob fahrlässiger Verletzung von Sorgfalts- und Mitwirkungspflichten. Diese Haftung ist im Übrigen auf einen bestimmten Betrag pro Kalendertag (z.B. 500 €) beschränkt.

31   Macht der Karteninhaber den Missbrauch seiner ec-Karte geltend, stellt sich primär die Frage, ob die Bank darlegen und beweisen kann, dass die Verfügung tatsächlich vom allein berechtigten Karteninhaber vorgenommen wurde. Nach überwiegender Auffassung spricht der **Beweis des ersten Anscheins** dafür, dass die Abhebung vom Karteninhaber selbst vorgenommen wurde und die **Weisung** daher von ihm stammt. Der Karteninhaber kann den Anscheinsbeweis jedoch erschüttern, indem er substanziiert darlegt, wie es ohne seine Mitwirkung zur Abhebung gekommen sein könnte. Dabei reicht es bereits aus, das Abhandenkommen der ec-Karte vor dem Verfügungszeitpunkt substanziiert zu behaupten und gegebenenfalls zu beweisen.[87]

---

[81] Siehe hierzu unten, Rn. 30 ff. und Rn. 39.
[82] Siehe oben, Rn. 14.
[83] BGH NJW 1994, 2357, 2358.
[84] BGH NJW 1994, 2357, 2358 f.
[85] Siehe unten, Rn. 30 und 35.
[86] *Löhnig/Würdinger* WM 2007, 961, 962.
[87] *Hofmann* WM 2005, 441, 446.

Gelingt es dem Karteninhaber auf diese Weise, den **Anscheinsbeweis** zu erschüttern, ist zu   32
prüfen, ob der Beweis des ersten Anscheins für eine **Sorgfaltspflichtverletzung** des Karteninhabers spricht, auf die das Kreditinstitut einen Schadensersatzanspruch gegen den Karteninhaber
wegen positiver Vertragsverletzung gemäß § 280 BGB stützen kann, der dem Kundenkonto
anstelle des Aufwendungsersatzanspruchs belastet werden kann. Der BGH hat hierzu die Auffassung vertreten, dass sich die Bank als Kartenemittent prima facie darauf berufen könne,
dass der Karteninhaber seine Sorgfaltspflicht im Umgang mit Karte und PIN verletzt habe.[88]
Seine Rechtsauffassung stützte der BGH auf ein in der Vorinstanz eingeholtes Sachverständigengutachten, demzufolge es selbst mit größtmöglichem finanziellem Aufwand mathematisch
ausgeschlossen sei, die PIN einer ec-Karte ohne Kenntnis des Institutsschlüssels zu errechnen.[89] Des Weiteren hat der BGH die Auffassung vertreten, dass ein Ausspähen der PIN zwar
durchaus denkbar sei. Eine Erschütterung des Anscheinsbeweises für die Sorgfaltspflichtverletzung sei jedoch nur dann möglich, wenn die ec-Karte in einem näheren zeitlichen Zusammenhang zur PIN-Eingabe durch den Karteninhaber entwendet wurde, da der ausspähende
Täter nicht nur Kenntnis von der PIN, sondern auch den Besitz an der Karte erlangt haben
müsse.[90] Eine Erschütterung des vom BGH für möglich gehaltenen Anscheinsbeweises setzt
daher einen substanziierten Vortrag des Karteninhabers zum zeitlichen Zusammenhang zwischen dem Ausspähvorgang und dem Abhandenkommen der ec-Karte sowie gegebenenfalls
dessen Nachweis voraus.[91]

c) Kreditkartenmissbrauch. Im Kreditkartengeschäft ist die Missbrauchsanfälligkeit noch hö-   33
her als beim ec-Karte-Verfahren, da das Mailorderverfahren, bei dem der Karteninhaber lediglich die Kreditkartennummer und das Verfallsdatum der Karte übermittelt, dem Vertragsunternehmen keine Überprüfung der Legitimation anhand der Unterschrift des Karteninhabers
oder der PIN ermöglicht.[92]

Reklamiert ein Bankkunde den Missbrauch seiner Kreditkarte mit der Begründung, dass ei-   34
ner Belastungsbuchung keine von ihm veranlasste Verfügung zugrunde liege, sind die Rechts-
probleme grundsätzlich die selben wie beim ec-Karten-Missbrauch. Das Kreditinstitut muss
wiederum den Nachweis führen, dass die der Kontobelastung zugrunde liegende **Weisung** vom
Karteninhaber stammt, die Grundlage eines Aufwendungsersatzanspruchs gemäß § 670 BGB
ist. Beim Mailorderverfahren ist dieser Nachweis regelmäßig unmöglich, weil eine Legitimationsprüfung anlässlich des Zahlungsvorgangs gar nicht stattgefunden hat. Beim Präsenzgeschäft muss das Kreditinstitut den Nachweis führen, dass die Unterschrift auf dem Leistungsbeleg die des Karteninhabers ist und nicht gefälscht wurde. Gelingt der Nachweis nicht, kann
die Bank gemäß § 676 h BGB keinen Aufwendungsersatzanspruch geltend machen.[93]

Dem Kreditinstitut kann jedoch wiederum ein **Schadensersatzanspruch** gemäß § 280 BGB   35
gegen den Karteninhaber wegen der Verletzung von Sorgfaltspflichten im Umgang mit der
Karte zustehen. Nach ganz überwiegender Auffassung wird dieser Anspruch durch § 676 h
BGB nicht ausgeschlossen.[94] Nach den einschlägigen Kreditkartenbedingungen, die zwischen
dem kartenausgebenden Kreditinstitut und dem Kunden als Karteninhaber vereinbart werden,
ist die Haftung des Kunden für missbräuchliche Verfügungen, die nach einer Verlustanzeige
bzw. Sperrmeldung vorgenommen werden, wiederum unabhängig davon ausgeschlossen, ob
den Kunden ein Verschulden am Abhandenkommen der Karte sowie gegebenenfalls der PIN
trifft. Im Fall des Missbrauchs vor einer Verlust- bzw. Sperrmeldung haftet der Karteninhaber
grundsätzlich beschränkt auf einen Höchstbetrag (z.B. 50,00 €), es sei denn, er hat seine
Pflichten im Umgang mit der Karte grob fahrlässig verletzt. Im Ergebnis würde den Kunden
die beschränkte Haftung somit – anders als beim ec-Kartenverfahren – auch bei gänzlich
schuldlosem Verhalten treffen. Dass der Karteninhaber im Einzelfall grob fahrlässig gehandelt
hat, ist vom Kreditinstitut zu beweisen, das den hierauf gestützten Schadensersatzanspruch
geltend macht. Ob der Beweis des ersten Anscheins für grob fahrlässiges Verhalten spricht, ist

---

[88] BGH ZIP 2004, 2226, 2228.
[89] BGH ZIP 2004, 2226, 2228 f.
[90] BGH ZIP 2004, 2226, 2229; kritisch *Hofmann* WM 2005, 441, 448 f.
[91] *Palandt/Sprau* § 676 h BGB Rn. 13.
[92] Siehe unten, § 8 Rn. 3.
[93] *MünchKomm/Casper* § 676 h BGB Rn. 14.
[94] *MünchKomm/Casper* § 676 h BGB Rn. 18, unter Verweis auf die Gesetzesmaterialien, m.w.N.; *Palandt/
Sprau* § 676 h BGB Rn. 17; a.A. *Hoffmann/Petrick* ZBB 2003, 343 ff.

eine Frage des individuellen Geschehensablaufs, der Grundlage des Beweises des ersten Anscheins ist. Der Anscheinsbeweis ist nach h.M. nicht durch § 676 h BGB ausgeschlossen.[95]

36   Ob diese betraglich beschränkte verschuldensunabhängige Haftung des Karteninhabers in Kartenbedingungen mit § 307 II Nr. 1 BGB vereinbar ist, ist fraglich. Nach der Rechtsprechung des BGH verstoßen AGB, nach denen der Karteninhaber bis zur Anzeige des Kartenverlustes auch dann betraglich beschränkt haften soll, wenn er den Missbrauch nicht verschuldet hat, gegen § 9 AGBG a.F. bzw. § 307 BGB.[96] Die betraglich beschränkte Haftung des Karteninhabers bei schuldlosem Verhalten wird demgegenüber von der h.M. mit Hinweis auf die Tatsache gerechtfertigt, dass der Karteninhaber im Gegenzug auch bei leichter Fahrlässigkeit nur beschränkt hafte, d.h. durch die geschilderte Haftungsverteilung auch begünstigt werde.[97] Ist der Missbrauch im Mailorderverfahren erfolgt, wo eine Legitimationsprüfung gar nicht erst stattfindet und ein Missbrauch von Kreditkartennummer und Verfallsdatum durch Dritte leicht möglich ist, muss die – wenn auch betraglich beschränkte – Haftung bei pflichtgemäßem Verhalten des Karteninhabers angesichts des in § 676 h BGB normierten Leitbildes auf AGB-rechtliche Bedenken stoßen,[98] da das Risiko der Verwendung von Kreditkartennummer und Verfallsdatum durch Dritte für den Karteninhaber nicht beherrschbar ist,[99] und dem sorgfältig handelnden Karteninhaber die Haftungserleichterung bei leichter bzw. einfacher Fahrlässigkeit nichts nützt.

37   **d) Phishing/Pharming.** Unter Phishing bzw. Pharming versteht man Fälle, in denen sich ein unbefugter Dritter die Zugangsdaten des Kontoinhabers für das Online-Banking verschafft und mit diesen Kontoguthaben auf ein im In- oder Ausland unterhaltenes Konto überweist. An die Zugangsdaten gelangt der Dritte im Fall des „klassischen" Phishing, indem er sich gegenüber dem Kontoinhaber z.B. per E-Mail als vertrauenswürdige Person, z.B. als Bankmitarbeiter, ausgibt und den Kontoinhaber zur Übersendung von PIN und TAN auffordert. Immer häufiger treten ferner die als Pharming bezeichneten Fälle auf, in denen der Dritte – vom Kontoinhaber unbemerkt – eine Schadsoftware (sog. „Trojaner") auf dem vom Kontoinhaber benutzten PC installiert, durch die dieser unbemerkt auf Webseiten weitergeleitet wird, die der Online-Banking-Webseite der Bank mehr oder weniger täuschend ähnlich sehen. Auf diesen werden anschließend die vom Kontoinhaber eingegebenen Zugangsdaten abgefangen. Bis der Kontoinhaber Kenntnis von den auf diese Art ausgeführten Überweisungen erlangt, hat der Empfänger meist schon über die eingegangene Zahlung verfügt, so dass sich die Frage stellt, ob der Kontoinhaber aufgrund Vorgangs Rechtsansprüche gegen sein Kreditinstitut geltend machen kann.

38   Werden Onlineüberweisungen von dem Dritten mit den durch Phishing bzw. Pharming erlangen Zugangsdaten ausgeführt, **fehlt** es an einem wirksamen **Überweisungsvertrag** zwischen Kunde und Bank.[100] Auch in diesem Fall steht dem Kreditinstitut daher kein Aufwendungsersatzanspruch gegen den Kunden zu, den es dem Girokonto belasten dürfte. Die Bank ist daher verpflichtet, dem Kundenkonto den Überweisungsbetrag gegebenenfalls wieder gutzuschreiben, und muss ihrerseits gegenüber dem Empfänger Erstattungsansprüche auf der Grundlage des Bereicherungs- bzw. Schadensersatzrechts geltend machen.[101]

39   Grundsätzlich trägt wiederum das Kreditinstitut die **Darlegungs- und Beweislast** dafür, dass der streitgegenständliche Überweisungsauftrag tatsächlich vom Kontoinhaber erteilt wurde. Aufgrund der Verwendung von korrekten PIN und TAN wird zwar ebenfalls überwiegend ein **Anscheinsbeweis** dahingehend für möglich gehalten, dass der Kontoinhaber den Überweisungsauftrag erteilt hat.[102] Der Kontoinhaber kann den Anscheinsbeweis jedoch wiederum erschüttern, indem er die ernsthafte Möglichkeit eines Phishing-Falls darlegt, z.B. mit Hilfe der Polizei oder eines Sachverständigen nachweist, dass auf dem von ihm verwendeten PC Schadsoftware installiert war.

---

[95] *Baumbach/Hopt* HGB Bankgeschäfte Rn. F/39.
[96] BGH NJW 1984, 2460, 2461; BGH NJW 1991, 1886, 1887 f.
[97] *MünchKomm/Casper* § 676 h BGB Rn. 16; *Taupitz* NJW 1996, 217, 219; *Haun/Neuberger* BuB Rn. 6/1957.
[98] Kritisch im Hinblick auf § 676 h BGB auch *Baumbach/Hopt* HGB Bankgeschäfte Rn. F/42.
[99] Diese Daten muss der Karteninhaber bei jeder regulären Kartenverwendung preisgeben.
[100] *Borges* NJW 2005, 3313, 3314.
[101] *Löhnig/Würdinger* WM 2007, 961, 962.
[102] *Borges* NJW 2005, 3313, 3316 m.w.N.

Im Gegenzug kann dem Kreditinstitut wiederum ein **Schadensersatzanspruch** gegen den   40
Kunden gemäß § 280 BGB zustehen, den es dem Kundenkonto belasten kann. Dieser kann auf
dem Umstand beruhen, dass der Kunde diejenigen **Sorgfaltspflichten im Umgang mit den Zugangsdaten** fahrlässig verletzt hat, die im Einzelnen in den jeweiligen besonderen Vertragsbedingungen für das Online-Banking geregelt sind. Im „klassischen" Fall des Phishing (bewusste
Überlassung der Zugangsdaten an Dritte) ist von einer Pflichtverletzung regelmäßig auszugehen, da die Sonderbedingungen eine Geheimhaltungspflicht des Kontoinhabers bezüglich der
Zugangsdaten gegenüber Dritten normieren. Weniger offenkundig ist eine Sorgfaltspflichtverletzung des Kunden in den Fällen, in denen sich der Dritte die Zugangsdaten mit Hilfe einer
Schadsoftware beschafft hat. Im Einzelnen ist jedoch ungeklärt, ob und unter welchen Bedingungen bereits das Fehlen eines Virenschutzprogramms auf dem vom Kontoinhaber benutzten
PC oder die Offenkundigkeit der Fälschung der benutzten Webseite einen Sorgfaltspflichtver-
stoß des Kontoinhabers begründen. Ob sich die Bank – entsprechend der Rechtsprechung zum
Missbrauch von ec-Karten – auf einen Anscheinsbeweis für den unsorgfältigen Umgang mit
den Zugangsdaten berufen kann, ist umstritten.[103]

3. Zurückweisungsrecht des Kunden in Bezug auf Überweisungseingänge

Der Kontoinhaber hat ein Recht zur Zurückweisung eingehender Überweisungen nur, so-   41
weit die Gutschrift auf einer rechtsgrundlosen Fehlüberweisung beruht, so dass er Berei-
chungsansprüchen des Überweisenden bzw. der überweisenden Bank ausgesetzt wäre.[104]
Sofern dem Kontoinhaber die Zahlung dagegen materiell zusteht, besteht ein Zurückwei-
sungsrecht nicht, da andernfalls ein ungehinderter Giroverkehr nicht mehr zu gewährleisten
wäre.[105] Dies gilt insbesondere in Fällen, in denen Ansprüche des Kunden aus dem Konto von
einem Pfändungs- und Überweisungsbeschluss erfasst werden.

4. Ansprüche auf Auszahlung unpfändbarer Gehälter, Renten und Sozialleistungen

Gehen auf dem Konto des Kunden Gehalts- oder Rentenzahlungen ein, kann sich die Frage   42
stellen, inwieweit die Bank Auszahlung entsprechender Beträge gegenüber dem Kunden unter
Berufung auf entgegenstehende Forderungen verweigern kann, soweit die Ansprüche, auf die
die Zahlungen geleistet werden, gemäß § 850 ff. ZPO bzw. § 54 SGB I Pfändungsschutz genießen.

Soweit die Zahlungseingänge zu einem Kontoguthaben führen, ist eine Verfügung über den   43
eingegangenen Betrag vorbehaltlich einer Pfändung durch Dritte ohne Weiteres möglich.
Problematisch sind dagegen die Fälle, in denen das Konto vor der Verbuchung der Gehalts-
oder Rentenzahlung einen negativen Saldo aufwies, so dass der Eingang nicht oder nur teilweise zu einem Tagesguthaben geführt hat. Sofern der Debetsaldo durch einen Dispositionskredit gedeckt ist, dessen Inanspruchnahme durch den Zahlungseingang verringert wurde,
kann der Kunde den Kredit erneut in Anspruch nehmen und somit aufgrund des Kreditvertrags faktisch über den Zahlungseingang verfügen. Ist der Soll-Saldo dagegen nicht bzw. nicht
mehr durch einen laufenden Dispositionskredit gedeckt (z.B. aufgrund einer Kündigung des
Dispositionskredits oder bei geduldeter Überziehung), stellt sich die Frage, ob die Bank den
Zahlungseingang mit dem vorhandenen Debetsaldo verrechnen darf oder ob sie zur Freigabe
der Zahlungseingänge verpflichtet ist.

Soweit dem Zahlungseingang eine **gemäß §§ 850 ff. ZPO unpfändbare Forderung** zugrunde   44
liegt, hat der BGH die Frage dahingehend entschieden, dass die Verrechnung durch das
Kreditinstitut zulässig ist, so dass kein Auszahlungsanspruch des Kunden besteht.[106] Die Verrechnung werde nicht dadurch ausgeschlossen, dass der Zahlung eine unpfändbare Forderung
zugrunde liege, da der Pfändungsschutz mit der Überweisung der Bezüge auf das Konto bei
dem Kreditinstitut des Schuldners untergegangen sei. Auch § 850 k ZPO steht nach Auffassung des BGH der Verrechnung nicht entgegen, da die Vorschrift ihrem Wortlaut nach nur vor
Pfändungen schütze, um die es im Verhältnis Kunde – Bank nicht gehe. Zudem gewähre die

---

[103] Vgl. *Borges* NJW 2005, 3313, 3316 f.; AG Wiesloch ZIP 2008, 1467, 1468 f.
[104] BGHZ 128, 135, 137 f.
[105] BGHZ 128, 135, 139 f.
[106] BGH NJW 2005, 1863.

Vorschrift – anders als § 55 I 1 SGB I – lediglich einen rein verfahrensrechtlichen Schutz. Auch eine Analogie zu § 850 k ZPO scheidet nach Auffassung des BGH aus, da es an einer Regelungslücke fehle.[107]

45   Demgegenüber steht § 55 SGB I nach Auffassung des BGH einer kontokorrentmäßigen Verrechnung eines Zahlungseingangs, dem eine gemäß § 54 II SGB I **unpfändbare Sozialleistung** zugrunde liegt, während der Frist von sieben Tagen nach Zahlungseingang entgegen.[108] Insoweit darf die Bank den Zahlungseingang auch nicht mit einem vorhandenen Sollsaldo verrechnen, sondern muss den entsprechenden Betrag während des geschützten Zeitraums an den Kontoinhaber auszahlen.[109]

5. Kontosperre

46   Grundsätzlich ist ein Kreditinstitut berechtigt, dem Kontoinhaber unter Berufung auf das AGB-Pfandrecht Verfügungen über ein Girokonto zu verweigern, wenn dem Kreditinstitut aus der Geschäftsverbindung mit dem Kunden Forderungen gegen diesen zustehen, die durch das AGB-Pfandrecht[110] gesichert werden.[111] Dass die Forderungen der Bank noch nicht fällig sind, ändert hieran nichts, da es sich bei der Kontosperre nicht um eine Verwertungsmaßnahme handelt.[112] Die Berechtigung zur Kontosperre hat der BGH insoweit aus § 1281 S. 2 1. HS BGB abgeleitet. Hiernach kann der Pfandgläubiger vor Pfandreife verlangen, dass der Schuldner der verpfändeten Forderung an ihn und den Gläubiger (= Sicherungsgeber) gemeinschaftlich leistet. Bei Identität von Schuldner und Pfandgläubiger – wie im Fall des AGB-Pfandrechts – kann der Kunde als Gläubiger der vom Pfandrecht erfassten Forderung daher nicht Leistung an sich verlangen.[113] Nach Auffassung des BGH folgt aus der Vereinbarung des AGB-Pfandrechts auch nicht ohne weiteres, dass § 1281 S. 2 1. HS BGB abbedungen und dem Kunden die freie Verfügbarkeit bis zur Fälligkeit der gesicherten Forderung zugestanden wurde.[114] Auch eine bis dato störungsfreie Kontobeziehung ändert hieran nichts, da die von der Bank in der Vergangenheit zugelassenen Verfügungen als Freigabe auszulegen sind, die die Bank nicht für die Zukunft binden.

47   Die Kontosperre ist allerdings nur rechtmäßig, wenn die gesicherten Forderungen des Kreditinstituts bereits dem Grunde nach angelegt sind und der Höhe nach feststehen. Es darf somit nur an der Fälligkeit der gesicherten Forderung oder am Eintritt einer Bedingung fehlen.[115] Im Hinblick auf die durch die Kontosperre bewirkte Einschränkung des Kontoinhabers bei der Abwicklung seines Zahlungsverkehrs gebietet der Grundsatz von Treu und Glauben (§ 242 BGB) ferner Zurückhaltung, wenn das Kreditinstitut über anderweitige ausreichende Sicherheiten verfügt.

6. Verzinsung von Guthaben

48   Eine Verzinsung von Guthaben auf einem Girokonto erfolgt nur dann, wenn sie zwischen Kontoinhaber und Kreditinstitut vertraglich vereinbart wurde. Liegt eine entsprechende Vereinbarung vor, hat sich die Verzinsung – wie üblich – an der Höhe des entsprechenden Guthabens zu orientieren. Maßgeblich für die Ermittlung des Guthabens ist angesichts des sich häufig ändernden Kontostandes die **Wertstellung** von Belastungsbuchungen bzw. Gutschriften. Fehlt es an einer individuellen Vereinbarung, hat das Kreditinstitut die Wertstellung an dem Tag vorzunehmen, an dem es die Deckung für eine eingehende Zahlung erhält und daher der Anspruch des Kunden auf Gutschrift des Betrags entsteht.[116]

---

[107] BGH NJW 2005, 1863, 1864 f.
[108] BGH NJW 1988, 2670. Siehe hierzu auch unten, § 17 Rn. 33.
[109] BGH NJW 1988, 2670.
[110] Siehe unten, § 11 Rn. 237 ff.
[111] BGH NJW 2004, 1660, 1661; siehe aber auch BGHZ 144, 52, 56.
[112] BGH NJW 2004, 1660, 1661.
[113] BGH NJW 2004, 1660, 1661.
[114] BGH NJW 2004, 1660, 1661.
[115] Vgl. BGH NJW 2004, 1660, 1661.
[116] BGH NJW 1997, 2042.

7. Kündigung

Die Möglichkeit der Kündigung eines Girokontos richtet sich regelmäßig nach Nr. 18, 19   49
AGB-Banken bzw. Nr. 26 AGB-SPK. Der **Kunde** kann den Girovertrag danach **jederzeit ohne
Einhaltung einer Kündigungsfrist** kündigen, Nr. 18 I AGB-Banken bzw. Nr. 26 I AGB-SPK, da
es regelmäßig an einer Befristung fehlt.

Das **Kreditinstitut** kann das Girokonto gemäß Nr. 19 I AGB-Banken ebenfalls **jederzeit**, je-   50
doch nur unter Einhaltung einer **angemessenen Frist** kündigen. Bei der Bemessung dieser Frist
ist auf die berechtigten Belange des Kunden Rücksicht zu nehmen, Nr. 19 I AGB-Banken. Angemessen ist eine Kündigungsfrist, die es dem Kunden ermöglicht, bei einem anderen Kreditinstitut ein Konto zu eröffnen und seinen Zahlungsverkehr (z.B. Lastschrifteinzug, Daueraufträge) umzustellen. Gemäß Nr. 19 I 3 AGB-Banken hat die Frist mindestens sechs Wochen zu
betragen. In Nr. 26 AGB-SPK fehlt es an einer entsprechenden Regelung. Der Sparkasse wird
sogar ausdrücklich ein Recht zur ordentlichen Kündigung ohne Fristsetzung eingeräumt, wobei sie den berechtigten Interessen des Kunden allerdings angemessen Rechnung zu tragen hat.
Im Ergebnis dürften daher diejenigen Maßstäbe gelten, die Nr. 19 I AGB-Banken detailliert
vorgibt.

> **Hinweis:**
> Von der Kündigung des Girokontos durch das Kreditinstitut ist die Kündigung eines Kontokorrentkre-   51
> dits zu unterscheiden. Letztere unterliegt gemäß Nr. 19 II, III AGB-Banken grundsätzlich einer eige-
> nen Kündigungsregelung. Ob sich eine Kündigung des Kreditinstituts nur auf einen Kontokorrentkre-
> dit oder auch auf den Girovertrag erstreckt, ist eine Frage der Auslegung der Kündigungserklärung.
> Da das Konto regelmäßig noch zur Abwicklung des Kontokorrentkredits benötigt wird, wird sich die
> Kündigung im Zweifel nur auf den Kontokorrentkredit beziehen.[117]

IV. Das Girokonto im Prozess

1. Allgemeines

Kommt es zwischen Kunde und Kreditinstitut zum Streit über die Rechtmäßigkeit der Ver-   52
buchung von Forderungen auf dem Girokonto, ist zu differenzieren. Erkennt das Kreditinstitut eine vom Kunden geltend gemachte Forderung nicht an, wird es sich regelmäßig weigern,
diese auf dem Girokonto zu verbuchen. Der Kunde muss die entsprechende Forderung daher
notfalls einklagen. Im umgekehrten Fall wird das Kreditinstitut die von ihm behauptete strittige Forderung regelmäßig auf dem Konto verbuchen, so dass dieses aus Sicht des Kunden einen zu niedrigen Saldo aufweist. Auch in diesem Fall ist der Kunde daher gezwungen, sich aktiv um die Rückabwicklung des Buchungsvorgangs zu bemühen.

Lediglich dann, wenn das Konto nach der streitigen Belastungsbuchung einen Soll-Saldo   53
aufweist, der größer ist als die streitige Forderung, ist das Kreditinstitut gezwungen, den Soll-
Saldo durchzusetzen. Im Rahmen der Anspruchsdurchsetzung kann sich der Kunde mit der
Unrichtigkeit des geltend gemachten Saldos verteidigen.

2. Belastung des Kontos mit einer strittigen Forderung des Kreditinstituts

Will der Kunde gegen eine nach seiner Auffassung unberechtigte Belastung seines Kontos   54
vorgehen, steht ihm gegenüber der Bank ein **Anspruch auf Korrektur der ungerechtfertigten
Belastungsbuchung bzw. Berichtigung des Kontosaldos** zu.[118] Dagegen scheidet ein Bereicherungsanspruch gegen die Bank nach ständiger Rechtsprechung des BGH aus, wenn die Bank
das Kundenkonto zu Unrecht, z.B. mit einer Überweisung belastet hat, die dem Kunden – z.B.
wegen einer Fälschung des Überweisungsauftrags – nicht zurechenbar ist, da die Bank nichts
auf Kosten des Kunden erlangt hat.[119] Vielmehr besteht der Anspruch des Kunden gegen die
Bank aus dem Girovertrag auf Auszahlung des unter Einbeziehung der unrechtmäßigen Belas-

---

[117] *Lwowski*, Bankrechts-Handbuch I § 75 Rn. 10.
[118] BGH NJW 1994, 2357, 2358; BGHZ 121, 98, 106.
[119] Nach ständiger Rechtsprechung des BGH muss die Bank den Betrag ihrerseits vom Empfänger zurückfordern, da sie das Fälschungsrisiko trägt, vgl. BGH NJW 1994, 2357, 2359, sowie oben, Rn. 25.

tungsbuchung ermittelten Guthabens fort.[120] Die geforderte Rückbuchung hat rein deklaratorische Bedeutung.[121] Diese Argumentation ist nicht auf die Fälle beschränkt, in denen das Kreditinstitut vermeintliche Weisungen ausgeführt hat, sondern lässt sich auf andere rechtsgrundlose Belastungsbuchungen des Kreditinstituts (Entgelte, Zinsen etc.) übertragen.[122]

Muster:

55   Die Formulierung eines Klageantrags in Form des Berichtigungsantrags könnte z.B. lauten:
Die Beklagte ist verpflichtet, den Saldo des in ihrer Filiale …… geführten Kontos des Klägers Nr. ……
durch Rückgängigmachung der Belastungsbuchung in Höhe von EUR …… per Buchungstag …… zu
berichtigen.

56   Dem Kunden ist es allerdings auch nicht verwehrt, unmittelbar auf **Zahlung** des rückzubuchenden Betrags zu klagen, wenn ihm ohne die rechtsgrundlose Abbuchung ein entsprechender Auszahlungsanspruch zugestanden hätte.[123] Ist dies z.B. aufgrund eines zwischenzeitlich eingetretenen debitorischen Kontostandes nicht der Fall, müsste der Antrag insoweit – gegebenenfalls laufend – geändert werden, was für die Geltendmachung des Berichtigungsanspruchs spricht.

57   Auch nach **Beendigung der Kontoverbindung** fällt die Grundlage für einen Berichtigungsantrag grundsätzlich nicht weg.[124] Praktisch wird die Kontoverbindung regelmäßig durch Auszahlung eines vorhandenen Guthabens ohne Berücksichtigung des streitigen Betrags abgewickelt. In diesem Fall kann der Kunde eine Klage mit einem herkömmlichen **Zahlungsantrag** erheben, da das Kreditinstitut einen zu geringen Schlusssaldo ausgezahlt hat. Ein zunächst geltend gemachter Berichtigungsantrag kann bei Beendigung während des laufenden Prozesses gemäß § 264 Nr. 2 ZPO ohne weiteres auf einen Zahlungsantrag umgestellt werden,[125] zumal sich der Zahlungsanspruch nicht mehr wegen weiterer Buchungen verändern kann.

58   Erweist sich, dass die strittige Kontobelastung tatsächlich rechtsgrundlos erfolgt ist, muss die Rückbuchung ex tunc erfolgen, so dass auch bei der Berechnung von Haben- und Sollzinsen so zu verfahren ist, als habe die Belastung nie stattgefunden.[126] Soweit der Kunde durch die vorübergehende Reduzierung des Kontoguthabens in der Verfügbarkeit über das tatsächlich bestehende Guthaben behindert wurde (z.B. Nichteinlösung einer Lastschrift mangels Deckung etc.), können ihm gegebenenfalls Schadensersatzansprüche gegen das Kreditinstitut oder gegen Dritte zustehen.[127]

3. Unterlassene Verbuchung strittiger Kundenforderungen

59   Beruhen Streitigkeiten zwischen dem Kunden und dem Kreditinstitut auf dem Umstand, dass letzteres eine strittige Forderung des Kunden – nach dessen Auffassung zu Unrecht – nicht in das Kontokorrent eingestellt hat, stellt sich die Frage, inwieweit der Kunde diese Forderung selbständig geltend machen kann. Aufgrund der Kontokorrentabrede wäre die Forderung im Fall ihres Bestehens in das Kontokorrent einzustellen sowie zu saldieren, was zugleich ihre Lähmung, d.h. den Ausschluss ihrer selbständigen Geltendmachung zur Folge hätte. Da es jedoch an einer Einstellung in das Kontokorrent fehlt, ist eine selbständige Geltendmachung der Forderung durch den Kunden nicht ausgeschlossen. Vielmehr hat der Kunde die Wahl, ob er mit der **Leistungsklage** einen **Zahlungsanspruch** geltend machen oder auf **Einstellung der Forderung in das Kontokorrent** klagen will.[128]

60   Dem steht auch nicht die Tatsache entgegen, dass ein zwischenzeitlicher Rechnungsabschluss zu einem wirksamen Schuldanerkenntnis geführt hat, das nach überwiegender Auffassung die Erklärung einschließt, dass weitere, von dem Rechnungsabschluss nicht erfasste bzw. nicht in das Kontokorrent eingestellte Forderungen nicht bestehen.[129] Dieses Schuldaner-

---

[120] Vgl. BGH NJW 1994, 2357, 2358.
[121] BGHZ 121, 98, 106.
[122] Vgl. BGHZ 121, 98, 106.
[123] BGHZ 121, 98, 106; *Schimansky*, Bankrechts-Handbuch I § 47 Rn. 28.
[124] BGH NJW 1992, 112.
[125] Insoweit handelt es sich um eine qualitative Änderung des Klageantrags, vgl. *Zöller/Greger* § 264 ZPO Rn. 3b.
[126] *Canaris*, Großkomm. HGB, Bankvertragsrecht I Rn. 366.
[127] *Schimansky*, Bankrechts-Handbuch I § 47 Rn. 28.
[128] Vgl. BGHZ 51, 346, 349 f.
[129] Siehe hierzu oben, Rn. 13.

kenntnis kann der Kunde wiederum gemäß § 812 BGB kondizieren, da es unrichtig ist, wenn der strittige Anspruch tatsächlich besteht. Auch hier gilt wiederum, dass das Anerkenntnis keine Genehmigung sämtlicher Rechnungsposten bewirkt, die dem nach Abschluss der Kontokorrentperiode gezogenen Saldo zugrunde liegen.[130]

4. Die Darlegungs- und Beweislast hinsichtlich des Kontosaldos

Die Darlegungs- und Beweislast bezüglich eines Kontosaldos trifft nach allgemeinen Grund- **61** sätzen die Partei, die den auf den Saldo gerichteten Zahlungsanspruch geltend macht. Fordert der Kunde Auszahlung eines Kontoguthabens, hat er den Auszahlungsanspruch der Höhe nach darzulegen und zu beweisen. Macht das Kreditinstitut einen Zahlungsanspruch gegen den Kunden aufgrund eines wirksam fällig gestellten Dispositionskredits bzw. einer Kontoüberziehung geltend, trifft die Darlegungs- und Beweislast die Bank. Allerdings setzt die jeweilige Darlegungslast nicht voraus, dass sämtliche Buchungen dargelegt werden, die seit der Kontoeröffnung aufgelaufen sind und den geltend gemachten Saldo ergeben. Vielmehr kann sich die darlegungspflichtige Partei darauf beschränken, den letzten Rechnungsabschluss und den hierauf gerichteten Anerkenntnisvertrag sowie die im Anschluss an diesen Rechnungsabschluss aufgelaufenen einzelnen Buchungen darzulegen und gegebenenfalls zu beweisen, so dass sich die geltend gemachte Forderung aus dem anerkannten Abschlusssaldo und den Folgebuchungen ergibt. Soweit der Anspruchsgegner die Korrektheit des zugrunde gelegten Rechnungsabschlusses bestreitet, trifft ihn wegen des (wirksamen) Anerkenntnisvertrags die Darlegungs- und Beweislast für die Unrichtigkeit des anerkannten Rechnungsabschlusssaldos.[131] Ist eine strittige Buchung in ein wirksames Saldoanerkenntnis eingeflossen, führt letzteres – wie bereits dargelegt – nicht zu einer Genehmigung der entsprechenden Forderung.[132] Allerdings muss die betroffene Partei das Anerkenntnis gemäß § 812 BGB zurückfordern und im Prozess gegebenenfalls beweisen, dass die Buchung ohne Rechtsgrund erfolgt ist.[133]

Ist der Anspruchsteller nicht in der Lage, ein Anerkenntnis des Beklagten darzutun, muss er **62** die der Saldoberechnung zugrunde liegenden gegenseitigen Ansprüche so substanziiert darlegen, dass dem Gericht eine vollständige rechnerische und rechtliche Überprüfung möglich ist. Allerdings erfordert ein solcher Vortrag nicht zwangsläufig eine gesonderte Darlegung jeder einzelnen in das Kontokorrent eingestellten Forderung seit Beginn des Kontokorrentverhältnisses. Vielmehr kann sich der Gläubiger zunächst auf die Darstellung der Entwicklung der Forderung ab einem bestimmten Zeitpunkt beschränken, in dem die Forderung unstreitig war. Näheres Vorbringen zu dem Ausgangssaldo ist erst und nur dann erforderlich, wenn der Anspruchsgegner den Ausgangssaldo bestreitet.[134] Ausdrücklich hat der BGH dabei ein globales Bestreiten des Ausgangssaldos für zulässig erachtet. Soweit einzelne Buchungsposten **streitig** sind, muss die Vertragspartei, die den Überschuss geltend macht, die Aktivposten, die andere Partei die Passivposten darlegen und beweisen.[135]

Im Prozess kann das Gericht gemäß § 142 I 1 ZPO die **Vorlage** von Kontoauszügen oder **63** Umsatzlisten **anordnen**. Ferner kann der Kunde gegebenenfalls einen **Urkundenbeweis** gemäß §§ 421 ff. ZPO führen, soweit dem Kunden ein Auskunftsanspruch gemäß § 422 ZPO, §§ 675, 666 BGB zusteht.[136]

5. Verjährung

a) **Anspruch auf Auszahlung eines Kontoguthabens.** Der Anspruch des Kunden aus dem **Giro-** **64** **vertrag** auf Auszahlung des Tagesguthabens ist täglich fällig, weshalb sich angesichts der regelmäßigen Verjährungsfrist von drei Jahren gemäß § 195 BGB die Frage nach einer Verjährung des Auszahlungsanspruchs insbesondere dann stellt, wenn längere Zeit keine Buchungen auf einem Girokonto erfolgt sind. Insoweit gilt, dass das Guthaben auf einem Girokonto als Sichteinlage überwiegend als Fall der unregelmäßigen Verwahrung gemäß § 700 BGB behandelt wird.[137] Gemäß § 700 I 3 BGB finden hinsichtlich der Modalitäten der Rückzahlung die Vor-

---

[130] BGH NJW 1995, 320, 321.
[131] BGH NJW 1995, 320, 321.
[132] Siehe hierzu oben, Rn. 13.
[133] BGHZ 72, 9, 12.
[134] Vgl. BGH NJW 1991, 2908.
[135] BGH NJW 1991, 2908.
[136] Siehe oben, Rn. 22.
[137] So *Canaris*, Großkomm. HGB, Bankvertragsrecht I Rn. 318.

schriften über die Verwahrung gemäß §§ 688 BGB Anwendung, weshalb zwecks Bestimmung des Verjährungsbeginns auf § 695 S. 2 BGB abgestellt werden kann. Nach dieser Vorschrift beginnt die Verjährung des täglich fälligen Rückforderungsanspruchs (sog. verhaltener Anspruch) nicht schon mit seiner Entstehung, sondern erst mit der tatsächlichen Rückforderung.[138] Zu beachten ist, dass für den Beginn abweichend von § 199 BGB nicht der Ablauf des Jahres maßgeblich ist, in dem die Rückzahlung geltend gemacht wird, weshalb eine unterjährige Verjährung möglich ist.[139] Auch wenn der Verwahrungsvertrag rechtlich vom Girovertrag zu unterscheiden ist,[140] könnten die genannten Vorschriften zumindest analog herangezogen werden.

65 **b) Anspruch aus einem Saldoanerkenntnis.** Demgegenüber unterliegt der jeweilige Anspruch aus dem Saldoanerkenntnis nach einem Rechnungsabschluss den regelmäßigen Verjährungsvorschriften der §§ 195, 199 BGB, d.h. einer Verjährungsfrist von drei Jahren.[141] Da der jeweilige Saldo jedoch in den zeitlich folgenden kausalen Saldo einfließt, der sich aufgrund des folgenden Rechnungsabschlusses ergibt, droht eine Verjährung nicht, sofern es weiterhin regelmäßig zu Rechnungsabschlüssen und hierauf bezogenen Schuldanerkenntnissen kommt. Eine Verjährung steht daher im Normalfall erst drei Jahre nach Ablauf des Jahres im Raum, in dem das Kontokorrentverhältnis beendet wurde.

66 **c) Verrechnete bzw. zu verrechnende Forderungen.** Die Verjährung der in das Kontokorrent eingestellten Forderungen richtet sich ebenfalls nach §§ 195, 199 BGB. Sie war jedoch – jedenfalls bis zum Inkrafttreten des SMG – entsprechend § 205 BGB zunächst bis zum Ende der bei ihrer Entstehung laufenden Rechnungsperiode – unabhängig von ihrer Aufnahme in das Kontokorrent – gehemmt.[142] Wird die Forderung in den Rechnungsabschluss der betreffenden Kontokorrentperiode und das hieran anknüpfende Saldoanerkenntnis einbezogen, erlischt sie. Sofern die Einstellung unterbleibt, muss der Kunde sein Recht auf Anerkennung bzw. Zahlung innerhalb der Verjährungsfrist für die betreffende Einzelforderung geltend machen. Aufgrund der dargelegten Hemmung der Verjährung bis zum Ende der betreffenden Kontokorrentperiode begann die Verjährung nach altem Recht mit dem Schluss dieser Periode zu laufen.[143] Da die regelmäßige Verjährungsfrist von Ansprüchen seit dem Inkrafttreten des SMG gemäß § 199 BGB erst mit Ablauf des Jahres beginnt, in dem der Gläubiger Kenntnis von der Entstehung des Anspruchs erlangt hat, dürfte die Verjährung nunmehr erst mit Ablauf des Jahres zu laufen beginnen, in dem die einzustellende Forderung entstanden ist. Die Hemmung der Verjährung entsprechend § 205 BGB bis zum Periodenende dürfte dagegen bedeutungslos geworden sein, da der Lauf der Verjährungsfrist zu diesem Zeitpunkt aufgrund des von § 199 BGB geforderten zusätzlichen Kriteriums regelmäßig noch nicht begonnen hat.

[138] Vgl. *MünchKomm/Hüffer* § 695 BGB Rn. 14.
[139] *Palandt/Sprau* § 695 BGB Rn. 2.
[140] *Canaris*, Großkomm. HGB, Bankvertragsrecht I Rn. 318.
[141] Vgl. *Baumbach/Hopt* § 355 HGB Rn. 11.
[142] BGHZ 51, 346, 347.
[143] BGHZ 51, 346, 347 f.

§ 5 Spareinlagen

Übersicht

I. Allgemeines

Während Girokonten primär der Abwicklung des Zahlungsverkehrs dienen und die Verzin- **1** sung von Guthaben bei den täglich fälligen, sogenannten Sichteinlagen daher kein typisches Merkmal des Girovertrags ist, dienen Spareinlagen aus Kundensicht primär der Erzielung von Zinserträgen.

Bei der Ausgestaltung ihrer Sparprodukte sind die Kreditinstitute grundsätzlich frei und kei- **2** nen unmittelbaren rechtlichen Beschränkungen unterworfen.[144] Tatsächlich erfolgt die Konzeption der Produkte allerdings vor dem Hintergrund bestimmter Anforderungen an die Rechnungslegung der Kreditinstitute durch die RechKredVO, die sich somit mittelbar auf das Rechtsverhältnis zwischen Kunde und Bank auswirken. So dürfen Einlagen vom Kreditinstitut nur dann als Spareinlagen bilanziert werden, wenn sie diesem unbefristet zur Verfügung gestellt werden, womit eine sofortige Kündigung grundsätzlich nicht vereinbar wäre.[145] Zivilrechtliche Konsequenzen haben diese Vorgaben ferner dahingehend, dass die Kreditinstitute ihre Sparprodukte vertraglich so ausgestalten, dass die Voraussetzungen für eine Bilanzierung als Spareinlage gemäß § 21 IV RechKredVO erfüllt sind.

II. Rechtlicher Hintergrund

Bei der Spareinlage handelt es sich um einen Darlehensvertrag bzw. einen Fall der unregel- **3** mäßigen Verwahrung, auf die gemäß § 700 I 1 BGB die Vorschriften des Darlehensvertrags gemäß §§ 488 ff. BGB Anwendung finden. Die Modalitäten der Verzinsung und der Rückzahlung unterliegen der Vereinbarung durch die Vertragsparteien. Insoweit sind die entsprechenden Sonderbedingungen der Banken für den Sparverkehr, die regelmäßig Bestandteil der Vertragsbeziehung zwischen Kreditinstitut und Kunde werden, sowie die jeweiligen schriftlichen vertraglichen Regelungen maßgeblich.

III. Einzelfragen

1. Laufzeit und Kündigung

Wenn für Spareinlagen **keine feste Laufzeit** vorgesehen ist, beinhalten die von den Kreditin- **4** stituten angebotenen Sparverträge regelmäßig eine mindestens dreimonatige Kündigungsfrist in Bezug auf die Einlage, um den Anforderungen gemäß § 21 IV RechKredVO an die Qualifikation von Spareinlagen gerecht zu werden. Allerdings wird üblicherweise auch eine ergän-

---

[144] *Gößmann*, Bankrechts-Handbuch I § 70 Rn. 1.
[145] *Gößmann* BuB Rn. 2/177.

zende Vereinbarung getroffen, wonach Verfügungen von bis zu 2.000,00 Euro pro Kalendermonat ohne Kündigung möglich sind (sog. Sockelbetrag), da § 21 IV 2 RechKredVO insoweit klarstellt, dass dies an der Qualifikation der Spareinlage im bilanziellen Sinn nichts ändert.

5   Zwar verbietet die RechKredVO eine vorzeitige Auszahlung von Sparguthaben über den Sockelbetrag hinaus nicht. Um eine Anerkennung als Spareinlage im Sinne von § 21 RechKredVO sicherzustellen, darf dem Kunden jedoch kein Anspruch auf Rückzahlung des Guthabens eingeräumt werden, der über den monatlichen Sockelbetrag hinausgeht.[146] Des Weiteren werden von den Kreditinstituten bei Verfügungen vor Fälligkeit Vorschusszinsen berechnet, um die Anerkennung als Spareinlage sicherzustellen. Hierzu sind die Banken durch § 21 RechKredVO – anders als unter § 22 KWG a.F. – allerdings nicht mehr verpflichtet. Grundlage ist vielmehr eine vertragliche Vereinbarung, z.B. in entsprechenden Sonderbedingungen, die einen pauschalierten Schadensersatz für entgangenen Gewinn darstellt.[147] Um die Anerkennung als Spareinlage nicht zu gefährden, sehen sich die Kreditinstitute gezwungen, von der Berechnung von Vorschusszinsen nur in besonders begründeten Ausnahmefällen abzusehen, z.B. wenn sich der Sparer in einer wirtschaftlichen Notlage befindet.[148]

6   Ferner existieren auch **zeitlich befristete Sparverträge**, die grundsätzlich nicht kündbar und üblicherweise mit einer Festzinsvereinbarung kombiniert sind, wie z.B. für Sparbriefe. Denkbar ist allerdings eine außerordentliche Kündigung des Sparers gemäß §§ 490 Abs. 3, 314 BGB. Dem entspricht, dass Kreditinstitute bei Vorliegen besonderer Umstände, z.B. bei wirtschaftlicher Notlage des Sparers, den Zugriff auf befristete Sparguthaben oftmals zulassen.

7   Schließlich existieren Sparprodukte, die hinsichtlich Laufzeit und Verzinsung verschiedene Elemente kombinieren. So kann z.B. eine anfängliche Kündigungssperre vereinbart werden, nach deren Ablauf die ansonsten übliche dreimonatige Kündigungsfrist gilt.

2. Verzinsung von Spareinlagen

8   a) **Allgemeines.** Auch die Verzinsung von Spareinlagen richtet sich nach der zwischen Bank und Kunden getroffenen vertraglichen Vereinbarung. Regelmäßig wird entweder ein über einen bestimmten Zeitraum fester oder ein variabler Zinssatz vereinbart. Darüber hinaus existieren z.B. Vereinbarungen über im Vorhinein festgelegte Steigerungen des Zinssatzes zu bestimmten Zeitpunkten oder die Ergänzung eines variablen Zinssatzes durch eine Prämie. Ferner kann sich eine Zinsanpassung grundsätzlich auch nach bestimmten Parametern richten, die vertraglich vereinbart werden, z.B. nach der Entwicklung eines Referenzzinssatzes oder eines Aktienindexes.

9   b) **Zinsanpassung durch das Kreditinstitut.** Sofern kein Festzinssatz vereinbart wurde, verweist die vertragliche Vereinbarung hinsichtlich der Höhe des Zinssatzes üblicherweise auf den aktuellen Preisaushang des jeweiligen Kreditinstituts, so dass die von der Bank für die Spareinlage zu erbringende Gegenleistung nur zum Abschlusszeitpunkt feststeht, für die Zukunft jedoch zunächst offen bleibt. Dem Kreditinstitut wird somit vertraglich die Berechtigung zur **Zinsanpassung** für die Zukunft eingeräumt.[149] Hierbei handelt es sich um die vertragliche Vereinbarung eines einseitigen Leistungsbestimmungsrechts zugunsten der Bank gemäß § 315 ff. BGB, das grundsätzlich nicht zu beanstanden ist.[150]

10   Allerdings hat der BGH entschieden, dass der Bank jedenfalls bei **langfristig angelegten Sparverträgen** keine inhaltlich unbegrenzte Zinsänderungsbefugnis zusteht. Vielmehr unterliegt die formularmäßige Vereinbarung eines solchen Leistungsbestimmungsrechts der AGB-rechtlichen Inhaltskontrolle, da sich die Vertragsparteien im vom Gesetz vorausgesetzten Regelfall über Art und Umfang von Leistung und Gegenleistung einigen, d.h. ein einseitiges Leistungsbestimmungsrecht somit nur besteht, wenn es vertraglich vereinbart wird.[151] Zudem beinhaltet das der Bank vertraglich eingeräumte Recht zur Zinsanpassung eine Abweichung von der gesetzlichen Regelung des § 316 BGB, da hiernach im Zweifel dem Gläubiger einer Leistung, d.h. dem Kunden, das entsprechende Bestimmungsrecht zusteht.

---

[146] *Gößmann*, Bankrechts-Handbuch I § 71 Rn. 72.
[147] *Gößmann*, Bankrechts-Handbuch I § 71 Rn. 71.
[148] Vgl. *Gößmann*, Bankrechts-Handbuch I § 71 Rn. 73 ff.
[149] OLG Düsseldorf, NJW 2004, 1532, 1534.
[150] BGH ZIP 2004, 798.
[151] BGH ZIP 2004, 798, 799.

Das dem Kreditinstitut eingeräumte Anpassungsrecht muss daher mit § 308 Nr. 4 BGB ver- **11** einbar sein. Nach dieser Vorschrift ist eine Vereinbarung unwirksam, die dem Verwender der Klausel, hier dem Kreditinstitut, das Recht einräumt, die versprochene Leistung zu ändern oder von ihr abzuweichen, wenn nicht die Vereinbarung der Änderung oder Abweichung unter Berücksichtigung der Interessen des Verwenders für den anderen Vertragsteil unzumutbar ist. Da von einer Änderung bzw. Abweichung die Rede ist, muss sich die Befugnis der Bank zur Anhebung oder Reduzierung des zum Zeitpunkt des Vertragsschlusses geltenden Zinssatzes an dieser Vorschrift messen lassen.[152] Ferner hat der BGH entschieden, dass sich aus der Formulierung von § 308 Nr. 4 BGB eine Vermutung für die Unwirksamkeit eines solchen Leistungsbestimmungsrechts ergibt. Es sei daher Sache des Verwenders, diese Vermutung durch die Darlegung und den Nachweis der Voraussetzungen für die Zumutbarkeit der Änderungsbefugnis zu entkräften.[153]

Für zumutbar hält der BGH eine Leistungsänderungsklausel, wenn die Interessen des Ver- **12** wenders gegenüber den für das jeweilige Geschäft typischen Interessen des anderen Vertragsteils überwiegen oder zumindest gleichwertig sind. Dies setzt eine Fassung der Klausel voraus, die nicht zur Rechtfertigung unzumutbarer Änderungen dienen kann, und erfordert im Allgemeinen, dass für den Vertragspartner ein gewisses Maß an **Kalkulierbarkeit der möglichen Leistungsänderung** besteht.[154] Insbesondere ist das Kreditinstitut nicht berechtigt, seine Gegenleistung für die Spareinlage ohne Rücksicht auf das bei Vertragsbeginn bestehende **Äquivalenzverhältnis** von Leistung und Gegenleistung zu ändern.[155] Die bloße Verweisung auf den „durch Aushang bekannt gegebenen Zins" wird diesen Anforderungen nicht gerecht, da sie keine ausdrückliche Begrenzung der Änderungsbefugnis des Kreditinstituts enthält.[156] Hinsichtlich der Möglichkeit der Kalkulierbarkeit der Zinsanpassung könne das Kreditinstitut unter den Bezugsgrößen des Kapitalmarktes diejenigen oder eine Kombination derjenigen auswählen, die den Gegebenheiten ihres Geschäfts möglichst nahe kämen, und zum Maßstab für spätere Zinsänderungen machen.[157]

Angesichts der Tatsache, dass der BGH diese Vorgaben ausdrücklich auf langfristige Spar- **13** verträge bezogen hat, ist offen, unter welchen Bedingungen eine Zinsanpassung bei kurz- und mittelfristigen Verträgen möglich ist. Das Urteil des BGH beinhaltet keine konkreten Anhaltspunkte für eine abweichende Gestaltung für die Zinsanpassung bei nicht langfristigen Sparverträgen. Die durch die Entscheidung des BGH überholten Argumente verschiedener Oberlandesgerichte[158] für die Auffassung, Kreditinstitute hätten im Passivgeschäft im Rahmen des § 315 BGB freie Hand bei der Anpassung ihrer Konditionen, eignen sich nicht als Wertungsgrundlage.[159] Eine von den BGH-Grundsätzen abweichende Wertung hätte angesichts der höchst unterschiedlichen Ausgestaltung von Sparverträgen Abgrenzungsschwierigkeiten zur Folge, zumal eine dreimonatige Kündigungsfrist nach Auffassung des BGH die Qualifikation des Vertrags als langfristigen nicht hindert. Andererseits könnte der Kunde – im Vergleich mit dem Kreditgeschäft – wesentlich leichter auf sich verändernde Marktbedingungen reagieren und das Sparguthaben anderweitig zu günstigeren Konditionen anlegen.

Hinsichtlich der Rechtsfolgen bei unwirksamen Zinsanpassungsklauseln einschließlich der **14** gerichtlichen Geltendmachung kann auf die bei unwirksamen Zinsanpassungsklauseln im Kreditgeschäft geltenden Grundsätze verwiesen werden.[160]

3. Bedeutung von Sparbüchern und anderen Sparurkunden

Regelmäßig stellen Kreditinstitute über die Spareinlage ihrer Kunden eine **Urkunde** (z.B. ein **15** **Sparbuch**) aus, um den Vorgaben von § 21 IV RechKredVO gerecht zu werden. Zusätzlich wird in den im Bankverkehr üblichen Bedingungen für den Sparverkehr oder im Sparvertrag vereinbart, dass die Bank berechtigt ist, **an jeden Vorleger** des Sparbuchs zu zahlen, wodurch

---

[152] BGH ZIP 2004, 798, 799.
[153] BGH ZIP 2004, 798, 799.
[154] BGH ZIP 2004, 798, 799 f.
[155] BGH ZIP 2004, 798, 800.
[156] BGH ZIP 2004, 798, 800.
[157] BGH ZIP 2004, 798, 800.
[158] OLG Düsseldorf NJW 2004, 1532 ff.
[159] Gegen das Argument der beschränkten Schutzbedürftigkeit des Kunden im Passivgeschäft der Bank z.B. *Rösler/Lang* ZIP 2006, 214.
[160] Für eine Gleichbehandlung auch *Rösler/Lang* ZIP 2006, 214; siehe im Einzelnen unten, § 10 Rn. 137 ff.

die Sparurkunde zum qualifizierten Legitimationspapier gemäß § 808 BGB wird. Die Bank ist daher nicht verpflichtet zu prüfen, ob der Vorleger der Urkunde mit dem auf der Urkunde bezeichneten Berechtigten identisch ist. Sie wird gemäß § 808 I 2 BGB vielmehr durch Zahlung an den (nicht berechtigten) Vorleger der Urkunde gegenüber dem tatsächlich berechtigten Forderungsinhaber von ihrer Verpflichtung frei.

16   Letzteres gilt nach der Rechtsprechung des BGH jedoch nur, wenn und soweit die Auszahlung tatsächlich im Rahmen der vertraglichen Vereinbarung mit dem Kontoinhaber erfolgt. Keine befreiende Wirkung hat die Leistung der Bank somit, wenn entgegen der vereinbarten Kündigungsfrist trotz fehlender Kündigung Auszahlungen über einen jederzeit verfügbaren Sockelbetrag hinaus erbracht werden.[161] In einer vorzeitigen Auszahlung des Guthabens unter Berechnung von Vorschusszinsen sieht der BGH eine Änderung der Kündigungsregelung des Sparvertrags, die nur der Vertragspartner der Bank vornehmen kann. Die Legitimationswirkung des Sparbuchs gemäß § 808 BGB umfasst nach Auffassung des BGH jedoch nicht die Befugnis zur Änderung des Sparvertrags.[162] Vielmehr müsste der vom Vertragspartner verschiedene Inhaber der Sparurkunde die zur Vertragsänderung erforderliche Vertretungsmacht besitzen.

17   **Keine schuldbefreiende Wirkung** hat die Zahlung des Kreditinstituts an den Vorleger eines Sparbuchs, wenn die Bank positiv wusste oder grob fahrlässig nicht wusste, dass der Vorleger nicht zur Verfügung berechtigt ist.[163] Ein Indiz für eine mangelnde Verfügungsbefugnis kann sich z.B. bei ein Auszahlungsbegehren nach Anzeige des Sparbuchsverlusts oder bei der Abhebung eines ungewöhnlich hohen Betrags ohne vorherige Kündigung ergeben, weshalb in diesen Fällen eine Leistung mit befreiender Wirkung ohne Legitimationsprüfung nicht möglich wäre.[164]

18   Auch an den Kontoinhaber muss die Bank nur gegen Vorlage der Urkunde auszahlen, § 808 II 1 BGB. Hat der Kontoinhaber seinen Rückzahlungsanspruch gegen die Bank an einen Dritten abgetreten, hätte die Auszahlung an den Kontoinhaber bei Nichtvorlage der Urkunde entgegen § 407 BGB keine befreiende Wirkung gegenüber dem tatsächlich berechtigten Zessionar, wenn dieser aufgrund der Sparbedingungen darauf vertrauen durfte, dass eine Auszahlung nur gegen Vorlage der Urkunde erfolgen werde.[165]

19   Zeigt der Kunde der Bank den **Verlust des Sparbuchs** an, wozu er regelmäßig aufgrund der Bedingungen für den Sparverkehr verpflichtet ist, entfällt die Legitimationswirkung gemäß § 808 BGB, so dass die Bank nicht mehr mit befreiender Wirkung an einen Vorleger des Buches zahlen kann.[166]

Praxistipp:

20   Der Verlust des Sparbuchs sollte der Bank umgehend angezeigt werden. Zwar prüfen die Banken auch bei der Vorlage eines Sparbuchs meist die Legitimation des Vorlegers. Da sie hierzu jedoch gemäß § 808 BGB nicht verpflichtet sind, darf der Kunde hierauf nicht vertrauen.

4. Forderungshöhe

21   Nach allgemeinen Grundsätzen hat der Sparer die Höhe seines Guthabens, das Kreditinstitut dagegen die Rückzahlung zu beweisen.[167] Der Kunde kann sich grundsätzlich auf die Eintragungen im Sparbuch stützen, das insoweit Privaturkunde gemäß § 416 ZPO ist. Ob die Eintragungen im Sparbuch zutreffend sind, ist eine Frage der freien Beweiswürdigung gemäß § 286 ZPO.[168] Dem Kunden steht es daher frei, einen höheren als den im Sparbuch ausgewiesenen Betrag nachzuweisen. Umgekehrt hat das Kreditinstitut die Möglichkeit, z.B. durch Vorlage von Auszahlungsquittungen den Nachweis eines niedrigeren Forderungsstandes zu beweisen. Bankinterne Unterlagen, die nicht unter § 416 ZPO fallen, reichen in der Regel nicht aus, um die Beweiskraft der Sparurkunde zu erschüttern.[169]

---

[161] BGHZ 28, 368, 373.
[162] BGHZ 64, 278, 287.
[163] *Palandt/Sprau* § 808 BGB Rn. 4.
[164] Vgl. *Gößmann*, Bankrechts-Handbuch I § 71 Rn. 50.
[165] OLG Hamm WM 1984, 801, 802.
[166] BGH NJW 1988, 2100, 2101.
[167] BGH NJW 2002, 2707.
[168] *Gößmann*, Bankrechts-Handbuch I § 71 Rn. 34.
[169] OLGR Celle 2008, 656, 658.

Eine Beweislastumkehr hinsichtlich der Höhe des Guthabens bei Sparbüchern, in denen seit 22 Jahrzehnten keine Eintragung mehr vorgenommen wurde, hat der BGH abgelehnt.[170] Das Kreditinstitut muss daher besondere Umstände darlegen, die den Schluss zulassen, es sei bei einer früheren Rückzahlung an der Entwertung des Sparbuchs gehindert gewesen. Auch der Ablauf der handelsrechtlichen Aufbewahrungsfrist rechtfertigt für sich genommen nicht eine Beweislastumkehr hinsichtlich der Forderungshöhe.[171]

5. Verjährung

Hinsichtlich der Verjährung des Anspruchs auf Rückzahlung eines Sparguthabens gelten 23 grundsätzlich keine Besonderheiten. Ist die Einlage nicht befristet, wird der Anspruch auf Rückzahlung erst mit der Kündigung durch den Kunden fällig. Die Verjährungsfrist beginnt dementsprechend mit Ablauf des Jahres, in dem der Rückzahlungsanspruch aufgrund Kündigung fällig geworden ist.[172]

Für die Zeit vor dem Inkrafttreten des SMG hat der BGH entschieden, dass die Verjährung 24 von Guthabenforderungen nicht gemäß § 199 BGB a.F. bereits mit der erstmaligen Möglichkeit zur Kündigung des Sparguthabens, sondern erst mit der Kündigung selbst beginnt.[173] Auch bei sehr alten Sparguthaben ist somit bei Inkrafttreten des SMG zum 1.1.2002 regelmäßig noch nicht von einer Verjährung der Kundenforderung auszugehen. Gleiches gilt für Zinsansprüche, wenn diese der Spareinlage zum jeweiligen Zahlungszeitpunkt zugeschlagen wurden, da sich die Verjährung insoweit nach den für die Spareinlage selbst geltenden Grundsätzen, nicht aber nach § 197 BGB a.F. richtet.[174] Soweit Zinsen nicht in der Sparurkunde ausgewiesen sind, kann der Kontoinhaber mit Hilfe der Sparurkunde nicht den Nachweis führen, dass diese dem Sparkonto gutgeschrieben wurden. Insoweit gelten die Verjährungsvorschriften bereits mit der Entstehung des Zinsanspruchs und nicht erst ab Kündigung des Guthabens.

6. Prozessuales

Der Inhaber einer Spareinlage, über die ein Sparbuch ausgestellt ist, kann seinen Anspruch 25 auf Auszahlung des Sparguthabens grundsätzlich im **Urkundenprozess** gemäß §§ 592 ff. ZPO geltend machen. Sowohl das Bestehen des Anspruchs dem Grunde und der Höhe nach als auch die Inhaberschaft der Forderung können durch das Sparbuch als Urkunde gemäß § 592 S. 1 ZPO bewiesen werden. Zu beachten ist allerdings, dass auch der Nachweis der Fälligkeit durch Urkunden zu führen sein muss. Dies gilt jedenfalls dann, wenn der Kunde einen über den jederzeit verfügbaren Sockelbetrag hinausgehenden Anspruch geltend macht, da der überschießende Betrag der dreimonatigen Kündigungsfrist unterliegt.

---

[170] BGH NJW 2002, 2707 f.
[171] BGH NJW 2002, 2707, 2708.
[172] *Palandt/Heinrichs* § 199 BGB Rn. 4.
[173] BGH NJW 2002, 2707, 2708.
[174] BGH NJW 2002, 2707, 2708.

§ 6 Giroüberweisung

1   Der Erleichterung des Zahlungsverkehrs dienen verschiedene Verfahren, die die Übergabe von Bargeld ersetzen. Die bargeldlosen Zahlungsmittel weisen die Gemeinsamkeit auf, dass Banken als Intermediäre eingeschaltet sind, um die gesamte Abwicklung zu erleichtern. Von größter praktischer Relevanz sind die Giroüberweisung, das Lastschriftverfahren sowie automatisierte Zahlungssysteme (ec- bzw. Maestro-Karten-System, POS-, POZ-System). Die nachfolgende Darstellung beschränkt sich auf die Teilbereiche, die relevantes Konfliktpotential für die Beziehung zwischen Bank und Kunde bergen.

I. Ausgangssituation

2   Die Überweisung dient dem Zweck, dem Empfänger der Überweisung einen Geldbetrag zukommen zu lassen, wobei die Initiative für die Zahlung vom Zahlungspflichtigen ausgeht.

3   Da der Schuldner einer Geldforderung selbst dann keinen Anspruch darauf hat, die Leistung in Form von Buchgeld erbringen zu dürfen, wenn der Empfänger ein Girokonto unterhält, bildet die Zahlung durch Überweisung grundsätzlich nur eine Leistung an Erfüllungs Statt gemäß § 364 I BGB[175]: Anstelle von Bargeld erhält der Gläubiger mit der Gutschrift des Überweisungsbetrags einen Auszahlungsanspruch gegen seine Bank. Erteilt der Gläubiger jedoch im Voraus seine Einwilligung zur Erfüllung durch Überweisung, indem er z.B. eine Kontonummer auf einer Rechnung angibt, tritt mit der Gutschrift des Überweisungsbetrags auf dem Konto Erfüllung gemäß § 362 BGB ein.[176]

4   Die **Abwicklung** von Überweisungen erfolgt dergestalt, dass der Auftraggeber in Form eines Überweisungsbelegs, Dauerauftrags, Sammelüberweisungsauftrags oder Datenträgers die Überweisungsdaten übermittelt. Gemäß Nr. 1 II des von der Kreditwirtschaft geschlossenen Abkommens zum Überweisungsverkehr[177] sind in **Belegform** eingereichte Überweisungen vom überweisenden Kreditinstitut im sogenannten **EZÜ-Verfahren** in einen elektronischen Datensatz umzuwandeln und beleglos weiterzuleiten. Aber auch per Telefon oder am Selbstbedienungsterminal erteilte Aufträge werden im EZÜ-Verfahren weitergeleitet.[178] Schließlich können Überweisungen im Wege des beleglosen Datenträgeraustausches (DTA) bereits **beleglos** an das überweisende Kreditinstitut übermittelt werden.

---

[175] BGH NJW 1953, 897.
[176] *Palandt/Grüneberg* § 362 BGB Rn. 8.
[177] Abgedruckt bei *Gößmann*, Bankrechts-Handbuch I Anh. 3 zu §§ 52-55.
[178] *Escher-Weingart* BuB Rn. 6/169.

II. Rechtliche Grundlagen

Die Ausführung einer Überweisung setzt grundsätzlich voraus, dass sowohl der Überwei- 5
sende als auch der Überweisungsempfänger ein Girokonto bei einer Bank unterhalten. Die
Überweisung kann aber auch als Barüberweisung getätigt werden, bei der der Überweisende
den Überweisungsbetrag und die anfallenden Gebühren beim überweisenden Kreditinstitut
bar entrichtet, 676 a I 3 BGB. Ferner muss die Überweisung vom überweisenden Kreditinstitut, gegebenenfalls unter Zwischenschaltung einer oder mehrer Banken, an die Bank des Überweisungsempfängers weitergeleitet werden. Hieraus ergeben sich folgende Rechtsbeziehungen
zwischen den Beteiligten:

Im Verhältnis zwischen dem Überweisenden und seiner Bank, dem sogenannten **Deckungs-** 6
verhältnis, liegt jeder einzelnen Überweisung ein **Überweisungsvertrag** zugrunde, der in den
§§ 676 a ff. BGB eine gesetzliche Regelung erfahren hat. Grundlage der Regelung ist das am
14.8.1999 in Kraft getretene Überweisungsgesetz, mit dem u.a. die Überweisungsrichtlinie[179]
in deutsches Recht umgesetzt wurde, die somit bei der Auslegung der §§ 676 a ff. BGB zu berücksichtigen ist. Ferner sind die Sonderbedingungen des überweisenden Kreditinstituts für
den Überweisungsverkehr zu beachten. Von den gesetzlichen Regelungen der §§ 675, 676 a,
676 b, 676 c I BGB darf gemäß § 676 c III BGB vertraglich nur in den dort umschriebenen
Ausnahmefällen (z.B. Überweisungsbetrag über 75.000 €) abgewichen werden.

Zwischen dem Überweisungsempfänger und seinem Kreditinstitut besteht grundsätzlich 7
nur ein Girovertrag (**Inkassoverhältnis**), der die Rechtsgrundlage für das von der Empfängerbank geführte Girokonto bildet und die Empfängerbank gemäß §§ 676 f S. 1, 676 g BGB zur
Gutschrift eingehender Überweisungen verpflichtet.

Sofern es sich bei der Überweisung nicht um eine institutsinterne handelt, bestehen schließ- 8
lich Rechtsbeziehungen zwischen der Bank des Überweisenden und der Bank des Überweisungsempfängers. Sofern bei der Abwicklung weitere Banken eingeschaltet wurden, kommt
zwischen dem beauftragten und dem zwischengeschalteten Institut ein Zahlungsvertrag gemäß § 676 d BGB zustande. Darüber hinaus ist das Interbankenverhältnis durch Vertrags-
werke wie das Abkommen zum Überweisungsverkehr geprägt.

Keine Rechtsbeziehungen bestehen bei institutsfremden Überweisungen zwischen dem 9
Überweisenden und der Bank des begünstigten Überweisungsempfängers sowie dem Überweisungsempfänger und dem überweisenden Kreditinstitut. Ebenfalls keine Rechtsbeziehung besteht zwischen dem Überweisenden bzw. dem Begünstigten und zwischengeschalteten Banken.[180]

Von diesen überweisungsrechtlichen Rechtsbeziehungen zu unterscheiden ist das **Valutaver-** 10
hältnis, die Rechtsbeziehung zwischen dem Überweisenden und dem Überweisungsempfänger,
aus der sich die Zahlungsverpflichtung des Überweisenden ergibt, die diesen zur Überweisung
veranlasst. Ist das Valutaverhältnis mangelhaft, ergeben sich hieraus für sich genommen keine
spezifischen überweisungsrechtlichen Probleme. Hat der Überweisende mit der Überweisung
auf eine vermeintliche, tatsächlich nicht bestehende Verbindlichkeit gegenüber dem Überweisungsempfänger gezahlt, muss er gegen diesen entsprechende Erstattungsansprüche, insbesondere aus ungerechtfertigter Bereicherung gemäß § 812 I 1 BGB geltend machen.

Der Überweisungsverkehr ist durch das **Prinzip der formalen Auftragsstrenge** gekennzeich- 11
net. Bei der Ausführung der Überweisung hat sich die beteiligte Bank allein am Inhalt des
Überweisungsvertrags zu orientieren, während das Valutaverhältnis für die Ausführung bedeutungslos ist.

III. Einzelfragen

1. Zustandekommen des Überweisungsvertrags

Der Überweisungsvertrag kann grundsätzlich **formlos**, d.h. auch mündlich geschlossen wer- 12
den. Er **kommt** nach allgemeinen Grundsätzen durch ein Angebot des Überweisenden (Übermittlung des Auftrags) und die Annahme der Bank **zustande**. Da die Kreditinstitute in ihren

---

[179] Richtlinie 97/5/EG v. 27.1.1997, ABl. Nr. L 43/25.
[180] *Palandt/Sprau* § 676 a BGB Rn. 8.

Überweisungsbedingungen zu erkennen geben, dass sie grundsätzlich jede Überweisung ausführen wollen, gilt das Schweigen der Bank gemäß § 362 HGB als Annahme.[181] Sie müsste das Angebot daher unverzüglich, d.h. noch vor Beginn der Ausführungsfrist[182] gemäß § 676 a II 3 BGB, ablehnen, sofern sie hierzu befugt ist. Jedenfalls reicht für die Annahme eine objektive Betätigung des Annahmewillens der Bank aus, da der Zugang der Annahmeerklärung beim Überweisenden gemäß § 151 S. 1 BGB entbehrlich wäre. Im Übrigen ist das Kreditinstitut durch die gesetzliche Vorschrift zum Beginn der Ausführungsfrist davor geschützt, Überweisungsaufträge trotz Unvollständigkeit oder mangelnder Kontodeckung zur Ausführung bringen zu müssen.

13   Entgegen der Rechtslage vor dem Inkrafttreten des Überweisungsgesetzes, nach der es sich bei der Überweisung um einen bloßen einseitigen Auftrag des Kontoinhabers im Rahmen des Girovertrags mit der Bank handelte, könnte letztere aufgrund der vertraglichen Ausgestaltung nunmehr grundsätzlich im Einzelfall entscheiden, ob sie das Angebot des Kontoinhabers auf Abschluss eines Überweisungsvertrags annimmt. Umstritten ist daher, ob die Bank aufgrund des Girovertrags mit dem Kunden unter bestimmten Bedingungen (z.B. ausreichendes Guthaben bzw. Dispositionskredit) zum Abschluss von Überweisungsverträgen mit dem Kontoinhaber verpflichtet ist. Da dem Kreditinstitut eine willkürliche Ablehnung des Auftrags nach allgemeiner Auffassung[183] verwehrt ist, ist eine **Pflicht zum Abschluss des Überweisungsvertrags** aufgrund des zwischen dem Überweisenden und der Bank bestehenden Girovertrags zu bejahen, wenn die Voraussetzungen für den Beginn der Ausführungsfrist gemäß § 676 a II 3 BGB (vollständige Überweisungsinformationen, Kontodeckung) vorliegen.[184]

2. Pflichten des überweisenden Kreditinstituts

14   Gemäß § 676 a I BGB ist die überweisende Bank bei einer **institutsinternen** Überweisung verpflichtet, dem Empfänger den Überweisungsbetrag auf dessen Konto gutzuschreiben. Bei einer **institutsfremden** Überweisung beschränkt sich die Pflicht der überweisenden Bank darauf, neben der Übermittlung der genannten Informationen den Überweisungsbetrag der Bank des Begünstigten unmittelbar oder über zwischengeschaltete Kreditinstitute zur Verfügung zu stellen, da sie den Betrag selbst auf dem Konto des Empfängers verbuchen kann.[185] In beiden Fällen muss die überweisende Bank dem Empfänger ferner Angaben zur Person des Überweisenden und den vom Überweisenden angegebenen Verwendungszweck übermitteln. Letzterer kann insbesondere wegen etwaiger Tilgungsbestimmungen oder Treuhandauflagen von erheblicher Bedeutung sein.

15   Gemäß § 676 a II 2 BGB müssen inländische Überweisungen in Euro spätestens binnen drei Bankgeschäftstagen auf dem **Konto des Kreditinstituts des Begünstigten** eingegangen sein. Institutsinterne Inlandsüberweisungen müssen spätestens innerhalb von zwei Bankgeschäftstagen, Überweisungen innerhalb einer Haupt- oder Zweigstelle eines Kreditinstituts sogar innerhalb eines Bankgeschäftstags auf das **Konto des Begünstigen** bewirkt werden. Bankgeschäftstage sind Werktage, an denen sämtliche beteiligten Kreditinstitute gewöhnlich geöffnet haben, mit Ausnahme der Samstage, § 676 a II 2 Nr. 1 BGB. Die **Fristen beginnen** mit Ablauf des Tages, an dem der überweisenden Bank der Name des Begünstigten, sein Konto, das Kreditinstitut und die sonst zur Ausführung erforderlichen Angaben (insbesondere Überweisungsbetrag) vorliegen und auf dem Konto des Überweisenden ein ausreichendes Guthaben bzw. eine ausreichende Kreditlinie vorhanden ist. Frist und Fristbeginn sind einer abweichenden Vereinbarung der Vertragsparteien zugänglich, § 676 a II 1, 3 BGB. Unabhängig von den genannten **Höchstfristen** hat das überweisende Kreditinstitut die Überweisung gemäß § 676 a II 1 BGB **baldmöglichst** zu bewirken.

16   Die überweisende Bank trifft schließlich eine Reihe von **Nebenpflichten**. Hierzu gehört die Verpflichtung zur Information des Überweisenden über Entgelte, Auslagen, Ausführungsfristen, Wertstellungszeitpunkte und Referenzkurse gemäß § 675 a I 2 BGB. Ferner muss sie den

---

[181] *Gößmann/van Look* WM 2000, Sonderbeil. 1, 30; *MünchKomm/Casper* § 676 a BGB Rn. 14.

[182] Vgl. *MünchKomm/Casper* § 676 a BGB Rn. 14.

[183] *Escher-Weingart* BuB Rn. 6/30; .

[184] *Palandt/Sprau* § 676 f BGB Rn. 14; *MünchKomm/Casper* § 676 a BGB Rn. 16; *Schimansky*, Bankrechts-Handbuch I § 49 Rn. 6; a.A. *Escher-Weingart* BuB Rn. 6/30 m.w.N.

[185] Mit der Bewirkung durch Gutschrift auf einem Konto des Empfängerinstituts erwirbt der Begünstigte einen Anspruch auf Gutschrift gegen das Empfängerinstitut, §§ 676 f, 676 g BGB; siehe unten Rn. 38 ff.

Überweisenden gegebenenfalls auf mangelnde Deckung, nicht behebbare Fehler oder ein Scheitern der Überweisung hinweisen.[186]

3. Unterlassene, verspätete oder fehlerhafte Ausführung einer Überweisung

a) Haftung für verspätete Ausführung. *aa) Verzinsungspflicht.* Wird die Überweisung dem 17 Empfänger trotz wirksamen Überweisungsvertrags erst nach Ablauf der einschlägigen Ausführungsfristen gutgeschrieben, hat das überweisende Kreditinstitut dem Überweisenden den Überweisungsbetrag gemäß § 676 b I 1, 2 BGB für die Dauer der Verspätung in Höhe von 5 Prozentpunkten über dem Basiszinssatz zu verzinsen. Gemäß § 676 c I 1 BGB besteht der Anspruch des Überweisenden **unabhängig vom Verschulden** (Garantiehaftung) der überweisenden Bank. Letzterer steht jedoch der Nachweis offen, dass die **Verspätung vom Überweisenden oder vom Begünstigten zu vertreten** ist, § 676 b I 1 2. HS BGB, z.B. aufgrund falscher Angaben im Überweisungsauftrag. Im Übrigen besteht keine Haftung, wenn höhere Gewalt die Ursache für den Abwicklungsfehler ist, § 676 b IV BGB. Eine Haftungsbeschränkung gemäß § 676 c I 5 BGB gilt nicht für den verschuldensunabhängigen Anspruch gemäß § 676 b I BGB.[187]

Die Haftung des überweisenden Kreditinstituts nach § 676 b BGB besteht auch dann, wenn 18 die Ursache für die verzögerte Ausführung im **Verantwortungsbereich eines zwischengeschalteten Kreditinstituts** liegt. Das überweisende Kreditinstitut kann insoweit jedoch gemäß § 676 e I BGB seinerseits bei dem verantwortlichen zwischengeschalteten Kreditinstitut Erstattungsansprüche geltend machen.

bb) Schadensersatzanspruch. Neben[188] dem verschuldenunabhängigen Verzinsungsanspruch 19 kann der Überweisende gemäß §§ 280 I, II, 286 BGB den Ersatz eines weiteren[189] Verzögerungsschadens verlangen, der z.B. in Form von Schadensersatzansprüchen des Überweisungsempfängers gegen den Überweisenden aus dem Valutaverhältnis bestehen kann. Der Verzug des überweisenden Kreditinstituts soll voraussetzen, dass der Überweisende die Ausführung beim überweisenden Kreditinstitut gemäß § 286 I BGB angemahnt hat.[190] Angesichts der in § 676 a II BGB normierten Höchstfristen für die Ausführung dürfte eine Mahnung nach deren Ablauf jedoch gemäß § 286 II Nr. 2 BGB[191] entbehrlich sein, da der Beginn der gesetzlichen Fristen von den in § 676 a II 3 BGB genannten Bedingungen abhängt. Neben dem Verschulden eigener Mitarbeiter (§ 278 BGB) muss sich die überweisende Bank dabei gemäß § 676 c I 2, 3 BGB auch das Verschulden eines zwischengeschalteten Kreditinstituts zurechnen lassen, wenn nicht die wesentliche Ursache für die Verzögerung beim zwischengeschalteten Institut liegt, das der Überweisende zudem vorgegeben haben muss. Gemäß § 280 I 2 BGB wird das Verschulden des überweisenden Kreditinstituts im Übrigen vermutet.

Während dem Schadensersatz statt der Leistung gemäß §§ 280 I, III, 281 BGB bei bloßer 20 Verzögerung der Überweisung keine praktische Bedeutung zukommt, kann sich ein Schadensersatzanspruch gemäß § 280 I BGB wegen der Verletzung von Nebenpflichten ergeben.

Gemäß § 676 c I 5 BGB kann das überweisende Kreditinstitut seine **Haftung** in seinen 21 AGB[192] auf 12.500 € in solchen Fällen **begrenzen**, in denen die Verzögerung auf leichter oder einfacher Fahrlässigkeit beruht. Hiervon macht die Kreditwirtschaft in den Sonderbedingungen für den Überweisungsverkehr regelmäßig Gebrauch.

b) Haftung bei gescheiterer Ausführung. *aa) Erstattung des Überweisungsbetrags.* Der Über- 22 weisende hat im Fall der gescheiterten Ausführung gegen seine Bank einen verschuldensunabhängigen Anspruch auf Erstattung des Überweisungsbetrags zuzüglich entrichteter Entgelte und Auslagen, §§ 676 b III 1, 676 c I 1 BGB. Insoweit gilt der Überweisungsvertrag gemäß § 676 b III 3 BGB als gekündigt. Gescheitert ist die Ausführung, wenn der Überweisungsbetrag nach Ablauf der Ausführungsfrist gemäß § 676 a II BGB, einem Erstattungsverlangen des Überweisenden sowie einer hieran anschließenden Frist von 14 Bankgeschäftstagen

---

[186] *Gößmann/van Look* WM 2000 Sonderbeil. 1, 29, m.w.N.

[187] *MünchKomm/Casper* § 676 c BGB Rn. 13.

[188] Vgl. § 676 c I 2 BGB.

[189] *Gößmann/van Look* WM 2000 Sonderbeil. 1, 41.

[190] *Gößmann/van Look* WM 2000 Sonderbeil. 1, 40.

[191] *MünchKomm/Casper* § 676 c BGB Rn. 3 geht von einer Entbehrlichkeit der Mahnung nach § 286 II Nr. 1 oder Nr. 4 aus.

[192] *MünchKomm/Casper* § 676 c BGB Rn. 13.

nicht bewirkt[193] wurde. Eine teilweise Bewirkung der Überweisung hindert das Scheitern im Sinne des § 676 b III BGB nicht.[194] Der Garantiebetrag ist allerdings der Höhe nach auf 12.500 € (zuzüglich der zu erstattenden Entgelte und Auslagen) beschränkt.

23   Des Weiteren ist der Erstattungsbetrag – ebenfalls verschuldensunabhängig – gemäß §§ 676 b III 2, I 2 BGB für den Zeitraum seit Beginn der Ausführungsfrist bis zur Gutschrift des Garantiebetrags in Höhe von 5 Prozentpunkten über dem Basiszinssatz zu verzinsen. Die Verzinsungspflicht beschränkt sich nicht auf den Garantiebetrag.[195]

24   Die Garantieansprüche bestehen gemäß § 676 b III 6 BGB nicht, wenn der Überweisende eine mitursächliche[196] fehlerhafte oder unvollständige Weisung erteilt oder wenn ein vom Überweisenden bestimmtes zwischengeschaltetes Kreditinstitut die Überweisung nicht ausgeführt hat, wofür das überweisende Kreditinstitut jeweils die Darlegungs- und Beweispflicht trägt. Im letztgenannten Fall besteht jedoch gemäß § 676 b III 7 BGB eine Direkthaftung des zwischengeschalteten Kreditinstituts gegenüber dem Überweisenden. Ferner ist der Anspruch ausgeschlossen, wenn das Scheitern auf höhere Gewalt zurückzuführen ist, § 676 b IV BGB.

25   *bb) Sonstige Ansprüche.* Neben den verschuldensunabhängigen Ansprüchen auf den Garantiebetrag sowie auf Zinsen kann der Überweisende wiederum verschuldensabhängige Schadensersatzansprüche gemäß § 280 BGB, insbesondere Schadensersatz statt der Leistung gemäß § 281 BGB geltend machen, ohne dass der Schadensersatzanspruch auf den Garantiebetrag gemäß § 676 b III 1 BGB beschränkt wäre. Das überweisende Kreditinstitut muss sich wiederum das Verschulden eigener Mitarbeiter gemäß § 278 BGB sowie das Verschulden einer zwischengeschalteten Bank nach Maßgabe des § 676 c I 3 BGB zurechnen lassen.[197]

26   Die Haftung kann gemäß § 676 c I 5 BGB insbesondere durch die Sonderbedingungen für den Überweisungsverkehr des überweisenden Kreditinstituts wie bei der verspäteten Ausführung auf 12.500 € beschränkt werden, soweit das Scheitern auf einfacher oder leichter Fahrlässigkeit beruht.

27   In Frage kommt auch die Geltendmachung eines **Bereicherungsanspruchs** gegen das überweisende Kreditinstitut, §§ 676 c I 2, 812 BGB. Allerdings muss der Überweisende nach allgemeinen Grundsätzen gegebenenfalls nachweisen, dass das überweisende Kreditinstitut bereichert ist. Hiervon ist nach Abbuchung des Überweisungsbetrags auszugehen, so dass das überweisende Kreditinstitut gemäß § 818 III BGB gegebenenfalls seine Entreicherung nachweisen muss.[198]

28   Sofern der Überweisungsbetrag noch beim überweisenden Kreditinstitut vorhanden ist, besteht schließlich ein Herausgabeanspruch des Überweisenden gemäß § 667 BGB.[199]

29   **c) Haftung bei verkürzter Ausführung.** Gemäß § 676 b II BGB besteht eine Garantiehaftung (§ 676 c I 1 BGB) des überweisenden Kreditinstituts für den Fall des Einbehaltens von Teilen des Überweisungsbetrags entgegen der Abrede im Überweisungsvertrag. Die Norm greift insbesondere dann, wenn vom Überweisungsbetrag entgegen der vertraglichen Vereinbarung[200] Entgelte abgezogen werden, die der Überweisende zu tragen hat.

30   Der Anspruch ist auf Erstattung des einbehaltenen Betrags an den Überweisenden oder auf Nachüberweisung an den Begünstigten gerichtet, § 676 b II BGB. Das Wahlrecht (vgl. §§ 262 ff. BGB) steht somit kraft Gesetzes dem Überweisenden zu. Für die Nachüberweisung oder Erstattung darf das überweisende Kreditinstitut kein Entgelt verlangen.

31   **d) Ansprüche des Begünstigten.** Der Begünstigte hat im Fall der verspäteten, unterlassenen oder verkürzten **Überweisung** keine Ansprüche gegen die beteiligten Banken. Insbesondere bilden die Rechtsverhältnisse zwischen den beteiligten Kreditinstituten keinen Vertrag zugunsten des Begünstigten. Dieser muss gegebenenfalls aufgrund des Valutaverhältnisses gegen den Überweisenden vorgehen und ihm gegenüber etwaige Schäden, Verzugszinsansprüche etc. gel-

---

[193] Bei einer institutsfremden Überweisung ist für das Bewirken der Eingang beim Kreditinstitut des Empfängers, nicht der Eingang auf dem Empfängerkonto gemeint, *Gößmann/van Look* WM 2000 Sonderbeil. 1, 38.

[194] *MünchKomm/Casper* § 676 b BGB Rn. 12.

[195] *MünchKomm/Casper* § 676 b BGB Rn. 16.

[196] *Gößmann/van Look* WM 2000 Sonderbeil. 1, 38.

[197] Siehe hierzu bereits oben, Rn. 19.

[198] *Palandt/Sprau* § 818 BGB Rn. 55.

[199] *Palandt/Sprau* § 676 c BGB Rn. 2.

[200] Vgl. § 676 a I 2 BGB: „ungekürzt".

tend machen. Hiervon zu unterscheiden ist der Fall einer verspäteten, unterlassenen oder verkürzten **Gutschrift** durch das Kreditinstitut des Begünstigten nach rechtzeitigem, ungekürztem Eingang des Überweisungsbetrags bei letzterem. In diesem Fall richten sich die Ansprüche des Empfängers gegen sein Kreditinstitut nach § 676 g BGB.[201]

Gegen Ansprüche des Begünstigten aus dem Valutaverhältnis kann der Überweisende gege- 32
benenfalls einwenden, dass die Verzögerung bzw. Nichtausführung auf falsche oder unvollständige Angaben des Begünstigten zur Kontoverbindung zurückzuführen ist. Ansonsten bleibt dem Überweisenden nur die Möglichkeit, aufgrund der Inanspruchnahme durch den Begünstigten gegebenenfalls seinerseits Schadensersatzansprüche nach den vorstehenden Grundsätzen gegen seine Bank oder gegebenenfalls ein zwischengeschaltetes Kreditinstitut geltend zu machen.

4. Kündigung des Überweisungsvertrags (Widerruf der Überweisung)

Da nach der seit dem Inkrafttreten des Überweisungsgesetzes geltenden Rechtslage Über- 33
weisungen nicht mehr aufgrund einer Weisung, sondern gemäß § 676 a BGB aufgrund eines Überweisungsvertrags ausgeführt werden, stellt sich für den Überweisenden die Frage nach der Möglichkeit zur Kündigung des Überweisungsvertrags. Gemäß § 676 a IV 1 BGB kann der Überweisende den Überweisungsvertrag vor Beginn der Ausführungsfrist jederzeit, danach nur dann kündigen, wenn die Kündigung dem **Kreditinstitut des Begünstigten** bis zu dem Zeitpunkt mitgeteilt wird, in dem der Überweisungsbetrag diesem **endgültig zur Gutschrift** auf dem Konto des Begünstigten **zur Verfügung gestellt wird**. Von einem endgültigen Zurverfügungstellen wird dabei schon dann ausgegangen, wenn der Überweisungsbetrag dem Empfängerkonto gutgeschrieben wurde,[202] und zwar unabhängig davon, ob er der Empfängerbank tatsächlich schon zur Verfügung gestellt wurde.[203] Angesichts der Abweichung vom Gesetzeswortlaut sowie der Tatsache, dass der Empfänger einen Anspruch auf Gutschrift gegen seine Bank gemäß § 676 g BGB erst nach Eingang des Überweisungsbetrags beim Empfängerinstitut erhält, ist diese Auffassung jedoch fragwürdig. Im Rahmen von Zahlungsverkehrssystemen[204] kann der Zeitpunkt der Kündigungsmöglichkeit gemäß § 676 a IV 2 BGB gegebenenfalls vorverlegt sein.

Die Kündigung ist **gegenüber dem überweisenden Kreditinstitut** als Vertragspartner des 34
Überweisungsvertrags **zu erklären**. Dieses hat die Information gemäß § 676 a IV anschließend unverzüglich an das Kreditinstitut des Überweisungsempfängers zu übermitteln. Der Rückruf des überweisenden Kreditinstituts muss dabei in Nr. 4 I des Überweisungsabkommens geregelte Voraussetzungen erfüllen.

Ein Recht zum **Widerruf** eines Überweisungsvertrags gemäß § 312 d I 1 BGB wegen der Ver- 35
wendung von Fernkommunikationsmitteln besteht nicht, da der Anwendungsbereich des Fernabsatzrechts gemäß § 312 b IV 1 BGB nicht eröffnet ist.

5. Überweisung trotz fehlenden Überweisungsvertrags

Belastet die überweisende Bank das Konto ihres Kunden aufgrund der Ausführung einer 36
Überweisung, obwohl von Anfang an ein Überweisungsvertrag **gänzlich fehlt**, sind die hieraus folgenden Rechtsfragen nicht spezifisch überweisungsrechtlicher Natur. Der Kunde hat insoweit Ansprüche gegen seine Bank aufgrund des mit dieser geschlossenen Girovertrags, die den Betrag ihrerseits aufgrund einer Nichtleistungskondiktion gemäß § 812 I 1 2. Alt. BGB beim Überweisungsempfänger zurückfordern muss.[205] Dies gilt z.B., wenn die Überweisung von dritter Seite gefälscht wurde, wenn die Bank eine Überweisung versehentlich doppelt oder zugunsten eines falschen Überweisungsempfängers ausgeführt hat, obwohl der Überweisungsauftrag selbst keine Mängel aufwies, oder wenn der Überweisungsauftrag aufgrund der Geschäftsunfähigkeit oder beschränkten Geschäftsfähigkeit des Auftraggebers unwirksam war.[206] Gleichzustellen sind Überweisungen, die aufgrund einer unwirksamen Vollmacht des

---

[201] Siehe unten, Rn. 42 ff.
[202] *Palandt/Sprau* § 676 a BGB Rn. 12.
[203] *Gößmann/van Look* WM 2000 Sonderbeil. 1, 35; *Schimansky*, Bankrechts-Handbuch I § 49 Rn. 23.
[204] Bei diesem muss es sich um ein notifiziertes System im Sinne der Zahlungsverkehrssicherungs-Richtlinie handeln, vgl. *MünchKomm/Casper* § 676 a BGB Rn. 10.
[205] Siehe hierzu oben, § 4 Rn. 25 ff.
[206] *Schimansky*, Bankrechts-Handbuch I § 50 Rn. 3, mit Nachweisen zur Rechtsprechung; *Palandt/Sprau*, § 812 BGB Rn. 52.

Kontoinhabers ausgeführt oder von der Bank des Überweisenden eigenmächtig abgeändert wurden. Dies gilt im Übrigen unabhängig davon, ob der Empfänger Kenntnis von der Unwirksamkeit bzw. vom Nichtbestehen des Überweisungsvertrags hat.[207]

37   Nicht endgültig geklärt ist die Rechtslage dagegen, wenn ein **wirksamer Überweisungsvertrag** zunächst existierte, jedoch **später weggefallen** ist, z.B aufgrund der Kündigung oder Anfechtung des Überweisungsvertrags sowie nach Widerruf eines Dauerauftrags. Nach Auffassung des BGH scheidet eine Direktkondiktion der Bank gegen den Überweisungsempfänger wie im Fall des von Anfang an fehlenden Überweisungsvertrags aus, wenn dieser vom Widerruf bzw. der Anfechtung keine Kenntnis hatte und sich die Zahlung für den Empfänger als Leistung des Überweisenden auf eine (vermeintliche) Schuld aus dem Valutaverhältnis darstellt.[208] Der Bank steht vielmehr ein Bereicherungsanspruch gegen den Überweisenden zu, soweit dieser zur Leistung an den Überweisungsempfänger tatsächlich verpflichtet war, da dieser durch die Ausführung der widerrufenen Überweisung von einer Verbindlichkeit gegenüber dem Zahlungsempfänger befreit wurde.[209] Bestand eine Zahlungspflicht des Überweisenden gegenüber dem Überweisungsempfänger nicht, richtet sich der Bereicherungsanspruch der Bank gegen ihren Kunden lediglich auf Abtretung seines Bereicherungsanspruchs gegen den Überweisungsempfänger.[210]

6. Gutschrift durch das Kreditinstitut des Begünstigen

38   a) **Pflichten des Kreditinstituts des Begünstigten.** Gemäß §§ 676 f, 676 g BGB hat der Begünstigte aufgrund des Girovertrags mit seiner Bank, der der Führung des Girokontos zugrunde liegt, einen **Anspruch auf Gutschrift** des eingegangenen Überweisungsbetrags. Der Anspruch auf Gutschrift entsteht mit **Eingang des Überweisungsbetrags** bei der Bank des Begünstigten, d.h. mit Erlangung der buchmäßigen Deckung in Form der Verbuchung des Zahlungseingangs auf einem Clearingkonto der Empfängerbank.[211] Dies gilt gemäß § 676 g I 1 BGB nicht, wenn die Empfängerbank vor dem Eingang des Überweisungsbetrags eine Kündigungsmitteilung gemäß § 676 d I 2 BGB erhalten hat.

39   Nach Eingang des Überweisungsbetrags entsteht der Anspruch des Empfängers auf die Gutschrift schon dann, wenn die Empfängerangabe in der Überweisung eine Zuordnung ermöglicht, da die Notwendigkeit eines Kontonummer-Namens-Abgleichs allein im Verhältnis zum Auftraggeber bedeutsam ist.[212]

40   Die Gutschrift ist dem Empfängerkonto innerhalb der in § 676 g I 1 BGB genannten **Frist**, d.h. mangels abweichender Vereinbarung zwischen Bank und Empfänger innerhalb eines Bankgeschäftstags (§ 676 a II 2 Nr. 1 BGB[213]) nach dem Tag, an dem der Überweisungsbetrag bei der Bank des Überweisungsempfänger eingegangen ist, gutzuschreiben. Für die **Wertstellung** ist gemäß § 676 g I 4 BGB – mangels abweichender vertraglicher Vereinbarung – auch bei verspäteter Gutschrift das Datum des Tages maßgeblich, an dem der Überweisungsbetrag beim Empfängerinstitut eingegangen ist, so dass dem Empfänger durch Verzögerung der Gutschrift kein Zinsverlust entstehen kann.

41   Wurde das **Empfängerkonto** vor dem Überweisungseingang **aufgelöst**, besteht kein Anspruch des früheren Kontoinhabers auf die Gutschrift mehr. Aufgrund nachwirkender vertraglicher Pflichten ist die Empfängerbank lediglich verpflichtet, sich um das Schicksal der Überweisung zu kümmern. In der Regel wird sie die Überweisung an die überweisende Bank zurückgeben, zumal dem Überweisenden ein Bereicherungsanspruch gegen die Empfängerbank gemäß § 812 I 1 2. Alt. BGB in Höhe des Überweisungsbetrags zusteht. Ausnahmsweise wird die Empfängerbank den Überweisungsbetrag aufgrund einer Vereinbarung mit dem Kunden an diesen weiterleiten.

42   b) **Verspätete Gutschrift des Überweisungsbetrags.** Schreibt das Empfängerinstitut den Überweisungsbetrag dem Konto des Überweisungsempfängers nicht rechtzeitig gut, steht diesem gemäß §§ 676 g I 2, 3, 676 b I 2 BGB ein Anspruch auf Verzinsung des Überweisungsbetrags

---

[207] BGH NJW 2005, 3213. 3214.
[208] BGH NJW 1984, 1348, 1349.
[209] *Larenz/Canaris,* Schuldrecht II/2 § 70 IV 3 f; str.
[210] *Larenz/Canaris,* Schuldrecht II/2 § 70 IV 3 f; str.
[211] *Schimansky,* Bankrechts-Handbuch I § 47 Rn. 8.
[212] *Schimansky,* Bankrechts-Handbuch I § 49 Rn. 41.
[213] Siehe oben, Rn. 15.

in Höhe von 5 Prozentpunkten über dem Basiszinssatz gegen die Bank zu, es sei denn, die Verspätung ist vom Überweisenden oder vom Überweisungsempfänger zu vertreten. Der Anspruch des Überweisungsempfängers setzt ein Verschulden der Bank nicht voraus, § 676 g IV 1 BGB.

Bei einer vertragswidrigen Kürzung der Gutschrift steht dem Empfänger gemäß § 676 g II **43** 1 BGB ferner ein verschuldensunabhängiger Anspruch gegen die Bank auf Gutschrift des Fehlbetrags zu, wobei die Bank hierfür keine Entgelte oder Auslagen verlangen darf.

Weitergehende **verschuldensabhängige** Schadensersatzansprüche nach allgemeinen Vor- **44** schriften, z.B. gemäß §§ 280 I, 286 BGB wegen Verzugs, kann der Überweisungsempfänger gemäß § 676 g IV 2 BGB geltend machen. Das Verschulden eines zwischengeschalteten Kreditinstituts hat die Empfängerbank jedoch gemäß § 676 g IV 3 BGB nur dann zu vertreten, wenn sie dieses mit der Entgegennahme der Überweisung beauftragt hat. Die verschuldensunabhängigen Ansprüche sind gemäß § 676 g IV 6 BGB ausgeschlossen, soweit der Fehler bei der Ausführung auf höherer Gewalt beruht. Ferner kann die Empfängerbank ihre Haftung für den aufgrund einer Verzögerung oder Nichtausführung entstandenen Schaden, nicht jedoch den Zinsschaden, gemäß § 676 g IV 5 BGB auf 12.500 € begrenzen, sofern der Fehler nicht auf Vorsatz oder grobe Fahrlässigkeit zurückzuführen ist.

c) **Abweichung von Kontonummer und Empfängerbezeichnung.** Des Öfteren gelangen in der **45** Bankpraxis Überweisungen mit einer namentlichen Bezeichnung des Begünstigten zur Ausführung, die nicht mit der Empfängerbezeichnung des bei der Empfängerbank unter der in der Überweisung angegebenen Kontonummer übereinstimmen. Teilweise handelt es sich hierbei um ein schlichtes Versehen des Überweisenden. Teilweise ist die Abweichung jedoch auf falsche Angaben des Gläubigers gegenüber dem Überweisenden zurückzuführen. So lässt sich z.B. beobachten, dass der Empfänger dem Überweisenden eine fremde Kontonummer (z.B. die des Ehegatten) nennt, um einen Zahlungseingang auf dem eigenen Konto (z.B. wegen vorhandener Pfändungen) zu vermeiden. Damit stellt sich die Frage, unter welchen Bedingungen die Empfängerbank den Überweisungsbetrag bei einer solchen Abweichung von Kontonummer und Kontoinhaber einem bestimmten Konto gutschreiben darf, und auf welche Weise die Rückabwicklung zu erfolgen hat, wenn die von der Empfängerbank vorgenommene Gutschrift nicht diesen Anforderungen entsprach.

aa) Erfordernis des Kontonummer-Namen-Abgleichs. Bei der Entscheidung, ob bzw. wel- **46** chem Konto ein Überweisungseingang gutgeschrieben wird, wenn die angegebene Kontonummer und die Empfängerbezeichnung nicht übereinstimmen, ist vom Prinzip der formalen Auftragsstrenge auszugehen. Sind die Informationen jedoch objektiv nicht in Übereinstimmung zu bringen, stellt sich die Frage, ob die Empfängerbank die Überweisung gegebenenfalls zurückweisen muss oder ob sie sich entweder nach der Empfängerbezeichnung oder der angegebenen Kontonummer richten darf bzw. muss. Die Antwort hängt zunächst davon ab, ob die fragliche Überweisung im **beleggebundenen** oder im **beleglosen** Überweisungsverkehr erteilt wurde.

Bei Überweisungen, die im **EZÜ-Verfahren** ausgeführt, d.h. vom Überweisenden zunächst **47** mit Hilfe eines **Überweisungsbelegs** an die überweisende Bank übermittelt und von dieser anschließend in einen elektronischen Datensatz umgewandelt wurden,[214] muss das Kreditinstitut des Begünstigten gemäß Nr. 3 II des Abkommens zum Überweisungsverkehr einen **Kontonummer-Namens-Abgleich** (Kontoanrufprüfung) durchführen. Hieraus folgt jedoch keine Handlungsanweisung für den Fall, dass der Abgleich eine Nichtübereinstimmung ergibt.[215] Eine ausdrückliche **Pflicht zur Rückfrage** wegen unvollständiger Angaben beim überweisenden Kreditinstitut regelt Nr. 3 II 2 des Abkommens zum Überweisungsverkehr **nur** den Fall, dass der **Überweisungsbetrag 15.000 € oder mehr** beträgt. Liegt bis 14.30 Uhr des auf die Anfrage folgenden Bankgeschäftstags keine Rückantwort vor, kann das Kreditinstitut des Begünstigten die Überweisung zurückgeben.

Der BGH geht daher davon aus, dass unterhalb des Betrags von 15.000 € keine Rückfrage **48** beim überweisenden Institut erforderlich ist. Die Empfängerbank kann den Betrag vielmehr gutschreiben, muss sich dabei jedoch grundsätzlich an der **namentlichen Empfängerbezeichnung** orientieren, wenn die Überweisung **beleggebunden** erteilt wurde, weil die Empfängerbezeichnung das sicherere Individualisierungskriterium bildet.[216] Allerdings hat der BGH

---

214 Siehe hierzu oben, Rn. 4.
215 BGH NJW 2003, 1389.
216 BGH NJW 2003, 1389.

Ausnahmen von diesem Grundsatz zugelassen, wenn aufgrund einer gebotenen Gesamtbetrachtung die **Auslegung** der Überweisung zu dem Ergebnis führt, dass ausnahmsweise die Kontonummer maßgeblich sein soll. Insoweit kann z.B. den Angaben im Verwendungszweck Bedeutung zukommen.[217] Das OLG Düsseldorf hat die Maßgeblichkeit der Kontonummer im beleggebundenen Überweisungsverkehr bereits dann bejaht, wenn die Überweisung als Begünstigten die Empfängerbank auswies, die unter der angegebenen Kontonummer kein Konto unterhielt.[218] Wegen des Grundsatzes der formalen Auftragsstrenge trifft die Empfängerbank jedoch keine Pflicht, im Rahmen der Gesamtbetrachtung Umstände zu berücksichtigen, die sich nicht aus der Überweisung selbst, sondern aus dem Valutaverhältnis zwischen Überweisendem und Überweisungsempfänger ergeben.[219]

49   Demgegenüber darf die Empfängerbank bei Überweisungsaufträgen mit abweichender Kontonummer und Empfängerbezeichnung, die im Wege des **beleglosen Datenträgeraustausches** (DTA) erteilt wurden, unabhängig von der Höhe des Überweisungsbetrags und ohne Rückfrage beim überweisenden Kreditinstitut die Gutschrift ohne Weiteres anhand der **Kontonummer** vornehmen.[220] Ausschlaggebend hierfür ist, dass die Vereinbarung über den beleglosen Datenaustausch (Clearingabkommen) keine Verpflichtung zur Durchführung eines Kontonummern-Namens-Abgleichs vorsieht.[221] Dem steht auch nicht entgegen, dass Nr. 3 I des Abkommens zum Überweisungsverkehr[222] bei Überweisungen von Beträgen über 15.000,00 € und mehr vorsieht, dass bei Bedenken gegen die Ordnungsmäßigkeit der Überweisung eine Rückfrage beim überweisenden Kreditinstitut erwartet wird, da es sich insoweit nur um eine Sollvorschrift handelt.[223]

50   *bb) Ansprüche bei fehlerhafter Gutschrift durch die Empfängerbank.* Soweit die Empfängerbank gegen eine Verpflichtung nach den oben dargelegten Grundsätzen verstoßen hat, ist zu beachten, dass diese Verpflichtung nicht gegenüber dem Überweisenden besteht, da es insoweit bereits an einem Rechtsverhältnis fehlt. Der Überweisende muss sich vielmehr um die Abtretung der Ansprüche seines Kreditinstituts gegen die Empfängerbank bemühen und kann diese anschließend dieser gegenüber geltend machen.[224]

51   Sofern die Empfängerbank zur Gutschrift der Überweisung nicht berechtigt war, steht dem Inhaber des zu Unrecht begünstigten Kontos kein Anspruch auf Gutschrift gemäß § 676 f S. 1 BGB zu. Die Empfängerbank darf die Gutschrift gemäß Nr. 8 I AGB-Banken bzw. Nr. 8 I AGB-SPK stornieren.[225]

---

[217] BGH NJW 2003, 1389, 1390.
[218] OLG Düsseldorf WM 2001, 2000, 2001.
[219] BGH NJW 2003, 1389, 1390.
[220] OLG Düsseldorf ZIP 2004, 1900; OLG Köln NJW 1990, 2261.
[221] OLG Düsseldorf ZIP 2004, 1900, 1901.
[222] Die Vorschrift gilt auch für Überweisungen, die nicht im EZÜ-Verfahren ausgeführt werden.
[223] OLG Düsseldorf ZIP 2004, 1900, 1902; BGH NJW 2003, 1389, 1390.
[224] OLG Düsseldorf WM 2001, 2000, 2001.
[225] Siehe hierzu oben, § 4 Rn. 23 f.

§ 7 Lastschriftverfahren

Übersicht

I. Ausgangssituation

Anders als bei der Überweisung geht die Initiative für den Zahlungsvorgang beim Last- 1
schriftverfahren vom Zahlungsempfänger aus. Die Kreditwirtschaft stellt dem Lastschrifteinreicher zwei Verfahren, das Einzugsermächtigungsverfahren und das Abbuchungsauftragsverfahren, zur Verfügung. Während der Zahlungspflichtige beim **Abbuchungsauftragsverfahren**
seiner Bank schon vor der Belastung seines Kontos mit dem Lastschriftbetrag die Weisung zur
Einlösung der Lastschrift erteilt, erteilt er beim **Einzugsermächtigungsverfahren** zunächst nur
dem Lastschrifteinreicher die Ermächtigung zur Kontobelastung. Letztere muss er im Verhältnis zu seiner Bank erst nach deren Genehmigung gegen sich gelten lassen.

Dem Gläubiger bietet die Lastschrift organisatorische Vorteile.[226] Sie gewährleistet in der 2
Regel einen pünktlichen Zahlungseingang sowie Zins- und Liquiditätsvorteile. Auf Seiten des
Zahlungspflichtigen bietet die Lastschrift den Vorteil der Arbeitsentlastung, da er sich passiv
verhalten kann und keine Überweisung ausstellen muss. Im Abbuchungsauftragsverfahren ist
er allerdings gegen einen Missbrauch des Lastschriftverfahrens nicht geschützt, da er die Zahlung nicht gegenüber seiner Bank rückgängig machen kann.[227] Dagegen kann er einer Lastschriftbelastung im Einzugsermächtigungsverfahren bis zu einer Genehmigung seinerseits jederzeit widersprechen. Aufgrund der Genehmigungsfiktion in den AGB der Kreditwirtschaft
kommt ihm allerdings die Obliegenheit zu, die ihm übermittelten Rechnungsabschlüsse zu
prüfen und gegebenenfalls über seine Bank aktiv gegen unberechtigte Lastschriften vorzuge-
hen.

II. Rechtliche Grundlagen

1. Allgemeines

Die Rechtsbeziehungen zwischen den am Lastschriftverfahren Beteiligten sind rein vertragli- 3
cher Natur, eine gesetzliche Grundlage für das Lastschriftverfahren existiert nicht. Wie das
Überweisungsverfahren setzt auch das Lastschriftverfahren zunächst voraus, dass der Lastschrifteinreicher und der Zahlungspflichtige bei ihren Kreditinstituten Girokonten unterhalten, über die der Zahlungsvorgang abgewickelt wird. Der Gläubiger reicht die Lastschrift bei
seinem Kreditinstitut (Gläubigerbank bzw. Inkassostelle) ein, die den Lastschriftbetrag dessen
Konto gutschreibt und die Lastschrift an die Bank des Zahlungspflichtigen (Schuldnerbank

---

[226] Siehe *van Gelder*, Bankrechts-Handbuch § 56 Rn. 57 ff.
[227] Siehe dazu unten, Rn. 16.

bzw. Zahlstelle) weiterleitet. Parallel dazu verschafft sich die Gläubigerbank den Lastschriftbetrag bei der Schuldnerbank, die aufgrund der eingegangen Lastschrift wiederum das Konto
des Zahlungspflichtigen belastet. Hieraus ergeben sich folgende Rechtsbeziehungen:

4   Zwischen dem Lastschrifteinreicher und seinem Kreditinstitut wird eine Inkassovereinbarung geschlossen, die die Rechte und Pflichten beider Parteien regelt (**Inkassoverhältnis**). Insbesondere verpflichtet sich der Lastschrifteinreicher, Lastschriften im Einziehungsermächtigungsverfahren nur einzuziehen, wenn ihm eine schriftliche Einziehungsermächtigung des
Zahlungspflichtigen vorliegt. Im Abbuchungsauftragsverfahren darf der Lastschrifteinreicher
Lastschriften nur dann einziehen, wenn er mit dem Zahlungspflichtigen den Einzug vereinbart
hat und der Zahlungspflichtige seiner Bank einen Abbuchungsauftrag erteilt hat. Die Inkassostelle ist ihrerseits verpflichtet, Lastschriften des Kunden hereinzunehmen und unverzüglich
weiterzuleiten.

5   Der Rechtsbeziehung zwischen der Gläubigerbank und der Schuldnerbank (**Interbankenverhältnis**) liegt das von den Spitzenverbänden der Kreditwirtschaft geschlossene **Lastschriftabkommen** zugrunde, das keine unmittelbaren Rechtswirkungen auf Gläubiger und Schuldner
hat. Das Lastschriftabkommen formalisiert und standardisiert das Lastschriftverfahren.

6   Im Verhältnis zwischen dem Zahlungspflichtigen und der Zahlstelle (**Deckungsverhältnis**)
fehlt es an einer Rechtsgrundlage für die Kontobelastung zunächst gänzlich, wenn der Einzug
im Einziehungsermächtigungsverfahren vorgenommen wird. Im Abbuchungsauftragsverfahren bildet dagegen der gegenüber der Zahlstelle erteilte Abbuchungsauftrag die Rechtsgrundlage für die Kontobelastung.

7   Von diesen Rechtsbeziehungen ist wie bei der Überweisung das **Valutaverhältnis** zwischen
dem Zahlungspflichtigen und dem Lastschriftgläubiger zu unterscheiden, aus dem sich der
Rechtsgrund für den Zahlungsvorgang ergibt.

2. Der Lastschrifteinzug im Einziehungsermächtigungsverfahren

8   Der Lastschrifteinzug beginnt mit der Einreichung einer Lastschrift durch den Gläubiger bei
der Inkassostelle, die als Einziehungsermächtigungslastschrift gekennzeichnet ist. Aufgrund
der Inkassovereinbarung ist diese verpflichtet, die Lastschrift anzunehmen und unverzüglich
weiterzuleiten. Eine beleghaft erteilte Lastschrift wird dabei von der Inkassostelle in einen
elektronischen Datensatz umgewandelt. Des Weiteren schreibt die Inkassostelle dem Lastschrifteinreicher den Lastschriftbetrag „Eingang vorbehalten" (E.v.) gut. Der Vorbehalt fällt
erst mit der Einlösung der Lastschrift weg. Eingelöst ist die Lastschrift im Einzugsermächtigungsverfahren allerdings bereits dann, wenn sie von der Zahlstelle nicht gemäß Abschnitt II
Nr. 1 des Lastschriftabkommens mangels Deckung oder Unanbringlichkeit bis zu dem auf den
Eingang folgenden Geschäftstag zurückgegeben wurde.

9   Die Inkassostelle leitet die Lastschrift im Interbankenverhältnis an die Zahlstelle weiter und
fordert bei dieser den Lastschriftbetrag an. Die Zahlung kann bei einem unmittelbaren Giro-
verhältnis zwischen beiden Banken durch Belastung eines Kontos der Zahlstelle bei der Inkassostelle bzw. Gutschrift auf einem Konto der Inkassostelle bei der Zahlstelle oder durch
Teilnahme am Abrechnungsverkehr bei einer Abrechnungsstelle im Wege des beleglosen Datenträgeraustausches geschehen.[228]

10   Im Deckungsverhältnis ist die Schuldnerbank aufgrund des mit dem Kontoinhaber geschlossenen Girovertrags **zur Einlösung** der Lastschrift **verpflichtet**, mangels Weisung des Kontoinhabers jedoch diesem gegenüber **nicht** zur Kontobelastung **berechtigt**. Erst eine nach der Belastungsbuchung vom Kontoinhaber erteilte **Genehmigung**[229] verschafft der Belastungsbuchung
die rechtliche Legitimation gegenüber dem Zahlungspflichtigen. Bis zur Genehmigung kann
der Zahlungspflichtige grundsätzlich jederzeit Wiedergutschrift des Lastschriftbetrags verlangen. Dieser Umstand ist Folge der insbesondere vom BGH vertretenen **Genehmigungstheorie**,
der zufolge die Schuldnerbank die Lastschrift zunächst nur aufgrund einer Weisung der Gläubigerbank, nicht jedoch einer Weisung des Schuldners einlöst und somit noch nicht über einen
Aufwendungsersatzanspruch verfügt, der die Kontobelastung rechtfertigen würde.[230] Gegenteiligen Rechtsauffassungen, die die vom Zahlungspflichtigen erteilte Einziehungsermächtigung als Ermächtigung im Sinne von § 185 BGB zur Erteilung eines Überweisungsauftrags an

---

[228] Siehe *van Gelder*, Bankrechts-Handbuch I § 56 Rn. 42.
[229] Ausführlich zur Genehmigung unten, Rn. 17 ff.
[230] BGH NJW 1979, 2145; BGH NJW 1985, 2326; BGH NJW 1989, 1672.

die Zahlstelle[231] oder als Vollmacht für den Gläubiger einordnen, hat der BGH damit eine Absage erteilt.[232]

3. Der Lastschrifteinzug im Abbuchungsauftragsverfahren

Im Inkassoverhältnis unterscheidet sich der Lastschrifteinzug im Abbuchungsauftragsver- **11** fahren grundsätzlich nicht vom Einzugsermächtigungsverfahren. Der Lastschrifteinreicher muss die Lastschrift lediglich als Abbuchungsauftragslastschrift kennzeichnen. Nicht gekennzeichnete Lastschriften müssen ebenfalls als Abbuchungsauftrags-Lastschrift weitergeleitet werden.[233] Im Interbankenverhältnis ergeben sich ebenfalls keine Besonderheiten gegenüber dem Einzugsermächtigungsverfahren.

Im Deckungsverhältnis ist die Zahlstelle zur Einlösung der Lastschrift berechtigt und ver- **12** pflichtet, wenn ihr der Schuldner durch den Abbuchungsauftrag eine die Lastschrift umfassende Weisung dahingehend erteilt hat, die Lastschrift durch Übertragung von Buchgeld an die Inkassobank einzulösen, und das Konto ausreichende Deckung aufweist.[234] Anhand des mit der Lastschrift übermittelten Textschlüssels kann die Zahlstelle die Lastschrift dem Abbuchungsauftragsverfahren zuordnen.

Der Abbuchungsauftrag, der keinen Formvorschriften unterliegt, ist nach h.M. als General- **13** anweisung des Schuldners an die Zahlstelle im Sinne von §§ 675, 665 BGB zu qualifizieren, alle Lastschriften des Gläubigers einzulösen.[235] Er entspricht damit in den Grundzügen der Überweisung.[236] Solange die Lastschrift noch nicht eingelöst ist, kann der Schuldner seinen Abbuchungsauftrag widerrufen.[237]

Mit der Belastung des Schuldnerkontos ist die Lastschrift eingelöst.[238] Erfolgt die Einlösung **14** ohne Abbuchungsauftrag des Kunden, handelt die Zahlstelle auf eigenes Risiko, da sie im Interbankenverhältnis wegen der Einlösung keine Erstattung verlangen kann.[239]

Mit der **Einlösung** der Lastschrift erwirbt die Zahlstelle einen **Aufwendungsersatzanspruch** **15** gegen den Zahlungspflichtigen gemäß §§ 675, 670 BGB, den sie dessen Girokonto belasten darf.

III. Einzelfragen

1. Lastschriftrückgabe wegen Widerspruchs

a) **Deckungsverhältnis.** Wie bereits angesprochen, erfolgt die Belastung des Kontos des Zah- **16** lungspflichtigen durch die Zahlstelle im **Einzugsermächtigungsverfahren** nach der vom BGH vertretenen Genehmigungstheorie zunächst ohne Rechtsgrund, so dass der Kontoinhaber von seiner Bank grundsätzlich jederzeit Wiedergutschrift des abgebuchten Betrags verlangen könnte. Die Kontobelastung wird erst dann verbindlich, wenn sie der Kontoinhaber gegenüber seiner Bank genehmigt und diese insoweit einen Aufwendungsersatzanspruch gemäß §§ 675, 670 BGB aufgrund der Weiterleitung des Lastschriftbetrags erlangt hat, den sie in das Kontokorrent einstellen darf. Wiedergutschrift des Lastschriftbetrags kann der Kontoinhaber im Einziehungsermächtigungsverfahren somit verlangen, solange er die Belastung nicht genehmigt hat. Demgegenüber ist der Widerspruch gegen eine Lastschrift im **Abbuchungsauftragsverfahren** unbeachtlich.

Gemäß Nr. 7 III 3 AGB-Banken bzw. Nr. 7 IV AGB-SPK genehmigt der Kunde die Belas- **17** tungsbuchung aus einer Lastschrift, wenn er nicht vor Ablauf von sechs Wochen nach Zugang des Rechnungsabschlusses, in dem die Belastungsbuchung enthalten ist, Einwendungen gegen die Belastung erhebt und bei Erteilung des Rechnungsabschlusses hierauf hingewiesen wurde. Wegen dieser Ausgestaltung ist die Genehmigungsfiktion mit § 308 Nr. 5 BGB vereinbar. Vom Lastschriftabkommen wird die Widerspruchsmöglichkeit in Abschnitt III Nr. 1 vorausgesetzt.

---

[231] *Canaris*, Großkomm. HGB, Bankvertragsrecht I Rn. 532 ff.
[232] Siehe die Übersicht bei *van Gelder*, Bankrechts-Handbuch § 57 Rn. 3 ff.
[233] *van Gelder*, Bankrechts-Handbuch I § 58 Rn. 28.
[234] *van Gelder*, Bankrechts-Handbuch § 58 Rn. 28.
[235] *van Gelder*, Bankrechts-Handbuch § 57 Rn. 64.
[236] BGH WM 1979, 194, 195.
[237] *van Gelder*, Bankrechts-Handbuch § 58 Rn. 51.
[238] *van Gelder*, Bankrechts-Handbuch § 58 Rn. 38.
[239] *van Gelder*, Bankrechts-Handbuch § 58 Rn. 38.

Hinweis:

18 Unter Zugrundelegung der im Privatkundenverkehr üblichen dreimonatigen Rechnungsabschluss-zeiträume hat der Kunde je nach Zeitpunkt der Belastungsbuchung zwischen sechs Wochen und ca. 4 ½ Monaten Zeit, der Belastung zu widersprechen. Demgegenüber gelten im Firmenkundenge-schäft teilweise kürzere Rechnungsabschlussperioden, z.B. von einem Monat, so dass sich die Wi-derspruchsfrist entsprechend verkürzt.

19 Für die Wahrung der Widerspruchsfrist genügt die Absendung des Widerspruchs innerhalb der Sechs-Wochen-Frist, Nr. 7 III 3 AGB-Banken bzw. Nr. 7 IV 3 AGB-SPK. Im Übrigen hat die Schuldnerbank gegebenenfalls den für die Berechnung der Widerspruchsfrist maßgebli-chen Zugang sowie den Tag des Zugangs darzulegen und zu beweisen.

20 Ungeachtet der Genehmigungsfiktion in den AGB der Kreditinstitute kann eine Belastungs-buchung bereits vor Ablauf der genannten Frist durch eine **individuelle Willenserklärung** des Kontoinhabers gegenüber seiner Bank genehmigt werden. Für eine solche Genehmigung trägt die Bank, die sich gegenüber ihrem Kunden auf die Genehmigung beruft, die Darlegungs- und Beweislast. Umstritten ist dabei, ob im Einzelfall von einer konkludenten Genehmigung des Kontoinhabers ausgegangen werden kann (z.B. bei Kontoüberziehung nach Lastschriftabbu-chung).

21 Der Widerspruch des Zahlungspflichtigen ist von der Zahlstelle unabhängig davon zu be-achten, ob der Zahlungspflichtige gegenüber dem Lastschrifteinreicher zum Widerruf berech-tigt ist oder nicht.[240]

22 **b) Rückrechnung durch die Zahlstelle.** Hat der Kunde der Belastung wirksam widersprochen, kann die Zahlstelle die Lastschrift gemäß Abschnitt III Nr. 1 des Lastschriftabkommens an die Inkassostelle zurückgeben. Allerdings ist die Rückgabe an die Inkassostelle gemäß Abschnitt III Nr. 2 des Lastschriftabkommens ausgeschlossen, wenn der Zahlungspflichtige nicht **inner-halb von sechs Wochen nach der Kontobelastung** widerspricht. Die Frist zur Rückgabe der Lastschrift an die Inkassostelle endet somit regelmäßig früher als die vom Zahlungspflichtigen gegenüber der Zahlstelle zu wahrende Widerrufsfrist, die erst nach Zugang eines Rechnungs-abschlusses beim Kunden zu laufen beginnt. Zwar soll die Inkassostelle aufgrund des aus dem Lastschriftabkommen resultierenden Vertrauensverhältnisses verpflichtet sein, sich auch nach Ablauf der sechswöchigen Frist gemäß Abschnitt III Nr. 2 des Lastschriftabkommens um eine Rückabwicklung des Lastschriftbetrags gegenüber dem Lastschrifteinreicher zu bemühen.[241] Aufgrund des eindeutigen Wortlauts des Lastschriftabkommens ist eine Rücknahmepflicht nach Ablauf der Frist jedoch ausgeschlossen. Eine Rückgabe durch die Zahlstelle nach Ablauf der Frist muss die Inkassostelle gemäß Abschnitt II Nr. 3 des Lastschriftabkommens zwar dul-den. Sie kann jedoch gegebenenfalls gemäß Abschnitt IV Nr. 3 I des Lastschriftabkommens außerhalb des Lastschriftverfahrens einen Schadensersatzanspruch gegen die Zahlstelle gel-tend machen.

23 Hat der Zahlungspflichtige eine Lastschrift im Zeitraum zwischen dem Ablauf der ab der Belastungsbuchung berechneten sechswöchigen Frist gemäß Abschnitt III Nr. 2 des Last-schriftabkommens und dem Ablauf der sechswöchigen Frist nach Zugang des entsprechenden Rechnungsabschlusses widerrufen, bleibt der Zahlstelle die Möglichkeit, unmittelbar gegen-über dem Lastschrifteinreicher einen Anspruch wegen ungerechtfertigter Bereicherung gemäß § 812 I 1 2. Alt. BGB geltend zu machen, da dieser die Gutschrift aus dem Lastschrifteinzug auf Kosten der Zahlstelle erlangt hat.[242]

24 **c) Rückbelastung durch die Inkassostelle.** Gibt die Zahlstelle eine Lastschrift wegen eines Wi-derrufs des Zahlungspflichtigen an die Inkassostelle zurück, ist diese ihrerseits aufgrund der Inkassovereinbarung berechtigt, dem Lastschrifteinreicher den Lastschriftbetrag zurückzube-lasten. Das Rückbelastungsrecht besteht nach der Inkassovereinbarung dabei ungeachtet der Tatsache, dass die Lastschrift mit der Belastung des Schuldnerkontos durch die Zahlstelle zu-nächst als eingelöst gilt. Das Rückbelastungsrecht ist regelmäßig nicht zeitlich beschränkt. Der Lastschrifteinreicher muss seinen Zahlungsanspruch gegen den Zahlungspflichtigen aus dem Valutaverhältnis dann anderweitig geltend machen.

---

[240] Zum Missbrauch des Widerspruchsrechts siehe unten, Rn. 25 ff.
[241] *Krepold* BuB Rn. 6/478.
[242] BGH NJW 2006, 1965, 1966.

d) Missbrauch des Widerspruchsrechts. Die Frage eines Missbrauchs des Widerspruchsrechts 25
kann sich nur bei fehlender Einzugsermächtigung des Schuldners stellen.[243] Ob der Inhaber
des belasteten Kontos im Einzelfall gegenüber dem Lastschrifteinreicher – z.B. wegen fehlender Einzugsermächtigung und gar fehlenden Zahlungsanspruchs – zum Widerspruch berechtigt ist, ist **von der Zahlstelle nicht zu prüfen.** Als Massenverfahren kann das Lastschriftverfahren nur funktionieren, wenn sich die Schuldnerbank auf die Prüfung der formalen Korrektheit
der Lastschrift beschränken darf und nicht verpflichtet ist, das Valutaverhältnis zwischen
Schuldner und Gläubiger zu bewerten.[244] Selbst dann, wenn die Zahlstelle positiv weiß, dass
dem Lastschrifteinreicher ein Anspruch in Höhe des Lastschriftbetrags tatsächlich zusteht,
muss sie den Widerruf des Kontoinhabers beachten.[245]

Ausnahmsweise kann ein missbräuchlicher Widerspruch des Schuldners zu einem Schadens- 26
ersatzanspruch des Inkassostelle – mangels unmittelbarer vertraglicher Beziehungen – wegen
vorsätzlicher sittenwidriger Schädigung gemäß § 826 BGB führen. Missbräuchlich im dargelegten Sinne ist der Widerspruch grundsätzlich dann, wenn der Schuldner bei erteilter Einzugsermächtigung ohne anerkennenswerte Gründe oder bei Vorliegen solcher Gründe erst nach
Ablauf einer angemessenen Frist widerspricht.[246] Anerkennenswert in diesem Sinne ist z.B. der
Wunsch des Schuldners, sich Gegenrechte wie das Zurückbehaltungs- oder Aufrechnungs-
recht vorzubehalten.[247]

Der Gläubigerbank kann ein Schaden aufgrund des Widerspruchs z.B. dadurch entstehen, 27
dass sie den der Schuldnerbank erstatteten Betrag vom Lastschrifteinreicher nicht mehr zu-
rückerhält, weil dieser nunmehr insolvent ist. Hat die Gläubigerbank die Bonität des Last-
schrifteinreichers nicht ausreichend geprüft oder es versäumt, diesem aufgrund unzureichender Bonität die Teilnahme am Lastschriftverfahren zu verweigern, ist dieser Umstand unter
dem Aspekt des Mitverschuldens der Gläubigerbank gemäß § 254 BGB zu berücksichtigen.

Dem Lastschrifteinreicher bleibt im Fall des missbräuchlichen Widerspruchs primär die 28
Möglichkeit, seinen Zahlungsanspruch aus dem Valutaverhältnis, wegen dem er den Lastschrifteinzug versucht hat, gegen den Schuldner durchzusetzen. Daneben steht ihm ein Schadensersatzanspruch gegen den Schuldner gemäß § 280 BGB zu, soweit ihm aufgrund des Widerspruchs ein Schaden entstanden ist.

e) Insbesondere: Lastschriftwiderruf durch Insolvenzverwalter. Äußerst umstritten ist die 29
Frage, ob der (vorläufige) Insolvenzverwalter über das Vermögen des Zahlungspflichtigen befugt ist, vom Insolvenzschuldner noch nicht anderweitig genehmigten Lastschriftbelastungen
im Einzugsermächtigungsverfahren zu widersprechen. Der IX. Zivilsenat des BGH hat hierzu
den Standpunkt vertreten, dass der vorläufige Insolvenzverwalter noch nicht genehmigten
Lastschriften widersprechen darf.[248] Nach Auffassung des IX. Zivilsenats gilt dies sowohl für
den starken vorläufigen Insolvenzverwalter, auf den gemäß §§ 21 II 1 Nr. 2 1. Alt., 22 I BGB
die Verfügungsbefugnis übergegangen ist, als auch für den schwachen vorläufigen Insolvenzverwalter, der lediglich seine Zustimmung zu Rechtsgeschäften des Schuldners verweigern
darf, § 21 II 1 Nr. 2 2. Alt. BGB. Seine Auffassung hat der Senat damit begründet, dass der
Insolvenzverwalter weitergehende Rechte zum Widerspruch als der Schuldner habe. Bis zur
Genehmigung der Belastung durch den Schuldner sei im Valutaverhältnis noch keine Erfüllung
der Forderung eingetreten, wegen der der Lastschrifteinreicher den Lastschrifteinzug vorgenommen habe. Da nach Eröffnung des Insolvenzverfahrens eine Zahlung des (Insol-
venz-)Schuldners nicht mehr wirksam werden könne, gebe es keinen Grund, den Lastschrifteinreicher als Gläubiger besser zu stellen als solche Gläubiger, deren Forderungen auf
herkömmlichem Weg erfüllt werden sollen.[249] Zudem hat der IX. Zivilsenat die Auffassung
vertreten, dass die Genehmigungsfiktion gemäß Nr. 7 III AGB-Banken bzw. Nr. 7 Abs. 4 AGB-
Banken nur gegen den endgültigen und den vorläufigen starken Insolvenzverwalter, nicht jedoch gegen den vorläufigen schwachen Insolvenzverwalter wirke.[250]

---

[243] *van Gelder*, Bankrechts-Handbuch § 58 Rn. 88, m.w.N.
[244] *van Gelder*, Bankrechts-Handbuch § 58 Rn. 86.
[245] BGH NJW 1979, 2145.
[246] *van Gelder*, Bankrechts-Handbuch § 58 Rn. 94 m.w.N.
[247] BGH NJW 2005, 675, 676; *van Gelder*, Bankrechts-Handbuch § 58 Rn. 91.
[248] BGH NJW 2005, 675; BGH ZIP 2007, 2273, 2276.
[249] BGH NJW 2005, 675, 676.
[250] BGH ZIP 2007, 2273, 2277.

30   Der Rechtsprechung des IX. Zivilsenats ist der XI. Zivilsenat entgegengetreten. Nach Auffassung des XI. Zivilsenats stehen dem vorläufigen Insolvenzverwalter keine weitergehenden
Rechte zu als dem Schuldner. Auch der vorläufige Insolvenzverwalter sei an die Verpflichtung
des Schuldners gebunden, sittenwidrige Lastschriftwidersprüche ohne anerkennswerte Gründe[251] zu unterlassen.[252] Zudem hat der XI. Zivilsenat die Auffassung abgelehnt, wonach Nr.
7 III AGB-Banken nicht gegen den schwachen vorläufigen Insolvenzverwalter wirke.[253]

2. Lastschriftrückgabe mangels Deckung oder wegen Unanbringlichkeit

31   Gemäß Abschnitt II Nr. 1 des Lastschriftabkommens ist die Zahlstelle berechtigt, Lastschriften spätestens an dem auf den Tag des Eingangs folgenden Geschäftstag zurückzugeben,
wenn auf dem Konto des Zahlungspflichtigen keine Deckung vorhanden ist oder weil die Lastschrift unanbringlich ist. Keine **ausreichende Deckung** ist vorhanden, wenn zum Zeitpunkt der
Vorlage der Lastschrift auf dem Konto kein Guthaben vorhanden oder kein Kredit gewährt
worden ist. Die Zahlstelle ist auch nicht verpflichtet, dem Kontoinhaber aufgrund des Last-
schrifteingangs Kredit zu gewähren.[254] Allerdings ist die Zahlstelle nach der Rechtsprechung
des BGH verpflichtet, den Kontoinhaber über die Nichteinlösung der Lastschrift mangels Deckung zu benachrichtigen.[255]

32   Unanbringlich ist die Lastschrift, wenn sie wegen der in ihr enthaltenen Angaben zu Unstimmigkeiten oder Unklarheiten führt und ohne zusätzliches Risiko für die Zahlstelle nicht ausgeführt werden kann.[256]

3. Doppelt begründete Lastschriften

33   Fraglich ist, ob die Zahlstelle zur Beachtung eines Widerspruchs ihres Kunden gegen eine
Lastschriftbelastung verpflichtet ist, wenn der Kunde zwar einen Abbuchungsauftrag erteilt
hat, die Lastschrift jedoch von der Inkassostelle als Einziehungsermächtigungslastschrift gekennzeichnet wurde. Der BGH hat hierzu entschieden, dass der Widerruf des Kunden für die
Zahlstelle zwar unbeachtlich sei, weil die im Abbuchungsauftrag zum Ausdruck kommende
Genehmigung durch den Einziehungsermächtigungsvermerk nicht beseitigt werde.[257] Zugleich hält der BGH die Zahlstelle für berechtigt, den Widerspruch als wirksam zu behandeln
und die Lastschrift an die Inkassostelle zurückzugeben. Der Zahlstelle steht damit nach der
Rechtsprechung des BGH bezüglich des Umgangs mit der Lastschrift ein Wahlrecht zu.

---

[251] Siehe oben, Rn. 25 ff.
[252] BGH ZIP 2008, 1977, 1980.
[253] BGH ZIP 2008, 1977, 1981; zusammenfassend *Schulte-Kanbrügger* ZIP 2008, 2348 ff.
[254] *van Gelder*, Bankrechts-Handbuch I § 58 Rn. 107.
[255] BGH NJW 1989, 1671.
[256] *van Gelder*, Bankrechts-Handbuch I § 58 Rn. 126.
[257] BGH NJW 1972, 542, 543.

§ 8 Zahlungskarten

Übersicht

Erhebliche praktische Bedeutung bei der Abwicklung des bargeldlosen Zahlungsverkehrs **1** hat der Gebrauch von Zahlungskarten wie der ec-Karte und der Kreditkarte. Kreditkarte und ec-Karte können bekanntlich sowohl zur Bargeldbeschaffung an Geld(ausgabe)automaten (GAA) als auch unmittelbar zu Zahlungszwecken verwendet werden.

I. Kreditkarten

1. Ausgangssituation

Grundlage des Kreditkartensystems ist ein Dreiecksverhältnis, bestehend aus dem Karten- **2** aussteller, dem Karteninhaber und einem Gläubiger des Karteninhabers, dem sogenannten Vertragsunternehmen. Die bekannten Kreditkartenunternehmen wie Mastercard, VISA oder American Express fungieren regelmäßig nur als Lizenzgeber für Kreditinstitute, die ihrerseits die Funktion des Kartenausstellers übernehmen, und sind somit nicht unmittelbar in die sich aus der Kreditkartenverwendung ergebenden Rechtsbeziehungen eingebunden.[258]

Beim **Präsenzgeschäft** (Belegverfahren) unterzeichnet der Karteninhaber einen vom Ver- **3** tragsunternehmen erstellten Leistungsbeleg. Beim **Distanzgeschäft**, das beispielsweise beim Kauf im Internet vorliegt (Mailorder-Verfahren), übermittelt der Karteninhaber dem Vertragsunternehmen lediglich seine Kartendaten (Kreditkartennummer und Verfallsdatum der Karte). Dieses erstellt sodann einen Leistungsbeleg, der zwangsläufig keine Unterschrift des Karteninhabers trägt.

Das Vertragsunternehmen beschafft sich den Zahlungsbetrag mittels Einreichung des er- **4** stellten Leistungsbelegs beim Kartenaussteller. Dieser belastet wiederum das laufende Konto, das der Karteninhaber beim Kartenaussteller unterhält, in Höhe des an das Vertragsunternehmen gezahlten Betrags per Lastschrift.

Neben der Zahlungsfunktion steht dem Karteninhaber die Möglichkeit offen, sich an ent- **5** sprechend gekennzeichneten Geldautomaten mit der Kreditkarte und der PIN Bargeld zu beschaffen.

2. Rechtliche Grundlagen

Die **Rechtsverhältnisse** zwischen den genannten Beteiligten sind im Wesentlichen vertraglich **6** ausgestaltet, da lediglich der Fall des Missbrauchs von Zahlungskarten in § 676 h BGB gesetzlich geregelt ist. Im Einzelnen handelt es sich um folgende Rechtsbeziehungen:

---

[258] Siehe z.B. *Jungmann* WM 2005, 1351, 1352 f.

7   **a) Deckungsverhältnis.** Im **Deckungsverhältnis** zwischen dem Kartenaussteller und dem Karteninhaber wird ein **Emissionsvertrag** geschlossen. Dieser beinhaltet einerseits die Verpflichtung des Kartenausstellers, die durch den Karteninhaber bei ordnungsgemäßer Verwendung der Karte entstehenden Verbindlichkeiten zu erfüllen, und andererseits die Verpflichtung des Karteninhabers, das Entgelt für die Kartennutzung zu entrichten.[259] Der Emissionsvertrag ist damit ein Dauerschuldverhältnis, das überwiegend als entgeltlicher Geschäftsbesorgungsvertrag[260] qualifiziert und durch spezielle Bedingungen (z.B. MasterCard-Kundenbedingungen) des emittierenden Kreditinstituts konkretisiert wird. Letztere regeln insbesondere, wie der Karteninhaber die Karte einsetzen darf, ferner Sorgfalts- und Mitwirkungspflichten des Karteninhabers und die Haftungsverteilung. Begleicht das kartenausgebende Kreditinstitut die Forderung des Vertragsunternehmens gegen den Karteninhaber, steht ihm gemäß §§ 675 I, 670 BGB ein Aufwendungsersatzanspruch gegen den Karteninhaber zu, aufgrund dessen es das Girokonto des Karteninhabers belasten darf.

8   **b) Valutaverhältnis.** Aus dem **Valutaverhältnis** zwischen dem Karteninhaber und dem Vertragsunternehmen resultiert die schuldrechtliche Forderung, die der Karteninhaber durch den Karteneinsatz begleicht. Jedenfalls beim Präsenzgeschäft herrscht Einigkeit, dass die Unterzeichnung des Leistungsbelegs eine Weisung des Karteninhabers gemäß § 665 BGB an den Kartenaussteller darstellt, die Forderung des Vertragsunternehmens gegen den Karteninhaber aus dem Valutaverhältnis zu begleichen.[261]

9   **c) Zuwendungsverhältnis.** Im **Inkasso-** oder **Zuwendungsverhältnis** zwischen Kartenaussteller und Vertragsunternehmen besteht ein als **Akquisitionsvertrag** bezeichneter Rahmenvertrag. Immer häufiger kommt der Akquisitionsvertrag auch zwischen dem Vertragsunternehmen und einem zwischengeschalteten Acquiring-Unternehmen zustande.[262] Der Akquisitionsvertrag verpflichtet das Vertragsunternehmen, die Zahlungskarte ohne Preisaufschlag zu akzeptieren,[263] und verschafft dem Kartenaussteller bzw. Acquiring-Unternehmen einen umsatzabhängigen Entgeltanspruch gegen das Vertragsunternehmen in Form eines prozentualen Abschlags vom Zahlungsbetrag. Aus dem Akquisitionsvertrag ergeben sich häufig auch Rückfrageklauseln, die das Vertragsunternehmen verpflichten, vor der Akzeptanz der Karte die Einhaltung bestimmter Umsatzhöchstgrenzen beim Kartenaussteller zu erfragen.

10   Im Gegenzug räumt der Akquisitionsvertrag dem Vertragsunternehmen einen Anspruch gegen den Kartenaussteller bzw. das Acquiring-Unternehmen auf Begleichung der der Zahlungskartenverwendung zugrunde liegenden Forderung gegen den Karteninhaber ein. Nach Auffassung des BGH ist dieses Zahlungsversprechen ein abstraktes Schuldversprechen des Kartenausstellers im Sinne von § 780 BGB.[264] Die Weitergabe des Leistungsbelegs an den Kartenaussteller stellt dabei eine aufschiebende Bedingung gemäß § 158 BGB dar, unter der das Zahlungsversprechen des Kartenausstellers steht.[265]

11   **d) Bargeldabhebung mit Kreditkarte.** Der Karteninhaber kann sich mit der Kreditkarte unter Einsatz der PIN ferner Bargeld an Geldautomaten verschaffen. Die Funktion der Kreditkarte nähert sich in diesen Fällen derjenigen der ec-Karte an. Der Unterschied zwischen beiden Verfahren besteht nur noch darin, dass sich das Vertragsunternehmen, in der Regel selbst ein Kreditinstitut, den ausgezahlten Geldbetrag zunächst beim Kartenaussteller beschafft, der den Betrag wiederum zu dem mit dem Karteninhaber vereinbarten Fälligkeitszeitpunkt auf der Grundlage eines Aufwendungsersatzanspruchs gemäß § 670 BGB dem Konto des Karteninhabers belastet.[266]

---

[259] *Martinek/Oechsler*, Bankrechts-Handbuch I § 67 Rn. 8.
[260] Vgl. z.B. BGH NJW 1994, 1532, 1534.
[261] BGH NJW 2002, 3698, 3699.
[262] *Jungmann* WM 2005, 1251, 1253.
[263] Vgl. *Martinek/Oechsler*, Bankrechts-Handbuch I § 67 Rn. 58.
[264] BGH NJW 2002, 2234, 2235; str.
[265] BGH NJW 2002, 2234, 2235.
[266] BGH NJW-RR 2004, 206, 207.

3. Einzelfragen

a) **Einwendungsdurchgriff im Deckungsverhältnis.** Hat der Karteninhaber die Kreditkarte zu 12 Zahlungszwecken verwendet, kann sich die Frage stellen, ob er dem Aufwendungsersatzanspruch des Kartenausstellers Einwendungen aus dem Valutaverhältnis mit dem Vertragsunternehmen, z.B. die Mangelhaftigkeit der Ware entgegenhalten kann, die er mit der Kreditkarte bezahlt hat.

Die h.M. lehnt einen allgemeinen Durchgriff von Einwendungen aus dem Valutaverhältnis 13 auf den Aufwendungsersatzanspruch des Kartenausstellers ab.[267] Teilweise wird allerdings die Auffassung vertreten, dass ein Einwendungsdurchgriff gemäß § 242 BGB möglich sein soll, wenn der Karteninhaber dem Kartenaussteller offenkundige und leicht nachweisbare Einwendungen darlegt.[268]

Des Weiteren ist es dem Karteninhaber nach der Rechtsprechung des BGH und der h.M. 14 auch verwehrt, seine Veranlassung des Kartenausstellers zur Zahlung zu widerrufen.[269] Diese wird als Weisung im Sinne von §§ 665, 675 I BGB und nicht als Anweisung gemäß § 783 BGB interpretiert, die bereits mit Unterzeichnung und Übergabe des Belastungsbelegs wirksam wird und den Anspruch des Vertragsunternehmens aus dem abstrakten Schuldversprechen des Kartenausstellers entstehen lässt.[270] Insoweit liegt eine irreversible Vermögensdisposition des Kartenausstellers vor, die einen Widerruf der Weisung ausschließt.[271]

b) **Verteilung des Missbrauchsrisikos im Zuwendungsverhältnis.** Kommt es zu einem Miss- 15 brauch der Kreditkarte dergestalt, dass ein Dritter mit der Kreditkarte unbefugt Zahlungsvorgänge auslöst, erlangt der Kartenaussteller keinen Aufwendungsersatzanspruch gegen den Karteninhaber.[272] Vor allem dann, wenn die Zahlung im Mailorderverfahren, d.h. ohne Unterschrift des Karteninhabers und PIN, sondern allein mit Hilfe der Kreditkartennummer und dem Verfallsdatum der Karte vorgenommen wurde, stellt sich die Frage, wer das Missbrauchsrisiko im Verhältnis zwischen Kartenaussteller und Vertragsunternehmen zu tragen hat.

Der BGH hat insoweit entschieden, dass Klauseln in Allgemeinen Geschäftsbedingungen 16 des Kartenausstellers zum Akquisitionsvertrag, die dem Vertragsunternehmen verschuldensunabhängig das volle Risiko einer missbräuchlichen Verwendung der Kreditkarte durch unberechtigte Dritte im Mailorderverfahren belasten (sogenannte Rückbelastungsklausel), gegen § 307 BGB verstoßen.[273] Vielmehr hat der Kartenaussteller das Missbrauchsrisiko zu tragen, wenn er dem Vertragsunternehmen die Akzeptanz der Karte im Mailorderverfahren gestattet hat.[274] Die Praxis hat hierauf reagiert, indem den Vertragsunternehmen Akquisitionsverträge mit und ohne Zahlungsgarantie zu unterschiedlichen Konditionen angeboten werden.[275]

II. ec-Karten und andere Bankkarten

Der Einsatz der ec-Karte hat sich im Laufe der Zeit erheblich verändert. Ursprünglich diente 17 sie als eurocheque-Karte lediglich der Dokumentation der Zahlungsgarantie, die die kartenausstellende Bank gegenüber dem Schecknehmer übernahm. Zum 31.12.2001 wurde der eurocheque abgeschafft. Die ec-Karte wird seitdem als electronic-cash-Karte entweder zur Bargeldbeschaffung an Geldautomaten oder unmittelbar zu Zahlungszwecken genutzt.

---

[267] BGH NJW 2002, 3698, 3700; siehe auch *Martinek/Oechsler*, Bankrechts-Handbuch I § 67 Rn. 36, m.w.N.
[268] OLG Köln NJW-RR 2002, 620; zweifelnd BGH NJW 2002, 3698, 3699 f.
[269] BGH NJW 2002, 3698, 3699; *Martinek/Oechsler*, Bankrechts-Handbuch I § 67 Rn. 35.
[270] BGH NJW 2002, 3698, 3699.
[271] BGH NJW 2002, 3698, 3699.
[272] Siehe hierzu oben, § 4 Rn. 33 ff.
[273] BGH NJW 2002, 2234.
[274] *Martinek/Oechsler*, Bankrechts-Handbuch I § 67 Rn. 40.
[275] Ausführlich hierzu *Jungmann* WM 2005, 1351, 1355 ff.

1. Bargeldverschaffung an Geldautomaten

18   Bei der Bargeldverschaffung kommt der Bankkarte in Verbindung mit einer PIN mittlerweile die bei weitem größte praktische Bedeutung zu. Grundlage der Ausgabe der ec- bzw. Bankkarte an den Kunden ist ein zwischen diesem und dem Kreditinstitut geschlossener Bankkartenvertrag,[276] in den entsprechende Sonderbedingungen für die Nutzung der Bankkarte einbezogen werden. Dem Kunden wird insbesondere das Recht eingeräumt, mit der Karte innerhalb bestimmter Grenzen Verfügungen über sein Konto in Form der Bargeldabhebung an Geldautomaten vorzunehmen.

19   Die Benutzung der Bankkarte an Geldautomaten ist eine besondere Form der **Weisung** des Kunden an seine Bank gemäß § 665 BGB, Bargeld auszuzahlen.[277] Der Bankkartenvertrag erweitert insoweit die sich aus dem Girovertrag mit dem Kreditinstitut ergebenden Weisungsrechte des Kunden. Zahlt das kartenausgebende Kreditinstitut weisungsgemäß an den Gläubiger des Kunden, erwirbt es einen Aufwendungsersatzanspruch gemäß §§ 675, 670 BGB, aufgrund dessen es das Konto des Karteninhabers belastet. Die Verfügung des Karteninhabers muss sich nach den Sonderbedingungen jedoch im Rahmen eines vorhandenen Guthabens oder eines eingeräumten Kredits halten. Dagegen ist die Bank nicht verpflichtet, Verfügungen zurückzuweisen, wenn das Guthaben bzw. eine eingeräumte Kreditlinie nicht ausreichen, um die Verfügung zu ermöglichen.[278]

20   Des Weiteren regelt der Bankkartenvertrag bestimmte **Sorgfaltspflichten** des Karteninhabers im Umgang mit der Karte, z.B. die Pflicht, die PIN in der Weise geheim zu halten, dass Dritte von ihr keine Kenntnis erlangen. Schließlich wird die Bank berechtigt, die Karte zu sperren, wenn der Bankkartenvertrag aus wichtigem Grund außerordentlich gekündigt wurde. Gegebenenfalls beinhaltet der Bankkartenvertrag auch die Verpflichtung, ein entsprechendes Entgelt für die Kartennutzung zu entrichten.

21   Erfolgt die Abhebung an Geldautomaten eines fremden Kreditinstituts, wird letzteres als Erfüllungsgehilfe des kartenausgebenden Instituts tätig.[279] Die fremde Bank erlangt aufgrund der Vereinbarung über das deutsche ec-Geldautomaten-System[280] mit der Auszahlung einen Aufwendungsersatzanspruch gegen die kartenausgebende Bank.[281] Es zieht den Betrag im Einzugsermächtigungsverfahren per Lastschrift vom Konto des Karteninhabers ein. Eine Rückgabe der Lastschrift wegen Widerspruchs oder mangels Deckung ist ausgeschlossen. Insoweit trägt die kartenausgebende Bank das Bonitätsrisiko.[282]

2. Bezahlfunktion

22   a) **Ausgangssituation.** Die Ausgangssituation beim Einsatz der ec-Karte zu Zahlungszwecken unterscheidet sich nicht wesentlich von derjenigen beim Kreditkarteneinsatz. Die signifikanteste Abweichung besteht darin, dass dem Karteninhaber aufgrund der Nutzung der Karte kein Zahlungsaufschub gewährt wird und der Gläubiger des Karteninhabers, der die Bezahlung mit der ec-Karte akzeptiert, den Zahlungsbetrag im Rahmen des POS-Systems oder des POZ-Systems unmittelbar per Lastschrift vom Konto des Karteninhabers einzieht.

23   b) **Rechtlicher Hintergrund.** *aa) POS-System.* Im Rahmen des POS-Systems[283] erfolgt die Zahlung durch den Kunden unter Verwendung der ec-Karte sowie Eingabe der PIN, durch die sich der Karteninhaber legitimiert. Das POS-Terminal liest die Daten auf dem Magnetstreifen der Karte und übermittelt die Zahlungsdaten an ein Rechenzentrum. Dort wird die Richtigkeit der Kartendaten, das Vorliegen einer Kartensperre und die Einhaltung des Verfügungsrahmens überprüft.[284] Gegebenenfalls wird die Zahlung autorisiert.

24   Grundlage des POS-Systems ist die „Vereinbarung über ein institutsübergreifendes System zur bargeldlosen Zahlung an automatisierten Kassen (electronic-cash-System)" der Spitzen-

---

[276] Vgl. BGH NJW 2006, 430.
[277] *Gößmann*, Bankrechts-Handbuch I § 54 Rn. 3.
[278] *Gößmann*, Bankrechts-Handbuch I § 54 Rn. 7.
[279] *Gößmann*, Bankrechts-Handbuch I § 54 Rn. 15.
[280] Abgedruckt bei *Gößmann*, Bankrechts-Handbuch I Anh. 4 zu §§ 52-55.
[281] *Gößmann*, Bankrechts-Handbuch I § 54 Rn. 15.
[282] *Gößmann*, Bankrechts-Handbuch I § 54 Rn. 16.
[283] POS steht für „point of sale".
[284] *Gößmann*, Bankrechts-Handbuch I § 68 Rn. 2.

verbände der deutschen Kreditwirtschaft.[285] Innerhalb Deutschlands wird es als ec-System betrieben, international als Maestro-System.

Zwischen dem Kartenaussteller und dem Betreiber einer POS-Kasse besteht ein Rechtsver- 25
hältnis, dem die „Bedingungen für die Teilnahme am electronic-cash-System der deutschen Kreditwirtschaft" („Händlerbedingungen")[286] zugrunde liegen. Der Händler verpflichtet sich darin, die Karte zu Barzahlungspreisen unter Eingabe der PIN durch den Karteninhaber zu akzeptieren sowie ein umsatzabhängiges Entgelt zu entrichten. Das Kreditinstitut verpflichtet sich seinerseits, die Geldforderung des Händlers gegen den Karteninhaber zu erfüllen. Ob sich aus den Händlerbedingungen insoweit ein Schuldversprechen des Kreditinstituts gegenüber dem Händler gemäß 780 BGB oder gar eine Garantie ergibt, ist im Einzelnen umstritten.[287] Die Rechtsnatur der Erklärung dürfte jedoch in aller Regel keine Rolle spielen, da feststeht, dass das Kreditinstitut zur Zahlung an den Händler verpflichtet ist. Die Lastschrift, die aufgrund des Zahlungsvorgangs generiert wird, kann daher auch nicht mangels Deckung oder wegen Widerrufs zurückgegeben werden.[288]

bb) POZ-System. Auch im Rahmen des POZ-Systems diente die ec-Karte als Zahlungsmittel. 26
Im Gegensatz zum POS-System eröffnete das POZ-System dem Händler jedoch lediglich die Möglichkeit, den Rechnungsbetrag per Lastschrift vom Konto des Karteninhabers einzuziehen, die das kartenausgebende Kreditinstitut mangels Deckung oder wegen Widerrufs des Kunden zurückgeben konnte. Ein Zahlungsversprechen des kartenausgebenden Kreditinstituts war mit dem Einsatz des POZ-Systems ebenfalls nicht verbunden.[289] Der Karteninhaber legitimierte sich auch nicht durch Eingabe der PIN, sondern lediglich durch seine Unterschrift auf einem vom Händler erstellten Beleg, nachdem der Händler zunächst elektronisch eine Sperrdatei abgefragt hatte. Zugleich erklärt der Karteninhaber mit seiner Unterschrift, mit einer Übermittlung seines Namens und seiner Adresse durch sein Kreditinstitut an den betreffenden Händler einverstanden zu sein. Für den Betrieb des Systems und die Abfrage der Sperrdatei hat das Vertragsunternehmen wiederum ein Entgelt zu entrichten. Letztlich lag dem POZ-System nur ein Zwei-Personen-Verhältnis zwischen Händler und Karteninhaber zugrunde, da sich die Aufgabe des kartenausgebenden Kreditinstituts auf diejenige einer Zahlstelle beschränkt.[290]

Die Vereinbarung zum POZ-System und die entsprechenden Händlerbedingungen[291] wur- 27
den von der deutschen Kreditwirtschaft zum 31.12.2006 gekündigt, weshalb das POZ-System in der dargestellten Form nicht mehr existiert. Seit diesem Zeitpunkt ist auch keine Abfrage der Sperrdatei mehr möglich. Dennoch bietet der Handel nach wie vor die Möglichkeit zur Zahlung mittels eines vom Karteninhaber unterzeichneten Leistungsbeleges und zieht die entsprechenden Beträge anschließend per Lastschrift vom Konto des Karteninhabers ein.

Wird eine aufgrund dieses Vorgehens vom Händler generierte Lastschrift mangels Deckung 28
oder wegen Widerrufs des Karteninhabers nicht eingelöst, steht dem Händler aufgrund der bereits erwähnten Kündigung der Händlerbedingungen zum 31.12.2006 seit diesem Zeitpunkt **kein Anspruch** mehr gegen das kartenausgebende Kreditinstitut auf Übermittlung der Adressdaten des Karteninhabers zu, die dieser benötigt, um seinen Zahlungsanspruch gegen den Karteninhaber anderweitig geltend zu machen. Soweit der Karteninhaber anlässlich der Zahlung in die Übermittlung dieser Daten durch die Bank an den Händler eingewilligt hat, begründet diese Erklärung lediglich eine **Befugnis** der Bank, die genannten Daten zu übermitteln. Ein Widerruf dieser Ermächtigung durch den Karteninhaber wird überwiegend als Fall der unzulässigen Rechtsausübung angesehen,[292] woran die Beendigung des POZ-Systems nichts geändert haben dürfte.

---

[285] Abgedruckt bei *Gößmann*, Bankrechts-Handbuch I Anh. 2 zu §§ 67, 68.
[286] Abgedruckt bei *Gößmann*, Bankrechts-Handbuch I Anh. 3 zu §§ 67, 68.
[287] Vgl. *Gößmann*, Bankrechts-Handbuch I § 68 Rn. 6 ff.
[288] *Gößmann*, Bankrechts-Handbuch I § 68 Rn. 10.
[289] POZ steht daher für „point of sale ohne Zahlungsgarantie".
[290] *Gößmann*, Bankrechts-Handbuch I § 68 Rn. 12.
[291] Bedingungen für die Teilnahme am POZ-System, abgedruckt bei *Gößmann*, Bankrechts-Handbuch I Anh. 5 zu §§ 67, 68.
[292] *Gößmann*, Bankrechts-Handbuch I § 68 Rn. 14.

§ 9 Scheckverfahren

I. Hintergrund

1 Auch das Scheckverfahren ist Teil des bargeldlosen Zahlungsverkehrs, bei dem die Initiative für den Zahlungsvorgang – wie beim Lastschriftverfahren – vom Gläubiger als Schecknehmer ausgeht. Beim Scheck handelt es sich jedoch – anders als bei der Lastschrift – um ein Wertpapier, das leicht übertragbar und vom Grundgeschäft unabhängig ist. Durch den Scheck wird eine abstrakte Zahlungspflicht des Ausstellers begründet, die den Schecknehmer grundsätzlich vor Einwendungen des Zahlungspflichtigen schützt.

2 Im Privatkundenverkehr hat der Scheck seit der Einstellung des eurocheque-Verfahrens und der Zunahme der Zahlungskarten seine praktische Bedeutung weitgehend verloren. Anzutreffen ist der Scheck aber noch immer im kaufmännischen Geschäftsverkehr, z.B. zur Begleichung von Kaufpreis-, Werklohn- und Versicherungsansprüchen.[293]

II. Rechtsgrundlagen

1. Allgemeines

3 Der Verwendung des Schecks zu Zahlungszwecken liegt grundsätzlich eine Dreiecksbeziehung zwischen der bezogenen Bank, dem Scheckaussteller und dem Schecknehmer zugrunde, bei der der Schecknehmer den Scheck unmittelbar bei der bezogenen Bank einlöst. Stattdessen kann der Schecknehmer den Scheck auch bei seinem Kreditinstitut zur Gutschrift des Scheckbetrags auf sein Konto einreichen. Diese leitet den Scheck anschließend zum Einzug an die bezogene Bank weiter und zieht den Scheckbetrag für den Schecknehmer ein, so dass der Zahlungsvorgang – in der Praxis regelmäßig – vier Beteiligte aufweist.

---

[293] Vgl. *Nobbe*, Bankrechts-Handbuch I § 60 Rn. 19 f.

2. Rechtsnatur des Schecks

Der Scheck ist eine gesetzlich formalisierte, abstrakte und unbedingte Zahlungsanweisung 4 im Sinne von § 783 BGB.[294] Diese wird zum Scheck, wenn sie die in Art. 1, 2 ScheckG genannten Bestandteile aufweist. Insbesondere beinhaltet sie die girovertragliche, vom Scheckinhaber als Boten überbrachte Weisung des Ausstellers gegenüber der bezogenen Bank, den Scheck zu Lasten seines Kontos einzulösen.[295] Ferner enthält der Scheck die an die bezogene Bank gerichtete Ermächtigung, den Scheck einzulösen, sowie eine Ermächtigung an den Schecknehmer, die Zahlung bei der bezogenen Bank entgegenzunehmen (vgl. § 783 BGB). Verbrieft ist im Scheck kein Recht des berechtigten Inhabers gegen die bezogene Bank, sondern nur die scheckrechtliche Rückgriffsforderung im Fall der Nichteinlösung des Schecks.[296]

Beim praktisch am häufigsten vorkommenden **Inhaberscheck** (vgl. Art. 5 ScheckG) reicht 5 die Inhaberschaft des Schecks aus, um die sich aus ihm ergebenden Rechte geltend zu machen bzw. seine Legitimationsfunktion zu nutzen. Insbesondere dann, wenn der Scheck den Schecknehmer nicht namentlich benennt, liegt ein Inhaberscheck vor, Art. 5 III ScheckG. Beim vereinzelt anzutreffenden **Orderscheck** ist der Schecknehmer namentlich genannt und – nicht notwendig – durch den Zusatz „an die Order" gekennzeichnet. Dagegen liegt ein Inhaberscheck trotz namentlicher Nennung des Schecknehmers vor, wenn der Scheck den Zusatz „oder Überbringer" aufweist, Art. 5 II ScheckG.

Während der **Barscheck** durch Barzahlung bei der bezogenen Bank eingelöst werden kann, 6 muss der **Verrechnungsscheck** durch Gutschrift auf ein Konto eingelöst werden, Art. 39 II ScheckG.

3. Deckungsverhältnis

Im Deckungsverhältnis zwischen dem Kunden, der Schecks als Zahlungsmittel nutzen will, 7 und seiner Bank, dem bezogenen Kreditinstitut, wird üblicherweise anlässlich der Ausgabe der Schecks ein (konkludenter) **Scheckvertrag** geschlossen, der allgemein als Geschäftsbesorgungsvertrag gemäß § 675 BGB qualifiziert wird.[297] Der Scheckvertrag wird üblicherweise durch **besondere Bedingungen** für den Scheckverkehr[298] ausgestaltet. Das Zustandekommen des Scheckvertrags bestimmt sich nach den allgemeinen Vorschriften über Rechtsgeschäfte, insbesondere wenn es um Fragen der Stellvertretung gemäß §§ 164 ff. BGB oder die Scheckausgabe an Minderjährige geht.

Aufgrund des Scheckvertrags ist die bezogene Bank gegenüber dem Scheckaussteller verpflichtet, ordnungsgemäß ausgestellte **Schecks einzulösen**, sofern das Konto des Scheckausstellers ausreichende Deckung, d.h. ein Guthaben oder eine nicht ausgeschöpfte Kreditlinie aufweist. Dagegen ist der Scheckvertrag kein Vertrag zugunsten Dritter gemäß § 329 BGB, aus dem der Schecknehmer einen Zahlungsanspruch gegen die bezogene Bank herleiten könnte.[299] Nach Nr. 4 der Bedingungen für den Scheckverkehr ist das Kreditinstitut darüber hinaus berechtigt, aber nicht verpflichtet, Schecks einzulösen, die zu einer geduldeten Kontoüberziehung führen.[300] Eine Einlösungspflicht besteht nach Nr. 1 der Bedingungen für den Scheckverkehr nur, wenn der Kunde von der bezogenen Bank zugelassene Scheckvordrucke verwendet. Voraussetzung für die Pflicht der bezogenen Bank, einen Scheck einzulösen, ist eine wirksame Scheckanweisung des Scheckausstellers, an der es z.B. bei Formunwirksamkeit des Schecks, fehlender Scheckfähigkeit des Ausstellers, fehlender Vertretungsmacht oder Scheckfälschung mangelt.[301]

Mit der **Einlösung des Schecks** durch die bezogene Bank erlangt diese einen Aufwendungsersatzanspruch gemäß §§ 675, 670 BGB gegen den Scheckaussteller. Eingelöst ist der Scheck, wenn die Scheckanweisung des Ausstellers erfüllt, d.h. die Zahlung der Schecksumme an einen

---

[294] *Nobbe*, Bankrechts-Handbuch I § 60 Rn. 10.
[295] *Nobbe*, Bankrechts-Handbuch I § 60 Rn. 11.
[296] *Nobbe*, Bankrechts-Handbuch I § 60 Rn. 13.
[297] *Nobbe*, Bankrechts-Handbuch I § 60 Rn. 29.
[298] Bedingungen für den Scheckverkehr abgedruckt bei *Nobbe*, Bankrechts-Handbuch I, Anhang 1 zu §§ 60-63.
[299] BGH NJW 1974, 456, 457.
[300] Die Einlösung trotz mangelnder Deckung führt nicht zur Begründung einer Kreditlinie, *Nobbe*, Bankrechts-Handbuch I § 60 Rn. 56.
[301] Siehe hierzu unten, Rn. 45 f.

Empfangsberechtigten geleistet wurde.[302] Im Fall der Barauszahlung ist der Scheck bereits mit der Auszahlung eingelöst.[303] In den übrigen Fällen ist von der Einlösung nicht schon dann auszugehen, wenn die bezogene Bank das Konto des Ausstellers belastet hat.[304] Erfolgt der Scheckeinzug durch eine Inkassobank, die dem Schecknehmer bereits eine **Vorbehaltsgutschrift** erteilt hat, ist der Scheck mit der Endgültigkeit der Belastungsbuchung auf dem Konto des Ausstellers eingelöst.[305] Eine endgültige Belastungsbuchung, die die Einlösung begründet, liegt gemäß Nr. 9 II 1 AGB-Banken bzw. Nr. 9 II 1 AGB-SPK vor, wenn die Belastung des Scheckbetrags auf dem Konto des Scheckausstellers **nicht spätestens am zweiten Bankarbeitstag nach der Belastung** storniert wurde.[306] Die Frist soll der bezogenen Bank die Nachdisposition, insbesondere die Nichteinlösung des Schecks wegen fehlender Kontodeckung ermöglichen. Gemäß Nr. 9 II 3 AGB-Banken bzw. Nr. 9 II 2 AGB-SPK ist der Scheck jedoch schon vor Ablauf der Stornierungsfrist eingelöst und die Belastungsbuchung endgültig, wenn die bezogene Bank eine **Bezahltmeldung** abgesendet hat. Hat die Inkassobank dem Schecknehmer ausnahmsweise eine **vorbehaltlose Gutschrift** erteilt, für die der Schecknehmer darlegungs- und beweispflichtig ist, ist die Einlösung bereits mit der Gutschrift des Scheckbetrags auf dem Konto des Schecknehmers erfolgt.[307]

10   Aufgrund des Scheckvertrags ist das Kreditinstitut verpflichtet, den Aussteller von der Nichteinlösung des Schecks mangels Deckung zu **benachrichtigen**.[308] Ferner muss es seinem Kunden gegebenenfalls **Auskunft** darüber erteilen, ob und von wem auf sein Konto gezogene Schecks zur Einlösung eingereicht wurden, §§ 675, 666 BGB.[309] Dagegen ergeben sich aus dem Scheckvertrag grundsätzlich keine Warn- und Aufklärungspflichten der Bank gegenüber dem Scheckaussteller. Nur ausnahmsweise, bei erkennbaren Gefahren für den Aussteller, besteht eine Pflicht zur Rückfrage bei diesem.[310] Verletzt die bezogene Bank eine dieser Pflichten schuldhaft, ist sie dem Aussteller gemäß § 280 BGB zum Schadensersatz verpflichtet, wobei der ersatzfähige Schaden nicht gemäß Art. 42 ScheckG der Höhe nach auf die Schecksumme begrenzt ist.[311]

11   Als Dauerschuldverhältnis ist der Scheckvertrag kündbar. Das Recht zur **Kündigung** des Scheckvertrags richtet sich nach Nr. 18, 19 AGB-Banken bzw. Nr. 26 I AGB-SPK. Im Anwendungsbereich der AGB-Banken kann ein Kreditinstitut den Scheckvertrag nur mit der sechswöchigen Frist gemäß Nr. 19 I 1, 3 AGB-Banken kündigen.[312] Demgegenüber ist die Kündigung durch das Kreditinstitut gemäß Nr. 26 I AGB-SPK jederzeit möglich, wobei die Kündigung nicht zur Unzeit bzw. rechtsmissbräuchlich erfolgen darf.[313] Nach Beendigung des Scheckvertrags noch umlaufende Schecks darf das Kreditinstitut noch einlösen. Vor einer Verweigerung der Einlösung hat die Bank dem Kunden die Gelegenheit zu geben, die Einlösung durch Einzahlung eines entsprechenden Guthabens sicherzustellen.[314]

4. Valutaverhältnis

12   Zwischen Scheckaussteller und Schecknehmer besteht zunächst ein Zahlungsanspruch des Schecknehmers (Valutaverhältnis), der die Grundlage des durch die Scheckhingabe ausgelösten Zahlungsvorgangs bildet. Der Schecknehmer ist dabei nicht zur Annahme des Schecks verpflichtet. Vor bzw. anlässlich der Scheckhingabe kommt ein als **Scheckzahlungsabrede** bezeichnetes Vertragsverhältnis zustande.[315] Die Hingabe des Schecks erfolgt gemäß § 364 II BGB im Zweifel erfüllungshalber, so dass die Verbindlichkeit des Scheckausstellers bis zur Scheckeinlösung fortbesteht.[316] Erst mit der Barauszahlung eines Barschecks bzw. mit der Gut-

---

[302] *Nobbe*, Bankrechts-Handbuch I § 60 Rn. 162.
[303] *Baumbach/Hopt* HGB Bankgeschäfte Rn. E/1.
[304] BGH NJW 1987, 317, 319.
[305] *Nobbe*, Bankrechts-Handbuch I § 60 Rn. 209.
[306] BGH NJW 1997, 2112.
[307] *Nobbe*, Bankrechts-Handbuch I § 60 Rn. 199 f.
[308] *Nobbe*, Bankrechts-Handbuch I § 60 Rn. 97.
[309] *Nobbe*, Bankrechts-Handbuch I § 60 Rn. 94.
[310] BGH NJW 1987, 317, 318.
[311] *Nobbe*, Bankrechts-Handbuch I § 60 Rn. 98.
[312] OLG Köln WM 1996, 150; *Nobbe*, Bankrechts-Handbuch I § 60 Rn. 41.
[313] *Nobbe*, Bankrechts-Handbuch I § 60 Rn. 40, unter Verweis auf BGH WM 1985, 1136.
[314] *Nobbe*, Bankrechts-Handbuch I § 60 Rn. 46.
[315] *Nobbe*, Bankrechts-Handbuch I § 60 Rn. 245.
[316] BGH NJW 1995, 3386, 3388.

schrift des Scheckbetrags auf dem Konto des Schecknehmers wird die Kausalforderung erfüllt. Aufgrund der Scheckzahlungsabrede ist der Schecknehmer gehalten, zunächst durch die Scheckeinlösung Befriedigung zu suchen.[317] Der Forderung aus dem Grundgeschäft steht der Einwand der Scheckhingabe entgegen.[318] Der Aussteller verpflichtet sich seinerseits, innerhalb der Vorlegungsfrist gemäß Art. 29 ScheckG ausreichende Deckung auf seinem Konto vorzuhalten und Schecksperren zu unterlassen.[319]

Des Weiteren kommt zwischen Aussteller und Schecknehmer ein so genannter **Scheckbege-** 13 **bungsvertrag** zustande, aufgrund dessen der Schecknehmer gemäß § 929 ff. BGB Eigentümer des zahlungshalber hingegebenen Schecks wird und die aus dem Scheck erwachsenden Rechte geltend machen kann.[320]

5. Inkassoverhältnis

Der Schecknehmer reicht den Scheck bei seiner Bank ein, um den Scheckbetrag bei der bezo- 14 genen Bank einziehen und seinem Girokonto gutschreiben zu lassen (**Inkassoverhältnis**). Die Einreichung des Schecks ist in der Regel eine einseitige Weisung gemäß § 665 S. 1 BGB im Rahmen des Girovertrags zwischen dem Scheckeinreicher und der Inkassobank.[321] Aufgrund des Inkassoauftrags ist die Inkassobank verpflichtet, der bezogenen Bank den Scheck auf dem schnellsten und sichersten Weg der bezogenen Bank vorzulegen.[322] Nur wenn ein Girovertrag zwischen dem Scheckeinreicher und der Inkassobank ausnahmsweise nicht besteht, kommt ein selbständiger Inkassovertrag zustande, der überwiegend als Geschäftsbesorgungsvertrag in Form eines Dienstvertrags gemäß §§ 675, 611 BGB qualifiziert wird. Gemäß Nr. 15 I 1 AGB-Banken bzw. Nr. 25 I AGB-SPK erwirbt die jeweilige Bank Sicherungseigentum an dem eingereichten Scheck, das sie berechtigt, die Rechte aus dem Scheck geltend zu machen, wenn sie dem Einreicher den Scheckbetrag „Eingang vorbehalten" (E.v.) gutgeschrieben hat,[323] der Scheck jedoch nicht eingelöst wird und sich aus der Rückabwicklung der Gutschrift ein Sollsaldo auf dem Konto des Einreichers ergibt. Für den Scheckeinzug darf die Inkassobank ein Entgelt verlangen und einen Aufwendungsersatzanspruch gegen den Einreicher geltend machen, wenn ihr aufgrund der Nichteinlösung des Schecks durch die bezogene Bank eine Rückscheckgebühr nach dem Scheckabkommen in Rechnung gestellt wird.[324]

6. Interbankenverhältnis

Das Interbankenverhältnis zwischen der bezogenen Bank und dem Kreditinstitut des 15 Schecknehmers ist durch das Abkommen über den Einzug von Schecks (Scheckabkommen) geregelt.

Gemäß Nr. II.1 des Scheckabkommens sind Euro-Schecks bis zu einem Betrag von 6.000 € 16 im **BSE-Verfahren** einzuziehen. Der Scheck wird danach von der Inkassobank oder einem beauftragten Kreditinstitut in einen elektronischen Datensatz umgewandelt und an die bezogene Bank weitergeleitet. Ferner hat sie die Originalschecks oder eine Kopie hiervon aufzubewahren, Nr. II.3 Abs. 3 des Scheckabkommens.

Ferner können Schecks gemäß Abschnitt III. des Scheckabkommens im imagegestützten 17 Scheckeinzug (**ISE-Verfahren**) eingezogen werden. Bei diesem Verfahren wird der bezogenen Bank ein elektronisches Bild des Schecks übermittelt. Die umgewandelten Originalschecks sind drei Jahre lang aufzubewahren, Nr. III.3 Abs. 4 des Scheckabkommens, wobei die Frist mit dem Ende des Kalenderjahres beginnt, in dem die Rückgabefrist für den eingereichten Scheck ausgelaufen ist.

Bei beiden Verfahrensarten hat die Inkassobank den Scheck auf seine formelle Ordnungs- 18 mäßigkeit gemäß Art. 1, 2 ScheckG hin zu überprüfen, Nr. II.2 und III.2. des Scheckabkommens. Der Einzug der Scheckbeträge erfolgt über die Deutsche Bundesbank oder in eigenen Gironetzen.

---

[317] BGH NJW 1986, 424.
[318] BGH NJW 1996, 1961.
[319] *Nobbe*, Bankrechts-Handbuch I § 60 Rn. 270.
[320] BGH WM 1977, 1019, 1020.
[321] BGH NJW 2002, 1950, 1951.
[322] BGH NJW 1986, 249, 250.
[323] Vgl. *Nobbe*, Bankrechts-Handbuch I § 61 Rn. 14 ff.
[324] *Nobbe*, Bankrechts-Handbuch I § 61 Rn. 29 f.

III. Einzelfragen

1. Scheckeinreichung bei der Inkassobank

19   a) **Gutschrift des Scheckbetrags.** Die Inkassobank schreibt dem Schecknehmer den Scheckbetrag regelmäßig schon unmittelbar nach Scheckeinreichung gut. Gemäß Nr. 9 I 1 AGB-Banken bzw. Nr. 9 I 1 AGB-Sparkassen erfolgt die Gutschrift jedoch zunächst nur unter dem Vorbehalt des Eingangs (E.v.) des Gegenwertes bei der Inkassobank. Ausdrücklich gilt der Vorbehalt auch dann, wenn die Inkassobank selbst die bezogene Bank ist. Im Fall der Nichteinlösung des Schecks bzw. Nichteingangs des Gegenwertes ist die Inkassobank berechtigt, die Vorbehaltsgutschrift unabhängig von einem zwischenzeitlich erteilten Rechnungsabschluss wieder zu stornieren, Nr. 9 I 4, 5 AGB-Banken bzw. Nr. 9 I 4, 23 II AGB-SPK. Die Klauseln halten der AGB-rechtlichen Inhaltskontrolle stand.[325]

20   Aus Sicht des Schecknehmers kann sich damit die Frage stellen, wann der Vorbehalt erlischt und nicht mehr mit einem Entzug der Gutschrift zu rechnen ist. Da der Vorbehalt an den Eingang des Gegenwertes bei der Inkassobank geknüpft ist, lässt sich eine diesbezügliche eindeutige Aussage erst nach Eingang des Gegenwertes bei der Inkassobank machen. Mit dem Eingang der buchmäßigen Deckung bei der Inkassobank hat diese den Betrag gemäß §§ 675 I, 667 BGB an den Schecknehmer herauszugeben. Wird der Inkassobank der Scheckbetrag nach Einlösung durch Rückbelastung wieder entzogen, steht der Inkassobank das Rückbelastungsrecht gegenüber dem Schecknehmer nicht mehr zu.[326] Vor Eingang des Scheckbetrags lässt sich der Zeitpunkt der Einlösung sowie der Zeitraum für die Weiterleitung des Scheckbetrags von der bezogenen Bank an die Inkassobank nur überschlägig ermitteln. Zwar enthält das Scheckabkommen zeitliche Schranken für die Rückrechnung nicht eingelöster Schecks. Theoretisch ist es jedoch vorstellbar, dass die bezogene Bank den Scheck nach dieser Frist unter Verstoß gegen das Scheckabkommen dennoch zurückrechnet.

21   b) **Belegloser Scheckeinzug.** Aus Rationalisierungsgründen werden die der Inkassobank zum Einzug überlassenen Schecks nicht körperlich weitergeleitet.[327] Eine solche körperliche Vorlage bei der bezogenen Bank wäre jedoch erforderlich, um dem Schecknehmer im Fall der Nichteinlösung des Schecks den scheckrechtlichen Rückgriff mangels Zahlung gemäß Art. 40, 28 ScheckG zu ermöglichen, der die fristgerechte Anbringung des Nichteinlösungsvermerks durch die bezogene Bank auf dem Scheck voraussetzt, Art. 40 Nr. 2, 41 I ScheckG. Der Schecknehmer kann den Rückgriffsanspruch somit nicht im Wege des Scheckprozesses geltend machen.

22   Entstehen dem Schecknehmer hierdurch Nachteile, z.B. weil er im Scheckprozess wegen der günstigeren Beweislastverteilung obsiegt hätte, im Prozess über die Grundforderung jedoch unterlegen ist, oder der Scheckaussteller insolvent geworden ist, nachdem ein im Urkundenprozess gemäß §§ 605 a, 599 ZPO schnell zu erreichendes Scheckvorbehaltsurteil ergangen wäre, ist die Inkassobank dem Schecknehmer gemäß § 280 BGB wegen der Verletzung ihrer Pflicht zur körperlichen Weiterleitung aus dem Inkassoauftrag zum Schadensersatz verpflichtet.[328]

2. Scheckeinlösung durch das bezogene Kreditinstitut

23   a) **Allgemeines.** Die bezogene Bank ist zur sorgfältigen Prüfung des vorgelegten Schecks verpflichtet.[329] Die Zahlung darf nur an einen **Empfangsberechtigten** erfolgen. Empfangsberechtigt ist zunächst der **Eigentümer des Schecks** als wahrer Scheckberechtigter oder ein von diesem zur Entgegennahme der Leistung Ermächtigter (§ 362 II, 185 BGB). Ferner darf die Bank an den **formell Berechtigten** Zahlung leisten. Beim Inhaberscheck ist dies der Gewahrsamsinhaber, beim Orderscheck der als Schecknehmer Benannte oder derjenige, der durch eine lückenlose, auf den namentlich genannten Schecknehmer zurückgehende Indossamentenkette ausgewiesen ist, Art. 19, 14 I ScheckG.

---

[325] BGH NJW 1997, 1148.
[326] *Nobbe*, Bankrechts-Handbuch I § 61 Rn. 35.
[327] Siehe oben, Rn. 16 f.
[328] *Nobbe*, Bankrechts-Handbuch I § 61 Rn. 40 f., m.w.N.
[329] *Baumbach/Hopt* HGB Bankgeschäfte Rn. E/2.

Der **Ablauf der Vorlegungsfrist** von acht Tagen, gemäß Art. 29 I ScheckG gerechnet ab dem 24
Tag der Ausstellung bei im Inland ausgestellten Schecks, ändert nach h.M. nichts an der Ver-
pflichtung bzw. Berechtigung der bezogenen Bank zur Scheckeinlösung.[330] Die Bedeutung der
Vorlegungsfrist beschränkt sich auf das scheckrechtliche Verhältnis zwischen Aussteller und
Schecknehmer.[331]

b) Schecksperre. Aufgrund des Scheckvertrags mit ihrem Kunden ist die bezogene Bank ver- 25
pflichtet, eine vom Kunden erklärte Schecksperre, d.h. einen **Widerruf** des Schecks gemäß
Art. 32 ScheckG zu beachten.[332] Im Fall des wirksamen Widerrufs darf sie den Scheck nicht
einlösen, weshalb sie im Fall der Missachtung des Widerrufs keinen Aufwendungsersatzanspruch gemäß § 670 BGB aus dem Scheckvertrag mit dem Kunden erlangt, aufgrund dessen
sie dessen Konto belasten dürfte.[333]

Gemäß Art. 32 I ScheckG ist ein Widerruf des Schecks grundsätzlich erst nach Ablauf der 26
Vorlegungsfrist gemäß Art. 29 ScheckG zu beachten. Art. 32 I ScheckG ist jedoch abdingbar.
Nach Auffassung des BGH ergibt sich insoweit bereits aus dem Scheckvertrag kraft Verkehrs-
sitte bzw. Handelsbrauchs die Nebenpflicht der bezogenen Bank, einen vor Ablauf der Vorlegungsfrist erklärten Widerruf des Ausstellers bereits vor Ablauf der Vorlegungsfrist zu beachten.[334]

Gemäß Nr. 5 der üblichen Bedingungen für den Scheckverkehr kann die Sperre nur beachtet 27
werden, wenn sie der Bank so rechtzeitig zugeht, dass eine Berücksichtigung des Widerrufs im
Rahmen des ordnungsgemäßen Geschäftsverkehrs möglich ist. Ausgeschlossen ist die Berücksichtigung des Widerrufs jedenfalls, wenn der Scheck bereits eingelöst wurde. Gemäß Nr. 9 II
1 AGB-Banken bzw. Nr. 9 II 1 AGB-SPK gilt der Scheck im Verhältnis zwischen bezogener
Bank und Scheckaussteller als eingelöst, wenn die Belastungsbuchung der bezogenen Bank auf
dem Konto des Scheckausstellers nicht spätestens am zweiten Bankarbeitstag nach der Belastung rückgängig gemacht wurde. Der Widerruf ist daher verspätet, wenn der bezogenen Bank
trotz unverzüglicher Bearbeitung des Widerrufs eine Stornierung der Belastungsbuchung innerhalb der genannten Frist aus technischen oder anderen Gründen nicht mehr möglich ist.[335]
Sendet die bezogene Bank schon vor Ablauf der genannten Stornierungsfrist eine Bezahltmeldung an die Inkassobank, gilt der Scheck schon zum Zeitpunkt der Absendung als eingelöst,
Nr. 9 II 3 AGB-Banken bzw. Nr. 9 II 2 AGB-SPK. Gleiches gilt, wenn der Scheck über die Abrechnungsstelle einer Landeszentralbank vorgelegt wurde und die Rückgabe nicht bis zu dem
von der Landeszentralbank festgesetzten Zeitpunkt erfolgt ist.

Teilweise[336] sehen die Scheckbedingungen vor, dass die bezogene Bank die Sperre nur für 28
einen Zeitraum von sechs Monaten nach Ablauf der Vorlegungsfrist (Art. 29 ScheckG) zu beachten hat. Nach h.M. begegnet die Regelung keinen AGB-rechtlichen Bedenken.[337] Jedoch
muss der Widerruf vom bezogenen Kreditinstitut auch nach Ablauf der sechsmonatigen Frist
ohne erneuerte Sperrmitteilung beachtet werden, wenn der Kunde seiner Bank das Abhandenkommen des Schecks angezeigt hat.[338]

Hinweis:
Enthalten die im Einzelfall maßgeblichen Sonderbedingungen der bezogenen Bank eine zeitliche 29
Befristung der Schecksperre, sollte die weitere Beachtung der Schecksperre frühzeitig mit der Bank
abgesprochen werden.

c) Scheckbestätigung und Einlösungszusage. Eine **Scheckbestätigung** ist die freiwillige Mittei- 30
lung der bezogenen Bank, der Scheck sei gedeckt, und bedeutet, das der Scheck eingelöst
würde, wenn er der bezogenen Bank zum Zeitpunkt der Auskunft zur Einlösung vorläge. Inso-

---

[330] *Nobbe*, Bankrechts-Handbuch I § 60 Rn. 135, m.w.N.
[331] *Nobbe*, Bankrechts-Handbuch I § 60 Rn. 136.
[332] *Baumbach/Hopt* HGB Bankgeschäfte Rn. E/4.
[333] Siehe auch unten, Rn. 46.
[334] BGH NJW 1988, 3149, 3151.
[335] *Nobbe*, Bankrechts-Handbuch I § 60 Rn. 144.
[336] Insbesondere bei den Sparkassen und Genossenschaftsbanken.
[337] *Nobbe*, Bankrechts-Handbuch I § 60 Rn. 145; *Bunte* AGB-Banken SchB Rn. 72.
[338] *Nobbe*, Bankrechts-Handbuch I § 60 Rn. 130; *Bunte* AGB-Banken SchB Rn. 72 m.w.N; diese Rechtsfolge ist in den Scheckbedingungen nur teilweise ausdrücklich geregelt.

weit übernimmt die Bank nicht die Verpflichtung, den Scheck einzulösen. Ist die Auskunft unzutreffend, haftet die bezogene Bank im Fall ihres Verschuldens auf Schadensersatz.[339]

31 Demgegenüber begründet die **Einlösungszusage** eine schuldrechtliche Verpflichtung der bezogenen Bank, den Scheck einzulösen. Zwar gilt ein Annahmevermerk der bezogenen Bank gemäß Art. 4 ScheckG als nicht geschrieben (**Akzeptverbot**). Die Vorschrift schließt jedoch nur einen Zahlungsanspruch aus dem Scheck, nicht jedoch die Haftung der bezogenen Bank aus einem besonderen Garantievertrag aus, der z.B. im Fall einer Einlösungszusage zustande kommen kann.[340] An das Zustandekommen einer Einlösungszusage sind nach der Rechtsprechung des BGH strenge Anforderungen zu stellen. Der anfragende Schecknehmer bzw. die Inkassobank muss insoweit eine eindeutige und unmissverständliche Erklärung fordern, auf die die bezogene Bank in ihrer Antwort eingeht.[341] Im Zweifel ist die Erklärung der bezogenen Bank daher nicht als Einlösungszusage auszulegen.[342]

32 **d) Nichteinlösung des Schecks durch die bezogene Bank.** Wird ein Scheck von der bezogenen Bank – z.B. mangels Deckung – nicht eingelöst, hat sie diesen gemäß Nr. V.1 des Scheckabkommens beim BSE-Verfahren spätestens an dem auf den Eingangstag der Scheckdaten folgenden Bankarbeitstag an die Inkassobank zurückzurechnen. Bei Schecks, die im ISE-Verfahren eingezogen wurden, muss die Rückrechnung spätestens an dem auf den Tag der Vorlage des Scheckbildes bei der Deutschen Bundesbank folgenden Bankarbeitstag über die Deutsche Bundesbank an die Inkassobank zurückgerechnet werden. Über die Nichteinlösung von Schecks mit dem Betrag von 6.000 € und mehr muss die bezogene Bank gemäß Nr. V.2 des Scheckabkommens die Inkassobank spätestens an dem auf den Tag der Vorlage folgenden Bankarbeitstag bis spätestens 14.30 Uhr **benachrichtigen**. Die Inkassobank hat auf dem von ihr aufbewahrten Scheck bzw. auf der Scheckkopie einen Nichteinlösungsvermerk anzubringen (Nr. V.3 bzw. V.4 des Scheckabkommens).

3. Abhanden gekommene Schecks

33 **a) Allgemeines.** Wird ein dem Scheckaussteller oder einem Schecknehmer abhanden gekommener Scheck von einem unbefugten Dritten eingelöst, stellt sich die Frage, wer für den hierbei entstehenden Schaden aufzukommen hat. Dem geschädigten Scheckaussteller bzw. -einreicher[343] kann aufgrund der Scheckeinlösung ein **Schadensersatzanspruch gemäß §§ 989, 990 BGB**[344] zustehen. Er hat gegen die Bank, die den Scheck hereingenommen hat, regelmäßig gemäß § 985 BGB einen Herausgabeanspruch, wenn diese den Scheck nicht selbst gemäß Art. 21 ScheckG gutgläubig erworben hat. Ist die den Scheck annehmende Bank hinsichtlich ihrer Besitzberechtigung nicht gutgläubig, weil sie positiv weiß bzw. infolge grober Fahrlässigkeit nicht weiß, dass der Scheckeinreicher nicht der materiell-rechtliche Scheckberechtigte ist, haftet sie dafür, dass der Scheck verschlechtert wird bzw. nicht mehr herausgegeben werden kann.[345]

34 Der Schadensersatzanspruch richtet sich meist gegen die **Inkassobank**. Da die von ihr veranlasste Einlösung den Scheck wertlos macht, haftet sie wegen der Verschlechterung des Schecks gemäß § 989 BGB.[346] Im Einzelfall kann auch die **bezogene Bank** passivlegitimiert sein, wenn ihr der Scheck direkt zur Einlösung vorgelegt wurde. Wird der abhanden gekommene Scheck über die Inkassobank an die bezogene Bank weitergeleitet, kennt letztere meist den Einreicher nicht, so dass sich für sie keine Anhaltspunkte für dessen fehlende Berechtigung ergeben.[347]

35 **b) Abhandenkommen.** Der Begriff des Abhandenkommens im Sinne von Art. 21 ScheckG ist weiter auszulegen als der des § 935 BGB. Ein Abhandenkommen liegt schon dann vor, wenn der Scheck ohne einen wirksamen Begebungsvertrag in Verkehr gelangt ist.[348] Neben den Fäl-

[339] BGH NJW 1990, 1482.
[340] Vgl. *Nobbe*, Bankrechts-Handbuch I § 60 Rn. 137 ff.
[341] *Baumbach/Hopt* HGB Bankgeschäfte Rn. E/8; BGH NJW 1990, 1482.
[342] *Nobbe*, Bankrechts-Handbuch I § 61 Rn. 139.
[343] Siehe unten, Rn. 43.
[344] An einer vertraglichen Beziehung zwischen dem geschädigten Aussteller bzw. Schecknehmer und der Inkassobank bzw. bezogenen Bank fehlt es in der Regel.
[345] Vgl. *Staudinger/Gursky* § 990 BGB Rn. 60.
[346] *Staudinger/Gursky* § 990 BGB Rn. 60.
[347] *Nobbe*, Bankrechts-Handbuch I § 61 Rn. 190.
[348] BGH NJW 1995, 3315.

len des unfreiwilligen Besitzverlustes liegt ein Abhandenkommen danach auch vor, wenn der Scheck von einem beschränkt Geschäftsfähigen oder Geschäftsunfähigen, aufgrund eines Willensmangels gemäß §§ 119 ff. BGB oder ohne ausreichende Vertretungsmacht in Verkehr gebracht wurde.[349]

c) **Bösgläubigkeit.** Die Haftung gemäß §§ 989, 990 BGB, Art. 21 ScheckG knüpft an den feh- **36** lenden guten Glauben der Bank an. Bösgläubig ist die Bank, wenn sie positiv wusste oder grob fahrlässig nicht wusste, dass der Scheckeinreicher keine materiell-rechtliche Berechtigung am Scheck besaß.[350] Dabei besteht grundsätzlich keine Pflicht der Bank, die materielle Berechtigung des Einreichers zu prüfen. Nur wenn besondere Umstände vorliegen, die Verdachtsmomente für ein Abhandenkommen begründen, ist das Kreditinstitut verpflichtet, Nachforschungen anzustellen.[351] Bei der Bewertung einzelner Umstände ist zu berücksichtigen, dass der Scheckeinzug ein typisches Massengeschäft ist, das nur bei schneller und kostengünstiger Abwicklung funktioniert, weshalb die Anforderungen an die Bank nicht überspannt werden dürfen.[352] Nach allgemeiner Auffassung hat eine Zusammenschau aller relevanten Umstände zu erfolgen.[353]

Umstände, die eine Erkundigungspflicht der Bank auslösen, können im **Erscheinungsbild** **37** **des Schecks** (z.B. Überkleben des Nehmerfeldes, Rasuren, Textveränderungen) begründet sein. Ferner können sich Verdachtsmomente aus der **Person des Einreichers** ergeben. So muss die Bank beispielsweise nachforschen, wenn ihr bekannt ist, dass der Einreicher ein Angestellter des Schecknehmers ist. Schließlich können sich relevante Umstände aus der **Ungewöhnlichkeit des Geschäfts** ergeben, z.B. beim Barankauf eines Verrechnungsschecks.[354] Eine besonders hohe Schecksumme ist dagegen für sich genommen nicht ungewöhnlich, wenn nicht nach Lage des Einzelfalls weitere Umstände Anlass zu Nachforschungen geben.[355]

Die Bösgläubigkeit der Bank kann sich bei einem im **kaufmännischen Geschäftsverkehr** aus- **38** gestellten Inhaberscheck aus der bloßen Tatsache ergeben, dass der namentlich genannte Schecknehmer (mit Überbringerklausel) und der Einreicher des Schecks voneinander abweichen (**Disparität**). Zwar begründet die Inhaberschaft eines Inhaberschecks eine formelle Legitimation des Einreichers, die das Kreditinstitut nicht verpflichtet, die materielle Berechtigung des Einreichers zu überprüfen.[356] Der BGH hatte dementsprechend zunächst entschieden, dass die Disparität für sich genommen, ohne Hinzutreten weiterer Umstände, die den Verdacht des Abhandenkommens begründen, keine grobe Fahrlässigkeit darstellt,[357] von dieser Auffassung jedoch später Abstand genommen und ein Urteil zur Klärung der Üblichkeit der Scheckweitergabe in Handelsverkehr an das OLG Frankfurt zurückverwiesen.[358] Das daraufhin vom OLG Frankfurt eingeholte Sachverständigengutachten ergab, dass ein Handelsbrauch existiert, dem zufolge Inhaberschecks im kaufmännischen Geschäftsverkehr nicht zahlungshalber weitergegeben werden.[359] Das OLG Frankfurt entschied daher, dass das betreffende Kreditinstitut bei der Hereinnahme des Schecks grob fahrlässig gehandelt habe.[360] Ungeklärt ist, ob die Rechtsprechung auf Schecks, die einen kaufmännischen Aussteller nicht erkennen lassen, zu übertragen ist.[361]

Das für die Beurteilung der Bösgläubigkeit relevante **Wissen** der für die Bank handelnden **39** Angestellten ist dieser gemäß § 166 I BGB **zuzurechnen.** Dabei kommt es nicht nur auf die konkret handelnden Personen an. Das Kreditinstitut ist vielmehr verpflichtet, Organisationsmaßnahmen zu treffen, durch die einmal erlangtes Wissen verfügbar gehalten wird. Dies gilt jedoch grundsätzlich nur für die am Scheckeinzug beteiligten Abteilungen.[362] Sind mehrere

---

[349] Vgl. *Nobbe*, Bankrechts-Handbuch I § 61 Rn. 171 ff. m.w.N.
[350] *Nobbe*, Bankrechts-Handbuch I § 61 Rn. 192.
[351] *Palandt/Bassenge* § 990 BGB Rn. 11.
[352] *Staudinger/Gursky* § 990 BGB Rn. 61.
[353] *Bamberger/Roth/Fritzsche* § 990 BGB Rn. 14.
[354] BGH NJW 1995, 3315, 3316.
[355] BGH NJW 1993, 1583.
[356] *Palandt/Bassenge* § 990 BGB Rn. 11 m.w.N.
[357] Z.B. BGH NJW 1992, 3235, 3236.
[358] BGH NJW 1996, 657; siehe auch BGH ZIP 2000, 1926, 1927.
[359] OLG Frankfurt ZIP 1999, 1207, 1208.
[360] OLG Frankfurt ZIP 1999, 1207, 1208; zustimmend OLG Karlsruhe ZIP 2007, 857, 858 f; *Nobbe*, Bankrechts-Handbuch I § 61 Rn. 227; a.A. noch *Palandt/Bassenge* § 990 BGB Rn. 12; *Bamberger/Roth/Fritzsche*, Beck'scher Online-Kommentar, § 990 BGB Rn. 14.
[361] Siehe *Nobbe*, Bankrechts-Handbuch § 90 Rn. 233.
[362] BGH NJW 1997, 1917; BGH NJW 1993, 1066, 1067.

Abteilungen beteiligt, hat gegebenenfalls eine Wissenszusammenrechnung stattzufinden.[363] Wissen von Mitarbeitern anderer Abteilungen, die nicht mit dem Scheckeinzug betraut sind, muss sich die Bank dagegen grundsätzlich nicht zurechnen lassen.[364]

40   Die die grobe Fahrlässigkeit begründenden Umstände müssen schon **bei Besitzerwerb** des Schecks durch die Bank vorliegen, da ein grob fahrlässiges Verhalten von Bankangestellten nach Besitzerwerb nicht die Bösgläubigkeit gemäß § 990 I 2 BGB begründet.[365]

41   **d) Schaden.** Löst die bezogene Bank einen wirksam ausgestellten Scheck ein, der dem Aussteller oder dem Scheckneh mer abhanden gekommen ist, muss der Scheckaussteller die Einlösung nur dann gegen sich gelten lassen, wenn das bezogene Kreditinstitut hinsichtlich der Berechtigung des Scheckeinreichers **gutgläubig**, d.h. nicht grob fahrlässig oder vorsätzlich gehandelt hat.[366] Letzterem steht dann ein Aufwendungsersatzanspruch gemäß § 670 BGB aus dem Scheckvertrag zu.

42   Ist der Scheck dem **Scheckaussteller** abhanden gekommen, erleidet dieser einen Schaden, wenn er durch die Einlösung **nicht von seiner Verbindlichkeit aus dem Grundgeschäft befreit** wird, die mit Hilfe des ausgestellten Schecks getilgt werden sollte.[367] Die Transportgefahr für die Übermittlung des Schecks trägt der Schuldner, weil der Übermittlung wie bei Geldschulden regelmäßig eine qualifizierte Schickschuld des Ausstellers gemäß § 270 I, IV BGB zugrunde liegt. Das Abhandenkommen des Schecks vor Zugang beim Scheckneh mer, insbesondere auf dem Postweg, geht daher zu Lasten des Ausstellers.[368]

43   Schwieriger zu beurteilen ist die Rechtslage, wenn der Scheck dem **Scheckneh mer** abhanden gekommen ist, weil er z.B. von einem Mitarbeiter veruntreut wurde. Die Gerichte neigen in diesen Fällen dazu, einen Schaden des Scheckneh mers ohne nähere Prüfung anzunehmen.[369] Nach allgemeiner Auffassung erleidet er jedoch nur dann einen Schaden, wenn er zugleich seine Forderung gegen den Scheckaussteller aus dem Valutaverhältnis nicht mehr geltend machen kann.[370] Unter welchen Bedingungen es zum Verlust dieser Forderung kommt, ist im Einzelnen umstritten.[371] Während die Frage nach einer Auffassung[372] maßgeblich danach zu beantworten ist, ob den Scheckneh mer ein Verschulden am Abhandenkommen des Schecks trifft, hat dieser nach anderer Auffassung[373] das Risiko des Abhandenkommens grundsätzlich unabhängig von einem etwaigen Verschulden zu tragen, nachdem er die Verfügungsgewalt über den Scheck erlangt hat.[374]

44   Gegebenenfalls ist der Schadensersatzanspruch gemäß § 254 BGB zu kürzen, wenn den Geschädigten am Abhandenkommen des Schecks ein **Mitverschulden** trifft. Eine besonders hohe Schecksumme oder der Versand des Schecks mit einfachem Brief begründet jedoch kein solches Mitverschulden.[375]

4. Mängel des Schecks

45   Weist der Scheck **von Anfang an** einen Mangel auf, weil beispielsweise die Unterschrift unter dem Scheck fehlt oder gefälscht wurde, der Scheckaussteller geschäftsunfähig war oder ein Vertreter keine ausreichende Vertragsmacht besaß, fehlt es an einer wirksamen Weisung des Scheckausstellers an die bezogene Bank, den Scheck einzulösen. Die bezogene Bank erlangt durch die Einlösung des Schecks keinen Aufwendungsersatzanspruch gegen den Aussteller, weshalb sie dessen Konto nicht belasten darf.[376] Vielmehr muss sie den Scheckbetrag aufgrund

---

[363] OLG Bamberg WM 2007, 389, 391; *Palandt/Heinrichs* § 166 BGB Rn. 8.
[364] *Nobbe*, Bankrechts-Handbuch § 61 Rn. 203, unter Verweis auf BGH NJW-RR 1997, 270.
[365] *Staudinger/Gursky* § 990 BGB Rn. 61; *Nobbe*, Bankrechts-Handbuch § 61 Rn. 195 mit Nachweisen zur Rechtsprechung.
[366] *Palandt/Bassenge* § 990 BGB Rn. 19.
[367] *Palandt/Bassenge* § 990 BGB Rn. 19.
[368] BGH WM 1977, 1019, 1021 f.
[369] So die Feststellung von *Schnauder* WM 1998, 1901, 1903 f.
[370] *Schnauder* WM 1998, 1901, 1904.
[371] Instruktiv *Schnauder* WM 1998, 1901, 1904 ff.
[372] Z.B. *Schnauder* WM 1998, 1901, 1906.
[373] Z.B. *Nobbe*, Bankrechts-Handbuch I § 60 Rn. 280.
[374] Zur praktischen Relevanz des Theorienstreits siehe *Schnauder* WM 1998, 1901, 1905 f.
[375] BGH NJW 1998, 2898; OLG Frankfurt ZIP 1999, 1207, 1209.
[376] Siehe hierzu ausführlich oben, § 4 Rn. 25 ff.

einer Nichtleistungskondiktion gemäß § 812 I 2. Alt. BGB vom Zahlungsempfänger zurückfordern.[377]

Ist die zunächst wirksame Scheckanweisung erst aufgrund eines später eingetretenen Umstands, z.B. eines Scheckwiderrufs, **weggefallen**,[378] der von der bezogenen Bank nicht beachtet wurde, ist die Einlösung des Schecks grundsätzlich dem Kontoinhaber zuzuordnen, weshalb sich die bezogene Bank bereicherungsrechtlich an den Scheckaussteller zu halten hat.[379] Ist der Aussteller durch die Zahlung von einer Schuld aus dem Valutaverhältnis befreit worden, weil dieser Anspruch ungeachtet der weggefallenen Weisung noch bestand, bildet die Befreiung von der Verbindlichkeit den Bereicherungsgegenstand, für den der Aussteller gemäß § 818 II BGB Wertersatz leisten muss.[380] Lag dagegen ein Doppelmangel vor, weil auch die Verpflichtung im Valutaverhältnis unwirksam war, richtet sich der Bereicherungsanspruch der bezogenen Bank gegen den Scheckaussteller auf Abtretung seines Bereicherungsanspruchs gegen den Zahlungsempfänger.[381]

                                                          46

---

[377] BGH NJW 2003, 582.

[378] Siehe bereits oben, § 6 Rn. 37, zum gleichgelagerten Fall des nachträglichen Wegfalls des Überweisungsvertrags.

[379] BGH NJW 1984, 1348.

[380] OLG Köln WM 2003, 17, 20.

[381] BGH NJW 1995, 520, 521.

§ 10 Rechtsfragen der Kreditgewährung

Übersicht

Kredite bzw. Darlehen[382] lassen sich nach verschiedenen Merkmalen unterscheiden, die für **1** die Beantwortung kreditrechtlicher Fragestellungen bedeutsam sein können. Wesentlich ist dabei vor allem die Unterscheidung von Zahlungskrediten und Haftungskrediten. Während die Bank dem Kunden beim Zahlungskredit einen Geldbetrag zwecks Nutzung zur Verfügung stellt, übernimmt sie beim Haftungskredit im Auftrag des Kunden die Haftung gegenüber Dritten.

Zu den Zahlungskrediten gehört zunächst der **Kontokorrentkredit**. Er ist dadurch gekenn- **2** zeichnet, dass der Kunde im Rahmen der vereinbarten Kreditlinie Verfügungen über ein Girokonto vornehmen darf, die nicht durch Kontoguthaben gedeckt sind. Die Dauer der Inanspruchnahme ist dem Kunden regelmäßig freigestellt. Üblicherweise sieht die vertragliche Vereinbarung eine wiederholte Inanspruchnahme der Kreditlinie vor, so dass der Kunde einen Sollsaldo zurückführen und später erneut ausnutzen kann (revolvierender Kredit). Bei Privatkunden ist insoweit regelmäßig vom **Dispositionskredit** die Rede, bei Geschäftskunden vom sogenannten **Betriebsmittelkredit**.

Dem Kontokorrentkredit lassen sich die mittel- bis langfristigen Gelddarlehen gegenüber- **3** stellen, die meist der Finanzierung von Anschaffungen dienen und entweder nach Ablauf einer vereinbarten Laufzeit oder in regelmäßigen Raten getilgt werden. Eine Sonderform des Ratenkredits ist das **Annuitätendarlehen**, bei dem der Kreditnehmer gleichbleibende Zahlungen (Annuität) zu bestimmten Zeitpunkten (jährlich, quartalsmäßig) erbringt, die sich aus einem Tilgungs- und einem Zinsanteil zusammensetzen. Da aufgrund der fortschreitenden Tilgung die Zinsbelastung im Laufe der Zeit abnimmt, wird der Tilgungsanteil der Annuität entsprechend größer. Eine praktisch sehr bedeutsame Form des Gelddarlehens ist der **Realkredit**, bei dem ein Darlehen, das üblicherweise dem Erwerb von Immobilien bzw. der Herstellung oder Sanierung von Bauwerken dient, durch Grundpfandrechte gesichert wird.[383] In diesen Fällen wird meist ein besonderes Kreditkonto geführt, das mit der Darlehensvaluta belastet wird, die

---

[382] Der Kreditbegriff des BGB ist insofern weiter als der Darlehensbegriff, als er neben Darlehen auch andere Finanzierungsformen wie z.B. den Zahlungsaufschub (§ 499 I BGB) oder Teilzahlungsgeschäfte (§ 499 II BGB) umfasst.

[383] Zur Legaldefinition des Immobiliardarlehensvertrags vgl. nunmehr § 492 Ia 2 BGB.

dem Kunden auf einem laufenden Konto zur Verfügung gestellt wird. In Fällen, in denen der Kredit zweckgebunden gewährt wird, stellt die Bank dagegen sicher, dass die Zweckbindung gewährleistet ist, indem sie sich vom Kunden z.b. die fraglichen Rechnungen vorlegen lässt und direkt an den Gläubiger des Kunden zahlt (vgl. § 362 II BGB).

4   Bei den Haftungskrediten spielt der **Avalkredit** eine herausragende Rolle. Mit ihm verpflichtet sich die Bank gegenüber dem Kunden, einem Dritten eine Sicherheit, z.b. in Form einer Bürgschaft oder einer Garantie, für eine Geldschuld des Kunden einzuräumen. Bei dem Dritten handelt es sich häufig um einen Vertragspartner des Kunden, z.b. im Fall einer Mietkautions-, oder einer Vertragserfüllungsbürgschaft. Aber auch der gemäß § 108 I ZPO abgegebenen Bankbürgschaft liegt ein Avalkredit der Bank gegenüber dem Kunden zugrunde, der zur Sicherheitsleistung verpflichtet ist. Zwischen der als Bürgin oder Garantin fungierenden Bank und dem Kunden sind die gegenseitigen Verpflichtungen in einem so genannten Avalkreditvertrag geregelt, der den Kunden gegenüber der Bank zur Zahlung der Avalprovision, die Bank zur Stellung der vereinbarten Sicherheit verpflichtet.

5   Wesentlich für die rechtliche Einordnung von Krediten ist darüber hinaus häufig die **Art der Verzinsung** (Festzins oder variable Verzinsung), die **Laufzeit** (Kredit „bis auf weiteres", feste Laufzeit) und die **Tilgung** (Raten, Endfälligkeit).

I. Kreditzusagen

1. Allgemeines

6   Treten während der Anbahnung eines Kreditvertrags Hindernisse auf, die das Zustandekommen des Kreditvertrags scheitern lassen, kann der Rechtsanwalt mit der Frage konfrontiert werden, ob dem Kunden gegenüber der Bank aufgrund der fortgeschrittenen Verhandlungen ein Anspruch auf Kreditgewährung oder ein Schadensersatzanspruch zusteht. Der Rechtsanwalt hat dann die Aufgabe, zunächst die tatsächliche Grundlage für entsprechende Ansprüche des Kunden ermitteln, indem er den Ablauf des Kontakts zwischen Bank und Kunde nachzuvollziehen versucht. Existiert bereits Schriftverkehr, ist dessen rechtliche Qualität (Kreditvertrag, Vorvertrag, allgemeine Zusage) zu untersuchen. Liegt keine schriftliche Äußerung des Kreditinstituts vor, ist regelmäßig noch kein Kredit(rahmen)vertrag oder Vorvertrag mit der Bank zustande gekommen. In diesen Fällen bleibt die Prüfung von Schadensersatzansprüchen gegen die Bank aufgrund mündlicher Äußerungen ihrer Mitarbeiter.

2. Rechtlicher Hintergrund

7   Der Grundsatz der Privatautonomie bzw. Vertragsfreiheit beinhaltet das Recht eines jeden Rechtssubjekts, nach freien Stücken zu entscheiden, ob es eine vertragliche Verpflichtung übernehmen will oder nicht. Dies gilt selbstverständlich auch für Kreditinstitute und ihre Entscheidung, einen Darlehensvertrag abzuschließen. Der Kreditvergabe liegt regelmäßig eine Risikoentscheidung zugrunde, mit der ein Kontrahierungszwang der Bank nicht zu vereinbaren ist. Ausgeschlossen sind damit grundsätzlich auch Schadensersatzansprüche gegen eine Bank, die auf das Erfüllungsinteresse (positive Interesse) des potentiellen Kreditnehmers zielen, sofern es am Abschluss eines Kreditvertrags fehlt. Einen Anspruch auf Auszahlung der Darlehensvaluta erhält er erst nach einem rechtswirksamen Abschluss des Darlehensvertrags[384] sowie Erfüllung weiterer im Einzelfall vereinbarter Fälligkeitsvoraussetzungen (z.B. Sicherheitenstellung). Das Unterzeichnen eines Kreditvertragsformulars bedarf dabei einer korrespondierenden Annahmeerklärung der Bank, da mit der Aushändigung des Formulars durch die Bank in der Regel noch kein Bindungswille verbunden ist (invitatio ad offerendum).[385] Erklärungen von Mitarbeitern der Bank können das Kreditinstitut im Übrigen nur dann binden, wenn diese – zumindest auf der Grundlage einer Anscheins- oder Duldungsvollmacht – zur Vertretung des Kreditinstituts befugt waren.

8   Ein Anspruch auf Abschluss eines Kreditvertrags kann sich nur aus einem wirksamen Vorvertrag mit der Bank ergeben. Liegen die Voraussetzungen für einen solchen Vorvertrag nicht vor, können besondere Umstände (z.B. Kreditzusagen bestimmter Qualität) zu einem Scha-

---

[384] Siehe hierzu unten, Rn. 24 ff.
[385] *MünchKomm/Berger* § 488 BGB Rn. 4.

densersatzanspruch gegen die Bank gemäß §§ 280, 311 II BGB führen, der auf das negative Interesse des potentiellen Kreditnehmers gerichtet ist.

3. Einzelfragen

a) Vertragsanbahnung.

Fall: „Abgebrochene Vertragsverhandlungen"

Die P-GmbH erkundigt sich am 3.5. in Person ihres Gesellschafter-Geschäftsführers P bei der A-Bank   **9**
nach einem Darlehen zur Finanzierung einer Photovoltaikanlage in Höhe von 80.000 EUR. Nach einer Erörterung des Investitionskonzepts erklärt die A-Bank am 22.5. ihre grundsätzliche Bereitschaft, das Projekt zu finanzieren. Im Rahmen der Verhandlungen über die Vertragsdetails fordert die A-Bank am 21.6. als Sicherheit für das Darlehen neben einer Sicherungsübereignung der Photovoltaikanlage und einer Abtretung der Einspeisevergütung auch eine Bürgschaft des P für das Darlehen an die P-GmbH. Da P hierzu nicht bereit ist, werden die Vertragsverhandlungen nicht fortgeführt. Die P-GmbH fordert daraufhin von der A-Bank Schadensersatz, weil sie aufgrund der positiven Erklärung der A-Bank vom 22.5. am 28.5. die Maschine bestellt hatte. Sie sei deswegen am 29.6. zur Zahlung von 80.000 EUR an den Hersteller der Photovoltaikanlage verpflichtet gewesen. Ein Darlehensvertrag mit der B-Bank sei erst am 2.8. zustande gekommen. Für die Zeit vom 29.6. bis 2.8. habe sie eine Zwischenfinanzierung in Anspruch nehmen müssen.

aa) Ansprüche aufgrund von Vertragsverhandlungen. Das bloße Führen von Verhandlungen   **10**
zwischen Bank und potentiellem Kreditnehmer über eine etwaige Kreditgewährung begründet grundsätzlich keine Verpflichtung der Bank zur Kreditgewährung. Entscheidet sie sich gegen den Abschluss eines Darlehensvertrags, steht dem Interessenten grundsätzlich kein Schadensersatzanspruch gemäß §§ 280 I, 311 II Nr. 1 BGB zu. Hieran ändern allgemeine positive Signale des Kreditinstituts insbesondere dann nichts, wenn die Kreditprüfung, z.B. die Auswertung der wirtschaftlichen Verhältnisse des Interessenten noch nicht abgeschlossen wurde. Da Kreditinstitute durch das „Verleihen" von Geld einen erheblichen Teil ihrer Einnahmen erzielen, ist es zunächst selbstverständlich, dass Banken einem Vertragsschluss nicht negativ gegenüberstehen.

Nur in Ausnahmefällen kann der **Abbruch von Vertragsverhandlungen** zu einem Schadens-   **11**
ersatzanspruch gemäß §§ 311 II, 280 I BGB führen.[386] Voraussetzung hierfür ist, dass das Kreditinstitut einen qualifizierten Vertrauenstatbestand geschaffen und hierdurch Aufwendungen des Verhandlungspartners veranlasst hat, die Verhandlungen später jedoch grundlos abgebrochen hat.[387] Der grundlose Abbruch von Vertragsverhandlungen allein rechtfertigt noch keinen Schadensersatzanspruch gegen das Kreditinstitut.

bb) Ansprüche aufgrund einer Kreditzusage. Eine mündliche oder gar schriftliche Kreditzu-   **12**
sage begründet in der Regel keinen Anspruch auf Auszahlung eines Darlehens oder auf Abschluss eines Darlehensvertrags.[388] Einem Vertragsschluss sowie einem sich hieraus ergebenden Auszahlungsanspruch steht in diesen Fällen häufig entgegen, dass es an einer Einigung über die essentialia negotii[389] oder an einer rechtsgeschäftlichen Vertretungsmacht des die mündliche Zusage erteilenden Bankmitarbeiters fehlt. Im erstgenannten Fall kann die Auslegung der Erklärung jedoch zu dem Ergebnis führen, dass von einem **Vorvertrag** auszugehen ist.[390] Am Abschluss eines Kreditvertrags fehlt es ferner, wenn auf einem Vertragsformular die Eckdaten eines Kredits schriftlich festgehalten werden, es jedoch an einer Unterschrift der Bank fehlt.[391]

Aus einer Kreditzusage können jedoch Schadensersatzansprüche gemäß §§ 280 I, 311 II   **13**
BGB gegen die Bank resultieren, wenn durch sie ein qualifizierter Vertrauenstatbestand geschaffen wurde. Eine allgemeine Kreditzusage oder Finanzierungsbestätigung unter „Gremienvorbehalt" verdeutlicht dem Adressaten, dass noch keine endgültige Entscheidung über die

---

[386] Vgl. *MünchKomm/Berger* § 488 BGB Rn. 3 und Vor § 488 BGB Rn. 64 m.w.N.
[387] Vgl. OLG Dresden ZIP 2001, 604 zum umgekehrten Fall (Abbruch der Verhandlungen durch den Kunden); vgl. auch *Krüger* WM 2002, 156, 158.
[388] Vgl. zu unterschiedlichen Typen der Kreditzusage *Krüger* WM 2002, 156, 157.
[389] Siehe unten, Rn. 24.
[390] Siehe dazu unten, Rn. 22.
[391] OLG Koblenz, WM 1994, 1797, 1798.

Kreditgewährung getroffen wurde, weshalb diese keinen qualifizierten Vertrauenstatbestand schafft.

Praxistipp:

14   Insbesondere nach langjähriger Geschäftsverbindung mit wiederholter Kreditvergabe neigen Kreditnehmer oftmals dazu, mündliche Zusagen oder allgemein gehaltene Finanzierungsbestätigungen von Seiten der Bank als bindend zu betrachten. Wird dieses Vertrauen im Einzelfall enttäuscht, waren zwischenzeitlich getätigte wirtschaftliche Dispositionen vergeblich. Gerade dann, wenn der Kreditnehmer bereits vor Abschluss des eigentlichen Darlehensvertrags kurzfristig umfangreichere Dispositionen beabsichtigt, sollte der den Kunden beratende Anwalt gegenüber der Bank daher frühzeitig auf eine bindende, schriftliche Finanzierungszusage hinwirken und seinen Mandanten auf die Risiken vorher getätigter Dispositionen hinweisen.

15   *cc) Wirtschaftliche Notlage des Kreditnehmers.* Auch die wirtschaftliche Notlage eines Kreditnehmers verpflichtet ein Kreditinstitut für sich genommen nicht, diesem ein Darlehen zur Überbrückung der Krise zu gewähren.[392] So sehr der Kreditnehmer auf „fresh money" angewiesen ist, und so plausibel sein Sanierungskonzept erscheint: Mit dem Grundsatz der Vertragsfreiheit ist ein Anspruch des Kunden auf Kreditgewährung nicht zu vereinbaren. Hieran ändert auch die Tatsache nichts, dass eine Bank dem Kreditnehmer in der Vergangenheit bereits Kredite gewährt hat oder noch gewährt.[393] Bei der Bewertung der Interessenlage ist daher zu berücksichtigen, dass die Kreditfinanzierung eine unternehmerische Entscheidung der Bank ist.

16   Zudem ist das Kreditinstitut bei der Vergabe von Sanierungskrediten seinerseits **rechtlichen Schranken** unterworfen.[394] Zwar ist die Vergabe eines Sanierungskredits rechtlich nicht zu beanstanden, wenn sich die Sanierungsbemühungen als lohnend darstellen und die Krise überwindbar erscheint. Allerdings droht sich die Bank dem Vorwurf der Insolvenzverschleppung sowie Schadensersatzansprüchen Dritter gemäß § 826 BGB auszusetzen, wenn ernstliche Zweifel am Gelingen der Sanierung bestehen, die Kreditierung den Zusammenbruch des Schuldners lediglich verzögern würde und die Bank mit der Verzögerung primär eigene Interessen verfolgt („Scheinsanierung").[395] Zudem besteht die Gefahr, dass die Bestellung weiterer Sicherheiten für einen Sanierungskredit der Insolvenzanfechtung gemäß §§ 129 ff. InsO ausgesetzt ist, wenn trotz der Gewährung des Sanierungskredits unter Bestellung zusätzlicher Sicherheiten das Insolvenzverfahren über das Vermögen des Kreditnehmers eröffnet wird. Ferner kann die Bestellung der Sicherheiten wegen Sittenwidrigkeit gemäß § 138 BGB nichtig sein, wenn die Sanierung objektiv nicht Erfolg versprechend ist.[396] Schließlich können sich die Entscheidungsträger auf Seiten der Bank bei der Vergabe von Sanierungskrediten im Extremfall wegen Veruntreuung von Vermögenswerten des Kreditinstituts gemäß § 266 StGB strafbar machen.[397]

17   Auch die Mitwirkung der Bank an **Sanierungsverhandlungen** begründet für sich genommen keinen Anspruch auf einen Sanierungsbeitrag. Der Anspruch auf Darlehensgewährung kann sich daher nur aus einer vertraglichen Sanierungsvereinbarung ergeben.

Hinweis:

18   Will ein Kreditinstitut somit Sanierungshilfen, z.B. in Form eines Sanierungsdarlehens, erbringen, ist es berechtigt, entsprechende Angebote mit Gegenforderungen, insbesondere Sanierungsbeiträgen des Kreditnehmers bzw. der für diesen handelnden Personen (z.B. Gesellschafter) zu verbinden. Eine solche Forderung begründet regelmäßig nicht den Tatbestand einer rechtswidrigen Drohung, auch wenn dies häufig von den Betroffenen so empfunden wird.

19   *dd) Schadensersatz.* Liegen die Voraussetzungen für einen Schadensersatzanspruch gemäß §§ 311 II, 280 I BGB vor, weil das Kreditinstitut vorvertragliche Pflichten gegenüber dem Inte-

---

[392] BGHZ 90, 381, 399.
[393] Gegen eine Verpflichtung der Hausbank nach Treu und Glauben, einen kurzfristigen Liquiditätsengpass zu überbrücken oder gar eine längerfristige Sanierungshilfe zu gewähren: OLG Zweibrücken ZIP 1984, 1334, 1339; OLG Karlsruhe, WM 1991, 1332; siehe auch *MünchKomm/Berger* Vor § 488 BGB Rn. 109 ff.
[394] Zu den Risiken der Bank siehe *Neuhof* NJW 1998, 3225 ff. und NJW 1999, 20 ff.
[395] BGHZ 96, 231, 235 f.; vgl. *Häuser*, Bankrechts-Handbuch I § 85 Rn. 109 ff.
[396] Vgl. BGHZ 10, 228 ff.; *Neuhof* NJW 1998, 3225, 3228 f.
[397] Vgl. BGH ZIP 2002, 346; kritisch *Aldenhoff/Kuhn* ZIP 2004, 103 ff.

ressenten durch Enttäuschung seines berechtigten Vertrauens verletzt hat, umfasst der ersatzfähige Schaden das **negative Interesse** des Verhandlungspartners. Grundsätzlich kann der potentielle Kreditnehmer insbesondere den Ersatz **nutzloser Aufwendungen** verlangen, die er im
Vertrauen auf den Abschluss des Darlehensvertrags getätigt hat.[398] Der Kreditnehmer muss allerdings dezidiert darlegen, dass die Aufwendungen, deren Ersatz er verlangt, im Hinblick auf
das von der Bank geschaffene Vertrauen getätigt wurden.[399]

Klärungsbedürftig ist der Schadensumfang insbesondere dann, wenn der Interessent bereits   20
ein **Verpflichtungsgeschäft** eingegangen ist, das mit dem angebahnten Darlehensvertrag finanziert werden sollte. Soweit er sich aufgrund des Scheiterns des angebahnten Darlehensvertrags
anderweitig finanzieren muss, folgt hieraus nicht ohne weiteres ein Schaden, da er die für die
alternative Finanzierung zu zahlenden Zinsen im Fall des Zustandekommens des letztlich gescheiterten Vertrags ebenfalls hätte aufbringen müssen. Soweit die Kosten der Ersatzfinanzie-
rung höher sind, kann der potentielle Kreditnehmer deren Ersatz nur dann verlangen, wenn
er darlegt, dass er das Verpflichtungsgeschäft ohne den gesetzten Vertrauenstatbestand in keinem Fall abgeschlossen hätte, da der Ersatz der Zinsdifferenz sonst dem Ausgleich des nicht
geschützten positiven Interesses gleichkäme. Entstehen dem Kreditnehmer Kosten, die sich aus
der mit der Suche nach einer anderweitigen Finanzierung verzögerten Bereitstellung des Kreditbetrags ergeben, muss er auch darlegen, dass der vom nunmehr in Anspruch zu nehmenden
Kreditinstitut gesetzte Vertrauenstatbestand auch den Zeitpunkt der ins Auge gefassten Finanzierung umfasst.

> **Zum Fall „Abgebrochene Vertragsverhandlungen":**
>
> Ein Anspruch der P-GmbH auf Darlehensgewährung ist nicht entstanden, da ein Darlehensvertrag   21
> mangels Einigung über die wesentlichen Vertragsbestandteile nicht zustande gekommen ist. Auch
> ein auf das negative Interesse der P-GmbH gerichteter Schadensersatzanspruch gemäß §§ 311, 280
> BGB scheidet aus, da die A-Bank keinen qualifizierten Vertrauenstatbestand gesetzt hat. Insbeson-
> dere die Erklärung der grundsätzlichen Bereitschaft, das vorgestellte Projekt zu finanzieren, begrün-
> det einen solchen Vertrauenstatbestand nicht, da zu diesem Zeitpunkt noch keine Verhandlungen
> über Vertragsdetails geführt worden waren und somit noch nicht feststand, welche Vertragsbedin-
> gungen die Parteien akzeptieren würden.
>
> Selbst wenn die A-Bank einen qualifizierten Vertrauenstatbestand gesetzt hätte, könnte die P-GmbH
> nicht ohne Weiteres den Ersatz der gesamten Zinsen für die Zeit von 29.6.2008 bis 2.8.2008 verlan-
> gen. Zwar hätte die P-GmbH die Anlage ohne den von der A-Bank gesetzten Vertrauenstatbestand
> möglicherweise erst später bestellt, was sie zu beweisen hätte. Für ein später abgeschlossenes, an-
> sonsten identisches hypothetisches Darlehen hätte die P-GmbH jedoch ebenfalls Zinsen entrichten
> müssen, weshalb ihr insoweit kein Schaden entstanden ist. Die notwendig gewordene Zwischenfi-
> nanzierung führt auch nicht zu einem längeren Finanzierungsbedarf. Allerdings könnte die P-GmbH
> z.B. den Ersatz einer etwaige Zinsdifferenz verlangen, die sich daraus ergibt, dass die Zwischenfinan-
> zierung zu ungünstigeren Konditionen in Anspruch genommen werden konnte als die Finanzierung
> bei der B-Bank.

b) Vorvertrag. Im Einzelfall kann dem Interessenten ein Anspruch gegen die Bank auf Ab-   22
schluss eines Kreditvertrags aus einem abgeschlossenen Vorvertrag zustehen. Der Abschluss
eines Vorvertrags setzt voraus, dass sich die Parteien über alle wesentlichen Punkte geeinigt
haben und der Inhalt des abzuschließenden Hauptvertrags zumindest bestimmbar ist.[400] Der
Vorvertrag bedarf der Form des Hauptvertrags, wenn diese vor einer übereilten Bindung war-
nen soll.[401] Dies dürfte bei einem Vorvertrag bezüglich eines Verbraucherdarlehens im Hinblick auf die Schriftform des § 492 BGB nicht der Fall sein, da der Vorvertrag nach seinem
Zweck regelmäßig nur einen Anspruch des Verbrauchers auf Abschluss eines Kreditvertrags,
nicht jedoch einen korrespondierenden[402] Anspruch des Kreditinstituts beinhalten wird.

c) Finanzierungsbestätigungen gegenüber Dritten. Des Öfteren geben Kreditinstitute auch Fi-   23
nanzierungsbestätigungen gegenüber Dritten ab, z.B. bei der Finanzierung eines Immobilienerwerbs zugunsten des Verkäufers der vom Kunden zu erstehenden Immobilie. Auch in diesen

---

[398] *Palandt/Grüneberg* § 311 BGB Rn. 55.
[399] *Krüger* WM 2002, 156, 159.
[400] BGH NJW 1990, 1234, 1235.
[401] *Palandt/Heinrichs* Vor § 145 BGB Rn. 20.
[402] Vgl. *Palandt/Heinrichs* Vor § 145 BGB Rn. 19.

Fällen ist durch **Auslegung** zu klären, welche rechtliche Wirkung der Bestätigung beizumessen ist. So kann die Bestätigung die Funktion einer **bloßen Auskunft** haben, die keine Primäransprüche des Dritten gegenüber der Bank auslöst. Allerdings kann sich ein **Schadensersatzanspruch** gemäß § 280 BGB aus einem konkludent geschlossenen Auskunftsvertrag ergeben, wenn für die Bank erkennbar ist, dass die Auskunft für den Dritten von erheblicher Bedeutung ist und dieser sie zur Grundlage wesentlicher Entschlüsse machen will.[403] Im Einzelfall kann sich die Finanzierungsbestätigung jedoch auch zu einem **Vertrag zugunsten des Dritten** oder zu einem abstrakten Schuldversprechen verdichten, durch das der Dritte einen selbständigen Zahlungsanspruch gegenüber dem Kreditinstitut erwirbt.[404]

II. Zustandekommen des Darlehensvertrags

1. Wesentliche Vertragsbestandteile

24   Hinsichtlich der Voraussetzungen für den Abschluss eines die Bank und den Kunden bindenden Kreditvertrags ist auf die allgemeine Rechtsgeschäftslehre und das Erfordernis übereinstimmender Willenserklärungen der Vertragsparteien zu verweisen. Die Übereinstimmung muss hinsichtlich der **essentialia negotii** erzielt werden. Hierzu zählen die Vertragsparteien, die Kreditart und die Höhe des Kredits.[405] Die Vertragsdauer bildet keinen wesentlichen Bestandteil, da bei Fehlen einer Vereinbarung von einer unbefristeten Kreditgewährung auszugehen ist. Ebenso wenig sind Vereinbarungen über die Zinszahlungspflicht, die Höhe des Zinses und die Modalitäten der Zinszahlung notwendige Voraussetzungen für das Zustandekommen eines Darlehensvertrags.[406]

2. Form

25   **Fall: „Form des Verbraucherdarlehensvertrags":**[407]

Der Kläger hat bei der Beklagten ein Verbraucherdarlehen aufgenommen. Vor Vertragsschluss übersandte die Beklagte dem Kläger ein vorbereitetes Vertragsformular. Der Kläger unterzeichnete dieses und sandte es an die Beklagte zurück. Die Beklagte nahm das Exemplar nach Gegenzeichnung zu ihren Akten. Ob sie dem Kläger eine Kopie davon per Telefax übermittelte, ist streitig. Nach Tilgung des Darlehens fordert der Kläger von der Beklagten Rückzahlung der Differenz zwischen den gesetzlichen und den tatsächlich gezahlten vertraglichen Zinsen.

26   **Verbraucherdarlehensverträge** gemäß § 491 BGB bedürfen gemäß § 492 I 1 BGB bzw. § 4 I 1 VerbrKrG a.F. der **Schriftform**. Zudem muss die *vom Darlehensnehmer zu unterzeichnende Erklärung* (d.h. in der Regel der Antrag des Kunden) gemäß § 492 I 5 BGB bzw. § 4 I 5 VerbrKrG a.F. die dort genannten Angaben (insbesondere Nettodarlehensbetrag, Art und Weise der Rückzahlung, Zinssatz, effektiver Jahreszins) enthalten. Dies gilt auch bei einer bloßen Änderung der Konditionen eines Altvertrags bei fortbestehendem Kapitalnutzungsrecht des Kreditnehmers.[408] Lässt sich der Verbraucher beim Vertragsschluss vertreten, muss die Vollmacht den Schriftformanforderungen genügen, § 492 IV 1 BGB. Nicht gewahrt ist die Schriftform, wenn die Bank den Antrag des Verbrauchers lediglich per Fax oder durch schlüssiges Verhalten annimmt.[409]

27   Fehlt es insgesamt an der schriftlichen Fixierung, oder fehlt eine der in § 492 I 5 Nr. 1 bis 6 BGB bzw. § 4 I 5 Nr. 1 a) bis f) und Nr. 2) a bis e) VerbrKrG a.F. vorgeschriebenen Angaben (z.B. Zinssatz, sonstige Kosten, effektiver Jahreszins), ist der Vertrag gemäß § 494 I BGB bzw. § 6 I VerbrKrG a.F. zunächst nichtig. Dies gilt auch, wenn eine vom Verbraucher erteilte Vollmacht für den Vertragsschluss nicht dem Schriftformerfordernis genügt, z.B. nicht die Angaben gemäß § 492 I 5 Nr. 1 bis 7 enthält.[410]

---

[403] Vgl. *Lauer* WM 1985, 705, 706.
[404] Ausführlich hierzu *Lauer* WM 1985, 705, 706 ff.
[405] *Früh* BuB Rn. 3/16.
[406] *MünchKomm/Berger* § 488 BGB Rn. 8.
[407] BGH ZIP 2006, 224.
[408] BGH ZIP 2006, 224.
[409] BGH ZIP 2006, 224 f.
[410] *Palandt/Weidenkaff* § 492 BGB Rn. 20.

Mit Empfang bzw. Inanspruchnahme des Darlehens wird der Formmangel **geheilt** und der   28
nichtige Vertrag wirksam (vgl. § 494 II 1 BGB bzw. § 6 II 1 VerbrKrG a.F.). Die Heilung tritt
nicht nur dann ein, wenn die Pflichtangaben gemäß § 492 I 5 BGB bzw. § 4 I 4 VerbrKrG a.F.
fehlen, sondern auch, wenn die Schriftform insgesamt nicht eingehalten wurde.[411] Von einem
Empfang des Darlehens ist dabei bereits dann auszugehen, wenn der Kreditbetrag auf einem
Konto des Verbrauchers gutgeschrieben wird.[412] Handelt es sich bei der Vereinbarung um eine
bloße Kreditprolongation, so dass eine Inanspruchnahme schon vor Abschluss der neuen Vereinbarung vorlag, bildet die Fortsetzung der Darlehensnutzung die Inanspruchnahme im Sinne
der genannten Vorschriften.[413] Von einem Empfang ist ferner auch dann auszugehen, wenn die
Darlehensvaluta auf Weisung des Darlehensnehmers **an einen Dritten ausgezahlt** wird, es sei
denn der Dritte ist als „verlängerter Arm" des Darlehensgebers tätig geworden.[414] Hieran ändert auch die Tatsache nichts, dass der Verbraucherdarlehensvertrag und das finanzierte Geschäft im Sinne von § 9 VerbrKrG a.F. miteinander verbunden sind.[415] Von einer fehlenden
Heilung des Formmangels kann daher nach jüngerer Rechtsprechung des BGH wohl nur noch
dann ausgegangen werden, wenn die Weisung zur Auszahlung von einem nicht zur Vertretung
des Darlehensnehmers berechtigten Dritten stammen sollte, die dem Darlehensnehmer nicht
zugerechnet werden kann.

Einzelne Formmängel wirken sich **trotz Heilung** allerdings noch dahingehend aus, dass die   29
vertragliche Vereinbarung der Konditionen im Einzelfall von der gesetzlichen Regelung des
§ 494 II, III BGB bzw. § 6 II VerbrKrG a.F. überlagert wird. So ermäßigt sich z.B. der vertraglich vorgesehene Zinssatz auf den gesetzlichen Zinssatz (§ 246 BGB: 4 %), wenn in der Erklärung des Darlehensnehmers die Angabe des Zinssatzes, des effektiven bzw. anfänglichen effektiven Jahreszinses oder des Gesamtbetrags fehlt, § 494 II 2 BGB bzw. § 6 II 2 VerbrKrG a.F.

> **Zum Fall „Form des Verbraucherdarlehensvertrags"**
> Der Verbraucherdarlehensvertrag genügt nicht den Formanforderungen des § 492 I BGB, da selbst   30
> die vom Kläger bestrittene Übermittlung der Annahmeerklärung des Kreditinstituts per Fax nicht aus-
> reichend gewesen wäre. Der Mangel ist allerdings aufgrund der Inanspruchnahme des Darlehens
> durch den Kläger geheilt worden. Zudem entschied der BGH, dass die Verletzung der Schriftform
> keine Reduzierung des Zinssatzes zur Folge hat. Ist die Schriftform insgesamt verletzt, hängt die An-
> wendung des § 494 II 2 bis 6 BGB bzw. des § 6 II 2 bis 6 VerbrKrG a.F. davon ab, ob der mit den
> Formvorschriften bezweckte Schutz im konkreten Fall gewährleistet war. Davon war hier auszuge-
> hen, weil die Erklärung des Darlehensnehmers die gemäß § 492 I 5 BGB bzw. § 4 I 5 Nr. 1, 2
> VerbrKrG a.F. erforderlichen Angaben enthielt und lediglich die Annahmeerklärung des Kreditinsti-
> tuts nicht dem Schriftformerfordernis gerecht wurde.[416]

3. Krediteröffnungsvertrag

Der Krediteröffnungs- oder Kreditrahmenvertrag beinhaltet bereits eine bindende Ver-   31
pflichtung des Kreditinstituts, zu bestimmten Bedingungen Kredit zu gewähren[417], und begründet daher einen Anspruch des Kunden auf Auszahlung der vereinbarten Darlehensvaluta.
Eine **Abnahmepflicht** des Kunden besteht dagegen **nicht**. Häufig verpflichtet er sich aber zur
Zahlung einer Bereitstellungsprovision oder einer Bearbeitungsgebühr. Bei Verbraucherdarlehensverträgen ist das Schriftformerfordernis gemäß § 492 BGB zu beachten[418], ansonsten
kann der Krediteröffnungsvertrag formlos geschlossen werden. Die Beweislast für die Einigung trägt die Partei, die sich auf den Vertragsschluss beruft, d.h. beim Auszahlungsanspruch
der Kunde, bei Geltendmachung der Bereitstellungsprovision die Bank.

---

[411] BGH ZIP 2006, 224, 225.
[412] *Palandt/Weidenkaff* § 494 BGB Rn. 7.
[413] BGH ZIP 2006, 224, 225.
[414] BGH ZIP 2006, 1084, 1086.
[415] BGH ZIP 2006, 1084, 1086; a.A. noch der II. Zivilsenat des BGH (z.B. ZIP 2004, 1394), der an dieser
jedoch nicht mehr festhält, vgl. BGH ZIP 2006, 1084, 1087.
[416] BGH ZIP 2006, 224, 225 f.
[417] Zur Rechtsnatur siehe *MünchKomm/Berger* Vor § 488 BGB Rn. 66 ff.
[418] *MünchKomm/Berger* Vor § 488 BGB Rn. 65.

4. Kontoüberziehung

32   In der Praxis kommt es häufig zu Kontoüberziehungen durch den Kunden, die nicht mit der Bank abgesprochen wurden. Mangels vorausgehender Vereinbarung geht die Initiative zur Kreditgewährung insoweit vom Kunden aus, indem dieser Verfügungen vornimmt, die zu einer Überziehung des Kontos bzw. der vereinbarten Kreditlinie führen. Ob von einem stillschweigenden Vertragsschluss ausgegangen werden kann, hängt maßgeblich von der Reaktion des Kreditinstituts ab. Widerspricht dieses der Überziehung und fordert es den Kunden zur Rückführung des Sollsaldos auf, mangelt es jedenfalls an einer auf den Abschluss eines Überziehungskredits gerichteten konkludenten Willenserklärung der Bank. Die Überziehung bildet daher eine Pflichtverletzung des Kunden, die dieser nur vermeiden kann, indem er die Überziehung frühzeitig mit dem Kreditinstitut abspricht.

33   Widerspricht das Kreditinstitut nicht innerhalb eines angemessenen Zeitraums (§ 242 BGB), so liegt die stillschweigende Begründung eines Überziehungskredits nahe,[419] der auch als geduldete Überziehung bezeichnet wird. Vom Empfängerhorizont des Kunden ausgehend ist eine andere Interpretation in der Regel ausgeschlossen, wenn die Bank für die Inanspruchnahme Überziehungszinsen berechnet. Auch der BGH hat aus einer Regelung in den AGB, die die Berechnung von Zinsen für geduldete Überziehungen vorsieht (vgl. Nr. 12 I AGB-Banken bzw. Nr. 18 AGB-SPK i.V.m. mit dem jeweiligen Preisaushang), abgeleitet, dass der geduldeten Überziehung ein Kreditvertrag zwischen Bank und Kunde zugrunde liegt, und die Einordnung der Überziehungszinsen als Schadens- oder Aufwendungspauschale bzw. Vertragsstrafe abgelehnt.[420] In aller Regel duldet das Kreditinstitut die Überziehung, um die gegenüber dem Sollzinssatz höheren Überziehungszinsen abrechnen zu können. Eine andere Sichtweise ist auch nicht deshalb geboten, weil die Passivität der Bank auf der Erwartung der späteren Rückführung beruht,[421] da diese Erwartung jeder Kreditgewährung immanent ist. Im Übrigen ist der Überziehungskredit mangels ausdrücklicher Abrede regelmäßig unbefristet und kann daher vom Kreditinstitut gemäß Nr. 19 II AGB-Banken bzw. Nr. 26 I 1 AGB-SPK ohne Einhaltung einer Kündigungsfrist gekündigt werden, weshalb die Interessen der Bank gewahrt bleiben.[422] Allerdings sind vorrangige vertragliche Vereinbarungen mit dem Kreditinstitut hinsichtlich der Behandlung von geduldeten Überziehungen zu beachten.

5. Mehrere Darlehensnehmer

34   Selbstverständlich können auch mehrere Rechtssubjekte als Darlehensnehmer fungieren. Auf Darlehensnehmerseite können auch nach Vertragsschluss weitere Personen in den Vertrag eintreten. Im Einzelfall kann durch Auslegung zu ermitteln sein, ob weitere Beteiligte Darlehensnehmer sind, die auch die aus dem Vertrag resultierenden Rechte gegenüber der Bank geltend machen können, oder ob lediglich von einem Schuldbeitritt auszugehen ist, mit dem der Beitretende lediglich die einseitige Verpflichtung zur Rückzahlung der Darlehensvaluta übernimmt. Mehrere Darlehensnehmer sind im Zweifel Gesamtschuldner gemäß § 421 BGB.[423] Mehrere Kreditnehmer sind grundsätzlich Mitgläubiger i.S.v. § 432 BGB, so dass das Kreditinstitut die Darlehensvaluta nur an alle Kreditnehmer gemeinschaftlich auszahlen darf, sofern sich die Kreditnehmer nicht gegenseitig zur Entgegennahme der Darlehensvaluta bevollmächtigen.[424] Ist die Auszahlung auf ein Gemeinschaftskonto mit Einzelverfügungsberechtigung der Kreditnehmer (Oder-Konto) vereinbart, ist von einer Gesamtgläubigerschaft i.S.v. § 428 BGB auszugehen.[425]

---

[419] Vgl. *Lwowski*, Bankrechts-Handbuch I § 75 Rn. 15.
[420] BGH NJW 1992, 1751, 1752.
[421] So *MünchKomm/Berger* Vor § 488 BGB Rn. 62.
[422] Zur Kündigung siehe unten, Rn. 247.
[423] *Palandt/Weidenkaff* § 488 BGB Rn. 24.
[424] *Früh* BuB Rn. 3/32.
[425] *Früh* BuB Rn. 3/32.

III. Unwirksamkeit des Darlehensvertrags

1. Allgemeines

Ist ein Kreditvertrag unwirksam, ist der Kreditnehmer grundsätzlich zur umgehenden Rück- 35
zahlung der Darlehensvaluta verpflichtet, was von Rechtsrat suchenden Kreditnehmern, die
sich in Zahlungsschwierigkeiten befinden, nicht immer bedacht wird. Eine Berufung auf die
Unwirksamkeit des Darlehensvertrags macht daher in der Regel nur dann Sinn, wenn der
Bankkunde zugleich einen rechtlichen Grund vortragen kann, aus dem sich der Ausschluss der
Pflicht zur Darlehensrückzahlung herleiten lässt. Anders verhält es sich dann, wenn ein Kreditnehmer lediglich eine Möglichkeit sucht, die (vermeintliche) vertragliche Bindung vorzeitig
aufzulösen.

Die Unwirksamkeit kann z.B. auf Willensmängel, die fehlende Vertretungsmacht eines Drit- 36
ten, einen Sitten- (§ 138 BGB) oder Gesetzesverstoß (§ 134 BGB) zurückzuführen sein. Der
Vertrag ist in diesen Fällen (schwebend) unwirksam (vgl. § 177 BGB) oder nichtig (vgl. §§ 105
I, II, 134, 138 I, II, 142 I BGB). Die Rückabwicklung erfolgt auf Grundlage des Bereicherungs-
rechts.

2. Rechtsfolgen der Unwirksamkeit

Ist der Kreditvertrag unwirksam, verfügen das Kreditinstitut und der Kunde jeweils über 37
Ansprüche aus ungerechtfertigter Bereicherung gemäß § 812 I 1 1. Alt. BGB, soweit bereits
Leistungen erbracht wurden. Im Vordergrund steht dabei der Anspruch der Bank auf Rück-
zahlung der Darlehensvaluta, wenn diese dem Kunden bereits zur Verfügung gestellt wurde.
Nutzungsersatz gemäß §§ 818 I, 100 BGB kann das Kreditinstitut nur verlangen, wenn der
Kunde tatsächlich Nutzungen gezogen hat.[426] Unterlässt der Kunde das Ziehen von Nutzun-
gen (z.B. bei einem unverzinslichen Stehenlassen der Darlehensvaluta), besitzt das Kreditinstitut insoweit keine Ersatzansprüche.[427] Ab Kenntnis des Kunden vom Mangel des rechtlichen
Grundes bzw. ab Rechtshängigkeit des Rückzahlungsanspruchs schuldet er allerdings Zinsen
gemäß §§ 819 I, 818 IV, 291, 246 BGB in Höhe von 4 % auf den offenen Darlehensbetrag.[428]
Darüber hinausgehende Ansprüche kann die Bank nur unter Verzugsgesichtspunkten[429] oder
gemäß §§ 292 II, 987 II BGB geltend machen, wenn es der Kunde schuldhaft unterlassen hat,
nach den Regeln ordnungsgemäßer Wirtschaft Nutzungen aus dem Darlehenskapital zu ziehen.[430]

Der Kreditnehmer kann seinerseits Rückzahlung von ihm gezahlter Zinsen und Bearbei- 38
tungsgebühren, eines Disagios etc. verlangen.[431] Darüber hinaus kann er gemäß § 818 I, II
BGB einen Anspruch auf Herausgabe gezogener sowie gemäß §§ 818 IV, 819 I, 292 BGB auf
Herausgabe schuldhaft nicht gezogener Nutzungen geltend machen. Für Banken gilt insoweit
eine Vermutung, dass sie die ihnen zugeflossenen Gelder im Rahmen ihrer Geschäftstätigkeit
gewinnbringend nutzen.[432]

Eine Berufung des Kreditnehmers auf den **Wegfall der Bereicherung** gemäß § 818 III BGB 39
ist grundsätzlich **ausgeschlossen**, da er weiß, dass ihm der ausgezahlte Darlehensbetrag nur zur
zeitweiligen Nutzung überlassen wurde. Er steht deshalb dem Empfänger einer Leistung
gleich, der den Mangel des rechtlichen Grundes kennt und daher nach §§ 818 IV, 819 I BGB
verschärft haftet.[433]

Die gegenseitigen Ansprüche können grundsätzlich im Wege der Aufrechnung **saldiert** wer- 40
den.[434] Dies setzt aus Sicht des Aufrechnenden allerdings Fälligkeit seiner Ansprüche voraus,
an der es beim Kreditinstitut im Einzelfall wegen § 817 S. 2 BGB fehlen kann.[435] Dagegen soll

---

[426] *Palandt/Sprau* § 818 BGB Rn. 9.
[427] *Larenz/Canaris*, Schuldrecht II/2 § 72 II 1.
[428] Vgl. BGH NJW 1989, 3217, 3218.
[429] Vgl. BGH NJW 1989, 3217, 2118.
[430] BGH NJW 1992, 109.
[431] Vgl. *Gundlach*, Bankrechts-Handbuch I § 82 Rn. 150.
[432] *MünchKomm/Berger* § 488 BGB Rn. 131 m.w.N.
[433] BGHZ 83, 293, 295.
[434] *Gundlach*, Bankrechts-Handbuch I § 82 Rn. 153.
[435] Siehe dazu unten, Rn. 59.

eine Anwendung der Saldotheorie ausscheiden, weil hierdurch dem Darlehensnehmer das Recht genommen würde, das Kapital im Einklang mit dem vereinbarten Tilgungsplan zurückzuzahlen.[436]

41   Die Bereicherungsansprüche **verjähren** gemäß § 195 BGB innerhalb von drei Jahren, beginnend mit dem Ablauf des Jahres, in dem der Anspruch entstanden ist und der Gläubiger Kenntnis von den den Anspruch begründenden Umständen erlangt hat bzw. hätte erlangen müssen, § 199 I BGB. Zu beachten ist, dass die Erstattungsansprüche bezüglich zuviel entrichteter Zinsen vor dem Inkrafttreten des SMG innerhalb von vier Jahren nach Ablauf des Jahres verjährten, in dem der jeweilige Bereicherungsanspruch entstanden war, §§ 197, 201 S. 1 BGB a.F. Nach der Rechtsprechung des BGH unterlag der bereicherungsrechtliche Anspruch auf Erstattung zuviel gezahlter Zinsen nämlich den gleichen Verjährungsfristen wie der Zinsanspruch selbst.[437] Die vor dem Inkrafttreten des SMG entstandenen Rückzahlungsansprüche bezüglich Zinsen sind demnach spätestens mit Ablauf des 31.12.2005 verjährt, soweit die Verjährung nicht zuvor gehemmt bzw. unterbrochen wurde. Auf Besonderheiten des bereicherungsrechtlichen Rückgewähranspruchs wird im Zusammenhang mit den einzelnen Unwirksamkeitsgründen eingegangen.

3. Einzelne Unwirksamkeitsgründe

42   **a) Mangel der Vertretungsmacht.** *aa) Nichtigkeit wegen Verstoßes gegen das RBerG.* Vor allem in den neunziger Jahren des vergangenen Jahrhunderts wurde in der Erwartung eines Aufschwungs in den ostdeutschen Bundesländern massenhaft Eigentumswohnungen saniert bzw. errichtet und Immobilienfonds in der Rechtsform einer Kommanditgesellschaft oder der Gesellschaft bürgerlichen Rechts aufgelegt und Anlegern von den Initiatoren, teilweise unter Einschaltung von Banken, als steuersparende Kapitalanlage zum Erwerb angeboten. Um die Durchführung des Beteiligungserwerbs zu erleichtern, ließ sich ein Treuhänder bzw. Geschäftsbesorger vom Anleger umfassende Vollmachten einräumen, die den Abschluss der mit dem Beitritt verbundenen Rechtsgeschäfte (z.B. Abschluss des Gesellschaftsvertrags und des Darlehensvertrags, Bestellung von Sicherheiten etc.) dienten. Mit dem Treuhand- bzw. Geschäftsbesorgungsvertrag erteilte der Anleger dem Treuhänder im Einzelfall somit auch eine Vollmacht gemäß § 164 BGB, die den Treuhänder zur Vertretung des Anlegers beim Abschluss eines Kreditvertrags zwecks Finanzierung einer mit der Fondsbeteiligung verbundenen Einlage oder einer Eigentumswohnung ermächtigte.

Hinweis:

43   Soweit nicht der Beitritt des Anlegers zur Gesellschaft, sondern die Gesellschaft selbst durch Kredite finanziert wurde, d.h. die Darlehensverträge nicht mit den einzelnen Anlegern, sondern mit der Fondsgesellschaft geschlossen wurden, hat die nachfolgend dargestellte Nichtigkeit des Treuhandvertrags gemäß Art. 1 § 1 RBerG keinen Einfluss auf die Wirksamkeit des Darlehensvertrags.

44   Nach ständiger Rechtsprechung des BGH verstoßen solche Treuhandverträge in der Regel gegen Art. 1 § 1 RBerG, da es sich bei der Tätigkeit des Treuhänders meist um eine geschäftsmäßige Besorgung fremder Rechtsangelegenheiten handelt, dem Treuhänder jedoch die erforderliche Erlaubnis nach dem RBerG fehlt.[438] Gemäß § 134 BGB führt dieser Verstoß zur Nichtigkeit des Treuhandvertrags. Darüber hinaus erstreckt sich die Nichtigkeit gemäß § 139 BGB auch auf die dem Treuhänder zwecks Abschluss des Darlehensvertrags erteilte Vollmacht, so dass es dem Treuhänder grundsätzlich an der zur Vertretung des Anlegers erforderlichen Vertretungsmacht mangelt.[439] Der Darlehensvertrag ist demnach schwebend unwirksam. Dagegen ist der vom Treuhänder begründete Beitritt zur Fondsgesellschaft nach den Grundsätzen der fehlerhaft wirksamen Gesellschaft wirksam, die Beteiligung jedoch für die Zukunft außerordentlich kündbar.[440]

45   Allerdings geht der BGH davon aus, dass die nichtige Vollmacht gemäß §§ 172, 173 BGB nach Rechtsscheinsgrundsätzen als wirksame zu behandeln sein kann. Gegen die Anwendbar-

---

[436] *MünchKomm/Berger* § 488 BGB Rn. 132 m.w.N.
[437] BGH NJW 1986, 2564, 2566.
[438] BGH ZIP 2006, 1088, 1090.
[439] BGH ZIP 2006, 1088, 1090.
[440] BGHZ 153, 214, 221 f.

keit der Rechtsscheinsgrundsätze spricht weder, dass der finanzierte Fondsbeitritt und der fragliche Darlehensvertrag ein verbundenes Geschäft i.S.v. § 9 I VerbrKrG a.F. bilden,[441] noch der von Art. 1 § 1 RBerG verfolgte Zweck.[442] Voraussetzung für die Anwendbarkeit der §§ 172, 173 BGB ist, dass der Treuhänder der Bank bei Abschluss des Vertrags die Vollmachtsurkunde im Original oder die Ausfertigung einer notariell beurkundeten Vollmacht (§ 47 BeurkG) vorlegt.[443] Von der Gutgläubigkeit des Kreditinstituts i.S.v. § 173 BGB in Bezug auf die Wirksamkeit der Vollmacht des Treuhänders bei Abschluss des Darlehensvertrags ist bis zum Bekanntwerden der gegenteiligen Entscheidung des BGH vom 28.9.2000 auszugehen.[444]

Liegen die Voraussetzungen der §§ 172, 173 BGB nicht vor, kann sich das Kreditinstitut regelmäßig nicht auf eine Genehmigung des Darlehensvertrags gemäß § 177 BGB durch den Kreditnehmer wegen langjähriger Entrichtung der Darlehensraten berufen.[445] Eine Zurechnung der vom Treuhänder abgegebenen Erklärungen nach den Grundsätzen der Duldungs- oder Anscheinsvollmacht scheidet ebenfalls regelmäßig aus, weil der Anleger die Nichtigkeit nicht kannte oder kennen musste.[446]   **46**

bb) Rechtsfolge. Besteht zwischen Anleger und Kreditinstitut kein wirksamer Darlehensvertrag, weil die Vollmacht zugunsten des Treuhänders gemäß Art. 1 § 1 RBerG i.V.m. § 134 BGB nichtig ist und die Rechtsscheinsgrundsätze gemäß §§ 172, 173 BGB nicht zur Anwendung kommen, steht der Bank ein bereicherungsrechtlicher Anspruch gemäß § 812 I 1 1. Alt. BGB auf Rückgewähr der Darlehensvaluta zu. Dieser richtet sich jedoch nicht gegen den Anleger, sondern gegen die Fondsgesellschaft bzw. den Verkäufer der Eigentumswohnung, wenn die Anweisung zur Auszahlung der Darlehensvaluta an die Fondsgesellschaft bzw. den Verkäufer nicht vom Anleger selbst, sondern vom Treuhänder aufgrund der nichtigen Vollmacht erteilt wurde, so dass die Anweisung dem Anleger nicht zugerechnet werden kann.[447]   **47**

Umgekehrt kann der Anleger vom Kreditinstitut gemäß § 812 I 1 BGB grundsätzlich die Erstattung von ihm geleisteter Zins- und Tilgungszahlungen verlangen, soweit nicht im Einzelfall die Einrede der Verjährung entgegensteht.[448]   **48**

> **Hinweis:** Nach der Rechtsprechung des II. Zivilsenats des BGH zu kreditfinanzierten Beitritten zu Immobilienfonds hatte die Rückabwicklung in den Fällen der Unwirksamkeit der Kreditverträge aufgrund eines Verstoßes gegen das RBerG dem Rechtsgedanken des § 9 VerbrKrG a.F. entsprechend nach den Grundsätzen über die Rückabwicklung eines verbundenen Geschäfts zu erfolgen. Danach konnte der Anleger die von ihm gezahlten Darlehenszinsen ebenfalls gemäß § 812 I 1 1. Alt. BGB von der Bank zurückfordern. Ferner konnte der Anleger der Bank im Wege des Rückforderungsdurchgriffs seine Ansprüche gegen die hinter der finanzierten Fondsbeteiligung stehenden Prospektverantwortlichen und Gründungsgesellschafter auf Schadensersatz entgegenhalten. Im Gegenzug schuldete er der Bank die Abtretung der Gesellschaftsbeteiligung und musste sich im Wege der Vorteilsausgleichung Leistungen des Fonds sowie Steuervorteile anrechnen lassen, denen keine Nachzahlungsansprüche des Finanzamts gegenüberstanden.[449] Seit dem Übergang der Alleinzuständigkeit für die Rückabwicklung fehlgeschlagener Immobilienfinanzierungen auf den XI. Zivilsenat ist diese Rechtsprechung überholt.   **49**

cc) Prozessuales. Im Fall einer gerichtlichen Durchsetzung seines Bereicherungsanspruchs gegen das Kreditinstitut ist der Anleger nicht gehalten, die Rückzahlung Zug um Zug gegen Übertragung der Fondsbeteiligung bzw. eines entsprechenden Abfindungsguthabens oder der finanzierten Eigentumswohnung geltend zu machen, sondern kann eine unbedingte Rückzahlung fordern.[450] Dem Kreditinstitut steht nämlich kein Anspruch gegen den Anleger auf Herausgabe des finanzierten Anteils an der Fondsgesellschaft bzw. der Eigentumswohnung zu, da der Anleger diese regelmäßig aufgrund einer Leistung des Fondsinitiators bzw. Verkäufers   **50**

---

[441] BGH ZIP 2006, 1088, 1090; a.A. noch der II. Zivilsenat des BGH, ZIP 2004, 1394, 1396.
[442] BGH WM 2004, 445, 446.
[443] BGH ZIP 2006, 1088, 1091.
[444] BGH ZIP 2006, 1088, 1092.
[445] BGH BGH WM 2004, 1230, 1233.
[446] BGH ZIP 2005, 1357, 1359 f.
[447] BGH NJW 2004, 2745, 2747 f.; BGH WM 2004, 1230, 1233.
[448] Vgl. BGH WM 2007, 731, 732.
[449] BGH ZIP 2004, 1394, 1399 ff.
[450] BGH WM 2007, 731, 733.

erhalten hat, so dass es an einer Leistung der Bank fehlt und ein Anspruch gemäß § 812 I 1 2. Alt. BGB an der Subsidiarität der Nichtleistungskondiktion scheitert.[451]

51   **b) Sittenwidrigkeit des Darlehensvertrags.** *aa) Mitverpflichtung von vermögenslosen Angehörigen.* Sittenwidrig im Sinne von § 138 I BGB und daher nichtig kann die Mitverpflichtung von vermögenslosen nahen Angehörigen des Kreditnehmers durch den Darlehensvertrag sein. Insoweit gilt, dass die Einbeziehung solcher Angehöriger in den Kreditvertrag als Darlehensnehmer oder im Wege des Schuldbeitritts keiner anderen Bewertung unterliegen kann als die Begründung der Mithaftung durch eine Bürgschaft[452], wenn die betroffene Person nicht echter Mitdarlehensnehmer ist. Letzteres ist nach der Rechtsprechung des BGH nur dann der Fall, wenn der Verpflichtete ein **eigenes sachliches oder persönliches Interesse** an der Kreditaufnahme hat und als im wesentlichen gleichberechtigter Partner über die Auszahlung und Verwendung der Darlehensvaluta mitentscheiden darf.[453] Die im Darlehensvertrag gewählte Bezeichnung als „Mitdarlehensnehmer" o.ä. ist für die Beurteilung nicht relevant. Vielmehr kommt es auf die von den Vertragsparteien tatsächlich gewollten Rechtsfolgen an, die im Streitfall gemäß §§ 133, 157 BGB zu ermitteln sind.[454] Die Bezeichnung als Kreditnehmer im verwendeten Vertragsformular ist dabei angesichts der starken Verhandlungsposition der Bank im Rahmen der Auslegung eine geringere Bedeutung beizumessen als sonst.[455] Die Feststellung eines sachlichen oder persönlichen Interesses des Mitdarlehensnehmers erfolgt vielmehr anhand derselben Maßstäbe, nach denen das eigene wirtschaftliche Interesse des Bürgen ermittelt wird, das die Beeinträchtigung seiner Entschließungsfreiheit ausschließt.[456] Auch hier sprechen lediglich mittelbare Vorteile aus der Kreditaufnahme nicht für ein sachliches bzw. persönliches Interesse des Mitverpflichteten im oben genannten Sinn.[457] Wegen der weiteren Voraussetzungen, unter denen von der Sittenwidrigkeit der Verpflichtung auszugehen ist, kann an dieser Stelle auf die Ausführungen zur Sittenwidrigkeit der Bürgschaft verwiesen werden.[458]

52   *bb) Sittenwidrige Ausbeutung des Kreditnehmers.* (1) Allgemeines. Ein Darlehensvertrag ist ferner gemäß § 138 II BGB wegen Wuchers nichtig, wenn sich das Kreditinstitut vom Kreditnehmer unter Ausbeutung seiner Zwangslage oder Unerfahrenheit Vermögensvorteile versprechen lässt, die in einem auffälligen Missverhältnis zur Leistung stehen. Wegen der hohen Anforderungen an den Nachweis der Ausbeutung einer Zwangslage spielt § 138 II BGB in der Praxis jedoch keine nennenswerte Rolle.

53   Gemäß § 138 I BGB ist jedoch auch das wucherähnliche Darlehen sittenwidrig. Nach der Rechtsprechung des BGH ist hiervon auszugehen, wenn zwischen Leistung und Gegenleistung ein auffälliges Missverhältnis besteht und der Kreditgeber die schwächere Lage des anderen Teils bewusst zu seinem Vorteil ausnutzt oder sich zumindest leichtfertig der Einsicht verschließt, dass sich der Kreditnehmer nur wegen seiner schwächeren Lage auf die ungünstigen Darlehensbedingungen einlässt.[459]

54   (2) Objektiver Tatbestand. Grundlage der Prüfung des auffälligen Missverhältnisses ist ein Marktvergleich,[460] d.h. eine Gegenüberstellung von Vertragszins und Marktzins. Der Vertragszins ist der Effektivzins, d.h. es sind neben dem Nominalzins auch die sonstigen Kreditkosten (z.B. Vermittlungskosten, Bearbeitungsgebühren, Disagio) zu berücksichtigen.[461]

55   Die **Kosten einer Restschuldversicherung** sind nach ständiger Rechtsprechung des BGH nicht zu berücksichtigen, da diese auch dem Darlehensnehmer Vorteile bringen und in den Vergleichszinssätzen der Monatsstatistik der Deutschen Bundesbank nicht enthalten sind.[462] Diese Rechtsprechung bezog sich jedoch auf Restschuldversicherungsprämien, die sich im Bereich einstelliger Prozentbeträge des Nettodarlehensbetrags bewegten. In der jüngeren Praxis des Verbraucherdarlehens finden sich jedoch Extrembeispiele, in denen die Summe der Rest-

---

[451] BGH WM 2007, 731, 733 f.
[452] Siehe hierzu unten, § 11 Rn. 13 ff.
[453] BGH NJW 2002, 744.
[454] BGH ZIP 2005, 607, 608.
[455] BGH ZIP 2005, 607, 608 f.
[456] Siehe dazu § 11 Rn. 20.
[457] Vgl. *Schimansky* WM 2002, 2437, 2438.
[458] Siehe dazu § 11 Rn. 15 ff.
[459] BGHZ 80, 153, 160 f.
[460] BGHZ 80, 153, 162.
[461] BGHZ 80, 153, 166 f.
[462] BGH NJW 1988, 1661, 1662.

schuldversicherungsprämien bis zu 50 % der Darlehenssumme ausmacht.[463] Nach einer Entscheidung des OLG Hamm ist die Höhe der Restschuldversicherungsprämien bei der Feststellung des objektiven Missverhältnisses daher jedenfalls dann zu berücksichtigen, wenn die Prämien gemäß § 492 II 2 BGB i.V.m. § 6 III Nr. 5 PAngVO in die Berechnung des effektiven Jahreszinses einfließen müssen.[464] Letzteres ist der Fall, wenn es sich um Prämien einer Restschuldversicherung handelt, die der Darlehensgeber zwingend als Bedingung für die Gewährung des Kredits vorschreibt. Ob „zwingend" einen rechtlichen oder nur einen faktischen Zwang meint, ist umstritten.[465] Dass der Abschluss der Restschuldversicherung auf einer Vorgabe des Kreditinstituts beruht, ist gegebenenfalls vom Darlehensnehmer zu beweisen, der die Beweislast für die Sittenwidrigkeit trägt.

Was den **Marktzins** betrifft, ist grundsätzlich auf die von der Deutschen Bundesbank veröf- 56 fentlichte monatliche Zinsstatistik zurückzugreifen. Dem im konkreten Fall zu bewertenden Darlehenszins ist die Zinsangabe zu einem Darlehen des gleichen Typs (z.B. Überziehungs-, Konsumenten- oder Wohnungsbaukredit bei variablem Zinssatz oder Zinsbindung usw.) zuzuordnen.[466] Ferner ist eine durchschnittliche Bearbeitungsgebühr in Höhe von derzeit 2,5 % des Kreditbetrags in Ansatz zu bringen.

Ein **auffälliges Missverhältnis** liegt nach gefestigter Rechtsprechung des BGH vor, wenn der 57 effektive Vertragszins den effektiven Marktzins relativ um 100 % oder absolut um 12 Prozentpunkte übersteigt.[467] Ist das Darlehen mit festem Zinssatz in einer Niedrigzinsphase gewährt worden, liegt ein auffälliges Missverhältnis erst vor, wenn der Vertragszinssatz den Marktzins um 110 % übersteigt, wodurch dem erhöhten Zinsänderungsrisiko Rechnung getragen wird, zu dessen Einpreisung die Bank berechtigt ist.[468] Umgekehrt ist von einem objektiven Missverhältnis bereits dann auszugehen, wenn der Vertragszins den Marktzins um 90 % übersteigt, jedoch noch weitere Umstände vorliegen, die im Rahmen einer Gesamtbetrachtung die Bejahung eines auffälligen Missverhältnisses rechtfertigen.[469] Maßgeblich ist der Zeitpunkt des Vertragsschlusses.

(3) Subjektiver Tatbestand. Bei Erfüllung des objektiven Tatbestandes wird **vermutet,** dass das 58 Kreditinstitut aus einer **verwerflichen Gesinnung** heraus gehandelt hat.[470] Demgegenüber spricht beim vollkaufmännischen Kreditnehmer eine widerlegliche Vermutung gegen das Vorliegen der subjektiven Voraussetzungen der Sittenwidrigkeit gemäß § 138 I BGB.[471]

(4) Rechtsfolge. Nach allgemeinen Grundsätzen sind im Fall der Nichtigkeit des Darlehens- 59 vertrags die gewährten Leistungen gemäß § 812 I 1 1. Alt. BGB zurückzugewähren. Dem Anspruch der Bank auf Rückgewähr der Darlehensvaluta steht § 817 S. 2 BGB regelmäßig nicht entgegen, da diese Rechtsfolge nur bei solchen Leistungen greift, die dem Empfänger nach dem nichtigen Vertrag endgültig verbleiben sollten.[472] Die Darlehenssumme wird dem Kreditnehmer jedoch nur zeitlich beschränkt zur Verfügung gestellt. Aus diesem Grund muss das Kreditinstitut dem Kreditnehmer den Darlehensbetrag nach ständiger Rechtsprechung des BGH für die im unwirksamen Vertrag vereinbarte Zeit **zinslos** zur Verfügung stellen, womit auch Nutzungsersatz gemäß § 818 II BGB ausgeschlossen ist. Erst anschließend kann es die Rückzahlung der Valuta verlangen.[473]

Der Darlehensnehmer hat gemäß § 812 I 1 1. Alt. BGB einen Anspruch auf Rückgewähr 60 sämtlicher erbrachter Leistungen, insbesondere der gezahlten Zinsen, Vermittlungs- und Bearbeitungsgebühren, ferner auf Herausgabe gezogener Nutzungen, § 818 II BGB.[474] Insoweit

---

[463] Vgl. LG Bonn NJOZ 2007, 3332.
[464] OLG Hamm Urt. v. 19.12.2007 – 31 W 38/07; vgl. auch LG Bonn BKR 2008, 78.
[465] Für einen rechtlichen Zwang z.B. *Staudinger/Kessal-Wulf* § 492 BGB Rn. 82, für einen bloß faktischen Zwang Reifner WM 2008, 2329, 2335 f.
[466] Vgl. zur Zuordnung BGH ZIP 2000, 1376, 1377.
[467] BGHZ 110, 336, 338 ff.
[468] BGH NJW 1991, 834, 835.
[469] BGH NJW 1991, 834, 835. Zu den Umständen im Einzelnen *Gundlach*, Bankrechts-Handbuch I § 82 Rn. 30 ff. mit Rechtsprechungsnachweisen; siehe auch *Palandt/Heinrichs* § 138 BGB Rn. 28.
[470] BGHZ 104, 102, 107.
[471] BGH NJW 1995, 1019, 1022.
[472] BGH NJW 1995, 1152, 1153.
[473] BGH NJW 1993, 2108.
[474] *Gundlach*, Bankrechts-Handbuch I § 82 Rn. 150.

spricht eine Vermutung dafür, dass eine Bank erhaltene Geldbeträge gewinnbringend einsetzt.[475]

61   Die fälligen gegenseitigen Ansprüche von Bank und Kreditnehmer können grundsätzlich nur verrechnet werden, so dass nur ein Bereicherungsanspruch derjenigen Partei besteht, zu deren Gunsten die Saldierung einen Überschuss ergibt. Die erst zu einem späteren Zeitpunkt fälligen Ansprüche des Kreditinstituts müssen von diesem gesondert geltend gemacht werden.[476]

62   *cc) Mangelnde Leistungsfähigkeit des Kreditnehmers.* Ein Darlehensvertrag ist nicht deshalb sittenwidrig im Sinne von § 138 I BGB, weil der Darlehensnehmer nicht in der Lage ist, die eingegangenen Verpflichtungen zu erfüllen.[477] Nach Auffassung des BGH lässt es der Grundsatz der Privatautonomie zu, risikoreiche Geschäfte abzuschließen, die nur unter besonders günstigen Bedingungen, gegebenenfalls unter dauerhafter Inanspruchnahme des pfändbaren Einkommens erbracht werden können. Insbesondere lässt sich die Rechtsprechung des BGH zur Sittenwidrigkeit der Mitverpflichtung naher Angehöriger wegen krasser finanzieller Überforderung nicht auf den Darlehensvertrag übertragen.[478] Eine andere Beurteilung ist lediglich dann geboten, wenn die Finanzierung von vornherein und notwendigerweise zum Scheitern verurteilt wäre.[479]

63   **c) Nichtigkeit wegen Verstoßes gegen verbraucherschützende Formvorschriften.** Ein Verbraucherdarlehensvertrag[480] ist gemäß § 494 I BGB bzw. § 6 I VerbrKrG a.F. grundsätzlich nichtig, wenn die Schriftform insgesamt nicht eingehalten ist, oder wenn eine Angabe gemäß § 492 I 5 Nr. 1 bis 6 BGB bzw. § 4 I 4 Nr. 1 a) bis f), Nr. 2 a) bis e) fehlt. Allerdings **wird** der Verbraucherdarlehensvertrag gemäß § 494 II 1 BGB bzw. § 6 II 1 VerbrKrG a.F. **wirksam**, wenn der Verbraucher das Darlehen bzw. den Kredit **empfängt oder in Anspruch nimmt.**[481]

IV. Rückabwicklung des Darlehensvertrags durch den Kreditnehmer

1. Allgemeines

64   Eine Rückabwicklung des Darlehens ist einerseits aufgrund einer vertraglichen Vereinbarung möglich, die entweder schon bei Vertragsschluss in Gestalt eines Rücktrittsrechts oder zu einem späteren Zeitpunkt als Aufhebungsvertrag getroffen wird. Eine gesetzlich vorgesehene Möglichkeit zur Rückabwicklung bietet daneben ein Recht zum Widerruf des Kreditvertrags nach den Vorschriften des Verbraucherdarlehensrechts, des Haustürwiderrufsrechts oder des Fernabsatzrechts. Ferner ist eine Rückabwicklung nach Widerruf eines mit dem Darlehensvertrag verbundenen Geschäfts aufgrund verbraucherschützender Vorschriften möglich.

2. Widerruf des Darlehensvertrags

65   **a) Allgemeines.** Sofern die Voraussetzungen eines gesetzlichen Widerrufsrechts vorliegen, kann sich der Darlehensnehmer im Einzelfall durch den Widerruf vom Darlehensvertrag lösen. Das Widerrufsrecht kann sich aus den Vorschriften über **Verbraucherdarlehen**, § 495 BGB, § 7 I VerbrKrG a.F., über den **Haustürwiderruf** gemäß § 312 I 1 BGB, § 1 HWiG a.F. oder den **Fernabsatz** gemäß § 312 d BGB ergeben. Voraussetzung für ein Widerrufsrecht ist zunächst, dass der **persönliche** und der **sachliche Anwendungsbereich** eines Widerrufsrechts eröffnet sind. Ist dies der Fall, muss der Widerruf innerhalb der gesetzlichen **Frist** erklärt werden. Ist der Widerruf des Darlehensvertrags wirksam, sind die ausgetauschten Leistungen **zurückzugewähren** (§§ 355, 346 BGB bzw. § 3 HWiG a.F., ggf. i.V.m. § 7 IV VerbrKrG a.F.), d.h. der Darlehensnehmer hat die erhaltene Darlehensvaluta zurückzuzahlen. Etwas anderes gilt nur, wenn ein **verbundenes Geschäft** gemäß § 358 BGB bzw. § 9 VerbrKrG a.F. vorliegt. In diesem Fall hat die Rückabwicklung im Ergebnis zwischen dem Kreditinstitut und dem Vertragspartner

---

[475] BGHZ 62, 103.
[476] *Gundlach*, Bankrechts-Handbuch I § 82 Rn. 153.
[477] BGHZ 107, 92, 97 f.
[478] OLGR Celle 2004, 275.
[479] Vgl. BGHZ 107, 92, 100.
[480] Zu den Voraussetzungen siehe unten, Rn. 72 ff.
[481] Zur erforderlichen Form und der Heilung von Mängeln siehe bereits oben, Rn. 26 ff.

des Kreditnehmers aus dem verbundenen Geschäft zu erfolgen, so dass der Darlehensnehmer grundsätzlich nur den finanzierten Gegenstand, nicht jedoch die zur Finanzierung verwendete Darlehenssumme herausgeben muss.

Im Hinblick auf die Neuordnung des Verbraucherschutzrechts durch das SMG ist zunächst 66 davon auszugehen, dass auf die nach dem 31.12.2001 geschlossenen Verträge die in das BGB übernommenen Vorschriften des Verbraucherschutzrechts anwendbar sind. Wegen der zum 1.8.2002 bewirkten Änderungen durch das OLGVertrÄndG ist die Übergangsregelung in Art. 229 § 9 EGBGB zu beachten. Auf die vor dem 1.1.2002 geschlossenen Darlehensverträge sind dagegen grundsätzlich die Vorschriften des Verbraucherkreditgesetzes und des Haustürwiderrufsgesetzes in ihrer jeweiligen Fassung anwendbar, Art. 229 § 5 S. 1 EGBGB. Gemäß Art. 229 § 5 S. 2 EGBGB erfährt dieser Grundsatz jedoch insofern eine Einschränkung, als auf Dauerschuldverhältnisse, zu denen auch der Darlehensvertrag zählt,[482] seit dem 1.1.2003 das BGB in seiner Neufassung zur Anwendung kommt.[483]

b) Verhältnis der Widerrufsrechte. *aa) Rechtslage seit Inkrafttreten des SMG.* Ein Kredit- 67 bzw. Darlehensvertrag kann grundsätzlich sowohl in den Anwendungsbereich des Verbraucherdarlehensrechts, als auch in den des Haustürwiderrufsrechts oder den des Fernabsatzrechts fallen. Gemäß § 312 a BGB und § 312 d V BGB gilt jedoch nunmehr, dass ein Widerrufsrecht nach den Vorschriften des Haustürwiderrufsrechts bzw. des Fernabsatzrechts nicht besteht, wenn der Verbraucher den Darlehensvertrag gemäß § 495 BGB nach Verbraucherdarlehensrecht widerrufen kann. Diese **Subsidiarität** ist insoweit von praktischer Bedeutung, als die verdrängten Vorschriften über den Haustürwiderruf bzw. Fernabsatzwiderruf Sonderregelungen gegenüber den in den §§ 355 ff. BGB vereinheitlichten Voraussetzungen des Widerrufsrechts (z.B. in § 312 II BGB) enthalten.[484]

Der Ausschluss des Widerrufsrechts wegen eines Haustürgeschäfts gemäß § 312 a BGB 68 greift jedoch nur dann, wenn dem Verbraucher ein Widerrufsrecht gemäß Verbraucherdarlehensrecht tatsächlich zusteht,[485] d.h. der Anwendungsbereich gemäß § 491 BGB für das Widerrufsrecht nach § 495 BGB eröffnet ist. Dies ist bei Verbraucherdarlehensverträgen lediglich in den in §§ 491 II, III, 495 II BGB genannten Fällen nicht der Fall,[486] z.B. wenn der Verbraucherdarlehensvertrag notariell beurkundet worden sein sollte, § 491 III Nr. 1 BGB. Freilich werden in diesen Fällen nur ausnahmsweise die Voraussetzungen eines Haustürgeschäfts vorliegen.

Trotz des Ausschlusses des Widerrufsrechts für Fernabsatzgeschäfte ist gemäß § 312 d V 2 69 BGB zu beachten, dass die Frist für das verbraucherdarlehensrechtliche Widerrufsrecht gemäß § 495 BGB erst zu laufen beginnt, wenn zusätzlich die Informationspflichten gemäß § 312 c II BGB i.V.m. den Vorschriften der BGB-InfoV erfüllt wurden.

bb) Rechtslage vor dem Inkrafttreten des SMG. Für die vor dem Inkrafttreten des SMG ge- 70 schlossenen Verträge ergibt sich das Recht zum Widerruf von Haustürgeschäften aus § 1 HWiG a.F., und zwar auch dann, wenn der Darlehensvertrag in den Anwendungsbereich des Verbraucherkreditgesetzes fällt. Die Regelung des § 5 II HWiG a.F., welche die Subsidiarität des Haustürwiderrufsgesetzes gegenüber dem Verbraucherkreditgesetz vorsah, muss nach der Rechtsprechung des BGH[487] im Hinblick auf die EG-Haustürgeschäfterichtlinie richtlinienkonform eingeschränkt werden. Das Haustürwiderrufsgesetz mit dem Widerrufsrecht gemäß § 1 HWiG a.F. ist daher in Altfällen entgegen § 5 II HWiG a.F. insbesondere dann anwendbar, wenn ein Widerrufsrecht nach § 7 VerbrKrG a.F. nicht besteht, weil dessen Anwendung gemäß § 3 VerbrKrG ausgeschlossen ist. Der Anwendungsbereich des Haustürwiderrufsgesetzes ist nach Auffassung des BGH darüber hinaus auch bei Verbraucherkreditverträgen eröffnet, bei denen ein Widerrufsrecht gemäß § 7 VerbrKrG a.F. **nicht** durch § 3 VerbrKrG a.F. ausgeschlossen ist.[488] Nach der Integration des Haustürwiderrufsgesetzes und des Verbraucherkreditgesetzes in das BGB durch das SMG bestand die mit der Haustürgeschäfterichtlinie nicht zu vereinbarende Subsidiaritätsregelung bezüglich des Haustürwiderrufs zunächst fort, wurde jedoch schließlich zum 1.8.2002 durch das OLGVertrÄndG beseitigt.

---

[482] *Palandt/Heinrichs* Art. 229 § 5 EGBGB Rn. 7.
[483] *Palandt/Heinrichs* Vor § 491 BGB Rn. 2.
[484] *MünchKomm/Masuch* § 312 a BGB Rn. 14.
[485] *Palandt/Grüneberg* § 312 a BGB Rn. 1.
[486] Vgl. *MünchKomm/Masuch* § 312 a BGB Rn. 12.
[487] BGH NJW 2002, 1881, 1882.
[488] BGH NJW 2002, 1881, 1883.

Hinweis:

71 Insbesondere Realkreditverträge, d.h. Kredite, die zum Zweck der Baufinanzierung oder des Immobilienerwerbs durch ein Grundpfandrecht am entsprechenden Objektgrundstück gesichert sind, können in Altfällen zwar nicht gemäß § 7 VerbrKrG a.F. widerrufen werden, jedoch gemäß § 1 HWiG a.F., wenn die Voraussetzungen des Widerrufsrechts gemäß den Vorschriften des Haustürwiderrufsgesetzes erfüllt sind.[489]

72 **c) Persönlicher Anwendungsbereich.** In persönlicher Hinsicht gilt, dass es sich bei Kreditinstituten generell um Unternehmer im Sinne von § 14 BGB handelt. Demgegenüber muss der Kreditnehmer **Verbraucher** gemäß § 13 BGB sein. Dies ist der Fall, wenn er den Kreditvertrag zu einem Zweck abschließt, der weder seiner gewerblichen noch seiner selbständigen Tätigkeit zugerechnet werden kann. Welcher Sphäre der Kreditvertrag zuzuordnen ist, muss durch dessen Auslegung geklärt werden.[490] Entscheidend ist hierfür die im Vertrag getroffene **Zweckbestimmung**. Dient der Kredit sowohl der privaten als auch der beruflichen Nutzung, ist auf den Schwerpunkt der Nutzung abzustellen. Maßgeblich ist die Einschätzung bei Vertragsschluss (ex ante),[491] so dass spätere Zweckänderungen durch den Kreditnehmer unbeachtlich sind.

73 Sind mehrere Personen Kreditnehmer, ist die Verbrauchereigenschaft für jeden gesondert zu prüfen. Ergibt die Zweckbestimmung des Kredits, dass dieser nur der selbständigen oder gewerblichen Tätigkeit einzelner Kreditnehmer dient, besteht die Möglichkeit, dass der Kreditvertrag für einzelne Kreditnehmer einen Verbraucherdarlehensvertrag bildet, für andere dagegen nicht.[492]

74 Nach der Rechtsprechung des BGH handelt es sich bei **Existenzgründern** nicht um Verbraucher im Sinne dieser Vorschrift.[493] Gemäß § 507 BGB sind die Vorschriften über Verbraucherdarlehen allerdings kraft Gesetzes bei bestimmten Existenzgründungen zu beachten. Die Vorschrift stellt ausdrücklich klar, dass die §§ 491 ff. BGB auf natürliche Personen Anwendung finden, die zum Zweck der Aufnahme einer gewerblichen oder selbständigen beruflichen Tätigkeit Kredit aufnehmen, wenn der Nettodarlehensbetrag bzw. Barzahlungspreis 50.000 Euro nicht übersteigt. Dies entspricht der Beschränkung des Anwendungsbereichs des Verbraucherkreditgesetzes auf Existenzgründungskredite bis 50.000 Euro gemäß § 3 I Nr. 2 VerbrKrG a.F., wobei der Darlehensgeber aufgrund der Fassung der Regelung als Ausnahmetatbestand – anders als nach nunmehr geltendem Recht[494] – die Darlegungs- und Beweislast dafür zu tragen hatte, dass der Kredit für die Aufnahme seiner gewerblichen oder selbständigen Tätigkeit bestimmt war. Eine **Gesellschaft bürgerlichen Rechts** ist Verbraucher im Sinne von § 13 BGB, wenn sie den Darlehensvertrag in Verfolgung eines nicht kommerziellen Zwecks (z.B. nicht gewerbliche Verwaltung eigenen Vermögens) abschließt.[495] Gewerblich tätig sind dagegen Immobilienfondsgesellschaften in der Rechtsform der GbR, weshalb die von ihnen aufgenommenen Kredite nicht in den Anwendungsbereich von § 491 BGB bzw. § 1 VerbrKrG a.F. fallen.[496] **Handelsgesellschaften** kommt ebenfalls kein Verbraucherstatus gemäß § 13 BGB zu.

75 **d) Sachliche Anwendungsbereiche. aa) Verbraucherdarlehen.** (1) Rechtslage seit Inkrafttreten des SMG. Ein Widerrufsrecht des Darlehensnehmers kann sich aus §§ 495, 355 BGB[497] ergeben, wenn der Vertrag ein entgeltliches Darlehen zum Gegenstand hat, § 491 I BGB. Für die in der Bankpraxis gängigen Kredite enthält der sachliche Anwendungsbereich des Verbraucherdarlehensrechts seit dem Inkrafttreten des SMG insoweit keine gravierenden Einschränkungen mehr. Insbesondere besteht nunmehr ein Widerrufsrecht auch für solche Kreditverträge, die der Finanzierung des **Erwerbs von Immobilien** dienen. Allerdings stellt § 358 III 3 BGB für diese Darlehen besondere Anforderungen an die Bejahung eines verbundenen Geschäfts. Im Übrigen können Überziehungskredite nach § 493 I 1 BGB gemäß § 495 II BGB

---

[489] Siehe hierzu näher unten, Rn. 77 ff.

[490] *Palandt/Heinrichs/Ellenberger* § 13 BGB Rn. 4.

[491] *Palandt/Heinrichs/Ellenberger* § 13 BGB Rn. 4.

[492] Vgl. BGH NJW 2000, 3133, 3136.

[493] BGH NJW 2005, 1273, 1275, der auf den Umkehrschluss zu § 507 BGB verweist; a.A. *Palandt/Heinrichs* § 13 BGB Rn. 3 m.w.N.

[494] Vgl. *Wittig/Wittig* WM 2002, 145, 151.

[495] BGH NJW 2002, 368.

[496] BGH ZIP 2006, 1622, 1625.

[497] Vor dem Inkrafttreten der Schuldrechtsreform richtete sich das Widerrufsrecht nach § 7 VerbrKrG a.F. i.V.m. § 361a BGB a.F.

nicht widerrufen werden, wenn sie jederzeit ohne Einhaltung einer Kündigungsfrist und ohne zusätzliche Kosten zurückgezahlt werden können. Zu beachten ist ferner, dass in der bis 30.6.2005 geltenden Fassung für Immobiliendarlehensverträge, die keine Haustürgeschäfte sind, das Widerrufsrecht gemäß § 506 III BGB durch besondere schriftliche Vereinbarung ausgeschlossen werden konnte.

(2) *Verbraucherkreditgesetz.* Abgesehen vom terminologischen Unterschied war die Rechts-   76 lage unter der Geltung des Verbraucherkreditgesetzes durch eine im Vergleich zum nunmehr geltenden Verbraucherdarlehensrecht umfangreichere **Beschränkung des Anwendungsbereichs** des Widerrufsrechts für Verbraucherkreditverträge geprägt. So ist das Widerrufsrecht nach § 7 I VerbrKrG a.F. gemäß § 3 II Nr. 2 VerbrKrG a.F. für Altfälle ausgeschlossen, wenn der Kredit von der **Sicherung durch ein Grundpfandrecht** abhängig gemacht und zu den üblichen Bedingungen für grundpfandrechtlich abgesicherte Kredite und deren Zwischenfinanzierung gewährt wird. Ansonsten ergeben sich hinsichtlich des sachlichen Anwendungsbereichs und seiner Einschränkungen keine wesentlichen Unterschiede zum Verbraucherdarlehensrecht gemäß § 491 BGB.

bb) Haustürgeschäft. Des Weiteren kann ein Darlehensvertrag zwischen einer Bank und ei-   77 nem Verbraucher im Grundsatz nach den Vorschriften über Haustürgeschäfte widerrufbar sein. Ein Recht zum Widerruf gemäß §§ 312 I 1, 355 BGB setzt voraus, dass der zu widerrufende Vertrag entgeltlich ist und der Verbraucher in einer der in § 312 I 1 BGB genannten qualifizierten Situationen (z.B. in seiner Privatwohnung) zum Vertragsschluss bestimmt wurde. Gleiches gilt für das Widerrufsrecht gemäß § 1 HWiG a.F., weshalb die folgenden Ausführungen zu den Voraussetzungen des Widerrufsrechts gemäß § 312 I 1 BGB in gleicher Weise auf das Widerrufsrecht gemäß § 1 HWiG a.F. zutreffen.

Der Darlehensvertrag ist jedenfalls dann ein **entgeltlicher Vertrag** gemäß § 312 I 1 BGB und   78 fällt somit in den Anwendungsbereich des Haustürwiderrufsrechts, wenn – wie in der Bankpraxis üblich – eine Zinszahlungspflicht des Kreditnehmers vereinbart wurde.

Gemäß § 312 I 1 BGB muss der Verbraucher zum Abschluss des Darlehensvertrags ferner   79 unter **qualifizierten Umständen**, d.h. durch mündliche Verhandlungen im Bereich seiner Privatwohnung oder am Arbeitsplatz (Nr. 1), anlässlich einer Freizeitveranstaltung (Nr. 2) oder im Anschluss an ein überraschendes Ansprechen in Verkehrsmitteln oder im Bereich öffentlich zugänglicher Verkehrsflächen (Nr. 3) bestimmt worden sein. Bei der **Privatwohnung** muss es sich nicht um die des Verbrauchers handeln. Vielmehr kann es sich auch um die Privatwohnung eines Dritten oder gar die des Vermittlers handeln, wenn der Verbraucher diese aus privatem Anlass aufgesucht hat.[498]

Die **Verhandlungen** beginnen, sobald der Verbraucher werbend angesprochen wird.[499] Da-   80 bei genügt es für die Anwendung des § 312 I 1 BGB, dass in der Privatwohnung oder am Arbeitsplatz ein Besuch des Verbrauchers in den Geschäftsräumen des Unternehmers vorbereitet oder verabredet wird, anlässlich dessen der Vertragsschluss erfolgt.[500] Eine vorherige Terminvereinbarung schließt den Anwendungsbereich nicht aus, wenn diese einseitig vom Unternehmer durch einen Telefonanruf veranlasst wurde.[501] Telefonische Kontaktaufnahmen ohne nachfolgende mündliche Verhandlungen an einem der qualifizierten Orte fallen dagegen nicht in den Anwendungsbereich des § 312 I 1 BGB.[502] Von Gesetzes wegen **ausgeschlossen** ist das Widerrufsrecht ferner gemäß § 312 III BGB, insbesondere wenn der Verbraucher beim Kreditinstitut aus eigener Initiative um eine Finanzierung ersucht hat, § 312 III Nr. 1 BGB. Ferner besteht ein Widerrufsrecht nach Auffassung des BGH gemäß § 312 III Nr. 3 BGB nicht, wenn die auf den Abschluss des Kreditvertrags gerichtete Erklärung des Verbrauchers notariell beurkundet wurde, da trotz dieser Einschränkung gegenüber der Haustürgeschäfterichtlinie wegen des klaren Gesetzeswortlauts kein Spielraum für eine richtlinienkonforme Auslegung verbleibt.[503]

Allerdings muss das Ansprechen des Verbrauchers an einem der qualifizierten Orte für des-   81 sen Willenserklärung **ursächlich** gewesen sein, wobei die Umstände der Kontaktaufnahme nur

---

[498] BGH ZIP 2006, 1626, 1627 f.
[499] BGH ZIP 1996, 370, 372 f.
[500] BGH ZIP 1996, 370, 373.
[501] BGHZ 131, 1, 6 f.
[502] BGH NJW 2004, 2744, 2745.
[503] BGH NJW 2004, 154, 155.

einen unter mehreren Beweggründen darstellen müssen (Mitursächlichkeit).[504] Das **Überraschungsmoment** muss bei Abgabe der Willenserklärung noch **fortwirken**.[505] Ein enger zeitlicher Zusammenhang zwischen der Haustürsituation und der Erklärung ist keine Voraussetzung für das Widerrufsrecht, bietet aber die Grundlage für Beweiserleichterungen (Indizwirkung) im Hinblick auf die Ursächlichkeit.[506] Ob von einer solchen Fortwirkung ausgegangen werden kann, hängt von den Umständen des Einzelfalls ab. Ein Fortwirken soll z.B. ausgeschlossen sein, wenn zwischen der Haustürsituation und dem Abschluss des Darlehensvertrags der Beitritt zu einem Immobilienfonds notariell beurkundet wurde, der durch das fragliche Darlehen finanziert werden sollte.[507] Ein gegen die Ursächlichkeit sprechendes Indiz kann ferner der unterlassene Widerruf des finanzierten Geschäfts (z.B. Fondsbeitritt) trotz insoweit ordnungsgemäßer Widerrufsbelehrung sein, wenn zwischen der Ansprache in der Haustürsituation und dem Vertragsschluss knapp drei Wochen vergangen sind.[508]

82   Tritt dem Verbraucher in der Haustürsituation kein Bankmitarbeiter, sondern ein **Dritter** gegenüber, der den Kreditvertrag mit der Bank vermittelt, ist die Haustürsituation dem Kreditinstitut schon dann zuzurechnen, wenn sie objektiv vorgelegen hat. Eine Einschränkung dahingehend, dass eine **Zurechnung** nur dann erfolgt, wenn die Voraussetzungen für die Zurechnung gemäß § 123 II BGB vorlagen, hat der BGH in richtlinienkonformer Auslegung der Haustürrichtlinie aufgegeben.[509] Dritter in diesem Sinne kann auch ein Verwandter des Verbrauchers sein, wenn er diesem gegenüber wie ein Dritter werbend tätig wird.[510]

83   Wird der Verbraucher beim Abschluss des Darlehensvertrags von einem Dritten vertreten, hängt die Widerruflichkeit des Vertrags nicht davon ab, ob der Verbraucher die Vollmacht in einer Haustürsituation erteilt hat. Vielmehr muss der Vertreter in einer Haustürsituation zur Abgabe seiner Willenserklärung bestimmt worden sein.[511]

84   *cc) Fernabsatz.* Gemäß § 312 d I 1 BGB steht einem Verbraucher schließlich auch bei Fernabsatzverträgen gemäß § 312 b BGB ein Widerrufsrecht zu. Die sachlichen Voraussetzungen eines Widerrufsrechts liegen vor, wenn ein Kreditvertrag unter **ausschließlicher** Verwendung von Fernkommunikationsmitteln gemäß § 312 b II BGB (insbesondere Brief, Telefon, Telefax, E-Mail) **abgeschlossen** wurde. In den Anwendungsbereich des Fernabsatzrechts fallen auch Kreditverträge, die seit dem 7.12.2004[512] geschlossen wurden, nachdem Bankgeschäfte bis zu diesem Zeitpunkt von der Anwendung des Fernabsatzrechts ausgeschlossen waren, vgl. § 312 b III Nr. 3 BGB a.F.

85   Ist es vor dem Vertragsschluss im Rahmen der **Vertragsanbahnung** zu persönlichen Kontakten zwischen Bank und Kreditnehmer gekommen, ist die Anwendung des Fernabsatzrechts nach h.M. jedenfalls dann ausgeschlossen, wenn sich der Verbraucher schon bei der Anbahnung über alle wesentlichen Umstände des Vertragsschlusses informiert hat, und der Vertragsschluss in unmittelbarem zeitlichem Zusammenhang erfolgt.[513] Ferner ist der Anwendungsbereich der Fernabsatzvorschriften auf Kreditverträge nicht deshalb gemäß § 312 b IV BGB ausgeschlossen, weil vor dem Kreditvertrag bereits andere Verträge mit demselben Kreditinstitut (Girovertrag, anderer Kreditvertrag etc.) abgeschlossen wurden.

86   *dd) Eröffnung des Anwendungsbereichs aufgrund Widerrufsbelehrung.* Fraglich kann sein, ob dem Kreditnehmer ein Widerrufsrecht zusteht, wenn die persönlichen oder sachlichen Voraussetzungen eines Widerrufsrechts nicht erfüllt sind, die Bank dem Kreditnehmer jedoch trotzdem eine Belehrung über ein Widerrufsrecht erteilt hat. Da der Kreditnehmer den Vertrag aufgrund der Belehrung in der Annahme abschließt, unter den genannten Bedingungen zum Widerruf berechtigt zu sein, wäre der spätere Verweis des Kreditinstituts auf das Nichtvorliegen der gesetzlichen Voraussetzungen eines Widerrufsrechts wegen widersprüchlichen Verhaltens zumindest treuwidrig im Sinne von § 242 BGB.[514] In der bis 31.12.2001 geltenden gesetz-

---

[504] BGH ZIP 2004, 500, 501 f.
[505] BGH ZIP 2004, 500.
[506] Siehe unten, Rn. 110.
[507] OLG Jena ZIP 2006, 946, 947.
[508] BGH ZIP 2006, 1238, 1239.
[509] BGH ZIP 2006, 221, 222 f.
[510] Vgl. BGH ZIP 2006, 1626, 1627 f.
[511] BGH NJW 2004, 154, 155.
[512] Vgl. Art. 229 § 11 EGBGB.
[513] *Palandt/Grüneberg* § 312 b BGB Rn. 8.
[514] Vgl. *Palandt/Heinrichs* § 242 BGB Rn. 55 ff.

lichen Ausgestaltung des Widerrufsrechts, welche die Unterzeichnung der Belehrung durch den Verbraucher vorsah, dürfte sich die Rückgabe der unterzeichneten Belehrung als Annahme eines Angebots der Bank auf vertragliche Einbeziehung eines Widerrufsrechts auslegen lassen, da der Kreditnehmer regelmäßig keine gesicherten Erkenntnisse bezüglich des Fehlens der gesetzlichen Voraussetzungen des Widerrufsrechts haben wird.[515] Hinsichtlich der Annahmefrist sind die §§ 147 ff. BGB zu beachten.

Ob in diesen Fällen lediglich die in der Widerrufsbelehrung genannten Modalitäten (insbe-   87 sondere Dauer der Widerrufsfrist) des Widerrufs gelten, oder ob darüber hinaus auch die gesetzlichen Regelungen eines Widerrufsrechts (z.B. zur Verlängerung der Widerrufsfrist bei nicht ordnungsgemäßer Belehrung gemäß § 2 HTWG) zu beachten sind, ist eine Frage der Auslegung der konkreten Widerrufsbelehrung.

e) **Ausübung des Widerrufsrechts.** *aa) Geltendes Recht.* Seit dem Inkrafttreten des SMG zum   88 1.1.2002 ist die Ausübung des Widerrufsrechts bei Verbraucherverträgen in § 355 BGB, auf den § 495 I, § 312 I 1 und § 312d I 1 BGB verweisen, grundsätzlich **einheitlich** geregelt.

Der Kreditnehmer ist an den Darlehensvertrag nicht mehr gebunden, wenn er diesen gemäß   89 § 355 I 2 BGB innerhalb von **zwei Wochen** nach Belehrung über das Widerrufsrecht gegenüber der Bank erklärt. Wird die **Belehrung erst nach Vertragsschluss** erteilt, beträgt die Widerrufsfrist gemäß § 355 II 2 BGB **einen Monat.** Die Berechnung der Frist richtet sich nach den §§ 187 I, 188 II BGB. Für die Fristwahrung ist die rechtzeitige **Absendung** des Widerrufs ausreichend, § 355 I 2 BGB.

§ 355 III 3 BGB stellt klar, dass das Widerrufsrecht **nicht** innerhalb einer Höchstfrist von   90 sechs Monaten nach Vertragsschluss **erlischt,** wenn es an einer ordnungsgemäßen Widerrufsbelehrung fehlt. Hieraus folgt, dass bei mangelhafter Belehrung über das Widerrufsrecht weiterhin ein zeitlich unbeschränktes Widerrufsrecht besteht. § 312 d III Nr. 1 BGB sieht bei einer auf der Grundlage eines Fernabsatzvertrags erbrachten Finanzdienstleistung ein Erlöschen des Widerrufsrechts vor, wenn der Vertrag auf Wunsch des Verbrauchers vollständig erfüllt wurde, bevor der Verbraucher sein Widerrufsrecht ausübt.

Die **Widerrufsfrist beginnt** mit dem Zeitpunkt, in dem der Verbraucher eine deutlich gestal-   91 tete **Belehrung** über sein Widerrufsrecht erhält, § 355 II 1 BGB.[516] Ob die Widerrufsfrist bereits abgelaufen ist, hängt daher davon ab, ob die dem Verbraucher erteilte Belehrung den gesetzlichen Anforderungen genügt. § 355 II 1 BGB sieht insoweit vor, dass die Belehrung Name und Anschrift desjenigen, gegenüber dem der Widerruf zu erklären ist, ferner einen Hinweis auf den Fristbeginn sowie die Maßgeblichkeit der Absendung des Widerrufs für die Fristwahrung, die Widerrufsfrist und das Erfordernis der Textform des Widerrufs enthält. Gemäß § 358 V BGB muss die Belehrung bei einem verbunden Geschäft ferner auf die Rechtsfolgen des § 358 I, II 1, 2 BGB hinweisen. Fehlt der Hinweis bei einer mit dem Darlehensvertrag verbundenen Restschuldversicherung (§ 358 II, III BGB),[517] liegt keine ordnungsgemäße Widerrufsbelehrung vor, die den Beginn der Widerrufsfrist auslösen würde.[518] Sie muss zudem der **Textform** gemäß § 126 b BGB genügen und schließlich **deutlich gestaltet** sein, so dass sie gegenüber dem übrigen Vertragstext unübersehbar hervortritt.[519] Insoweit kann die Rechtsprechung zur früheren Rechtslage herangezogen werden, da mit dem geänderten Wortlaut (Wegfall des Begriffs „drucktechnisch") keine Reduzierung der Anforderungen bezweckt war.[520] Der Verwendung einer separaten Urkunde bedarf es nicht. Umgekehrt ist eine zwingende Verbindung mit der Vertragsurkunde nicht vorgeschrieben.[521] Weggefallen ist das Erfordernis einer Unterzeichnung der Widerrufsbelehrung durch den Verbraucher.

Noch immer normiert das Verbraucherschutzrecht in Abhängigkeit vom Typus des Wider-   92 rufsrechts (Haustürwiderruf, Widerruf des Verbraucherdarlehens etc.) **spezielle Anforderungen** an die für den Beginn der Widerrufsfrist maßgebliche Widerrufsbelehrung (siehe z.B. § 312 II BGB). Ferner gelten teilweise spezielle Anforderungen für den Beginn der Widerrufsfrist (siehe § 312 d II BGB). Aufgrund der **Subsidiarität** des Haustürwiderrufsrechts und des Fern-

---

[515] Offengelassen von OLG München WM 2003, 1324, 1326 f.
[516] Wird die Belehrung erst nach Vertragsschluss erteilt, gilt zudem eine verlängerte Widerrufsfrist, s.o., Rn. 89.
[517] Siehe unten, Rn. 109.
[518] Vgl. Reifner WM 2008, 2329, 2337.
[519] *Palandt/Grüneberg* § 355 BGB Rn. 16.
[520] BGH WM 2003, 204, 206.
[521] *Martis/Meinhof,* Verbraucherschutzrecht Kap. F Rn. 160.

absatzwiderrufsrechts gemäß §§ 312 a, 312 d V 1 BGB gegenüber dem Widerrufsrecht gemäß § 495 BGB kommen diese Spezialregelungen beim Widerruf eines Verbraucherdarlehensvertrags jedoch nicht zur Anwendung. Eine Ausnahme gilt aber gemäß § 312 d V 2 BGB für Verbraucherdarlehensverträge, die in den Anwendungsbereich des Fernabsatzgesetzes fallen. Bei ihnen beginnt die Widerrufsfrist nicht vor Erfüllung der Informationspflichten gemäß § 312 c II BGB zu laufen, weshalb insbesondere eine ordnungsgemäße Erfüllung der Informationspflichten nach § 1 BGB-InfoV erforderlich ist. Ob die Verwendung einer Musterbelehrung gemäß § 14 BGB-InfoV den Anforderungen an eine ordnungsgemäße Belehrung im Einzelfall genügt, ist grundsätzlich zweifelhaft.[522]

93 Da ein Verbraucherdarlehensvertrag gemäß § 492 I 1 BGB schriftlich abzuschließen ist, beginnt die Frist zudem erst mit der **Aushändigung einer schriftlichen Vertragsurkunde oder des schriftlichen Antrags** des Verbrauchers zu laufen, wobei die Übermittlung einer Kopie ausreicht, § 355 II 3 BGB. Dispositionskredite unterliegen gemäß § 493 I 1 BGB unter den dort genannten Bedingungen nicht dem Schriftformerfordernis, weshalb die Widerrufsfrist bereits mit der ordnungsgemäßen Belehrung zu laufen beginnt, sofern der Dispositionskredit überhaupt gemäß § 495 II BGB widerruflich ist.

94 Gemäß § 355 II 2 BGB besteht nunmehr die Möglichkeit, eine Widerrufsbelehrung **nachzuholen.** Dies gilt auch für Verträge, die vor dem Inkrafttreten dieser Vorschrift zum 1.8.2002 geschlossen wurden (vgl. Art. 229 § 9 II EGBGB), so dass eine aufgrund mangelhafter Belehrung grundsätzlich unbefristete Widerrufsmöglichkeit durch Nachholung der Belehrung beschränkt werden kann. Im Fall der Nachholung gilt eine Widerrufsfrist von einem Monat, § 355 II 2 BGB.

95 *bb) Rechtslage bis zum Inkrafttreten des SMG.* (1) Verbraucherkreditverträge. Für Verbraucherkreditverträge, die vor dem 1.10.2000[523] zustande gekommen sind, gilt gemäß § 7 I VerbrKrG a.F. eine **einwöchige Widerrufsfrist.** Die **Frist beginnt** in diesen Fällen gemäß § 7 II VerbrKrG a.F. erst, wenn dem Verbraucher eine drucktechnisch deutlich gestaltete Belehrung ausgehändigt wurde, die ihn über sein Widerrufsrecht, die Widerrufsfrist von einer Woche, Name und Anschrift des Widerrufsempfängers sowie den Wegfall des Widerrufsrechts gemäß § 7 III VerbrKrG a.F. belehrte, wenn das Darlehen nicht binnen zwei Wochen nach Erklärung des Widerrufs bzw. Auszahlung des Darlehens zurückgezahlt wird. Sie muss zudem vom Verbraucher gesondert unterschrieben worden sein. Gemäß § 7 II 3 VerbrKrG a.F. **erlischt** das Widerrufsrecht **bei nicht ordnungsgemäßer Belehrung** erst nach beiderseits vollständiger Erbringung der Leistung, spätestens jedoch ein Jahr nach Abgabe der auf den Abschluss des Kreditvertrags gerichteten Willenserklärung des Kreditnehmers. Zur Wahrung der Widerrufsfrist genügt die rechtzeitige Absendung des Widerrufs, § 7 II 1 VerbrKrG a.F.

96 (2) Haustürgeschäfte. Für Kreditverträge, die vor dem 1.10.2000 als Haustürgeschäfte abgeschlossen wurden, richtet sich das Widerrufsrecht nach §§ 1, 2 HWiG a.F. Gemäß § 1 I HWiG a.F. beträgt die **Widerrufsfrist eine Woche** und **beginnt** gemäß § 2 I 2 HWiG a.F. mit Aushändigung einer drucktechnisch deutlich gestalteten schriftlichen Belehrung über das Recht des Verbrauchers zum Widerruf einschließlich Namen und Anschrift des Widerrufsempfängers sowie einem Hinweis, dass die rechtzeitige Absendung des Widerrufs zur Fristwahrung genügt. Die Belehrung war gemäß § 2 I 3 HWiG a.F. vom Kunden zu unterschreiben. Anders als beim Widerrufsrecht nach § 7 VerbrKrG a.F. ist ein Hinweis auf das Erfordernis der Rückzahlung der Darlehensvaluta nicht vorgesehen. Im Gegenteil normiert § 2 I 3 HWiG a.F., dass die Belehrung keine weiteren als die in § 2 HWiG a.F. vorgesehenen Inhalte aufweisen darf.[524]

97 Ist eine **Belehrung** gemäß § 2 I HWiG a.F. **mangelhaft, erlischt** das Widerrufsrecht des Verbrauchers erst nach einem Monat ab beiderseits vollständiger Erbringung der Leistungen, § 2 I 4 HWiG a.F. Dies setzt u.a. eine vollständige Rückzahlung des dem Verbraucher gewährten Darlehens voraus. Unerheblich ist insoweit auch, dass die Belehrung den Vorgaben des § 7 II 2 VerbrKrG a.F. gerecht wird.[525] Eine **Verwirkung** des Widerrufsrechts scheidet aus, solange das Widerrufsrecht des Verbrauchers noch nicht verfristet ist.[526] Eine **Verjährung** des Widerrufs-

---

[522] Vgl. *Palandt/Grüneberg* § 14 BGB-InfoV Rn. 5.
[523] Zur Rechtslage in der Zeit von 1.10.2000 bis 31.12.2001 siehe § 7 VerbrKrG und § 361 a BGB in der jeweils geltenden Fassung.
[524] Vgl. BGH ZIP 2006, 221, 223.
[525] BGH ZIP 2004, 1639, 1641.
[526] BGH ZIP 2006, 221, 223.

rechts kommt ebenfalls nicht in Frage, da es sich bei Widerruf um ein Gestaltungsrecht handelt, das nicht der Verjährung unterliegt.

Hinweis:

Aufgrund der vermeintlichen Subsidiarität des Haustürwiderrufsgesetzes gegenüber dem Verbraucherkreditgesetz ist eine Belehrung gemäß § 2 HWiG a.F. regelmäßig unterblieben. Erst mit der einschränkenden Auslegung von § 5 II HWiG a.F. infolge der Heininger-Entscheidung des BGH wurde deutlich, dass das Haustürwiderrufsgesetz mit seiner Belehrungspflicht auf grundpfandrechtlich gesicherte Kredite anzuwenden war.[527] Die unterbliebene Belehrung nach § 2 HWiG a.F. kann auch nicht durch die Belehrung gemäß § 7 VerbrKrG a.F. ersetzt werden, da letztere wegen § 7 II, III VerbrKrG a.F. regelmäßig einen Hinweis auf die Notwendigkeit einer Rückzahlung des Darlehens innerhalb von zwei Wochen enthält. Eben dieser Zusatz bildet jedoch einen Verstoß gegen § 2 I 3 HWiG a.F., weil die Wirksamkeit des Rücktritts nach dem Haustürwiderrufsgesetz eine Darlehensrückzahlung nicht voraussetzte[528] und ein solcher Hinweis daher zur Fehlerhaftigkeit der Belehrung nach § 2 I 3 HWiG a.F. führt. Insoweit hat der BGH ausdrücklich klargestellt, dass die Kreditinstitute keinen Vertrauensschutz genießen.[529] Häufig sind die Kreditverträge daher noch immer widerrufbar, da es bis heute an einer ordnungsgemäßen Belehrung gemäß § 2 I HWiG a.F. fehlt.   98

cc) Form des Widerrufs. Der Widerruf selbst muss in **Textform** gemäß § 126 b BGB erfolgen, § 355 I 2 BGB, während Altverträge gemäß § 7 I VerbrKrG a.F. schriftlich widerrufen werden müssen. Es genügt die Abgabe einer Erklärung, aus der sich ergibt, dass der Darlehensnehmer den Vertrag nicht gelten lassen will, d.h. der Begriff „Widerruf" muss nicht verwendet werden.[530] Der Widerruf muss auch keine Begründung enthalten.[531] Vertritt der Rechtsanwalt seinen Mandanten bei der Abgabe der Widerrufserklärung, ist § 174 BGB zu beachten.[532]   99

f) Rechtsfolgen des Widerrufs. *aa) Rückabwicklung.* Ist der Widerruf wirksam erfolgt, richtet   100
sich die Rückabwicklung des Vertrags gemäß § 357 I 1 BGB nach den Vorschriften über den gesetzlichen Rücktritt gemäß §§ 346 ff. BGB. Danach sind die empfangenen Leistungen zurückzugewähren und die gezogenen Nutzungen herauszugeben. Vor dem Inkrafttreten des SMG erfolgte die Rückabwicklung bei einem Widerruf aufgrund des Verbraucherkreditgesetzes nach § 7 IV VerbrKrG a.F. i.V.m. § 3 HWiG a.F. und bei einem Widerruf nach dem Haustürwiderrufsgesetz unmittelbar gemäß § 3 HWiG a.F.[533]

Konkret hat das Kreditinstitut dem Darlehensnehmer zunächst gemäß §§ 346 I, 357 I 1 BGB   101
bzw. § 3 I HWiG a.F. die erbrachten **Zins- und Tilgungsleistungen** zu erstatten.[534] Ferner schuldet das Kreditinstitut dem Darlehensnehmer gemäß §§ 346 I, 357 I 1 BGB bzw. § 3 III HWiG a.F. **Zinsen** auf die erhaltenen Zins- und Tilgungsleistungen in Höhe der marktüblichen Verzinsung als Ausgleich für die der Bank insoweit gewährten Gebrauchsvorteile bzw. Nutzungen.[535]

Der Darlehensnehmer hat die empfangene **Darlehensvaluta** gemäß § 346 I BGB bzw. § 3 I   102
1 HWiG a.F., ggf. i.V.m. § 7 IV VerbrKrG zurückzuzahlen. **Empfangen** im Sinne von § 3 I 1 HWiG hat der Kreditnehmer das Darlehen auch dann, wenn es auf Weisung des Kreditnehmers an einen Dritten (in der Regel den Verkäufer des finanzierten Gegenstandes) ausgezahlt wurde, es sei denn, der Dritte ist als „verlängerter Arm" des Kreditinstituts tätig geworden.[536] Darüber hinaus hat das Kreditinstitut einen Anspruch auf eine marktübliche **Verzinsung** des ausgezahlten Nettodarlehensbetrags gemäß §§ 346 I, 357 I 1 BGB bzw. § 3 III HWiG a.F.[537] Dagegen steht der Bank kein Anspruch auf Bearbeitungskosten und/oder ein Disagio zu.[538]

Auf den Einwand der **Entreicherung** kann sich der Darlehensnehmer **nicht** berufen, da § 346   103
BGB bzw. § 3 I 3 HWiG a.F. nicht dem Ziel dienen, das wirtschaftliche Risiko der Verwendung

---

[527] Siehe bereits oben, Rn. 70.
[528] BGH ZIP 2004, 1639, 1640.
[529] BGH ZIP 2004, 1639, 1641.
[530] *Schwintowski/Schäfer*, Bankrecht § 15 Rn. 116.
[531] BGH NJW 1996, 1964, 1965.
[532] Siehe dazu unten, Rn. 279.
[533] Jeweils in der bis 30.9.2000 geltenden Fassung.
[534] BGH NJW 2003, 422, 423.
[535] BGH NJW 2003, 422, 423.
[536] BGH NJW 2003, 422, 423.
[537] BGH NJW 2003, 422, 423.
[538] BGH NJW 2003, 422, 423.

des Darlehens auf die kreditgewährende Bank abzuwälzen, sondern lediglich die rechtsgeschäftliche Entscheidungsfreiheit des Verbrauchers gewährleisten sollen.[539]

104 *bb) Rückforderungsdurchgriff.* (1) Rechtsfolgen bei Vorliegen eines verbundenen Geschäfts. Dagegen findet die Rückabwicklung gemäß § 358 IV BGB im Wesentlichen zwischen dem Kreditinstitut und dem Vertragspartner des Darlehensnehmers statt, wenn der widerrufene Verbraucherdarlehensvertrag und das finanzierte Geschäft gemäß § 358 III BGB **miteinander verbunden** sind. Liegen die Voraussetzungen eines verbundenen Geschäfts vor, wird gemäß § 358 II 1 BGB auch das verbundene Geschäft unwirksam und ist gemäß § 358 IV 1 BGB grundsätzlich rückgängig zu machen. Ferner tritt der Darlehensgeber gemäß § 358 IV 3 BGB im Verhältnis zum Verbraucher hinsichtlich der Widerrufsfolgen in die Rechte des und Pflichten des Unternehmers (z.B. Verkäufers) aus dem verbundenen Vertrag ein, wenn dem Verkäufer das Darlehen bei Wirksamwerden des Widerrufs bereits zugeflossen ist. Das Kreditinstitut hat keinen Anspruch gegen den Kreditnehmer auf Rückzahlung der Darlehensvaluta, weil dieser mit dem Anspruch des Darlehensnehmers gegen das gemäß § 358 IV 3 BGB in die Rolle des Verkäufers geschlüpften Kreditinstituts auf Rückzahlung des Kaufpreises saldiert wird.[540] Dagegen hat der Kreditnehmer einen Anspruch gegen das Kreditinstitut auf Erstattung der an das Kreditinstitut und den Unternehmer erbrachten sonstigen Leistungen, z.B. einer geleisteten Anzahlung, eines bereits entrichteten Eigenkapitalanteils auf den Kaufpreis sowie der an das Kreditinstitut geleisteten Zins- und Tilgungszahlungen.[541] Im Gegenzug hat der Kreditnehmer an das Kreditinstitut die finanzierte Leistung (z.B. Kaufsache) zu übertragen. Gegebenenfalls hat er dem Kreditinstitut ferner Wert- und Nutzungsersatz gemäß §§ 357, 346 II, III, 347 BGB zu gewähren. Das Kreditinstitut muss sich wegen der Rückzahlung der Darlehensvaluta an den Verkäufer halten und diesem umgekehrt die erlangte Sache bzw. den erlangten Nutzungsersatz herausgeben.

105 Vor der Einführung der §§ 355 ff. BGB durch das SMG existierte eine gesetzliche Regelung des verbundenen Geschäfts nur im Verbraucherkreditrecht, § 9 VerbrKrG. Für den Widerruf gemäß § 1 HWiG a.F. hat der BGH unter Bezugnahme auf § 9 I VerbrKrG jedoch entschieden, dass bei Vorliegen eines verbundenen Geschäfts eine Pflicht des Kreditnehmers zur Rückzahlung der Darlehensvaluta nach einem Widerruf des Darlehensvertrags ebenfalls nicht besteht, da dies mit dem Zweck der gesetzlichen Widerrufsregelung nicht vereinbar wäre.[542] Auch gemäß der vor dem Inkrafttreten des SMG geltenden Rechtslage hat die **Rückabwicklung** in diesen Fällen vielmehr **unmittelbar zwischen dem Kreditgeber und dem Partner aus dem finanzierten Geschäft** (z.B. dem Verkäufer der finanzierten Eigentumswohnung, der Fondsgesellschaft etc.) zu erfolgen.[543] Hieran ändert auch die Tatsache nichts, dass die mit dem Darlehensvertrag verbundene Geschäft im Einzelfall wegen notarieller Beurkundung gemäß § 1 II Nr. 3 HWiG a.F. nicht isoliert widerrufbar ist.[544] Gleiches gilt für die Einschränkungen, denen der Verbraucher bei der Rückabwicklung der Immobilienfondsbeteiligung nach den Grundsätzen der fehlerhaft wirksamen Gesellschaft unterliegt.[545] Einen Anspruch gegen das Kreditinstitut auf Rückzahlung der geleisteten Zins- und Tilgungszahlungen kann der Kreditnehmer Zug um Zug gegen Übertragung des finanzierten Gegenstands (z.B. der Eigentumswohnung) geltend machen.[546]

106 (2) Anwendbarkeit der Vorschriften über das verbundene Geschäft. Die Anwendung der Vorschriften über verbundene Geschäfte im Sinne von § 9 VerbrKrG a.F. ist allerdings **ausgeschlossen**, wenn der zur Finanzierung eines Grundstückskaufs abgeschlossene Verbraucherkreditvertrag – wie üblich – durch eine **Grundschuld** an der finanzierten Immobilie gesichert ist (Realkredit) und zu **üblichen Bedingungen für grundpfandrechtlich abgesicherte Kredite** gewährt wird, § 3 II Nr. 2 VerbrKrG a.F. Der Ausschluss gilt auch dann, wenn der Widerruf nicht gemäß § 7 VerbrKrG, sondern wegen eines **Haustürgeschäfts** aufgrund von § 1 I HWiG erfolgt ist.[547] Dass der Darlehensvertrag nicht unmittelbar der Finanzierung einer Immobilie,

[539] BGH NJW 2004, 1376, 1378.
[540] *MünchKomm/Habersack* § 358 BGB Rn. 87.
[541] *MünchKomm/Habersack* § 358 BGB Rn. 87.
[542] BGH ZIP 2006, 940, 941.
[543] BGH ZIP 2006, 940, 941.
[544] BGH ZIP 2006, 940, 942 f.
[545] BGH ZIP 2006, 940, 943.
[546] BGH ZIP 2006, 940, 943.
[547] BGH ZIP 2006, 1187, 1189.

sondern der Finanzierung einer Immobilienfondsbeteiligung diente, ändert am Ausschluss der Vorschriften über das verbundene Geschäft ebenso wenig etwas[548] wie die Tatsache, dass das Grundpfandrecht nicht vom Darlehensnehmer, sondern von der Fondsgesellschaft bestellt wurde.[549] Im Ergebnis hat der Verbraucher bei Realkrediten somit zwar ein Recht zum Widerruf des Darlehensvertrags. Allerdings muss er nach dessen Ausübung die Darlehenssumme an das Kreditinstitut zurückzahlen und kann sich nicht wie beim verbundenen Geschäft auf die Übertragung der Immobilie bzw. der Fondsbeteiligung beschränken.

Eine Einschränkung des Ausschlusstatbestands zum Schutz des Darlehensnehmers vor den **107** Erstattungsansprüchen der Bank infolge der EuGH-Urteile in Sachen Schulte[550] und Crailsheimer Volksbank[551] hat der BGH abgelehnt,[552] jedoch die Möglichkeiten des Verbrauchers zur Geltendmachung eines Schadensersatzanspruchs gegen die Bank[553] ausgeweitet, der dem Anspruch der Bank aus § 3 HWiG a.F. entgegengehalten werden kann.[554] Bei einem kreditfinanzierten Beitritt zu einer Immobilienfondsgesellschaft oder einem kreditfinanzierten Erwerb einer Immobilie finden die Vorschriften über verbundene Geschäfte daher nur dann Anwendung, wenn das Darlehen (ausnahmsweise) nicht durch ein Grundpfandrecht an der Fondsimmobilie bzw. der erworbenen Immobilie gesichert wurde.[555]

Hinweis:
Dem Urteil des EuGH in der Sache „Schulte" zufolge verpflichtet die Haustürgeschäfterichtlinie die **108** Mitgliedstaaten, Vorkehrungen dahingehend zu treffen, dass ein Darlehensnehmer, der bei rechtzeitiger Belehrung über sein Widerrufsrecht die sich aus dem finanzierten Immobilienerwerb ergebenden Risiken hätte vermeiden können, für den Fall einer nicht rechtzeitigen Belehrung vor diesen Risiken zu schützen ist.[556] Da es der BGH abgelehnt hat, diese Risikoverlagerung durch eine extensive Anwendung der Vorschriften über das verbundene Geschäft zu realisieren, bleibt abzuwarten, ob der BGH für den europarechtlich gebotenen Schutz von Verbrauchern anderweitige Spielräume für eine richtlinienkonforme Auslegung sieht.[557]

(3) Voraussetzungen für ein verbundenes Geschäft. Gemäß § 358 III 1 BGB ist Voraussetzung **109** für die Annahme eines verbundenen Geschäfts, dass das Verbraucherdarlehen ganz oder teilweise der Finanzierung des Vertrags über die Lieferung einer Ware oder die Erbringung einer anderen Dienstleistung dient und beide Verträge eine wirtschaftliche Einheit bilden. Dies entspricht der bereits unter § 9 II VerbrKrG a.F. geltenden Rechtslage, die nach der Rechtsprechung des BGH in gleicher Weise beim Widerruf des Darlehensvertrags nach dem Haustürwiderrufsgesetz gilt.[558] Gemäß § 358 III 2 BGB bzw. § 9 I 2 VerbrKrG a.F. wird das Vorliegen einer **wirtschaftlichen Einheit** unwiderleglich vermutet, wenn sich der Darlehensgeber bei der Vorbereitung oder dem Abschluss des Verbraucherdarlehensvertrags der Mitwirkung des Unternehmers bedient.[559] Hiervon ist auszugehen, wenn der Kreditvertrag nicht aufgrund eigener Initiative des Kreditnehmers zustande kommt, sondern der Vertriebsbeauftragte des Anlagevertreibers dem Interessenten zugleich mit den Anlageunterlagen einen Kreditantrag der finanzierenden Bank vorgelegt hat, die sich zuvor dem Anlagevertreiber gegenüber zur Finanzierung bereit erklärt hat.[560] Darüber hinaus kann aus Indizien der Schluss gezogen werden, dass die Bank zumindest faktisch planmäßig und arbeitsteilig mit dem Fondsvertrieb, Anlage- oder Finanzierungsvermittler oder Verkäufer beim Zustandekommen des Kreditvertrags zusammengewirkt hat.[561] Dies ist z.B. dann der Fall, wenn die Bank dem Fondsvertrieb oder Anlagevermittler ihre hauseigenen Vertragsformulare zur Ausfüllung überlassen hat.[562] § 358 III 3

---

[548] BGH ZIP 2006, 987, 989; a.A. noch der II. Zivilsenat des BGH (ZIP 2005, 750, 751 f.), an der dieser jedoch nicht mehr festhält, siehe BGH ZIP 2006, 987, 992.
[549] BGH ZIP 2006, 987, 989.
[550] EuGH ZIP 2005, 1959.
[551] EuGH ZIP 2005, 1965.
[552] BGH ZIP 2006, 1187, 1190 ff.
[553] Siehe dazu unten, Rn. 218.
[554] Vgl. BGH ZIP 2006, 1187, 1192 ff.
[555] Vgl. BGH ZIP 2006, 940.
[556] EuGH ZIP 2005, 1959, 1964.
[557] Vgl. *Habersack* BKR 2006, 305 ff.; *Oechsler* NJW 2006, 2451 ff.
[558] Vgl. BGH ZIP 2006, 940, 941 f.
[559] BGH ZIP 2006, 940, 942.
[560] BGH ZIP 2006, 940, 942.
[561] Vgl. *MünchKomm/Habersack* § 358 BGB Rn. 42 f.
[562] BGH WM 2004, 1675, 1676.

BGB stellt beim finanzierten Erwerb eines Grundstücks bzw. grundstücksgleichen Rechts für die nach dem 1.8.2002 bzw. 1.11.2002 geschlossenen Darlehensverträge[563] nunmehr allerdings besondere Anforderungen an das Vorliegen einer wirtschaftlichen Einheit dahingehend, dass er den Erwerb des Grundstücks über das Zurverfügungstellen des Darlehens hinaus besonders gefördert haben muss.[564] Nach h.M. bilden auch Darlehensvertrag und Restschuldversicherung verbundene Verträge, wenn die Versicherungsprämie über den Kredit finanziert wird.[565]

110 **g) Beweislast.** Nach allgemeinen Grundsätzen trägt der Verbraucher, der sich auf das Bestehen eines Widerrufsrechts beruft, die Beweislast dafür, dass der persönliche und der sachliche Anwendungsbereich eines Widerrufsrechts eröffnet ist, z.B. dafür, dass der Darlehensvertrag nicht seiner gewerblichen oder selbständigen beruflichen Tätigkeit diente, oder für das Vorliegen einer Haustürsituation.[566] Die in § 312 III geregelten Ausnahmen hat dagegen das Kreditinstitut zu beweisen.[567] Hinsichtlich der Ursächlichkeit der Ansprache in der Haustürsituation für das Zustandekommen des Rechtsgeschäfts kann sich der Verbraucher auf die Grundsätze des Anscheinsbeweises berufen, wenn es alsbald zum Vertragsschluss kommt.[568]

111 Für den Beginn der Widerrufsfrist, d.h. das Vorliegen einer ordnungsgemäßen Belehrung, deren Zeitpunkt etc., trifft die Beweislast gemäß § 355 II 4 BGB das Kreditinstitut. Dagegen hat der Kreditnehmer Inhalt, Absendung und Zugang der Widerrufserklärung zu beweisen.[569] Das Vorliegen eines verbundenen Geschäfts ist ebenfalls vom Kreditnehmer zu beweisen, soweit dieser sich hiermit gegen den Rückzahlungsanspruch der Bank verteidigt. Allerdings wird die wirtschaftliche Einheit im Sinne von § 358 III 1 BGB gemäß § 358 III 2 BGB bzw. § 9 I 2 VerbrKrG a.F. unter bestimmten Bedingungen unwiderleglich vermutet.[570]

> **Hinweis:**
> **112** Dass das Darlehen zur Finanzierung „des anderen Vertrags" (§ 358 III 1 BGB) dient, ergibt sich regelmäßig aus dem im Darlehensvertrag vereinbarten Verwendungszweck. Darüber hinaus erfordert der Nachweis eines verbundenen Geschäfts somit noch den Nachweis der Tatsachen, die nach der Rechtsprechung die unwiderlegliche Vermutung einer wirtschaftlichen Einheit rechtfertigen.

113 **h) Vorgehensweise des Rechtsanwalts.** Der mit der Prüfung der Widerrufbarkeit eines Kreditvertrags beauftragte Rechtsanwalt wird zunächst zu erwägen haben, ob eine Ausübung des Widerrufsrechts im Hinblick auf die hierdurch ausgelösten **Rechtsfolgen** sinnvoll ist. Der Kreditnehmer schuldet im Fall eines Widerrufs grundsätzlich die Rückzahlung des Darlehensbetrags sowie Nutzungsersatz für den Darlehensbetrag in Höhe marktüblicher Zinsen. Der gegen die Bank gerichtete Anspruch auf Rückzahlung geleisteter Tilgungs- und Zinszahlungen ist in der Regel höchstens gleichwertig, weshalb mit einem Saldo zugunsten des Kreditnehmers nur in Ausnahmefällen zu rechnen ist. Wurde das Darlehen noch nicht vollständig getilgt, besteht mit der Erklärung des Widerrufs ein Saldo zugunsten der Bank in Höhe der restlichen Darlehensvaluta, der sich um die Differenz zwischen gezahlten Zinsen und dem vom Kreditnehmer zu leistenden Nutzungsersatz zu dessen Gunsten bzw. Lasten verringert bzw. erhöht. Während der Widerruf zur sofortigen Fälligkeit eines sich nach Saldierung der gegenseitigen Forderungen ergebenden Anspruchs der Bank auf Rückzahlung in entsprechender Höhe führt, der im Fall der Unterwerfung des Kreditnehmers unter die sofortige Zwangsvollstreckung zudem umgehend vollstreckt werden kann,[571] ist der Kreditnehmer bei (vorläufiger) Fortführung des Kreditvertrags lediglich zur Zahlung der vereinbarten Zins- und Tilgungsraten verpflichtet. Sofern die Ausübung des Widerrufsrechts – z.B. wegen einer unterlassenen oder mangelhaften Widerrufsbelehrung – im Einzelfall ohne Zeitdruck möglich ist, sollte die Ausübung des Widerrufsrechts wohl überlegt sein. Das Kreditinstitut kann den Darlehensnehmer in diesem

---

[563] Vgl. Art. 229 § 9 I 1 EGBGB.
[564] Vgl. *Palandt/Grüneberg* § 358 BGB Rn. 15.
[565] *MünchKomm/Habersack* § 358 BGB Rn. 12; *Knops* VersR 2006, 1455, 1457; *Staudinger/Kessal-Wulf* § 358 BGB Rn. 40.
[566] BGH WM 2004, 27, 31.
[567] *MünchKomm/Masuch* § 312 BGB Rn. 113.
[568] BGHZ 131, 385, 392.
[569] *Palandt/Grüneberg* § 355 BGB Rn. 23.
[570] Siehe oben, Rn. 109.
[571] Siehe dazu unten, § 12 Rn. 13 ff.

Fall allerdings durch Nachholung einer ordnungsgemäßen Belehrung zu einer kurzfristigen Entscheidung über die Ausübung des Widerrufsrechts zwingen.

Attraktiv ist der Widerruf für den Kreditnehmer vor allem dann, wenn die Voraussetzungen **114** eines verbundenen Geschäfts vorliegen, da die Rückabwicklung des Darlehensvertrags und des verbundenen Geschäfts unmittelbar zwischen Kreditinstitut und dem Vertragspartner des Kreditnehmers aus dem verbundenen Geschäft zu erfolgen hat. Soweit der Kreditnehmer im Einzelfall nicht Wertersatz für den finanzierten Gegenstand schuldet, geht eine zwischenzeitliche Verschlechterung der finanzierten Leistung zu Lasten des Vertragspartners aus dem finanzierten Geschäft oder des Kreditinstituts.

i) Widerruf eines mit einem Darlehensvertrag verbundenen Geschäfts. Gemäß § 358 I BGB ist **115** ein Verbraucher ferner nicht mehr an einen Verbraucherdarlehensvertrag gebunden, wenn er ein mit dem Verbraucherdarlehensvertrag verbundenes Geschäft im Sinne von § 358 III BGB wirksam widerrufen hat. Insoweit müssen also die Voraussetzungen eines Widerrufsrechts nicht in Bezug auf den Verbraucherkreditvertrag, sondern hinsichtlich des verbundenen Geschäfts vorliegen. Ist dies der Fall, ist auch der Verbraucherdarlehensvertrag gemäß §§ 358 IV 1, 357 BGB rückabzuwickeln. Insoweit gelten die Ausführungen zur Rückabwicklung der verbundenen Geschäfte nach dem Widerruf des Darlehensvertrags entsprechend.[572]

V. Darlehensvertragliche Pflichten des Kreditnehmers

1. Abnahme der Darlehensvaluta

a) Abnahmepflicht. Grundsätzlich besteht keine Pflicht des Darlehensnehmers, das Darlehen **116** nach Vertragsschluss abzurufen.[573] Im Einzelfall kann sich eine solche Verpflichtung jedoch aus einer ausdrücklichen vertraglichen Vereinbarung oder aus dem Zweck des Darlehensvertrags, z.B. bei Hypothekendarlehen,[574] ergeben und gilt dann als stillschweigend vereinbart. Eine die Abnahmepflicht begründende AGB-Klausel ist nur dann unwirksam, wenn besondere Umstände vorliegen, aufgrund derer der Kreditnehmer mit der Abnahmepflicht nicht zu rechnen brauchte, weil sie von seinen Erwartungen deutlich abweicht.[575]

b) Nichtabnahmeentschädigung. *aa) Schadensersatz.* Verletzt der Darlehensnehmer die (still- **117** schweigend) vereinbarte Pflicht zur Abnahme des Kredits, macht er sich grundsätzlich gemäß §§ 280 I, III, 281 BGB schadensersatzpflichtig. Mahnung und Fristsetzung durch das Kreditinstitut sind in der Regel gemäß § 281 II BGB entbehrlich.

Besteht ein Schadensersatzanspruch der Bank dem Grunde nach, ist sie gemäß § 249 BGB **118** so zu stellen, als ob der Darlehensnehmer seine Abnahmepflicht erfüllt hätte. Der Darlehensnehmer hat der Bank daher den **Zinsgewinn** zu erstatten, den diese bei Abnahme der Darlehensvaluta und anschließender Zinszahlung durch den Darlehensnehmer erzielt hätte. Die Schadensberechnung hat dabei zu berücksichtigen, dass der Bank ein Teil des vereinnahmten Zinses zur Deckung der Kosten gedient hätte, die ihr dadurch entstehen, dass sie die Darlehensvaluta ihrerseits am Kapitalmarkt beschaffen muss (Refinanzierungskosten), und deshalb nicht zum Gewinn zählt.

Den durch die Nichtabnahme entstandenen Schaden kann das Kreditinstitut nur für den **119** **Zeitraum** seiner rechtlich **geschützten Zinserwartung** geltend machen.[576] Dieser endet zu dem Zeitpunkt, zu dem der Kreditnehmer den Darlehensvertrag gemäß der vertraglichen Vereinbarung frühestens kündigen konnte, gemäß § 489 I Nr. 3 BGB spätestens nach 10 Jahren und 6 Monaten.[577] Bei Annuitätendarlehen hat die Schadensberechnung ferner dem Umstand Rechnung zu tragen, dass sich die zu verzinsende Darlehensvaluta bei planmäßiger Vertragsdurchführung durch die regelmäßige **Tilgung** laufend verringert hätte.[578] **Sondertilgungsrechte** des Darlehensnehmers sind ebenfalls zu berücksichtigen, da deren Ausübung die Zinsbelastung

---

[572] Siehe hierzu oben, Rn. 104 ff.
[573] *MünchKomm/Berger* § 488 BGB Rn. 67.
[574] BGH ZIP 1991, 575, 576.
[575] BGH NJW 1998, 683.
[576] Vgl. BGHZ 104, 337, 342.
[577] Siehe unten, Rn. 270.
[578] BGHZ 146, 5, 11 f.

zum vereinbarten Zeitpunkt reduziert hätte, weshalb die korrespondierende Zinserwartung der Bank nicht geschützt ist.[579]

120   Bei der Ermittlung der Höhe des Schadens kann die Bank gemäß § 252 BGB grundsätzlich nach der so genannten **Aktiv/Aktiv-Methode** vorgehen und den sogenannten **Zinsmargenschaden**, d.h. die Differenz zwischen dem vereinbarten Darlehenszins und ihren Refinanzierungskosten für den bereitzustellenden Darlehensbetrag (d.h. die von der Bank für die Beschaffung der Darlehensvaluta aufgewendeten Zinsen) abzüglich der Bearbeitungskosten und der Risikoprämie geltend machen.[580] Ein Ersatzgeschäft muss sich die Bank grundsätzlich nicht anrechnen lassen.[581] Der auf dieser Grundlage für den Zeitraum zwischen Abnahmepflicht und Ende der geschützten Zinserwartung errechnete Zinsbetrag ist auf den Zeitpunkt der Zahlung der Nichtabnahmeentschädigung abzuzinsen. Dadurch wird der Tatsache Rechnung getragen, dass der (bei vertragsgemäßer Durchführung) aus einer erst in der Zukunft fälligen Zinszahlung resultierende Zinsmargenschaden zum Zeitpunkt der Zahlung der Vorfälligkeitsentschädigung noch nicht eingetreten ist. Die Bank erhält die Zinsen als Nichtabnahmeentschädigung somit früher als vereinbart und kann sie bis zum vertraglich vereinbarten Fälligkeitstermin verzinslich anlegen, während der Darlehensnehmer den Betrag früher als vereinbart aufbringen muss.

121   Hat sich die Bank bereits refinanziert, d.h. die für die Kreditvergabe erforderliche Darlehensvaluta bereits beschafft, kann sie zusätzlich[582] zum Zinsmargenschaden den **Zinsverschlechterungsschaden** ansetzen, der ihr dadurch entsteht, dass das Zinsniveau zwischen dem Zeitpunkt der Refinanzierung und der Nichtabnahme erheblich gesunken ist und sie die Valuta daher nur zu einem niedrigeren Zins wieder ausleihen kann.[583] Dagegen führt ein zwischenzeitlicher Anstieg des Zinsniveaus zu einem Vorteil für die Bank, den sie sich bei der Schadensberechnung anrechnen lassen muss.[584]

122   Alternativ[585] zur Aktiv/Aktiv-Methode kann das Kreditinstitut seinen Schaden auf der Grundlage der **Aktiv/Passiv-Methode** errechnen. Der Schaden ermittelt sich insoweit als Differenz zwischen den Zinsen, die der Darlehensnehmer bei Abnahme des Darlehens tatsächlich, d.h. unter Berücksichtigung des hypothetischen Tilgungsverlaufs, gezahlt hätte, und der Rendite, die sich aus einer laufzeitkongruenten Wiederanlage der aufgrund des Nichtabrufs des Darlehens freigewordenen Beträge in sicheren Kapitalmarkttiteln ergibt.[586] Hierbei ist zu unterstellen, dass die Bank die aufgrund der Nichtabnahme freigewordenen Mittel für die Zeit der geschützten Zinserwartung in laufzeitkongruenten Hypothekenpfandbriefen anlegt.[587] Der insoweit zu erzielende Ertrag ist wiederum um die im vereinbarten Zinssatz enthaltene Risikoprämie sowie die Verwaltungskosten zu kürzen und auf den Zeitpunkt der Zahlung der Vorfälligkeitsentschädigung abzuzinsen.[588] Eine tatsächliche Refinanzierung muss nicht erfolgt sein.[589]

123   Sofern es die Bank schuldhaft unterlassen hat, den Nichtabnahmeschaden abzuwenden oder zu minimieren, ist der Anspruch gemäß § 254 BGB zu kürzen, z.B. wenn sie einen zumutbaren Ersatzdarlehensnehmer ablehnt.[590]

124   *bb) Vertragliche Pauschalierung.* Fraglich ist, ob im Hinblick auf die Komplexität der Berechnung des Nichtabnahmeschadens eine vertragliche Pauschalierung (z.B. 3 % des nicht abgenommenen Darlehensbetrags) möglich ist, die den Vorgaben der §§ 305 ff. BGB gerecht wird. Dieser Berechnungsmodus weist keinen Bezug zu der oben dargelegten Vorgehensweise bei der Schadensberechung auf und birgt somit die Gefahr nicht unerheblich abweichender Schadensbeträge. Der BGH hat rechtliche Bedenken gegen eine formularmäßige Pauschalierung geäußert, die sich auch gegen seine frühere Rechtsprechung richten, ohne in der Sache zu entschei-

---

[579] *MünchKomm/Berger* § 488 BGB Rn. 70.
[580] BGH NJW 1991, 1817, 1818.
[581] BGH ZIP 1997, 1641, 1644.
[582] BGHZ 136, 161, 169 f.
[583] BGH NJW 1991, 1817, 1818.
[584] BGH WM 1999, 840, 841.
[585] BGHZ 146, 5, 11; kritisch *Köndgen* WM 2001, 1637, 1640.
[586] BGHZ 146, 5, 10 f.
[587] BGHZ 146, 5, 12 f.
[588] BGHZ 146, 5, 13 f.
[589] BGHZ 146, 5, 11.
[590] BGH WM 1990, 174, 175 f.

den.[591] In einem späteren Urteil hat er die Auffassung vertreten, dass die pauschale Bemessung des Schadens in Höhe von jährlich 1 % des Restkapitals in AGB schon wegen der fehlenden Abzinsungsregelung gegen § 11 Nr. 5 a) AGBG a.F. bzw. § 9 I, II Nr. 1 AGBG a.F. verstößt und damit unwirksam ist.[592] In der Literatur wird eine Pauschale nur dann für wirksam gehalten, wenn sie den Anforderungen des § 309 Nr. 5 BGB bzw. des § 307 II Nr. 1 BGB gerecht wird und einen Bezug zur geschützten Zinserwartung des Kreditinstituts herstellt.[593] Ob sich die Gegenauffassung[594], die von einer grundsätzlichen Vereinbarkeit der vertraglichen Schadenspauschalierung mit AGB-Recht ausgeht, tatsächlich mit der Rechtsprechung des BGH[595] rechtfertigen lässt, ist dagegen zweifelhaft.

cc) Prozessuales. Für die genaue Berechnung des Zinsmargenschadens kann die Offenlegung **125** interner Betriebsdaten der Bank erforderlich sein, z.B. um die aus dem Schaden herauszurechnenden Verwaltungskosten zu ermitteln. Der BGH hält es insoweit für erlaubt und angemessen, auf eine genaue Aufklärung zu verzichten, soweit sich die Ersatzforderung der Bank auf den bei Banken des gleichen Typs üblichen Durchschnittsgewinn beschränkt.[596] Insbesondere ist es nach Auffassung des BGH zulässig, die maßgeblichen Berechnungsgrundlagen gemäß § 287 ZPO auf der Grundlage statistischer Angaben in den Monatsberichten der Deutschen Bundesbank durch Schätzung zu ermitteln.[597] Soweit sich die Bank mit dieser Berechnung nicht zufrieden gibt und einen höheren Nettogewinn behauptet, muss sie diesen unter Offenlegung aller maßgeblichen Betriebsdaten substanziiert darlegen. Umgekehrt hat nach Auffassung des BGH auch der Kreditnehmer die Möglichkeit, einen geringeren Gewinn der Bank darzulegen und zu beweisen. Dies dürfte allerdings ohne Verweis auf die sekundäre Beweislast des Kreditinstituts kaum möglich sein. Letztere würde die Bank jedoch wiederum zu einer Nennung konkreter Zahlen zwingen, welche durch die Heranziehung des üblichen Durchschnittsgewinns gerade vermieden werden soll.

2. Entrichtung von Kreditzinsen und anderen Entgelten

a) Allgemeines. Der Zins ist die laufzeitabhängige Vergütung für die Möglichkeit der Kapital **126** nutzung und damit regelmäßig Gegenstand einer Vereinbarung zwischen Bank und Kunde im Kreditvertrag. Hinsichtlich der Höhe des Zinssatzes sind die Parteien grundsätzlich frei und lediglich durch den Maßstab der Sittenwidrigkeit gemäß § 138 BGB beschränkt.[598] Der Zins kann grundsätzlich sowohl **fest** vereinbart werden als auch **variabel** ausgestaltet sein.[599] Die Vereinbarung eines variablen Zinssatzes ermöglicht es der Bank, den Zins der Entwicklung ihrer Refinanzierungskosten auf dem Kapitalmarkt anzupassen. Bei sinkendem Marktzinsniveau profitiert der Kunde von der variablen Zinsvereinbarung, da seine Zinsbelastung sinkt, während steigende Zinsen umgekehrt zu einer höheren Belastung führen.

b) Zinsberechnung. Die Zinsen werden grundsätzlich aus der Darlehensforderung zum Zeit **127** punkt der Fälligkeit der Zinsen berechnet. Abweichende vertragliche Vereinbarungen sind zwar grundsätzlich möglich. Nach der Rechtsprechung des BGH verstößt eine Zinsberechnungsklausel jedoch gegen das Transparenzgebot des § 307 BGB, wenn diese es zur Aufgabe des Kunden macht, zwischen der Zinsberechnung und der Tilgungsverrechnung einen inneren Zusammenhang herzustellen und die unausgesprochene Konsequenz zu erkennen, dass bereits getilgte Schuldbeträge weiter zu verzinsen sind.[600] Die Transparenz ist daher in Fällen, in denen Zinsen nicht aus dem aktuellen Darlehenssaldo, sondern aus einem früheren zu berechnen sind (z.B. durch Bezugnahme auf den Forderungsstand zum Ende des vorangegangenen Quartals), nur dann gewährleistet, wenn im Kreditvertrag der effektive Jahreszins angegeben ist.[601]

---

[591] BGH NJW 1991, 1817 f.
[592] BGH WM 1999, 840, 841.
[593] *MünchKomm/Berger* § 488 BGB Rn. 80.
[594] *Bruchner*, Bankrechts-Handbuch I § 80 Rn. 13.
[595] Vgl. BGH NJW 1998, 683: Das Urteil verneinte bereits die formularmäßige Wirksamkeit der Abnahmeverpflichtung, weshalb die Frage nach der Zulässigkeit der vorgesehenen pauschalierten Schadensberechnung nicht klärungsbedürftig war.
[596] BGH ZIP 1991, 575, 576.
[597] BGH ZIP 1997, 1641, 1644.
[598] *Palandt/Weidenkaff* § 488 BGB Rn. 19.
[599] BGH ZIP 2004, 798, 799.
[600] BGH NJW 1997, 1068.
[601] BGH NJW 1989, 222, 224.

Kein Verstoß gegen das Transparenzgebot des § 307 BGB liegt ferner dann vor, wenn die Klausel deutlich erkennen lässt, dass sich eingehende Tilgungszahlungen erst zu einem bestimmten späteren Zeitpunkt (z.B. Quartalsende) auf die Zinsberechnung auswirken.[602]

128   Zinsen sind grundsätzlich taggenau zu berechnen.[603] Die Verzinsung beginnt gemäß § 187 I BGB mit dem Tag nach dem Empfang der Darlehensvaluta und endet am Tag nach der Rückzahlung.[604]

129   c) **Zinsanpassung durch das Kreditinstitut.** *aa) Allgemeines.* Vereinbaren Bank und Kunde einen variablen Zinssatz, bedarf es zugleich einer Einigung über den Mechanismus, der der Zinsänderung bzw. -anpassung zugrunde gelegt wird. Dieser kann entweder dahingehend ausgestaltet sein, dass der vertragliche Zins unmittelbar an einen bestimmten Referenzzinssatz anknüpft (z.B. Basiszins, EURIBOR etc.), so dass sich der Vertragszins automatisch der Entwicklung des Referenzzinssatzes anpasst. In diesem Fall handelt es sich um eine sogenannte **Zinsgleitklausel**, deren Vereinbarung grundsätzlich[605] keine rechtlichen Bedenken entgegenstehen.[606] Schwieriger zu beurteilen ist die Zulässigkeit so genannter **Zinsanpassungsklauseln**, die der Bank ein einseitiges Leistungsbestimmungsrecht im Sinne von § 315 BGB bezüglich der Zinshöhe einräumen.

130   In der Bankpraxis kommt – je nach Kreditinstitut – eine Vielzahl unterschiedlich formulierter Zinsanpassungsklauseln zur Anwendung, zumal der sich wandelnde Meinungsstand zur Vereinbarkeit von Zinsanpassungsklauseln mit AGB-Recht die Kreditinstitute zur Anpassung der von ihnen verwendeten Klauseln veranlasst hat. Insoweit verweist auch Nr. 12 III 1 AGB-Banken auf die jeweilige Kreditvereinbarung mit dem Kunden. Unabhängig von den grundsätzlichen Vor- bzw. Nachteilen einer variablen Ausgestaltung des Zinses stellt sich aus Sicht des Kunden, der sich im Kreditvertrag auf eine Zinsanpassungsklausel eingelassen hat, die Frage, ob der vertraglich vereinbarte Zinsänderungsmechanismus den AGB-rechtlichen Vorgaben der §§ 305 ff. BGB gerecht wird. In einem weiteren Schritt ist zu prüfen, ob die Zinsänderung tatsächlich der (wirksamen) vertraglichen Vereinbarung entsprechend durchgeführt wurde. Schließlich muss der Zins gemäß den Änderungen korrekt berechnet worden sein. Dabei sagt die Wirksamkeit oder Unwirksamkeit der Zinsanpassungsklausel grundsätzlich nichts darüber aus, ob die Zinsen korrekt berechnet wurden. Im Fall der Unwirksamkeit der Zinsanpassungsklausel liegt eine Benachteiligung des Kreditnehmers grundsätzlich nur dann vor, wenn sich aufgrund eines Vergleichs der Summe der tatsächlich gezahlten Zinsen mit den auf der Grundlage einer wirksamen Zinsanpassungsklausel errechneten Zinsen eine Differenz zuungunsten des Kreditnehmers ergibt.

131   *bb) Inhaltskontrolle von Zinsanpassungsklauseln.* Zinsanpassungsklauseln unterliegen nach allgemeiner Auffassung der Inhaltskontrolle, weil die Vereinbarung eines einseitigen Leistungsbestimmungsrechts eine Abweichung vom gesetzlich vorgesehenen Regelfall darstellt.[607]

132   Der BGH hat zunächst in einer Grundsatzentscheidung aus dem Jahr 1986 einen sachlichen Grund für ein einseitiges Leistungsbestimmungsrecht der Bank im Sinne von § 315 BGB darin gesehen, dass ein anerkennenswertes Bedürfnis der Bank bestehe, den Zinssatz den bei Vertragsschluss meist nicht überschaubaren künftigen Refinanzierungsmöglichkeiten anzupassen, zumal im massenhaften Darlehensgeschäft aus organisatorischen Gründen keine individualvertragliche Abmachung möglich ist.[608] Allerdings hat der BGH betont, dass Zinsanpassungsklauseln die darlehensgewährende Bank nicht einseitig begünstigen dürfen, d.h. die Bank nicht nur zur Erhöhung der Zinsen berechtigen, sondern unter bestimmten Umständen auch zur Herabsetzung verpflichten.[609]

133   *cc) Anforderungen an den Inhalt von Zinsanpassungsklauseln.* Nachdem der BGH zunächst die Auffassung vertreten hatte, dass eine ausdrückliche Umschreibung der Voraussetzungen und der Grenzen für die Zinsbestimmung in der Klausel nicht erforderlich sei,[610] stellte er in

---

[602] BGH NJW 1991, 2559, 2560.
[603] *Palandt/Heinrichs* § 246 BGB Rn. 6; vgl. auch § 6 PAngV.
[604] *Palandt/Heinrichs* § 187 BGB Rn. 1.
[605] Kritisch zur Anknüpfung an Referenzzinssätze des Passivgeschäfts der Kreditinstitute allerdings *Schimansky* WM 2003, 1449, 1451 f.
[606] *Schebesta* BKR 2005, 217 f.
[607] BGHZ 97, 212, 215; BGH ZIP 2004, 798, 799.
[608] BGHZ 97, 212, 216.
[609] BGHZ 97, 212, 217.
[610] BGHZ 97, 212, 217.

einem späteren Urteil, das sich nicht unmittelbar auf Zinsanpassungsklauseln bezog, fest, dass „Anpassungsklauseln, die dem Verwender ein uneingeschränktes Änderungsrecht vorbehalten, ohne dass der Kunde vorhersehen kann, unter welchen Voraussetzungen und in welchem Umfang ihn höhere oder weitere Gebühren treffen", gegen das aus § 9 AGBG a.F. (= § 307 BGB) abgeleitete Transparenzgebot verstießen und daher unwirksam seien.[611] Auch einseitige Bestimmungsvorbehalte könnten nur hingenommen werden, soweit sie den Anlass, aus dem das Bestimmungsrecht entsteht, sowie die Richtlinien und Grenzen seiner Ausübung möglichst konkret angeben.[612] In der Literatur wird seitdem ganz überwiegend davon ausgegangen, dass sich auch Zinsanpassungsklauseln an dieser Aussage messen lassen müssen. [613]

Konkret bedeutet dies, dass die Klausel die Voraussetzungen, unter denen es zur Änderung 134 des Vertragszinses kommen kann, möglichst konkret angeben muss.[614] Der Schutz des Kunden wird primär dadurch gewährleistet, dass die Pflicht zur Zinssenkung und das Recht zur Zinserhöhung **symmetrisch** bzw. **kongruent** geregelt wird.[615] Um dieser Anforderung gerecht zu werden, muss das Leistungsbestimmungsrecht der Bank nach überwiegender Auffassung an Referenzzinssätze anknüpfen, die transparent und kontrollierbar sind.[616] Als geeignet – weil aktuell – gilt vor allem der EURIBOR.[617] Die Klausel muss bei sinkendem Referenzzinssatz die Pflicht der Bank zur Senkung des Zinssatzes zum Ausdruck bringen, während bei Steigerungen ein Hinweis auf die Berechtigung der Bank zur Anpassung genügt.[618] Nach einer teilweise vertretenen Auffassung muss sie ferner angeben, welche Änderung der Bezugsgröße eine Anpassung des Zinssatzes in einer bestimmten Größenordnung auslöst.[619] Dagegen soll es nicht ausreichen, nur eine Erheblichkeitsschwelle des Referenzzinssatzes zu benennen, die Höhe der Anpassung jedoch in das Ermessen der Bank zu stellen, weil die Vorhersehbarkeit zusätzlicher Belastungen des Kreditnehmers nicht gewährleistet ist.[620] Schließlich muss der Zeitraum angegeben sein, innerhalb dessen die Anpassung durch Erklärung gegenüber dem Kunden zu erfolgen hat.[621]

> **Hinweis:**
> Die inhaltlichen Anforderungen an wirksame Zinsanpassungsklauseln sind höchstrichterlich bislang 135 nicht abschließend geklärt. Stellt eine Zinsanpassungsklausel die Höhe der Anpassung bei einer bestimmten Veränderung des Referenzzinssatzes in das Ermessen der Bank, ist der Kunde zumindest durch den Grundsatz der Symmetrie geschützt.

Eine **veränderte Bonität** des Kreditnehmers rechtfertigt eine Veränderung des Zinssatzes 136 grundsätzlich nicht ohne weiteres.[622] Nach überwiegender Auffassung müssen die Bedingungen, unter denen eine Zinsanpassung wegen veränderter Bonität erfolgen kann, wiederum in der Zinsanpassungsklausel umschrieben sein.[623] Fehlt es an entsprechenden Kriterien, bleibt dem Kreditinstitut, das die Zinsen wegen einer Bonitätsverschlechterung erhöhen will, grundsätzlich nur die Möglichkeit einer Änderungskündigung,[624] die sich im Rahmen der zwischen den Vertragsparteien geltenden Kündigungsregelungen halten muss.

---

[611] BGH NJW 2000, 651, 652.
[612] § 315 BGB ist dabei kein gesetzliches Leitbild im Sinne von § 307, weil die Vorschrift nur dann gilt, wenn zuvor durch vertragliche Vereinbarung vom Regelfall einer beiderseitigen Leistungsbestimmung abgewichen wurde, *Schimansky* WM 2001, 1169, 1172 f.
[613] *Habersack* WM 2001, 753, 757; *Schimansky* WM 2001, 1169, 1172.
[614] *Habersack* WM 2001, 753, 758.
[615] *Schimansky* WM 2003, 1449.
[616] *Schimansky* WM 2001, 1169, 1173; *Habersack*, WM 2001, 753, 758.
[617] Z.B. *Habersack* WM 2001, 753, 758; kritisch *Schimansky* WM 2003, 1449, 1451 f., und ihm folgend *Schebesta* BKR 2005, 217, 221, der die Anknüpfung an Referenzzinssätze des Passivgeschäfts rügt und eine Bezugnahme auf die in den Monatsberichten der Deutschen Bundesbank veröffentlichen Durchschnittssätze vergleichbarer Kredite vorschlägt.
[618] *Habersack* WM 2001, 753, 759.
[619] *MünchKomm/Berger* § 488 BGB Rn. 183; *Schimansky* WM 2003, 1449, 1451.
[620] *Schimansky* WM 2003, 1449, 1450, unter Berufung auf BGH NJW 2000, 651; *Schebesta* BKR 2005, 217, 220.
[621] *MünchKomm/Berger* § 488 BGB Rn. 183.
[622] Vgl. BGHZ 97, 212, 222.
[623] Vgl. *MünchKomm/Berger* § 488 BGB Rn. 181; *Schebesta* BKR 2005, 217, 222.
[624] Zur Kündigung des Kreditvertrags durch das Kreditinstitut siehe unten, Rn. 225 ff.

137   *dd) Rechtsfolgen unwirksamer Zinsanpassungsklauseln.* Wird eine Zinsanpassungsklausel den dargelegten Anforderungen nicht gerecht, ist nach einhelliger Auffassung weiterhin von einer wirksamen Vereinbarung eines variablen Zinssatzes auszugehen.[625] Eine Festschreibung des anfänglichen Zinssatzes würde den Kunden nur bei steigenden Kreditzinsen begünstigen, bei sinkenden Zinsen dagegen benachteiligen.

138   Nach überwiegender Ansicht fällt die intransparente Klausel ersatzlos weg und wird nicht durch § 315 BGB ersetzt.[626] Stattdessen hat der jeweilige Vertragspartner einen Anspruch darauf, dass die andere Partei in eine Zinsanpassung einwilligt.[627] Der Kunde kann einem Zinserhöhungsverlangen der Bank jedoch widersprechen. Kommt es nicht zu einer Einigung, muss der Anspruch auf Einwilligung gerichtlich geltend gemacht werden. Das Gericht unternimmt nach h.M. dann eine umfassende, nicht auf Billigkeitserwägungen gemäß § 315 BGB beschränkte richterliche Richtigkeitskontrolle. Die Gerichte hätten für die Auslegung der Vereinbarung über veränderliche Zinssätze eigene Maßstäbe in Bezug auf Zeitpunkt und Ausmaß der Zinsanpassung zu entwickeln, wobei die Bezugnahme auf die anerkannten Marktzinssätze des Kredit- oder Einlagengeschäfts der Banken nahe läge.[628] Vor einer Einigung der Parteien auf einen bestimmten Zinssatz bestünde kein Rechtsanspruch der Bank auf Zahlung eines höheren Zinses, da der im Kreditvertrag vereinbarte Zins nicht wirksam geändert wurde. Umgekehrt müsste der Kunde eine Senkung des Zinssatzes durchsetzen, bevor er zur Zahlung eines geringeren Zinsbetrags berechtigt wäre.

> **Hinweis:**
>
> 139   War die (unterlassene) Zinsanpassung durch ein Kreditinstitut im Einzelfall fehlerhaft, sollte diese nicht zuletzt wegen der noch nicht endgültig geklärten Rechtsfolgen bei unwirksamen Zinsanpassungsklauseln nachweisbar moniert werden.

140   Gemäß § 494 II 5 BGB entfällt die Möglichkeit, die preisbestimmenden Faktoren zum Nachteil des Kreditnehmers zu ändern, wenn die in **Verbraucherdarlehensverträgen** gemäß § 492 I 5 Nr. 5 BGB erforderliche Angabe der Voraussetzungen, unter denen preisbestimmende Faktoren geändert werden können, unterbleibt. Dies wirft die Frage auf, ob die dargelegte Rechtsfolge (Anspruch auf Einwilligung in Zinsanpassung) auch dann eintritt, wenn der Verbraucherdarlehensvertrag zwar Angaben zu den Voraussetzungen enthält, diese jedoch nicht den dargelegten AGB-rechtlichen Anforderungen genügt. Überwiegend wird hierzu vertreten, dass § 494 II 5 BGB nicht den Zweck verfolgt, inhaltliche Mängel einer Zinsanpassungsklausel zu sanktionieren, sondern nur deren gänzliches Fehlen.[629] Nach anderer Ansicht fehlt es an einer (wirksamen) Zinsanpassungsklausel, weshalb in diesen Fällen die Sperre von Zinserhöhungen gilt.[630]

141   *ee) Rechtsfolgen fehlerhafter Zinsanpassungen.* Hält die vertraglich vereinbarte Zinsanpassungsklausel der Inhaltskontrolle stand, ergibt sich der Maßstab, anhand dessen die Zinsen zu berechnen sind, aus der Zinsanpassungsklausel selbst. Entspricht die Zinsanpassung durch das Kreditinstitut nicht dem vorgegebenen Billigkeitsmaßstab, ist die Zinsanpassung zwar zunächst wirksam, jedoch für den Kreditnehmer unverbindlich, § 315 III 1 BGB.[631] Der Kreditnehmer kann insoweit eine Anpassung des Zinssatzes nach Billigkeitsgrundsätzen sowie auf deren Grundlage Rückzahlung einer sich zu seinen Ungunsten ergebenden Zinsdifferenz nach Bereicherungsrecht (§ 812 I 2 1. Alt. BGB) verlangen.

142   Fehlt es an einer wirksamen Zinsanpassungsklausel, weil die im Einzelfall vereinbarte Klausel den Transparenzanforderungen des AGB-Rechts nicht genügt, müssen sich Kreditinstitut und Kunde nach h.M. über den Maßstab der Zinsanpassung einigen. Solange es an einer Einigung über eine Anpassung fehlt, würde zwangsläufig der bei Vertragsschluss vereinbarte Aus-

---

[625] *Habersack* WM 2001, 753, 759 f.

[626] *Schimansky* WM 2001, 1169, 1175; *Rösler/Lang* ZIP 2006, 214, 218 m.w.N.; *MünchKomm/Berger* § 488 BGB Rn. 184; *Palandt/Grüneberg* § 309 BGB Rn. 10; a.A. *Habersack* WM 2001, 753, 759 f.: Bestimmungsrecht der Bank gemäß §§ 316, 315 I BGB.

[627] *Schimansky* WM 2001, 1169, 1175f.; *MünchKomm/Berger* § 488 BGB Rn. 184; *Schebesta* BKR 2005, 217, 220.

[628] So auch *Rösler/Lang* ZIP 2006, 214, 218.

[629] *Habersack* WM 2001, 753, 760 f.

[630] *Schimansky* WM 2003, 1449, 1453.

[631] *MünchKomm/Berger* § 488 BGB Rn. 185.

gangszinssatz fortgelten, da mangels Anpassungsbefugnis des Kreditinstituts dessen Leistungsbestimmung nicht nur unverbindlich, sondern auch unwirksam wäre. Diejenige Partei, der eine zwischenzeitliche Veränderung des Zinssatzes zugute käme, müsste ihren Anspruch darauf, dass die andere Partei in eine entsprechende Anpassung einwilligt, gegebenenfalls gerichtlich durchsetzen. Da diese Vorgehensweise nur die Überprüfbarkeit der Entscheidung der Bank verschärfen soll,[632] spricht nichts dagegen, dass die jeweils berechtigte Partei ihren Anspruch auf Anpassung für die Vergangenheit geltend macht. Eine sich aufgrund der Anpassung ergebende Zinsdifferenz kann die Bank als vertraglichen Anspruch geltend machen oder der Kreditnehmer nach bereicherungsrechtlichen Grundsätzen herausverlangen.

> **Praxistipp:**
> Sowohl für den Kreditnehmer als auch das Kreditinstitut (sowie ein mit dem Zinsanpassungsbegehren befasstes Gericht) ist die detaillierte Ermittlung eines korrekten Anpassungsmaßstabs und die hierauf beruhende Neuberechnung von Darlehenszinsen für längere Zeiträume zumindest mit erheblichem zeitlichem, sowie im Hinblick auf ein gegebenenfalls einzuholendes Sachverständigengutachten auch mit finanziellem Aufwand verbunden. In der Praxis ist daher regelmäßig auf beiden Seiten die Bereitschaft zu einer überschlägigen Berechnung einer vom Kreditinstitut zu erstattenden Zinsdifferenz vorhanden, die von den beteiligten Parteien ausgelotet werden sollte.   143

ff) Verjährung und Verwirkung des Erstattungsanspruchs. Das Bestimmungsrecht gemäß 144
§ 315 III 2 BGB unterliegt der **Verwirkung.**[633] Eine allgemeine Verwirkungsfrist existiert nicht.[634] Neben dem Zeitmoment ist für die Verwirkung auch ein Umstandsmoment maßgeblich, aus dem die Bank folgern durfte, dass der Kreditnehmer sein Recht nicht mehr geltend machen werde. Insoweit ist auf die Umstände des Einzelfalls abzustellen,[635] wobei zu berücksichtigen ist, dass den Kunden gemäß Nr. 11 IV AGB-Banken bzw. Nr. 20 I g) AGB-SPK eine Prüfungspflicht sowie eine unverzügliche Rügepflicht in Bezug auf Abrechnungen, Anzeigen usw. trifft.

Darüber hinaus unterliegt der Bereicherungsanspruch auf Erstattung zuviel gezahlter Zin- 145
sen der **Verjährung.** Er verjährt demnach grundsätzlich innerhalb von drei Jahren nach Ablauf des Jahres, in dem der Kunde Kenntnis von der fehlerhaften Zinsanpassung erlangt hat, §§ 195, 199 I BGB. Zu beachten ist, dass die Erstattungsansprüche vor dem Inkrafttreten des SMG innerhalb von vier Jahren nach Ablauf des Jahres verjährten, in dem der jeweilige Bereicherungsanspruch entstanden war, §§ 197, 201 S. 1 BGB a.F. Nach der Rechtsprechung des BGH unterlag der bereicherungsrechtliche Anspruch auf Erstattung zuviel gezahlter Zinsen nämlich den gleichen Verjährungsfristen wie der Zinsanspruch selbst.[636]

Fraglich ist allerdings der Zeitpunkt des **Verjährungsbeginns.** Mindestvoraussetzung für 146
eine Verjährung ist die Entstehung des Erstattungsanspruchs. Das OLG Köln geht insoweit offenbar von dem Zeitpunkt aus, in dem die fehlerhafte Zinsanpassung vorgenommen bzw. der hieraus errechnete Zins gezahlt wurde.[637] Dies erscheint für den Fall einer gerichtlichen Billigkeitsbestimmung gemäß § 315 III 2 BGB jedoch keineswegs selbstverständlich, weil die Anpassung durch das Kreditinstitut bis zur gerichtlichen Anpassung wirksam und lediglich unverbindlich ist, so dass vor der gerichtlichen Anpassung keine Rechtsgrundlage für ein Rückforderungsbegehren besteht.[638]

Gleiches gilt grundsätzlich auch dann, wenn keine Anpassungsbefugnis der Bank besteht, 147
weil die Anpassungsklausel unwirksam ist. In diesem Fall dürfte jedoch zu berücksichtigen sein, dass es seit Vertragsbeginn an einer wirksamen Anpassung des Ausgangszinssatzes mangelt, so dass ein Rückzahlungsanspruch schon zum Zeitpunkt der Zinszahlung entstanden ist. Der Verjährungsbeginn wird dann gemäß § 199 I BGB maßgeblich vom Zeitpunkt der Kenntnis der den Anspruch begründenden Umstände, d.h. der fehlerhaften Zinsanpassung, abhängen. Auf die Kenntnis der Höhe der zu erstattenden Zinsen kommt es dagegen nicht an.

Ausgeschlossen sind Ansprüche des Kunden schließlich, wenn er die Zinsanpassung durch 148
die Bank **anerkannt** hat. Die Erbringung der von der Bank festgesetzten Zinszahlungen durch

---

[632] *Schimansky* WM 2001, 1169, 1175.
[633] *Palandt/Grüneberg* § 315 BGB Rn. 16.
[634] Vgl. BGHZ 97, 212, 221.
[635] Vgl. OLG Köln WM 1994, 1469, 1470.
[636] BGH NJW 1986, 2564, 2566; OLG Köln WM 1994, 1469, 1470 f.
[637] Vgl. OLG Köln WM 1994, 1469, 1470 f.
[638] Siehe bereits oben, Rn. 141 ff.

den Kunden allein kommt allerdings keiner konkludenten Genehmigung gleich,[639] da die Zinsen von der Bank meist einem Girokonto belastet oder per Lastschrift eingezogen werden, so dass es schon an einem Verhalten des Kreditnehmers fehlt, das als Willenserklärung aufgefasst werden könnte. Eine Bestätigung der Zinsanpassung erfolgt bei Kontokorrentkrediten auch nicht durch die Anerkennung des Rechnungsabschlusses gemäß Nr. 7 AGB-Banken bzw. Nr. 7 AGB-SPK,[640] weil sich diese Regelung nicht auf die Zinsanpassung bezieht und insoweit den Anforderungen des § 308 Nr. 5 BGB nicht genügen würde.

149 *gg) Gerichtliche Geltendmachung von Erstattungsansprüchen.* (1) Gerichtliche Billigkeitsbestimmung. Ergibt die Prüfung, dass die Zinsanpassung durch ein Kreditinstitut bei wirksamer Zinsanpassungsklausel fehlerhaft war und den Kunden benachteiligt hat, stellt sich die Frage, ob der Kreditnehmer unmittelbar auf Leistung klagen kann oder ob zunächst eine gerichtliche Bestimmung des Zinssatzes zu erfolgen hat. Die gerichtliche Leistungsbestimmung gemäß § 315 III 2 BGB steht einer unmittelbar auf Leistung gerichteten Klage nach allgemeiner Auffassung jedoch nicht entgegen, da die Leistungsbestimmung insoweit in den Entscheidungsgründen des Urteils erfolgt.[641]

150 Aus der Sicht des den Rückforderungsanspruch geltend machenden Kreditnehmers besteht insoweit allerdings das Problem, dass die Bezifferung des im Rahmen einer Leistungsklage geltend zu machenden Differenzbetrags eine exakte Bestimmung des Billigkeitsmaßstabs voraussetzt, der – mangels Einigung zwischen Kreditinstitut und Darlehensnehmer – erst noch vom Gericht bestimmt werden muss. Bei einem – nicht unwahrscheinlichen – Abweichen des von Seiten des Darlehensnehmers vorprozessual ermittelten Billigkeitsmaßstabs von dem gerichtlich festgesetzten Maßstab besteht die Gefahr einer Zuvielforderung sowie einer teilweisen Klageabweisung.[642] Gemäß § 92 II Nr. 2 ZPO kann das Gericht dem Kreditinstitut in diesem Fall jedoch die gesamten Prozesskosten auferlegen, da die gerichtliche Billigkeitsbestimmung gemäß § 315 BGB einen Anwendungsfall dieser Vorschrift bildet.[643] Bei einer wesentlichen Abweichung von geltend gemachter und tatsächlich zugesprochener Forderung ist das Gericht allerdings zur Anwendung von § 92 I 1 ZPO berechtigt,[644] weshalb aus Sicht des den Darlehensnehmer vertretenden Rechtsanwalts eine sorgfältige Bestimmung des Anpassungsmaßstabs geboten ist.

151 Will sich der den Darlehensnehmer vertretende Rechtsanwalt nicht darauf verlassen, dass das Gericht von dem ihm nach § 92 II Nr. 2 ZPO eingeräumten Ermessen Gebrauch macht, kann er die Stellung eines **unbezifferten Klageantrags** in Erwägung ziehen, da die Höhe des geltend gemachten Bereicherungsanspruchs jedenfalls mittelbar vom billigen Ermessen des Gerichts bezüglich der Zinsanpassung abhängt.[645] In diesem Fall sind von Seiten des Darlehensnehmers die Schätzgrundlagen darzulegen, um dem Erfordernis der Bestimmtheit des Klageantrags gemäß § 253 II Nr. 2 ZPO gerecht zu werden.[646] Die Klageschrift sollte daher Ausführungen zur Entwicklung eines Referenzzinssatzes, z.B. des EURIBOR-Dreimonatsgeldes[647], seit Abschluss des Kreditvertrags, ferner zu einem der Billigkeit entsprechenden Anpassungsmechanismus (Anpassungszeitraum, Anpassungsschwelle, Anpassungshöhe) sowie eine auf dieser Grundlage errechnete Staffelung des vertraglich vereinbarten Ausgangszinssatzes enthalten.

152 Im Übrigen kann die Zulässigkeit des Antrags nach Klageerhebung mit dem Gericht erörtert werden. Eine nach Auffassung des Gerichts erforderliche Umstellung des Klageantrags wäre gemäß § 264 Nr. 2 ZPO ohne weiteres zulässig.[648]

153 (2) Unwirksame Zinsanpassung. Steht dem Kreditinstitut mit der h.M. kein Leistungsbestimmungsrecht gemäß § 315 BGB zu, weil die Zinsanpassungsklausel der AGB-rechtlichen Inhaltskontrolle nicht standhält, besteht zunächst ein Zahlungsanspruch der Partei, zu deren

---

[639] Vgl. BGHZ 97, 212, 221. Anders aber *Bruchner*, Variable Zinsklauseln Rn. 193.
[640] A.A. *Bruchner*, Variable Zinsklauseln Rn. 199.
[641] *Palandt/Grüneberg* § 315 BGB Rn. 17.
[642] Hieran dürfte auch die Tatsache, dass der Kreditnehmer – wie von *Metz*, Variable Zinsklauseln, Rn. 606, vorgeschlagen – eine Berechnung einer Verbraucher-Zentrale vorlegt, nichts ändern.
[643] *Zöller/Herget* § 92 ZPO Rn. 12.
[644] *Zöller/Herget* § 92 ZPO Rn. 12.
[645] Vgl. *Zöller/Greger* § 253 ZPO Rn. 14.
[646] *Zöller/Greger* § 253 ZPO Rn. 14 m.w.N.
[647] Abrufbar unter www.bundesbank.de/download/statistik/stat_geldmarkts.pdf.
[648] *Zöller/Greger* § 264 ZPO Rn. 3b: Qualitative Änderung des Antrags bei gleichbleibendem Klagegrund.

Gunsten sich auf der Grundlage des bei Vertragsbeginn festgelegten Ausgangszinssatzes eine Zinsdifferenz ergibt. Diesem Anspruch kann die andere Partei allerdings gemäß § 242 BGB ihren Anspruch auf Einwilligung in die Zinsanpassung entgegenhalten, soweit dieser tatsächlich besteht.

Beispiel:

Im Kreditvertrag ist ein anfänglicher Sollzins in Höhe von 5 % vereinbart worden. Die vereinbarte   154
Zinsanpassungsklausel ist mit AGB-Recht nicht vereinbar. Das Kreditinstitut erhöht den Sollzins zum
1.3. auf 6 % und belastet das Girokonto des Kreditnehmers in entsprechender Höhe. Auf der Grundlage einer uneingeschränkten gerichtlichen Richtigkeitskontrolle ergäbe sich ab dem 1.3. ein angemessener Zinssatz in Höhe von 5,5 %.
Mangels wirksamer Zinsanpassungsklausel kann das Kreditinstitut ab dem 1.3. zunächst nur Zinsen
in Höhe von 5 % verlangen, hat jedoch einen Anspruch gegenüber dem Kreditnehmer auf Zustimmung zu einer Erhöhung des Zinssatzes auf 5,5 %. Soweit der Kreditnehmer das Kreditinstitut daher
auf Rückzahlung des sich aus der Differenz von 5 % und 6 % ergebenden Zinsbetrags fordert, den
diese vom Girokonto des Kreditnehmers abgebucht hat, kann das Kreditinstitut gemäß § 242 BGB
einwenden, dass der Kreditnehmer einer Erhöhung auf 5,5 % zustimmen muss und insoweit nicht
zur Rückforderung berechtigt ist. Der Kreditnehmer kann daher nur Rückzahlung des der Zinsdifferenz in Höhe von 0,5 % entsprechenden Betrags verlangen.

Rügt der Kreditnehmer dagegen, dass das Kreditinstitut den anfänglich vereinbarten Zins-   155
satz nicht bzw. nicht in angemessenem Maß gesenkt habe, muss er zunächst auf Zustimmung des Kreditinstituts zu einer Zinssenkung klagen. Insoweit liegt eine Parallele zu § 558 b II 1 BGB nahe, d.h. es ist eine auf Abgabe einer Willenserklärung gerichtete Leistungsklage zu erheben.[649] Der Klageantrag muss die Identifizierbarkeit des Darlehensvertrags gewährleisten. Ob der Kreditnehmer die Höhe des neuen Zinssatzes und den Zeitpunkt der Anpassung ins Ermessen des Gerichts stellen kann, ist fraglich.[650] Auch in diesem Fall erscheint jedoch eine Änderung des Klageantrags gemäß § 264 Nr. 2 ZPO ohne weiteres zulässig.

(3) Darlegungs- und Beweislast. Nach der Grundsatzentscheidung des BGH zur Wirksamkeit   156
von Zinsanpassungsklauseln aus dem Jahr 1986 hat das Kreditinstitut grundsätzlich die Darlegungs- und Beweislast dafür zu tragen, dass die vorgenommene Bestimmung der Billigkeit entspricht.[651] Etwas anderes gilt jedoch in Rückforderungsprozessen des Kunden, in dem dieser nach allgemeinen Grundsätzen das Fehlen einer der Billigkeit entsprechenden Leistungsbestimmung gemäß § 315 BGB zu beweisen hat.[652] Da der Kreditnehmer mit der Unbilligkeit der Zinsanpassung eine negative Tatsache darzulegen hat, trifft das Kreditinstitut insoweit jedoch eine sekundäre Darlegungslast. Es hat vorzutragen, nach welchen Kriterien es die Zinsen angepasst hat, so dass der Kreditnehmer anhand dieser Kriterien gegebenenfalls die Unbilligkeit der Anpassungen darlegen und beweisen kann.[653]

d) Besonderheiten der Zinsvereinbarung bei Verbraucherdarlehensverträgen. Zum Schutz des   157
Verbrauchers gelten bei Verbraucherdarlehensverträgen besondere Vorschriften, die Transparenz hinsichtlich der Kreditkosten gewährleisten sollen. Gemäß § 492 I 5 Nr. 2, 4 und 5 BGB muss die vom Darlehensnehmer unterzeichnete Erklärung zum Abschluss eines Verbraucherdarlehensvertrags den Zins, den **effektiven Jahreszins** bzw. anfänglichen effektiven Jahreszins sowie den **Gesamtbetrag** aller vom Darlehensnehmer zur Tilgung des Darlehens sowie zur Zahlung der Zinsen und sonstigen Kosten zu entrichtenden Teilzahlungen enthalten. Fehlen diese Angaben, ermäßigt sich der zugrunde gelegte Zinssatz gemäß § 494 II 2 BGB auf den **gesetzlichen Zinssatz** von 4 % gemäß § 246 BGB. Wurde der effektive bzw. anfängliche effektive Jahreszins zu niedrig angegeben, vermindert sich der zugrunde gelegte Zinssatz um den Prozentsatz, um den der effektive bzw. anfängliche effektive Jahreszins zu niedrig angegeben wurde, § 494 III BGB. Entsprechendes gilt gemäß § 6 II 2, IV, § 4 I VerbrKrG a.F. für Verbraucherkreditverträge, die vor dem 1.1.2002 abgeschlossen wurden.

---

[649] Vgl. *Palandt/Weidenkaff* § 558b BGB Rn. 7.
[650] *Palandt/Weidenkaff* § 558b BGB Rn. 8 und MünchKomm/Artz § 558b BGB Rn. 13 verlangen insoweit die Angabe der neuen Miete und des Zeitpunkts der Änderung.
[651] BGHZ 97, 212, 223.
[652] BGHZ 154, 5, 8 ff.
[653] *Schimansky* WM 2003, 1449,1453.

158   Hat nach diesen Vorschriften eine Herabsetzung des Zinses zu erfolgen, hat das Kreditinstitut gemäß § 494 II 4 BGB bzw. § 6 II 4 VerbrKrG a.F. vereinbarte Teilzahlungen unter Berücksichtigung der verminderten Zinsen neu zu berechnen. Dagegen hat der Verbraucher nach
Auffassung des BGH weder aufgrund dieser Vorschriften, noch gemäß §§ 666, 675 bzw. § 242
BGB einen Anspruch auf Neuberechnung der in der Vergangenheit tatsächlich geleisteten Teilzahlungen unter genauer Aufschlüsselung der jeweiligen Zins- und Tilgungsanteile, da er sich
insoweit notfalls der Hilfe Dritter bedienen könne.[654]

> **Hinweis:**
>
> 159   Liegen die Voraussetzungen für eine Reduzierung des Zinssatzes vor, ist der vom Kreditinstitut zu
> erstattende Betrag als Differenz zwischen den tatsächlich gezahlten Zinsen und der sich aufgrund
> der Neuberechnung der Zinsen auf der Grundlage des niedrigeren Zinssatzes zu ermitteln. Sofern
> das Kreditinstitut die Neuberechnung verweigert, kann der Darlehensnehmer gemäß § 254 ZPO im
> Wege der Stufenklage gegen das Kreditinstitut vorgehen. Auf der Grundlage der dargestellten BGH-
> Rechtsprechung muss der Darlehensnehmer die tatsächlich gezahlten Zinsen grundsätzlich selbst er-
> mitteln. Vor allem bei Annuitätendarlehen ist dies nicht ohne weiteres möglich, da zunächst der in
> der Annuität enthaltene Zinsanteil errechnet werden muss, was gegebenenfalls die Einschaltung ei-
> nes Sachverständigen erfordert.

160   **e) Zinsen für geduldete Kontoüberziehungen.** Die Verpflichtung des Kunden zur Zahlung von
Zinsen für geduldete Überziehungen ergibt sich regelmäßig aus Nr. 12 I AGB-Banken bzw.
Nr. 18 AGB-SPK i.V.m. mit den Angaben im Preisaushang des betreffenden Kreditinstituts.
Die Begründung der Verpflichtung zur Zahlung von Überziehungszinsen, die den Zinssatz für
vereinbarte Dispositionskredite übersteigen, durch AGB ist nach der Rechtsprechung des
BGH wirksam, da es sich insoweit nicht um Vertragsstrafen bzw. Schadenspauschalen han-
delt, die gemäß § 309 Nr. 5 und 6 BGB unwirksam wären.[655]

161   Was die **Höhe** der Überziehungszinsen betrifft, hat die Rechtsprechung eine Überziehungs-
provision in Höhe von 4 Prozentpunkten als marktüblich betrachtet und daher für billig im
Sinne von § 315 III BGB gehalten.[656]

162   **f) Disagio.** Beim Disagio oder Damnum handelt es sich um einen Betrag, den das Kreditinstitut aufgrund einer vertraglichen Vereinbarung mit dem Kunden bei Auszahlung der Darlehensvaluta einbehält, so dass der Kredit nicht in voller Höhe zur Auszahlung kommt. Da der
Kreditnehmer das Darlehen dennoch zu 100 % zurückzuzahlen hat, bildet das Disagio eine
Kostenposition, die bei Darlehensauszahlung anfällt und mit der Darlehensvaluta verrechnet
wird.

163   Die **Rechtsnatur** des Disagios ist durch Auslegung zu ermitteln. Für eine Einordnung als
laufzeitabhängigen Ausgleich für einen niedrigeren Nominalzinssatz spricht dabei in der Regel, dass bei einem Darlehen mit fester Laufzeit der gewählte Nominalzinssatz unter Marktni-
veau, und das Disagio der Höhe nach deutlich über den bei einer Darlehensgewährung entstehenden laufzeitunabhängigen Kosten liegt.[657] In diesem Fall ist das Disagio eine Art vorweg
gezahlter Zins.

164   Die Qualifikation des Disagios als laufzeitabhängige Vergütung hat Folgen für den Fall einer
vorzeitigen Vertragsbeendigung. Da der Darlehensnehmer nach der Rückzahlung des Kreditbetrags keine Zinsen mehr schuldet, ist dem Kreditnehmer grundsätzlich auch das anteilige,
nicht verbrauchte Disagio zu erstatten, wenn der **Darlehensnehmer** den Vertrag **kündigt.** Insoweit steht diesem dann ein Bereicherungsanspruch gemäß § 812 I 1 BGB zu.[658] Als nicht verbraucht gilt der Teil des Disagios, der auf den Zeitraum zwischen der Rückzahlung des Darlehens und dem im Kreditvertrag vereinbarten Rückzahlungszeitpunkt oder dem ursprünglich
vereinbarten Ablauf der Zinsbindung entfällt. Sofern der Kreditvertrag keine ausdrückliche
Regelung enthält, ist der Zeitpunkt durch Auslegung des Kreditvertrags zu ermitteln. Beim
Annuitätendarlehen erfolgt die Berechnung nicht pro rata temporis, da der Zinsanteil in diesem Fall mit fortschreitender Zeit sinkt.[659] Der Erstattungsanspruch entsteht in vollem Um-

---

[654] BGH ZIP 2006, 1238, 1241 f.
[655] BGH NJW 1992, 1751, 1752.
[656] BGH NJW 1992, 1753, 1754.
[657] BGHZ 133, 355, 358.
[658] BGHZ 133, 355, 358 f.
[659] BGH NJW 1998, 1062, 1063 f.

fang im Zeitpunkt der vorzeitigen Vertragsbeendigung.[660] Auf den Erstattungsbetrag schuldet die Bank ferner Nutzungsersatz gemäß § 818 I BGB.[661]

Wird ein Kreditvertrag mit fester Laufzeit dagegen durch fristlose **Kündigung der Bank** beendet, weil der Darlehensnehmer seinen Verpflichtungen schuldhaft nicht nachgekommen ist, steht der Bank ein Anspruch auf Ersatz des Schadens zu, den sie durch die vorzeitige Vertragsbeendigung erleidet (positives Interesse).[662] Bei der Berechnung des Schadens ist das unverbrauchte Disagio als unselbständiger Rechnungsposten zu berücksichtigen,[663] da das Disagio nichts anderes ist als ein vorweggezahlter Teil des vereinbarten Darlehenszinses. 165

Ist das Kreditinstitut wegen der Vertragsbeendigung zur Vereinnahmung einer Vorfälligkeitsentschädigung berechtigt, weil der Darlehensnehmer von einem Kündigungsrecht gemäß § 490 II BGB Gebrauch gemacht hat, oder weil das Kreditinstitut trotz fehlenden Kündigungsrechts einer einvernehmlichen Beendigung des Kreditvertrags zugestimmt hat, ist eine Erstattung des anteiligen Disagios nur geboten, wenn die Bank den ihr aufgrund der vorzeitigen Vertragsbeendigung entgangenen Nettozinsgewinn auf der Grundlage des effektiven Jahreszinses berechnet, da das Disagio den effektiven Jahreszins erhöht und die Bank insoweit bereits einen Ausgleich erhält.[664] Eine einvernehmliche Vertragsaufhebung darf die Bank dagegen davon abhängig machen, dass ihr das unverbrauchte Disagio verbleibt, wenn sie auf die Berechnung einer Vorfälligkeitsentschädigung verzichtet.[665] 166

Im Übrigen verstößt es nicht gegen das Zinseszinsverbot gemäß § 248 I BGB, wenn das Kreditinstitut den Vertragszins auf den gesamten Darlehensbetrag berechnet, obwohl dieser wegen des einbehaltenen Disagios nicht vollständig zur Auszahlung gekommen ist.[666] Dies folgt aus dem Umstand, dass sich hinter dem Disagio lediglich eine Verrechnung der in Form des Disagios vereinbarten Kostenpauschale mit dem Auszahlungsbetrag verbirgt. 167

g) Sonstige Kosten des Kredits. Inwieweit das Kreditinstitut Zahlung sonstiger Kosten verlangt, hängt grundsätzlich von der Vereinbarung im Darlehensvertrag ab. So wird beim Abschluss des Kreditvertrags in der Regel die Zahlung einer Bearbeitungsgebühr vereinbart, die den mit der Kreditbearbeitung verbundenen Aufwand der Bank abgilt. Sie macht üblicherweise einen bestimmten Prozentsatz des Darlehensnennbetrags aus und wird mit der Valutierung des Darlehens fällig.[667] Bedenken gegen diese Berechnung bestehen nicht, wenn die Höhe des Bearbeitungsentgelts banküblich ist.[668] Wird ein höheres Entgelt verlangt, ist im Einzelfall zu prüfen, ob es sich nicht um ein Disagio handelt.[669] 168

Bei **Verbraucherdarlehen** müssen die sonstigen Kosten im Verbraucherdarlehensvertrag genannt sein, § 492 I 5 Nr. 5 BGB. Nicht angegebene Kosten werden vom Darlehensnehmer nicht geschuldet, § 494 II 3 BGB. 169

3. Tilgung in Raten

Der Darlehensnehmer ist schließlich zur Erbringung der vertraglich vereinbarten Tilgungsleistungen verpflichtet. Die Höhe und der Zeitpunkt der Tilgungsleistung ergeben sich dabei aus dem Darlehensvertrag. Beim häufig anzutreffenden Annuitätendarlehen ergibt sich die Tilgungsleistung aus dem nach Abzug des Zinsanteils verbleibenden Rest der vertraglich vereinbarten Annuität, die häufig als Prozentsatz vom Kreditbetrag formuliert wird. Selbstverständlich kann die vertragliche Vereinbarung auch gleichbleibende Tilgungsleistungen vorsehen oder die Höhe der Tilgung an einen anderen Maßstab knüpfen. In der Praxis zieht das Kreditinstitut die fälligen Beträge zum jeweiligen Fälligkeitszeitpunkt von einem Girokonto des Darlehensnehmers durch Umbuchung oder per Lastschrift ein. 170

Teilweise werden in Darlehensverträgen **Sondertilgungsrechte** vereinbart, die es dem Darlehensnehmer ermöglichen, außerplanmäßige Zahlungen zu erbringen, um seine Zinsbelastung zu reduzieren. Der Umfang des Sondertilgungsrechts ist gegebenenfalls durch **Auslegung** der 171

---

[660] BGH NJW 1998, 1062, 1063.
[661] BGH NJW 1998, 1062, 1064.
[662] BGHZ 133, 355, 359.
[663] BGHZ 133, 355, 359.
[664] Vgl. BGHZ 133, 355, 359 f.
[665] BGHZ 133, 355, 359 f.
[666] BGH NJW 2000, 352.
[667] *Bruchner*, Bankrechts-Handbuch I § 78 Rn. 85.
[668] BGH WM 1989, 1011, 1014.
[669] *Bruchner*, Bankrechts-Handbuch I § 78 Rn. 87.

Sondertilgungsvereinbarung zu ermitteln. Ist zwischen den Vertragsparteien vereinbart, dass pro Jahr (p.a.) eine Sondertilgung in bestimmter Höhe erfolgen kann, ist das Sondertilgungsrecht in der Regel verbraucht, soweit es nicht in voller Höhe ausgeübt wird. Ein Vortrag ins folgende Jahr ist dann ausgeschlossen.

172   Ist eine Tilgung nicht vereinbart, ist die Darlehensvaluta erst mit Beendigung des Darlehensvertrags aufgrund einer Befristung oder Kündigung in gesamter Höhe zur Rückzahlung fällig.[670]

4. Rückzahlung der Darlehenssumme nach Gesamtfälligkeit

173   a) Allgemeines. Der Anspruch der Bank auf Rückzahlung des Darlehensbetrags ergibt sich aus dem geschlossenen Darlehensvertrag, § 488 I 2 BGB. Der Anspruch ist fällig, wenn im Fall der vertraglichen Befristung des Darlehens der vereinbarte Fälligkeitszeitpunkt erreicht ist oder wenn eine Vertragspartei den Darlehensvertrag wirksam gekündigt[671] hat.

174   Die Zahlungsunfähigkeit des Kreditnehmers führt nicht zum Erlöschen des vertraglichen Rückzahlungsanspruchs gemäß § 275 BGB, da dieser nach dem Prinzip der unbeschränkten Vermögenshaftung für seine finanzielle Leistungspflicht einzustehen hat.[672] Gegen diesen Anspruch kann sich der Kreditnehmer daher allenfalls durch Aufrechnung mit entgegenstehenden Ansprüchen gemäß § 387 BGB verteidigen.

175   b) Einzelfragen. aa) Befristung. Eine Befristung liegt vor, wenn im Darlehensvertrag eine feste Laufzeit oder ein Fälligkeitstermin für die Rückzahlung vereinbart wurde. Ferner kann sich eine Befristung im Einzelfall aus dem Zweck des Darlehens[673] (z.B. Sanierung) oder aus einer vereinbarten Tilgungsabrede ergeben. Ob die Tilgungsabrede nur das Mindestmaß der Tilgung oder darüber hinaus auch die Zeit der Rückzahlung regelt, ist anhand des Willens der Vertragspartner zu ermitteln.[674] Von einer das ordentliche Kündigungsrecht abbedingenden Befristung des Darlehensvertrags geht der BGH jedenfalls während der Zeit einer vereinbarten Zinsbindung aus.[675] Aus der vertraglichen Einigung über eine zeitlich beschränkte Zinsbindung folgt dagegen nicht zwangsläufig, dass das Darlehen am Ende der Zinsbindungsfrist zur Rückzahlung fällig ist, wenn aufgrund der Erbringung der vertraglichen Tilgungsleistung bis zum Ablauf der Zinsbindungsfrist keine vollständige Rückführung erfolgt ist.

176   An einer Laufzeitvereinbarung fehlt es in der Regel bei Kontokorrent- oder Überziehungskrediten, die aufgrund der Bonität des Kreditnehmers gewährt werden. Gewähren Kreditinstitute befristete Kontokorrentkredite, wird in der Praxis nach Fristablauf des Öfteren eine weitere Ausnutzung der Kreditlinie zugelassen, indem weitere Verfügungen des Kreditnehmers toleriert werden. In diesem Fall kann von einer stillschweigenden unbefristeten Verlängerung des Kredits auszugehen sein, da das Kreditinstitut – für den Kreditnehmer erkennbar – zum Ausdruck bringt, dass es nicht an dem vereinbarten Fälligkeitstermin festhalten will. Im Fall einer solchen konkludenten Verlängerung des Darlehensvertrags steht der Bank allerdings ein ordentliches Kündigungsrecht zu[676], sofern im Kreditvertrag für diesen Fall eine ausdrückliche Regelung nicht ausnahmsweise getroffen wurde. Die ordentliche Kündigung eines in Raten zu tilgenden Darlehens ohne ausdrückliche Laufzeit- bzw. Fälligkeitsregelung durch das Kreditinstitut ist dagegen nur dann möglich, wenn dies vertraglich vereinbart wurde,[677] da der Vertrag in diesem Fall endet, wenn entsprechend den vereinbarten Tilgungsmodalitäten die letzte Rate gezahlt wurde.

177   bb) Tilgungsersatz durch Lebensversicherungen. Haben Kreditnehmer und Bank bei Vertragsschluss vereinbart, dass das Darlehen nicht durch Ratenzahlung, sondern bei Endfälligkeit durch die Ablaufleistung einer Kapitallebensversicherung getilgt werden soll, kann sich die Frage stellen, welche Vertragspartei das Risiko einer Deckungslücke zu tragen hat, die dadurch entsteht, dass die Ablaufleistung der Lebensversicherung nicht die erwartete Höhe aufweist und somit nicht zur Tilgung des Darlehens ausreicht.

---

[670] Siehe hierzu unten, Rn. 173 ff.
[671] Zur Kündigung siehe unten, Rn. 228 ff.
[672] BGHZ 107, 92, 101 f.
[673] *Palandt/Weidenkaff* § 488 BGB Rn. 15.
[674] BGH WM 1970, 402, 403.
[675] BGH ZIP 1997, 1641, 1642.
[676] Siehe unten, Rn. 247.
[677] *Erman/Saenger* § 488 BGB Rn. 69.

Im Einzelfall kann die Auslegung der vertraglichen Tilgungsvereinbarung zu dem Ergebnis 178
führen, dass das Darlehen mit der Auszahlung der Lebensversicherungssumme an Erfüllungs
statt getilgt ist.[678] Fehlt es an einer klaren und eindeutigen Bestimmung im Kreditvertrag dahingehend, dass mit der zur Auszahlung kommenden Ablaufleistung die Darlehensforderung –
unabhängig von der Höhe der Versicherungssumme – getilgt werden soll, ist nach der Ausle-
gungsregel des § 364 II BGB im Zweifel davon auszugehen, dass die Zahlung aus der Lebensversicherung nur als eine Leistung erfüllungshalber anzurechnen ist,[679] so dass der Darlehensnehmer den Differenzbetrag aus seinem sonstigen Vermögen aufzubringen hat. Wegen einer
etwaigen Deckungslücke können dem Kreditnehmer im Einzelfall jedoch Schadensersatzansprüche wegen mangelnder Aufklärung über die Risiken einer Kombination von Festkredit
und Lebensversicherung zustehen.[680]

cc) Verzinsung nach Beendigung des Darlehensvertrags. (1) Vertragszins. Mit der Beendi- 179
gung des Darlehensvertrags erlischt auch das Recht der Bank auf Zinszahlung in der anfänglich vereinbarten Höhe.[681] Eine Regelung in den AGB, z.B. im Formularvertrag, die den Kreditnehmer zur Fortzahlung des Vertragszinses verpflichtet, verstößt gegen §§ 9, 11 Nr. 5a und
6 AGBG a.F.[682] bzw. §§ 307, 309 Nr. 5a, 6 BGB. Ferner ist das Kreditinstitut nach Ablauf eines
Kontokorrentkreditvertrags nicht berechtigt, Überziehungszinsen auf den Kreditbetrag zu verlangen.[683] Kunde und Bank können jedoch – insbesondere nach Eintritt der Fälligkeit – durch
individuelle vertragliche Vereinbarung einen besonderen Zinssatz für die Abwicklungsphase
vereinbaren.

(2) Verzugszinsen. Die Bank ist ab dem Fälligkeitstermin grundsätzlich (nur noch) zur Berech- 180
nung von Verzugszinsen auf die **fällige Darlehensvaluta** berechtigt. Der Verzug des Schuldners
beginnt regelmäßig mit der Fälligkeit des Rückzahlungsanspruchs, da es einer Mahnung gemäß § 286 I 1, II Nr. 1 BGB nicht bedarf, weil für den Rückzahlungsanspruch ein Termin entweder im Darlehensvertrag selbst oder in der Kündigungserklärung bestimmt ist. Gemäß
§ 187 II 1 BGB schuldet der Kreditnehmer Verzugszinsen ab dem ersten Tag nach dem Fälligkeitstermin.

Unabhängig von der Verbrauchereigenschaft des Kreditnehmers beläuft sich der Verzugs- 181
zins gemäß § 288 I BGB auf 5 Prozentpunkte über dem Basiszinssatz. Zwar sind Entgeltforde-
rungen gemäß § 288 II BGB mit 8 Prozentpunkten über dem Basiszinssatz zu verzinsen, wenn
an dem Rechtsgeschäft ein Verbraucher nicht beteiligt ist. Bei der Darlehensforderung handelt
es sich jedoch nicht um eine Entgeltforderung im Sinne dieser Vorschrift,[684] weshalb es bei der
Anwendung von § 288 I BGB bleibt. Für **Verbraucherdarlehen** wird dies in § 497 I 1. HS BGB
nochmals ausdrücklich klargestellt. Eine Sonderregelung enthält § 497 I 2 BGB für **Immobiliendarlehensverträge** (§ 492 Ia 2 BGB) mit Verbrauchern, bei denen sich der Verzugszins lediglich auf 2 ½ Prozentpunkte über dem Basiszinssatz beläuft.

Zur Zahlung von Verzugszinsen auf offene **vertragliche Darlehenszinsen** ist der Kreditneh- 182
mer selbst dann nicht verpflichtet, wenn er in Verzug geraten ist, da eine Anwendung von
§ 288 I BGB am Zinseszinsverbot des § 289 S. 1 BGB scheitert. Das Kreditinstitut kann allerdings den Ersatz eines auf der Nichtzahlung von Vertragszinsen beruhenden Verzögerungsschadens verlangen.[685]

(3) Verzögerungsschaden. Statt der Verzugszinsen kann die Bank bei Verzug des Kreditneh- 183
mers mit der offenen Darlehensforderung und/oder rückständigen Vertragszinsen gemäß
§§ 280 I, II, 286 BGB unter dem Gesichtspunkt des Verzögerungsschadens höhere Zinsen als
den Verzugszins geltend machen. Für die rückständigen Vertragszinsen folgt dies ausdrücklich
aus § 288 IV BGB. Insoweit hat der BGH den Standpunkt eingenommen, dass der auf den **fälligen rückständigen Vertragszins** entfallende Teil des Verzugsschadens gemäß § 289 S. 2 BGB
dem Zinseszinsverbot nicht zuwider läuft.[686] Voraussetzung ist selbstverständlich auch hier,

---

[678] OLG Karlsruhe ZIP 2004, 67, 68.
[679] OLG Karlsruhe WM 2006, 1247 f.
[680] Siehe unten, Rn. 211 ff.
[681] BGHZ 104, 337, 339. Zur Frage der Fortgeltung dieser Rechtsprechung nach dem Inkrafttreten des
SMG s. *MünchKomm/Ernst* § 288 BGB Rn. 24.
[682] BGHZ 104, 337, 339 f.
[683] BGH ZIP 2003, 840, 841.
[684] *Palandt/Heinrichs* § 288 BGB Rn. 8.
[685] Siehe hierzu unten, Rn. 183 ff.
[686] BGH NJW 1993, 1260.

dass sich der Kreditnehmer mit der Darlehensvaluta sowie gegebenenfalls mit den Vertragszinsen in Verzug befindet.

184   Hinsichtlich der **Höhe des Verzögerungsschadens** kann sich die Bank jedoch nicht auf § 288 BGB berufen. Die Vorschrift regelt keinen pauschalierten Schadensersatz, da die Berechnung von Verzugszinsen keinen Schadens- oder Kausalitätsnachweis voraussetzt.[687] Nach der Rechtsprechung des BGH kann das Kreditinstitut den Verzugsschaden gemäß § 252 S. 2 BGB jedoch **abstrakt** berechnen. Wie bei anderen Kaufleuten sei davon auszugehen, dass die Bank den ihr vorenthaltenen Geldbetrag durch Abschluss neuer Kreditverträge gewinnbringend genutzt hätte. Betreibt die Bank Kreditgeschäfte verschiedener Art mit unterschiedlichen Sollzinsen, so kann sie den Schaden anhand der marktüblichen Bruttosollzinsen nach dem Durchschnittszinssatz berechnen, der sich nach ihrer speziellen Geschäftsstruktur richtet.[688] Der Anspruch ist nach Auffassung des BGH nicht auf die Refinanzierungskosten der Bank beschränkt und auch nicht um ersparte Aufwendungen zu mindern, da der Bank durch die notwendige Bearbeitung des nicht zurückgezahlten Kredits Aufwendungen entstehen.[689] Der Kreditnehmer kann gegenüber der abstrakten Schadensberechnung einwenden, der Bank sei kein Schaden entstanden, weil sie das Geld bei rechtzeitiger Zahlung nicht oder nicht in der behaupteten Weise angelegt hätte.[690] Sofern die Bank eine (noch) höhere Verzinsung fordern will, muss sie darlegen und beweisen, dass sie den vorenthaltenen Geldbetrag bei rechtzeitiger Zahlung zu einem höheren Zinssatz angelegt hätte.

185   Ausnahmsweise kann das Kreditinstitut als Verzögerungsschaden alternativ den **Vertragszins** geltend machen, wenn der Kreditvertrag aufgrund eines Verschuldens des Kreditnehmers vor Ablauf der vereinbarten Befristung durch Kündigung von Seiten der Bank fällig geworden ist. Allerdings darf dieser Zinsanspruch nur in Bezug auf die Darlehensvaluta, nicht aber auf rückständige Zinsen geltend gemacht werden. Ferner schuldet der Kreditnehmer den Vertragszins in diesem Fall nur bis zu dem im Vertrag vereinbarten Fälligkeitszeitpunkt.[691]

186   Im Übrigen hat es der BGH für zulässig erachtet, dass die Bank gemäß §§ 286, 289 S. 2 BGB **Zinsen von rückständigen Verzugszinsen** verlangt.[692] Voraussetzung hierfür ist, dass sie den Schuldner wegen der rückständigen Verzugszinsen wirksam in Verzug gesetzt hat. Da für die Verzugszinsen eine Zeit nach dem Kalender nicht bestimmt ist, bedarf es insoweit einer Mahnung des Kreditinstituts. Ferner müssen die Verzugszinsen in dem Mahnschreiben, mit der der Verzug wegen der Verzugszinsen herbeigeführt wird, nachvollziehbar sein. Hinsichtlich der Höhe des Verzugsschadens gelten die gleichen Grundsätze wie für die Berechnung des primären Verzugsschadens, d.h. die Bank kann den Schaden wiederum abstrakt berechnen.[693]

187   Auch bei **Verbraucherdarlehensverträgen** kann die Bank einen höheren Verzugsschaden nachweisen, § 497 I 3 BGB. Diesen muss sie jedoch konkret berechnen, d.h. die oben[694] dargelegte Möglichkeit zur abstrakten Schadensberechnung steht ihr nicht offen.[695] Der Kreditnehmer kann seinerseits gemäß § 497 I 3 BGB – anders als im gesetzlichen Normfall des § 288 I BGB – den Nachweis eines niedrigeren Schadens als des gemäß § 497 I 1 BGB zu entrichtenden Verzugszinses führen.

188   Gemäß § 497 II 1 BGB sind beim Verbraucherdarlehen die nach Eintritt des Verzugs anfallenden Zinsen auf einem gesonderten Konto zu verbuchen. Die Berechnung von Zinsen auf diese separat verbuchten Verzugszinsen ist der Bank gemäß § 497 II 2 BGB möglich, jedoch nur bis zur Höhe des gesetzlichen Zinssatzes von 4 % gemäß § 246 BGB.

189   *dd) Verjährung. (1) Darlehensforderung.* Der fällige Rückzahlungsanspruch des Kreditinstituts unterliegt den allgemeinen verjährungsrechtlichen Vorschriften gemäß §§ 194 ff. BGB. Gemäß § 195 BGB gilt daher die regelmäßige Verjährungsfrist von drei Jahren, die gemäß § 199 I BGB mit Entstehung sowie Kenntnis bzw. grob fahrlässiger Unkenntnis der Bank von den anspruchsbegründenden Umständen zu laufen beginnt. Da sich das Kreditinstitut zumindest grobe Fahrlässigkeit hinsichtlich einer etwaigen Unkenntnis vorwerfen lassen müsste, be-

---

[687] *MünchKomm/Ernst* § 288 BGB Rn. 4: Abschöpfungsgedanke.
[688] BGH NJW 1974, 895 f., BGH NJW 1988, 1967, 1969.
[689] BGH NJW 1988, 1967, 1969 f.
[690] *MünchKomm/Ernst* § 286 BGB Rn. 135.
[691] BGHZ 104, 337, 342 f.
[692] BGH NJW 1993, 1260.
[693] BGH NJW 1993, 1260, 1261.
[694] Siehe oben, Rn. 184.
[695] *Palandt/Weidenkaff* § 497 BGB Rn. 6; *MünchKomm/Habersack* § 497 BGB Rn. 18.

ginnt der Lauf der dreijährigen Frist regelmäßig mit Ablauf des Jahres, in dem der Rückzahlungsanspruch fällig geworden ist.[696]

Bei Verbraucherdarlehen ist die Verjährung der Ansprüche auf Darlehensrückerstattung **190** und Zinsen vor Eintritt des Verzugs bis zu ihrer Feststellung im Sinne von § 197 I Nr. 3 bis 5 BGB für maximal 10 Jahre ab ihrer Entstehung gehemmt. Ferner findet § 197 II BGB auf Zinsen keine Anwendung.

Für sogenannte **Altansprüche**, die vor dem Inkrafttreten des SMG am 1.1.2002 entstanden **191** sind, gilt die Übergangsvorschrift gemäß Art. 229 § 6 IV 1 EGBGB. Sofern der fällige Rückzahlungsanspruch, für den die Verjährungsfrist gemäß § 195 BGB a.F. 30 Jahre betrug, am 1.1.2002 noch nicht verjährt war, ist von einer Verjährung spätestens mit Ablauf des 31.12.2004 auszugehen. Hieran ändert auch die Tatsache nichts, dass auch in den Übergangsfällen die subjektiven Voraussetzungen des § 199 I BGB n.F. erfüllt sein müssen,[697] da diese – wie oben erläutert – regelmäßig schon bei Fälligkeit des Anspruchs vorgelegen haben.

Ist der Rückzahlungsanspruch des Kreditinstituts **rechtskräftig festgestellt**, beläuft sich die **192** Verjährungsfrist gemäß § 197 I Nr. 3 BGB auf 30 Jahre. Gleiches gilt gemäß § 197 I Nr. 4 BGB für Ansprüche aus einer **vollstreckbaren Urkunde**, so dass die Verjährung innerhalb der kürzeren Regelfrist ausgeschlossen ist, wenn sich der Schuldner in einer **notariellen Grundschuldbestellungsurkunde** wirksam der sofortigen Zwangsvollstreckung wegen des Rückzahlungsanspruchs unterworfen hat. Zwar bezieht sich die Unterwerfungserklärung üblicherweise auf das in der notariellen Urkunde erklärte abstrakte Schuldanerkenntnis gemäß § 780 BGB, nicht auf den Rückzahlungsanspruch selbst. Das Anerkenntnis kann jedoch gemäß §§ 813 I 2, 214 II 2, 1 BGB nicht mit der Begründung kondiziert werden, der Darlehensrückzahlungsanspruch sei zwischenzeitlich verjährt. Die dreißigjährige Frist beginnt gemäß § 201 S. 1 BGB mit der Rechtskraft der Entscheidung bzw. mit der Errichtung des vollstreckbaren Titels, jedoch nicht vor Anspruchsentstehung zu laufen. Bei vollstreckbaren Urkunden beginnt die Verjährungsfrist somit regelmäßig erst mit der Fälligkeit des Rückzahlungsanspruchs.

In der Bankpraxis häufig anzutreffen ist ein **Neubeginn der Verjährung** des Rückzahlungs- **193** anspruchs gemäß § 212 I Nr. 1 BGB, weil der Kreditnehmer die fragliche Forderung der Bank anerkannt hat. Ausdrücklich knüpft die Vorschrift den Neubeginn der Verjährung an **Abschlags- oder Zinszahlungen** des Schuldners. Gerade bei problematischen Kreditengagements kommt es häufig zu Verhandlungen zwischen Bank und Kreditnehmer, gegebenenfalls auch zu schriftlichen Vereinbarungen über bestimmte Rückzahlungsmodalitäten, die die Höhe der Forderung des Kreditinstituts schriftlich festhalten. Anerkenntnis im Sinne dieser Vorschrift ist bereits ein rein tatsächliches Verhalten des Kreditnehmers gegenüber der Bank, aus dem sich das Bewusstsein vom Bestehen der Forderung unzweideutig ergibt.[698] Ist die Verjährung bereits eingetreten, scheidet ein Neubeginn gemäß § 212 BGB jedoch aus, sofern das Verhalten des Kreditnehmers nicht als Verzicht auf die Verjährungseinrede ausgelegt werden kann.[699] Die Darlegungs- und Beweislast für das Anerkenntnis hat das Kreditinstitut zu tragen, das sich auf den Neubeginn der Verjährung beruft.[700]

Ist der Darlehensrückzahlungsanspruch verjährt, ist das Kreditinstitut gemäß § 216 BGB **194** nicht gehindert, Rechte aus **Sicherheiten**, insbesondere Grundschulden, Sicherungsabtretungen, Sicherungsübereignungen oder Pfandrechten zu verwerten.[701] Demgegenüber kann sich ein Bürge gemäß § 768 I 1 BGB grundsätzlich auf die Verjährung der Hauptforderung berufen.[702]

(2) Zinsen. Auch der Anspruch auf Zahlung rückständiger Zinsen verjährt gemäß § 195 BGB **195** innerhalb von drei Jahren. Der Beginn der Verjährung richtet sich ebenfalls wie bei der Hauptforderung nach § 199 I BGB. Gemäß § 217 BGB verjährt der Anspruch auf Zinsen jedoch spätestens mit der Verjährung der verzinsten Forderung.[703]

Vor dem Inkrafttreten des SMG galt gemäß § 197 BGB a.F. eine vierjährige Verjährungsfrist **196** für Ansprüche auf rückständige Zinsen. Gemäß § 201 BGB a.F. beginnt die Verjährung mit

---

[696] Siehe *Wittig/Wittig* WM 2002, 145, 154.
[697] BGH ZIP 2007, 624, 626.
[698] Vgl. *Palandt/Heinrichs* § 212 BGB Rn. 2.
[699] *Palandt/Heinrichs* § 212 BGB Rn. 2.
[700] *MünchKomm/Grothe* § 212 BGB Rn. 13.
[701] Vgl. *PalandtHeinrichs* § 216 BGB Rn. 2.
[702] Siehe dazu auch unten, § 11 Rn. 126.
[703] *Palandt/Heinrichs* § 217 BGB Rn. 1.

dem Schluss des Jahres, in dem der Anspruch entstanden ist. Zwar normiert § 218 BGB a.F. ebenfalls eine dreißigjährige Verjährungsfrist für titulierte Ansprüche. Gemäß § 218 II BGB a.F. gilt diese jedoch nicht für regelmäßig wiederkehrende, erst künftig fällig werdende Ansprüche, weshalb die erst nach der Titulierung aufgelaufenen Zinsen gemäß § 197 BGB a.F. innerhalb von vier Jahren verjähren. Für die bis zur Rechtskraft aufgelaufenen Zinsen galt allerdings die Verjährungsfrist von 30 Jahren.[704]

VI. Darlehensvertragliche Pflichten des Kreditinstituts

1. Auszahlung der Darlehensvaluta

197   Mit dem wirksamen Zustandekommen eines Kredit- bzw. Darlehensvertrags steht dem Kunden gemäß § 488 I 1 BGB ein Anspruch auf Auszahlung der vereinbarten Darlehensvaluta gegen die Bank zu. Der Auszahlungsanspruch kann jedoch im Darlehensvertrag von bestimmten Bedingungen abhängig gemacht werden. Neben der Bestellung von **Sicherheiten** durch den Kreditnehmer bzw. Dritte kann hierzu auch der Nachweis der Verwendung der Kreditmittel für einen vertraglich vereinbarten **Zweck** zählen.

198   Die gerichtliche Durchsetzung des Auszahlungsanspruchs hat keine praktische Relevanz, da ein langdauernder Rechtsstreit nicht den Interessen des kapitalsuchenden Kreditinteressenten dient, und beide Seiten infolge etwaiger Streitigkeiten regelmäßig kein Interesse an einer gemeinsamen Geschäftsverbindung mehr haben. Die Nichtauszahlung der Darlehensvaluta kann jedoch Schadensersatzansprüche des Kunden gemäß §§ 280, 281, 286 BGB begründen. Das gemäß § 281 I 1 BGB zu ersetzende positive Interesse[705] umfasst auch einen etwaigen Zinsschaden, der dadurch entsteht, dass der Kreditnehmer ein anderes Darlehen zu ungünstigeren Konditionen aufnehmen musste.

2. Aufklärungs- und Beratungspflichten im Zusammenhang mit der Kreditvergabe

199   a) **Allgemeines.** Auch im Zusammenhang mit der Kreditvergabe gilt der Grundsatz, dass das Kreditinstitut nur in besonders begründeten Ausnahmefällen eine Pflicht zur Aufklärung und Information des Kreditnehmers hat, deren Verletzung Schadensersatzansprüche des Kreditnehmers auslöst. Die Rechtsprechung hat dies zum Anlass genommen, Fallgruppen zu entwickeln, aus denen sich die Kriterien für eine im Einzelfall bestehende Aufklärungspflicht ergeben.

200   Über diese Fallgruppenrechtsprechung hinaus kann eine Aufklärungspflicht der Bank aus einem zwischen ihr und dem Kreditnehmer über den bloßen Darlehensvertrag hinausgehenden selbständigen **Beratungsvertrag** bezüglich der Finanzierung resultieren.[706] Im Übrigen gilt der Grundsatz, dass Angaben, die das Kreditinstitut von sich aus macht, zutreffend sein müssen.[707]

201   b) **Risiken der Verwendung des Kreditbetrags.** *aa) Grundsatz.* Nach ständiger Rechtsprechung des BGH muss ein Kreditinstitut den Kreditnehmer grundsätzlich **nicht** über die **Risiken der** von ihm **beabsichtigten Verwendung des Kreditbetrags** aufklären.[708] Insbesondere bei steuerersparenden Bauherren- und Erwerbermodellen darf die Bank davon ausgehen, dass der Darlehensnehmer entweder selbst die erforderlichen Kenntnisse und Fähigkeiten besitzt oder die Hilfe von Fachleuten in Anspruch nimmt.[709] Eine Pflicht zur Information bzw. Aufklärung besteht nach ständiger Rechtsprechung des BGH nur unter ganz **besonderen Umständen,** wenn nämlich die Bank im Zusammenhang mit dem finanzierten Geschäft einen konkreten Wissensvorsprung in Bezug auf spezielle Risiken des finanzierten Geschäfts besitzt, über ihre Rolle als Kreditgeberin hinausgeht, einen besonderen Gefährdungstatbestand geschaffen hat oder sich in einem schwerwiegenden Interessenkonflikt befindet.

---

[704] *Palandt/Heinrichs* 61 § 218 BGB Rn. 4.
[705] *Palandt/Heinrichs* § 280 BGB Rn. 17.
[706] *Lang,* Handbuch Informationspflichten Bankverkehr Rn. 11.2; vgl. BGH WM 2004, 1221, 1224.
[707] *Siol,* Bankrechts-Handbuch I § 43 Rn. 12.
[708] BGHZ 107, 92, 101, st. Rspr.
[709] BGH ZIP 1992, 912, 913.

> **Hinweis:**
> Die genannten Tatbestände sind nicht immer klar gegeneinander abzugrenzen und überschneiden   202
> sich im Einzelfall. Darüber hinaus werden sie von der Rechtsprechung laufend konkretisiert und ak-
> tualisiert. Eine genaue Überprüfung der aktuellen höchstrichterlichen Rechtsprechung ist daher un-
> abdingbar.

bb) Wissensvorsprung des Kreditinstituts. Eine Aufklärungspflicht des Kreditinstituts be-   203
steht, wenn es einen Wissensvorsprung in Bezug auf spezielle Risiken der Kreditverwendung
hat. Der Gesichtspunkt des Wissensvorsprungs verpflichtet die Bank jedoch nur, wesentliches
vorhandenes Wissen zu offenbaren, nicht dagegen, sich einen Wissensvorsprung zu verschaffen.[710]

So hat die Bank den Kreditnehmer z.B. über die Konkursreife des Geschäftspartners aus   204
dem finanzierten Geschäft[711] oder über die Wertlosigkeit einer Mietgarantie aufgrund der
Überschuldung der Mietgarantin[712] zu informieren, wenn ihr diese bekannt ist. Ferner muss
das Kreditinstitut den Kreditnehmer informieren, wenn ihm bekannt ist, dass diesem wertbil-
dende Faktoren des ihm vorgelegten Finanzierungskonzepts unrichtig dargestellt werden,[713]
oder dass das zu erwerbende Objekt mit Mängeln behaftet ist, die der Erwerber nicht kennt.[714]

Ein Wissensvorsprung der Bank hinsichtlich der Tatsache, dass der vom Kreditnehmer zu   205
zahlende Kaufpreis für eine Immobilie in keinem angemessenen Verhältnis zum Wert des zu
erwerbenden Objekts steht, begründet dagegen grundsätzlich auch dann keine Aufklärungspflicht der Bank, wenn sich dies aus ihren eigenen Beleihungswertermittlungen ergibt, da es
zu den Aufgaben des Käufers gehört, die Angemessenheit des Kaufpreises zu prüfen.[715] Lediglich dann, wenn eine sittenwidrige Übervorteilung des Darlehensnehmers durch den Verkäufer
im Raum steht, kommt ausnahmsweise eine Hinweispflicht der Bank in Betracht.[716] Auch zur
Angabe der monatlichen Belastung des Kunden unter Berücksichtigung von Mieteinnahmen,
Steuervorteilen etc. ist die Bank nicht verpflichtet.[717] Ebenso wenig besteht – anders als für einen Anlagevermittler – eine Aufklärungspflicht über die im Kaufpreis enthaltene Innenprovi-
sion, wenn das Kreditinstitut die Anlage nicht selbst empfiehlt, sondern sich auf ihre Rolle als
Kreditgeberin beschränkt.[718]

Allerdings wird in Fällen eines **institutionalisierten Zusammenwirkens** der kreditgebenden   206
Bank mit dem Verkäufer oder Vertreiber eines finanzierten Objekts ein Wissensvorsprung der
Bank nach der Rechtsprechung des BGH insoweit **widerleglich vermutet**, als der Kreditnehmer
durch den Verkäufer oder Fondsinitiator sowie die von diesem eingeschalteten Vermittler bzw.
den Verkaufs- oder Fondsprospekt arglistig getäuscht wurde.[719] Die Unrichtigkeit der Angaben des Verkäufers, Fondsinitiators oder der für sie tätigen Vermittler muss nach den Umständen des Falls so evident sein, dass sich die Annahme aufdrängt, die Bank habe sich der Kenntnis der arglistigen Täuschung geradezu verschlossen.[720] Von einem institutionalisierten
Zusammenwirken in diesem Sinne ist auszugehen, wenn zwischen Bank und Fondsinitiator
bzw. Verkäufer eine ständige Geschäftsbeziehung, z.B. aufgrund einer Rahmenvereinbarung
oder Vertriebsabsprache oder durch Benutzung von Formularen des Kreditinstituts, bestanden
hat.[721]

cc) Überschreitung der Kreditgeberrolle. Von einer Überschreitung der Kreditgeberrolle der   207
Bank ist auszugehen, wenn diese z.B. im Zusammenhang mit der Planung, der Durchführung
oder dem Vertrieb eines Objekts gewissermaßen auch als Partei des zu finanzierenden Geschäfts in nach außen erkennbarer Weise Funktionen des Verkäufers oder Vertreibers übernommen und damit einen zusätzlichen, auf die übernommenen Funktionen bezogenen Ver-

---

[710] BGH WM 2004, 172, 173.
[711] BGH ZIP 1991, 90, 91.
[712] BGH ZIP 2004, 1394, 1401 f.
[713] BGH ZIP 2005, 481, 483.
[714] OLG Hamm WM 2002, 2326, 2328.
[715] BGH WM 2004, 172, 173.
[716] BGH WM 2004, 172, 173 f.
[717] BGH NJW 2004, 154.
[718] BGH WM 2004, 1221, 1225.
[719] BGH ZIP 2006, 1187, 1194 f.
[720] BGH ZIP 2006, 1187, 1195.
[721] BGH ZIP 2006, 1187, 1195.

trauenstatbestand geschaffen hat.[722] Die Tatsache, dass ein Kreditinstitut eine Vielzahl von Kaufverträgen betreffend Eigentumswohnungen in einem Objekt finanziert hat, rechtfertigt eine entsprechende Annahme jedoch ebenso wenig wie eine dauerhafte Geschäftsbeziehung der Bank zu den mit dem Vertrieb der Eigentumswohnungen beauftragten Firmen.[723] Vielmehr gilt der Grundsatz, dass die Überschreitung der Kreditgeberrolle nach außen erkennbar geworden sein muss, da andernfalls von einem vom Kreditinstitut gesetzten zusätzlichen Vertrauenstatbestand nicht ausgegangen werden kann.[724]

208   *dd) Schaffung eines besonderen Gefährdungstatbestands.* Aufklärungspflichten bestehen ferner dann, wenn die Bank selbst einen zu den allgemeinen wirtschaftlichen Risiken des Projekts hinzutretenden besonderen Gefährdungstatbestand für den Kunden schafft oder dessen Entstehung begünstigt. Dies ist z.B. der Fall, wenn das Kreditinstitut gegenüber dem Kreditnehmer den Eindruck erweckt, sie habe die von ihr finanzierte Anlage mit positivem Ergebnis geprüft.[725] Gleiches gilt, wenn die Bank das eigene wirtschaftliche Risiko auf den Kunden verlagert und diesen bewusst mit einem Risiko belastet, das über die mit dem zu finanzierenden Vorhaben verbundenen Gefahren hinausgeht.[726] Einen besonderen Gefährdungstatbestand setzt das Kreditinstitut ferner, wenn es den Kunden zur **Wertpapierspekulation auf Kredit** verleitet, bei der die Leistungsfähigkeit des Kunden übersteigende Verluste absehbar, Gewinne jedoch nur unter besonders günstigen, aber unwahrscheinlichen Umständen zu erwarten waren.[727]

209   *ee) Schwerwiegender Interessenkonflikt.* Von einem schwerwiegenden Interessenkonflikt, der Aufklärungspflichten des Kreditinstituts auslöst, ist auszugehen, wenn die Bank den Erwerber eines Bauträgerobjekts finanziert und weiß, dass der Bauträger einem hochgradigen Insolvenzrisiko ausgesetzt ist, das das Scheitern des Projekts erwarten lässt, so dass sie mit der Finanzierung ihr wirtschaftliches Risiko auf den Darlehensnehmer abwälzt.[728] Gleiches gilt, wenn die Bank eine Gesellschaftsbeteiligung an einer Publikums-KG finanziert, die vor dem Zusammenbruch steht und deren Hauptgläubigerin die Bank ist.[729] Dass die Bank auch Kreditgeberin des Initiators bzw. Verkäufers des finanzierten Objekts ist, begründet für sich allein keine Aufklärungspflicht der Bank.[730] Vielmehr müssen zu einer „Doppelfinanzierung" von Bauträger und Käufer weitere Umstände hinzutreten, die den Vorwurf einer Interessenkollision rechtfertigen.[731]

210   **c) Leistungsfähigkeit des Kreditnehmers.** Das Kreditinstitut ist gegenüber dem Darlehensnehmer auch nicht verpflichtet, dessen Kreditwürdigkeit bzw. **wirtschaftliche Leistungsfähigkeit** zu prüfen.[732] Ohne Bedeutung ist es insoweit, dass die Bank im Einzelfall gegen § 18 KWG verstößt, der die Bank verpflichtet, sich bei Krediten ab einer bestimmten Größenordnung (nunmehr: 750.000 Euro) die wirtschaftlichen Verhältnisse des Kreditnehmers offen legen zu lassen, da diese Regelung kein Schutzgesetz zugunsten des Kreditnehmers bildet.[733]

211   **d) Kreditspezifische Risiken.** Grundsätzlich ist die Bank nicht gehalten, einen Kreditinteressenten von sich aus auf Bedenken gegen die **Zweckmäßigkeit der gewählten Kreditart** oder gar auf günstigere Angebote anderer Banken hinzuweisen.[734] Etwas anderes gilt jedoch, wenn sie einem Kunden anstelle eines üblichen Ratenkredits eine neue Kreditform anbietet, die den Anschein besonderer Vorteile für den Kreditnehmer erweckt, deren Bedingungen ihn in Wahrheit jedoch in schwer durchschaubarer Weise überdurchschnittlich belasten. Dies ist z.B. der Fall, wenn das Kreditinstitut dem Kunden an Stelle des von ihm gewünschten Ratenkredits einen

---

[722] BGH ZIP 2003, 160, 161.
[723] BGH WM 2004, 172, 174.
[724] *Palandt/Heinrichs* § 280 BGB Rn. 61.
[725] BGH NJW 1992, 2560, 2562.
[726] BGH ZIP 2004, 209, 212.
[727] BGH NJW 1997, 1361, 1362.
[728] BGH ZIP 1992, 163, 164 f.
[729] BGH NJW 1978, 2547.
[730] BGH NJW 2003, 2088, 2090.
[731] BGH NJW 2003, 2088, 2090.
[732] OLG Dresden WM 2003, 1802, 1806.
[733] BGH Urt. v. 27.10.1988 – III ZR 14/88.
[734] BGH WM 1991, 179, 182.

mit einer **Kapitallebensversicherung** verbundenen **endfälligen Kreditvertrag** anbietet, obwohl ein Versicherungsbedürfnis nicht besteht.[735]

Hinweis:

Bei der Kombination von Festkredit und Lebensversicherung führt der Kreditnehmer während der   212
Laufzeit des Darlehens nicht den Kredit zurück, sondern entrichtet stattdessen Zahlungen auf eine
Lebensversicherung. Mangels Tilgung bleibt die Zinsbelastung bis zum Ende der Vertragslaufzeit
gleichbleibend hoch. Dieser finanzielle Nachteil muss durch entsprechende Erträge aus der Lebensversicherung sowie gegebenenfalls durch steuerliche Vorteile kompensiert werden, um Vorteile gegenüber dem klassischen Tilgungsdarlehen zu bieten. Die Kombination aus Festkredit und Lebensversicherung beinhaltet insofern ein spekulatives Element, als hohe Überschussbeteiligungen, die
der Versicherer nicht garantieren darf, ein günstige Alternative zum Annuitätendarlehen bilden können, während sinkende Überschussbeteiligungen die Kombination als ungünstig erscheinen lassen.

In einem solchen Fall muss die Bank den Interessenten über die **spezifischen Vor- und Nach-**   213
teile der neuen Kreditform aufklären.[736] Bei einer Kombination aus Festdarlehen und Lebensversicherung bedeutet dies nach h.M., dass die Bank über die Funktionsweise dieser Kombination sowie über das Risiko einer etwaigen Deckungslücke informieren muss.[737] Darüber
hinaus wird die Bank auf Nachfrage des Kunden verpflichtet sein, die jeweiligen Belastungen
eines Tilgungs- und eines endfälligen Darlehens zu berechnen und gegenüberzustellen.[738]

Darüber hinaus kann das Kreditinstitut aufgrund eines **Beratungsvertrags** zu richtiger und   214
vollständiger Information über die für eine Finanzierung wesentlichen Umstände verpflichtet
sein.[739] Auch in diesem Fall muss es über die mit der Kombination von Festkredit und als Tilgungsersatz dienender Kapitallebensversicherung verbundenen spezifischen Nachteile und Risiken aufklären, wenn sie sich für den Kreditnehmer ungünstiger darstellt als ein marktübliches Tilgungsdarlehen.[740] In diesem Fall erfordert die Darlegung eines Beratungsfehlers jedoch
einen Vergleich der Konditionen der zur Finanzierung abgeschlossenen Verträge mit den Bedingungen eines marktüblichen Tilgungsdarlehens. Dabei sind alle Vor- und Nachteile der jeweiligen Finanzierungsrisiken zu berücksichtigen, insbesondere die Zinsaufwendungen einschließlich etwaiger Zinsrisiken, die Erträge aus der Lebensversicherung und die steuerlichen
Auswirkungen der Finanzierungsmodelle.[741] Ergibt der Gesamtvergleich, dass sich die Kombination aus Festkredit und Lebensversicherung deutlich ungünstiger darstellt als die Abwicklung über ein Annuitätendarlehen, kommt eine Verletzung von Beratungspflichten in Betracht.[742]

Wird dem Kreditnehmer von dritter Seite zur Kombination von endfälligem Darlehen und   215
Tilgungsversicherung geraten, so dass dieser mit einer entsprechenden konkreten Vorstellung
an die Bank herantritt, schuldet diese keine Aufklärung über die hieraus erwachsenden Nachteile.[743]

Keine Aufklärungspflicht besteht hinsichtlich eines etwaigen **Zinsänderungsrisikos**, da all-   216
gemein bekannt ist, dass Darlehenszinsen am Markt ständigen Schwankungen unterliegen.[744]

Sind die Voraussetzungen für einen Schadensersatzanspruch dem Grunde nach gegeben,   217
kann der Kreditnehmer nach der Rechtsprechung des BGH nicht die Rückabwicklung des
Darlehensvertrags, sondern **nur** Ersatz der **Vermögensdifferenz**, d.h. der durch die ungünstige
Finanzierung entstandenen Mehrkosten verlangen.[745]

e) Unterlassene bzw. mangelhafte Widerrufsbelehrung. Ein Schadensersatzanspruch kann   218
sich nach neuerer Rechtsprechung des BGH ferner aus dem Umstand ergeben, dass es das Kreditinstitut entgegen § 2 II HWiG a.F. unterlassen hat, den Kreditnehmer über ein bestehendes
Widerrufsrecht zu belehren. Insoweit geht der BGH davon aus, dass es sich bei der Belehrungs-

---

[735] BGH WM 2004, 172, 174.
[736] BGH WM 1991, 179, 182.
[737] *Artzt/Weber* BKR 2005, 264, 268 m.w.N.
[738] *Artzt/Weber* BKR 2005, 264, 268 m.w.N.
[739] Vgl. BGH WM 2005, 69, 71.
[740] BGH WM 2005, 69, 71.
[741] BGH WM 2005, 69, 71.
[742] BGH WM 2005, 69, 71.
[743] BGH WM 2004, 172, 174.
[744] OLG Hamm BB 1992, 2177.
[745] BGH NJW 2003, 2529, 2531.

pflicht nicht nur um eine Obliegenheit handelt, die den Lauf der Widerrufsfrist auslöst, sondern um eine „echte" Rechtspflicht, die Schadensersatzansprüche des Verbrauchers nach sich ziehen kann.[746] Allerdings hat der BGH Zweifel an einem möglichen Verschulden des Kreditinstituts gemäß § 276 BGB in Bezug auf Altfälle geäußert, da sich dieses hinsichtlich der „echten" Belehrungspflicht in einem unverschuldeten Rechtsirrtum befunden haben könne. Ferner hat der BGH klargestellt, dass trotz der Urteile des EuGH vom 25.10.2005 für einen weitergehenden Verbraucherschutz kein Spielraum bestehe, da insoweit tragende Rechtsgrundsätze wie das Verschuldensprinzip entgegenstünden, an die die Rechtsprechung gebunden sei.[747] In welchem Umfang der BGH Schadensersatzansprüche aufgrund einer mangelhaften Widerrufsbelehrung tatsächlich anerkennt, bleibt angesichts dessen abzuwarten.

Hinweis:

219   Auch die Einräumung von Schadensersatzansprüchen wegen unterlassener Widerrufsbelehrung wird als ein möglicher Weg angesehen, einem Verbraucher in richtlinienkonformer Auslegung den vom EuGH in der „Schulte"-Entscheidung aus der Haustürgeschäfterichtlinie abgeleiteten Schutz zukommen zu lassen.[748] Inwieweit der BGH diesen Weg beschreitet, ist derzeit ebenfalls noch offen.

220   **f) Beratungsvertrag.** Ein Beratungsvertrag betreffend Fragen der Kreditfinanzierung kann bereits stillschweigend dadurch zustande kommen, dass der Kreditnehmer die Bank hinsichtlich der Finanzierung als Sachkundige um Rat bittet und die Bank hierauf eingeht.[749] Ferner ist von einem konkludenten Abschluss eines Beratungsvertrags auszugehen, wenn das Kreditinstitut von sich aus eine Empfehlung zur Finanzierung ausspricht.[750] Findet eine Beratung tatsächlich statt, ist es gleichgültig, ob die Initiative vom Kunden oder von der Bank ausging.[751]

221   Der Beratungsvertrag verpflichtet die Bank, den Rat gewissenhaft und vollständig zu erteilen, wobei der Umfang der Pflicht vom jeweiligen Einzelfall abhängt.[752] Ist ein Beratungsvertrag bezüglich der Finanzierung eines bestimmten Gegenstandes zustande gekommen, ist das Kreditinstitut zu dem Hinweis verpflichtet, dass es verschiedene Arten der Darlehensgewährung gibt.[753] Ferner muss die Bank einen unter Berücksichtigung der persönlichen Verhältnisse des Kunden nach aktueller konjunktureller Zinslage angemessenen und sachgerechten Finanzierungsvorschlag machen.[754] Stellt die Bank Berechnungen an, haftet sie für ihr insoweit unterlaufene Fehler.[755]

222   **g) Schadensersatzansprüche.** Die schuldhafte Verletzung einer der dargestellten Aufklärungs- oder Beratungspflichten löst Schadensersatzansprüche des Kreditnehmers gegen die Bank gemäß §§ 311 II, 280 I BGB aus. Das Handeln seiner Mitarbeiter ist dem Kreditinstitut gemäß § 278 BGB zuzurechnen. Dies gilt ferner auch für das Verhalten eines unabhängigen Anlagevermittlers, der mit Wissen und Wollen im Pflichtenkreis der Bank tätig wird.[756] Dies ist grundsätzlich jedoch nur insoweit der Fall, als das Verhalten des Vermittlers die Anbahnung des Kreditvertrags betrifft.[757] Hierüber hinausgehende Pflichtverletzungen sind der Bank grundsätzlich nicht bzw. nur unter besonderen Umständen zurechenbar.

223   Soweit sich der Kreditnehmer auf die Verletzung einer vorvertraglichen Aufklärungspflicht gemäß § 311 II BGB beruft, gilt hinsichtlich des **Schadensumfangs**, dass die Bank den Kreditnehmer so stellen muss, wie er ohne das schädigende Verhalten stünde (negatives Interesse). Regelmäßig hat das Kreditinstitut den Darlehensnehmer somit von den Rechtsfolgen des Darlehensvertrags und des finanzierten Geschäfts zu befreien.[758] Bei einer mangelhaften Beratung in Bezug auf die Kreditart ist dem Darlehensnehmer der Schaden in Höhe der Differenz zwischen den Kosten des von ihm gewählten Kreditvertrags und den Kreditkosten, die ihm bei

---

[746] BGH ZIP 2006, 2262, 2266.
[747] BGH ZIP 2006, 2262, 2266 f.
[748] Vgl. *Habersack* JZ 2006, 91 ff.
[749] Vgl. BGH ZIP 2004, 209, 210; OLG Karlsruhe ZIP 1997, 360.
[750] Vgl. BGH ZIP 2004, 452, 454.
[751] BGH NJW 2004, 1868, 1869.
[752] *Siol*, Bankrechts-Handbuch I § 43 Rn. 7.
[753] OLG Karlsruhe ZIP 1997, 360.
[754] OLG Karlsruhe ZIP 1997, 360.
[755] *Palandt/Heinrichs* § 280 BGB Rn. 56.
[756] BGH NJW 2001, 358 f.
[757] BGH NJW 2004, 154, 157.
[758] Vgl. BGH ZIP 1991, 90, 92.

Abschluss eines Ratenkreditvertrags zu üblichen Bedingungen entstanden wären, zu erset-zen.[759] Kann der Kreditnehmer seinen Anspruch auf die Verletzung einer Pflicht der Bank aus einem Beratungsvertrag stützen, hat diese den Zustand herzustellen, der bestünde, wenn der zum Ersatz verpflichtende Umstand nicht eingetreten wäre (positives Interesse).

Nach allgemeinen Grundsätzen hat der Kunde die Voraussetzungen **darzulegen und zu be-weisen,** aus denen sich im Einzelfall eine Aufklärungspflicht des Kreditinstituts ergibt. Dies gilt   224 sowohl für das Zustandekommen eines Beratungsvertrags, als auch für die Voraussetzungen einer der Fallgruppen, die nach der Rechtsprechung des BGH eine Aufklärungspflicht begrün-den. Sofern z.B. das Überschreiten der Kreditgeberrolle behauptet wird, ist darzulegen und ge-gebenenfalls zu beweisen, dass die Bank nach außen in Erscheinung getreten ist.[760] Die aus ei-nem institutionalisierten Zusammenwirken des Kreditinstituts mit dem Verkäufer oder Vertreiber des finanzierten Objekts abgeleitete Aufklärungspflicht der Bank aufgrund eines Wissensvorsprungs setzt die Darlegung konkreter, dem Beweis zugänglicher unrichtiger Anga-ben des Vermittlers oder Verkäufers über das Objekt voraus.[761] Hinsichtlich der Kausalität der Pflichtverletzung für den Schadenseintritt kann sich der Kunde auf die Vermutung aufklä-rungsrichtigen Verhaltens berufen,[762] so dass das Kreditinstitut beweisen muss, dass der Kre-ditnehmer den Rat oder Hinweis nicht befolgt hätte und der Schaden trotzdem eingetreten wäre.[763] Eine Ausnahme von diesem Grundsatz gilt, wenn es für den Kreditnehmer vernünfti-gerweise mehrere Möglichkeiten aufklärungsrichtigen Verhaltens gab.[764]

VII. Kündigung von Darlehensverträgen durch das Kreditinstitut

1. Ausgangssituation

Zu einer Kündigung sieht sich das Kreditinstitut in der Regel aufgrund der Einschätzung   225 veranlasst, dass die Rückzahlung des Darlehens gefährdet ist, z.B. weil sich die wirtschaftliche Situation des Kreditnehmers oder der Wert der gestellten Sicherheiten verschlechtert hat. Meist gehen der Kündigung Gespräche über ein Umschuldung oder andere Möglichkeiten der Problemlösung voraus, weshalb den Kreditnehmer die Kündigung in der Regel nicht unvorbe-reitet trifft. Jedoch ist eine Neubewertung des Kreditrisikos durch die Bank für den Kreditneh-mer nicht immer nachvollziehbar, zumal sich das Kündigungsschreiben häufig mit einem Hin-weis auf einen allgemein gehaltenen Kündigungsgrund (z.B. „wesentliche Verschlechterung der Vermögensverhältnisse") begnügt. Insbesondere in schwierigen Konjunkturphasen ist eine Kündigung durch die Bank oftmals die Folge einer Neuausrichtung ihrer Kreditpolitik. Die Fälligstellung des Darlehensrückzahlungsanspruchs ist zudem rechtliche Voraussetzung für die Verwertbarkeit der der Bank eingeräumten Sicherheiten.

Den Kunden bringt die Kündigung regelmäßig in Schwierigkeiten. Die Darlehenssumme   226 diente üblicherweise Investitions- oder Konsumzwecken und ist daher nicht kurzfristig verfüg-bar. Die Notwendigkeit, kurzfristig liquide Mittel zu beschaffen, um eine Verwertung von Sicherheiten zu ungünstigen Konditionen zu verhindern, vergrößert eine angespannte Liquidi-tätssituation des Kreditnehmers zusätzlich. Der durch die Kündigung ausgelöste Liquiditäts-bedarf kann sogar zur Zahlungsunfähigkeit gemäß § 17 InsO, führen, die ihrerseits die Ver-pflichtung zur Stellung eines Insolvenzantrags[765] nach sich ziehen kann.

Demgegenüber steht das Bedürfnis der Bank, das wirtschaftliche Risiko der Kreditgewäh-   227 rung auf ein Maß zu beschränken, das in angemessenem Verhältnis zum vereinbarten Zinssatz steht, da ein Teil des von der Bank kalkulierten Zinses für die Höhe des mit der Darlehensge-währung verbundenen Risikos entschädigt. Schon deshalb ist das Kreditinstitut in der Regel nicht bereit, die unternehmerischen Risiken zu übernehmen, denen sich der Kreditnehmer mit seiner darlehensfinanzierten Investition aussetzt.

---

[759] BGH NJW 1991, 832, 834.
[760] BGH ZIP 2003, 160, 161.
[761] BGH ZIP 2006, 2262, 2264 f.
[762] BGH NJW 1992, 2560, 2561.
[763] BGHZ 126, 151, 159.
[764] BGH ZIP 1994, 1168, 1169.
[765] Vgl. z.B. § 64 I 1 GmbHG, 92 Abs. II 1 AktG, §§ 130a I, 177a HGB.

2. Rechtliche Grundlagen

228   Beim Darlehensvertrag handelt es sich um ein Dauerschuldverhältnis, das entweder für einen bestimmten Zeitraum oder auf unbestimmte Zeit geschlossen wird.

229   Eine gesetzliche Regelung zum **ordentlichen Kündigungsrecht** bei Darlehensverträgen enthält § 488 III BGB. § 314 BGB normiert ferner ein Kündigungsrecht für Dauerschuldverhältnisse aus wichtigem Grund, das auch auf Darlehensverträge Anwendung findet. Daneben beinhaltet § 490 I BGB eine spezielle Regelung des **außerordentlichen Rechts zur Kündigung** von Darlehensverträgen durch den Darlehensgeber, wobei gemäß § 490 III BGB die Regelung des § 314 BGB unberührt bleibt. § 490 I BGB verdrängt § 314 BGB somit nur in seinem Anwendungsbereich.[766] Vorrangig beinhalten Nr. 19 AGB-Banken bzw. Nr. 26 AGB-SPK sowie etwaige besondere Darlehensbedingungen Regelungen zum Kündigungsrecht der Bank, die durch Einbeziehung der AGB Vertragsbestandteil werden. Ist die Kündigung wirksam, ist der Anspruch des Kreditinstituts auf Rückzahlung des Darlehens – ggf. nach Ablauf einer Kündigungsfrist – fällig.

Hinweis:

230   Bei der Beratung des Mandanten im Zusammenhang mit einer Kreditkündigung ist regelmäßig die Wirksamkeit der Kündigung des Darlehensvertrags durch das Kreditinstitut zu prüfen. Diese Prüfung ist wie folgt durchzuführen: Zunächst ist festzustellen, ob es sich um einen befristeten oder um einen unbefristeten Darlehensvertrag handelt. Da bei einem befristeten Darlehensvertrag eine ordentliche Kündigung grundsätzlich ausgeschlossen ist, müssen insoweit die Voraussetzungen für eine außerordentliche Kündigung bzw. eine Kündigung aus wichtigem Grund vorliegen. Bei einem unbefristeten Darlehensvertrag ist dagegen eine ordentliche Kündigung möglich, weshalb lediglich die maßgebliche Kündigungsfrist zu ermitteln ist. Schließlich ist zu prüfen, ob besondere Umstände vorliegen, die eine Kündigung ausnahmsweise ausschließen.

3. Außerordentliche Kündigung

231   Sowohl unbefristete[767] als auch befristete Darlehensverträge können von der Bank aus **wichtigem Grund** fristlos gekündigt werden. Spezielle Regelungen außerordentlicher Kündigungsgründe enthalten neben § 490 I BGB vor allem Nr. 19 III AGB-Banken bzw. Nr. 26 II AGB-SPK, denen neben der Kündigung wegen Zahlungsverzugs praktisch die größte Bedeutung zukommt.

232   **a) Kündigung wegen Zahlungsverzugs.** *aa) Grundregel.* Der Verzug des Darlehensnehmers mit den vertraglich vereinbarten Darlehensraten bildet grundsätzlich eine **Vertragspflichtverletzung**, die das Kreditinstitut gemäß §§ 490 III, 314 II BGB zur außerordentlichen Kündigung des Darlehensvertrags berechtigt. Dementsprechend enthalten die von der Kreditwirtschaft gestellten Darlehensvertragsformulare bzw. in den Darlehensvertrag einbezogenen Allgemeinen Darlehensbedingungen regelmäßig ein ausdrückliches außerordentliches Kündigungsrecht der Bank für den Fall des Zahlungsverzugs des Darlehensnehmers. Entsprechend der gesetzlichen Regelung in § 314 II BGB sieht dieses vor, dass die Bank dem Darlehensnehmer nach Eintritt des Verzugs grundsätzlich eine **Abhilfefrist** einräumen muss, deren Länge in der vertraglichen Kündigungsregelung bestimmt ist, zumindest aber angemessen sein muss.

233   Der Eintritt des Verzugs richtet sich nach § 286 BGB. Sind die Termine für die Ratenzahlung wie üblich im Darlehensvertrag bestimmt, ist eine Mahnung der Bank gemäß § 286 II Nr. 1 BGB entbehrlich, so dass sich der Kreditnehmer bereits mit Ablauf des vertraglichen Zahlungstermins in Verzug befindet. Die Bank muss jedoch gegebenenfalls den Nachweis führen, dass sie dem Darlehensnehmer eine erforderliche Abhilfefrist gesetzt hat. Letztere ist gemäß §§ 314 II 3, 323 II Nr. 1 BGB bzw. der vertraglichen Kündigungsregelung jedoch ebenfalls entbehrlich, wenn der Darlehensnehmer die Zahlung ernsthaft und endgültig verweigert.

234   *bb) Verbraucherdarlehen.* § 498 I BGB normiert eine **spezielle Regelung** des außerordentlichen Kündigungsrechts für Verbraucherdarlehensverträge (vgl. § 491 BGB) wegen **Zahlungs-**

---

[766] *Freitag* WM 2001, 2370, 2377.

[767] Bei unbefristeten Kreditverträgen wird die außerordentliche Kündigung in der Regel nur eine untergeordnete Rolle spielen, da die dann mögliche ordentliche Kündigung nicht an einen wichtigen Grund geknüpft ist, und eine Kündigungsfrist gemäß Nr. 19 Abs. 2 AGB-Banken grundsätzlich nicht einzuhalten ist, siehe unten, 3.

verzugs. Danach ist eine Kündigung nur zulässig, wenn der Darlehensnehmer mit zwei aufeinander folgenden Raten zumindest teilweise in Verzug ist. Darüber hinaus muss der Zahlungsrückstand eine von der Laufzeit des Darlehens abhängige Quote des Darlehensnennbetrags (10 % bzw. 5 %) erreicht haben, und das Kreditinstitut muss dem Darlehensnehmer eine Nachfrist von zwei Wochen gesetzt sowie die Kündigung angedroht haben. Mit der Fristsetzung muss die Nennung des rückständigen Betrags verbunden sein.[768] Gibt das Kreditinstitut bei der Fristsetzung einen höheren als den geschuldeten Betrag an, ist die hierauf folgende Kündigung unwirksam.[769] Zahlungen des Darlehensnehmers nach der Kündigungsandrohung müssen den gesamten Rückstand ausgleichen, um die Kündigungsvoraussetzungen zu beseitigen. Eine bloße Rückführung der Verbindlichkeit unter die jeweilige Rückstandsquote von 10 % bzw. 5 % ist nicht ausreichend, um das Kündigungsrecht zu beseitigen.[770]

Als Spezialregelung des außerordentlichen Kündigungsrechts wegen Zahlungsverzugs **235** schließt die Vorschrift eine Kündigung wegen **sonstiger außerordentlicher Kündigungsgründe** gemäß §§ 490 I, 314 BGB nicht aus.[771] Ist der Darlehensnehmer in wirtschaftlichen Schwierigkeiten, kommen jedoch nur solche Kündigungsgründe in Betracht, die nicht in Zusammenhang mit Zahlungsschwierigkeiten des Darlehensnehmers stehen, da § 498 I BGB insoweit qualifizierte Anforderungen an das Kündigungsrecht stellt.[772] Insbesondere eine Kündigung wegen wesentlicher Verschlechterung der Vermögensverhältnisse ist ausgeschlossen, wenn diese noch nicht zu dem in § 498 I BGB umschriebenen Zahlungsverzug geführt hat.[773]

Bis zum Inkrafttreten des Risikobegrenzungsgesetztes am 19.8.2008 galt die geschilderte **236** Beschränkung des Kündigungsrechts gemäß § 498 III BGB a.F. nur für solche Verbraucherdarlehensverträge, die keine Immobiliardarlehensverträge gemäß § 492 Ia 2 BGB waren. Aufgrund der Neufassung werden nunmehr auch Immobiliardarlehensverträge erfasst, die nach dem 18.8.2008 geschlossen wurden, Art. 229 § 18 I 1 EGBGB.

b) Wesentliche Verschlechterung der Vermögensverhältnisse des Kunden. Gemäß § 490 I BGB **237** bzw. Nr. 19 III AGB-Banken liegt ein wichtiger Grund insbesondere vor, wenn eine wesentliche Verschlechterung der wirtschaftlichen Verhältnisse des Kunden eintritt oder einzutreten droht. Da die Bank ein schutzwürdiges Interesse an der Wahrung ihrer eigenen wirtschaftlichen Belange hat, rechtfertigt schon die drohende Verschlechterung eine außerordentliche Kündigung. Erforderlich ist allerdings, dass sich die wesentliche Verschlechterung „sichtbar abzeichnet"[774], d.h. es müssen **objektive Anhaltspunkte** vorliegen, aus denen die drohende Verschlechterung abgeleitet werden kann. Auf ein Verschulden des Kreditnehmers kommt es nicht an.

Die wesentliche Verschlechterung setzt begriffsnotwendig eine Auswertung und Gegenüber- **238** stellung der wirtschaftlichen Verhältnisse des Kreditnehmers zu zwei unterschiedlichen Zeitpunkten voraus. Bei **Privatpersonen** kann eine Verschlechterung der Einkommenssituation (z.B. aufgrund Arbeitslosigkeit) oder der Wertverlust wesentlicher Vermögensteile eine wesentliche Verschlechterung begründen.[775] Beim **Kaufmann**, insbesondere bei Handelsgesellschaften, sprechen eine dauerhaft verschlechterte Liquiditätslage oder eine nachhaltige Verringerung des Eigenkapitals für eine Verschlechterung der Vermögensverhältnisse. Liegt ein Eröffnungsgrund für ein Insolvenzverfahren (§§ 17 ff. InsO) vor, ist von einer wesentlichen Verschlechterung auszugehen. Existierte der Eröffnungsgrund schon bei Abschluss des Darlehensvertrags, kann von einer Verschlechterung nicht ohne weiteres die Rede sein, weshalb dem Kreditinstitut lediglich die Anfechtung gemäß § 119 II BGB bleibt.[776] Verschlechterte Rahmenbedingungen (Konjunktur, Kriegsausbruch) rechtfertigen die außerordentliche Kündigung nicht, wenn sich deren Auswirkungen auf die Vermögensverhältnisse des Kreditnehmers nicht objektiv begründen lassen.[777] Gleiches gilt für eine bankinterne Veränderung von Bewertungs-

---

[768] BGH ZIP 2005, 406, 407 f.
[769] BGH ZIP 2005, 406, 407.
[770] BGH ZIP 2005, 406, 407.
[771] *MünchKomm/Habersack* § 498 BGB Rn. 22.
[772] *MünchKomm/Habersack* § 498 BGB Rn. 22.
[773] *MünchKomm/Habersack* § 498 BGB Rn. 22.
[774] BT-Drucks. 14/6040, S. 254.
[775] *Bunte*, Bankrechts-Handbuch § 24 Rn. 34.
[776] *MünchKomm/Berger* § 490 BGB Rn. 2 m.w.N.; a.A. *Baumbach/Hopt* HGB AGB-Banken 19 Rn. 5b. Meist kann die Kündigung in diesem Fall auf unrichtige Angaben des Kreditnehmers über seine Vermögensverhältnisse gestützt werden, siehe unten, Rn. 243.
[777] *Erman/Saenger* § 490 BGB Rn. 6; *MünchKomm/Berger* § 490 BGB Rn. 4.

standards, die zu einer geänderten Bonitätseinstufung führen, ohne dass sich die Bewertungs-grundlagen geändert hätten.

239   Verweigert der Kreditnehmer eine Übermittlung aktueller Zahlen zur wirtschaftlichen Situation, die dem Kreditinstitut die Prüfung der Vermögensverhältnisse ermöglichen sollen, kann diese Tatsache einen eigenständigen Kündigungsgrund[778] bilden, weshalb es dem Kreditinstitut zumutbar ist, vor Erklärung der außerordentlichen Kündigung solche Informationen beim Kreditnehmer anzufordern und auszuwerten.

240   Voraussetzung für die außerordentliche Kündigung wegen einer wesentlichen Verschlechterung der Vermögensverhältnisse ist gemäß § 490 I BGB bzw. Nr. 19 III AGB-Banken **zudem**, dass die (drohende) Verschlechterung die **Rückzahlung des Darlehens gefährdet**. Erforderlich ist eine akute Ausfallgefährdung. Der bloße Verdacht einer Ausfallgefahr rechtfertigt die Kündigung nicht, weshalb dieser Umstand vom Kreditinstitut sorgfältig geprüft werden muss.[779] Eine Gefährdung des Rückzahlungsanspruchs liegt nach allgemeiner Auffassung nicht vor, wenn dieser durch werthaltige Vermögensgegenstände gesichert ist.[780] Auch die wesentliche Verschlechterung der Vermögensverhältnisse rechtfertigt bei ausreichender Sicherung des Darlehens somit keine außerordentliche Kündigung. Bei der Bewertung der Sicherheiten ist regelmäßig deren Zerschlagungswert zugrunde zu legen, wenn nicht eine große Wahrscheinlichkeit für eine günstigere Verwertung spricht.[781]

241   **c) Wesentliche Verschlechterung der Werthaltigkeit einer Sicherheit.** Gemäß § 490 I BGB sowie Nr. 19 III AGB-Banken rechtfertigt auch eine wesentliche Verschlechterung der Werthaltigkeit von Sicherheiten eine außerordentliche Kündigung des Darlehensvertrags. Allerdings ist zu beachten, dass diese Verschlechterung auch hier zu einer Gefährdung des Rückzahlungsanspruchs führen muss. Daran fehlt es, wenn die sonstigen wirtschaftlichen Verhältnisse des Darlehensnehmers eine Rückzahlung erwarten lassen. Ist dies nicht der Fall, rechtfertigt diese bereits die außerordentliche Kündigung, weshalb die Verschlechterung der Werthaltigkeit einer Sicherheit praktisch nur eine geringe Rolle spielt.[782] Abgesehen hiervon steht dem Kreditinstitut gemäß Nr. 13 II AGB-Banken bzw. Nr. 22 I AGB-SPK in der Regel ein Recht auf Verstärkung von Sicherheiten zu, wenn sich vorhandene Sicherheiten verschlechtert haben. Eine Kündigung käme daher erst in Frage, wenn der Darlehensnehmer keine weiteren Sicherheiten stellen kann oder will.[783]

242   **d) Keine Bestellung oder Verstärkung von Sicherheiten.** Stellt oder verstärkt der Kreditnehmer Sicherheiten nicht, obwohl er gemäß Nr. 13 II AGB-Banken bzw. Nr. 22 I AGB-SPK hierzu verpflichtet wäre, ist das Kreditinstitut gemäß Nr. 19 III AGB-Banken bzw. Nr. 26 II 3 b) AGB-SPK nach Ablauf einer angemessenen Frist zur außerordentlichen Kündigung berechtigt. Bedingung ist somit, dass die Voraussetzungen gemäß Nr. 13 II AGB-Banken bzw. Nr. 22 I AGB-SPK tatsächlich vorliegen, weshalb sie inzident zu prüfen[784] sind.

243   **e) Unrichtige Angaben des Kunden über seine Vermögensverhältnisse.** Ein außerordentliches Kündigungsrecht steht dem Kreditinstitut gemäß Nr. 19 III AGB-Banken bzw. Nr. 26 II 3 c) AGB-SPK auch dann zu, wenn der Kreditnehmer unrichtige Angaben über seine Vermögensverhältnisse gemacht hat. Dadurch wird der Tatsache Rechnung getragen, dass die Angaben elementare Voraussetzung für eine zutreffende Beurteilung des Ausfallrisikos der Bank sind. Voraussetzung ist allerdings, dass die Informationen für die Kreditgewährungsentscheidung von erheblicher Bedeutung waren. Davon ist auszugehen, wenn sich die falschen bzw. fehlenden Informationen unmittelbar auf die Bewertung des Ausfallrisikos der Bank auswirken oder Zweifel an der persönlichen Zuverlässigkeit des Kreditnehmers begründen.[785]

244   **f) Verweigerung der Offenlegung der wirtschaftlichen Verhältnisse.** Auch die beharrliche Weigerung des Kreditnehmers, der Bank Unterlagen zur Verfügung zu stellen, anhand derer sie sich ein objektives Bild von den aktuellen Vermögensverhältnissen des Kunden machen kann,

---

[778] Siehe unten, Rn. 244.
[779] *MünchKomm/Berger* § 490 BGB Rn. 8.
[780] *MünchKomm/Berger* § 490 BGB Rn. 9; *Bunte*, Bankrechts-Handbuch I § 24 Rn. 39.
[781] *MünchKomm/Berger* § 490 BGB Rn. 9.
[782] *MünchKomm/Berger* § 490 BGB Rn. 6.
[783] Vgl. BGH NJW 1998, 385, 386.
[784] Zum Anspruch auf Bestellung von Sicherheiten siehe § 11 Rn. 3 ff.
[785] BGH WM 1985, 1437.

begründet der Rechtsprechung des BGH zufolge jedenfalls dann ein Recht zur außerordentlichen Kündigung, wenn sie den Kreditnehmer unmissverständlich auf seine Pflichten hingewiesen und die Kündigung für den Fall der Nichtvorlage angedroht hat.[786] Zur Begründung verwies der BGH darauf, dass das Kreditinstitut gemäß § 18 KWG verpflichtet war, sich bei Krediten ab einer bestimmten Größenordnung die wirtschaftlichen Verhältnisse offen legen zu lassen. Ob das Überschreiten der in § 18 KWG genannten Größenmerkmale notwendige Voraussetzung für das außerordentliche Kündigungsrecht ist, lässt sich dem Urteil nicht zweifelsfrei entnehmen. Da die Kreditverträge bzw. allgemeinen Darlehensbedingungen der Kreditwirtschaft jedoch regelmäßig eine vertragliche Verpflichtung des Kreditnehmers zur Offenlegung der wirtschaftlichen Verhältnisse enthalten, würde eine Weigerung des Kreditnehmers einer Vertragsverletzung gleichkommen, die die Bank unabhängig von der Einhaltung der Größengrenzen des § 18 KWG ebenfalls zur Kündigung berechtigen würde.

g) Sonstige Gründe. Die Aufzählung der oben genannten außerordentlichen Kündigungs-   245
gründe ist nicht abschließend, wie sich bereits aus §§ 490 III, 314 I 1 BGB, Nr. 19 III AGB-Banken bzw. Nr. 26 II 3 AGB-SPK („insbesondere") ergibt. Gemäß § 314 I 2 BGB liegt ein wichtiger Grund nur vor, wenn dem kündigenden Teil unter Berücksichtigung aller Umstände des Einzelfalls und unter Abwägung der beiderseitigen Interessen die Fortsetzung des Vertragsverhältnisses bis zum nächsten Kündigungstermin bzw. bis Laufzeitende nicht zugemutet werden kann. Insbesondere schwerwiegende Pflichtverletzungen des Kunden können eine außerordentliche Kündigung rechtfertigen. Einen wichtigen Grund stellt z.B. die eigenmächtige Kontoüberziehung durch den Kunden dar, die jedenfalls dann die für eine außerordentliche Kündigung erforderliche Schwere erreicht, wenn sie wiederholt erfolgt.[787] Hat die Bank Überziehungen jedoch bereits mehrfach geduldet, ist zu prüfen, ob dies zum stillschweigenden Abschluss eines Überziehungskredits geführt hat.[788] Schließlich können auch beleidigende Äußerungen des Kunden einen wichtigen Grund für eine Darlehenskündigung bilden.

h) Abhilfefrist. Gemäß § 314 II 1 BGB, Nr. 19 III AGB-Banken bzw. Nr. 26 II 4 AGB-SPK ist   246
die außerordentliche Kündigung erst nach erfolglosem Ablauf einer zur Abhilfe bestimmten Frist oder nach erfolgloser Abmahnung zulässig, wenn der wichtige Grund in der Verletzung einer vertraglichen Pflicht besteht. Der Verweis in § 314 II 2 BGB auf § 323 II BGB stellt klar, dass die Abmahnung in den dort genannten Fällen (z.B. ernsthafte und endgültige Leistungsverweigerung) entbehrlich ist.

4. Ordentliche Kündigung

Gemäß § 488 III 1, 2 BGB kann das Kreditinstitut einen unbefristeten Kredit mit einer Frist   247
von drei Monaten kündigen. Demgegenüber ist das Kreditinstitut gemäß Nr. 19 II AGB-Banken berechtigt, einen unbefristeten Kredit jederzeit ohne Einhaltung einer Kündigungsfrist zu kündigen, jedoch verpflichtet, auf die berechtigten Belange des Kunden Rücksicht zu nehmen. Diese Abweichung vom gesetzlichen Leitbild soll nach einer Entscheidung des OLG Köln[789] sowie überwiegender Auffassung in der Literatur[790] mit § 9 II 1 AGBG a.F. (= § 307 Abs. 2 Nr. 1 BGB) wegen der Verpflichtung zur Rücksichtnahme auf berechtigte Belange des Kreditnehmers vereinbar sein.

Ausgehend davon, dass Nr. 19 II AGB-Banken mit §§ 305 ff. BGB vereinbar ist, hätte das   248
Kreditinstitut – eine wirksame Einbeziehung der AGB gemäß § 305 BGB vorausgesetzt – nach h.M. jedenfalls auf die berechtigten Belange des Kunden Rücksicht zu nehmen. Generell gilt, dass das **Rücksichtnahmegebot** nicht dazu führen darf, dass das ordentliche Kündigungsrecht der Bank zur Ausnahme bzw. den strengeren Anforderungen des außerordentlichen Kündigungsrechts angenähert wird.[791] Seine Ausprägung hat das Gebot der Rücksichtnahme in dem Verbot einer Kündigung zur Unzeit sowie einer rechtsmissbräuchlichen Kündigung erfahren.

Eine Kündigung, die zur **Unzeit** erfolgt, verstößt gegen das Rücksichtnahmegebot. Dem   249
Kreditnehmer muss daher die Möglichkeit eröffnet werden, sich den zur Rückzahlung der

---

[786] BGH NJW 1994, 2154, 2155.
[787] Zum Erfordernis der Abmahnung siehe unten, Rn. 246.
[788] Siehe oben, Rn. 32 f.
[789] OLG Köln WM 1999, 1004, 1005.
[790] *Bruchner*, Bankrechts-Handbuch I § 79 Rn. 33, m.w.N.; *Freitag* WM 2001, 2370, 2375 f.
[791] *MünchKomm/Berger* § 488 BGB Rn. 242.

Darlehensvaluta erforderlichen Betrag anderweitig zu beschaffen (vgl. §§ 627 II 1, 672 II BGB).[792] Ihm muss eine angemessene Umstellungsfrist eingeräumt werden.[793] Die dem Kreditnehmer einzuräumende Zeitspanne hängt dabei von den Umständen des Einzelfalls, z.B. davon ab, ob das Kreditinstitut den Anschein erweckt hat, dass eine Kündigung vorerst ausgeschlossen sein würde.[794] Zur Unzeit erfolgt eine Kündigung z.B. dann, wenn der Kreditnehmer noch vor einer Kündigung Schecks begibt, deren Einlösung die Bank wegen zwischenzeitlicher Kündigung verweigert, obwohl sich die hiermit verbundene Belastung im Rahmen des eingeräumten Kontokorrentkredits gehalten hätte.[795] Hat der Kreditnehmer wegen seiner schlechten wirtschaftlichen Verhältnisse Schwierigkeiten, einen neuen Kreditgeber zu finden, ist die Bank nicht verpflichtet, eine über die für schwierige Umschuldungsfälle gewöhnliche Zeitspanne hinausgehende Frist einzuräumen.[796]

250   Spricht das Kreditinstitut eine Kündigung zur Unzeit aus, ist diese der Rechtsprechung des BGH zufolge jedoch nicht unwirksam.[797] Dem Kreditnehmer steht vielmehr ein verschuldensunabhängiger **Schadensersatzanspruch** in Analogie zu § 627 II 2 BGB gegen das Kreditinstitut zu.[798]

251   Ferner darf die ordentliche Kündigung nicht **rechtsmissbräuchlich** sein (§ 242 BGB).[799] Es ist daher durch Abwägung zu ermitteln, ob der dem Kreditnehmer durch die Kündigung entstehende Schaden gemessen am Ausfallrisiko der Bank nicht unverhältnismäßig hoch ist.[800] Dass der Darlehensnehmer durch die Kündigung in Liquiditätsschwierigkeiten gerät, begründet keine Pflicht der Bank, auf eine ordentliche Kündigung zu verzichten. Auch eine ausreichende Besicherung des Kredits schließt das Kündigungsrecht für sich genommen nicht aus.[801] Kommt jedoch hinzu, dass der Kreditnehmer in starker wirtschaftlicher Abhängigkeit zum Kreditinstitut steht und ihm durch die Kündigung ein großer wirtschaftlicher Schaden droht, kann die Kündigung gegen das Rücksichtnahmegebot verstoßen.[802] Ergibt die Abwägung aller Umstände, dass die Kündigung rechtsmissbräuchlich ist, führt dies zu deren **Unwirksamkeit**.[803]

5. Einzelfragen

252   **a) Kündigung von Sanierungsdarlehen.** Kredite, die gewährt wurden, um dem Kreditnehmer eine Sanierung zu ermöglichen, sind auf einen besonderen Zweck gerichtet, dessen Vereinbarung einen konkludenten Ausschluss des ordentlichen Kündigungsrechts beinhaltet.[804] Die Sanierungsvereinbarung bildet insoweit eine die ordentliche Kündbarkeit ausschließende abweichende Kündigungsregelung gemäß Nr. 19 II AGB-Banken bzw. Nr. 26 I 1 AGB-SPK. Möglich ist jedoch eine außerordentliche Kündigung gemäß § 490 I BGB, Nr. 19 III AGB-Banken bzw. Nr. 26 II AGB-SPK, wenn sich die Vermögensverhältnisse des Kreditnehmers seit dem Zeitpunkt, in dem das Kreditinstitut seine Mitwirkung an der Sanierung zugesagt hat, wesentlich verschlechtert haben.[805] Auch eine Abweichung vom Sanierungsplan kann eine außerordentliche Kündigung rechtfertigen.[806] Primär hängt die Reichweite des außerordentlichen Kündigungsrechts aber vom Inhalt der Sanierungsvereinbarung ab.

253   Von Sanierungsdarlehen sind Kredite zu unterscheiden, die zu einem Zeitpunkt gewährt wurden, als sich der Kreditnehmer noch nicht in wirtschaftlichen Schwierigkeiten befand. In diesem Fällen unterliegt das Kündigungsrecht der Bank lediglich den allgemeinen Kündigungsschranken,[807] bei der ordentlichen Kündigung z.B. dem Verbot der Kündigung zur Un-

---

[792] *MünchKomm/Berger* § 488 BGB Rn. 241.
[793] *MünchKomm/Berger* § 488 BGB Rn. 241.
[794] *Bruchner*, Bankrechts-Handbuch I § 79 Rn. 38.
[795] BGH WM 1984, 586.
[796] *MünchKomm/Berger* § 488 BGB Rn. 241.
[797] BGH ZIP 2003, 1336, 1338; a.A. *MünchKomm/Berger* § 488 BGB Rn. 241 m.w.N.
[798] *Bruchner*, Bankrechts-Handbuch I § 79 Rn. 38.
[799] *Bruchner*, Bankrechts-Handbuch I § 79 Rn. 33.
[800] *MünchKomm/Berger* § 488 BGB Rn. 239.
[801] *Bruchner*, Bankrechts-Handbuch I § 79 Rn. 35.
[802] OLG Hamm WM 1985, 1411, 1413.
[803] *Schwintowski/Schäfer*, Bankrecht § 14 Rn. 259.
[804] BGH ZIP 2004, 2131, 2134; BGH ZIP 2004, 1589, 1592.
[805] BGH ZIP 2004, 2131, 2134.
[806] *Häuser*, Bankrechts-Handbuch I § 85 Rn. 75.
[807] Siehe oben, Rn. 231 ff., 247 ff.

zeit oder dem Verbot einer rechtsmissbräuchlichen Kündigung. Erst dann, wenn es zwischen Kreditinstitut und Kreditnehmer zu Sanierungsverhandlungen kommt, die zu einer „Umqualifizierung" bestehender Kredite in Sanierungsdarlehen führt, gelten die oben dargelegten besonderen Kündigungsschranken.

> **Hinweis:**
> Die Zulässigkeit einer Kündigung der Bank zu einem Zeitpunkt, in dem sich der Kreditnehmer in   **254**
> der Krise bzw. in der Sanierungsphase befindet, hängt davon ab, ob sich die Bank im Rahmen einer
> Sanierungsvereinbarung zu einem Sanierungsbeitrag verpflichtet hat. Ist dies der Fall, muss geprüft
> werden, ob die Kündigung mit der Sanierungsvereinbarung vereinbar ist. Fehlt es an einer Sanie-
> rungsvereinbarung, sind die sonstigen Schranken des Kündigungsrechts (z.B. Rechtsmissbrauch, Ver-
> bot der Kündigung zur Unzeit) zu prüfen.

b) Teilkündigung. Der allgemeine Grundsatz, dass ein Rechtsverhältnis durch Kündigung nur **255** insgesamt beendet werden kann, ist nach der Rechtsprechung des BGH in Ausnahmefällen, so auch beim Darlehen, durchbrochen. § 489 I BGB regelt allerdings nur die Möglichkeit der Teilkündigung durch den Darlehensnehmer ausdrücklich. Ohne Weiteres zulässig ist die Teilkündigung durch den Darlehensgeber nach Auffassung des BGH bei einer Kontokorrentkreditlinie, wenn diese jederzeit in Gänze gekündigt werden kann.[808] Ob sich aus § 489 I BGB der Grundsatz ergibt, dass eine Teilkündigung immer dann möglich ist, wenn einer Vertragspartei ein Recht zur Kündigung des gesamten Vertrags zusteht, hat der BGH ausdrücklich offengelassen.[809]

c) Schadensersatzanspruch des Kreditinstituts infolge außerordentlicher Kündigung. Steht **256** dem Kreditinstitut ein Recht zur außerordentlichen Kündigung des Kreditvertrags zu, kann es neben der Kündigung Schadensersatzansprüche gegenüber dem Kreditnehmer gemäß § 280 I, II BGB geltend machen, soweit dieser durch eine Pflichtverletzung, z.B. Verletzung von Zahlungspflichten, zu der außerordentlichen Kündigung Anlass gegeben hat. Da der Schadensersatzanspruch auf das positive Interesse (Erfüllungsschaden) gerichtet ist, kann die Bank einen nach den Grundsätzen der Vorfälligkeitsentschädigung bzw. der Nichtabnahmeentschädigung zu berechnenden Schaden geltend machen, wenn ihr durch die vorzeitige Beendigung ein Zinsgewinn entgeht.[810]

6. Kündigungserklärung

Die Kündigung ist eine empfangsbedürftige Willenserklärung. Sie bedarf allerdings **nicht** **257** der **Schriftform.**[811] Sind **mehrere Darlehensnehmer** (z.B. Ehegatten) als Gesamtschuldner zur Rückzahlung verpflichtet, ist die Kündigung nur wirksam, wenn sie gegenüber allen Gesamtschuldnern zugleich ausgesprochen wird.[812] Die Wirksamkeit einer ordentlichen Kündigung hängt nicht von der Angabe der Kündigungsfrist ab. Im Zweifel wirkt die Kündigung auf den nächsten wirksamen Zeitpunkt.[813] Bei einer außerordentlichen Kündigung ist die **Angabe** eines **wichtigen Grundes nicht** Voraussetzung für die Wirksamkeit.[814] Eine nähere Bezeichnung ist der Bank jedoch schon aus Gründen der Selbstkontrolle zu empfehlen. Mangelnde Sorgfalt bei der Prüfung der Kündigungsgründe macht zwar nicht die Kündigung unwirksam, zieht jedoch das Risiko nach sich, dass der Kündigungsgrund im Streitfall nicht dargelegt bzw. bewiesen werden kann.[815] Eine präzise Benennung des Kündigungsgrundes, die sich nicht nur auf die Wiedergabe eines gesetzlichen oder vertraglichen Kündigungstatbestandes beschränkt, empfiehlt sich aber auch, um aufkeimende Streitigkeiten mit dem Kreditnehmer möglichst schon im Vorfeld zu vermeiden.

Gemäß § 314 III BGB muss die **außerordentliche** Kündigung innerhalb einer **angemessenen** **258** **Frist** erfolgen. Sie beginnt mit der Erlangung der Kenntnis des Kreditinstituts von den Umstän-

---

[808] BGH NJW 1999, 2269.
[809] BGH NJW 1999, 2269.
[810] Vgl. BGH NJW 1996, 3337.
[811] BGH NJW 1999, 2269, 2270.
[812] BGH NJW 2002, 2866.
[813] *Erman/Saenger* § 488 BGB Rn. 63.
[814] *Palandt/Grüneberg* § 314 BGB Rn. 10.
[815] BGH ZIP 1986, 770, 771.

den, auf die das außerordentliche Kündigungsrecht gestützt werden kann.[816] Nach Ablauf der angemessenen Frist ist davon auszugehen, dass die Bank dem Umstand keine eine außerordentliche Kündigung rechtfertigende Bedeutung beimisst. Für Darlehensverträge gilt eine Frist von zwei Monaten als zu lang.[817]

7. Darlegungs- und Beweislast

259   Die Kündigung ist eine empfangsbedürftige Willenserklärung, die erst mit dem **Zugang** beim Kreditnehmer wirksam wird. Dieser ist nach allgemeinen Grundsätzen vom Kreditinstitut zu beweisen, soweit sich dieses auf eine Kündigung beruft. Die Beweislast für die **Befristung** des Kreditvertrags trägt derjenige, der sich auf die Befristung beruft. Dies ist der Darlehensnehmer, der sich gegen eine ordentliche Kündigung mit der Begründung wehrt, dass eine solche aufgrund einer vereinbarten Befristung nicht zulässig sei. Für das **Vorliegen eines wichtigen Grundes** trägt das Kreditinstitut die Darlegungs- und Beweislast, wenn es sich auf die Fälligkeit des Rückzahlungsanspruchs oder auf die Rechtmäßigkeit der Verwertbarkeit von Sicherheiten beruft.[818] Seiner Darlegungslast wird das Kreditinstitut in der Regel nur gerecht, wenn es die behauptete wesentliche Verschlechterung konkret, d.h. anhand einer Auswertung der wirtschaftlichen Verhältnisse des Schuldners (Steuerbescheid, Jahresabschluss, BWA, Summen- und Saldenlisten etc.), aufzeigen kann.[819]

VIII. Kündigung von Darlehensverträgen durch den Kreditnehmer

1. Allgemeines

260   Aus Sicht des Kreditnehmers erscheint eine Kündigung des Darlehensvertrags vor allem dann attraktiv, wenn er Kredit anderweitig zu günstigeren Konditionen erhalten kann. Dies gilt insbesondere, wenn im Darlehensvertrag eine Festzinsvereinbarung getroffen wurde, an die er noch längere Zeit gebunden ist, die Zinsen jedoch seit Vertragsbeginn so stark gesunken sind, dass die Aufnahme eines neuen Kredits zu günstigeren Konditionen möglich wäre. Oder dem Kreditnehmer sind unerwartet liquide Mittel zugeflossen, die er zur Kredittilgung nutzen möchte, um seine Zinsbelastung zu reduzieren, da die verzinsliche Anlage des Liquiditätszuflusses keinen die Zinsbelastung ausgleichenden Gewinn erwarten lässt.

261   Ist der Kreditnehmer in eine schwierige wirtschaftliche Lage gelangt, kann er den Versuch unternehmen, seine vertragliche Belastung mit Tilgung und Zinsen zu reduzieren, um die wirtschaftliche Bewegungsfreiheit wieder zu erlangen. In diesen Fällen kann sich ebenfalls die Frage stellen, ob eine Kündigung des Kredits, gegebenenfalls im Rahmen einer **Umschuldung**, d.h. Ablösung des Darlehens durch einen Kredit mit günstigeren Konditionen, zumindest aber geringerer Tilgung, möglich ist. Insbesondere das Verbraucherdarlehensrecht stellt auf verschiedene Weise sicher, dass die Interessen des Kreditnehmers in diesen Fällen gewahrt bleiben.

262   Der mit solchen Problemen seines Mandanten konfrontierte Rechtsanwalt muss von Anfang an bedenken, dass eine Kündigung, sofern sie rechtlich möglich ist, die nicht immer von allen Kreditnehmern bedachte Verpflichtung zur sofortigen **Rückzahlung der offenen Darlehensvaluta** bedingt. Im Einzelfall hat der Kreditnehmer damit zu rechnen, dass eine Kündigung zwar möglich, jedoch mit einer Verpflichtung zur Leistung einer Vorfälligkeitsentschädigung verbunden ist, die die Kündigung zumindest dann unrentabel machen kann, wenn das gesunkene Marktzinsniveau den Anlass für die Kündigung bietet.

263   **Praxistipp:**
Ergibt die Prüfung von Seiten des Kreditnehmers, dass ein gegenwärtiges Kündigungsrecht nicht besteht, kann das Kreditinstitut auf eine vertragliche Aufhebungsvereinbarung angesprochen werden. Hierzu sind Banken im Einzelfall durchaus bereit, wenn der Kreditnehmer seinerseits einen Ausgleich für den der Bank entgehenden Gewinn zu zahlen bereit ist. Eine entsprechende Aufhebungsvereinbarung umfasst in diesem Fall regelmäßig die Verpflichtung des Kunden zur Zahlung einer Vorfälligkeitsentschädigung.

---

[816] *Palandt/Grüneberg* § 314 BGB Rn. 10.
[817] OLG Karlsruhe NJW-RR 2001, 1492, 1493.
[818] *Palandt/Weidenkaff* § 488 BGB Rn. 41.
[819] Vgl. OLG Frankfurt ZIP 2003, 1084, 1085.

2. Rechtlicher Hintergrund

Auch das Kündigungsrecht des Darlehensnehmers hat in § 489 für die ordentliche Kündi- **264** gung sowie in §§ 490 II, III, 314 BGB für die außerordentliche Kündigung eine gesetzliche Ausgestaltung erfahren, der allerdings die gesetzlich zulässigen vertraglichen Regelungen (vgl. § 489 IV 1 BGB) vorgehen. Letztere finden sich entweder im Kreditvertrag selbst oder in AGB, die in den Vertrag einbezogen wurden (vgl. z.B. Nr. 18 AGB-Banken bzw. Nr. 26 AGB-SPK, etwaige besondere Darlehensbedingungen des Kreditinstituts), weshalb zunächst der Vertrag und die AGB einer Prüfung unterzogen werden sollten. Da eine Abweichung von den gesetzlichen Regelungen des ordentlichen Kündigungsrechts zu Lasten des Kreditnehmers in der Regel unzulässig ist, § 489 IV BGB, entsprechen die vertraglichen Kündigungsregelungen häufig den gesetzlichen Vorschriften.

Hinsichtlich der Prüfung einer wirksamen Kündigung gilt nichts anderes als für die Kündi- **265** gung des Kreditinstituts.[820] Insbesondere ist zunächst festzustellen, ob es sich um einen befristeten oder einen unbefristeten Kredit handelt.[821] Hiervon hängt ab, ob dem Kreditnehmer eine ordentliche Kündigung möglich ist, oder ob ein wichtiger Grund für eine außerordentliche Kündigung vorliegen muss.

3. Voraussetzungen einer wirksamen Kündigung

a) Unbefristete Darlehensverträge. Regelmäßig besteht gemäß Nr. 18 I AGB-Banken bzw. **266** Nr. 26 I AGB-SPK bei unbefristeten Krediten ein jederzeitiges ordentliches Kündigungsrecht des Kreditnehmers, das dieser ohne Einhaltung einer Kündigungsfrist ausüben kann. Angesichts dessen spielt die gesetzliche Regelung in §§ 488 III, 489 II BGB, wonach ein unbefristeter Kreditvertrag vom Kreditnehmer mit einer Frist von drei Monaten gekündigt werden kann, in der Praxis keine nennenswerte Rolle. Für eine außerordentliche Kündigung besteht angesichts dessen kein praktisches Bedürfnis.

b) Befristete Darlehensverträge. *aa) Ordentliche Kündigung.* § 489 BGB normiert ein ordent- **267** liches Kündigungsrecht des Darlehensnehmers. Die Vorschrift unterscheidet zunächst zwischen Krediten, bei denen für einen bestimmten Zeitraum ein fester Zinssatz vereinbart wurde (Abs. 1), sowie Krediten mit veränderlichem Zinssatz (Abs. 2). Das jeweilige Kündigungsrecht ist gemäß § 489 IV BGB weder durch AGB noch durch Individualvereinbarung abdingbar.

In der Praxis werden häufig langfristige Darlehensverträge geschlossen, bei denen eine Zins- **268** festschreibung für einen beschränkten Zeitraum erfolgt. Gemäß § 489 I Nr. 1 BGB kann ein solcher Kredit, bei dem die Zinsbindungsfrist vor Ablauf des Kreditvertrags endet, mit einer Frist von einem Monat frühestens zum Ende der Zinsbindungsfrist gekündigt werden, wenn keine neue Vereinbarung über den Zinssatz getroffen wurde.

Darüber hinaus können **Verbraucherdarlehensverträge**, die nicht grundpfandrechtlich gesi- **269** chert sind, gemäß § 489 I Nr. 2 BGB unter Einhaltung einer Kündigungsfrist von drei Monaten frühestens nach Ablauf von sechs Monaten nach vollständigem Empfang der Darlehensvaluta gekündigt werden.

Ein grundpfandrechtlich gesichertes Darlehen kann der Kreditnehmer spätestens nach Ab- **270** lauf von zehn Jahren ab vollständigem Empfang des Kreditbetrags bzw. späterer Fälligkeitsbzw. Zinsvereinbarung (z.B. Prolongation) gemäß § 489 I Nr. 3 BGB mit einer Frist von sechs Monaten kündigen. Die Vorschrift normiert somit eine **Höchstfrist** der vertraglichen Bindung des Kreditnehmers von 10 ½ Jahren.

Eine ordentliche **Kündigung** gemäß § 489 I, II BGB **gilt** allerdings gemäß § 489 III BGB **als** **271** **nicht erfolgt,** wenn der Kreditnehmer den geschuldeten Betrag nicht binnen zwei Wochen nach Wirksamwerden der Kündigung zurückzahlt.

bb) Außerordentliche Kündigung. Ferner kann auch der Kreditnehmer einen befristeten Dar- **272** lehensvertrag aus **wichtigem** Grund außerordentlich kündigen, §§ 490 III, 314 BGB. Nach der Rechtsprechung des BGH bildet ein Grund in der Person des Kreditnehmers allerdings keinen wichtigen Grund, der eine außerordentliche Kündigung rechtfertigen würde, da die (weitere) Verwendbarkeit des Darlehens in den Risikobereich des Darlehensnehmers fällt.

---

[820] Siehe hierzu oben, Rn. 230.
[821] Zur Abgrenzung siehe bereits oben, Rn. 175.

273 § 490 III BGB verweist ferner auch auf die gesetzliche Regelung des Wegfalls der Geschäftsgrundlage in § 313 BGB, auf den sich der Kreditnehmer jedoch ebenfalls nicht berufen kann, wenn lediglich Gründe in der Person des Kreditnehmers vorliegen, die eine Lösung vom Kreditvertrag wünschenswert erscheinen lassen.

274 § 490 II BGB gestattet dem Kreditnehmer im Übrigen die vorzeitige Kündigung eines **grundpfandrechtlich gesicherten Darlehens** (Realkredit), für das zumindest für einen vorübergehenden Zeitraum ein fester Zinssatz vereinbart wurde, mit einer Frist von drei Monaten, frühestens nach Ablauf von sechs Monaten nach Empfang der Darlehensvaluta. Der Kreditnehmer kann sich somit vom Vertrag lösen, bevor die in § 489 I Nr. 3 BGB normierte Möglichkeit zur ordentlichen Kündigung des Vertrags besteht. Voraussetzung hierfür ist, dass seine **berechtigten Interessen** die Möglichkeit der vorzeitigen Beendigung gebieten. Nach der Rechtsprechung des BGH, die nunmehr ihren gesetzlichen Niederschlag in § 490 II BGB gefunden hat, besteht ein solches berechtigtes Interesse, wenn ein Festhalten des Kreditnehmers am Kreditvertrag dessen **wirtschaftliche Handlungsfreiheit** beeinträchtigt. Ein solches Interesse liegt gemäß § 490 II 2 BGB insbesondere vor, wenn der Kreditnehmer das Bedürfnis hat, eine zur Sicherung des Darlehens beliehene Sache anderweitig zu verwenden. Dies ist z.B. der Fall, wenn der Kreditnehmer die finanzierte Immobilie aus persönlichen (z.B. Krankheit, Arbeitslosigkeit, Ehescheidung) oder wirtschaftlichen Gründen (z.B. günstige Verkaufsgelegenheit) veräußern möchte. Der Grund für die Rückzahlung liegt in diesen Fällen somit nicht im Darlehensvertrag selbst. Nicht berührt ist die wirtschaftliche Handlungsfreiheit jedoch dann, wenn der Kreditnehmer günstigere Darlehenskonditionen nutzen möchte[822] oder in Zahlungsschwierigkeiten geraten ist.[823]

275 Übt der Kreditnehmer sein Recht zur Beendigung des Vertrags wegen eines berechtigten Interesses aus, hat er der Bank allerdings den aufgrund der vorzeitigen Beendigung entgehenden Gewinn in Form der sogenannten **Vorfälligkeitsentschädigung** zu ersetzen, § 490 II 3 BGB. Hintergrund dieser Verpflichtung ist die Tatsache, dass der Bank die Abweichung von der ursprünglichen vertraglichen Vereinbarung nur zumutbar ist, wenn es sich der Sache nach nicht um eine Beseitigung der vertraglichen Bindung des Kreditnehmers, sondern um eine vorzeitige Erbringung der geschuldeten Leistung des Kreditnehmers handelt.[824]

276 Die Berechnung der Vorfälligkeitsentschädigung entspricht im Grundsatz derjenigen der Nichtabnahmeentschädigung,[825] d.h. die Bank kann ihren Schaden sowohl nach der Aktiv/Aktiv-Methode als auch nach der Aktiv/Passiv-Methode berechnen. Hinsichtlich der Einzelheiten wird insoweit auf die Ausführungen zur Berechnung der Nichtabnahmeentschädigung verwiesen.[826]

Hinweis:

277 Die vom Kreditnehmer zu zahlende Vorfälligkeitsentschädigung umfasst das Erfüllungsinteresse der Bank. Dies bedeutet, dass der Kreditnehmer aus einer Kündigung gemäß § 490 II BGB wirtschaftlichen Vorteile nur dann ziehen kann, wenn er anderweitig Kredit so günstig aufnehmen kann, dass die ersparten Finanzierungskosten die zu zahlende Vorfälligkeitsentschädigung übersteigen. Ungeachtet dessen bildet das Interesse an einer Umschuldung zu günstigeren Konditionen kein berechtigtes Interesse im Sinne von § 490 II 1 BGB, weshalb sich die Frage nach dem Sinn der Umschuldung nur dann stellt, wenn das Kreditinstitut mit einer einvernehmlichen Vertragsaufhebung einverstanden ist.

Praxistipp:

278 Möchte der Kunde vom gesunkenen Marktzinsniveau profitieren, was ihm aufgrund einer vereinbarten Zinsbindung nicht sofort möglich ist, kann er sich die günstigeren Konditionen zumindest durch ein sogenanntes **Forward-Darlehen** für die Zeit nach Ablauf der Zinsbindungsfrist sichern. Dies setzt seitens des Kunden allerdings eine fundierte Prognose der zu erwartenden Zinsentwicklung voraus, da der Kunde bei weiter fallenden Zinsen regelmäßig an die Vereinbarung im Forward-Darlehen gebunden ist. Sofern der beratende Rechtsanwalt in die Entscheidung eingebunden wird, sollte er den Forward-Darlehensvertrag daher entsprechend prüfen und seinen Mandanten auf das Risiko einer fehlerhaften Markteinschätzung hinweisen.

---

[822] BGH WM 2003, 1261, 1262.
[823] *MünchKomm/Berger* § 490 BGB, Rn. 29.
[824] BGH ZIP 1997, 1641, 1643.
[825] BGH ZIP 1997, 1641, 1643.
[826] Siehe oben, Rn. 117 ff.

c) **Erklärung der Kündigung durch den Rechtsanwalt.** Die Kündigung ist eine empfangsbe-   279
dürftige Willenserklärung und muss der Bank somit zugehen. Als einseitige Willenserklärung
ist sie grundsätzlich bedingungsfeindlich. Darüber hinaus ist bei der Abgabe durch den
Rechtsanwalt zu beachten, dass die Kündigung als einseitiges Rechtsgeschäft gemäß § 174
BGB unwirksam ist, wenn er die Vollmachtsurkunde nicht im Original[827] vorlegt, und die
Bank die Kündigung aus diesem Grund unverzüglich zurückweist. Die Vorlage einer Faxkopie
oder einer beglaubigten Fotokopie genügt diesem Erfordernis nicht.[828] Insbesondere dann,
wenn die Kündigung nur zu bestimmten Zeitpunkten möglich und zusätzlich von der Einhaltung einer Frist abhängig ist, ist die Vorlage einer Vollmacht im Original daher dringend geboten. Die Nichtbeachtung der Form bildet eine Pflichtverletzung des Rechtsanwalts, der dem
Mandanten für die hieraus entstehenden Nachteile haftet.[829]

---

[827] *Palandt/Heinrichs* § 174 BGB Rn. 5.
[828] BGH NJW 1994, 1472.
[829] Vgl. OLG Hamm NJW-RR 2005, 134, 145.

§ 11 Kreditsicherheiten

Übersicht

1   Kommt es zwischen Kreditinstitut und Sicherungsgeber zum Streit, ist Anlass häufig die vom Sicherungsgeber für unzulässig gehaltene Verwertung der Sicherheit. Aber auch das Interesse des Sicherungsgebers, eine bewegliche Sache zur Besicherung eines neuen Kredits zu verwenden, oder der Wunsch, die für das Darlehen eines Dritten hingegebene Sicherheit aus Gründen zurückzufordern, die in der Beziehung des Drittsicherungsgebers zum Darlehensnehmer wurzeln, können den Anlass für die Prüfung der Berechtigung der Bank an der Sicherheit bilden.

2   Steht der Verwertungsfall nicht im Raum, umfasst die Tätigkeit des Rechtsanwalts regelmäßig eine Prüfung der Wirksamkeit des Bestellungsakts sowie der Voraussetzungen, unter denen eine Freigabe der Sicherheit verlangt werden kann. Wesentlich komplexer kann die Aufgabe des Anwalts dagegen sein, wenn die Verwertung einer Sicherheit unmittelbar bevorsteht oder

bereits eingeleitet wurde. Der Zugriff des Kreditinstituts auf die Sicherheit bildet oftmals nur den Anlass für einen offenen Streit über bereits längere Zeit schwelende Unstimmigkeiten (z.B. die Wirksamkeit der Kündigung des gesicherten Darlehens). Je nach Umfang des ihm erteilten Auftrags kann sich die Prüfungstätigkeit des Rechtsanwalts dann auf Aspekte jenseits der kreditsicherungsrechtlichen Fragen erstrecken. Gegebenenfalls sollte der Rechtsanwalt frühzeitig auf eine Präzisierung des im erteilten Auftrags hinwirken.

I. Anspruch der Bank auf Bestellung und Verstärkung von Sicherheiten

1. Bestellung von Sicherheiten

In den Darlehensvertragsformularen der Kreditwirtschaft ist regelmäßig ein Anspruch der **3** Bank auf Bestellung bestimmter, im Einzelnen zu bezeichnender Sicherheiten durch den Kreditnehmer vorgesehen, der mit Abschluss des Kreditvertrags entsteht. Zugleich wird die Bestellung der im Darlehensvertrag genannten Sicherheiten zur Voraussetzung für die Auszahlung des Darlehens gemacht und somit sichergestellt, dass der Kreditnehmer einen Anspruch auf Auszahlung der Darlehensvaluta erst dann erhält, wenn die vereinbarten Sicherheiten tatsächlich eingeräumt wurden. Darüber hinaus beinhaltet Nr. 13 I AGB-Banken bzw. Nr. 22 I AGB-SPK einen allgemeinen Anspruch auf Bestellung von Sicherheiten für alle Forderungen aus einer Geschäftsverbindung.

2. Verstärkung von Sicherheiten

Gemäß Nr. 13 II AGB-Banken bzw. Nr. 22 I AGB-SPK hat ein Kreditinstitut ferner einen **4** Anspruch auf Bestellung weiterer, im Kreditvertrag noch nicht genannter Sicherheiten, wenn **nachträglich**, d.h. nach Abschluss des Darlehensvertrags, Umstände eintreten, die zu einer **erhöhten Risikobewertung** führen. Als Beispiele nennt die Regelung eine bereits eingetretene oder eine drohende Verschlechterung der wirtschaftlichen Verhältnisse des Kreditnehmers sowie eine bereits eingetretene oder drohende Verschlechterung der vorhandenen Sicherheiten. Die Darlegungs- und Beweislast für die Umstände, die die Risikoerhöhung begründen, hat das Kreditinstitut zu tragen, da es sich insoweit um anspruchsbegründende Voraussetzungen handelt.[830]

Der formularmäßige Anspruch auf Nachbesicherung wird nur durch eine individuelle Vereinbarung zwischen Bank und Kreditnehmer **ausgeschlossen**, wonach der Kredit „blanko" **5** oder ausdrücklich ohne Sicherheiten gewährt wird, Nr. 13 II 4 AGB-Banken.[831] Die „ausdrückliche" Vereinbarung kann auch konkludent getroffen werden, wobei die Gewährung eines ungesicherten oder unterbesicherten Kredits für sich allein noch keine stillschweigende Ausschlussvereinbarung darstellt.[832] Der Darlehensnehmer trägt ferner in der Regel die Darlegungs- und Beweislast dafür, dass eine von Nr. 13 I AGB-Banken abweichende individuelle Vereinbarung getroffen wurde,[833] wenn das Kreditinstitut als Verwender der AGB den Nachweis erbringen kann, dass die AGB wirksam in den Vertrag einbezogen wurden.

Hinweis:
Bei der Beratung eines Kreditnehmers, der sich einer Forderung der Bank nach Verstärkung von Si- **6** cherheiten ausgesetzt sieht, muss berücksichtigt werden, dass das Kreditinstitut gemäß Nr. 19 III AGB-Banken bzw. Nr. 26 II 1, 3 b) AGB-SPK ein Recht zur außerordentlichen Kündigung des Kreditvertrags, d.h. zur Fälligstellung der Darlehensvaluta hat, wenn der Kreditnehmer die Bestellung weiterer Sicherheiten verweigert. Dies gilt jedoch nur, wenn die Voraussetzungen für den Anspruch auf Verstärkung von Sicherheiten (z.B. wegen Verschlechterung der wirtschaftlichen Verhältnisse) tatsächlich bestehen.

---

[830] Zur Parallelproblematik beim außerordentlichen Kündigungsrecht des Kreditinstituts siehe oben, § 10 Rn. 237 ff.
[831] *Bunte*, Bankrechts-Handbuch I § 18 Rn. 22.
[832] *Bunte*, Bankrechts-Handbuch I § 18 Rn. 23; *Baumbach/Hopt* HGB AGB-Banken 13 Rn. 7.
[833] *Baumbach/Hopt* HGB AGB-Banken 13 Rn. 7.

3. Einschränkungen bei Verbraucherdarlehensverträgen

7   Bei Verbraucherdarlehensverträgen müssen die zu bestellenden Sicherheiten gemäß § 492 I 5 Nr. 7 BGB grundsätzlich in der vom Verbraucher zu unterzeichnenden Erklärung, also im Darlehensvertrag genannt sein. Gemäß § 494 II 6 BGB kann das Kreditinstitut weitere als die genannten Sicherheiten nicht verlangen, wenn der Nettodarlehensbetrag 50.000 Euro nicht übersteigt. Die Beschränkung des Nachbesicherungsanspruchs findet lediglich in den in § 491 III Nr. 1 BGB genannten Fällen (gerichtliche Protokollierung, notarielle Beurkundung des Verbraucherdarlehensvertrags) keine Anwendung. Zu beachten ist ferner, dass die Einschränkung des Anwendungsbereichs von § 494 BGB durch § 491 III Nr. 1 BGB in der bis 1.8.2002 geltenden Gesetzesfassung auch Immobiliendarlehensverträge einbezog. Bei den bis zu diesem Zeitpunkt geschlossenen Immobiliendarlehensverträgen ist ein etwaiger Anspruch auf Nachbesicherung daher mangels Anwendbarkeit von § 494 BGB ebenfalls nicht ausgeschlossen.

8   Die Einschränkung des Nachbesicherungsanspruchs gilt auch im Fall eines nachträglich erhöhten Risikos unter den genannten Voraussetzungen. Nr. 13 II 5 AGB-Banken stellt insoweit klar, dass bei Verbraucherdarlehen eine **Verstärkung** über die im Darlehensvertrag genannten Sicherheiten hinaus **ausgeschlossen** ist, um einen Verstoß gegen § 307 BGB zu vermeiden.

II. Informationspflichten des Kreditinstituts bei der Bestellung von Sicherheiten

9   Grundsätzlich sind Kreditinstitute **nicht** verpflichtet, einen potentiellen Sicherungsgeber ungefragt über das **Risiko einer Inanspruchnahme** aus der Sicherheit oder die **Vermögensverhältnisse des Schuldners** zu informieren.[834] Dies gilt auch dann, wenn es sich beim Sicherungsgeber um einen vom Kreditnehmer verschiedenen Dritten handelt. So muss das Kreditinstitut z.B. einen Bürgen nicht über die eigene Einschätzung des Risikos eines Ausfalls des Hauptschuldners informieren oder sich über den Wissensstand des Bürgen unterrichten.[835] Ebenso wenig ist es Aufgabe des Kreditinstituts, den Sicherungsgeber über die wirtschaftlichen Verhältnisse des Kreditnehmers zu belehren.

10   **Ausnahmen** gelten jedoch dann, wenn dem Kreditinstitut bewusst ist, dass es über einen **Informations- bzw. Wissensvorsprung** gegenüber dem Sicherungsgeber verfügt.[836] Die für die Bank erkennbare einseitige Erwartung des Bürgen, er werde nicht in Anspruch genommen, rechtfertigt allerdings ebenso wenig eine Informationspflicht der Bank wie die für die Bank erkennbare Unterschätzung des Inanspruchnahmerisikos durch den Bürgen.[837] Pflichtwidrig handelt das Kreditinstitut dagegen, wenn es durch sein Verhalten erkennbar einen Irrtum des Sicherungsgebers über das Risiko hervorruft oder dieses Risiko bewusst verharmlost.[838] Insoweit gilt der Grundsatz, dass getätigte Äußerungen von Seiten der Bank zutreffend sein müssen.[839] Auch die Kenntnis von verharmlosenden Äußerungen des Hauptschuldners gegenüber dem Bürgen in Bezug auf das allgemeine Bürgschaftsrisiko kann eine Aufklärungspflicht auslösen.[840] Eine Aufklärungspflicht besteht auch dann, wenn der Hauptschuldner – dem Bürgen unbekannt – völlig kreditunwürdig ist bzw. die Insolvenz unmittelbar bevorsteht, so dass der Bürge faktisch unmittelbar an die Stelle des Hauptschuldners tritt.[841]

11   Kann der Sicherungsgeber eine solche Aufklärungspflichtverletzung der Bank darlegen und beweisen, steht ihm gegen diese ein **Schadensersatzanspruch** gemäß §§ 311 II, 280 BGB zu. Er ist gemäß § 249 I BGB grundsätzlich auf Freigabe der Sicherheit, nach deren Verwertung auf Wertersatz gemäß § 251 I BGB gerichtet, da der Sicherungsgeber so zu stellen ist, wie er ohne die unterlassene bzw. unrichtige Information gestanden hätte.[842]

---

[834] BGH WM 1990, 1956.
[835] BGHZ 128, 206, 218.
[836] BGHZ 128, 206, 218; siehe *Welter/Lang/Joswig*, Handbuch Informationspflichten im Bankverkehr Rn. 13.110 ff.
[837] BGH ZIP 1987, 1519, 1521 f.
[838] BGH ZIP 2006, 363, 365 f., st. Rspr.
[839] *Siol*, Bankrechts-Handbuch I, § 43 Rn. 12.
[840] *Welter/Lang/Joswig*, Handbuch Informationspflichten im Bankverkehr Rn. 13.108.
[841] OLG Hamm ZIP 1982, 1061, 1062; vgl. *Siol*, Bankrechts-Handbuch I § 44 Rn. 58.
[842] Vgl. *Siol*, Bankrechts-Handbuch I § 43 Rn. 37.

Die **Beweislast** für die Pflichtverletzung hat nach allgemeinen Grundsätzen der Sicherungs- **12** geber zu tragen. Hinsichtlich der Kausalität der Pflichtverletzung für den geltend gemachten Schaden gilt dagegen nach der Rechtsprechung des BGH der Grundsatz, dass derjenige, der vertragliche oder vorvertragliche Aufklärungspflichten verletzt, dafür beweispflichtig ist, dass der Schaden auch eingetreten wäre, wenn er sich pflichtgemäß verhalten hätte, d.h. der Geschädigte den Rat oder Hinweis nicht befolgt hätte (sog. Vermutung aufklärungsrichtigen Verhaltens).[843] Dies setzt allerdings voraus, dass es für den Sicherungsgeber nur eine Möglichkeit des aufklärungsrichtigen Verhaltens gab. Existierten dagegen vernünftigerweise mehrere Möglichkeiten aufklärungsrichtigen Verhaltens, scheidet die Kausalitätsvermutung aus.[844]

III. Unwirksame Bestellung von Kreditsicherheiten

1. Sittenwidrigkeit

a) Bürgschaften vermögensloser Angehöriger. *aa) Voraussetzungen der Sittenwidrigkeit.* **13** Nach ständiger Rechtsprechung des BGH kann die Bürgschaft, die ein naher Angehöriger des Kreditnehmers übernimmt, bei finanzieller Überforderung des Bürgen wegen Sittenwidrigkeit gemäß § 138 BGB nichtig sein.

Voraussetzung für die Sittenwidrigkeit ist zunächst, dass es sich beim Bürgen grundsätzlich **14** um einen **nahen Angehörigen** handelt. Hierzu zählen insbesondere Kinder und Ehegatten, aber auch Verlobte und nichteheliche Lebenspartner des Kreditnehmers.[845] Entscheidend ist insoweit das Kriterium der emotionalen Verbundenheit. In der Regel nicht anwendbar sind die Grundsätze zur sittenwidrigen Mithaftung dagegen auf **Gesellschafterbürgschaften** für Verbindlichkeiten der Gesellschaft, da das Kreditinstitut grundsätzlich ein berechtigtes Interesse an der persönlichen Haftung der Gesellschafter hat.[846] Dies gilt selbst dann, wenn der Bürge nur Minderheitsgesellschafter mit einer Beteiligung in Höhe von 10 % ist. Ausnahmen gelten lediglich bei unbedeutenden Bagatell- oder Splitterbeteiligungen.[847]

Die Bürgschaft eines nahen Angehörigen ist sittenwidrig, wenn dieser durch die Haftung **fi- 15** **nanziell überfordert** wird **und** bei Abschluss des Bürgschaftsvertrags in einer der Bank zurechenbaren Art und Weise in seiner **Entschließungsfreiheit beeinträchtigt** war.[848] Letzteres ist insbesondere der Fall, wenn der Bürge die Haftung allein aus emotionaler Verbundenheit übernommen hat, und dies vom Kreditinstitut in sittlich anstößiger Weise ausgenutzt wurde.

Die der Bank zurechenbare Beeinträchtigung der Entschließungsfreiheit des Bürgen wird **16** nach ständiger Rechtsprechung des BGH widerleglich **vermutet**, wenn eine **krasse finanzielle Überforderung** des Bürgen vorliegt,[849] d.h. die Überforderung auf einem besonders großen Missverhältnis zwischen dem Verpflichtungsumfang und der finanziellen Leistungsfähigkeit des Bürgen beruht. Liegt ein krasses Missverhältnis vor, hat die Bank Umstände vorzutragen, die die Vermutung einer Beeinträchtigung der Entschließungsfreiheit widerlegen.

> **Hinweis:**
> Der Bürge wird seiner Darlegungs- und Beweislast in Bezug auf die Sittenwidrigkeit seiner Verpflich- **17** tung bereits dann gerecht, wenn er eine krasse finanzielle Überforderung darlegen kann. Liegt lediglich eine finanzielle Überforderung vor, die nicht den Grad des Missverhältnisses einer krassen finanziellen Überforderung erreicht, muss der Bürge zusätzlich die Beeinträchtigung seiner Entschließungsfreiheit darlegen und im Bestreitensfall beweisen.

Nach ständiger Rechtsprechung des BGH liegt ein **krasses Missverhältnis** vor, wenn der **18** Bürge voraussichtlich nicht einmal die von den Darlehensvertragsparteien vereinbarte Zinslast aus dem pfändbaren Teil seines Einkommens und/oder Vermögens bei Eintritt des Sicherungsfalls dauerhaft tragen kann.[850] Bei der gebotenen Bewertung der **Leistungsfähigkeit des Bürgen**

---

[843] BGHZ 126, 151, 159; vgl. *Palandt/Heinrichs* § 280 BGB Rn. 39.
[844] BGH ZIP 1994, 1168, 1169.
[845] BGH NJW 2002, 744, 745.
[846] BGH ZIP 2003, 288, 289.
[847] BGH ZIP 2003, 288, 289 f.
[848] Vgl. *Schimansky* WM 2002, 2437, 2439.
[849] BGH NJW 2002, 2228, 2229.
[850] BGH NJW 2002, 2230, 2231.

sind nur die Vermögensverhältnisse des Bürgen, nicht dagegen die des Hauptschuldners (Ehegatten) maßgeblich, da die Bürgenhaftung gerade dann zum Tragen kommt, wenn der Hauptschuldner nicht mehr leistungsfähig ist.[851] Entscheidend für die Bewertung ist der **Zeitpunkt des Vertragsschlusses**.[852] Sie erfordert daher eine in die Zukunft gerichtete Prognose über die Laufzeit des Kreditvertrags,[853] bei der grundsätzlich alle erwerbsrelevanten Umstände und Verhältnisse (z.B. Alter, Ausbildung, familiäre Belastungen) zu berücksichtigen sind.[854] Ergibt die Prognose eines seriösen und vernünftigen Kreditgebers, dass es während der Laufzeit des Kredits zu einer Verbesserung der wirtschaftlichen Verhältnisse des Bürgen kommen wird[855] (z.B. baldiger Wegfall von Unterhaltspflichten), kann dies die Einschätzung rechtfertigen, dass der Bürge dauerhaft in der Lage sein wird, die Zinsbelastung aus dem Kredit zu tragen, und somit die Vermutung des Handelns aus emotionaler Verbundenheit erschüttern. Vorhandenes **Vermögen** des Bürgen ist nur insoweit zu berücksichtigen, als es nicht wertausschöpfend belastet ist.[856]

19   Bei der Prüfung der finanziellen Überforderung des Bürgen sind allerdings **anderweitige Sicherheiten** des Kreditgebers zu berücksichtigen, wenn sie das Haftungsrisiko des Bürgen in rechtlich gesicherter Weise auf ein vertretbares Maß beschränken. Hiervon ausgehend erscheint es z.B. angemessen, den Rückkaufswert einer Lebensversicherung in Ansatz zu bringen. Offengelassen hat der BGH, inwieweit die zukünftige Entwicklung von Lebensversicherungen zu berücksichtigen ist.[857] Eine gesicherte Beschränkung der Haftung durch weitere Sicherheiten ist jedenfalls nicht gegeben, wenn diese auch für andere Verbindlichkeiten des Hauptschuldners haften.[858]

20   Liegt demnach eine krasse Überforderung des Bürgen vor, muss das Kreditinstitut die sich hieraus ergebende Vermutung einer Beeinträchtigung der Entscheidungsfreiheit aufgrund eines Handelns aus emotionaler Verbundenheit widerlegen. Dies kann z.B. durch Darlegung eines **eigenen wirtschaftlichen Interesses des Bürgen** an dem Kredit geschehen. Hierbei sind jedoch nur die dem Bürgen aus der Bürgschaftsübernahme erwachsenden unmittelbaren, eigenen geldwerten **Vorteile** zu berücksichtigen. Dies ist z.B. der Fall, wenn der Bürge Miteigentum an der finanzierten Anschaffung erhält[859] oder an dem finanzierten Unternehmen als Mitunternehmer mit erheblichen Gewinnaussichten beteiligt worden ist. Mittelbare Vorteile vermögen dagegen die Annahme, der Bürge habe lediglich aus emotionaler Verbundenheit gehandelt, nicht zu entkräften. So reicht eine aufgrund eines Betriebsmittelkredits oder Existenzgründungsdarlehens nur schwer feststellbare, flüchtige Verbesserung des Lebensstandards oder die Aussicht auf einen Arbeitsplatz ebenso wenig aus[860] wie die Unterhaltsbedürftigkeit des Angehörigen.[861] Gleiches gilt für die Tatsache, dass der Bürge beim Hauptschuldner angestellt war oder über geschäftliche Erfahrung verfügt.[862] Anders verhält es sich jedoch, wenn der Bürge aufgrund konkreter und rechtlich hinreichend gesicherter Vereinbarung mit dem Kreditnehmer z.B. an dem finanzierten Objekt in nennenswertem Umfang beteiligt werden soll.[863] Entsprechendes wird für eine wirtschaftliche Beteiligung des Angehörigen an dem finanzierten Betrieb des Kreditnehmers zu gelten haben.

21   Erreicht die finanzielle Belastung des Bürgen nicht das Ausmaß einer krassen Überforderung, erfordert die Bejahung der Sittenwidrigkeit die Darlegung von Seiten des Bürgen, dass er beim Vertragsschluss in einer der Bank zurechenbaren Weise in seiner **Entscheidungsfreiheit beeinträchtigt** war. Dies ist z.B. bei einer Überrumplung des Bürgen der Fall, oder wenn Mitarbeiter der Bank das Bürgschaftsrisiko verharmlost haben, z.B. indem sie die Bürgschaft als „reine Formsache" bezeichnet haben.[864] Für die entsprechenden Umstände trägt der Bürge nach allgemeinen Grundsätzen die Darlegungs- und Beweislast.

---

[851] BGH NJW 2000, 1182, 1183 f.
[852] BGH NJW 2002, 744, 745.
[853] BGH NJW 2002, 744, 745.
[854] BGH ZIP 2005, 432, 433.
[855] Vgl. BGH NJW 2002, 744, 745.
[856] BGH NJW 2002, 2228, 2229.
[857] BGH NJW 2001, 815, 816.
[858] BGH WM 2002, 1649.
[859] BGH NJW-RR 2004, 337, 338.
[860] BGH ZIP 2005, 432, 434.
[861] BGH NJW 2001, 815, 817.
[862] BGH NJW 2002, 2230, 2231.
[863] BGH ZIP 2005, 432, 434.
[864] BGH WM 2002, 919, 922.

Was die **subjektiven Voraussetzungen** der Sittenwidrigkeit betrifft, muss die Bank die finan- 22
ziellen Verhältnisse des Bürgen als bekannt gegen sich gelten lassen, da nach banküblichen Ge-
pflogenheiten hereingenommene Sicherheiten auf ihre Werthaltigkeit hin überprüft werden.[865]
Die Vermutung der subjektiven Voraussetzungen der Sittenwidrigkeit wird nicht dadurch wi-
derlegt, dass die Kredit gewährende Bank mit der Bürgschaft das Ziel verfolgt, etwaigen **Ver-
mögensverschiebungen** auf den Bürgen vorzubeugen. Vielmehr ist es erforderlich, dass die
Bank im Fall der Inanspruchnahme des Bürgen konkret darlegt, dass eine im Verhältnis zur
Kreditsumme erhebliche Vermögensverschiebung stattgefunden hat.[866] Im übrigen muss die
Bank darlegen und beweisen, dass die Bürgschaftsübernahme von vornherein nur eine erhebliche Vermögensverlagerung verhindern sollte.[867]

bb) Prozessuales. Im Prozess muss der für die Voraussetzungen der Sittenwidrigkeit darle- 23
gungs- und beweispflichtige Bürge zunächst Angaben zu Vermögen und Einkommen sowie zur
Zinsbelastung machen, da andernfalls eine Bestimmung des krassen Missverhältnisses nicht
möglich ist, weshalb es an einem schlüssigen Vortrag zur Sittenwidrigkeit fehlen würde.

Unterlässt der Bürge die Angabe von vorhandenem **Vermögen**, läuft er Gefahr, sich in Wi- 24
derspruch zu Auskünften zu setzen, die er möglicherweise im Rahmen der Kreditgewährung
erteilt hat. Soweit der Bürge ferner über ein regelmäßiges **Einkommen** verfügt, muss er darlegen und beweisen können, dass der gemäß §§ 850 ff. ZPO pfändbare Teil nicht ausreicht, um
die regelmäßige Zinsbelastung zu bewältigen.

Weitere Voraussetzung für die Darlegung eines (krassen) Missverhältnisses sind ferner die 25
Angaben zur **Zinsbelastung.** Sind die Zinsen z.B. quartalsmäßig zu zahlen, wäre von einer
krassen finanziellen Überforderung auszugehen, wenn kein vorhandenes Vermögen existiert,
und das pfändbare Einkommen des vor dem Zinszahlungstermin laufenden Quartals nicht zur
Begleichung der Zinsen ausreicht.

Kann der Bürge lediglich ein Missverhältnis darlegen, das nicht das Ausmaß einer krassen 26
Überforderung erreicht, muss er zusätzlich Parteivortrag zur Beeinträchtigung seines freien
Willensentschlusses liefern und diesen unter Beweis stellen. Gleiches gilt für den Umstand,
dass die Bank die Beeinträchtigung seiner Willensfreiheit in anstößiger Weise ausgenutzt hat.

b) **Grundpfandrechtsbestellungen naher Angehöriger.** Eine Übertragung der Grundsätze zur 27
Sittenwidrigkeit von Bürgschaften vermögensloser Angehöriger auf die Bestellung von Grundpfandrechten ist schon deshalb ausgeschlossen, weil sich die maßgeblichen Wertungen nicht
übertragen lassen. So haftet der Angehörige im letztgenannten Fall nur dinglich beschränkt,
weshalb sich ein Missverhältnis zwischen Zahlungsverpflichtung und Leistungsfähigkeit nicht
ermitteln lässt.[868] Vielmehr zeigt der Einsatz des Grundstücks durch den Angehörigen, dass
dieser über Vermögen verfügt.

c) **Ursprüngliche objektive Übersicherung.** Die Bestellung von Sicherheiten zugunsten einer 28
Bank ist als ursprüngliche Übersicherung sittenwidrig im Sinne von § 138 BGB, wenn bereits
bei Vertragsschluss gewiss ist, dass im noch ungewissen Verwertungsfall ein auffälliges Missverhältnis zwischen dem realisierbaren Wert der Sicherheit und der gesicherten Forderung bestehen wird.[869] Eine bloß nachträgliche Übersicherung beeinträchtigt die Wirksamkeit des Sicherungsvertrags dagegen nicht,[870] sondern löst einen Freigabeanspruch des Sicherungsgebers
aus.[871]

Grundsätzlich gilt für die Feststellung einer ursprünglichen objektiven Übersicherung, dass 29
das gesicherte Risiko, d.h. die Höhe der gesicherten Forderung, mit dem realisierbaren Wert
der Sicherheit zum Zeitpunkt des hypothetischen Sicherungsfalls zu vergleichen ist. Schwierigkeiten bereitet mangels klarstellender höchstrichterlicher Rechtsprechung allerdings die konkrete Bestimmung des angesprochenen auffälligen Missverhältnisses. Dies ist darauf zurückzuführen, dass der Wert der Sicherheiten im Verwertungsfall meist nicht einmal ansatzweise
ihrem Wert zum Beurteilungszeitpunkt (Vertragsschluss) entspricht. Zudem verbietet die
Rechtsfolge der Sittenwidrigkeit (Nichtigkeit der Bestellung) anders als bei der nachträglichen

---

[865] BGH NJW 2000, 1182, 1184.
[866] BGH NJW 2002, 2228, 2229 f.
[867] BGH NJW 2002, 2230, 2231 f.
[868] BGHZ 152, 147, 150.
[869] BGH ZIP 1998, 684, 685; vgl. auch OLG Hamm, WM 2002, 451.
[870] BGHZ 137, 212, 221 f.
[871] Siehe dazu unten, Rn. 51.

Übersicherung, die lediglich einen Freigabeanspruch des Sicherungsgebers zur Folge hat, nach allgemeiner Auffassung pauschale Lösungen.

30 Teilweise wird vertreten, dass bei der Berechnung des Grenzwertes zunächst von einer Deckungsgrenze entsprechend § 237 S. 1 BGB von 150 % in Bezug auf die gesicherte Forderung auszugehen ist, um dem voraussichtlichen Wertverlust der Sicherheiten im Sicherungsfall Rechnung zu tragen. Diese sei mit dem Faktor Zwei zu multiplizieren. Anhaltspunkte für eine ursprüngliche Übersicherung wären somit bei einem Verkehrswert der Sicherheiten zum Zeitpunkt des Vertragsschlusses in Höhe von 300 % der gesicherten Forderung gegeben.[872] Dies soll allerdings nur bei revolvierenden Globalsicherheiten (Sicherungsübereignung von Warenlagern, Globalzessionen etc.) gelten,[873] bei einem „Sicherheitenmix" jedoch einen Anhaltspunkt für die anfängliche Übersicherung bieten.[874]

31 Nach anderer Auffassung verbietet sich eine pauschale Festsetzung der Deckungsgrenze von 150 % der gesicherten Forderung. Vielmehr soll auf die individuelle Werthaltigkeit einzelner Sicherheiten im Verwertungsfall abzustellen sein.[875] Damit würde der Tatsache Rechnung getragen, dass z.B. bei erstrangigen Grundschulden innerhalb der Beleihungsgrenze im Verwertungsfall gar keine Abschläge gerechtfertigt sind.[876] Bei revolvierenden Globalsicherheiten wird der Ansatz von 2/3 des Verkehrs- bzw. Nominalwerts der Waren bzw. Forderungen dagegen grundsätzlich als angemessen eingestuft.[877]

32 Bei der Feststellung des auffälligen Missverhältnisses sind **Drittsicherheiten** grundsätzlich in die Betrachtung einzubeziehen, da diese üblicherweise auf Veranlassung des Kreditschuldners gestellt werden und ihm bei weiterem Kreditbedarf nicht mehr zur Verfügung stehen.[878] Nach Auffassung des BGH sollen Personalsicherheiten, insbesondere Bürgschaften, dagegen in der Regel nicht zu berücksichtigen sein.[879] Jedenfalls wäre aufgrund des hohen Bonitätsrisikos ein hoher Bewertungsabschlag vorzunehmen, der im Einzelfall den Ansatz mit 0 € rechtfertigt. Ausnahmen müssen wiederum bei Bürgschaften eines Kreditinstituts oder der öffentlichen Hand gelten.[880]

33 In **subjektiver Hinsicht** muss die Übersicherung auf einer verwerflichen Gesinnung des Kreditinstituts beruhen.[881] Insoweit liegt es nahe, beim Vorliegen des objektiven Tatbestands wie in anderen Fällen der Sittenwidrigkeit auf die verwerfliche Gesinnung zu schließen.[882]

34 d) **Knebelung des Sicherungsgebers.** Die Bestellung einer Sicherheit kann ferner als Knebelung gemäß § 138 I BGB sittenwidrig sein, wenn der Sicherungsnehmer die wirtschaftliche Freiheit des Sicherungsgebers so sehr beschränkt, dass dieser seine freie Selbstbestimmung bzw. wirtschaftliche Bewegungsfreiheit ganz oder im Wesentlichen einbüßt.[883] Was den **Umfang** der zu bestellenden Sicherheiten angeht, wird der Sicherungsgeber insoweit allerdings bereits dadurch geschützt, dass die eingegangene Verpflichtung gemäß § 138 I BGB wegen anfänglicher Übersicherung unwirksam ist.[884] Tritt die Übersicherung erst später ein, z.B. aufgrund einer Reduzierung der gesicherten Forderung, steht dem Sicherungsgeber ferner ein Freigabeanspruch zu,[885] der die Sittenwidrigkeit ausschließt. Geht man mit der Rechtsprechung des BGH ferner davon aus, dass die Belastung der letzten freien Vermögensstücke durch den Sicherungsgeber für sich genommen keine Knebelung darstellt,[886] ergibt sich für eine sittenwidrige Knebelung aufgrund des Umfangs der bestellten Sicherheiten kein nennenswerter Anwendungsbereich mehr.

35 Allerdings ist von einer sittenwidrigen Knebelung aufgrund des Sicherungsvertrags auszugehen, wenn sich das Kreditinstitut **Kontrollmöglichkeiten** in Bezug auf das Sicherungsgut in ei-

---

[872] *Palandt/Heinrichs* § 138 BGB Rn. 97.
[873] *Nobbe,* FS Schimansky, S. 433 ff.
[874] *Tetzlaff* ZIP 2003, 1826, 1831.
[875] *Lwowski,* FS Schimansky, S. 389 ff.; *Lüke* ZIP 2001, 1, 3 ff.
[876] *Tetzlaff* ZIP 2003, 1826, 1831 f.
[877] *Tetzlaff* ZIP 2003, 1826, 1833 f.; *Lüke* ZIP 2001, 1, 7.
[878] *Lüke* ZIP 2001, 1, 2.
[879] BGH WM 1994, 1161, 1162 f.; a.A. *Lüke* ZIP 2001, 1, 2 f.
[880] *Tetzlaff* ZIP 2003, 1826, 1832.
[881] BGH ZIP 1998, 684, 685.
[882] *Tetzlaff* ZIP 2003, 1826, 1836.
[883] BGH ZIP 1998, 793, 797; BGH NJW 1993, 1587, 1588, st. Rspr.
[884] Siehe oben, Rn. 28 ff.
[885] Siehe unten, Rn. 51 ff.
[886] BGHZ 20, 43, 49 f.

nem Ausmaß einräumen lässt, das dem Sicherungsgeber die Möglichkeit zu wirtschaftlich eigenständigem Handeln nimmt.[887] Dies ist aber z.B. bei einer Globalzession nicht der Fall, wenn der Sicherungsgeber die Einziehungsbefugnis hinsichtlich der abgetretenen Forderungen behält, solange das Kreditverhältnis ungestört verläuft.[888] Bei unzuverlässigen Schuldnern können schärfere Einschränkungen im Hinblick auf das Knebelungsverbot vertretbar sein.[889]

e) Gläubigergefährdung. Ein Vertrag, durch den ein Schuldner sein letztes zur Gläubigerbe- 36 friedigung taugliches Vermögen einem bestimmten Gläubiger überträgt, ist regelmäßig gemäß § 138 I BGB sittenwidrig, wenn dadurch gegenwärtige oder künftige Gläubiger über die Kreditwürdigkeit des Schuldners getäuscht werden und beide Vertragspartner bei dieser Täuschung zusammengewirkt haben.[890] In subjektiver Hinsicht genügt es, wenn die Vertragspartner mit der Möglichkeit gerechnet haben, dass andere Gläubiger geschädigt werden könnten.[891] Kennt das Kreditinstitut die Umstände, aufgrund derer sich der Schluss auf einen bevorstehenden Zusammenbruch des Schuldners aufdrängt, so liegt Sittenwidrigkeit schon dann vor, wenn es sich über diese Erkenntnis grob fahrlässig hinweg setzt.[892] Je größer die Gefahr eines Zusammenbruchs aus Sicht des Kreditinstituts ist, umso eher trifft es der Vorwurf, sich wegen der unterlassenen Überprüfung der wirtschaftlichen Verhältnisse des Schuldners leichtfertig über die Gefährdung der anderen Gläubiger durch Kredittäuschung hinweggesetzt zu haben.[893]

2. Widerruf des Sicherungsvertrags

a) Allgemeines. Grundsätzlich kann auch der schuldrechtliche Vertrag, durch den eine Sicher- 37 heit bestellt wird (Bürgschaftsvertrag, Sicherungsabrede usw.), widerrufen werden, wenn die Voraussetzungen eines Widerrufsrechts vorliegen, d.h. der sachliche und der persönliche Anwendungsbereich eines Widerrufsrechts bezüglich des in Frage stehenden Sicherungsvertrags eröffnet ist. Praktisch kommt ein Recht zum Widerruf regelmäßig nur in Frage, wenn der Sicherungsvertrag ein Haustürgeschäft gemäß § 312 BGB bzw. § 1 HWiG a.F. war.

b) Persönlicher Anwendungsbereich. In persönlicher Hinsicht muss der Sicherungsgeber 38 Verbraucher gemäß § 13 BGB sein, d.h. der Sicherungsvertrag muss zu einem Zweck abgeschlossen werden, der nicht der gewerblichen oder selbständigen beruflichen Tätigkeit des Sicherungsgebers zugerechnet werden kann. Nach Auffassung des BGH besitzt auch der Geschäftsführer einer GmbH die Verbrauchereigenschaft gemäß § 13 BGB, wenn er der Schuld der GmbH beitritt.[894] Keine Zweifel bestehen ferner an der Unternehmereigenschaft des Kreditinstituts gemäß § 14 BGB.

Darüber hinaus setzt ein Widerrufsrecht nicht voraus, dass der Kreditvertrag, aus dem die 39 gesicherte Forderung erwächst, seinerseits einen Verbrauchervertrag bildet, d.h. der Hauptschuldner ebenfalls Verbraucher gemäß § 13 BGB ist. Für die Grundschuld[895] und den Schuldbeitritt[896] entspricht dies schon seit längerem der Rechtsprechung des BGH. Dagegen hatte der BGH zur Bürgschaft infolge einer Entscheidung des EuGH zunächst die Auffassung vertreten, dass ein Widerruf nicht in Frage komme, wenn die Bürgschaft zur Sicherung eines gewerblichen Kredits diene.[897] Diesen Standpunkt hat der BGH nunmehr aufgegeben.[898] Auch bei akzessorischen Sicherheiten wie Bürgschaften oder Pfandrechten ist daher nunmehr allein maßgeblich, ob der vom Sicherungsgeber mit dem Kreditinstitut geschlossene Vertrag in den sachlichen und persönlichen Anwendungsbereich eines Verbrauchervertrags fällt.

c) Sachlicher Anwendungsbereich eines Verbrauchervertrags. *aa) Haustürgeschäft.* Der 40 schuldrechtliche Vertrag, der auf die Bestellung einer Sicherheit gerichtet ist (Bürgschaft, Si-

---

[887] BGH ZIP 1998, 793, 797.
[888] BGH ZIP 1998, 793, 797.
[889] BGH NJW 1991, 353, 355.
[890] BGH NJW 1995, 1668.
[891] BGH NJW 1995, 1668.
[892] BGH NJW 1995, 1668.
[893] BGH NJW 1995, 1668.
[894] BGHZ 133, 71, 76.
[895] Vgl. BGHZ 131, 1, 4.
[896] BGHZ 133, 71, 76 f.
[897] BGHZ 139, 21, 24.
[898] BGH ZIP 2006, 363, 364.

cherungszweckerklärung etc.), ist ein Vertrag über eine entgeltliche Leistung gemäß § 312 I 1 BGB, § 1 I HWiG a.F., da dieses Tatbestandsmerkmal keinen gegenseitigen Vertrag im Sinne der §§ 320 ff. BGB voraussetzt.[899] Der Widerruf einer Bürgschaftsverpflichtung oder einer Zweckerklärung, die den Rechtsgrund für die Bestellung einer dinglichen Sicherheit (Grundschuld, Sicherungsübereignung etc.) bildet, ist daher möglich, wenn die weiteren Voraussetzungen des Widerrufsrechts erfüllt sind. Die dingliche Grundschuldbestellung als Erfüllungsgeschäft bildet dagegen keine entgeltliche Leistung im Sinne von § 312 BGB.[900] Wegen der weiteren Voraussetzungen des Widerrufs gemäß § 312 I 1 BGB kann hier auf die Ausführungen zum Haustürwiderruf des Darlehensvertrags verwiesen werden.[901]

41   *bb) Verbraucherdarlehen.* Kreditsicherheiten fallen grundsätzlich nicht in den Anwendungsbereich des Verbraucherdarlehensvertrags. Insbesondere in Bezug auf die **Bürgschaft** ist eine analoge Anwendung der Vorschriften über den Verbraucherdarlehensvertrag nach Auffassung des BGH jedenfalls ausgeschlossen, wenn der besicherte Kredit für eine bereits ausgeübte gewerbliche oder selbständige berufliche Tätigkeit bestimmt ist oder nicht in den Anwendungsbereich des § 491 BGB bzw. § 3 I VerbrKrG a.F. fällt.[902] Die h.M. lehnt die analoge Anwendung auch dann ab, wenn der gesicherte Kredit ein Verbraucherdarlehen gemäß § 491 BGB ist.[903]

42   Demgegenüber sind auf den **Schuldbeitritt** die §§ 491 ff. BGB anwendbar, da der Beitretende nach Auffassung des BGH in gleicher Weise schutzbedürftig ist wie der Darlehensnehmer selbst.[904] Dies gilt auch dann, wenn das Darlehen zu gewerblichen Zwecken aufgenommen wurde, so dass im Verhältnis Darlehensnehmer und Kreditinstitut der persönliche Anwendungsbereich des Verbraucherdarlehensrechts nicht eröffnet ist. Als Verbraucher gemäß § 13 BGB gilt in diesem Fall auch der dem Darlehensvertrag mit einer GmbH beitretende GmbH-Geschäftsführer[905] oder GmbH-Gesellschafter.

43   *cc) Fernabsatz.* Nach ganz überwiegender Auffassung fällt die Bestellung von Sicherheiten nicht in den Anwendungsbereich des § 312b BGB, so dass dem Sicherungsgeber insoweit kein Widerrufsrecht gemäß §§ 312d I 1, 355 BGB zustehen kann. Begründet wird dies damit, dass das Kreditinstitut bei Sicherungsverträgen keine Dienstleistung gegenüber dem Sicherungsgeber erbringt.[906] Darüber hinaus finden die Vorschriften über Fernabsatzverträge gemäß § 312b III Nr. 4 BGB jedenfalls keine Anwendung auf Verträge über die Begründung von dinglichen Rechten an Grundstücken, so dass Sicherungszweckerklärungen für Grundschulden keinesfalls gemäß § 312d I 1 BGB widerrufen werden können.

3. Sonstige Unwirksamkeitsgründe

44   Die Bestellung der Sicherheit kann im Einzelfall selbstverständlich aus weiteren Gründen unwirksam sein, z.B. infolge einer Anfechtung gemäß §§ 119, 123 BGB, wegen fehlender Vertretungsmacht oder Geschäftsfähigkeit, aufgrund eines Gesetzesverstoßes im Sinne von § 134 BGB oder wegen des Fehlens oder Wegfalls der Geschäftsgrundlage zwischen Sicherungsgeber und Kreditinstitut. Die einseitige, wenn auch erkennbare Erwartung des Bürgen, er werde aus der Bürgschaft nicht in Anspruch genommen, ist allerdings weder Geschäftsgrundlage des Bürgschaftsvertrags noch ein rechtserheblicher Irrtum, der den Bürgen zur Anfechtung berechtigen würde.[907]

---

[899] BGHZ 131, 1, 4.
[900] *Palandt/Grüneberg* § 312 BGB Rn. 9.
[901] Siehe oben, § 10 Rn. 96 ff.
[902] BGHZ 138, 321.
[903] *Palandt/Weidenkaff* § 491 BGB Rn. 12.
[904] BGH NJW 2000, 3496, 3497.
[905] BGH NJW 2000, 3133, 3135 f.
[906] In diesem Sinne *MünchKomm/Wendehorst* § 312 b BGB Rn. 36 f. in Bezug auf Bürgschaft und Schuldbeitritt; *Palandt/Grüneberg,* § 312 b BGB Rn. 10c.
[907] BGH ZIP 1987, 1519, 1521.

4. Rechtsfolgen der Unwirksamkeit

Ist der Sicherungsgeber der Bank aufgrund des schuldrechtlichen Vertrags grundsätzlich 45
persönlich, z.B. aus einer Bürgschaft oder einem Schuldbeitritt, verpflichtet, scheidet eine Inanspruchnahme des Sicherungsgebers im Fall der Unwirksamkeit des Vertrags ohne Weiteres
aus.

Bei Sachsicherheiten (Grundschuld, Sicherungsübereignung) ist dagegen zwischen der 46
schuldrechtlichen Verpflichtung zur Bestellung der Sicherheit (Sicherungsvertrag bzw. Zweckerklärung) und dem dinglichen Bestellungsakt zu unterscheiden. Ist der Sicherungsvertrag wegen eines Verstoßes gegen die guten Sitten gemäß § 138 I BGB **nichtig**, betrifft dies zunächst
nur das schuldrechtliche Verpflichtungsgeschäft. Das dingliche Erfüllungsgeschäft, d.h. die sicherungshalber erfolgende Übereignung, die Abtretung von Forderungen oder die Belastung
eines Grundstücks mit einer Grundschuld ist ebenfalls nichtig, wenn die Unsittlichkeit gerade
im Vollzug des sittenwidrigen Verpflichtungsgeschäfts liegt.[908] Dies ist bei Sicherungsverträgen
häufig der Fall,[909] weil gerade der dingliche Rechtsverlust des Sicherungsgebers das von der
Rechtsordnung missbilligte Ergebnis, z.B. die Benachteiligung von Drittgläubigern oder die
Übersicherung der Bank, darstellt. So hat der BGH z.B. entschieden, dass eine Sicherungsübereignung als dingliches Verfügungsgeschäft wegen Gläubigerbenachteiligung ebenso aufgrund
Sittenwidrigkeit unwirksam[910] ist wie eine Globalzession, die den Zedenten zum Vertrags-
bruch gegenüber seinen Lieferanten verleitet, an die er die Forderungen im Rahmen eines ver-
längerten Eigentumsvorbehalts abzutreten hat.[911]

Schlägt der Mangel des Sicherungsvertrags unmittelbar auf den dinglichen Bestellungsakt 47
durch, ist eine Rückübertragung des Eigentums am Sicherungsgut nicht erforderlich. Einer
Herausgabe des Besitzes gemäß § 985 BGB bedarf es regelmäßig ebenfalls nicht, da sich der
Sicherungsgeber aufgrund der vermeintlichen Sicherungsabrede sowieso noch im Besitz des Sicherungsguts befindet. Wurde das Kreditinstitut bereits als Grundschuldgläubiger in das
Grundbuch eingetragen, so dass dieses aufgrund der Unwirksamkeit des dinglichen Rechtsgeschäfts unrichtig ist, steht dem Sicherungsgeber und Eigentümer gemäß § 894 BGB ein Grund-
buchberichtigungsanspruch zu, der durch Eintragung eines Widerspruchs gemäß § 899 BGB
gesichert werden kann. Daneben können dem Eigentümer auch Berichtigungsansprüche gemäß §§ 823, 249 BGB sowie gemäß § 812 BGB zustehen.[912]

Ist das dingliche Rechtsgeschäft ausnahmsweise wirksam, steht dem Sicherungsgeber gemäß 48
§ 812 I 1 1. Alt. BGB ein Bereicherungsanspruch gegen das Kreditinstitut zu, der auf Rück-
übereignung des Sicherungsguts bzw. Rückgewähr der Grundschuld gerichtet wäre.[913]

> **Hinweis:**
> Sofern das Kreditinstitut im Fall der Unwirksamkeit des Bestellungsakts keine dingliche Rechtsposi- 49
> tion am Sicherungsgut innehat, ginge eine auf Freigabe bzw. Herausgabe gerichtete Klage ins Leere.
> Im Einzelfall kann die Erhebung einer negativen Feststellungsklage gemäß § 256 ZPO durch den ver-
> meintlichen Sicherungsgeber in Frage kommen, wenn sich die Bank der Wirksamkeit des Siche-
> rungsvertrags berühmt.

Hat der Sicherungsgeber die einer Grundschuldbestellung zugrunde liegende **Sicherungsab-** 50
rede wirksam **widerrufen**, fehlt es lediglich an einem Rechtsgrund für die Bestellung der Sicherheit, weshalb diese vom Kreditinstitut gemäß §§ 355 I 1, 357 I 1, 346 I BGB, § 3 I 1 HWiG
a.F. zurückzugewähren ist. Der Sicherungsgeber kann die dauerhafte Einrede eines bestehenden Rückgewähranspruchs im Wege der **Vollstreckungsabwehrklage** den in der notariellen
Grundschuldbestellungsurkunde titulierten Ansprüchen der Bank entgegenhalten und die
Zwangsvollstreckung hieraus für unzulässig erklären lassen.[914]

---

[908] Bei der Bestellung von Sicherheiten spielt der Fall des Wuchers, in dem sich die Nichtigkeit des Erfül-
lungsgeschäfts aus § 138 II BGB ergibt, keine Rolle.
[909] Vgl. *Baur/Stürner,* Sachenrecht § 5 Rn. 51; *Palandt/Heinrichs* § 138 BGB Rn. 20.
[910] BGH NJW 1995, 1668.
[911] BGHZ 72, 308, 310.
[912] Vgl. *Palandt/Bassenge* § 894 BGB Rn. 13.
[913] Vgl. BGH WM 1994, 1711, 1712.
[914] OLG Dresden BKR 2003, 114, 116.

IV. Anspruch auf Freigabe von Kreditsicherheiten

1. Allgemeines

51   Ein Anspruch des Sicherungsgebers auf Freigabe einer Sicherheit besteht, wenn der mit der Bestellung der Sicherheit verfolgte Zweck weggefallen ist. Dies ist insbesondere nach planmäßiger Rückführung des gesicherten Kredits der Fall. Schon vor vollständiger Tilgung steht die Möglichkeit einer (teilweisen) Freigabe im Raum, wenn eine nachträgliche Übersicherung, z.B. aufgrund teilweiser Tilgung des gesicherten Kredits, eingetreten ist. Im Einzelfall kann ein Freigabeanspruch aber auch dann bestehen, wenn der Sicherungszweck von Anfang an nicht bestand, z.B. weil das zu besichernde Darlehen nicht zur Auszahlung gekommen ist.

52   Bei **akzessorischen Sicherheiten** wie z.B. der Bürgschaft ist die Rechtsposition der Bank als Sicherungsnehmerin von vornherein an den Bestand der gesicherten Forderung geknüpft, weshalb eine rechtsgeschäftliche **Freigabe nicht erforderlich** ist. Die Rückgabe der Bürgschaftsurkunde, auf die der Bürge nach Erlöschen der gesicherten Forderung gemäß § 371 BGB einen Anspruch hat,[915] ist dagegen für das Erlöschen des Bürgschaftsanspruchs ohne materiell-rechtlichen Belang. Seine eigentliche Bedeutung hat der Freigabeanspruch daher bei nichtakzessorischen Sicherheiten wie der Grundschuld oder der Sicherungsübereignung, wo nach der Erledigung des Sicherungszwecks die dem Sicherungsgeber eingeräumte dingliche Rechtsposition aufgehoben werden muss.

2. Rechtliche Grundlagen

53   Der Freigabeanspruch des Sicherungsgebers gegenüber dem Kreditinstitut bedarf grundsätzlich keiner ausdrücklichen rechtsgeschäftlichen Vereinbarung, da er bereits aus der **Treuhandnatur des Sicherungsvertrags** folgt. Ungeachtet dessen beinhalten die von der Kreditwirtschaft verwendeten Vertragsformulare regelmäßig eine ausdrückliche Freigabeverpflichtung, so dass auch ein **ausdrücklicher vertraglicher Freigabeanspruch** besteht.

54   Aus Nr. 16 II, I AGB-Banken sowie Nr. 22 II AGB-SPK ergibt sich ferner ein Freigabeanspruch des Sicherungsgebers für den Fall nachträglicher Übersicherung des Kreditinstituts. Er hat jedoch lediglich ergänzenden Charakter[916], da er nicht schon dann eingreift, wenn eine Übersicherung in Bezug auf die gemäß der vertraglichen Zweckvereinbarung gesicherte Forderung vorliegt, sondern wenn eine Übersicherung gemessen an sämtlichen Forderungen des Kreditinstituts aus der bankmäßigen Geschäftsverbindung gegeben ist.[917]

55   Ein Freigabeanspruch des Sicherungsgebers besteht, wenn der Sicherungszweck ganz oder teilweise **endgültig** weggefallen ist. Ob im konkreten Fall ein Freigabeanspruch des Sicherungsgebers besteht, hängt somit maßgeblich vom Sicherungszweck der betreffenden Sicherheit ab. Die vertragliche Vereinbarung über den Sicherungszweck (**Zweckerklärung**) bildet daher das Kernstück des Sicherungsvertrags. Sie stellt bei nichtakzessorischen Sicherheiten die Verbindung zur gesicherten Forderung her und ist ausschlaggebend dafür, ob der Sicherungsgeber aufgrund vollständiger oder teilweiser Erledigung des Sicherungszwecks die Freigabe der Sicherheit verlangen kann, oder ob das Kreditinstitut gar zur Verwertung der Sicherheit übergehen darf. Aufgrund der herausragenden Bedeutung der Sicherungszweckerklärung trägt oftmals der gesamte Sicherungsvertrag die Bezeichnung „Zweckerklärung".

56   In der Bankpraxis richtet sich der vereinbarte bzw. zu vereinbarende Sicherungszweck regelmäßig entweder auf einzelne Forderungen des Kreditinstituts gegen einen bestimmten Kreditnehmer, die durch die Nummer des bzw. der entsprechenden Darlehenskonten konkretisiert werden (enge Zweckerklärung). Alternativ kann sich der Sicherungszweck aber auch schlicht auf sämtliche, gegebenenfalls auch auf künftige Forderungen des Kreditinstituts aus der Geschäftsverbindung mit dem Kreditnehmer erstrecken (weite Zweckerklärung). In Zweifelsfällen ist die Reichweite der Zweckerklärung durch Auslegung der Vereinbarung gemäß §§ 133, 157 BGB zu ermitteln.

---

[915] *Palandt/Sprau* § 765 BGB Rn. 33.
[916] Vgl. *Bunte*, Bankrechts-Handbuch I § 21 Rn. 4.
[917] Siehe dazu auch unten, Rn. 78 ff.

3. Einzelfragen

a) Zulässigkeit sogenannter „weiter" Sicherungszweckerklärungen. Die Zulässigkeit einer sogenannten weiten Sicherungszweckerklärung, die neben einer oder mehreren bestimmten Forderungen des Kreditinstituts, die den Anlass der Bestellung der Sicherheit bilden, auch der Sicherung anderer, bereits seit längerem bestehender sowie zukünftiger, zum Zeitpunkt der Bestellung der Sicherheit noch nicht entstandener Forderungen dient, hängt nach ständiger BGH-Rechtsprechung entscheidend davon ab, ob der Kreditnehmer selbst Sicherungsgeber ist oder ob die Sicherheit von einem Dritten gestellt wird.

aa) Sicherheiten des Kreditnehmers. Grundsätzlich keinen rechtlichen Bedenken begegnet es, wenn das Kreditinstitut den Sicherungszweck einer vom Kreditnehmer selbst gestellten Sicherheit durch AGB, insbesondere Formularverträge, auch auf bereits bestehende oder auf zukünftige Verbindlichkeiten des Kreditnehmers erstreckt, die zum Zeitpunkt der Bestellung der Sicherheit noch nicht erkennbar sind. Für die Grundschuld regeln die §§ 1113 II, 1192 BGB z.B. ausdrücklich, dass diese auch zur Sicherung zukünftiger Forderungen bestellt werden kann. Der BGH hat dementsprechend entschieden, dass die Erstreckung des Sicherungszwecks einer Grundschuld auf künftige Forderungen der Bank gegen den Kreditnehmer weder überraschend i.S.v. § 305 c I BGB, noch unbillig gemäß § 307 BGB ist.[918] Eine einschränkende Auslegung hält der BGH lediglich dahingehend für geboten, dass vom weiten Sicherungszweck lediglich Forderungen aus der **bankmäßigen** Geschäftsverbindung umfasst werden,[919] sofern sich dies nicht bereits ausdrücklich aus der verwendeten Zweckerklärung ergibt.

bb) Drittsicherheiten. Wesentlich problematischer ist der Gebrauch weiter Sicherungszweckerklärungen, wenn die Sicherheit nicht vom Kreditnehmer selbst, sondern von einem Dritten für die Schuld des Kreditnehmers gestellt wird. Dies gilt vor allem für Personalsicherheiten wie die Bürgschaft, da diese wesensmäßig von einem nicht mit dem Kreditnehmer identischen Dritten gestellt werden. Aber auch Sachsicherheiten, insbesondere Grundschulden, können selbstverständlich zur Sicherung von Verbindlichkeiten Dritter herangezogen werden. Auch bei der Stellung von Drittsicherheiten bildet nämlich regelmäßig der Abschluss eines bestimmten Kreditvertrags den Anlass für die Bestellung der Drittsicherheit(en).

Der BGH hat den Gebrauch weiter Zweckerklärungen bei Drittsicherheiten an § 305 c BGB sowie an § 307 BGB gemessen und nur in Ausnahmefällen zugelassen. So entschied der BGH für die **Bürgschaft**, dass deren Erstreckung auf alle bestehenden und künftigen Verbindlichkeiten eines Dritten **überraschend** i.S.v. § 305 c BGB ist, wenn diese Regelung von den Erwartungen des Bürgen deutlich abweicht und dieser mit ihr nach den Umständen vernünftigerweise nicht zu rechnen brauchte. Die Erwartungen würden dabei von **allgemeinen und von individuellen Begleitumständen** des Vertragsschlusses bestimmt. Sofern ein bestimmter Kredit den **Anlass für die Übernahme der Bürgschaft** bildete, ist eine hierüber hinausgehende Haftungsübernahme für andere bereits bestehende oder zukünftige Verbindlichkeiten regelmäßig als überraschend zu werten (sog. Anlassrechtsprechung).[920] Bei einem Kontokorrentkredit, der vom Kreditnehmer üblicherweise in wechselnder Höhe in Anspruch genommen wird, ist die Haftung des Bürgen dementsprechend auf das Kreditlimit beschränkt, das für den Anlasskredit vereinbart wurde.

Nicht überraschend ist die weite Zweckerklärung dagegen nach Auffassung des BGH, wenn der Bürge als **Geschäftsführer, Allein- oder Mehrheitsgesellschafter der Hauptschuldnerin** Art und Höhe der gesicherten Verbindlichkeit bestimmen kann.[921] Ein GmbH-Geschäftsführer, der zur Kreditaufnahme aufgrund eines Beschlusses der Gesellschafterversammlung gezwungen ist, müsste seine Bürgschaft gegebenenfalls vor der Kreditaufnahme kündigen.[922] Diese Möglichkeit zur Beeinflussung der Höhe der gesicherten Verbindlichkeit fehlt dagegen dem Ehegatten des Hauptschuldners, auch wenn er z.B. in dessen Bauträgergeschäft mitarbeitet und über dessen Konten verfügen kann,[923] weshalb sich dieser auf den Schutz des § 305 c BGB berufen kann.

---

[918] BGHZ 101, 29, 32 f., zu § 3 bzw. § 9 AGBG a.F.; kritisch hierzu *Knops* ZIP 2006, 1965 ff.
[919] BGHZ 101, 29, 34.
[920] BGH NJW 1995, 2553, 2554 f.
[921] BGH NJW 1995, 2553, 2555.
[922] *Rösler/Fischer* BKR 2006, 50, 53.
[923] Vgl. BGH NJW 2001, 1416, zur Grundschuld.

62   Fraglich ist auf der Grundlage der dargestellten BGH-Rechtsprechung, ob das Kreditinstitut durch **besondere individuelle Hinweise** an einen Drittsicherungsgeber das Überraschungsmoment im Sinne von § 305 c BGB beseitigen kann, mit der Folge, dass auch bei Drittsicherungsgebern eine weite Zweckerklärung der AGB-Kontrolle standhält. Dies ist grundsätzlich zu bejahen, wie sich der BGH-Rechtsprechung entnehmen lässt. Ein formularmäßiger Hinweis reicht hierfür jedoch selbst dann nicht aus, wenn er drucktechnisch hervorgehoben ist.[924]

Hinweis:

63   Bei der Prüfung, ob eine weite Sicherungszweckerklärung überraschend gemäß § 305 c BGB ist, verbieten sich verallgemeinernde Überlegungen, insbesondere eine generelle Bejahung der Unwirksamkeit. Gegebenenfalls ist der Ablauf der Gespräche zwischen Sicherungsgeber und Bank sowie dem Hauptschuldner im Detail nachzuvollziehen. Dabei trägt das Kreditinstitut bei Verwendung einer weiten Zweckerklärung regelmäßig das Risiko, dass die Art und Weise der erteilten Hinweise auf den weiten Haftungsumfang das Überraschungsmoment nicht beseitigt. Aus Sicht der Bank sollte daher bei Vergabe neuer Kredite im Zweifel eine neue Zweckerklärung des Drittsicherungsgebers hereingenommen werden, die sämtliche gesicherte Kredite individuell bezeichnet.

64   Unabhängig hiervon kann die Erstreckung des Sicherungszwecks auf sämtliche gegenwärtigen und zukünftigen Forderungen auch gegen § 307 BGB verstoßen, weil sie eine **unangemessene Benachteiligung** des Bürgen darstellt. Der BGH hat diesbezüglich die Auffassung vertreten, dass die weite Zweckerklärung in Widerspruch zum gesetzlichen Leitbild des § 767 I 3 BGB steht, weshalb die Klausel der Inhaltskontrolle gemäß § 307 II BGB nicht standhält. Anders als bei § 305 c BGB ist der Anlass in diesem Fall nicht individuell subjektiv, sondern objektiv zu bestimmen.[925] Ist der Bürge **Kaufmann**, ist eine unangemessene Benachteiligung i.S.v. § 307 BGB nicht generell zu verneinen,[926] zumal die Inhaltskontrolle insoweit nicht gemäß § 310 I 1 BGB ausgeschlossen ist. Eine unbillige Beeinträchtigung in schutzwürdigen Belangen scheidet jedoch wiederum aus, wenn der Bürge aufgrund seiner Stellung als Geschäftsführer, Allein- oder Mehrheitsgesellschafter über den Umfang der zukünftigen Kreditaufnahme bestimmen kann.[927]

65   Auch die formularmäßige Ausdehnung der Haftung einer **Grundschuld** auf alle bestehenden und künftigen Forderungen ist nach der Rechtsprechung regelmäßig **überraschend** gemäß § 305 c BGB.[928] Eine Ausnahme gilt entsprechend der Bürgschaft, wenn der Drittsicherungsgeber (z.B. als Geschäftsführer und/oder Allein- bzw. Mehrheitsgesellschafter) Art und Höhe der zukünftigen Verbindlichkeiten beeinflussen kann.[929] Dagegen ist bei der Grundschuld eine **unangemessene Benachteiligung** gemäß § 307 II Nr. 1 BGB **ausgeschlossen**, da es – anders als bei der Bürgschaft – kein gesetzliches Leitbild gibt, von dem die Erstreckung des Sicherungszwecks auf alle gegenwärtigen und künftigen Verbindlichkeiten abweichen würde.[930] Für die Wirksamkeit einer weiten Sicherungszweckerklärung ist dies insofern von Bedeutung, als ihr überraschender Charakter i.S.v. § 305 c BGB durch einen individuellen Hinweis auf die Erweiterung der dinglichen Haftung im Rahmen der Verhandlungen über die Bestellung beseitigt werden kann.[931]

66   Auf den **Schuldbeitritt** hat der BGH seine Rechtsprechung zur AGB-rechtlichen Vereinbarkeit weiter Zweckerklärungen bei Bürgschaften ausdrücklich übertragen.[932] Ferner ist auch für **andere Sicherheiten** wie die Forderungsabtretung, die Sicherungsübereignung und die Verpfändung von den genannten Grundsätzen auszugehen, so dass auch bei diesen Sicherungsinstrumenten Bedenken gegen eine weite Zweckerklärung besteht, wenn die Sicherheit nicht vom Kreditnehmer selbst gestellt wird.[933]

67   **Rechtsfolge** eines Verstoßes der weiten Zweckerklärung gegen AGB-Recht ist **nicht** die Unwirksamkeit des Sicherungsvertrags. Vielmehr ist die Zweckerklärung in der Form aufrechtzu-

---

[924] BGHZ 131, 55, 59 f.; *Nobbe* BKR 2002, 747, 750; *Rösler/Fischer* BKR 2006, 50, 52.
[925] BGH NJW 1995, 2553, 2556.
[926] BGH NJW 1998, 3708, 3709.
[927] BGH NJW 1999, 3195.
[928] BGH NJW 2000, 2675, 2676.
[929] BGH NJW 2001, 1416.
[930] BGH NJW 1997, 2677,
[931] Vgl. BGH NJW 1997, 2677.
[932] BGH NJW 1996, 249.
[933] *Rösler/Fischer* BKR 2006, 50, 56 f.

erhalten, dass die Bürgschaft alle bestehenden und künftigen Forderungen des Kreditinstituts aus dem Kreditverhältnis sichert, wie es bei der Abgabe der Bürgschaftserklärung bestand.[934] Zum Zeitpunkt der Bürgschaftsübernahme noch nicht bestehende Forderungen werden daher nur erfasst, soweit sie sich im Rahmen der Kreditlinie bewegen, die dem Hauptschuldner zum Zeitpunkt der Bürgschaftsübernahme eingeräumt worden war bzw. werden sollte.

Dass die Sicherheit aus einem bestimmten Anlass bestellt wurde, ist vom Sicherungsgeber darzulegen und zu beweisen.[935] Gelingt ihm dies, spricht zumindest eine widerlegbare Vermutung für ein Überraschungsmoment gemäß § 305c BGB. In diesem Fall ist es Sache des Kreditinstituts, darzulegen und zu beweisen, dass eine angemessene individuelle Belehrung über den weiten Sicherungszweck erfolgt ist.   68

cc) Einbeziehung anderer als Darlehensverbindlichkeiten in den Sicherungszweck. Die in der Bankpraxis verwendeten weiten Zweckerklärungen begründen regelmäßig nicht nur die Haftung für Kreditverbindlichkeiten des Hauptschuldners, sondern beziehen auch persönliche Verpflichtungen des Hauptschuldners gegenüber der Bank aus Bürgschaften oder Schecks und Wechseln in den Sicherungszweck ein.   69

Nach Auffassung des BGH ist der Erstreckung der Haftung einer Sicherheit auf eine Bürgschaftsverbindlichkeit des Darlehensschuldners aufgrund von Allgemeinen Geschäftsbedingungen die Anerkennung zu versagen, sofern die gesicherte Bürgschaftsschuld noch nicht fällig ist.[936] Des Weiteren hat der BGH entschieden, dass die Einbeziehung von Bürgschaftsverbindlichkeiten, Schecks oder Wechseln zu unbestimmt und daher unwirksam ist, wenn diese Verbindlichkeiten nicht mehr der Geschäftsverbindung zwischen dem Hauptschuldner und der Bank unterfallen.[937] Diesen Grenzen tragen die Kreditinstitute regelmäßig durch eine entsprechende Beschränkung des Sicherungszwecks in den gestellten Vertragsformularen Rechnung.   70

dd) Mehrere Sicherungszweckerklärungen. Wird für eine bereits bestellte Grundschuld nach längerer Zeit eine **neue Zweckvereinbarung** getroffen, die sich auf weitere Verbindlichkeiten desselben oder anderer Hauptschuldner erstreckt, die nicht den Anlass für die Bestellung der Grundschuld bildeten, ist davon auszugehen, dass die Parteien der Zweckvereinbarung weitere Verbindlichkeiten in den Sicherungszweck einbeziehen wollten. Je größer der zeitliche Abstand zur ursprünglichen Darlehensgewährung ist, umso wahrscheinlicher ist es, dass der ursprüngliche, auf Absicherung eines bestimmten Darlehens gerichtete Sicherungszweck durch einen anderen ersetzt oder erweitert werden sollte.[938] Bei der Prüfung des Anlasses für die Bestellung der betreffenden Sicherheit ist daher auf die **jüngste Zweckerklärung** abzustellen.[939]   71

Beispiel: Im Januar 1991 nimmt K einen Kredit in Höhe von 100.000 Euro zur Finanzierung seines einzelkaufmännischen Unternehmens auf, der von S durch Stellung einer Grundschuld in Höhe von 100.000 Euro an seiner privaten Immobilie gesichert wird. Laut Zweckerklärung vom Januar 1991 soll die Grundschuld zur Sicherung aller gegenwärtigen und zukünftigen Verbindlichkeiten des K dienen. Im Mai 1996 gewährt die Bank dem K einen weiteren Kredit über 50.000 Euro. Im Zuge der Kreditvergabe wird zwischen der Bank und S eine weitere Zweckvereinbarung getroffen. Nach der Rechtsprechung des BGH beschränkt sich die Zweckerklärung vom Januar 1991 zunächst auf die Sicherung des Anlasskredits über 100.000 Euro, weshalb mit der späteren Aufnahme des Kredits über 50.000 Euro keine Haftung der Grundschuld für diesen begründet wird. Mit Abschluss der Zweckvereinbarung vom Mai 1996 ist diese der Ermittlung des Sicherungszwecks zugrunde zu legen, so dass die jüngere Zweckerklärung der Feststellung des Anlasses für die Kreditvergabe zugrunde zu legen ist. Demnach erstreckt sich der Sicherungszweck der Grundschuld auch auf den Kredit über 50.000 Euro.   72

Liegt die Darlehensgewährung zum Zeitpunkt der Zweckvereinbarung nur neun bis zehn Monate zurück, ist nach Auffassung des BGH bereits nicht mehr davon auszugehen, dass dieses Darlehen den Anlass für die Zweckvereinbarung bildete.[940]   73

---

[934] BGH NJW 1995, 2553, 2556.
[935] BGH NJW 1995, 1674, 1675.
[936] BGH NJW 1991, 100.
[937] BGH WM 1990, 969, 970.
[938] BGH NJW 2001, 1416, 1417.
[939] BGH NJW 2001, 1417, 1418 f.
[940] BGH NJW 2001, 1416, 1417.

74 b) **Auslegung der Sicherungszweckerklärung.** Bei der gesicherten Forderung, auf die sich der vereinbarte Sicherungszweck richtet und die den Anlass für die Bestellung der Sicherheit bildet, handelt es sich regelmäßig um einen Darlehensrückzahlungsanspruch gemäß § 488 I 2 BGB, der sich aus dem jeweiligen Darlehensvertrag zwischen Kreditnehmer und Kreditinstitut ergibt. Dabei kann die Zweckerklärung auch mehrere Kreditverbindlichkeiten individuell, z.B. durch das jeweilige Darlehenskonto, bezeichnen. Gegebenenfalls sind die gesicherten Forderungen im Wege der Auslegung der Zweckerklärung zu bestimmen. Eine Frage der Auslegung der konkreten Erklärung ist es auch, ob etwaige Ansprüche des Kreditinstituts auf eine Nichtabnahme- oder eine Vorfälligkeitsentschädigung einbezogen sind.[941] Veränderungen der gesicherten Forderung, z.B. eine Kreditprolongation, können jedenfalls dann von einer engen Zweckerklärung nicht mehr erfasst sein, wenn der Sicherungsgeber hiermit nicht rechnen musste.[942]

75 Ist der **Kreditvertrag** im Einzelfall **unwirksam**, fehlt es an einem vertraglichen Rückzahlungsanspruch. Der Bank steht dann regelmäßig ein auf Rückzahlung des ausgezahlten Darlehensbetrags gerichteter **Bereicherungsanspruch** gemäß § 812 I 1 BGB oder ein Erstattungsanspruch gemäß §§ 357 I 1, 346 I BGB gegen den Kreditnehmer zu, so dass sich die Frage stellt, ob sich der Sicherungszweck auch auf diese erstreckt.

76 Dieser Problematik tragen die Kreditinstitute in der Praxis regelmäßig durch eine **vertragliche Regelung** in den entsprechenden Vertragsformularen Rechnung, wonach die Sicherheit auch zur Sicherung derjenigen Ansprüche dient, die dem Kreditinstitut aufgrund der Unwirksamkeit des Kreditvertrags zustehen. In solchen Fällen erfasst der Sicherungszweck auch den gesetzlichen Erstattungsanspruch des Kreditinstituts, da die Vereinbarung der AGB-Kontrolle standhält.[943]

77 Fehlt es an einer ausdrücklichen Einbeziehung gesetzlicher Rückzahlungsansprüche, ist nach der Rechtsprechung des BGH auf den konkreten Einzelfall abzustellen und durch **Auslegung** zu ermitteln, ob die Parteien der Zweckvereinbarung auch gesetzliche Erstattungsansprüche in den Sicherungszweck einbeziehen wollten.[944] Insbesondere eine wirksame weite Zweckerklärung führt danach zur Einbeziehung gesetzlicher Rückzahlungsansprüche infolge eines unwirksamen Kreditvertrags.[945] Abgesehen hiervon hat der BGH in jüngerer Zeit die Auffassung vertreten, dass eine Sicherungsabrede regelmäßig nicht nur die eigentlichen Erfüllungsansprüche, sondern auch typische Folgeansprüche erfasst, die bei Unwirksamkeit des zu sichernden Vertrags entstehen, da die Sicherungsabrede den Abschluss des zu sichernden Vertrags entscheidend gefördert habe.[946] Es ist daher Sache des Sicherungsgebers, Umstände vorzutragen und zu beweisen, die gegen die Einbeziehung gesetzlicher Erstattungsansprüche in den Sicherungszweck sprechen.

78 c) **Nachträgliche Übersicherung.** *aa) Allgemeines.* Eine nachträgliche Übersicherung der Bank kann dadurch entstehen, dass die gesicherte Forderung bei gleichbleibendem Bestand bzw. Wert der Sicherheiten zurückgeführt wurde oder der Wert gestellter Sicherheiten gestiegen ist. Letzteres ist z.B. bei revolvierenden Globalsicherheiten wie der Globalzession oder der Sicherungsübereignung von Warenlagern möglich, wenn die im Sicherungsvertrag anhand abstrakter Kriterien bestimmten Vermögensgegenstände (z.B. Forderungen des Sicherungsgebers gegen Schuldner mit den Anfangsbuchstaben A bis K) einen nachhaltigen Zuwachs verzeichnen.

79 *bb) Grundtatbestand der Übersicherung.* Gemäß Nr. 16 II, I AGB-Banken besteht ein Freigabeanspruch des Sicherungsgebers, falls der realisierbare Wert aller Sicherheiten den Gesamtbetrag aller Ansprüche aus der bankmäßigen Geschäftsverbindung nicht nur vorübergehend übersteigt. Die Deckungsgrenze gemäß Nr. 16 AGB-Banken macht somit 100 % der Forderungen der Bank aus. Gemäß Nr. 16 III AGB-Banken ist jedoch die Vereinbarung einer abweichenden Deckungsgrenze im individuellen Sicherungsvertrag vorrangig zu berücksichtigen, weshalb zu prüfen ist, ob dieser eine andere als die Deckungsgrenze von 100 % enthält. Demgegenüber besteht eine Freigabeverpflichtung gemäß Nr. 22 II AGB-SPK, wenn der realisier-

---

[941] Bejahend: *Rösler/Fischer* BKR 2006, 50, 52.
[942] Siehe *Rösler/Fischer* BKR 2006, 50, 54.
[943] Vgl. BGH NJW 1992, 1234, 1235.
[944] Vgl. BGHZ 114, 57, 71 f.
[945] BGH NJW 2004, 158, 159.
[946] BGH NJW 2004, 158, 159.

bare Wert der Sicherheiten 110 % der Forderungen der Sparkasse erreicht. Durch den zehn-
prozentigen Aufschlag werden die Verwertungskosten der Sparkasse abgedeckt.

Zu beachten ist, dass beide Regelungen hinsichtlich der Deckungsgrenze nicht auf die durch 80
die jeweilige Sicherheit gesicherte Verbindlichkeit im Rahmen der konkreten Zweckerklärung,
sondern auf sämtliche Forderungen des Kreditinstituts aus der bankmäßigen Geschäftsverbindung Bezug nehmen. Demgegenüber ist eine engere Zweckerklärung im konkreten Sicherungsvertrag vorrangig.

cc) Revolvierende Globalsicherheiten. Einer Grundsatzentscheidung des BGH zufolge steht 81
dem Sicherungsgeber bei revolvierenden Globalsicherheiten wie der Globalzession oder der Sicherungsübereignung von Warenlagern im Fall der nachträglichen Übersicherung ein vom Ermessen des Kreditinstituts unabhängiger **Freigabeanspruch** gegen dieses auch dann zu, wenn
er nicht ausdrücklich im Sicherungsvertrag vereinbart wurde.[947]

Entscheidend für das Entstehen eines Freigabeanspruchs ist der Zeitpunkt, ab dem von einer 82
Übersicherung des Kreditinstituts auszugehen ist. Maßgeblich ist insoweit das Überschreiten
der so genannten **Deckungsgrenze**. Nach Auffassung des BGH ist von einer Übersicherung regelmäßig auszugehen, wenn der **im Verwertungsfall realisierbare Wert** der Sicherungsgegenstände die gesicherte Forderung nicht nur vorübergehend um mehr als 10 % übersteigt,[948] so
dass die Deckungsgrenze grundsätzlich bei **110 % der gesicherten Forderung** liegt. Der Aufschlag dient dabei zur Abdeckung der regelmäßigen Wertfeststellungs-, Verwertungs- und
Rechtsverfolgungskosten.[949]

Diese Betrachtungsweise bereitet der Praxis allerdings insofern Probleme, als in dem Zeit- 83
punkt, in dem das Bestehen eines Freigabeanspruchs zu ermitteln ist, der Wert der Sicherheiten
im zukünftigen, d.h. hypothetischen Verwertungsfall nur unter großen Schwierigkeiten zu bestimmen ist. Die Heranziehung des Nennwertes der sicherungshalber abgetretenen Forderungen bildet ebenso wenig wie der Marktwert eines Warenlagers einen adäquaten Maßstab, da
im Verwertungsfall grundsätzlich mit dem Ausfall einzelner Drittschuldner bzw. einer
beschränkten Verwertbarkeit des Warenlagers zu rechnen ist.[950] Um der Praxis die Prüfung zu
erleichtern, hat der BGH daher aus §§ 232 ff. BGB eine **widerlegliche Vermutung** abgeleitet,
wonach dem Sicherungsinteresse des Sicherungsnehmers durch einen Abschlag von einem
Drittel auf den Nennwert der sicherungshalber abgetretenen Forderung ausreichend Rechnung getragen ist.[951] Bei der Sicherungsübereignung ist der Abschlag von einem Drittel auf den
geschätzten Verkehrswert, d.h. den im Zeitpunkt der Prüfung des Freigabeverlangens aktuellen Marktpreis der Waren vorzunehmen. Existiert ein Marktpreis nicht, ist der Einkaufs- bzw.
Herstellungspreis als Berechnungsgrundlage für den Abschlag anzusetzen.[952] Hiervon ausgehend wird das Erreichen der Deckungsgrenze von 110 % widerleglich vermutet, wenn der
Nennwert der abgetretenen Forderungen bzw. der **Verkehrswert des sicherungsübereigneten
Warenlagers 150 % der gesicherten Forderung** erreicht (nicht: der Deckungsgrenze von 110 % der gesicherten Forderung) erreicht (vgl. § 237 S. 1 BGB). In der Quote von 150 % ist der Aufschlag
von 10 % auf den Nennwert der gesicherten Forderung für die Feststellungs-, Verwertungs-
und Rechtsverfolgungskosten somit bereits enthalten, nicht aber eine etwaige beim Sicherungsnehmer anfallende Umsatzsteuer.[953] Die Deckungsgrenze von 110 % spielt daher nur
dann eine praktische Rolle, wenn ein ins Gewicht fallendes Verwertungsrisiko im Einzelfall
nicht besteht. Diese ist vom Sicherungsgeber, der sich auf einen entsprechenden Freigabeanspruch beruft, substanziiert darzulegen und gegebenenfalls zu beweisen.[954]

Umgekehrt trägt das Kreditinstitut die Darlegungs- und Beweislast bezüglich eines geringe- 84
ren Verwertungserlöses, wenn es sich im Sicherungsvertrag eine höhere Deckungsgrenze aus-
bedingt. Der bloße Verweis auf Erfahrungswerte, wonach im Verwertungsfall oftmals nur die
Hälfte des Verkehrswertes erzielt werden kann, reicht nicht aus.[955] Gelingt der Bank der Nach-

[947] BGHZ 137, 212, 218.
[948] BGHZ 137, 212, 225.
[949] BGHZ 137, 212, 228 f.
[950] Vgl. BGHZ 137, 212, 227 f.
[951] BGHZ 137, 212, 233 f.
[952] BGHZ 137, 212, 233 f.
[953] BGHZ 137, 212, 235.
[954] BGHZ 137, 212, 236.
[955] BGHZ 137, 212, 236.

weis nicht, hält die **vertragliche Vereinbarung einer höheren Deckungsgrenze** der Inhaltskontrolle gemäß § 309 BGB nicht stand und ist daher unwirksam.

85   *dd) Teilvalutierung von Grundschulden.* Aufgrund der Abstraktheit der Grundschuld kann der Bank als Grundschuldgläubigerin formal ein dinglicher Anspruch in Höhe des Nennbetrags der Grundschuld gegen den Eigentümer zustehen, obwohl die gesicherte Forderung zwischenzeitlich teilweise getilgt wurde. Insoweit ist von einer Teilvalutierung der Grundschuld die Rede.

> **Hinweis:**
>
> 86   Gegebenenfalls ist zu prüfen, ob Zahlungen tatsächlich nur auf die gesicherte Forderung und nicht auch bzw. nur auf die Grundschuld erfolgt sind.[956] Von einer Teilvalutierung kann nur die Rede sein, wenn die Zahlung ausschließlich auf die gesicherte Forderung geleistet wurde.

87   Der Sicherungsgeber kann in diesem Fall vom Kreditinstitut Rückgewähr eines Teilbetrags der Grundschuld verlangen, soweit der **Sicherungszweck endgültig weggefallen ist**.[957] Es ist daher zu ermitteln, ob im konkreten Fall von einem endgültigen Wegfall des Sicherungszwecks die Rede sein kann. Dies ist z.B. zu verneinen, wenn die Grundschuld der Sicherung eines ungekündigten Kontokorrentkredits dient, der vom Kreditnehmer derzeit nicht vollständig, jedoch jederzeit wieder in voller Höhe ausgenutzt werden kann. Ferner fehlt es nach h.M. bei einer (wirksamen) weiten Zweckerklärung an einer endgültigen Erledigung des Sicherungszwecks, wenn die Kredite bzw. Darlehen, die den Anlass für die Grundschuldbestellung bildeten, getilgt wurden, Verbindlichkeiten durch sogenannte **Revalutierung** jedoch jederzeit neu entstehen können.[958] In diesem Fall kann der Sicherungsgeber die weite Zweckerklärung jedoch für die Zukunft kündigen, so dass mit Wirksamwerden der Kündigung von einem endgültigen Wegfall des Sicherungszwecks sowie einem Entstehen des Rückgewähranspruchs auszugehen ist.[959] Sichert die Grundschuld aufgrund einer engen Zweckerklärung nur bestimmte Forderungen, entsteht ein teilweiser Rückgewähranspruch bereits dann, wenn feststeht, dass diese endgültig erloschen sind. Dies ist bei einem Tilgungsdarlehen, das zu vereinbarten Zeitpunkten in bestimmter Höhe zurückgeführt wird, der Fall.[960] Der Rückgewähranspruch ist dann auf den rangletzten Teil der Grundschuld gerichtet.[961] Das wiederholte Verlangen des Sicherungsgebers auf Übertragung von Kleinstbeträgen wäre allerdings rechtsmissbräuchlich.[962]

> **Praxistipp:**
>
> 88   Will der Sicherungsgeber den freigewordenen Teil der Grundschuld anderweitig als Sicherheit nutzen, ohne – z.B. aus Kostengründen – laufend die Freigabe durch das Kreditinstitut herbeizuführen, kann dies in der Weise geschehen, dass er den insoweit bestehenden Rückgewähranspruch gegen die Bank an den neuen Sicherungsnehmer, z.B. den Inhaber einer nachrangig einzutragenden Grundschuld, abtritt. Dies setzt allerdings voraus, dass die Abtretung im Sicherungsvertrag nicht ausgeschlossen wurde. In der Praxis machen die Sicherungsverträge meist die Zustimmung des Kreditinstituts als Sicherungsnehmerin erforderlich. Ferner geht eine Abtretung dann ins Leere, wenn der Rückgewähranspruch des Sicherungsgebers vertraglich auf einen Löschungsanspruch beschränkt[963] oder gepfändet wurde.

89   *ee) Übersicherung aufgrund mehrerer Sicherheiten.* Eine nachträgliche Übersicherung kann sich im Einzelfall auch ergeben, wenn zur Sicherung einer Forderung mehrere Sicherheiten, eventuell von mehreren Sicherungsgebern, gestellt wurden, deren realisierbarer Gesamtwert die gesicherte(n) Forderung(en) übersteigt. Dem Kreditinstitut steht dann gemäß § 262 BGB, gegebenenfalls auch gemäß Nr. 16 II AGB-Banken bzw. Nr. 22 II AGB-SPK, ein **Wahlrecht** in Bezug auf die von ihm freizugebenden Sicherheiten zu.[964] Ein Sicherungsgeber hat daher gegenüber dem Kreditinstitut zunächst nur einen Anspruch auf Ausübung des Wahlrechts, nicht

[956] Siehe hierzu unten, Rn. 158 ff.
[957] BGH ZIP 1990, 857.
[958] *Gaberdiel/Gladenbeck*, Kreditsicherung durch Grundschulden Rn. 731 m.w.N.
[959] *Gaberdiel/Gladenbeck*, Kreditsicherung durch Grundschulden Rn. 735 f.
[960] Vgl. *Gaberdiel/Gladenbeck*, Kreditsicherung durch Grundschulden Rn. 729.
[961] BGH NJW 1986, 2108, 2110.
[962] *Gaberdiel/Gladenbeck*, Kreditsicherung durch Grundschulden Rn. 725.
[963] Siehe unten, Rn. 97 f.
[964] BGH ZIP 2002, 1390, 1391.

jedoch auf Freigabe einer bestimmten Sicherheit. Eine hierauf gerichtete Klage wäre von vornherein unbegründet, solange die Bank das ihr zustehende Wahlrecht noch nicht ausgeübt hat.

Nichts anderes gilt grundsätzlich, wenn mehrere, vom Darlehensnehmer verschiedene **90** Dritte Sicherheiten gestellt haben. Gibt das Kreditinstitut einzelne Sicherheiten frei, stehen dem verbleibenden Sicherungsgeber im Fall seiner Inanspruchnahme Ausgleichsansprüche entsprechend § 426 BGB gegen die anderen Sicherungsgeber zu, sofern die Sicherungsgeber gleichstufig haften.[965] Dies ist immer dann der Fall, wenn mehrere Sicherungsgeber keine abweichende vertragliche Vereinbarung getroffen haben. So hat der BGH für die Entlassung eines Mitbürgen durch ein Kreditinstitut entschieden, dass diese nicht zum Erlöschen der Ausgleichspflicht des entlassenen Bürgen gegenüber dem verbleibenden Bürgen führt.[966] Hindert die Entlassung eines Mitbürgen die Geltendmachung von Ausgleichsansprüchen gegen diesen nicht, kann sie auch keine Vereitelung des Rückgriffs des verbleibenden Bürgen gegen den Mitbürgen im Sinne von § 776 BGB zur Folge haben, die das Recht des Kreditinstituts zur Inanspruchnahme eines verbleibenden Bürgen beschränken würde.

Im Einzelnen ungeklärt ist, nach welchen Maßstäben die nachträgliche Übersicherung auf- **91** grund mehrerer Sicherheiten zu ermitteln ist. Der BGH hat sich bislang – soweit erkennbar – auf den Hinweis beschränkt, dass ein Freigabeanspruch immer dann besteht, wenn der Wert der dinglichen Sicherheiten über die Höhe der Gläubigerforderung deutlich hinausgeht, und hat die Einbeziehung von Bürgschaften von den Umständen des Einzelfalls (getroffene Vereinbarung, Treu und Glauben) abhängig gemacht.[967] Wie bei den revolvierenden Globalsicherheiten kann nicht ohne Weiteres der Verkehrs- oder Nominalwert der Sicherheit zum Zeitpunkt der Feststellung der nachträglichen Übersicherung herangezogen werden. Insoweit spricht vieles dafür, die Grundsätze zur Ermittlung einer Übersicherung bei revolvierenden Globalsicherheiten auf den Fall einer Mischung mehrerer Sicherheiten zu übertragen. Zu beachten ist allerdings, dass § 1222 BGB für Pfandrechte an mehreren Sachen regelt, dass jede Sache für die ganze Forderung haftet. Eine Übersicherung ist insoweit jedoch gemäß § 242 BGB ebenfalls nicht hinzunehmen, wenn die Deckung der Schuld durch mehrere Sachen ersichtlich ausreicht und sich die Weigerung des Pfandgläubigers, einen Teil der Sachen freizugeben, als unzulässige Rechtsausübung darstellt.[968]

d) Kündigung des Sicherungsvertrags durch den Sicherungsgeber. Ein Drittsicherungsgeber ist **92** grundsätzlich auch ohne ausdrückliche Vereinbarung im Sicherungsvertrag zur Kündigung eines Sicherungsvertrags berechtigt. Der BGH hat das Bestehen eines solchen Kündigungsrechts nach einem gewissen Zeitraum oder bei Vorliegen eines wichtigen Grundes aus § 242 BGB sowie der Rechtsnatur des auf Dauer ausgelegten Sicherungsvertrags abgeleitet.[969] Insoweit kann nunmehr auf die gesetzliche Regelung des § 314 BGB zurückgegriffen werden. Die Haftung des Sicherungsgebers beschränkt sich im Fall einer wirksamen Kündigung des Sicherungsvertrags auf den zum Auflösungszeitpunkt bestehenden Schuldsaldo.[970]

Ungeachtet dessen ist das Kündigungsrecht selbstverständlich einer vertraglichen Vereinba- **93** rung zwischen Sicherungsgeber und Kreditinstitut zugänglich. Im Einzelfall ist daher der Bürgschafts- bzw. Sicherungsvertrag mit dem Kreditinstitut auf eine entsprechende Vereinbarung hin zu prüfen.

Hinweis: **94**
Sofern die gesicherte Forderung den Höchstbetrag einer gestellten Sicherheit noch nicht erreicht hat, kann ein Drittsicherungsgeber durch Ausübung des Kündigungsrechts seine Haftung begrenzen. Da die Bank aufgrund einer wirksamen Kündigung eine Sicherheit verliert, steht ihr gegen den Kreditnehmer regelmäßig ein Anspruch auf Verstärkung von Sicherheiten zu.[971] Kann der Kreditnehmer diesen Anspruch der Bank nicht erfüllen, weil er zur Stellung weiterer Sicherheiten nicht in der Lage ist, kann die Kündigung der Sicherheit durch den Drittsicherungsgeber letztlich zu einer außerordentlichen Kündigung des Kreditvertrags gemäß Nr. 19 III 1 AGB-Banken bzw. Nr. 26 II 1, 3 b) AGB-SPK führen. Vor einer Kündigung sollte der Sicherungsgeber daher prüfen, ob er aufgrund des

---

[965] BGHZ 108, 179, 186.
[966] BGH NJW 1992, 2286, 2287.
[967] Vgl. BGH NJW 1992, 1796, 1798.
[968] BGHZ 128, 295, 300.
[969] BGH NJW 2003, 61 f.; vgl. auch BGH NJW 1985, 3007, 3008.
[970] BGH NJW 2003, 61, 62.
[971] Siehe oben, Rn. 4 ff.

Rechtsverhältnisses zum Hauptschuldner zur Kündigung berechtigt ist. Eine Kündigung einer Bürg-
schaft wird dabei regelmäßig zulässig sein, wenn der Bürge gemäß § 775 BGB, z.B. bei wesentlicher
Verschlechterung der wirtschaftlichen Verhältnisse des Hauptschuldners, einen Anspruch gegen den
Hauptschuldner auf Befreiung von der Bürgschaft hat.

95   Auch bei einer Kündigung der Bürgschaft durch den Bürgen ist die Fälligkeit der gesicherten
Hauptforderung Voraussetzung für die Inanspruchnahme des kündigenden Bürgen durch das
Kreditinstitut. Allerdings setzt die Inanspruchnahme des Bürgen in diesem Fall nach Auffassung des BGH – anders als bei der Bürgschaft auf Zeit (§ 777 BGB) – nicht voraus, dass die
gesicherte Forderung spätestens mit Ablauf der Kündigungsfrist fällig ist.[972] Macht der Bürge
von seinem Kündigungsrecht Gebrauch, beschränkt sich seine Haftung allerdings auf den zum
Zeitpunkt der Kündigung bestehenden Umfang der Hauptforderung, z.B. den Tagessaldo der
gesicherten Kontokorrentforderung der Bank.[973] Verringert sich die Hauptforderung nach
dem Kündigungszeitpunkt, profitiert hiervon auch der Bürge. Bei Kontokorrentforderungen
ist der geringere Saldo eines späteren Rechnungsabschlusses maßgeblich.[974]

96   e) **Inhalt des Freigabeanspruchs.** Bei der Sicherungsübereignung hat der Freigabeanspruch des
Sicherungsgebers die Rückübertragung des Eigentums am Sicherungsgut, bei der Sicherungsabtretung die Rückabtretung der an das Kreditinstitut zedierten Forderungen zum Gegenstand.

97   Für die Grundschuld gilt, dass der Rückgewähranspruch des Sicherungsgebers grundsätzlich auf **Übertragung** der Grundschuld durch Abtretung an den Eigentümer oder an einen
Dritten, ferner auf **Aufhebung** durch **Löschung** (§§ 1183, 875 BGB) oder auf **Verzicht** (§ 1168
BGB) gerichtet ist.[975] Die Eintragung der Löschung setzt voraus, dass das Kreditinstitut diese
bewilligt (§ 19 GBO), d.h. die sogenannte **Löschungsbewilligung** abgibt. Diese bedarf gemäß
§ 29 I GBO der öffentlichen Beglaubigung oder der notariellen Beurkundung gemäß §§ 128 f.
BGB.

98   Hinsichtlich der Art der Rückgewähr steht dem **Sicherungsgeber** grundsätzlich ein **Wahlrecht** zu,[976] das im Einzelfall jedoch durch Vereinbarung im Sicherungsvertrag eingeschränkt
sein kann. Ob eine formularmäßige Beschränkung des Rückgewähranspruchs auf eine der genannten Varianten zulässig ist, ist strittig.[977]

99   Inhaber des Rückgewähranspruchs ist grundsätzlich der Sicherungsgeber, der den zugrunde
liegenden Sicherungsvertrag mit dem Kreditinstitut geschlossen hat. Wird das belastete Objekt
an einen Dritten veräußert, geht der Rückgewähranspruch nicht automatisch auf den neuen
Eigentümer über, weshalb gegebenenfalls eine Abtretung oder eine Übernahme des Sicherungsvertrags durch den neuen Eigentümer erforderlich ist.[978]

100   f) **Prozessuales.** Der den Rückgewähranspruch geltend machende Sicherungsgeber trägt die
Darlegungs- und Beweislast für seine Voraussetzungen, d.h. für die Wirksamkeit der Sicherungsabrede, aus der er den Rückgewähranspruch herleitet, sowie das Erlöschen bzw. Nichtbestehen der gesicherten Forderung.[979] Stand die Höhe der zu sichernden Forderung bei Bestellung der Grundschuld noch nicht fest, z.B. weil sie zur Besicherung für eine künftige
Kontokorrentkreditverbindlichkeit bestellt wurde, muss jedoch das Kreditinstitut als Grundschuldgläubiger den Umfang und die Höhe der geschuldeten Forderung darlegen und beweisen.[980]

101   Das Kreditinstitut kann die Freigabe nicht gemäß § 273 BGB mit dem Hinweis verweigern,
dass ihm gegen den Schuldner noch weitere Ansprüche zustehen, auf die sich die Zweckvereinbarung nicht erstreckt. Das Zurückbehaltungsrecht greift gemäß § 273 I BGB nur, „sofern
nicht aus dem Schuldverhältnis sich ein anderes ergibt". Da der Freigabeanspruch nur dann
besteht, wenn sich der vertraglich vereinbarte Sicherungszweck erledigt hat, bildet die Zweck-

---

[972] BGHZ 139, 325, 329; *Palandt/Sprau* § 777 BGB Rn. 3.
[973] BGH NJW 1985, 3007, 3008.
[974] *Palandt/Sprau* § 765 BGB Rn. 16.
[975] BGHZ 106, 375, 378.
[976] *Gaberdiel/Gladenbeck*, Kreditsicherung durch Grundschulden Rn. 748.
[977] Vgl. *Gaberdiel/Gladenbeck*, Kreditsicherung durch Grundschulden Rn. 756 ff.
[978] *Gaberdiel/Gladenbeck*, Kreditsicherung durch Grundschulden Rn. 766.
[979] BGH NJW 2000, 1108.
[980] BGH ZIP 1986, 1171, 1172.

vereinbarung eine solche abweichende Vereinbarung, die die Anwendbarkeit von § 273 BGB ausschließt.[981]

g) Vorgehensweise des Rechtsanwalts. Die Feststellung, ob einem Sicherungsgeber ein An-   102 spruch auf Freigabe einer bestimmten Sicherheit zusteht, kann im Einzelfall eine komplexe Prüfung erforderlich machen. Diese ist vor allem dann geboten, wenn mehrere Sicherheiten von unterschiedlichen Sicherungsgebern zur Besicherung verschiedener Kredite gestellt wurden. Auszugehen hat die Prüfung zunächst von denjenigen Sicherheiten, deren Freigabe der Sicherungsgeber wünscht. In einem zweiten Schritt hat eine vollständige Bestandsaufnahme sämtlicher Forderungen einschließlich des aktuellen Schuldsaldos zu erfolgen, die durch die in Frage stehende(n) Sicherheit(en) besichert werden. Dies setzt wiederum eine Prüfung des im Sicherungsvertrag bzw. in der Zweckerklärung vereinbarten Sicherungszwecks, insbesondere dessen Wirksamkeit (z.B. Vereinbarkeit mit AGB-Recht) voraus, da dieser das Verbindungsglied zwischen Sicherheit und gesicherter Forderung darstellt. Anschließend ist zu klären, welche sonstigen Sicherheiten zugunsten der Kredite bestehen, die vom Sicherungszweck der freizugebenden Sicherheit(en) erfasst werden. Erst nach Abschluss dieser Prüfung lässt sich feststellen, ob ein (teilweiser) Freigabeanspruch des Sicherungsgebers existiert.

Lässt sich ein Freigabeanspruch des Sicherungsgebers im Einzelfall nicht feststellen, bleibt   103 zu prüfen, ob das Kreditinstitut bereit ist, die Sicherheit freiwillig aufzugeben. Hierzu wird es regelmäßig jedoch nur gegen Stellung einer Ersatzsicherheit bereit sein. Dem Drittsicherungsgeber kann dabei im Einzelfall gegenüber dem Hauptschuldner aus Vertrag oder Gesetz (§ 775 BGB) ein Anspruch auf Befreiung zustehen.

V. Verwertung von Kreditsicherheiten

1. Verwertungsvoraussetzungen

Zwingende Voraussetzung für die Verwertung von Sicherheiten durch das Kreditinstitut ist   104 zunächst die **Fälligkeit** der gesicherten Forderung. Darüber hinaus kann der Anspruch aus der Sicherheit eine eigene, von der gesicherten Forderung unabhängige Fälligkeit haben (vgl. § 1193 BGB). Allerdings beinhalten die Sicherungsverträge der Kreditinstitute regelmäßig Klauseln, wonach die Sicherheit, z.B. eine Grundschuld, sofort fällig war, weshalb es einer eigenständigen Kündigung nicht bedurfte.

Dieser Praxis hat der Gesetzgeber durch die Einfügung von § 1193 II 2 BGB im Rahmen   105 des am 19.8.2008 in Kraft getretenen Risikobegenzungsgesetzes ein Ende bereitet. Nach der Neufassung darf das Erfordernis der Kündigung des Kapitals einer Grundschuld, die der Sicherung einer Geldforderung dient, nicht mehr vertraglich ausgeschlossen werden. Gemäß Art. 229 § 18 III EGBGB gilt dies jedoch nur für Grundschulden, die nach dem 19.8.2008 bestellt wurden.

Die Verwertung von Sicherheiten setzt auch nicht voraus, dass eine anderweitige Realisie-   106 rung der gesicherten Forderung ausgeschlossen oder zumindest ein Vollstreckungsversuch in das Vermögen des Kreditnehmers unternommen worden ist.[982] Eine solche **Subsidiarität** bedürfte einer Parteivereinbarung, wie z.B. bei der Ausfallbürgschaft, oder einer gesetzlichen Anordnung wie bei der Einrede der Vorausklage gemäß § 771 BGB im Fall der Bürgschaft, die jedoch aufgrund der selbstschuldnerischen Übernahme der Bürgschaft in der Praxis regelmäßig ausgeschlossen ist, § 773 I Nr. 1 BGB. Umgekehrt trifft das Kreditinstitut grundsätzlich keine Pflicht zur Verwertung von gestellten Sicherheiten, bevor der vollstreckungsrechtliche Zugriff auf das sonstige Vermögen des Schuldners erfolgt.[983]

Der Bürgschaftsnehmer **verwirkt** seinen Anspruch gegen den Bürgen, wenn er unter Verlet-   107 zung seiner Vertragspflichten gegenüber dem Hauptschuldner dessen wirtschaftlichen Zusammenbruch schuldhaft verursacht, also den Bürgschaftsfall selbst herbeiführt und jeden Rückgriff des Bürgen vereitelt.[984] Für andere Sicherheiten muss dies gleichermaßen gelten.

---

[981] BGH NJW 2000, 2499.
[982] *Ganter*, Bankrechts-Handbuch II § 90 Rn. 544.
[983] *Ganter*, Bankrechts-Handbuch II § 90 Rn. 543.
[984] BGH ZIP 2004, 1589, 1591.

2. Ablauf der Verwertung

108   **a) Auswahl der zu verwertenden Sicherheit.** Sind der Bank zur Sicherung einer Forderung mehrere Sicherheiten bestellt worden, hat sie gemäß Nr. 17 I 1 AGB-Banken grundsätzlich die Wahl, welche Sicherheit(en) sie (zunächst) verwertet. Neben der vertraglichen Vereinbarung eines Wahlrechts der Bank besteht ein solches im Übrigen auch gemäß § 262 BGB.[985] Gemäß Nr. 17 I 2 AGB-Banken ist das Wahlrecht insofern eingeschränkt, als die Bank bei der Auswahl der Sicherheit und bei der Verwertung auf die berechtigten Belange des Kunden und eines Drittsicherungsgebers Rücksicht zu nehmen hat. Die Ausübung des Wahlrechts durch das Kreditinstitut ist grundsätzlich nur durch **vertragliche Vereinbarung** mit dem jeweiligen Sicherungsgeber (z.B. aufgrund einer Ausfallbürgschaft), ansonsten durch das Gebot von **Treu und Glauben** gemäß § 242 BGB beschränkt.

109   Ein Grundsatz, wonach zunächst Sachsicherheiten und erst anschließend Personalsicherheiten zu verwerten sind, existiert nicht. Vielmehr kann sich die Bank für die Sicherheit entscheiden, die ihr die schnellste bzw. einfachste Befriedigungsmöglichkeit eröffnet. Wurden zur Sicherung einer Verbindlichkeit mehrere Grundschulden unterschiedlichen Rangs am gleichen Grundstück bestellt, ist die Bank jedenfalls dann nicht verpflichtet, ausschließlich die vorrangige Grundschuld zu verwerten und die nachrangigen Grundschulden freizugeben, wenn eine Unterwerfung unter die sofortige Zwangsvollstreckung wegen des dinglichen Anspruchs nur hinsichtlich einer nachrangigen Grundschuld erfolgt ist.[986]

110   Allerdings darf das Kreditinstitut bei der Verwertung anderer Sicherheiten nicht willkürlich zum Schaden des Sicherungsgebers handeln.[987] Ein Fall des Rechtsmissbrauchs liegt z.B. vor, wenn ein Kreditinstitut eine Lebensversicherung verwertet, obwohl die gesicherte Forderung durch den Versteigerungserlös infolge der Verwertung einer Grundschuld bereits vollständig gedeckt war, um einen in der Zwangsversteigerung nachrangigen Grundpfandrechtsgläubiger in den Genuss des Versteigerungserlöses kommen zu lassen.[988]

111   **b) Androhung der Verwertung.** Fraglich ist darüber hinaus, ob das Kreditinstitut die **Verwertung anzudrohen** und dem Schuldner eine **Frist** zu setzen oder zumindest abzuwarten hat, ob der Schuldner seine Zahlungspflicht erfüllt. Eine solche Pflicht kann sich bereits aufgrund einer entsprechenden **Selbstverpflichtung der Bank im Sicherungsvertrag** ergeben. Des Weiteren ist zu beachten, dass das Gesetz z.B. in § 1234 BGB für die Verwertung des Pfandes durch den Pfandgläubiger eine Verkaufsandrohung und eine Wartefrist von einem Monat normiert. Gemäß § 368 I HGB verkürzt sich die Wartefrist auf eine Woche, wenn die Verpfändung ein beiderseitiges Handelsgeschäft ist. Nr. 21 V AGB-SPK sieht ferner für die Ausübung des AGB-Pfandrechts ausdrücklich vor, dass eine Verwertung erst nach Mahnung mit angemessener Nachfrist sowie Verwertungsandrohung erfolgen kann. Der BGH hat aus § 1234 BGB abgeleitet, dass dem Schuldner in ähnlichen Fällen, insbesondere bei der Sicherungszession, eine vergleichbare Möglichkeit zur Vermeidung der Verwertung einzuräumen ist.[989] Das maßgebliche Interesse des Schuldners besteht in diesen Fällen darin, dass die Berechtigung des Kreditinstituts vor der Verwertung nicht im Rahmen eines gerichtlichen Verfahrens überprüft wurde.[990] Aus dieser Überlegung ergibt sich, dass regelmäßig jedenfalls solche Verwertungsmaßnahmen, denen kein gerichtliches Urteil als Vollstreckungstitel zugrunde liegt, einer Verwertungsandrohung und einer Wartefrist bedürfen. Die Kreditinstitute tragen der geschilderten Rechtsprechung häufig dadurch Rechnung, dass sie die bereits angesprochene Verpflichtung zur Androhung sowie eine Wartefrist in den entsprechenden Vertragsformularen vorsehen. Gegebenenfalls ist daher der Sicherungsvertrag auf eine vertragliche Vereinbarung einer Pflicht zur Verwertungsandrohung und Fristsetzung hin zu untersuchen. Verletzt das Kreditinstitut seine im Einzelfall bestehende Pflicht zur Androhung der Verwertung oder zur Einhaltung der Wartefrist, kann sich ein Anspruch des Sicherungsgebers gemäß § 280 I BGB auf Ersatz der ihm hierdurch verursachten Schäden ergeben.[991]

---

[985] BGH ZIP 2002, 1390, 1391.
[986] BGH ZIP 2002, 1390, 1391 f.
[987] BGH ZIP 1987, 764, 768.
[988] BGH WM 1991, 846, 847.
[989] BGH NJW 1992, 2626, 2627.
[990] BGH NJW 1992, 2626, 2627.
[991] Vgl. BGH NJW 1994, 2754, 2755.

c) **Durchführung der Verwertung.** Die Durchführung der Verwertung kann – in Abhängigkeit **112** von der jeweiligen Sicherheit – auf verschiedenen Wegen erfolgen. Bei Sachsicherheiten kann neben einem **freihändigen Verkauf** des Sicherungsguts eine öffentliche Versteigerung oder ein Selbsteintritt der Bank in Frage kommen. Verfügt die Bank über einen Vollstreckungstitel, kann sie gegebenenfalls auch die **Zwangsvollstreckung** in das Sicherungsgut betreiben. Bei Personalsicherheiten wie der Bürgschaft oder dem Schuldbeitritt muss sich die Bank grundsätzlich einen Vollstreckungstitel gegen den Haftenden verschaffen, auf dessen Grundlage sie anschließend die Zwangsvollstreckung in dessen Vermögen betreiben kann, wenn der Schuldner auf Aufforderung nicht freiwillig Zahlung leistet. Die zwangsweise Verwertung eines Grundpfandrechts setzt die Vollstreckungsversteigerung zwingend voraus.[992]

Aufgrund des durch den Sicherungsvertrag begründeten Treuhandverhältnisses ist das Kre- **113** ditinstitut verpflichtet, bei der Verwertung die **berechtigten Belange des Sicherungsgebers** in angemessener und zumutbarer Weise zu berücksichtigen, soweit nicht seine schutzwürdigen Interessen entgegenstehen. Insbesondere hat es eine **bestmögliche Verwertung** der jeweiligen Sicherheit anzustreben.[993] Eine Verletzung dieser Verpflichtung begründet Schadensersatzansprüche des Sicherungsgebers gemäß § 280 BGB wegen Verletzung von Pflichten aus dem Sicherungsvertrag.[994]

Das Kreditinstitut ist daher verpflichtet, eine vom Sicherungsgeber nachgewiesene **günstige** **114** **Verwertungsmöglichkeit** sorgfältig zu **prüfen** und diese gegebenenfalls **auszunutzen**.[995] Allerdings muss die Bank nicht mit jedem vom Sicherungsgeber benannten angeblichen Interessenten Kontakt aufnehmen und verhandeln. Die Vorbereitung eines Kaufvertrags zwecks freihändiger Verwertung einschließlich der erforderlichen Verhandlungen ist vielmehr Sache des Sicherungsgebers.[996] Von einer Pflichtverletzung ist jedoch z.B. auszugehen, wenn ein Sachverständigengutachten ergibt, dass der Wert der Sicherheit erheblich höher war als der vom Kreditinstitut erzielte Verwertungserlös.[997]

Nach der Verwertung von Sachsicherheiten ist das Kreditinstitut aufgrund des Treuhand- **115** charakters des Sicherungsvertrags grundsätzlich verpflichtet, **Rechnung zu legen**.[998] Der Umfang der Rechnungslegungspflicht richtet sich nach § 259 BGB und erstreckt sich auf Angaben zur Art der verwerteten Sicherungsgegenstände und zum erzielten Preis.[999]

d) **Erlösverteilung.** Der Erlös aus der Verwertung ist mit der gesicherten Forderung zu ver- **116** rechnen. Reicht der Erlös hierzu nicht aus, hängt die Antwort auf die Frage, welche von mehreren Forderungen vorrangig getilgt wird, primär von einer vertraglichen Vereinbarung zwischen Bank und Sicherungsgeber ab. Fehlt es an einer solchen Vereinbarung, gelten §§ 366 II, 367 BGB. In der Zwangsvollstreckung steht dem Schuldner das Tilgungsbestimmungsrecht gemäß § 366 I BGB nicht mehr zu.[1000] Das Kreditinstitut darf den Verwertungserlös dann auch ohne vertragliche Vereinbarung vorrangig mit dem Teil seiner Forderungen verrechnen, der nicht durch andere Sicherheiten gesichert ist.[1001] Aus diesem Grund bestehen gegen die Praxis einer formularmäßigen Vereinbarung dieser Befugnis keine Bedenken.[1002]

Einen etwaigen **Mehrerlös** aus der Verwertung hat das Kreditinstitut an den Sicherungsge- **117** ber auszukehren, da dieser an die Stelle der gewährten Sicherheit getreten ist. Der Anspruch auf Zahlung des Mehrerlöses ist grundsätzlich kontokorrentgebunden, d.h. auf einem Girokonto mit Kontokorrentabrede zu verbuchen, wenn ein solches noch fortbesteht, und unterliegt damit nicht der Pfändung durch Dritte.[1003]

Das Kreditinstitut ist grundsätzlich nicht berechtigt, gegen einen Anspruch des Sicherungs- **118** gebers auf Auskehrung eines Übererlöses aus der Verwertung von Sicherheiten mit ungesicher-

---

[992] Siehe auch unten, Rn. 167 ff.
[993] BGH NJW 2000, 352, 353.
[994] Vgl. BGH NJW 2000, 352, 353.
[995] BGH NJW 2000, 352, 353; siehe auch OLG Köln WM 1995, 1801,1804.
[996] BGH NJW 2000, 352, 353.
[997] BGH NJW 2000, 352, 354.
[998] Einschränkend *Ganter*, Bankrechts-Handbuch II § 90 Rn. 609, der sich nur zur Inanspruchnahme des selbstschuldnerischen Sicherungsgebers äußert.
[999] *Ganter*, Bankrechts-Handbuch II § 90 Rn. 611.
[1000] BGH NJW 1999, 1704.
[1001] BGH NJW 1997, 2514, 2515.
[1002] BGH ZIP 1989, 359, 364.
[1003] BGH NJW 1982, 1150.

ten Forderungen des Kreditinstituts **aufzurechnen**.[1004] Ebenso wenig erlangt die Bank ein **AGB-Pfandrecht** an einem Übererlös, da andernfalls der vereinbarte Sicherungszweck für die verwertete Sicherheit unterlaufen würde.[1005] Gleiches gilt für das **Zurückbehaltungsrecht** gemäß § 273 BGB, da andernfalls die sich aus der Zweckerklärung der Sicherheit ergebenden Rechtsfolgen unterlaufen würden.[1006] Eine Ausnahme von diesem Grundsatz gilt allerdings, wenn der Aufrechnungsgegner in Vermögensverfall geraten ist bzw. die Forderungen des Kreditinstituts aus anderen Gründen uneinbringlich sind, da das Aufrechnungsverbot sonst auf einen nicht beabsichtigten Forderungsverzicht hinausliefe.[1007]

3. Verwertung typischer Kreditsicherheiten

119   a) **Bürgschaft.** *aa) Wirksamer Bürgschaftsvertrag.* Die Inanspruchnahme eines Bürgen setzt zunächst einen wirksamen Bürgschaftsvertrag voraus. Insbesondere bedarf die Erklärung des Bürgen gemäß § 766 BGB der **Schriftform**, die sich neben dem Willen des Bürgen, für eine fremde Schuld einzustehen, auf die Bezeichnung des Gläubigers, des Hauptschuldners und die gesicherte Forderung bezieht. Im Bankverkehr ist die Schriftform regelmäßig gewahrt, da Kreditinstitute schon aus Beweisgründen eine schriftliche Bürgschaftserklärung auch dann einholen, wenn die Schriftform gemäß §§ 350, 343 I, 344 I HGB entbehrlich wäre.

120   Übergibt der Bürge eine **Blanketturkunde**, wird diese dem Schriftformerfordernis nur dann gerecht, wenn die Ermächtigung zur Ausfüllung ebenfalls der Form des § 766 BGB genügt.[1008] Füllt das Kreditinstitut die Urkunde abredewidrig aus, oder ist dem Kreditinstitut bekannt, dass der Hauptschuldner das Blankett abredewidrig ausgefüllt hat, ist dem Formerfordernis nicht entsprochen.[1009] Ergänzt der Hauptschuldner das Blankett abredewidrig, ohne dass das Kreditinstitut hiervon Kenntnis erlangt, entsteht entsprechend § 172 BGB der Rechtsschein einer wirksamen Bürgschaft, den der Bürge auch dann gegen sich gelten lassen muss, wenn keine formgerechte Ausfüllungsermächtigung vorlag.[1010]

121   Eine schriftliche Erteilung im Sinne von § 766 BGB macht im Übrigen eine **Entäußerung der Originalurkunde** durch den Bürgen erforderlich, an der es bei einer Übermittlung der Bürgschaft in Kopieform oder per Telefax fehlt.[1011]

122   *bb) Bestand der gesicherten Forderung.* Gemäß § 767 I BGB hängt die Verpflichtung des Bürgen vom jeweiligen Bestand der **Hauptverbindlichkeit** ab (Akzessorietät der Bürgschaft). Dies setzt zunächst eine bestehende Forderung der Bank gegen den Schuldner voraus. Die Prüfung des Rechtsanwalts muss somit zunächst auf die Ermittlung der gesicherten Forderung(en) sowie deren Schicksal gerichtet sein. Maßgeblich ist der Umfang des vereinbarten Sicherungszwecks, wobei die Vereinbarung ihrerseits wirksam sein muss.[1012] Gemäß § 767 II BGB erstreckt sich die Haftung grundsätzlich auch auf die der Bank vom Darlehensnehmer zu erstattenden Kosten der Kündigung und der Rechtsverfolgung. Aufgrund der Bezugnahme der Bürgschaft auf Verbindlichkeiten des Hauptschuldners aus (konkreten) Kreditverträgen folgt ferner die Haftung für **Zins- und Entgeltansprüche** der Bank aus einem erfassten Vertrag. Ohne Mitwirkung des Bürgen kann der Umfang der gesicherten Forderung nach Übernahme der Bürgschaft nicht durch Vereinbarung zwischen Bank und Hauptschuldner erweitert werden, § 767 I 3 BGB.

123   In der Bankpraxis enthalten die Bürgschaften regelmäßig eine betraglich fixierte Höchstgrenze, bis zu der der Bürge maximal haftet (**Höchstbetragsbürgschaft**). Formularklauseln, aufgrund derer sich die Haftung **über den vereinbarten Höchstbetrag hinaus** auch auf Nebenansprüche wie Zinsen, Kosten oder Provisionen erstrecken soll, sind nach der Rechtsprechung des BGH wegen Verstoßes gegen § 307 BGB unwirksam, weil hierdurch die Vereinbarung des

---

[1004] BGH NJW 1994, 2885, 2886.
[1005] BGH ZIP 1989, 359, 363.
[1006] BGH NJW 2000, 2499.
[1007] BGH NJW 1994, 2885, 2886.
[1008] BGHZ 132, 119, 125 f.
[1009] BGHZ 132, 119, 127.
[1010] BGHZ 132, 119, 127 f.
[1011] *Palandt/Sprau* § 766 BGB Rn. 4.
[1012] Siehe dazu oben, Rn. 57 ff.

Haftungshöchstbetrags unterlaufen würde.[1013] Dies gilt auch, wenn der Bürge Unternehmer gemäß § 14 BGB ist.[1014]

Aufgrund der **Akzessorietät** der Bürgschaft ist diese derart mit der gesicherten Forderung 124 verknüpft, dass der Bürgschaftsanspruch im Fall einer Abtretung der gesicherten Forderung kraft Gesetzes auf den Zessionar übergeht, § 401 I BGB. Hieraus folgt zugleich, dass der Bürgschaftsanspruch nicht selbständig abtretbar ist.[1015]

Die Akzessorietät der Bürgschaft ist **durchbrochen**, soweit der Zweck der Bürgschaft, den 125 Gläubiger vor der Zahlungsunfähigkeit oder -unwilligkeit des Schuldners zu schützen, dies erfordert, vgl. § 768 I 2 BGB. Insbesondere der Untergang der Hauptschuldnerin wegen Vermögenslosigkeit, z.B. durch Löschung einer GmbH infolge einer Auflösung wegen Nichteröffnung eines Insolvenzverfahrens mangels Masse gemäß §§ 60 Nr. 5, 74 I GmbH, führt nicht zum Erlöschen des Bürgschaftsanspruchs.[1016]

cc) Einreden gegen die Hauptforderung. Gemäß § 768 I 1 BGB kann der Bürge die dem 126 Hauptschuldner zustehenden **Einreden gegen die Hauptforderung** geltend machen. Ferner steht dem Bürgen gemäß § 770 BGB ein Leistungsverweigerungsrecht zu, wenn der Kreditnehmer den Kreditvertrag anfechten kann, oder wenn das Kreditinstitut gegen eine fällige Forderung des Kreditnehmers aufrechnen kann. Dagegen hat der Bürge nach h.M. kein Leistungsverweigerungsrecht, wenn nur der Kreditnehmer die Darlehensforderung durch Aufrechnung erfüllen kann.[1017] Die Aufrechnungsbefugnis des Kreditnehmers hindert allerdings eine Berufung des Bürgen auf § 770 BGB nicht, wenn auch das Kreditinstitut die Aufrechnung erklären kann, und zwar unabhängig davon, ob die Forderung des Kreditinstituts unbestritten oder rechtskräftig ist.[1018] Für andere Gestaltungsrechte des Kreditnehmers gilt § 770 BGB entsprechend.[1019]

dd) Verjährung des Bürgschaftsanspruchs. Von der Verkürzung der Regelverjährungsfrist 127 durch das SMG auf drei Jahre ist grundsätzlich auch der Anspruch eines Kreditinstituts gegen den Bürgen aus dem Bürgschaftsvertrag betroffen. Auch hier kann es in der Praxis jedoch zu einer Vereinbarung über die Verlängerung der Verjährungsfrist im Bürgschaftsvertrag gekommen sein, die gemäß § 202 II BGB grundsätzlich zulässig ist, jedoch gegebenenfalls der AGB-Kontrolle standhalten muss.[1020] Der Bürgschaftsvertrag muss daher auf eine wirksame Verlängerungsvereinbarung hin geprüft werden.

Die Bürgschaftsforderung unterliegt einem eigenen verjährungsrechtlichen Regime, das 128 nicht mit dem der Hauptforderung verwechselt werden darf. Missverständlich ist allerdings die Darstellung, die Bürgschaftsforderung verjähre unabhängig von der Hauptschuld,[1021] da sie den Eindruck erweckt, die Bürgschaftsforderung könne verjähren, obwohl die gesicherte Hauptforderung noch nicht fällig ist. Das Bestehen einer fälligen Hauptforderung ist wegen der Akzessorietät der Bürgschaft jedoch Grundvoraussetzung für die Entstehung des Bürgschaftsanspruchs[1022] und somit gemäß § 199 I Nr. 1 BGB auch Bedingung für den Beginn der Verjährung des Bürgschaftsanspruchs.

Umstritten war allerdings, von welchen weiteren Voraussetzungen das für den Verjährungs- 129 beginn maßgebliche Entstehen des Bürgschaftsanspruchs abhängt. Nach einer Entscheidung des OLG München ist eine Vereinbarung im Bürgschaftsvertrag, wonach die Fälligkeit der Bürgschaftsforderung von der Geltendmachung durch den Bürgschaftsnehmer abhängt, nicht überraschend im Sinne von § 305c BGB und als vertragliche Vereinbarung gegenüber der ungeklärten Gesetzeslage vorrangig.[1023]

Nachdem im Fall einer fehlenden Vereinbarung zunächst strittig war, ob der Beginn der Ver- 130 jährung des Bürgschaftsanspruchs allein von der Fälligkeit der Hauptforderung abhängt oder zusätzlich einer Leistungsaufforderung des Gläubigers bedurfte, hat sich der BGH für die

---

[1013] BGH NJW 2002, 3167, 3169.
[1014] BGH NJW 2002, 3167, 3169.
[1015] BGH NJW 1985, 2528, 2530.
[1016] BGHZ 82, 323, 326 f.
[1017] *Palandt/Sprau* § 770 BGB Rn. 3.
[1018] BGH NJW 2003, 1521, 1522 f.
[1019] *Palandt/Sprau* § 770 BGB Rn. 4.
[1020] Vgl. *Palandt/Heinrichs* § 202 BGB Rn. 7 ff.
[1021] So *Gay* NJW 2005, 2585.
[1022] OLG Köln ZIP 2006, 750, 751.
[1023] OLG München WM 2006, 1813.

selbstschuldnerische Bürgschaft der erstgenannten Auffassung angeschlossen und entschieden, dass die Fälligkeit der Bürgschaftsforderung bereits mit Fälligkeit der Hauptforderung eintritt.[1024]

131   *ee) Voraussetzungen der Inanspruchnahme des Bürgen.* Voraussetzung für die Inanspruchnahme des Bürgen ist zunächst, dass die gesicherte Forderung **fällig** ist. Sofern die gesicherte Forderung nicht vertraglich befristet war, muss die Bank den Kreditvertrag wirksam gekündigt haben. Darüber hinaus müssen die gesetzlichen Voraussetzungen der Inanspruchnahme gemäß §§ 771, 772 BGB vorliegen, wobei die **Einrede der Vorausklage** in der Bankpraxis regelmäßig gemäß § 773 I Nr. 1 BGB ausgeschlossen ist, da die Bürgschaftsformulare der Kreditinstitute eine selbstschuldnerische Verpflichtung des Bürgen vorsehen. Sofern der Bürgschaftsfall im Einzelfall von weiteren vertraglichen Voraussetzungen abhängt, müssen diese ebenfalls erfüllt sein.

132   Beabsichtigt das Kreditinstitut, den Bürgen in Anspruch zu nehmen, wird es diesen unter Verweis auf die genannten Voraussetzungen der Inanspruchnahme zur Zahlung auffordern. Zahlt der Bürge daraufhin nicht, ist das Kreditinstitut regelmäßig gezwungen, den Bürgen auf Zahlung zu verklagen, um sich einen Vollstreckungstitel zu verschaffen, da es in der Praxis meist an einer Unterwerfung des Bürgen unter die sofortige Zwangsvollstreckung fehlt. Im Rahmen der Klage kann der Bürge gegebenenfalls seine Einwendungen gegen den Bürgschaftsanspruch bzw. die gesicherte Hauptforderung vorbringen.

133   *ff) Darlegungs- und Beweislast.* Das Zustandekommen des Bürgschaftsvertrags sowie das Bestehen und die Fälligkeit der gesicherten Hauptforderung ist nach allgemeinen Grundsätzen vom Kreditinstitut darzulegen und zu beweisen, das den Bürgschaftsanspruch gegenüber dem Bürgen geltend macht, während den Bürgen die Darlegungs- und Beweislast für den Untergang der gesicherten Forderung sowie andere Einwendungen gegen diese trifft.[1025]

134   Handelt es sich bei der gesicherten Forderung um eine Kontokorrentverbindlichkeit des Hauptschuldners, gilt dieselbe Beweislastverteilung wie zwischen diesem und der Bank als Gläubigerin. Der Bank kommt damit auch ein vom Hauptschuldner anerkannter Abschlusssaldo auch im Verhältnis zum Bürgen zugute.[1026] Da das Anerkenntnis eines Rechnungsabschlusses durch den Hauptschuldner lediglich eine Umkehr der Darlegungs- und Beweislast hinsichtlich der Korrektheit der enthaltenen Einzelbuchungen bewirkt, muss der Bürge folgerichtig seinerseits berechtigt sein, die Unrichtigkeit eines vom Hauptschuldner anerkannten Abschlusssaldos zu behaupten und gegebenenfalls mit Hilfe des Hauptschuldners als Zeugen zu beweisen.

135   *gg) Prozessuales.* Aufgrund der gemäß § 767 BGB akzessorischen Haftung des Bürgen ist der Klageantrag bzw. die Urteilsformel im Fall der Verurteilung des Bürgen wie folgt zu fassen:[1027]

136   Der Beklagte wird als Bürge des Hauptschuldners ... verurteilt, an die Klägerin 20.000,00 € nebst Zinsen hieraus in Höhe von 5 Prozentpunkten über dem Basiszinssatz seit ... zu zahlen.

137   Mehrere Bürgen haften gemäß § 769 BGB auch dann als Gesamtschuldner, wenn sie die Bürgschaft nicht gemeinsam übernommen haben. Werden mehrere[1028] Bürgen aufgrund separater Bürgschaftserklärungen für dieselbe Verbindlichkeit verklagt, ist daher zusätzlich ein Hinweis auf die Gesamtschuld in den Tenor aufzunehmen:

138   Die Beklagten werden als Gesamtschuldner und Bürgen des Hauptschuldners ... verurteilt, an die Klägerin ... € nebst Zinsen hieraus in Höhe von 5 Prozentpunkten über dem Basiszinssatz seit ... zu zahlen.

139   *hh) Rückgriff des in Anspruch genommenen Bürgen.* Zahlt der Bürge infolge seiner Inanspruchnahme durch das Kreditinstitut auf die Bürgschaftsforderung, geht der gesicherte Darlehensrückzahlungsanspruch der Bank gegen den Darlehensnehmer gemäß § 774 I 1 BGB kraft Gesetzes auf den Bürgen über. Dem Bürgen steht damit neben einem etwaigen Aufwen-

---

[1024] BGH NJW 2008, 1729, 1731.
[1025] BGH ZIP 2002, 297, 298.
[1026] BGH ZIP 2002, 297, 298; siehe hierzu oben, § 4 Rn. 61 ff.
[1027] Vgl. *Zöller/Vollkommer* § 313 ZPO Rn. 8.
[1028] Vgl. *Vorwerk/Vorwerk*, Prozess-Formular-Buch Kap. 15 Rn. 54.

dungsersatzanspruch aus dem Rechtsverhältnis zum Hauptschuldner (Innenverhältnis) ein weiterer Rückgriffsanspruch gegen diesen zu. In aller Regel ist diese Forderung jedoch wertlos, da es sonst gar nicht erst zur Inanspruchnahme des Bürgen gekommen wäre.

Umso größere Bedeutung haben für den in Anspruch genommenen Bürgen **anderweitige Sicherheiten**, die für die Darlehensforderung bestellt wurden. Akzessorische Sicherheiten wie Bürgschaften und Pfandrechte gehen gemäß §§ 412, 401 BGB als Nebenrechte zur Darlehensforderung ebenfalls auf ihn über. Bei selbständigen Sicherungsrechten wie Grundschulden, Sicherungsübereignungen oder -abtretungen findet dagegen kein gesetzlicher Übergang statt. Das Kreditinstitut ist jedoch nach ständiger Rechtsprechung des BGH verpflichtet, dem Bürgen solche Sicherheiten zu übertragen.[1029] Teilweise ist ein solcher Übertragungsanspruch sogar ausdrücklich im Bürgschaftsvertrag verankert. **140**

Dies bedeutet jedoch nicht, dass dem Bürgen eine Vorzugsstellung zukäme, die ihn in die Lage versetzen würde, sich seinerseits bei den anderen Sicherungsgebern zu deren Lasten schadlos zu halten. Vielmehr sind verschiedene Sicherheiten grundsätzlich gleichrangig, sofern nichts Gegenteiliges vertraglich vereinbart wurde.[1030] Eine Ausgleichsverpflichtung anderer Sicherungsgeber gegenüber dem in Anspruch genommenen Bürgen besteht daher nur entsprechend den Regeln der Gesamtschuld.[1031] § 774 II BGB regelt insoweit, dass die Forderung des Kreditinstituts gegen einen nicht in Anspruch genommenen Mitbürgen auf den in Anspruch genommenen Bürgen nur in dem Umfang übergeht, in dem er im Innenverhältnis zum Mitbürgen zum Ausgleich berechtigt ist.[1032] Der Höhe nach haften mehrere Bürgen grundsätzlich zu gleichen Anteilen. Haben sich die Bürgen dagegen in unterschiedlicher Höhe verbürgt, ist der Ausgleich unter den Mitbürgen im Verhältnis der einzelnen Höchstbeträge vorzunehmen.[1033] Verbürgen sich mehrere Gesellschafter für eine Gesellschaftsschuld, haften sie untereinander entsprechend dem Verhältnis ihrer Gesellschaftsbeteiligungen.[1034] **141**

Aber auch für andere auf den Bürgen zu übertragende Sicherheiten gilt nach Auffassung des BGH nicht etwa deshalb anderes, weil der Bürge für die gesicherte Forderung mit seinem gesamten Vermögen haftet.[1035] Eine abweichende Auslegung würde zu Zufallsergebnissen bzw. einem Wettlauf der Sicherungsgeber führen,[1036] weshalb auch der Ausgleich zwischen einem Bürgen und anderen Sicherungsgebern entsprechend den Regelungen der Gesamtschuld zu erfolgen hat. **142**

b) Schuldbeitritt. Beim Schuldbeitritt handelt es sich um eine vertragliche Vereinbarung, aufgrund derer der Beitretende zusätzlich zum bisherigen Schuldner in das Schuldverhältnis mit der Folge eintritt, dass das Kreditinstitut als Gläubiger neben dem bisherigen Schuldner auch den Beitretenden wegen der geschuldeten Leistung in Anspruch nehmen kann. Bisheriger Schuldner und Beitretender haften insoweit als Gesamtschuldner gemäß §§ 421 ff. BGB. Der Schuldbeitritt ist formfrei möglich, soweit in der Person des Beitretenden nicht die Voraussetzungen des § 491 BGB (Verbraucherdarlehen) erfüllt sind, die das Schriftformerfordernis des § 492 I 1 BGB (analog) nach sich ziehen würden.[1037] **143**

Beim Schuldbeitritt handelt es sich um einen reinen Verpflichtungsvertrag, weshalb dem Beitretenden nicht die Rechte des bisherigen Schuldners aus dem zwischen diesem und dem Kreditinstitut geschlossenen Vertrag zustehen. Die durch den Beitritt begründete Schuld ist von der Verbindlichkeit des bisherigen Schuldners unabhängig. Der Umfang der Verpflichtung des Beitretenden richtet sich nach dem Zustand der Verbindlichkeit des bisherigen Schuldners zum Zeitpunkt des Beitritts.[1038] Der Beitritt geht daher ins Leere, wenn die Verbindlichkeit des bisherigen Schuldners nicht besteht. Der Beitretende kann sich allerdings entsprechend § 417 BGB auf Einwendungen und Einreden des bisherigen Schuldners (z.B. wegen Verjährung) berufen.[1039] Nach dem Beitritt können sich die Ansprüche gegen den bisherigen Schuldner und **144**

[1029] BGH NJW 2001, 2327, 2330.
[1030] BGH NJW 1992, 3228, 3229.
[1031] BGH NJW 1992, 3228, 3229.
[1032] *Palandt/Sprau* § 774 BGB Rn. 14.
[1033] BGHZ 137, 292, 293 ff.
[1034] Vgl. BGH NJW 1992, 3228, 3229.
[1035] BGH NJW 1992, 3228, 3229.
[1036] BGHZ 108, 179, 183 ff.
[1037] *Palandt/Heinrichs* Vor § 414 BGB Rn. 3; siehe hierzu bereits oben, § 10 Rn. 72 ff.
[1038] BGH NJW 1996, 249.
[1039] *Palandt/Heinrichs* Vor § 414 BGB Rn. 6.

den Beitretenden unterschiedlich entwickeln, § 425 BGB.[1040] So kommt der Beitretende z.B. erst dann in Verzug, wenn die entsprechenden Voraussetzungen in seiner Person erfüllt sind. Auch die **Kündigung** des Kreditvertrags bedarf einer Erklärung gegenüber dem Beitretenden, damit die Forderung ihm gegenüber fällig wird.[1041]

145   Die **Verwertung** durch das Kreditinstitut erfolgt wie bei der Bürgschaft durch Inanspruch-nahme des Beitretenden. Zahlt dieser nicht, muss sich das Kreditinstitut durch Mahn- bzw. Klageverfahren einen Vollstreckungstitel in Form eines Vollstreckungsbescheids oder eines Ur-teils verschaffen, aus dem es anschließend die Zwangsvollstreckung in das Vermögen des Bei-tretenden betreiben kann. Dies gilt auch dann, wenn über das Vermögen des Kreditnehmers das Insolvenzverfahren eröffnet wurde.

146   **c) Grundschuld. aa) Allgemeines.** Vor allem, aber nicht nur im Bereich der Immobilienfinan-zierung kommt den Grundpfandrechten, allen voran der Grundschuld, als Sicherungsmittel erhebliche praktische Bedeutung zu. Das Grundpfandrecht stellt eine dingliche Belastung eines Grundstücks, eines Miteigentumsanteils an einem Grundstück, aber auch eines Erbbaurechts oder von Wohneigentum dar, so dass das Kreditinstitut als Grundpfandrechtsgläubiger und Sicherungsnehmer das Pfandobjekt gemäß §§ 1147, 1192 BGB im Wege der Zwangsvollstre-ckung verwerten und sich aus dem Verwertungserlös befriedigen kann. Dagegen begründet das Grundpfandrecht für sich genommen keine persönliche Haftung des Eigentümers des be-lasteten Gegenstandes. Diese kann nur durch einen zusätzlichen Rechtsakt (Darlehensvertrag, Schuldanerkenntnis, Bürgschaft etc.) begründet werden.

147   Die große Bedeutung der Grundpfandrechte in der Kreditsicherungspraxis wurzelt vor al-lem in der Tatsache, dass gerade erstrangige Grundschulden innerhalb des sogenannten Belei-hungswerts des Grundstücks dem Sicherungsnehmer ein hohes Maß an Sicherheit bieten. Letztlich muss der Sicherungswert jedoch immer im Einzelfall unter Berücksichtigung sämtli-cher Belastungen in den Abteilungen II und III des Grundbuchs ermittelt werden. So kann z.B. auch eine in Abteilung III des Grundbuchs an erster Rangstelle eingetragene Grundschuld ei-nen nur geringen Sicherungswert haben, wenn in Abteilung II eine umfangreiche Reallast (§ 1105 ff. BGB) oder eine beschränkt persönliche Dienstbarkeit (§§ 1090 ff. BGB) eingetragen ist, die der Grundschuld im Rang vorgeht, vgl. § 879 BGB. Ferner können auch andere, nicht eingetragene Umstände, z.B. Altlasten, den Wert eines Grundstücks und damit den der Grund-schuld schmälern.

148   Während die §§ 1113 ff. BGB die Hypothek ausführlich regeln und das Recht der Grund-schuld gemäß §§ 1191, 1192 ff. BGB weitgehend durch Verweisung auf die Vorschriften des Hypothekenrechts geprägt wird, hat die Grundschuld die Hypothek in der Praxis der Kreditsi-cherung fast vollständig verdrängt. Da die Rentenschuld in der Kreditsicherungspraxis keine praktische Bedeutung hat, beschränkt sich die folgende Darstellung auf die Grundschuld als Mittel der Kreditsicherung.

149   **bb) Bestellung der Grundschuld.** Das Grundpfandrecht kann dem Kreditinstitut durch origi-näre Bestellung (§§ 873, 1113, 1191 BGB) eingeräumt werden. Die Bestellung erfolgt gemäß § 873 I BGB durch **Einigung** zwischen dem Eigentümer des zu belastenden Objekts und dem Kreditinstitut sowie durch **Eintragung** in das Grundbuch. Bei den – praktisch nur noch selten anzutreffenden – Briefgrundpfandrechten ist zusätzlich die **Übergabe des Grundschuldbriefs** an das Kreditinstitut erforderlich, §§ 1117 I 1, 1192 I BGB.

150   Eine notarielle Beurkundung der **Einigung** ist zwar nicht zwingend erforderlich (vgl. § 873 II BGB), jedoch praktisch üblich, zumal die für die Eintragung der Grundschuld in das Grund-buch gemäß § 19 GBO erforderliche Bewilligung der Eintragung durch den Berechtigten in öf-fentlich beglaubigter Form (vgl. § 129 BGB) nachgewiesen werden muss, § 29 I 1 GBO.

151   Die dingliche Einigung über die Bestellung der Grundschuld erfolgt regelmäßig in der **Grundschuldbestellungsurkunde.** Letztere umfasst zudem auch den Eintragungsantrag gemäß § 13 I 1 GBO und die Eintragungsbewilligung des Eigentümers gemäß § 19 GBO, die Voraus-setzung für die Eintragung der Grundschuld in das Grundbuch sind. Zudem beinhaltet die Urkunde meist eine Vollmacht zugunsten des beurkundenden Notars zur Abgabe der für die Eintragung erforderlichen Erklärungen gegenüber dem Grundbuchamt. In der Grundschuld-bestellungsurkunde unterwirft sich der Eigentümer wegen des dinglichen Anspruchs der Bank

---

[1040] *Palandt/Heinrichs* Vor § 414 BGB Rn. 6.
[1041] BGH NJW 1989, 2383.

aus der Grundschuld ferner regelmäßig der sofortigen Zwangsvollstreckung gemäß §§ 794 I Nr. 5, 800 ZPO. Im Einzelfall wird zudem die persönliche Haftung des Grundschuldbestellers für den dinglichen Anspruch begründet und auch insoweit eine Unterwerfung unter die sofortige Zwangsvollstreckung erklärt.[1042] Der Inhalt der Grundschuldbestellungsurkunde unterliegt der AGB-Kontrolle gemäß §§ 305 ff. BGB, sofern die Voraussetzungen gemäß §§ 305, 310 BGB vorliegen.[1043]

Die Einigung muss gemäß § 873 I BGB zwischen dem Kreditinstitut und dem **Berechtigten** 152 erfolgen. Berechtigt ist grundsätzlich der Eigentümer des zu belastenden Grundstücks. Soll durch die Bestellung der Grundschuld ein Darlehen gesichert werden, das dem Erwerb der zu besichernden Immobilie dient, ist der Darlehensnehmer und Sicherungsgeber meist noch nicht Eigentümer des zu belastenden Grundbesitzes, da der Voreigentümer der Eigentumsübertragung regelmäßig nicht zustimmen wird, bevor der Erwerber den Kaufpreis entrichtet hat. Das den Kaufpreis finanzierende Kreditinstitut ist seinerseits zur Auszahlung der Darlehensvaluta erst bereit, wenn die Besicherung des Darlehens durch die Bestellung einer Grundschuld gewährleistet ist. Aus diesem Grund muss der noch im Grundbuch als Eigentümer eingetragene Verkäufer des zu finanzierenden Objekts an der Bestellung der Grundschuld mitwirken. Hierzu wird er regelmäßig bereit sein, wenn durch schuldrechtliche Vereinbarungen sichergestellt ist, dass die dingliche Haftung aus der einzutragenden Grundschuld erst nach Zahlung des Kaufpreises begründet wird. Dies kann z.B. durch einen besonderen Sicherungsvertrag zwischen Verkäufer und Kreditinstitut erreicht werden, wonach die Grundschuld nur für solche Beträge haftet, die tatsächlich an den Verkäufer ausbezahlt wurden.[1044] Insbesondere kann der Verkäufer den Käufer im Grundstückskaufvertrag zur Belastung des Grundstücks mit der Sicherungsgrundschuld zugunsten des Kreditinstituts unter gleichzeitigem Abschluss des geschilderten Sicherungsvertrags in der Grundschuldbestellungsurkunde bevollmächtigen.

Die Einigung bezeichnet den Grundschuldgläubiger, nimmt ferner Bezug auf das zu belas- 153 tende Grundstück und nennt die Höhe des Grundschuldbetrags sowie den Zinssatz, mit dem der Grundschuldbetrag verzinst wird. In Höhe des Grundschuldbetrags und der (noch nicht verjährten) Zinsen ist das Kreditinstitut am Fall der Zwangsvollstreckung grundsätzlich zur Befriedigung aus dem Verwertungserlös berechtigt.[1045]

Mit der der Einigung in der Regel zeitlich nachfolgenden **Eintragung** der Grundschuld in 154 das Grundbuch gemäß §§ 1192, 1115 BGB ist der Rechtserwerb bei der Buchgrundschuld vollendet. Eine Auszahlung der Darlehensvaluta vor Eintragung der Grundschuld kommt grundsätzlich nur dann in Frage, wenn im Einzelfall bestimmte Bedingungen vorliegen.[1046] Insbesondere muss die dingliche Einigung für den Besteller der Grundschuld bindend gemäß § 873 II BGB sein, und dem Grundbuchamt dürfen wegen § 17 GBO keine Eintragungsanträge vorliegen, die gleichzeitig mit oder vor dem Eintragungsantrag des Kreditinstituts beim Grundbuchamt eingegangen sind.

In der Bankpraxis bildet die Buchgrundschuld die Regel, da die **Erteilung des Grundschuld-** 155 **briefs** meist in der Grundschuldbestellungsurkunde gemäß § 1116 II 1 BGB ausdrücklich ausgeschlossen wird.

cc) Erwerb der Grundschuld durch Übertragung. Neben einer originären Bestellung der 156 Grundschuld zugunsten des Kreditinstituts kann diesem eine bereits bestehende Grundschuld durch **Abtretung** übertragen werden. Besteht die Grundschuld als Eigentümergrundschuld gemäß § 1196 I BGB, erfolgt die Übertragung durch den Eigentümer. Ist ein Dritter, z.B. ein anderes Kreditinstitut, Grundschuldgläubiger, wird die Grundschuld durch den Dritten übertragen. Soll eine Eigentümergrundschuld übertragen werden, ist aus Sicht der Bank zu prüfen, ob die Inhaber von gleichrangigen oder nachrangigen Rechten gemäß § 1179a BGB die Löschung des Grundpfandrechts verlangen können.

Die Übertragung einer Buchgrundschuld erfolgt durch Einigung und Eintragung der Abtre- 157 tung in das Grundbuch, §§ 1154 III, 1192 I, 873 BGB. Die Übertragung einer Briefgrundschuld setzt neben der Einigung eine Übergabe des Grundschuldbriefs sowie eine schriftliche

---

[1042] Siehe dazu unten, § 12 Rn. 13 ff.

[1043] Zum „Stellen" der Vertragsbedingungen i.S.v. § 305 I 1 BGB bei notarieller Beurkundung des Vertrags siehe *Palandt/Heinrichs*, § 305 BGB Rn. 11.

[1044] Vgl. *Schöner/Stöber*, Grundbuchrecht Rn. 3158 f.; zu den verschiedenen Sicherungsvarianten siehe z.B. *Krauß*, Immobilienkaufverträge in der Praxis Rn. 563 ff.

[1045] Siehe dazu unten, Rn. 182 ff.

[1046] Siehe im Einzelnen *Gaberdiel/Gladenbeck*, Kreditsicherung durch Grundschulden Rn. 167.

Abtretungserklärung oder eine Eintragung der Abtretung in das Grundbuch voraus. Da die Eintragung der Abtretung in das Grundbuch somit nicht zwingend ist, ist die Briefgrundschuld leichter übertragbar und weist eine erhöhte Verkehrsfähigkeit auf.

158   *dd) Verrechnung von Zahlungen und Ablösung der Grundschuld.* (1) Allgemeines. Wegen der Abstraktheit der Grundschuld ist bei Zahlungen an das Kreditinstitut zu unterscheiden, ob diese auf die gesicherte Forderung und/oder auf die Grundschuld erfolgt sind. Von der Art der Zahlung hängt das Schicksal der Grundschuld und der gesicherten Forderung ab. Dabei variieren diese Rechtsfolgen nicht nur in Abhängigkeit von der Zahlungsart, sondern auch nach der Person des Zahlenden (Eigentümer und/oder Kreditnehmer). Noch weiter verkompliziert sich die Rechtslage, wenn ein Beteiligter eine Zahlung leistet, ohne ausdrücklich zu erklären, ob die Zahlung auf die Grundschuld und/oder die gesicherte Darlehensforderung erfolgt.

159   (2) Rechtsfolgen. Wird nur **auf die** gesicherte **Darlehensforderung** gezahlt, erlischt diese gemäß § 362 BGB, ggf. i.V.m. § 267 I BGB,[1047] unabhängig davon, ob der Zahlende der Darlehensnehmer oder ein Dritter ist. Zugleich erhält der Sicherungsgeber einen schuldrechtlichen **Rückgewähranspruch** bezüglich der Grundschuld, soweit die Grundschuld nach der Sicherungsabrede endgültig nicht mehr zu Kreditsicherungszwecken dient. Sichert die Grundschuld nach der getroffenen Zweckvereinbarung weitere Forderungen, scheidet ein Rückgewähranspruch dagegen aus. Auch der Rückgewähranspruch entsteht unabhängig davon, ob der Hauptschuldner oder ein Dritter (z.B. ausnahmsweise der Drittsicherungsgeber) auf die Darlehensforderung gezahlt hat.

160   Zahlt der **Eigentümer** des Grundstücks auf die **Grundschuld**, erwirbt er entsprechend § 1143 BGB eine Eigentümergrundschuld.[1048] Das Kreditinstitut hat keine Rechte mehr aus der Grundschuld, auch wenn es zunächst noch im Grundbuch als Gläubigerin der Grundschuld eingetragen ist.

161   Zahlt ein vom Eigentümer verschiedener **Dritter** auf die **Grundschuld**, hängen die Rechtsfolgen davon ab, ob der Dritte ablösungsberechtigt im Sinne von § 268 I 1 BGB ist. Erfolgt die Zahlung durch einen **nicht ablösungsberechtigten Dritten**, bleibt es dabei, dass die Grundschuld zur Eigentümergrundschuld wird. Ist der Dritte dagegen ablösungsberechtigt, erwirbt er die Grundschuld gemäß §§ 268 III 1, 1150, 1192 BGB. Zur Ablösung berechtigt ist z.B. der Inhaber eines nachrangigen dinglichen Rechts am Grundstück.

162   Erfolgt die Zahlung ausschließlich auf die Grundschuld, was in der Praxis regelmäßig bei einer Zahlung des nicht mit dem persönlichen Schuldner identischen Drittsicherungsgebers der Fall ist,[1049] stellt sich die Frage nach dem **Schicksal der gesicherten Forderung**. Die gesicherte Forderung geht jedenfalls nicht entsprechend § 1143 I 1 BGB kraft Gesetzes auf ihn über.[1050] Der Drittsicherungsgeber hat allerdings einen Anspruch auf Abtretung der Forderung gegen das Kreditinstitut.[1051] Bis zur Abtretung darf die Forderung vom Kreditinstitut nicht mehr geltend gemacht werden.[1052]

163   (3) Tilgungsbestimmung. Ob auf die Grundschuld und/oder auf die gesicherte Forderung gezahlt wurde, wird vom Zahlenden in der Praxis keineswegs immer klar zum Ausdruck gebracht, da die Beteiligten durch die Zahlung vor allem Vollstreckungsmaßnahmen der Bank vermeiden wollen, was grundsätzlich sowohl durch die Zahlung auf die Grundschuld als auch auf die gesicherte Forderung erreicht werden kann.

164   Die Formulare der Kreditwirtschaft für die Zweckerklärung enthalten oftmals eine sogenannte **Verrechnungsabrede** dahingehend, dass Zahlungen an die Bank auf die persönliche Verbindlichkeit des Hauptschuldners jedenfalls solange angerechnet werden, als der Sicherungsgeber keine andere Bestimmung vornimmt. Strittig ist, ob die Abrede eine schuldrechtliche Verpflichtung des Sicherungsgebers zur Zahlung auf die gesicherte Forderung begründet, die durch eine abweichende Tilgungsbestimmung bei Leistung faktisch unterlaufen werden kann,[1053] oder ob dann eine abweichende Bestimmung ausgeschlossen ist.[1054] An eine Verrech-

---

[1047] BGH NJW 1982, 2308,
[1048] BGH ZIP 1999, 123, 124.
[1049] Siehe dazu unten, Rn. 165.
[1050] BGHZ 105, 154, 157.
[1051] BGH ZIP 1999, 123, 124.
[1052] BGH ZIP 105, 154, 157.
[1053] BGH NJW 1976, 2340, 2341.
[1054] BGH ZIP 1995, 1404, 1405.

nungsabrede ist der Drittsicherungsgeber aber jedenfalls dann nicht mehr gebunden, wenn das Kreditinstitut seinerseits das dingliche Recht geltend macht, z.B. die Zwangsversteigerung aus der Grundschuld betreibt.[1055]

Fehlt es an einer bindenden Vereinbarung, kommt es entscheidend auf den **Willen des Zahlenden** an.[1056] Wurde dieser nicht ausdrücklich erklärt, ist auf die Interessenlage, d.h. auf das für den Leistenden günstigste Ergebnis abzustellen.[1057] Im Zweifel zahlt der Kreditnehmer, der nicht Eigentümer des belasteten Grundstücks ist, nur auf die Darlehensforderung,[1058] der Drittsicherungsgeber, d.h. der Eigentümer des belasteten Grundstücks, der nicht Darlehensschuldner ist, dagegen auf die Grundschuld.[1059] Ist der Kreditnehmer selbst Eigentümer, zahlt er in der Regel auf die Darlehensforderung und die Grundschuld.[1060] — 165

Zahlt ein vom Darlehensnehmer und Sicherungsgeber verschiedener Dritter, der nicht zur Ablösung der Grundschuld berechtigt ist, ist zu prüfen, ob dieser für den Darlehensnehmer oder den Sicherungsgeber zahlt, so dass letztlich auf dessen Willen abzustellen ist. Dies ist z.B. der Fall, wenn der Erwerber eines Grundstücks den Kaufpreis an das Kreditinstitut zahlt.[1061] — 166

ee) Verwertung. Grundschulden werden gemäß §§ 1147, 1192 I BGB durch Zwangsvollstreckung in das belastete Grundstück verwertet. Konkret erfolgt diese gemäß § 866 ZPO durch **Zwangsversteigerung** oder **Zwangsverwaltung** nach den Vorschriften des ZVG. Einer **Kündigung der Grundschuld** gemäß § 1193 BGB bedurfte es bislang nicht, wenn bereits bei der Bestellung vereinbart wurde, dass die Grundschuld sofort fällig ist. — 167

Durch Einfügung von § 1193 II 2 BGB im Rahmen des Risikobegrenzungsgesetzes hat der Gesetzgeber eine vertragliche Vereinbarung der sofortigen Fälligkeit des Kapitals von Grundschulden, die der Sicherung einer Geldforderung dienen, jedoch unmöglich gemacht. Das Grundschuldkapital muss daher in Neufällen mit einer Frist von sechs Monaten gekündigt werden.[1062] — 168

Ferner kann die Grundschuld aufgrund vertraglicher Vereinbarung im Sicherungsvertrag vom Kreditinstitut auch **freihändig**, d.h. durch Veräußerung, verwertet werden. — 169

Eine Verwertung des **belasteten Objekts** durch **freihändigen Verkauf** ist grundsätzlich nur unter Mitwirkung des Eigentümers möglich. Gemäß §§ 1149, 1192 BGB können Eigentümer und Kreditinstitut als Grundpfandrechtsgläubiger allerdings vor Fälligkeit der gesicherten Forderung nicht die freihändige Verwertung des belasteten Grundstücks vereinbaren (sog. Verfallabrede), weshalb entsprechende Klauseln im Sicherungsvertrag nichtig wären.[1063] Umso größere praktische Bedeutung kommt einer solchen Abrede nach Eintritt des Verwertungsfalls zu. Auch nach Beginn des Zwangsversteigerungsverfahrens kann das Kreditinstitut aufgrund seiner Verpflichtung zur bestmöglichen Verwertung des Grundstücks gehalten sein, an einem freihändigen Verkauf des Grundstücks an einen vom Eigentümer gewonnenen Interessenten durch Freigabe der Grundschuld mitzuwirken, wenn hierdurch ein höherer Erlös erzielt werden kann, als er in der Zwangsversteigerung zu erwarten ist.[1064] Dies gilt selbst dann, wenn der durch freihändigen Verkauf erzielbare Preis geringer als die gesicherte Forderung ist.[1065] Allerdings ist es grundsätzlich Sache des Sicherungsgebers, mit Interessenten Verhandlungen zu führen, einen Kaufvertrag mit gesicherter Finanzierung abschlussreif vorzubereiten und das Kreditinstitut zur Mitwirkung am Vertrag aufzufordern.[1066] — 170

Die die Zwangsversteigerung betreibende Bank darf im Übrigen bei freihändiger Veräußerung an einen von ihr gewonnenen Käufer von diesem keine Maklerprovision verlangen, da sie insoweit einer Interessenkollision wegen ihrer Verpflichtung aus dem Sicherungsvertrag mit dem Verkäufer und dem Maklervertrag mit dem Käufer ausgesetzt wäre. Führt eine solche Provisionsforderung der Bank gegen den Käufer dazu, dass dieser lediglich einen geringeren — 171

[1055] BGH ZIP 1990, 1390, 1392.
[1056] Vgl. *Palandt/Bassenge* § 1191 BGB Rn. 47.
[1057] *Gaberdiel/Gladenbeck,* Kreditsicherung durch Grundschulden Rn. 813.
[1058] BGH NJW 2003, 2673, 2674.
[1059] BGH NJW 1987, 838, 839.
[1060] BGHZ 105, 154, 157.
[1061] BGH NJW 1997, 2046, 2047.
[1062] Siehe bereits oben, Rn. 104 f.
[1063] Vgl. BGH NJW 1995, 2635.
[1064] Vgl. *Gaberdiel/Gladenbeck,* Kreditsicherung durch Grundschulden, Rn. 1097.
[1065] OLG Köln ZIP 1995, 1668, 1670.
[1066] BGH NJW 1997, 2672, 2673.

Kaufpreis zu zahlen bereit ist, steht dem Vollstreckungsschuldner als Sicherungsgeber insoweit ein Schadensersatzanspruch gegen das Kreditinstitut zu.[1067]

> **Hinweis:**
> 172 Auch wenn es dem Eigentümer/Sicherungsgeber im Verwertungsstadium oftmals schwer fällt, kann sich die Kooperation mit der Bank während des Zwangsversteigerungsverfahrens im wahrsten Sinne des Wortes „auszahlen". Da die Erzielung eines möglichst hohen Kaufpreises letztlich im Interesse sowohl des Sicherungsgebers als auch des Kreditinstituts ist, sollte der Sicherungsgeber daher das Gespräch mit dem Kreditinstitut suchen.

173   Eine **freihändige Verwertung** des belasteten Objekts **ohne Mitwirkung des Eigentümers** kann durch Stellung eines Insolvenzantrags der Bank über das Vermögen des Eigentümers möglich werden, wenn ein Grund für die Eröffnung eines Insolvenzverfahrens, insbesondere Zahlungsunfähigkeit des Eigentümer-Darlehensnehmers (§ 17 I InsO), vorliegt. Mit der Verfahrenseröffnung geht das Recht zur Verfügung über das belastete Objekt gemäß § 80 I InsO auf den Insolvenzverwalter über. Das Kreditinstitut kann sich dann mit dem Insolvenzverwalter über eine freihändige Verwertung einigen.

174   *ff) Insbesondere: Zwangsversteigerung.* (1) Einleitung des Verfahrens. Die Zwangsvollstreckung wird durch die **Zustellung des Vollstreckungstitels** an den Grundstückseigentümer vorbereitet sowie durch einen **Versteigerungsantrag** des Kreditinstituts gemäß §§ 15, 16 ZVG beim zuständigen Vollstreckungsgericht eingeleitet. Der Antrag soll insbesondere den geltend gemachten Anspruch bezeichnen und deutlich machen, ob der dingliche und/oder der persönliche Anspruch geltend gemacht wird.

> **Hinweis:**
> 175 Das Kreditinstitut sollte im Versteigerungsantrag gemäß § 15 ZVG unbedingt deutlich machen, die Zwangsversteigerung nur in Höhe der gesicherten Restdarlehensforderung zu betreiben. Da der Antragsteller gehalten ist, das dingliche Recht genau in der Form zu bezeichnen, in der es im Grundbuch eingetragen ist, bedarf es eines klarstellenden Hinweises, dass aus diesem Recht nur ein bestimmter Teil geltend gemacht wird. Zwar ist die Grundschuld abstrakt, weshalb der dingliche Anspruch von der gesicherten Forderung unabhängig ist. Soweit dem Sicherungsgeber ein teilweiser Rückgewähranspruch zusteht, begründet dieser jedoch eine Einrede gegen den dinglichen Anspruch gemäß §§ 1169, 1192 BGB, die vom Sicherungsgeber jedenfalls dann mit der Vollstreckungsabwehrklage gemäß § 767 ZPO geltend gemacht werden kann,[1068] wenn dieser noch Inhaber des Rückgewähranspruchs ist. Aus dem gleichen Grund sollte das Kreditinstitut davon absehen, die Zwangsversteigerung aus bereits verjährten Grundschuldzinsen[1069] zu betreiben.

176   Liegen die Voraussetzungen für die Zwangsvollstreckung vor, ordnet das Vollstreckungsgericht die Zwangsversteigerung durch **Beschluss** an, der dem Sicherungsgeber als Vollstreckungsschuldner gemäß § 22 ZVG zuzustellen ist. Ferner ersucht das Vollstreckungsgericht das Grundbuchamt um Eintragung der Anordnung in das Grundbuch (Zwangsversteigerungsvermerk), § 22 ZVG. Die Anordnung der Zwangsversteigerung bewirkt die **Beschlagnahme** des Grundstücks zugunsten des Gläubigers, der den Versteigerungsantrag gestellt hat, und wird mit der Zustellung des Anordnungsbeschlusses an den Vollstreckungsschuldner wirksam. Materiell-rechtlich hat die Beschlagnahme ein relatives Veräußerungsverbot zur Folge, § 23 ZVG.

177   (2) Vorbereitung des Versteigerungstermins. Das Vollstreckungsgericht hat des Weiteren den Versteigerungstermin bekannt zu machen und den Verfahrensbeteiligten die Terminsbestimmung zuzustellen. Den Versteigerungstermin hat es durch Festsetzung des **Verkehrswerts** des Grundstücks vorzubereiten, § 74a V ZVG. Dieser ist insbesondere für die Ermittlung von Wertgrenzen relevant, die eine Verschleuderung des Grundstücks im Versteigerungsverfahren verhindern sollen (§ 85 a I ZVG: 5/10, § 74 a I ZVG: 7/10). Da das Gericht zur Bestimmung des Verkehrswerts regelmäßig selbst nicht in der Lage ist, schaltet es zu diesem Zweck einen Sachverständigen ein. Der Sachverständige kann den Zutritt zum Grundstück nicht erzwingen, so dass dieser den Wert bei Verweigerung der Zustimmung des Vollstreckungsschuldners

---

[1067] BGH NJW 1997, 2672, 2673.
[1068] BGH WM 1990, 423, 424; *Stöber* § 114 ZVG 7.11.
[1069] Zur Verjährung der Grundschuldzinsen siehe unten, Rn. 186.

ohne Begutachtung von innen ermitteln muss. Dies wird regelmäßig nicht unerhebliche Wert-abschläge zur Folge haben. Dem Vollstreckungsschuldner kann es aufgrund der Weigerung zudem verwehrt sein, die Verkehrswertfestsetzung anzufechten.[1070] Allerdings kann das Kreditinstitut durch paralleles Betreiben der Zwangsverwaltung die Zulassung des Zutritts des Gutachters durch den Zwangsverwalter erreichen.

(3) **Ablauf des Versteigerungstermins.** Im Versteigerungstermin werden zunächst u.a. die das **178** Verfahren betreibenden Gläubiger, deren Ansprüche und der ermittelte Verkehrswert des Grundstücks sowie die das Grundstück betreffenden Nachweisungen bekannt gemacht. Des Weiteren werden die Versteigerungsbedingungen sowie das geringste Gebot festgestellt, § 66 I ZVG. Das **geringste Gebot** ist in § 44 I ZVG definiert und umfasst die Verpflichtungen, die ein Erwerber des Grundstücks in jedem Fall eingehen muss. Es handelt sich einerseits um die Übernahme bestimmter dingliche Belastungen des Grundstücks, d.h. die dem bestrangig betreibenden Gläubiger im Rang vorgehenden **Rechte** am Grundstück, die nach der Versteigerung **bestehen bleiben**, § 52 I ZVG. Andererseits umfasst das geringste Gebot das sogenannte **Bargebot** (§ 49 I ZVG), d.h. einen Geldbetrag, der mindestens geboten werden muss und der Deckung der Verfahrenskosten sowie verschiedener Ansprüche aus vorrangigen Rangklassen mit Ausnahme der bestehend bleibenden dinglichen Rechte dient. Eine abweichende Bestimmung des geringsten Gebots ist möglich, wenn hierdurch die in ihren Rechten betroffenen Beteiligten zustimmen, § 59 I ZVG. Der wirtschaftliche Gesamtaufwand, den ein Bieter für den Erwerb des Grundstücks trifft, umfasst daher grundsätzlich nicht nur den beim Bieten genannten, in bar zu zahlenden Betrag, sondern auch die bestehend bleibenden Rechte, da er insoweit ein belastetes Objekt erwirbt und die Belastungen gegebenenfalls ablösen muss.

Anschließend erfolgt die Aufforderung zur Abgabe von Geboten. Die so genannte **Biets-** **179** **tunde** bis zum Schluss der Versteigerung muss mindestens 30 Minuten dauern, § 73 ZVG. Während dieser Zeit können Gebote abgegeben, aber auch Fragen geklärt werden. Ein Gebot wird mündlich abgegeben und ist nur wirksam, wenn es mindestens die Höhe des geringsten Gebots erreicht und höher ist als ein zuvor abgegebenes wirksames Gebot. Das letzte Gebot und der Schluss der Versteigerung werden vom Gericht gemäß § 73 II ZVG verkündet.

(4) **Zuschlag.** Entweder noch im Versteigerungstermin selbst oder in einem gesondert anzube- **180** raumenden Termin wird schließlich über die **Erteilung des Zuschlags** entschieden, § 87 I ZVG. Der Zuschlag ist gemäß § 81 I ZVG dem Meistbietenden zu erteilen. Er ist allerdings zu versagen, wenn einer der in §§ 83 ff. ZVG normierten **Versagungsgründe** vorliegt. Dies ist z.B. gemäß § 85 a I ZVG der Fall, wenn das Meistgebot zuzüglich des Kapitalwertes der vom geringsten Gebot erfassten, bestehend bleibenden Rechte die Hälfte des vom Gericht ermittelten Verkehrswertes des Grundstücks nicht erreicht. In einem weiteren Versteigerungstermin darf der Zuschlag aus dem gleichen Grund allerdings nicht mehr versagt werden, § 85 a II ZVG.

Mit dem Zuschlag **erlangt der Ersteher das Eigentum** an dem Grundstück, § 90 I ZVG. Fer- **181** ner **erlöschen** die Rechte, die im geringsten Gebot nicht berücksichtigt sind, d.h. die bestrangige Grundschuld, aus der die Versteigerung betrieben wurde, sowie die gleich- und nachrangigen Rechte, § 91 I ZVG. Sie setzen sich allerdings am Versteigerungserlös als Surrogat fort.[1071] Der Zuschlagsbeschluss bildet ferner einen Vollstreckungstitel, aus dem der Ersteher die **Räumung** des Grundstücks durch den bisherigen Eigentümer betreiben kann, § 93 I 1 ZVG.

(5) **Erlösverteilung.** Nach der Erteilung des Zuschlags hat das Gericht einen **Termin** zur Ver- **182** teilung des Versteigerungserlöses zu bestimmen, § 105 I ZVG. Gegebenenfalls werden die Beteiligten vom Gericht in der Terminsbestimmung aufgefordert, eine Berechnung ihrer Ansprüche einzureichen, § 106 ZVG, wobei eine Anmeldung grundsätzlich nicht mehr erforderlich ist, soweit die Ansprüche bereits zum Versteigerungstermin angemeldet wurden. Sofern Ansprüche nicht spätestens im Versteigerungstermin angemeldet worden sind, sind sie lediglich nachrangig zu bedienen, §§ 110, 37 Nr. 4 ZVG. Sofern der Betrag eines Anspruchs (z.B. einer Grundschuld) zur Zeit der Eintragung des Versteigerungsvermerks aus dem Grundbuch ersichtlich war, ist er von Amts wegen zu berücksichtigen.

Im Verteilungstermin ist ein so genannter **Teilungsplan** aufzustellen, § 113 I ZVG. Er wird **183** gemäß § 115 I 1 ZVG sofort verhandelt. Reicht der Versteigerungserlös nicht zur Befriedigung aller angemeldeten Forderungen aus, ist er nach der Rangordnung des § 10 ZVG zu verteilen.

[1070] LG Göttingen RPfleger 1998, 213.
[1071] BGH NJW 1992, 1620, st. Rspr.

Vor einer angemeldeten Grundschuld sind also insbesondere die Verfahrenskosten (§ 109 I ZVG) und öffentliche Grundstückslasten zu befriedigen. Die Bedienung mehrerer Grundschulden gemäß § 10 Nr. 4 ZVG richtet sich gemäß § 11 ZVG nach der unter ihnen geltenden Rangfolge. Soweit die Beteiligten dem nach diesen Grundsätzen aufgestellten Teilungsplan nicht widersprechen, wird dieser gemäß § 117 I 1 ZVG durch Zahlung an die Gläubiger ausgeführt.

184   (6) Befriedigung des Kreditinstituts. Das Kreditinstitut kann zum Verteilungstermin grundsätzlich den Kapitalwert der Grundschuld und die laufenden sowie rückständige Grundschuldzinsen anmelden (§ 10 Nr. 4 ZVG), soweit diese nicht verjährt sind. Die Höhe der Grundschuldzinsen ergibt sich dabei ebenso aus der in der Grundschuldbestellungsurkunde dokumentierten dinglichen Einigung zwischen Grundstückseigentümer und Kreditinstitut wie der Beginn der Verzinsung. Laufende Zinsen sind der letzte vor der Beschlagnahme fällig gewordene Zinsbetrag sowie alle danach fällig gewordenen Beträge, § 13 I 1 ZVG. Für Grundschulden, die mit dem Zuschlag erlöschen, werden Zinsen bis einschließlich des letzten Tages vor dem Verteilungstermin gezahlt.[1072] Zinsen aus früheren Jahren können als rückständige Leistungen (§ 13 I 2 ZVG) gemäß § 10 Nr. 4 ZVG für die zwei vorangehenden Jahre im Rang mit der Grundschuld geltend gemacht werden.

Beispiel:

185   Die Zinsen für die Grundschuld werden vereinbarungsgemäß jeweils für das abgelaufene Kalenderjahr am ersten Tag des Folgejahres fällig. Die Beschlagnahme des Grundstücks erfolgt am 10.4.2005. Laufende Zinsen sind demnach die zum 1.1.2005 sowie die zum 1.1. der folgenden Jahre fälligen Zinsen. Als rückständige Zinsen können im gleichen Rang die zum 1.1.2003 und zum 1.1.2004 fälligen Zinsen geltend gemacht werden.

186   Das Grundschuldkapital selbst unterliegt gemäß § 902 I 1 BGB nicht der **Verjährung**. Dagegen verjähren die Grundschuldzinsen gemäß §§ 902 I 2, 195 BGB innerhalb von drei Jahren, und zwar auch dann, wenn sie rechtskräftig festgestellt wurden, vgl. §§ 197 I Nr. 3, II, 201 BGB.

187   Der auf die Sicherungsgrundschuld und die Zinsen entfallende Betrag wird auf die gesicherte Forderung **verrechnet**.[1073] Sowohl der auf das Grundschuldkapital als auch der auf die Grundschuldzinsen entfallende Teil des Erlöses decken dabei jeweils die gesicherte Haupt- sowie Nebenforderungen einschließlich gesetzlicher und vertraglicher Zinsen.[1074] Kann die Forderung nicht vollständig befriedigt werden, so richtet sich die Befriedigungsreihenfolge grundsätzlich nach der vertraglichen Vereinbarung zwischen Kreditinstitut und Sicherungsgeber. Mangels einer Vereinbarung gilt für mehrere Forderungen § 366 II BGB, da dem Schuldner in der Zwangsversteigerung kein Bestimmungsrecht gemäß § 366 I BGB zusteht.[1075] Reicht der Erlös nicht aus, kommt § 367 I BGB zur Anwendung, so dass der Erlös zunächst mit den Kosten, dann den Zinsen und schließlich mit der Hauptforderung zu verrechnen ist.

188   Auch wenn **eine Grundschuld nur teilweise valutiert**, muss das Kreditinstitut diese grundsätzlich in Höhe des vollen **Grundschuldkapitals** anmelden.[1076] Für die Verteilung des Versteigerungserlöses ist allein die dingliche Rechtslage maßgeblich, weshalb der schuldrechtliche Rückgewähranspruch kein Recht zur Zuteilung eines entsprechenden Betrags aus dem Versteigerungserlös begründet.[1077] Die Anmeldung der Grundschuld in Höhe des Nennbetrags ist lediglich Ausdruck des Umstands, dass das Kreditinstitut noch immer Inhaberin des dinglichen Anspruchs aus der Grundschuld ist, selbst wenn eine schuldrechtliche Verpflichtung zur teilweisen Rückgewähr besteht. Wird dem Grundschuldgläubiger der angemeldete Betrag bei der Erlösverteilung zugewiesen, setzt sich ein dem Sicherungsgeber bezüglich der erlöschenden Grundschuld zustehender Rückgewähranspruch am Erlös fort. Der Grundschuldgläubiger ist

---

[1072] *Gaberdiel/Gladenbeck*, Kreditsicherung durch Grundschulden Rn. 1093.
[1073] *Gaberdiel/Gladenbeck*, Kreditsicherung durch Grundschulden Rn. 1123.
[1074] BGH NJW 1982, 2768, 2769; *Stöber*, ZVG-Handbuch Rn. 447.
[1075] Siehe bereits oben, Rn. 116.
[1076] Vgl. BGH NJW 1981, 1505.
[1077] Nach Auffassung des BGH (RPfleger 1986, 443) ist der Inhaber des Rückgewähranspruchs jedoch berechtigt, dem Teilungsplan zu widersprechen, wenn er z.B. als nachrangiger Grundschuldgläubiger Beteiligter im Vollstreckungsverfahren ist. Dagegen mit beachtlichen Argumenten *Gaberdiel/Gladenbeck*, Kreditsicherung durch Grundschulden Rn. 1145.

insoweit aufgrund des Sicherungsvertrags verpflichtet, den Übererlös an den Sicherungsgeber bzw. den aktuellen Inhaber des Rückgewähranspruchs herauszugeben,[1078] soweit sich der Übererlös auf das Grundschuldkapital erstreckt.

Umstritten ist demgegenüber, ob der Grundschuldgläubiger auch **Grundschuldzinsen** zur   **189** Verteilung anmelden darf oder gar muss. Nach Auffassung des BGH ist dem Grundschuldgläubiger die Anmeldung überschüssiger Grundschuldzinsen nicht verwehrt.[1079] Ob er zur Anmeldung gar verpflichtet ist, hat der BGH offen gelassen.

> **Hinweis:**
> Die Anmeldung des nicht valutierten Grundschuldteils ist kein Betreiben der Zwangsversteigerung,   **190**
> gegen das mit der Vollstreckungsabwehrklage vorgegangen werden könnte.

Insbesondere dann, wenn der Rückgewähranspruch des Sicherungsgebers, wie in der Praxis   **191** häufig anzutreffen, vor dem Zuschlag teilweise sogar mehrfach abgetreten und/oder gepfändet wurde, kann sich für das Kreditinstitut eine unübersichtliche Situation ergeben, die die Bestimmung des Inhabers des Rückgewähranspruchs erschwert. Da die Gefahr besteht, den Übererlös an einen Nichtberechtigten auszukehren, erscheint es wünschenswert, die Anmeldung zum Verteilungstermin von vornherein auf den Betrag der persönlichen Forderung zu beschränken. Da umstritten ist, ob ein sogenannter Hebeverzicht zulässig ist, lassen sich die Kreditinstitute in den Sicherungszweckerklärungen häufig die Befugnis einräumen, einen Übererlös nicht anzumelden.

gg) Insbesondere: Zwangsverwaltung. Das Kreditinstitut kann sich aus der Grundschuld Be-   **192** friedigung auch durch Zwangsverwaltung des belasteten Objekts verschaffen. Das Kreditinstitut greift dabei nicht auf die Vermögenssubstanz des Grundstücks, sondern auf die **Nutzungen des Grundstücks** wie Miet- oder Pachtzinserträge zu, die wiederum einer Verwertung im Wege der Zwangsversteigerung nicht zugänglich sind, §§ 21 II, 148 I 1 ZVG.

Auf die Anordnung der Zwangsverwaltung finden die Vorschriften über die Anordnung der   **193** Zwangsversteigerung grundsätzlich entsprechende Anwendung, § 146 I ZVG. Die durch Anordnung der Zwangsverwaltung bewirkte Beschlagnahme des Grundstücks hat zur Folge, dass dem Eigentümer die Verwaltung und Benutzung des Grundstücks entzogen wird, § 148 II ZVG. Gemäß § 152 ZVG macht stattdessen der Zwangsverwalter die Ansprüche geltend, auf die sich die Beschlagnahme erstreckt. Die vor der Anordnung der Zwangsverwaltung geschlossenen Miet- und Pachtverträge bleiben insoweit wirksam, § 152 II ZVG. Der Verwalter ist ferner berechtigt und verpflichtet, Maßnahmen zu ergreifen, die erforderlich sind, um das Grundstück in seinem Bestand zu erhalten und ordnungsmäßig zu benutzen. Hierzu gehört auch der Abschluss neuer Mietverträge, sofern ein Mieter das Mietverhältnis gekündigt haben sollte. Über seine Tätigkeit hat der Verwalter gemäß § 154 ZVG jährlich und nach Beendigung seiner Tätigkeit Rechnung zu legen.

Aus den vereinnahmten Nutzungen (Miet- und Pachtzahlungen) sind wiederum vorab die   **194** Verfahrenskosten, öffentliche Lasten sowie die Kosten der Verwaltung zu entnehmen, §§ 155 I, 156 ZVG. Für einen etwaigen Übererlös ist wiederum ein Teilungsplan aufzustellen, der grundsätzlich für die gesamte Dauer des Verfahrens gilt, § 156 II 2 ZVG. Die Verteilung erfolgt entsprechend der Rangklassen gemäß § 10 I Nr. 1 bis 5 ZVG, 155 II 1 ZVG. Wird der Teilungsplan festgestellt, hat das Gericht die planmäßige Zahlung der Beträge an die Berechtigten anzuordnen, die vom Verwalter bei Fälligkeit vorgenommen wird, soweit die entsprechenden Mittel vorhanden sind, § 157 I ZVG.

hh) Insbesondere: Verwertung der Grundschuld durch Abtretung. Eine zulässige Möglichkeit   **195** zur **Verwertung der Grundschuld** bildet aus Sicht des Kreditinstituts auch die Abtretung der **gesicherten Forderung samt Grundschuld** an einen Dritten. Der Dritte ist anschließend seinerseits berechtigt, die Rechte aus der abgetretenen Darlehensforderung und der Grundschuld geltend zu machen. Der Eigentümer des belasteten Grundstücks kann dem Erwerber der Grundschuld bestehende Einreden gegen die Grundschuld, insbesondere die einer nur teilweisen Valutierung gemäß §§ 1192 I, 1157 S. 1, 1169 BGB, entgegenhalten, wenn der Erwerber die Grundschuld insoweit nicht gutgläubig einredefrei erworben hat. Der gutgläubige Erwerb

---

[1078] BGHZ 98, 256, 261; BGH NJW 2003, 2673, 2674.
[1079] BGH NJW 1981, 1505, 1506; a.A. OLG München ZIP 1980, 974, 975; vgl. im Einzelnen *Gaberdiel/ Gladenbeck*, Kreditsicherung durch Grundschulden Rn. 1146 ff.; *Stöber* § 114 ZVG 7.6 f).

ist nach der Rechtsprechung des BGH jedoch gemäß §§ 1157 S. 2, 892 BGB ausgeschlossen, wenn der Erwerber wusste, dass die Grundschuld Sicherungszwecken diente **und** zum Zeitpunkt der Abtretung nur noch teilweise valutierte bzw. mit einer Einrede behaftet war.[1080] Erfolgt die Abtretung der Grundschuld gemeinsam mit der gesicherten Forderung, folgt hieraus die Bösgläubigkeit des Erwerbs bezüglich der Teilvalutierung ohne Weiteres, weil die gemeinsame Abtretung nicht nur den Sicherungszweck, sondern die teilweise Rückführung der gesicherten Forderung und damit die Teilvalutierung erkennen lässt.

196   Fraglich ist darüber hinaus, ob das Kreditinstitut die Sicherungsgrundschuld zum Zweck der Verwertung ohne Zustimmung des Sicherungsgebers **isoliert** abtreten darf. Eine entsprechende tatsächliche Möglichkeit zur isolierten Abtretung ist auf der Grundlage des geltenden Rechts jedenfalls im Verwertungsfall zu bejahen, da diese aus der Abstraktheit der Grundschuld als Sicherungsrecht folgt. Eine isolierte Abtretung ohne Zustimmung des Sicherungsgebers würde jedoch die Erfüllung des Rückgewähranspruchs der Bank aus dem Sicherungsvertrag mit dem Sicherungsgeber gefährden, weshalb sie als Verletzung einer Nebenpflicht aus dem Sicherungsvertrag einzustufen wäre, die gegebenenfalls Schadensersatzansprüche des Sicherungsgebers gegen die Bank gemäß § 280 I BGB auslösen würde.[1081]

197   Gemäß § 492 Ia BGB muss die Bank den Kreditnehmer bei Verbraucherimmobiliendarlehen seit Inkrafttreten des Risikobegrenzungsgesetzes am 19.8.2008 in der vom Kreditnehmer zu unterzeichnenden Vertragserklärung mit Hilfe eines deutlich gestalteten Hinweises darüber informieren, dass sie Forderungen aus dem Darlehensvertrag an Dritte abtreten darf, wenn die Abtretung nicht im Vertrag ausgeschlossen ist.

198   **d) Sicherungsübereignung.** *aa) Allgemeines.* Durch die Sicherungsübereignung einer **beweglichen Sache** wird das Kreditinstitut als Sicherungsnehmer formal Eigentümer des Sicherungsguts. Wegen des fiduziarischen Charakters der Sicherungsübereignung steht ihm jedoch im Innenverhältnis gegenüber dem Sicherungsgeber im Weniger an Rechten zu, als es die formale Eigentümerstellung gegenüber Dritten mit sich bringt. Bekanntlich hat die Sicherungsübereignung keine gesetzliche Ausformung erfahren. Sie hat sich vielmehr im Laufe der Zeit als Alternative zur Verpfändung beweglicher Sachen entwickelt und das Pfandrecht als Instrument zur Heranziehung beweglicher Sachen als Kreditsicherheit weitgehend verdrängt. Entscheidend hierfür war vor allem, dass die Sicherungsübereignung anders als das gesetzliche Pfandrecht keine Übertragung des unmittelbaren Besitzes an den Sicherungsnehmer erfordert, so dass auch Rohstoffe oder Maschinen, die der Sicherungsgeber zur Fortführung seines Geschäftsbetriebs benötigt, als Kreditsicherheit herangezogen werden können. Zugleich beinhaltet die Nichtübertragung des unmittelbaren Besitzes an das Kreditinstitut jedoch auch Risiken, insbesondere die Möglichkeit eines gutgläubigen Erwerbs gemäß §§ 932 ff. BGB durch Dritte oder eine Verschlechterung des Sicherungsguts aufgrund unsachgemäßen Umgangs.

199   In der Kreditsicherungspraxis häufig anzutreffen ist einerseits die Sicherungsübereignung einzelner beweglicher Sachen, deren Anschaffung durch den Sicherungsgeber mit dem zu sichernden Kredit finanziert wurde. Daneben spielt die Übereignung von Warenlagern oder Anlagevermögen eine herausragende Rolle.

200   *bb) Zustandekommen.* Das Sicherungseigentum erwirbt das Kreditinstitut grundsätzlich nach den Vorschriften über den Eigentumsübergang an beweglichen Sachen, §§ 929 ff. BGB. Die Sicherungsübereignung bedarf somit einer Einigung zwischen Sicherungsgeber und Sicherungsnehmer über das Zustandekommen der Sicherungsübereignung. Da auf die Übergabe der beweglichen Sache üblicherweise verzichtet wird, bedarf es eines Übergabeersatzes, d.h. der Vereinbarung eines Besitzmittlungsverhältnisses gemäß § 930 BGB, oder einer Abtretung des Herausgabeanspruchs, den der Sicherungsgeber gegenüber einem Dritten hat, § 931 BGB. Die in der Kreditsicherungspraxis die Regel bildende Schaffung eines Besitzmittlungsverhältnisses im Sinne von § 868 BGB erfolgt regelmäßig durch die Begründung eines Verwahrungsvertrags oder eines ähnlichen Rechtsverhältnisses zwischen Sicherungsgeber und Kreditinstitut in den von der Kreditwirtschaft bereitgestellten Formularverträgen.

201   Die wirksame Begründung von Sicherungseigentum setzt voraus, dass die dingliche Einigung dem sachenrechtlichen **Bestimmtheitsgebot** gerecht wird, d.h. den zu übereignenden Gegenstand bestimmt bezeichnet. Konkret muss das Sicherungsgut in der vertraglichen Siche-

---

[1080] BGH NJW 1988, 1375, 1377 f.; *MünchKomm/Eickmann* § 1191 BGB Rn. 91; str.
[1081] Vgl. *Gaberdiel/Gladenbeck*, Kreditsicherung durch Grundschulden Rn. 1286 f.; *Palandt/Bassenge* § 1191 BGB Rn. 22.

rungsübereignungsvereinbarung so genau umschrieben werden, dass ein außenstehender Dritter allein anhand des Vertrags in der Lage ist, den übereigneten konkreten Gegenstand zu identifizieren. Bloße Bestimmbarkeit aufgrund von Informationen, die sich nicht aus dem Vertrag bzw. der zu übereignenden Sache selbst ergeben (z.B. Schriftverkehr, Rechnungen, Bestandsverzeichnisse), genügt – anders als bei der Sicherungszession – nicht. Der Bestimmtheitsgrundsatz ist allerdings gewahrt, wenn die Unterlagen, die die Individualisierung ermöglichen, z.B. in Form von Anlagen zum Bestandteil des Vertrags gemacht werden. Bei Kraftfahrzeugen wird die Individualisierung durch Angabe des Fahrzeugtyps, des Kennzeichens und vor allem der Fahrgestell- bzw. Motornummer gewährleistet. Bei der Sicherungsübereignung von **Sachgesamtheiten**, z.B. eines Vorrats-/Warenlagers, genügt die Angabe der Gattungsbezeichnung zur Gewährleistung der Bestimmtheit nicht. Vielmehr bedarf es der Angabe des Ortes, an dem sich die Sache befindet, sowie unter Umständen der Anfertigung einer Lageskizze, die zum Bestandteil des Sicherungsvertrags gemacht werden muss. Weisen die zu übereignenden Gegenstände keine individuellen Merkmale auf, bedarf es einer zusätzlichen Anbringung von Kennzeichen an den zu erfassenden Gegenständen.

Ausgeschlossen ist die Sicherungsübereignung von beweglichen Sachen, die **wesentlicher Bestandteil** einer anderen Sache, insbesondere eines Grundstücks sind, §§ 93 f. BGB. Sachen, die mit einem Grundstück nur zu einem vorübergehenden Zweck verbunden sind (sog. Scheinbestandteile), sind allerdings gemäß § 95 I 1 BGB nicht Bestandteil eines Grundstücks und damit der Sicherungsübereignung zugänglich. Bedeutsam ist dies vor allem für die Heranziehung von Gebäuden oder anderen Gegenständen wie Windkraftanlagen als Kreditsicherheit, die von einem Dritten aufgrund einer zeitlich befristeten vertraglichen Vereinbarung mit dem Grundstückseigentümer auf dem Grundstück errichtet werden und nach Ablauf des vereinbarten Zeitraums wieder zu beseitigen sind.   202

Auch bewegliche Sachen, die **Zubehör** einer anderen Sache, insbesondere eines Grundstücks sind, sind grundsätzlich der Sicherungsübereignung zugänglich. Eine Einschränkung ergibt sich jedoch, wenn die bewegliche Sache als Zubehör gemäß § 1120 BGB von der Haftung für eine Grundschuld erfasst wird. Bis zur Enthaftung gemäß §§ 1121, 1122 BGB ist die Haftung aus dem Grundpfandrecht vorrangig. Im Einzelfall ist daher genau zu prüfen, ob eine bewegliche Sache Zubehör eines Grundstücks gemäß § 97 I BGB ist und insbesondere dem wirtschaftlichen Zweck der Hauptsache dient.   203

cc) Insbesondere: Warenlager mit wechselndem Bestand. Besonderheiten ergeben sich bei der Sicherungsübereignung von Warenlagern mit wechselndem Bestand. Gegenstand der Sicherungsübereignung sind hier Bestandteile des Umlaufvermögens des Sicherungsgebers, die im Rahmen des Geschäftsbetriebs zur Weiterverarbeitung bzw. Veräußerung bestimmt sind. Mit der Verarbeitung bzw. Veräußerung korrespondiert die Anschaffung neuer Rohstoffe bzw. Herstellung weiterer Produkte, die die verbrauchten bzw. veräußerten Sachen ersetzen.   204

Die Sicherungsübereignung findet in diesen Fällen üblicherweise durch Vereinbarung einer Raumsicherungsklausel statt, die den oben genannten Bestimmtheitsanforderungen genügen muss. Ferner ermächtigt das Kreditinstitut den Sicherungsgeber im Sicherungsvertrag zur bestimmungsgemäßen Verarbeitung sowie zur Veräußerung der Erzeugnisse im eigenen Namen. Zugleich tritt der Sicherungsgeber die ihm aus der Veräußerung erwachsenden Ansprüche (z.B. Kaufpreis) an das Kreditinstitut ab. Durch die sogenannte Zahlstellenklausel im Sicherungsvertrag wird der Sicherungsgeber schließlich verpflichtet, die Käufer seiner Waren dazu anzuhalten, Zahlung auf ein vom Sicherungsgeber bei dem Kreditinstitut geführtes Konto zu leisten.   205

dd) Verwertung. Auch bei der Sicherungsübereignung müssen vor einer Verwertung des Sicherungsguts die allgemeinen Verwertungsvoraussetzungen, insbesondere die Fälligkeit der gesicherten Forderung, vorliegen.[1082] Ob das Kreditinstitut die Verwertung des Sicherungsguts androhen muss, ist zweifelhaft, da es an den besonderen Umständen, die die Androhung bei der Sicherungsabtretung erforderlich machen, bei der Sicherungsübereignung fehlt.[1083] Praktisch ist eine ausdrückliche Androhung meist schon deshalb entbehrlich, weil die Verwertung die Aufforderung des Kreditinstituts zur Herausgabe des Sicherungsguts durch den Sicherungsgeber voraussetzt.   206

[1082] Siehe oben, Rn. 104 ff..
[1083] *Ganter*, Bankrechts-Handbuch II § 95 Rn. 167.

207   Im Sicherungsvertrag wird regelmäßig vereinbart, dass das Kreditinstitut im Sicherungsfall zur freihändigen Verwertung, d.h. zum Verkauf des Sicherungsguts berechtigt ist. Gegen diese Vorgehensweise sprechen keine rechtlichen Bedenken, da andere Verwertungsarten regelmäßig keinen höheren Erlös erwarten lassen und der Sicherungsgeber aufgrund der Treuhandabrede gegen eine Verschleuderung des Sicherungsguts geschützt ist.[1084] Auch im Fall des Fehlens einer vertraglichen Vereinbarung ist die Bank nach h.M. zur freihändigen Veräußerung berechtigt und nicht – in analoger Anwendung der Vorschriften über die Pfandverwertung gemäß §§ 1233 ff. BGB – zu einer öffentlichen Versteigerung verpflichtet.[1085] Aufgrund der sich aus dem Treuhandcharakter der Sicherungsübereignung ergebenden Interessenwahrungspflicht der Bank hat diese einen möglichst hohen Verwertungserlös zu erzielen.[1086]

208   Ungeachtet dessen ist die Bank zur öffentlichen Versteigerung des Sicherungsguts gemäß § 383 III 1 BGB berechtigt. Schließlich kommt auch eine Veräußerung des Sicherungsguts durch den Sicherungsgeber in Frage.

> **Hinweis:**
>
> 209   Eine Verwertung des Sicherungsguts durch den Sicherungsgeber kann allen Beteiligten Vorteile bringen. So können persönliche Kontakte des Sicherungsgebers zu einem höheren Verwertungserlös führen, der sowohl dem Schuldner als auch der Bank zugute kommt. Die Bank kann ferner den Vorwurf vermeiden, das Sicherungsgut unter Wert veräußert zu haben, und entgeht zudem der Mängelgewährleistung. Ist das Verhältnis zwischen Bank und Sicherungsgeber nicht völlig zerrüttet, macht es aus Sicht des Sicherungsgebers daher durchaus Sinn, der Bank die Verwertung des Sicherungsguts anzubieten.

210   Da sich das Sicherungsgut bei Eintritt des Verwertungsfalls aufgrund der vertraglichen Vereinbarung mit dem Sicherungsgeber regelmäßig in dessen unmittelbarem Besitz befindet, setzt die freihändige Verwertung eine Herausgabe des übereigneten Gegenstandes an die Bank voraus. Das Kreditinstitut lässt sich insoweit im Sicherungsvertrag regelmäßig einen Herausgabeanspruch gegen den Sicherungsgeber für den Sicherungsfall einräumen. Gegebenenfalls muss die Bank einen Herausgabetitel gegen den Sicherungsgeber erwirken, da ihr eine eigenmächtige Wegnahme des Sicherungsguts grundsätzlich verwehrt ist.[1087]

211   Wurde über das Vermögen des Sicherungsgebers das **Insolvenzverfahren** eröffnet, ist der Insolvenzverwalter trotz des gemäß § 51 Nr. 1 InsO bestehenden Absonderungsrechts des Kreditinstituts gemäß § 166 I InsO zur freihändigen Verwertung des Sicherungsguts befugt, wenn sich das Sicherungsgut gemäß § 148 I InsO in seinem Besitz befindet. Das Selbstverwertungsrecht des Kreditinstituts ist daher mit der Inbesitznahme durch den Insolvenzverwalter ausgeschlossen.[1088] Allerdings ist der Insolvenzverwalter berechtigt, dem Kreditinstitut die Verwertung des Sicherungsguts zu überlassen, § 170 II InsO. Der Insolvenzverwalter hat den Verwertungserlös abzüglich der Feststellungs- und Verwertungskosten an das Kreditinstitut als Sicherungsgeber auszukehren.

212   e) **Sicherungszession.** *aa) Allgemeines.* Ein in der Bankpraxis ebenfalls häufig anzutreffendes Instrument der Kreditsicherung ist die Sicherungszession. Im Vordergrund steht dabei die Globalzession von Forderungen des Kreditnehmers gegen seine Kunden. Aber auch die Abtretung von Ansprüchen des Kreditnehmers oder eines Dritten aus Lebensversicherungsverträgen ist ein häufig anzutreffendes Sicherungsmittel.

213   Neben der Singularzession einzelner Forderungen sind in der Bankpraxis regelmäßig die Globalzession und die Mantelzession anzutreffen. Die Globalzession umfasst sämtliche gegenwärtigen und zukünftigen Forderungen aus bestimmten Geschäften oder gegen bestimmte Schuldner und eignet sich daher zur Besicherung längerfristiger Kredite, da die abgetretenen Forderungen in der Regel kurzfristig fällig sind und nach Erfüllung erlöschen. Aus Kontrollgründen verpflichten die Kreditinstitute den Sicherungsgeber im Abtretungsvertrag zur regelmäßigen Übermittlung von Bestandslisten. Auch die Mantelzession bezieht sich überwiegend auf zukünftige Forderungen. Im Unterschied zur Globalzession wird die Abtretung jedoch erst

---

[1084] *Ganter*, Bankrechts-Handbuch II § 95 Rn. 174.
[1085] *Ganter*, Bankrechts-Handbuch II § 95 Rn. 176.
[1086] Siehe hierzu oben, Rn. 113 ff.
[1087] *Ganter*, Bankrechts-Handbuch II § 95 Rn. 170.
[1088] *Braun/Dithmar* § 166 InsO Rn. 1.

dann wirksam, wenn der Sicherungsgeber dem Kreditinstitut Mitteilungen über die abzutre-
tenden Forderungen, z.B. in Form von Zessionslisten, macht.

bb) Zustandekommen. Die Sicherungsabtretung bedarf grundsätzlich nur eines Abtretungs- **214**
vertrags, d.h. einer Einigung zwischen dem Zedenten (Sicherungsgeber) und dem Zessionar
(Kreditinstitut) über die Übertragung der Gläubigerstellung.

Die Vereinbarung muss erkennen lassen, welche Forderungen bzw. Rechte Gegenstand der **215**
Abtretungsvereinbarung sind, d.h. die abgetretene(n) Forderung(en) muss (müssen) **bestimmbar** sein. Insbesondere von der Abtretung umfasste Forderungen müssen sich von gleichartigen
nicht erfassten Forderungen unterscheiden lassen. Es genügt somit, wenn die abgetretenen
Forderungen im Einzelfall bestimmbar sind.[1089]

Bei der Abtretung von bestehenden **Einzelforderungen** ist der Grundsatz der Bestimmbar- **216**
keit durch die Bezeichnung des Drittschuldners sowie des Rechtsgrundes der Forderung unproblematisch zu gewährleisten. Dies gilt auch für künftig fällige Forderungen aus einem Dauerschuldverhältnis, z.B. einem Mietvertrag. Sind **mehrere Forderungen** Gegenstand der
Abtretung, bedarf es der Nennung des Namens des Drittschuldners nicht. Dieser kann vielmehr anhand abstrakter Merkmale ermittelt werden, die im Abtretungsvertrag genannt sein
und eine sichere Identifizierung ermöglichen müssen. Ausreichend ist insoweit, dass die erfassten Forderungen bei Hinzuziehung außervertraglicher Informationsquellen (z.B. Kundenkar-
tei, Bezugnahme auf genau bestimmte Geschäfte etc.) **bestimmbar** sind.[1090] Gleiches gilt für die
Abtretung zukünftiger Forderungen, bei denen der Drittschuldner oder der Rechtsgrund zum
Zeitpunkt der Abtretungsvereinbarung noch nicht feststehen. Die Forderung muss spätestens
im Zeitpunkt ihrer Entstehung nach Gegenstand und Umfang genügend bestimmbar sein.[1091]
Nicht gewährleistet ist dies z.B. bei einer Abtretung „aller zukünftigen Forderungen" oder eines lediglich betragsmäßig festgelegten Teils einer abstrakt bezeichneten Gesamtheit, da nicht
ermittelt werden kann, auf welche Einzelforderungen des Gesamtbestands sich die Abtretung
bezieht. Im Übrigen erstreckt sich die Abtretung von Ansprüchen im Zweifel nur auf gegenwärtige Forderungen, wenn die Abtretung zukünftiger Forderungen nicht ausdrücklich erfolgt.[1092]

cc) Anzeige der Abtretung an den Drittschuldner. In der Bankpraxis wird die Abtretung – ins- **217**
besondere bei der Globalzession – meist als **stille Zession** durchgeführt, d.h. es wird im Interesse des Sicherungsgebers zunächst auf eine **Anzeige** der Abtretung gegenüber dem Schuldner
der abgetretenen Forderung verzichtet. Zugleich wird dem Sicherungsgeber die **Befugnis zur
Einziehung** der Forderung im eigenen Namen überlassen. Ferner wird der Zedent im Abtretungsvertrag regelmäßig verpflichtet, den Drittschuldner zur Zahlung des Forderungsbetrags
auf ein beim Kreditinstitut geführtes Konto anzuhalten.

Fraglich ist, unter welchen Bedingungen die Bank zur Offenlegung der Abtretung im Sinne **218**
von § 407 BGB und zum Widerruf der Einziehungsermächtigung berechtigt ist. Bei der Abtretung von Lohn- und Gehaltsansprüchen ist eine Verwertung nach der Rechtsprechung des
BGH nicht schon bei Fälligkeit der gesicherten Forderung zulässig. Vielmehr muss dem Sicherungsgeber die Verwertung zunächst unter Setzung einer Frist angedroht werden.[1093] Ob dies
auch für die Globalzession gilt, ergibt sich aus der Entscheidung des BGH nicht mit wün-
schenswerter Eindeutigkeit. Die Formularpraxis der Kreditwirtschaft sieht bei der Globalzession jedoch vorsorglich eine entsprechende Benachrichtigungspflicht des Sicherungsgebers
vor, so dass in diesen Fällen die Berechtigung zur Offenlegung jedenfalls vertraglich eingeschränkt ist.

Ist eine stille Zession vereinbart, gilt im Übrigen, dass das Kreditinstitut die Abtretung erst **219**
dann offenlegen darf, wenn der Schuldner der gesicherten Forderung seine Vertragspflichten
verletzt.[1094] Allerdings gibt es keinen allgemeinen Grundsatz, wonach die Offenlegung der Abtretung erst nach Fälligkeit und Verwertungsandrohung oder gar erst im Verwertungsfall erfolgen darf. Vielmehr kann eine Abtretung von vornherein als offene vereinbart werden, weshalb ein Recht der Bank zur Anzeige der Abtretung vertraglich vereinbart werden kann. Eine

---

[1089] Vgl. BGH NJW 1995, 1668, 1669.
[1090] *Palandt/Grüneberg* § 398 BGB Rn. 14.
[1091] BGH NJW 2000, 276, 277.
[1092] BGH NJW 1995, 1668, 1669.
[1093] BGH NJW 1992, 2626, 2627.
[1094] *Ganter*, Bankrechts-Handbuch II § 96 Rn. 87.

Ausnahme bilden nach der Rechtsprechung des BGH die bereits angesprochenen Fälle der Abtretung von Lohn- und Gehaltsansprüchen sowie ggf. der Globalzession.

220   Besonderheiten hinsichtlich der Anzeige gelten bei der Abtretung von Lebensversicherungsansprüchen, da die allgemeinen Versicherungsbedingungen der Versicherungsunternehmen die Wirksamkeit der Abtretung regelmäßig von einer schriftlichen Anzeige abhängig machen, vgl. § 399 2. Alt. BGB. Aus diesem Grund sehen die Vertragsformulare der Kreditinstitute zur Abtretung von Lebensversicherungsansprüchen eine sofortige Anzeige der Abtretung vor.

221   *dd) Insbesondere: Abtretung von Ansprüchen aus Lebensversicherungen.* Der Umfang der Abtretung von Ansprüchen aus einer Lebensversicherung hängt von der Einzelfallvereinbarung ab. So können grundsätzlich sowohl die **Todesfallansprüche** als auch die Ansprüche im **Erlebensfall** abgetreten werden. In der Kreditsicherungspraxis wird die Abtretung oftmals auf die Todesfallansprüche beschränkt, um steuerliche Nachteile für den Versicherungsnehmer zu vermeiden. Die Abtretung der Zahlungsansprüche wird im Übrigen durch die Abtretung des Kündigungsrechts des Versicherungsnehmers ergänzt. Das Kreditinstitut wird auf diese Weise in die Lage versetzt, vor Ablauf der vereinbarten Versicherungszeit durch Kündigung des Versicherungsvertrags Zugriff auf den aktuellen Rückkaufswert der Versicherung zu erhalten.

222   Einem vertraglichen **Abtretungsverbot** (§ 399 2. Alt. BGB) zwischen Versicherer und Versicherungsnehmer unterliegen nunmehr Ansprüche aus bestimmten Lebensversicherungsverträgen, die es dem Berechtigten ermöglichen sollen, eine in gesetzlich bestimmtem Umfang (vgl. § 851 c II ZPO) pfändungsgeschützte **Altersvorsorge** aufzubauen. Das vertragliche Abtretungsverbot ist gemäß § 851 c I Nr. 2 ZPO in diesen Fällen Voraussetzung für den Pfändungsschutz gemäß § 851 c I ZPO. Ferner können Ansprüche aus **Direktversicherungen**, die ein Arbeitgeber auf das Leben des Arbeitnehmers abgeschlossen hat, regelmäßig aufgrund eines vertraglichen Abtretungsausschlusses mit dem Versicherer nicht abgetreten werden, wenn ein unwiderrufliches Bezugsrecht des Arbeitnehmers besteht, weil die Beiträge zur Direktversicherung durch Entgeltumwandlung erbracht werden (vgl. §§ 1 a, 1 b V 2 BetrAVG).

223   Praktisch bedeutsame Fragen stellen sich bei der Abtretung von Lebensversicherungsansprüchen, wenn mit der Lebensversicherung eine **Berufsunfähigkeitszusatzversicherung** (BUZ) verbunden ist. Die Leistungen aus der BUZ sind gemäß § 400 BGB nicht abtretbar, weil sie § 850 b I Nr. 1 ZPO unpfändbar sind.[1095] Nach überwiegender Auffassung ändert dies jedoch nichts an der Abtretbarkeit der Lebensversicherungsansprüche.[1096] Fraglich ist allerdings, ob das Kündigungsrecht betreffend die Lebensversicherung auf das Kreditinstitut übertragen werden kann, da aufgrund der einschlägigen Versicherungsbedingungen das Fortbestehen der BUZ an die Fortsetzung der Lebensversicherung geknüpft ist, d.h. die Kündigung der Lebensversicherung zu einem Untergang der BUZ führen würde.[1097]

224   *ee) Verwertung.* Auch die Verwertung abgetretener Forderungen setzt das Vorliegen der allgemeinen Verwertungsvoraussetzungen, insbesondere die Fälligkeit der gesicherten Forderung voraus.[1098] Soweit vertraglich vorgesehen, hat das Kreditinstitut dem Schuldner vor einer Offenlegung der Abtretung gegenüber dem Drittschuldner sowie vor der Einziehung der Forderung die Verwertung der abgetretenen Forderungen anzudrohen und eine Frist zur Erfüllung der gesicherten Forderung zu setzen.[1099]

225   Die Verwertung erfolgt üblicherweise durch deren Einziehung. Diese setzt eine Fälligkeit der abgetretenen Forderung voraus, die das Kreditinstitut gegebenenfalls durch Kündigung herbeiführen darf. Parallel hierzu widerruft das Kreditinstitut regelmäßig die dem Sicherungsgeber im Abtretungsvertrag zunächst eingeräumte Einziehungsbefugnis. Ist eine zwangsweise Durchsetzung der Forderung gegenüber dem Drittschuldner erforderlich, gehen die hierdurch entstehenden Kosten zu Lasten des Kreditnehmers.

226   Wurde über das Vermögen des Sicherungsgebers das Insolvenzverfahren eröffnet, ist der Insolvenzverwalter gemäß § 166 II InsO berechtigt, die abgetretenen Forderungen einzuziehen. Gemäß § 170 I InsO hat der Insolvenzverwalter den Verwertungserlös nach Entnahme der Feststellungs- und Verwertungskosten unverzüglich an das absonderungsberechtigte Kreditin-

---

[1095] *Zöller/Stöber* § 850 b ZPO Rn. 2; OLG Hamm ZInsO 2006, 878, 879.
[1096] OLG Hamm ZInsO, 2006, 878, 879 f. m.w.N., a.A. OLG Jena VersR 2000, 1005.
[1097] Für die Unwirksamkeit der Abtretung des Kündigungsrechts OLG Hamm ZInsO 2006, 878, 880; a.A. OLG Köln VersR 1998, 222.
[1098] Siehe dazu oben, Rn. 104 ff.
[1099] Siehe dazu oben, Rn. 111.

stitut auszukehren. § 166 II InsO wirkt daher als Verwertungsverbot nach Verfahrenseröffnung, so dass Vollstreckungsmaßnahmen durch das gesicherte Kreditinstitut unzulässig sind.[1100]

f) Pfandrecht. *aa) Allgemeines.* Die Begründung von Pfandrechten an beweglichen Sachen **227** und Forderungen spielt wegen der in der Bankpraxis bevorzugten Sicherungsübereignung und der Forderungsabtretung nur noch eine untergeordnete Rolle. Erhebliche praktische Bedeutung hat das Pfandrecht allerdings, wenn Wertpapiere, insbesondere Anleihen, Aktien oder Investmentanteile als Sicherheit verwendet werden sollen. Auch die Verpfändung von Gesellschaftsanteilen an einer GmbH ist in der Kreditsicherungspraxis anzutreffen.

Die Verpfändung von Inhaberpapieren und Orderpapieren hat in §§ 1292, 1293 BGB eine **228** spezielle gesetzliche Regelung erfahren. Die in der Praxis bei weitem am häufigsten anzutreffende Wertpapierart ist das **Inhaberpapier** (vgl. § 10 I AktG, § 33 I 2 InvG), bei dem nicht nur eine bestimmte Person, sondern jeder Inhaber des Wertpapiers die in ihm verbrieften Rechte geltend machen kann (vgl. § 793 I BGB). Materiellrechtlich Berechtigter hinsichtlich der verbrieften Rechte ist grundsätzlich der Eigentümer des Wertpapiers, weshalb gemäß § 1293 BGB bezüglich der Verpfändung von Inhaberpapieren die Vorschriften über die Verpfändung beweglicher Sachen Anwendung finden.

Bei **Orderpapieren** steht das verbriefte Recht ebenfalls dem Inhaber des Wertpapiers zu, der **229** allerdings zusätzlich durch eine lückenlose Kette von Indossamenten ausgewiesen sein muss. Zu beachten ist, dass es sich bei Namenspapieren (z.B. Namensaktien) nach allgemeiner Auffassung um Orderpapiere handelt, wenn sie durch Indossament übertragbar sind (vgl. § 68 I 1 AktG). Dementsprechend macht § 1292 BGB die wirksame Verpfändung von Orderpapieren von einem Indossament zugunsten des Pfandnehmers abhängig. Daneben wird allerdings auch die Verpfändung durch Abtretung des verbrieften Rechts sowie Übergabe des Papiers für möglich gehalten.[1101] Die von der Kreditwirtschaft verwendeten Vertragsformulare für Verpfändungen sehen daher hinsichtlich der Verpfändung von Orderpapieren eine Verpflichtung des Sicherungsgebers zur Indossierung bzw. zur Abgabe einer Abtretungserklärung vor.

Nebenrechte wie Zins- und Gewinnanteilsscheine sind selbständige Inhaberpapiere (vgl. **230** § 803 BGB), die einer eigenständigen Verpfändung bedürfen. Dem wird in der Bankpraxis von den Kreditinstituten durch eine entsprechende Regelung in den verwendeten Formularverträgen Rechnung getragen.

bb) Begründung des Pfandrechts. Die Verpfändung setzt zunächst eine Einigung über die Begründung des Pfandrechts voraus, § 1205 I 1 BGB. Bei der Verpfändung von Wertpapieren **231** sind diese bzw. ihre entsprechenden Sammelbestandteile (vgl. § 6 DepotG) unmittelbar **Gegenstand der Verpfändungsvereinbarung.** Das Depot des Sicherungsgebers, in dem die Wertpapiere verbucht sind und auf die die Verpfändungserklärung regelmäßig Bezug nimmt, dient lediglich der abstrakten Bestimmung der von der Verpfändungsvereinbarung erfassten Wertpapiere. Die weiteren Voraussetzungen der Verpfändung hängen davon ab, von wem das betreffende Wertpapier verwahrt wird. Bei der üblichen Girosammelverwahrung, bei der das depotführende Kreditinstitut die Wertpapiere seinerseits im Wege der Drittverwahrung durch die Clearstream Banking AG verwahren lässt (vgl. § 3 I DepotG), hat das depotführende Kreditinstitut mittelbaren Besitz an den betreffenden Wertpapieren. Verwahrt das depotführende Kreditinstitut die Wertpapiere selbst, z.B. bei der Streifbandverwahrung als Sonderverwahrung (§ 2 DepotG), ist es unmittelbarer Besitzer der zu verpfändenden bzw. verpfändeten Wertpapiere. In beiden Fällen genügt die bloße Einigung mit dem Sicherungsgeber, §§ 1293, 1205 I 2 BGB. Ist ausnahmsweise der Sicherungsgeber Besitzer, ist die Übergabe an das Kreditinstitut erforderlich, § 1205 I 1 BGB.

Sind die zu verpfändenden Wertpapiere in einem **Gemeinschaftsdepot** verbucht, bedarf die **232** Begründung eines Pfandrechts an den Wertpapieren grundsätzlich der Mitwirkung sämtlicher Mitinhaber des Depots. Von der Verpfändung der Wertpapiere selbst ist dabei die Verpfändung des Herausgabeanspruchs gegenüber dem verwahrenden Kreditinstitut zu unterscheiden. Beim Oder-Depot kann jeder Depotinhaber allein über den Depotbestand verfügen und somit auch allein ein Pfandrecht am Herausgabeanspruch begründen. Hierdurch ist ein Mitinhaber jedoch nicht an der Verfügung über die Wertpapiere gehindert, weshalb aus Sicht des

---

[1100] *Braun/Dithmar* § 166 InsO Rn. 15.
[1101] Vgl. *Palandt/Bassenge* § 1292 BGB Rn. 2.

Kreditinstituts eine Mitwirkung sämtlicher Depotinhaber erforderlich ist. Beim Und-Depot ist die Mitwirkung sämtlicher Mitinhaber schon aus rechtlichen Gründen geboten, da diese nur gemeinschaftlich über das Depot verfügen können.[1102]

233   Die Verpfändung eines **Geschäftsanteils an einer GmbH** bedarf zudem der notariellen Beurkundung, da die Verpfändung den Formvorschriften zur Übertragung des Rechts unterliegt, § 1274 I BGB, § 15 III GmbHG.

234   Unabhängig vom Formerfordernis ist die Verpfändung nur dann möglich, wenn diese nicht durch die **Vinkulierung** der zu verpfändenden Aktien oder Geschäftsanteile, d.h. durch Beschränkung der Übertragbarkeit ausgeschlossen bzw. durch bestimmte Bedingungen im GmbH-Gesellschaftsvertrag (z.B. Genehmigung der Gesellschaft) eingeschränkt ist. Im letztgenannten Fall setzt die Wirksamkeit der Verpfändung die Erfüllung der jeweiligen Bedingungen voraus.

235   *cc) Verwertung.* Ist der Sicherungsfall eingetreten und das Kreditinstitut somit zur Verwertung berechtigt, richtet sich diese primär nach der individuellen Verpfändungsvereinbarung.

236   Gemäß § 1221 BGB ist der freihändige Verkauf des Pfandes möglich, wenn das Pfand einen Börsen- oder Marktpreis hat. Bei Wertpapieren ist dies regelmäßig der Fall. Inhaberpapiere ohne Börsen- bzw. Marktpreis werden durch öffentliche Versteigerung gemäß § 383 III BGB verwertet. Die Verwertung von Geschäftsanteilen an einer GmbH erfolgt gemäß § 1277 S. 1 BGB im Wege der Zwangsvollstreckung. Aufgrund einer Vereinbarung im Verpfändungsvertrag kann die Verwertung auch durch öffentliche Versteigerung gemäß § 383 III BGB erfolgen.

237   *g) AGB-Pfandrecht.* Gemäß Nr. 14 AGB-Banken bzw. Nr. 21 AGB-SPK wird zugunsten des Kreditinstituts ein Pfandrecht an Wertpapieren und Sachen begründet, an denen eine inländische Geschäftsstelle Besitz erlangt hat oder noch erlangen wird. Ferner erwirbt die Bank ein Pfandrecht an den Ansprüchen, die dem Kunden gegen die Bank aus der bankmäßigen Geschäftsverbindung zustehen oder künftig zustehen werden.[1103] Als Beispiel benennt Nr. 14 I AGB-Banken ausdrücklich den Anspruch auf Auszahlung von Kontoguthaben.

238   Nr. 14 III AGB-Banken bzw. Nr. 21 II AGB-SPK stellt allerdings klar, dass sich das Pfandrecht nicht auf Vermögenswerte erstreckt, die mit der Maßgabe einer bestimmten Zweckverwendung in die Verfügungsgewalt der Bank gelangt sind.[1104] Dies gilt zum Beispiel für Zahlungen, die einem offenen Treuhandkonto des Kunden gutgeschrieben wurden. Eine Zweckbestimmung in diesem Sinne kann sich ferner aus der Angabe des Verwendungszwecks einer Einzahlung etc. ergeben.

239   Bei dem AGB-Pfandrecht handelt es sich grundsätzlich um ein vertragliches Pfandrecht, auf das die Vorschriften der §§ 1204 ff. BGB,[1105] insbesondere §§ 1273 ff. BGB beim Pfandrecht an Rechten, § 1279 ff. BGB beim Pfandrecht an Forderungen und § 1293 BGB beim Pfandrecht an Inhaberpapieren Anwendung finden. Die gemäß §§ 1205 I, 1274 I 1 BGB erforderliche dingliche Einigung über die Bestellung des Pfandrechts liegt regelmäßig in der Geltungsvereinbarung der Allgemeinen Geschäftsbedingungen.[1106] Eine Vereinbarung des Pfandrechts in Allgemeinen Geschäftsbedingungen ist mit § 307 BGB vereinbar.[1107]

240   Selbstverständlich ist ein **individualvertraglicher Ausschluss** des AGB-Pfandrechts der Bank möglich. Eine solche Vereinbarung kann auch konkludent erfolgen. Allerdings sind nach der Rechtsprechung des BGH insoweit strenge Anforderungen zu stellen, d.h. der Kunde muss erkennbar machen, dass sein Einverständnis mit der Entstehung des AGB-Pfandrechts im Einzelfall nicht gelten soll.[1108] Insbesondere ist ein Ausschluss des AGB-Pfandrechts nicht bereits darin zu sehen, dass in Bezug auf das Pfandgut eine individualvertragliche Sicherungsvereinbarung (z.B. Sicherungsübereignung) getroffen wird.[1109] Auch die Vereinbarung eines Blankokredits schließt das AGB-Pfandrecht nicht aus, da hiermit nur die Bestellung besonderer Sicherheiten erlassen werden soll.[1110] Etwas anderes dürfte jedoch gelten, wenn die betreffenden

---

[1102] *Benckendorff* BuB Rn. 4/1500.
[1103] Ist die durch das AGB-Pfandrecht gesicherte Forderung fällig, kann sich das Kreditinstitut selbstverständlich auch durch Aufrechnung gemäß §§ 387 ff. BGB befriedigen.
[1104] Vgl. auch BGH WM 1995, 375, 377.
[1105] *Bunte*, Bankrechts-Handbuch I § 19 Rn. 1.
[1106] BGH ZIP 1996, 2080, 2081 f.
[1107] BGHZ 128, 295, 299 f.
[1108] BGHZ 128, 295, 299.
[1109] BGHZ 128, 295, 299.
[1110] *Bunte*, Bankrechts-Handbuch I § 19 Rn. 32.

Vermögenswerte einer individuellen Sicherungsvereinbarung (z.B. individuelle Pfandrechts-vereinbarung) in betragsmäßig beschränkter Höhe unterworfen werden. Werden z.B. Wertpa-piere des Kunden in dessen Depot zum Zweck der Kreditsicherung bis zu einem bestimmten Betrag an das Kreditinstitut durch Individualvereinbarung verpfändet und das Depot in ent-sprechender Höhe gesperrt, liegt in dieser Vereinbarung zugleich eine Abbedingung des AGB-Pfandrechts in Höhe des über die vereinbarte Betragsgrenze hinausgehenden Betrags, da das individualvertraglich vereinbarte Pfandrecht andernfalls keine vertragliche, über das AGB-Pfandrecht hinausgehende Bedeutung hätte.[1111]

Gemäß Nr. 14 II AGB-Banken bzw. Nr. 21 III AGB-SPK dient das AGB-Pfandrecht der Si-   241
cherung aller bestehenden, künftigen und bedingten Ansprüche, die der Bank aus der bankmä-ßigen Geschäftsverbindung gegen den Kunden zustehen.

Eine **Verwertung** der dem AGB-Pfandrecht unterliegenden Vermögenswerte, z.B. durch Ver-   242
rechnung eines Kontoguthabens mit einer Kreditforderung, setzt die Pfandreife gemäß § 1228 II 1 BGB, d.h. die Fälligkeit der gesicherten Forderung voraus. Insoweit ergeben sich also keine Besonderheiten gegenüber der Verwertung anderer Kreditsicherheiten. Nach Auffassung des BGH berechtigt das AGB-Pfandrecht die Bank ferner, schon **vor Fälligkeit** der gesicherten For-derung eine Verfügung des Kunden über die dem Pfandrecht unterliegenden Vermögenswerte, z.B. durch eine **Kontosperre**, zu verweigern.[1112]

[1111] Vgl. auch *Bunte*, Bankrechts-Handbuch I § 19 Rn. 32a.
[1112] BGH ZIP 2004, 620, 621 f.; siehe hierzu auch oben, § 4 Rn. 46 f.

§ 12 Verwertung und Vollstreckung

Übersicht

I. Ausgangssituation

1   Der den Kreditnehmer bzw. Sicherungsgeber vertretende Rechtsanwalt trifft im Stadium der zwangsweisen Durchsetzung des Darlehensrückzahlungsanspruchs gerade bei umfangreicheren Geschäftsbeziehungen zwischen Bank und Kunde eine komplexe Situation an. Eine gründliche Aufarbeitung der Geschäftsbeziehung ist dann unerlässliche Bedingung für eine strategisch wirkungsvolle Vertretung des Mandanten. Hierbei sind vor allem folgende Aspekte bedeutsam:

1. Umfang der Geschäftsverbindung

2   Trotz eines möglicherweise nur eingeschränkten Auftrags sollte sich der Rechtsanwalt des Darlehensnehmers zunächst einen Überblick über den **Umfang der** gesamten **Geschäftsverbindung,** d.h. über sämtliche Vertragsbeziehungen zwischen Kreditnehmer und Bank verschaffen. Bei umfangreicher Kundenverbindung mit mehreren Konten, Krediten, Depots etc. ist dies geradezu unerlässlich, weil Rechtspositionen häufig miteinander verknüpft sind (z.B. über weite Sicherungszweckerklärungen oder das AGB-Pfandrecht) und Gegenrechte bestehen können, so dass eine interessengerechte Vertretung des Kunden nur unter deren Einbeziehung erfolgen kann. Der erforderliche Überblick umfasst die Höhe und die Laufzeit sowie etwaige Kündigungen vorhandener Kredite, ferner die vom Kreditnehmer und von dritter Seite gestellten Sicherheiten sowie andere vorhandene Vermögenswerte (z.B. Guthaben, Depots, Einlagen, Lebensversicherungen). Da es alles andere als selbstverständlich ist, dass der Kreditnehmer bzw. Sicherungsgeber die rechtlichen Probleme der Geschäftsverbindung vollständig erfasst hat, gehört es zu den Aufgaben des Rechtsanwalts, auf der Grundlage der gewonnenen Erkenntnisse gegenüber seinem Mandanten gegebenenfalls auf eine Präzisierung oder gar Erweiterung des Auftrags hinzuwirken.

2. Gestellte Sicherheiten

Von erheblicher Bedeutung sind Art und Qualität der gestellten **Sicherheiten**. Wurden meh- 3
rere Sicherheiten bestellt, ist deren Verwertung für den Kreditnehmer meist mit unterschiedlich
gewichtigen Nachteilen verbunden, denen in Verhandlungen mit der Bank über eine Abwicklung des Kreditengagements jedenfalls dann Rechnung getragen werden muss, wenn der mut-
maßliche Wert der Sicherheiten die fälligen Kreditforderungen übersteigt. So hat die Zwangsversteigerung einer vom Kreditnehmer selbst genutzten Immobilie für diesen regelmäßig
gravierendere Konsequenzen als die Verwertung eines Wertpapierdepots. Mit der Verwertung
von abgetretenen Lebensversicherungsansprüchen geht zwangsläufig die Kündigung des Versicherungsvertrags und die Vereinnahmung des Rückkaufswertes einher, die für den Sicherungsgeber zusätzlich mit dem Verlust von Überschussbeteiligungen verbunden ist.

Besonderer Bedeutung kommt einer Verwertung von **Drittsicherheiten** zu, da der Kreditneh- 4
mer insoweit häufig Ausgleichsansprüchen des Sicherungsgebers ausgesetzt sein wird, zumindest aber immaterielle Interessen des Kreditnehmers und des Sicherungsgebers im Spiel sein
werden. Hier gilt es, die Interessen von Kreditnehmer und Drittsicherungsgeber im Verhältnis
zueinander, insbesondere etwaige vertragliche Vereinbarungen zwischen beiden im Auge zu
behalten.

3. Wirtschaftliche Situation des Kreditnehmers

Nicht zuletzt muss die allgemeine **wirtschaftliche Situation** des Kreditnehmers, d.h. seine 5
Fähigkeit zur (teilweisen) Rückführung des Kreditbetrags, sowie der entsprechende zeitliche
Rahmen geklärt werden, da diese Umstände die Reaktionsmöglichkeiten des Darlehensneh-
mers entscheidend beeinflussen.

Gegebenenfalls ist der Mandant auf eine etwaige **Insolvenzantragspflicht** wegen Überschul- 6
dung oder Zahlungsunfähigkeit hinzuweisen. Eine solche kann den Schuldner in der Rechtsform einer juristischen Person, insbesondere der GmbH (§ 64 I GmbHG) oder der AG (§ 92
II AktG) treffen. Ferner gilt eine Insolvenzantragspflicht gemäß §§ 130 a I 1, 177 a S. 1 HGB
für Handelsgesellschaften, bei denen kein persönlich haftender Gesellschafter eine natürliche
Person oder eine Personengesellschaft mit mindestens einer natürlichen Person als persönlich
haftendem Gesellschafter ist (z.B. bei der „klassischen" GmbH & Co. KG). Für natürliche Personen und Personengesellschaften (GbR, OHG, KG) mit mindestens einer natürlichen Person
als persönlich haftendem Gesellschafter gilt dagegen keine Insolvenzantragspflicht. Selbst
wenn keine Insolvenzantragspflicht besteht, kann die Möglichkeit der Durchführung eines Insolvenzverfahrens mit Restschuldbefreiung gemäß §§ 286 ff. InsO im Interesse des Kunden
sein.

4. Reaktionsmöglichkeiten

Die eigentliche Hauptaufgabe des Anwalts besteht sodann darin, Klarheit über die **Einwen-** 7
dungen zu gewinnen, die gegen die Durchsetzung des Rückzahlungsanspruchs oder die Verwertung einer Sicherheit erhoben werden können. Denkbar sind Einwendungen gegen die **ge-**
sicherte Forderung, wenn bzw. soweit diese nicht in der vom Kreditinstitut geltend gemachten
Höhe besteht, z.B. aufgrund der Aufrechnung mit Gegenrechten. Alternativ oder kumulativ
können sich die Einwendungen gegen die **Verwertung** einzelner oder mehrerer **Sicherheiten**
richten, z.B. weil diese nicht wirksam bestellt wurden oder weil dem Sicherungsgeber insoweit
ein Freigabeanspruch zusteht. Des weiteren kann die Abwehrmaßnahme auf die **wirtschaftli-**
che Situation des Darlehensnehmers oder persönlich haftenden Sicherungsschuldners (Bürgen)
gestützt werden. Im Einzelfall ist auch eine Kombination beider Einwendungsarten denkbar.

Bedeutsam ist ferner das **Stadium der Durchsetzung** des Rückzahlungsanspruchs. Die Art 8
der zu ergreifenden Abwehrmaßnahme hängt insbesondere von den dem Kreditinstitut zur
Verfügung stehenden Möglichkeiten der Anspruchsdurchsetzung ab.[1113] So ist zu klären, ob
die Bank bereits über mehr oder weniger umfassende Vollstreckungstitel verfügt, so dass sich
der Kreditnehmer auf eine Verteidigung im Rahmen einer Zahlungsklage der Bank beschränken kann oder zur Offensive gezwungen ist, weil die Bank über einen Vollstreckungstitel aus
einer Unterwerfungserklärung verfügt oder zur Verwertung von Sicherheiten übergehen kann,

---

[1113] Siehe hierzu unten, Rn. 12 ff.

die einen Vollstreckungstitel der Bank grundsätzlich nicht voraussetzen. Insbesondere stellt sich für den Rechtsanwalt die Frage, ob **kurzfristige Vollstreckungs- bzw. Verwertungsmaßnahmen drohen**, die eine umgehende gerichtliche Geltendmachung von Einwendungen des Mandanten gebieten.

II. Fälligkeit des Darlehensrückzahlungsanspruchs

9   Unabdingbare Voraussetzung für die Durchsetzbarkeit des Darlehensrückzahlungsanspruchs der Bank ist dessen Fälligkeit. Das Darlehen ist in gesamter Höhe zur Rückzahlung fällig, wenn der sich aus einer vertraglichen Befristung ergebende Fälligkeitszeitpunkt erreicht oder wenn das Darlehen von einer der Vertragsparteien wirksam gekündigt wurde.[1114] Der exakte Fälligkeitszeitpunkt ergibt sich bei einer vertraglichen Befristung aus dem Kreditvertrag selbst, bei einer Kündigung aus der Kündigungserklärung in Verbindung mit der vertraglichen Kündigungsregelung im Darlehensvertrag oder in den AGB bzw. den Sonderbedingungen für Darlehen der Bank.

Hinweis:

10   Zu beachten ist, dass eine vor Beginn eines Rückforderungsprozesses fehlende oder unwirksame Kündigung des Darlehensvertrags durch das Kreditinstitut im Prozess unproblematisch nachgeholt werden kann, wenn der Kündigungsgrund zu diesem Zeitpunkt noch fortbesteht, was z.B. im Fall des Verzugs des Kunden mit den vertraglichen Darlehensraten regelmäßig der Fall ist. Dem Kunden bleibt die Möglichkeit eines sofortigen Anerkenntnisses mit der Kostenfolge des § 93 ZPO nur, soweit er sich bis zur erneuten Kündigung ausschließlich mit der fehlenden Fälligkeit des Darlehens verteidigt hat.

11   Mit bzw. nach Kündigung des Kreditvertrags lässt das Kreditinstitut dem Kreditnehmer regelmäßig eine **Forderungsaufstellung** zukommen, die den offenen Darlehensbetrag und gegebenenfalls rückständige Zinsen ausweist. Liegt dem Kreditnehmer keine aktuelle Forderungsaufstellung vor, sollte diese von Seiten des Kunden unbedingt angefordert werden, damit die Korrektheit des Anspruchsumfangs geprüft werden und Klarheit für etwaige Verhandlungen mit der Bank gewonnen werden kann.

III. Zwangsmaßnahmen des Kreditinstituts

1. Ausgangssituation

12   Bleibt die Rückzahlung des Kredits durch den Kreditnehmer aus, kann das Kreditinstitut sowohl **gegen den Kreditnehmer persönlich** aus dem Darlehensrückzahlungsanspruch vorgehen als auch gestellte **Sicherheiten verwerten**.[1115] Welche Vorgehensweise die Bank wählt, hängt in der Regel davon ab, wie werthaltig gestellte Sicherheiten sind und wie schnell die Verwertung erfolgen kann. Bedeutsam ist dabei vor allem, ob die jeweilige Maßnahme einen Vollstreckungstitel zugunsten der Bank voraussetzt und ob ein solcher bereits existiert.

2. Bereits bestehender Vollstreckungstitel

13   a) **Allgemeines.** Dass zum Zeitpunkt der Mandatierung des Rechtsanwalts durch den Darlehensnehmer bzw. Sicherungsgeber ein Vollstreckungstitel im Form eines Urteils gegen diesen bereits vorliegt, ist in der Praxis die Ausnahme. Allerdings hat sich der Kreditnehmer bzw. Sicherungsgeber oftmals schon bei Abschluss des Kreditvertrags in einer Grundschuldbestellungsurkunde der **sofortigen Zwangsvollstreckung** gemäß §§ 794 Nr. 5, 797 ZPO **unterworfen.** Aufgrund der Unterwerfungserklärung kann es somit kurzfristig zu Zwangsvollstreckungsmaßnahmen der Bank kommen, ohne dass etwaige Einwendungen des Kreditnehmers bzw. Sicherungsgebers bereits gerichtlich geprüft worden wären. Die Unterwerfung erstreckt sich dabei üblicherweise nicht nur auf die **dingliche Haftung** mit dem belasteten Grundstück in Form der Duldung der Zwangsvollstreckung gemäß §§ 1192, 1147 BGB. Vielmehr begrün-

---

[1114] Zur Befristung siehe oben, Rn. 175, zur Kündigung siehe oben, § 10 Rn. 225 f.
[1115] Zum Wahlrecht der Bank siehe oben, § 11 Rn. 106.

den die notariellen Urkunden darüber hinaus auch die **persönliche Haftung** des mit dem Kreditnehmer identischen Grundschuldbestellers sowie gegebenenfalls weiterer Personen für das Grundschuldkapital und die Grundschuldzinsen in Form eines **Schuldanerkenntnisses** des Kreditnehmers bzw. Sicherungsgebers gemäß § 780 BGB, wegen der sich der Anerkennende ebenfalls der sofortigen Zwangsvollstreckung unterwirft. Aufgrund dieser notariellen Urkunde kann das Kreditinstitut somit sofort nach Eintritt des Sicherungsfalls unter Einhaltung der vollstreckungsrechtlichen Voraussetzungen (insbesondere Zustellung des Titels gemäß §§ 795, 750 I ZPO) die Zwangsversteigerung in das sonstige Vermögen des Schuldners betreiben, ohne auf ein mehr oder weniger langwieriges Gerichtsverfahren angewiesen zu sein. Die Vollstreckung aus der Unterwerfungserklärung wegen der persönlichen Haftung ist im Übrigen auch dann noch möglich, wenn die Grundschuld selbst im Zwangsversteigerungsverfahren gemäß § 91 ZVG untergegangen ist, ohne dass das Kreditinstitut insoweit befriedigt wurde.[1116]

b) Wirksamkeit von Schuldanerkenntnis und Vollstreckungsunterwerfung. aa) *Vereinbarkeit* **14**
mit AGB-Recht. Hinsichtlich der Frage nach der AGB-rechtlichen Wirksamkeit von Schuldanerkenntnis und Vollstreckungsunterwerfung ist zunächst zwischen der Abgabe des Anerkenntnisses und der Unterwerfungserklärung in der notariellen Urkunde sowie der schuldrechtlichen Verpflichtung zur Abgabe von Anerkenntnis und Unterwerfungserklärung im Darlehens- bzw. Sicherungsvertrag zu unterscheiden, die den Rechtsgrund für das Schuldanerkenntnis und die Unterwerfungserklärung bildet.[1117] Insoweit ist umstritten, ob das Bestehen einer schuldrechtlichen Verpflichtung zur Abgabe von Schuldanerkenntnis und Unterwerfungserklärung Voraussetzung für die Wirksamkeit der beiden Erklärungen ist. Teilweise wird vertreten, dass das Fehlen einer schuldrechtlichen Verpflichtung zur Unwirksamkeit von Schuldanerkenntnis und Unterwerfungserklärung führt.[1118] Nach gegenteiliger Auffassung ist die Erklärung des Schuldanerkenntnisses als Angebot auf Stellung der Sicherheit aufzufassen, die das Kreditinstitut konkludent annehme.[1119]

Die **Übernahme der persönlichen Haftung** sowie die **Unterwerfung** unter die sofortige **15** Zwangsvollstreckung **durch den Kreditnehmer** in einer notariellen Urkunde ist nach Auffassung des BGH nicht überraschend im Sinne von § 305 c BGB.[1120] Zur Begründung führt der BGH aus, dass solche Klauseln in notariellen Urkunden seit langem üblich seien und der beurkundende Notar gemäß § 17 I BeurkG über Inhalt und Bedeutung der Klauseln zu belehren habe, weshalb von einer überraschenden Klausel nicht ausgegangen werden könne. Ferner hält der BGH das Schuldanerkenntnis und die Unterwerfungserklärung auch nicht für unangemessen im Sinne von § 307 BGB, da der Titel gemäß § 794 Nr. 5 ZPO einem Urteil gleichwertig sei und der Vollstreckung aufgrund eines Erkenntnisverfahrens nicht die Funktion eines gesetzlichen Leitbildes zukomme.[1121] Schließlich beinhaltet das Schuldanerkenntnis nach Auffassung des BGH auch keinen Verstoß gegen § 309 Nr. 12 BGB, da die hiermit verbundene Beweislastumkehr lediglich eine rechtliche Folge der Vereinbarung sei, jedoch keine Vereinbarung über die Beweislast selbst.[1122]

Ebenso wenig sieht der BGH in der **rechtsgeschäftlichen Verpflichtung** zur Übernahme der **16** persönlichen Haftung und Abgabe der Vollstreckungsunterwerfungserklärung einen Verstoß gegen §§ 305 c, 307 BGB, da die Abgabe der Unterwerfungserklärung einer jahrzehntelangen Praxis entspreche.[1123]

Dagegen stellt die Übernahme der persönlichen Haftung durch einen vom Kreditnehmer **17** verschiedenen **Dritten** im Rahmen einer von ihm (als Drittsicherheit) bestellten Grundschuld nach der Rechtsprechung des BGH regelmäßig eine gemäß § 307 II Nr. 1 BGB unwirksame **unangemessene Benachteiligung** dar,[1124] weil sich das Kreditinstitut insoweit eine zusätzliche Sicherheit verschaffe. Derjenige, der aufgefordert ist, sein Grundstück als Sicherheit für Kre-

---

[1116] BGH ZIP 1990, 1390, 1391.
[1117] Vgl. *Zimmer* MDR 2006, 306, 307.
[1118] OLG Saarbrücken ZfIR 2003, 153, 155 f.
[1119] *Freckmann* BKR 2005, 167, 171; kritisch zu dieser Interpretation *Zimmer* MDR 2006, 306, 307.
[1120] BGHZ 99, 274, 282.
[1121] BGH NJW 1987, 904, 906.
[1122] BGH NJW 1987, 904, 907.
[1123] Vgl. BGH ZIP 2005, 2346, 2349; a.A. OLG Koblenz BKR 2002, 723, 725, bei Fehlen einer notariellen Belehrung.
[1124] BGHZ 114, 9, 14.

dite eines anderen zu bestellen, müsse jedoch nicht damit rechnen, auch mit seinem übrigen Vermögen zu haften.[1125]

18 *bb) Unwirksame Vertretung des Schuldners.* Unwirksam kann eine Vollstreckungsunterwerfungserklärung ferner dann sein, wenn diese von einem Dritten für den Kreditnehmer abgegeben wurde, der hierfür jedoch keine gültige Vollmacht besaß. Dies ist insbesondere dann der Fall, wenn der Dritte bei Abgabe der Unterwerfungserklärung aufgrund eines wegen Verstoßes gegen Art. 1 § 1 RBerG gemäß § 134 BGB nichtigen Treuhand- bzw. Geschäftsbesorgungsvertrags[1126] für den Kreditnehmer tätig geworden ist, da sich die Nichtigkeit des Vertrags in diesem Fall gemäß § 139 BGB auch auf die Vollmacht zur Abgabe der Vollstreckungsunterwerfungserklärung erstreckt.[1127] Diese ist auch nicht gemäß §§ 172, 173 BGB (analog) als wirksam zu behandeln, da es sich um eine prozessuale Vollmacht handelt, deren Wirksamkeit nicht nach §§ 164 ff. BGB zu beurteilen ist.[1128]

19 Allerdings hat der BGH dem Kreditnehmer die Berufung auf die Unwirksamkeit der Vollstreckungsunterwerfung gemäß § 242 BGB verweigert, wenn dieser aufgrund des Darlehensvertrags zur Abgabe einer Vollstreckungsunterwerfungserklärung verpflichtet war.[1129] Dies setzt jedoch wiederum voraus, dass der Darlehensvertrag seinerseits wirksam bzw. gemäß §§ 172, 173 BGB als wirksam zu behandeln ist,[1130] was inzident geprüft werden muss. Darüber hinaus kann es an einer darlehensvertraglichen Pflicht fehlen, wenn der Vertrag z.B. gemäß § 1 I HWiG a.F. widerrufen wurde.[1131]

3. Fehlender Vollstreckungstitel

20 Verfügt die Bank nicht über einen für Zwangsmaßnahmen erforderlichen Vollstreckungstitel, muss sie sich diesen durch gerichtliche Inanspruchnahme des jeweiligen Schuldners beschaffen. Der Darlehensnehmer bzw. Sicherungsgeber kann sich insoweit darauf beschränken, Einwendungen gegen den Anspruch im Prozess geltend zu machen. Kurzfristige Maßnahmen seitens der Bank drohen in diesem Fall nur, wenn die Bank über Sicherheiten verfügt, deren Verwertung grundsätzlich keinen Vollstreckungstitel voraussetzt.

4. Verwertung ohne Vollstreckungstitel

21 Die Verwertung zahlreicher Sicherheitentypen setzt prinzipiell keinen Vollstreckungstitel voraus. So können sicherungsübereignete Gegenstände und verpfändete Vermögenswerte regelmäßig freihändig[1132] verwertet, sicherungshalber abgetretene Forderungen vom Kreditinstitut eingezogen und Bürgen in Anspruch genommen werden, ohne dass ein Vollstreckungstitel benötigt wird. Besteht die Sicherheit wie bei der Sicherungsabtretung oder der Bürgschaft in einer schuldrechtlichen Forderung, muss die Bank sich für diese einen Vollstreckungstitel in der Regel erst beschaffen, wenn der betreffende Schuldner die Zahlung verweigert. Wie schnell das Kreditinstitut die jeweilige Sicherheit verwerten kann, hängt in diesen Fällen somit maßgeblich von der Reaktion des jeweiligen Schuldners ab. Zahlt der Bürge bzw. der Schuldner eines abgetretenen Anspruchs freiwillig, weil er keine Möglichkeit zur Verteidigung gegen den geltend gemachten Anspruch sieht, ist grundsätzlich eine schnelle Verwertung von Sicherheiten möglich.

22 Trotz (überwiegend) ausreichender Besicherung bemühen sich Banken des Öfteren parallel zu Verwertungsmaßnahmen um einen Vollstreckungstitel in das Vermögen des Darlehensnehmers. Ziel der Bank ist es dann, die formalen Voraussetzungen für Zwangsvollstreckungsmaßnahmen in das sonstige Vermögen des Schuldners herbeizuführen und auf diese Weise den Druck auf den Darlehensnehmer zu erhöhen.

[1125] Vgl. *Zimmer* MDR 2006, 306, 308.
[1126] Siehe hierzu oben, § 10 Rn. 42 ff.
[1127] BGH ZIP 2003, 2346, 2347 f.
[1128] BGH ZIP 2003, 2346, 2348.
[1129] BGH ZIP 2003, 2346, 2349.
[1130] BGH ZIP 2003, 2351, 2353; siehe hierzu oben, § 10 Rn. 45.
[1131] Vgl. BGH ZIP 2003, 2346, 2349 f.
[1132] Siehe oben, § 11 Rn. 112.

IV. Abwehrmaßnahmen

1. Verhandlungen mit der Bank

Gerade bei Streitigkeiten, denen eine komplexe Geschäftsbeziehungen zugrunde liegt, bietet 23
sich das Führen von Vergleichsverhandlungen zwischen Kreditnehmer und Bank an, da sich
des Öfteren Spielräume für eine Lösung bieten, die beiden Parteien entgegenkommt.

Aus Sicht des Darlehensnehmers bzw. Sicherungsgebers besonders erfolgversprechend ist 24
die Aufnahme von Verhandlungen selbstverständlich dann, wenn er gewichtige rechtliche Einwendungen gegen die gesicherte Forderung bzw. die Verwertbarkeit einer Sicherheit vorbringen kann.

Befindet sich der Kreditnehmer in wirtschaftlichen Schwierigkeiten, kann die Aufnahme 25
von Verhandlungen insbesondere dann sinnvoll sein, wenn das Kreditinstitut nicht über ausreichende Sicherheiten verfügt. Der sogenannte Blankoanteil der Darlehensforderung müsste
ohne Mitwirkung des Darlehensnehmers durch allgemeine Zwangsvollstreckungsmaßnahmen
in das sonstige Vermögen des Darlehensnehmers gedeckt werden. Da letztere nicht immer erfolgversprechend sind, besteht auf Seiten der Bank häufig eine gewisse Verhandlungsbereit-
schaft.

Ist die Fälligkeit des Darlehens auf eine Kündigung der Bank wegen Zahlungsverzugs bzw. 26
verschlechterter wirtschaftlicher Verhältnisse des Darlehensnehmers zurückzuführen, haben
allerdings meist schon vor der Kündigung Gespräche über eine Umschuldung, insbesondere
eine Verringerung des vom Kreditnehmer zu leistenden Kapitaldienstes durch Streckung seiner
vertraglichen Verpflichtungen, stattgefunden, die nicht zu einem für die Bank akzeptablen
Ergebnis geführt haben. Gemäß § 498 I 2 BGB soll die Bank dem Darlehensnehmer beim Verbraucherdarlehen sogar ein Gespräch über eine einvernehmliche Lösung anbieten. Der Rechtsanwalt sollte sich daher bei seinem Mandanten darüber informieren, über welche Lösungs-
möglichkeiten bereits gesprochen wurde.

Ausgenutzt werden kann ein Verhandlungsspielraum bei wirtschaftlichen Schwierigkeiten 27
des Darlehensnehmers nur, wenn dieser kurzfristig ein ernstzunehmender Lösungsvorschlag
unterbreitet, von dem bestenfalls sowohl die Bank als auch der Kreditnehmer bzw. Sicherungsgeber profitieren. Aus Sicht der Bank stellen sich dabei mehr oder weniger kurzfristige Zahlungen des Darlehensnehmers oder eines Dritten als Vorteil dar, die langwierige und (kosten-)auf-
wändige Verwertungs- und Vollstreckungsmaßnahmen entbehrlich machen. Dabei müssen die
in Aussicht gestellten Zahlungen zumindest in etwa dem Betrag entsprechen, den die Bank mit
großer Wahrscheinlichkeit durch die Verwertung vorhandener Sicherheiten erzielen kann. Jedenfalls dann, wenn der Kreditnehmer nicht vollständig vermögens- bzw. einkommenslos ist,
sollte z.B. die Möglichkeit einer Kreditablösung durch ein anderes Institut unter Heranziehung
der der Bank gestellten, im Fall der Ablösung an das ablösende Kreditinstitut zu übertragenden Sicherheiten geprüft werden. Auch Drittsicherungsgeber haben im Einzelfall ein Interesse
daran, an einer solchen Ablösung mitzuwirken, wenn hierdurch die Verwertung der gestellten
Sicherheit zumindest vorerst abgewendet werden kann. Ist das Darlehen teilweise nur durch
eine Bürgschaft gesichert, die aus Sicht der Bank wegen unklarer Vermögensverhältnisse des
Bürgen keinen eindeutig zu definierenden Sicherungswert hat, kann auch eine teilweise Ablösung des Darlehens durch einen dem Bürgen zu gewährenden Kredit erfolgen, mit dem dieser
seinerseits eine für ihn mit Nachteilen verbundene Inanspruchnahme wegen der gesamten
Bürgschaftssumme verhindern kann.

Die Führung der Verhandlungen von Seiten des Kreditnehmers über einen Rechtsanwalt 28
drängt sich auf, wenn Rechtsfragen eine wesentliche Rolle spielen oder der Kreditnehmer mit
den Verhandlungen überfordert ist. Ist das Vertrauensverhältnis zwischen Kreditinstitut und
Kreditnehmer noch nicht gänzlich zerstört, kann es im Einzelfall aber auch sinnvoll sein, als
Rechtsanwalt des Kreditnehmers (zunächst) nur im Hintergrund zu agieren.

2. Abwendung von Zwangsmaßnahmen durch Zahlung bzw. Ablösung der Sicherheit

Sind die Einwendungen des Darlehensnehmers bzw. Sicherungsgebers ausschließlich rechtli- 29
cher Natur, so dass wirtschaftliche Gesichtspunkte keine Rolle spielen, kann er Verwertungs-
und Vollstreckungsmaßnahmen auch durch Zahlung an die Bank ohne Anerkennung einer

Rechtspflicht bzw. Ablösung der Sicherheit[1133] abwenden und seine rechtlichen Einwendungen im Rückforderungsprozess geltend machen.

30   Insbesondere aus Sicht eines **Drittsicherungsgebers** stellt sich die Frage, ob er die Verwertbarkeit der Sicherheit akzeptiert und Zahlung auf eine Bürgschaft leistet bzw. eine Sicherungsgrundschuld ablöst, um weitere Kosten bzw. Nachteile zu vermeiden. In diesem Fall wird der Kreditnehmer den Sicherungsgeber davon zu überzeugen haben, dass seine Einwände gegen die gesicherte Forderung stichhaltig sind, um diesen zu Abwehrmaßnahmen zu bewegen.

3. Gerichtliche Abwehrmaßnahmen

31   a) **Allgemeines.** Führt keine der vorgenannten Vorgehensweisen zur Einstellung von Zwangsmaßnahmen des Kreditinstituts, bleibt dem Darlehensnehmer lediglich die Möglichkeit, **rechtlich** begründete Einwendungen gegen die Vorgehensweise der Bank gerichtlich geltend zu machen.

32   Sofern das Kreditinstitut noch nicht über einen für die Zwangsvollstreckung erforderlichen **Vollstreckungstitel** verfügt, kann sich der Darlehensnehmer bzw. Sicherungsgeber darauf beschränken, seine Einwendungen gegen die gesicherte Forderung in dem vom Kreditinstitut einzuleitenden Klageverfahren geltend zu machen. Dagegen müssen Darlehensnehmer bzw. Sicherungsgeber zwecks Geltendmachung rechtlicher Einwendungen gegebenenfalls selbst zu gerichtlichen Abwehrmaßnahmen greifen, wenn die Bank bereits über erforderliche Vollstreckungstitel verfügt.

33   Verfügt die Bank über **Sicherheiten**, deren Verwertung einen Vollstreckungstitel nicht voraussetzt,[1134] müssen der Sicherungsgeber und/oder der Darlehensnehmer wegen etwaiger Einwendungen gegen die gesicherte Forderung oder die Verwertung einzelner Sicherheiten gegen die Verwertung gerichtlich vorgehen oder nach erfolgter Verwertung Schadensersatzansprüche geltend machen. Insbesondere wenn die betreffende Sicherheit für den Sicherungsgeber keine über ihren wirtschaftlichen Wert hinausgehende Bedeutung hat, wird er von einem präventiven Vorgehen gegen das Kreditinstitut meist absehen und sich auf die Geltendmachung eines Schadensersatzanspruchs beschränken.

34   Möchte der Sicherungsgeber dagegen präventiv gegen die Verwertung einer Sicherheit vorgehen, muss er dies durch gerichtliche Geltendmachung seines Freigabeanspruchs[1135] oder, wenn die Voraussetzungen für die Freigabe noch nicht vorliegen, eines Unterlassungsanspruchs tun. Freigabe- und Unterlassungsanspruch kann der Sicherungsgeber im Wege des vorläufigen Rechtsschutzes gemäß § 935 ZPO durch eine einstweilige Verfügung sichern lassen.

35   Dagegen kann der Bürge die gerichtliche Geltendmachung des Bürgschaftsanspruchs durch die Bank abwarten und gegebenenfalls im Rahmen des Prozesses seine Einwendungen gegen die Wirksamkeit der Bürgschaft oder das Nichtbestehen der gesicherten Hauptforderung geltend machen.

36   Verzichtet ein Drittsicherungsgeber auf die gerichtliche Geltendmachung von Einwendungen, z.B. weil er diese nicht für erfolgversprechend hält, muss der **Kreditnehmer** gegebenenfalls selbst gerichtlich gegen die Verwertung vorgehen. Ein Unterlassungsanspruch des Kreditnehmers gegen die Bank ist insoweit jedenfalls dann zu bejahen, wenn der Kreditnehmer Einwendungen gegen die gesicherte Forderung geltend machen will.

37   b) **Vollstreckungsabwehrklage. aa)** *Grundlagen.* Leitet das Kreditinstitut die Zwangsvollstreckung aus einer **vollstreckbaren Urkunde** durch **Zustellung des Titels** an den Schuldner ein, ohne dass Anhaltspunkte für die Unwirksamkeit des Anerkenntnisses und der Unterwerfungserklärung bestehen, muss der Schuldner **Einwendungen gegen die gesicherte Forderung,** wegen der die Bank die Zwangsvollstreckung betreibt, im Wege der **Vollstreckungsabwehrklage** gemäß § 767 ZPO geltend machen. § 767 II ZPO findet dabei gemäß § 797 IV BGB keine Anwendung, so dass der Schuldner sämtliche rechtlichen Einwendungen gegen den geltend gemachten Anspruch unabhängig vom Zeitpunkt ihres Entstehens erheben kann. Ferner kommt die Vollstreckungsabwehrklage gemäß § 767 I ZPO analog als prozessuale Gestaltungsklage zur Anwendung, wenn sich der Schuldner (auch) gegen die **Unwirksamkeit des Vollstre-**

[1133] Siehe oben, § 11 Rn. 158 ff. zur Ablösung der Grundschuld.
[1134] Siehe oben, Rn. 21 ff.
[1135] Zum Freigabeanspruch siehe bereits oben, § 11 Rn. 51 ff.

ckungstitels als solchen, z.B. gegen die Wirksamkeit der Unterwerfungserklärung gemäß § 794 Nr. 5 ZPO verteidigt.[1136] Mängel des Vollstreckungsverfahrens können dagegen nicht mit der Vollstreckungsabwehrklage geltend gemacht werden.[1137]

Für Vollstreckungsabwehrklagen gegen Ansprüche aus vollstreckbaren Urkunden ist gemäß **38** §§ 800 III, 797 V ZPO das Gericht örtlich **zuständig**, in dessen Bezirk das mit der Grundschuld belastete Grundstück liegt, aus der die Zwangsversteigerung betrieben wird. Dies gilt auch dann, wenn die Bank den persönlichen Anspruch aus der Urkunde geltend macht.[1138] Die sachliche Zuständigkeit richtet sich nach dem Wert des zu vollstreckenden Anspruchs (§§ 23, 71 GVG).[1139]

Die Vollstreckungsabwehrklage muss sich gegen den Inhaber des Vollstreckungstitels, nach **39** dessen Umschreibung gegen den aufgrund der Umschreibung formal Berechtigten richten. Im Übrigen muss die Vollstreckungsabwehrklage einen schlüssigen Vortrag zu den **Einwendungen** enthalten, die gegen den materiell-rechtlichen Anspruch, wegen dem die Zwangsvollstreckung betrieben wird, vorgebracht werden.

bb) Vorläufiger Rechtsschutz. Bis zur Entscheidung über die Vollstreckungsabwehrklage **40** kann der Schuldner beim **Prozessgericht**, bei dem die Hauptsache anhängig ist, gemäß § 769 I 1 ZPO die einstweilige Anordnung beantragen, dass die Zwangsvollstreckung gegen oder ohne Sicherheitsleistung **vorläufig eingestellt** wird oder nur gegen **Sicherheitsleistung** fortgesetzt werden darf. In **dringenden Fällen** ist für die Entscheidung das **Vollstreckungsgericht** (764 ZPO) zuständig, § 769 II ZPO. Von Seiten des Schuldners sind die Behauptungen, die den Antrag begründen, glaubhaft (§ 294 ZPO) zu machen, § 769 I 2 ZPO. Die Entscheidung über den Antrag ist in das pflichtgemäße Ermessen des Gerichts gestellt.[1140] Voraussetzung für die vorläufige Einstellung ist, dass die Vollstreckungsabwehrklage Aussicht auf Erfolg besitzt.[1141] Bei Abwägung der wirtschaftlichen Auswirkungen haben im Zweifelsfall die Interessen des Gläubigers Vorrang.[1142] In der Praxis treffen die Gerichte ihre Entscheidung häufig aufgrund einer summarischen Prüfung der mit der Vollstreckungsabwehrklage vorgetragenen bzw. vorzutragenden materiell-rechtlichen Einwendungen. Die Entscheidung des Gerichts ergeht durch einen zu begründenden Beschluss, der in analoger Anwendung des § 707 II 2 ZPO nicht mit der sofortigen Beschwerde angegriffen werden kann.[1143]

c) Einstweilige Einstellung einer Zwangsversteigerung gemäß § 30 a ff. ZVG. Gemäß § 30 a **41** ZVG kann der Schuldner ferner durch Antrag beim **Vollstreckungsgericht** (§ 764 ZPO) die Zwangsversteigerung einer Immobilie für die Dauer von höchstens sechs Monaten einstweilen einstellen lassen, wenn die Aussicht besteht, dass hierdurch die Versteigerung vermieden wird, und wenn die Einstellung nach den persönlichen und wirtschaftlichen Verhältnissen des Schuldners sowie nach der Art der Schuld der Billigkeit entspricht, § 30 a I ZVG. Der Antrag ist gemäß § 30 b I ZVG binnen einer **Notfrist von zwei Wochen** zu stellen, die mit der Zustellung einer Verfügung beginnt, mit der das Vollstreckungsgericht der Möglichkeit des Einstellungsantrags, den Fristbeginn und die Rechtsfolgen fruchtlosen Fristablaufs hingewiesen hat. Die Verfügung wird dem Schuldner regelmäßig mit der Anordnung der Zwangsversteigerung zugestellt. Der Antrag muss ausführen, warum die begründete Aussicht besteht, dass durch die Einstellung die Versteigerung vermieden wird, und warum die Einstellung nach den persönlichen und wirtschaftlichen Verhältnissen des Schuldners sowie der Art der Schuld der Billigkeit entspricht. Das Gericht hat den Gläubiger vor seiner Entscheidung zu hören. Auf Verlangen des Gerichts haben Schuldner und Gläubiger ihre Angaben zum Einstellungsgrund glaubhaft zu machen, § 30 b II 3 ZVG. Das Gericht kann die einstweilige Einstellung gemäß § 30 b III – V ZVG von Auflagen oder der Bedingung abhängig machen, dass der Schuldner Zahlungen auf fällige wiederkehrende Leistungen erbringt. Gemäß § 30 c ZVG kann das Verfahren im Übrigen ein weiteres Mal unter den Voraussetzungen des § 30 a ZVG eingestellt werden. Gegen die Entscheidung des Gerichts ist gemäß § 30 b III ZVG die sofortige Beschwerde zulässig.

[1136] BGH ZIP 2005, 846, 848.
[1137] Siehe aber unten, Rn. 46.
[1138] *Zöller/Herget* § 767 ZPO Rn. 10.
[1139] *Zöller/Herget* § 767 ZPO Rn. 10.
[1140] *Zöller/Herget* § 769 ZPO Rn. 6.
[1141] *Zöller/Herget* § 769 ZPO Rn. 6.
[1142] *Zöller/Herget* § 707 ZPO Rn. 10.
[1143] BGH NJW 2004, 2224, 2225.

Hinweis:

42   In der Praxis verzichten die Vollstreckungsgläubiger im Einzelfall darauf, einem Antrag gemäß § 30 a ZVG entgegenzutreten, und beantragen stattdessen, dass die Einstellung unter bestimmten Auflagen angeordnet wird. Hierdurch wird erreicht, dass sich die Verfahrensverzögerung auf die angeordnete Einstellungsdauer beschränkt und nicht aufgrund des Streits über das Vorliegen der Voraussetzungen des § 30 a ZVG einschließlich eines Beschwerdeverfahrens zusätzlich verlängert.

43   **d) Vollstreckungsschutz gemäß § 765 a ZPO wegen besonderer Härte.** Der Schuldner kann gemäß § 765 a I 1 ZPO beim **Vollstreckungsgericht** (§ 764 ZPO) schließlich einen Antrag auf Aufhebung, Untersagung oder einstweilige Einstellung einer Zwangsvollstreckungsmaßnahme stellen, wenn die Maßnahme unter voller Würdigung des Schutzbedürfnisses des Kreditinstituts wegen ganz besonderer Umstände eine Härte bedeutet, die mit den guten Sitten nicht vereinbar ist. § 765 a ZPO ist eine Ausnahmevorschrift, die eng auszulegen ist.[1144] Schuldnerschutz kann daher nur bei einem krassen Missverhältnis der für und gegen die Vollstreckung sprechenden Umstände gewährt werden.[1145] So lässt der drohende Verlust der Familienwohnung allein die Vollstreckungsmaßnahme nicht als sittenwidrige Härte erscheinen, da das Gesetz die Zwangsversteigerung auch wegen geringer Forderungen grundsätzlich zulässt.[1146] Vollstreckungsschutz nach § 765 a ZPO kann auch nicht beansprucht werden, weil ein krasses Missverhältnis zwischen dem Versteigerungserlös und dem tatsächlichen Grundstückswert besteht, wenn keine Umstände vorliegen, die ein wesentlich höheres Gebot in einem neuen Termin erwarten lassen.[1147]

44   Von der Sittenwidrigkeit kann dagegen ausgegangen werden, wenn das Kreditinstitut ohne Erfolgsaussicht mutwillig gegen den Schuldner vorgeht.[1148] Verstößt das Kreditinstitut durch das Betreiben der Zwangsversteigerung gegen seine Pflicht, eine bestmögliche Verwertung der Sicherheit zu fördern,[1149] weil eine günstigere Möglichkeit zur freihändigen Veräußerung der Immobilie besteht, kommt ein Antrag gemäß § 765 a ZPO ebenfalls in Frage.[1150] Zudem sind die Vollstreckungsgerichte gemäß Art. 2 II 1 GG verpflichtet, bei der Prüfung der Voraussetzungen von § 765 a ZPO auch die Wertentscheidungen des Grundgesetzes und die Grundrechte des Vollstreckungsschuldners zu berücksichtigen.[1151] So können der Erhaltung von Leben und Gesundheit dienende Interessen des Schuldners im Einzelfall schwerer wiegen als die Belange, deren Wahrung die Vollstreckungsmaßnahme dienen soll, und zumindest eine einstweilige Einstellung der Zwangsversteigerung rechtfertigen.[1152] Die von § 765 a ZPO eingeräumten Möglichkeiten kann das Vollstreckungsgericht gegebenenfalls auf die besonderen Umstände abstimmen, die die Rücksichtnahme auf die Schuldnerinteressen gebieten.

45   Der Antrag nach § 765 a ZPO unterliegt keinen bestimmten Fristen und kann noch kurz vor der Verkündung des Zuschlagsbeschlusses geltend gemacht werden. Gegebenenfalls kann ein Antrag wiederholt werden, wenn er nach veränderter Sachlage auf neue Gründe gestützt werden kann.[1153] Der Beschluss des Vollstreckungsgerichts kann mit der sofortigen Beschwerde gemäß § 793 ZPO angegriffen werden.[1154]

46   **e) Sonstige vollstreckungsrechtliche Rechtsbehelfe.** Dem Sicherungsgeber bleibt es im Übrigen unbenommen, sich gegen **Mängel des Vollstreckungsverfahrens** mit den von der ZPO zur Verfügung gestellten Rechtsbehelfen zu verteidigen. Er kann z.B. mit der Vollstreckungserinnerung gemäß § 766 ZPO die fehlende Titelzustellung angreifen[1155] oder mit der Klauselerinnerung gemäß § 732 ZPO Einwendungen gegen die Zulässigkeit der Vollstreckungsklausel geltend machen. Die Unwirksamkeit einer Vollstreckungsunterwerfungserklärung, die ein Dritter aufgrund einer wegen eines Verstoßes gegen Art. 1 § 1 RBerG unwirksamen Vollmacht

[1144] BGHZ 44, 138, 143.
[1145] *Zöller/Stöber* § 765 a ZPO Rn. 6.
[1146] BGH NJW 2004, 3635, 3636.
[1147] BGH FamRZ 2006, 697.
[1148] *Zöller/Herget* § 765 a ZPO Rn. 9.
[1149] Siehe oben, § 11 Rn. 113.
[1150] *Storz/Kiderlen*, Praxis des Zwangsversteigerungsverfahrens B 3.1.3.
[1151] BVerfG NJW 2004, 49.
[1152] Vgl. BVerfG NJW 2004, 49 f.
[1153] *Zöller/Stöber* § 765 a ZPO Rn. 26.
[1154] *Zöller/Stöber*, § 765 a ZPO Rn. 23.
[1155] Vgl. *Zöller/Stöber* § 766 ZPO Rn. 15.

abgegeben hat, kann allerdings nicht mit der Klauselerinnerung angegriffen werden, weil insoweit eine umfassende materiell-rechtliche Prüfung der Wirksamkeit der Vollmacht erforderlich ist.[1156] Der Vollstreckungsschuldner muss sich insoweit vielmehr mit der Vollstreckungsabwehrklage gemäß § 767 ZPO analog verteidigen.[1157]

f) Darlegungs- und Beweislast. Im Rahmen der gerichtlichen Durchsetzung des Darlehens- 47
rückzahlungsanspruchs und seiner Abwehr gelten folgende Darlegungs- und Beweislastregeln: Für das Zustandekommen des Darlehensvertrags, das Bestehen eines fälligen Rückzahlungsanspruchs und dessen Höhe trifft die Bank nach allgemeinen Grundsätzen die Darlegungs- und Beweislast. Gleiches gilt für etwaige Zinsansprüche. Macht die Bank einen Anspruch auf Rückzahlung eines **Darlehens** geltend, muss jedoch der Darlehensnehmer, der sich gemäß § 362 BGB auf eine (teilweise) Erfüllung der behaupteten Darlehensforderung beruft, darlegen und beweisen, dass die offene Darlehenssumme tatsächlich geringer ist als von der Bank behauptet.[1158] Sofern die Bank somit einen geringeren Betrag als die ursprüngliche Darlehensforderung geltend macht, trifft die Darlegungslast für eine zu hohe Darlehensforderung den Kunden.

Besonderheiten ergeben sich, wenn das Kreditinstitut eine Forderung aus einem **Kontokor-** 48
rentkredit geltend macht. Insoweit sind die Besonderheiten des Kontokorrents zu beachten,[1159] d.h. die Bank kann sich hinsichtlich der Forderungshöhe grundsätzlich auf einen vom Kreditnehmer anerkannten Abschlusssaldo berufen. Soweit die Bank keinen vom Kreditnehmer anerkannten Abschlusssaldo darlegen und beweisen kann, erhöhen sich die sie treffenden Anforderungen an die substanziierte Darlegung der Höhe des Kreditbetrags.[1160]

Auch im Rahmen einer **Vollstreckungsabwehrklage**, mit der sich der Darlehensnehmer ge- 49
gen die Zwangsvollstreckung aus einer von ihm abgegebenen Unterwerfungserklärung gemäß § 794 I Nr. 5 ZPO wegen des Darlehensrückzahlungsanspruchs verteidigt, gelten die oben dargelegten materiell-rechtlichen Beweislastregeln.[1161]

4. Stellung eines Insolvenzantrags

Bildet die (teilweise) Zahlungsunfähigkeit des Darlehensnehmers den einzigen Grund für die 50
Nichterfüllung des Rückzahlungsanspruchs, bietet die Beschreitung des Rechtswegs gegen die Anspruchsdurchsetzung keine geeignete Abwehrmaßnahme. Dem Darlehensnehmer bleibt neben der Duldung von Zwangsmaßnahmen bzw. der Mitwirkung an einer effektiven Verwertung von Sicherheiten im eigenen wirtschaftlichen Interesse lediglich die Möglichkeit, einen Insolvenzantrag zu stellen.

Vom Zeitpunkt der **Eröffnung des Insolvenzverfahrens** durch Beschluss des Insolvenzge- 51
richts (§ 27 InsO) bis zur Bekanntmachung des Aufhebungs- und Einstellungsbeschlusses ist jede Art der **Einzelzwangsvollstreckung** wegen der Darlehensforderung, auch die Fortsetzung bereits begonnener Vollstreckungsmaßnahmen, gemäß § 89 InsO **unzulässig.**[1162] Gemäß § 88 InsO (sog. Rückschlagsperre) werden zudem etwaige Zwangsvollstreckungsmaßnahmen der Bank und anderer Insolvenzgläubiger, die im letzten Monat vor dem Eröffnungsantrag zur Erlangung einer Sicherung geführt haben, unwirksam. Ferner ist die Zwangsvollstreckung im Restschuldbefreiungsverfahren (§§ 286 ff. InsO) gemäß § 294 I InsO unzulässig, solange die Abtretung der Bezüge des Schuldners an den Treuhänder gemäß § 287 InsO gewährleistet ist.

Auf die **Verwertung von Sicherheiten** durch das Kreditinstitut hat die Eröffnung des Insol- 52
venzverfahrens dagegen grundsätzlich keinen Einfluss, wenn die Bestellung der Sicherheit wirksam ist und im Regelverfahren vom Insolvenzverwalter bzw. im Verbraucherinsolvenzverfahren von den Gläubigerin (§ 313 II InsO) nicht gemäß §§ 129 ff. InsO angefochten werden kann. Dem Kreditinstitut stehen insoweit gemäß § 49 ff. InsO Absonderungsrechte am Sicherungsgut zu, die dieses gemäß §§ 165 ff. InsO unter Mitwirkung oder aufgrund einer Freigabe des Insolvenzverwalters, im Fall des Verbraucherinsolvenzverfahrens gemäß § 313 III InsO selbst verwerten kann.

[1156] BGH WM 2005, 1997, 1998.
[1157] Siehe oben, Rn. 37.
[1158] *MünchKomm/Berger* § 488 BGB Rn. 151.
[1159] Siehe oben, § 4 Rn. 12.
[1160] Siehe hierzu oben, § 4 Rn. 61 f.
[1161] *Zöller/Stöber* § 767 ZPO Rn. 11.
[1162] *Gottwald/Gerhard*, Insolvenzrechts-Handbuch § 33 Rn. 2.

53   Ist die Bank durch eine **Grundschuld** an einer Immobilie des insolventen Darlehensnehmers
gesichert, kann sie ihr **Absonderungsrecht** sowohl im Regel- als auch im Verbraucherinsolvenzverfahren gemäß § 49 InsO durch Zwangsversteigerung und Zwangsverwaltung durchsetzen. § 89 InsO hindert die Vollstreckungsversteigerung insoweit nicht.[1163] Der Insolvenzverwalter im Regelinsolvenzverfahren kann jedoch gemäß § 30 d ff. ZVG die einstweilige
Einstellung der Zwangsversteigerung unter den dort genannten Bedingungen beantragen, insbesondere wenn das Grundstück für eine Fortführung des Schuldnerunternehmens oder eine
Betriebsveräußerung benötigt wird, durch die Versteigerung die Durchführung eines vorgelegten Insolvenzplans gefährdet oder die Verwertung der Insolvenzmasse in sonstiger Weise wesentlich erschwert würde, § 30 d I 1 ZVG.

54   Der Insolvenzverwalter kann gemäß § 165 InsO, §§ 172 ff. ZVG die Zwangsversteigerung
aber auch selbst, d.h. unabhängig von einem Vollstreckungsantrag der Bank, betreiben.[1164] In
der Praxis kommt es im Übrigen häufig zu Verwertungsvereinbarungen zwischen der absonderungsberechtigten Bank und dem Insolvenzverwalter, die zu einer freihändigen Verwertung
des belasteten Objekts seitens der Bank nach dessen Freigabe durch den Insolvenzverwalter
führen.

[1163] *Braun/Kroth* § 89 InsO Rn. 9.
[1164] *Gottwald/Gottwald*, Insolvenzrechts-Handbuch § 42 Rn. 88.

§ 13 Anschaffung und Veräußerung von Finanzinstrumenten

I. Allgemeines

Die Abwicklung des Wertpapiergeschäfts gehört zu den klassischen Dienstleistungen der **1** Kreditinstitute für ihre Kunden. Das Angebot der Banken umfasst allerdings nicht nur den Verkauf von Wertpapieren, sondern auch Geschäfte mit Geldmarktinstrumenten, Devisen oder Derivaten. Das Kreditwesengesetz erfasst all diese Anlageprodukte unter dem Oberbegriff „Finanzinstrumente", § 1 XI 1 KWG. Als Wertpapiere gelten dagegen nur Aktien, Aktienzertifikate, Inhaber- und Orderschuldverschreibungen, Genussscheine oder Zerifikate über solche Wertpapiere sowie Investmentanteile, und zwar unabhängig davon, ob sie in einer Urkunde verbrieft sind, § 1 XI 2 KWG.

II. Rechtlicher Hintergrund

Gemäß Nr. 1 I 1 der Sonderbedingungen für das Wertpapiergeschäft (SoBedWp) wickelt die **2** Bank Wertpapierkauf- und -verkaufaufträge des Kunden als **Kommissionsgeschäft** oder als **Festpreisgeschäft** ab. Während bei letzterem ein **Kaufvertrag** zwischen Kunde und Kreditinstitut abgeschlossen wird, der dazu führt, dass die Wertpapiere zum vereinbarten Preis zwischen beiden Parteien wechseln, schließen Kunde und Bank beim Kommissionsgeschäft einen **Kommissionsvertrag** gemäß §§ 383 ff. HGB. Dieser verpflichtet die Bank, ihrerseits im eigenen Namen für Rechnung des Kunden mit einem anderen Marktteilnehmer ein Wertpapierkauf- oder -verkaufsgeschäft abzuschließen. Das Kommissionsgeschäft führt die Bank gemäß Nr. 1 II 1 SoBedWp dadurch aus, dass sie mit einem anderen Marktteilnehmer ein sogenanntes **Ausführungsgeschäft**, d.h. ein Kauf- oder Verkaufsgeschäft abschließt, einen Zwischenkommissionär mit dem Abschluss des Ausführungsgeschäfts beauftragt oder dieses mit einer sogenannten Zentralen Gegenpartei, wie die Eurex Clearing AG, abschließt, mit der Folge, dass die Zentrale Gegenpartei in den Vertrag zwischen Käufer und Verkäufer eintritt[1165]. Ist der Auftrag des Kunden nicht auf Wertpapiere, sondern auf die Anschaffung oder Veräußerung anderer Finanzinstrumente gerichtet, kann dieser ebenfalls im Rahmen eines Kommissionsvertrags mit dem Kreditinstitut abgewickelt werden, vgl § 1 I 2 Nr. 4 KWG.

Sowohl der Kaufvertrag beim Festpreisgeschäft als auch der Kommissionsvertrag beim **3** Kommissionsgeschäft kommen nach den allgemeinen Regeln (§§ 145 ff. BGB) durch Angebot und Annahme zustande. Einer ausdrücklichen Annahme des Vertrages bedarf es wegen § 362 I 1 HGB nicht, da ein Schweigen der Bank als Annahme gilt, sofern sie nicht unverzüglich das Angebot des Kunden ablehnt.

Neben den jeweiligen gesetzlichen Regelungen des Kauf- und Kommissionsvertragsrechts **4** (§§ 433 ff. BGB, §§ 383 ff. HGB) ist der Inhalt der Vertragsbeziehung zwischen Bank und Kunde ferner durch die §§ 18 ff. DepotG, die weitere Pflichten des Kommissionärs mit einem Auftrag zum Kauf von Wertpapieren (Übersendung eines Stückverzeichnisses, Verwahrung)

[1165] Vgl. *Einsele*, Bank- und Kapitalmarktrecht § 8 Rn. 10.

enthalten, sowie die subsidiären §§ 611, 675 BGB geprägt. Schließlich gelten aufgrund ausdrücklicher Einbeziehung die SoBedWp sowie die institutseigenen Ausführungsbedingungen.

5 Anders als beim Festpreisgeschäft erlangt die Bank beim Kommissionsgeschäft in keinem Fall Durchgangseigentum an den übertragenen Wertpapieren. Vielmehr geht das Eigentum direkt auf den erwerbenden Kunden über.

III. Einzelfragen

1. Pflichten des Kreditinstituts als Kommissionär

6 Sofern das Kreditinstitut als Kommissionär für den Kunden tätig wird, treffen es insbesondere folgende Vertragspflichten:

2. Vertragsdurchführung

7 Mit Abschluss des Kommissionsvertrages ist die Bank gemäß Nr. 4 SoBedWp primär verpflichtet, das Ausführungsgeschäft zu tätigen, soweit das Guthaben des Kunden, ein für Wertpapiergeschäfte nutzbarer Kredit oder der Depotbestand des Kunden zur Ausführung ausreicht. Bei mangelnder Deckung ist die Bank nach h.M. aber nicht verpflichtet, die Ausführung des Auftrags zu unterlassen.[1166] Weicht die vom Bankkunden erteilte Order aber offensichtlich vom Konto- bzw. Depotguthaben ab (z.B. anstatt der Stückzahl gibt der Bankkunde die Wertpapierkennnummer als Stückzahl ein oder anstatt 100 Stück werden 1000 Stück einer Aktie geordert) wird jedoch teilweise die Auffassung vertreten, dass das Kreditinstitut vor der Orderausführung beim Komittenten nachzufragen habe, ob die erteilte Order auch tatsächlich ausgeführt werden soll.[1167]

8 Zweifelhaft ist, ob sich die Bank zugleich um die Erfüllung des Ausführungsgeschäfts zu bemühen hat oder mit Vertragsabschluss sogar regelmäßig die Geschäftsabwicklung stillschweigend übernimmt.[1168]

2. Interessenwahrungspflicht

9 Gemäß § 384 I 1 2. HS HGB trifft die Bank als Kommissionärin die generelle Pflicht, die Interessen des Kunden als Komittenten zu wahren, wozu insbesondere auch die in § 33 a WpHG kodifizierte Pflicht der Bank gehört, den Kundenauftrag bestmöglich auszuführen. In Erfüllung dieser Pflicht haben fast alle Kreditinstitute Grundsätze über die bestmögliche Ausführung von Kundenaufträgen (sogenannte Best Execution Policy) erstellt.

3. Dokumentationspflicht

10 Die Bank ist gemäß § 384 II HGB, Nr. 3.1 SoBedWp ferner verpflichtet, den Kunden unverzüglich über die Ausführung zu unterrichten und Rechenschaft abzulegen, es sei denn, der Auftrag ist im elektronischen Handel unmittelbar ausgeführt worden. Diese Pflicht zur Unterrichtung kommt auch in den von der Bank zu beachtenden aufsichtsrechtlichen Vorschriften der Art. 7 und 8 der VO (EG) Nr. 1287/2006[1169] sowie in §§ 34 I, 37 I 2 WpHG zum Ausdruck, wonach die Bank über das abgeschlossene Geschäft Aufzeichnungen zu erstellen hat. Die Verletzung dieser rein öffentlich-rechtlicher Aufzeichnungspflichten berechtigen den Bankkunden jedoch nicht zum Schadensersatz, weil es am Schutzgesetzcharakter dieser Normen im Sinne des § 823 II BGB fehlt.[1170]

[1166] *Roth*, Handbuch des Kapitalanlagerechts § 11 Rn. 200 ff.
[1167] OLG Nürnberg BKR 2003, 550; a.A. Balzer, WM 2001, 1533, 1538.
[1168] *Einsele*, Bank- und Kapitalmarktrecht § 8 Rn. 9.
[1169] Vgl. ABl. EU Nr. L 241, 1.
[1170] BGH WM 2006, 567.

4. Haftung des Kreditinstituts wegen verspäteter Auftragsausführung

Das Kreditinstitut haftet gegenüber dem Kunden im Fall einer verspäteten Durchführung **11**
des Ausführungsgeschäfts. So hat der BGH entschieden, dass eine Bank aufgrund positiver
Vertragsverletzung (§ 280 BGB) zum Schadensersatz verpflichtet sei, weil sie einen Auftrag eines Kunden zum Verkauf mit einer Gültigkeitsdauer von einem Tag aufgrund institutsinterner
Verzögerung erst am Folgetag ausgeführt hatte, obwohl eine Ausführung innerhalb der vom
Kunden gesetzten Frist möglich gewesen wäre.[1171] Der Bankkunde war mit der verspäteten
Ausführung nicht einverstanden und verlangte die Wiedereinbuchung der verspätet veräußerten Wertpapiere in sein Depot, da der Auftrag am Abend des Tages, für den der Auftrag erteilt
wurde, erloschen sei. Der BGH begründete seine Entscheidung damit, dass die Bank durch die
auftragslose Veräußerung am Folgetag das Eigentum des Bankkunden an seinen Aktien verletzt habe. Ein Mitverschulden gemäß § 254 BGB sei auch nicht darin zu sehen, dass der
Kunde nach Ablehnung der Rückbuchung keinen Kaufauftrag zum erneuten Erwerb der veräußerten Aktien erteilte, da ein Anleger nicht verpflichtet sei, die rechtswidrig veräußerten
Wertpapiere unverzüglich mit eigenem Geld wieder zurückzuerwerben.

In einem anderen vom BGH entschiedenen Fall[1172] hatte ein Bankkunde einen tagesgültigen **12**
Auftrag zum Erwerb von Aktien, der auf einen bestimmten Höchstkurs limitiert war, erteilt.
Durch ein Versehen des Online-Brokers wurde die Order nicht ausgeführt. Der Kunde bean-
standete am Folgetag, dass seine Kauforder nicht ausgeführt worden war. Sieben Tage nach
Ordererteilung teilte der Online-Broker dem Kunden mit, dass er die Beschaffung der Aktien
ablehne und stellte ihm anheim, einen neuen Kaufauftrag zu erteilen. In der Folgezeit stieg der
Aktienkurs weiter. Der Kunde forderte Schadensersatz in Form der Naturalrestitution. Der
BGH befand, dass dem Kunden aufgrund positiver Vertragsverletzung des Effektenkommissi-
onsvertrages gemäß §§ 383 ff HGB und gemäß § 385 I 1. HS HGB ein Anspruch auf Lieferung
der Aktien Zug um Zug gegen Zahlung der Erwerbskosten, die bei ordnungsgemäßer Ausführung der Kauforder angefallen wären, zustehe. Der Schadensersatzanspruch sei auch nicht wegen Mitverschuldens gemäß § 254 II 1 BGB zu mindern, weil der Kunde einen Deckungskauf
nach der Weigerung des Online-Brokers, die Aktie noch zu erwerben, unterlassen habe. Denn,
so der BGH weiter, das Verschulden des Online-Brokers, den Auftrag nicht rechtzeitig weiterzuleiten, sei allein ursächlich für den Schaden geworden. Dieses Versäumnis wirke um so
schwerer, als der Online-Broker in seiner Werbung „schnellste Abwicklung" von Aufträgen
verspreche und in Aussicht stelle, Aufträge „in Sekunden direkt in den Börsensaal" zu bringen.

> **Praxistipp:**
> Um den Anspruch auf Schadensersatz wegen Schlechterfüllung des Kommissionsvertrages gegen die **13**
> Bank zu erhalten, muss dem Bankkunden (Kommittenten) stets zur unverzüglichen Anzeige etwaiger
> Beanstandungen geraten werden (vgl. § 386 I HGB). Weiterhin zeigt die zuletzt zitierte BGH-Ent-
> scheidung, dass die Werbung des betreffenden Kreditinstituts sorgfältig auf Widersprüche zum tat-
> sächlichen Geschäftsgebaren untersucht und diese dem Gericht ausführlich vorgelegt werden sollte.

5. Pflichten des Kunden

Gemäß Nr. 11 II AGB-Banken bzw. Nr. 20 I b) AGB-SPK ist der Kunde verpflichtet, nur **14**
solche Aufträge zu erteilen, die ihren Inhalt zweifelsfrei erkennen lassen. Verstößt der Kunde
im Rahmen der Erteilung eines Kauf- bzw. Verkaufauftrags gegen diese Verpflichtung, haftet
das Kreditinstitut für die hieraus, insbesondere aus einer verzögerten Auftragsausführung resultierenden Schäden grundsätzlich nicht.

Der Kunde ist aufgrund des Kommissionsvertrags gemäß §§ 396 II HGB, Nr. 3.3 SoBedWp **15**
ferner zur Erstattung des beim Ausführungsgeschäft angefallenen Entgeltes und der in diesem
Zusammenhang angefallenen Auslagen verpflichtet. Darüber hinaus kann die Bank vom Kunden gemäß § 396 I HGB, Nr. 3.3 SoBedWp i.V.m. mit dem Preis-/Leistungsverzeichnis der
Bank ein Entgelt für ihre Tätigkeit fordern.

[1171] BGH WM 2001, 1716.
[1172] BGH WM 2002, 1502.

§ 14 Anlageberatung

Übersicht

I. Ausgangssituation

1   Banken nehmen häufig eine Berater- bzw. Informationsmittlertätigkeit wahr, empfehlen also ihren Kunden Kapitalanlagen, die zu deren Profil passen, und klären sie über die Besonderheiten der in Frage stehenden Anlageform auf. Bevor Bankkunden einen Kommissionsvertrag[1173] abschließen, findet also oftmals ein Beratungsgespräch auf Initiative des Kunden oder der Bank statt. So begnügen sich Privatanleger nicht mehr nur damit, ihre Ersparnisse auf Sparkonten zu deponieren oder als Festgeld anzulegen. Vielmehr wollen sie die Vielfalt der möglichen Kapitalanlagen nutzen. Dieses Interesse gilt verhältnismäßig risikoarmen Bundesanleihen und anderen Rentenpapieren über Aktien bis hin zu äußerst spekulativen Finanzderivaten, wie Optionsscheinen. In diesem Zusammenhang sind auch fondsgebundene Lebensversicherungen zu nennen, die im Vergleich zu kapitalgebundenen Lebensversicherungen insoweit ein höheres Risiko bergen, als ihr Ertrag vom Erfolg der betreffenden Fonds abhängt. Weil ein Privatanleger kaum den Überblick über die unzähligen Anlageobjekte behalten kann, lässt er sich regelmäßig professionell durch Wertpapierberater (s)einer Bank beraten. Ein typischer Beratungshaftungsfall beginnt oft damit, dass ein Anleger einen bestimmten Geldbetrag z.B. durch die Veräußerung einer Immobilie, den Erhalt einer Abfindung, die Auszahlung einer Lebensversicherung erhält und diesen renditegünstig anlegen möchte. Oftmals geht die Initiative zur Beratung eines Kunden aber auch von dem Kreditinstitut aus, das das neue hinzugewonnene liquide Vermögen – „fresh money" – des Bankkunden nutzen möchte, Anlageprodukte vorzustellen. Wenn sich die vom Bankberater empfohlene Anlage in der Folge nicht entsprechend den Vorstellungen des Bankkunden entwickelt, stellt sich die Frage, ob und in welchem Umfang die beratende Bank für eine etwaige nachteilige Entwicklung haftet. Der auf dem Gebiet des Bankrechts tätige Rechtsanwalt wird deshalb häufig mit Rechtsfragen zur Haftung von Banken wegen fehlerhafter Anlageberatung bzw. -vermittlung konfrontiert.

[1173] Siehe oben, § 13 Rn. 2 ff.

II. Rechtliche Grundlagen

1. Abschluss eines Beratungsvertrages

Die Bank und der Kunde schließen bei einem Beratungsgespräch einen Auskunfts- oder Be-   2
ratungsvertrag ab, der mangels ausdrücklicher Vereinbarung meist stillschweigend zustande
kommt, insbesondere dann, wenn die Auskunft für den Empfänger erkennbar von erheblicher
Bedeutung ist und diesem als Grundlage für Vermögensdispositionen dient, der Auskunftsgeber sich als sachkundig bezeichnet oder der Auskunftsgeber ein eigenes wirtschaftliches Interesse hat.[1174] Bei dem so zustande gekommenen Vertrag kann es sich je nach Fallgestaltung um
einen Dienstvertrag mit Geschäftsbesorgungscharakter i.S.d. §§ 611, 675 BGB, einen Werk-
vertrag i.S.d. § 631 BGB oder um einen gemischten Vertrag mit dienst- und kaufvertraglichen
Elementen handeln.[1175] Beratungsverträge können auch schon vor der Entstehung einer bank-
geschäftlichen Kundenbeziehung geschlossen werden.[1176] Eine Erklärung der Bank, die Auskunft sei unverbindlich, schließt aber die Annahme eines Auskunfts- bzw. Beratervertrages
nicht von vornherein aus, sondern kann – sofern im Einzelfall zulässig – allenfalls eine Frei-
zeichnung von der Haftung bedeuten.[1177] Gleiches gilt, wenn die Bank (insbesondere als Discount-Broker) von vornherein deutlich macht, dass sie keine Beratungsleistung erbringt. Nach
der Rechtsprechung des BGH trifft eine Bank immer schon dann die Pflichten aus einem Beratungsvertrag, wenn sich ein Gespräch zwischen einem Anlageinteressenten und einem Bankmitarbeiter entwickelt, in dem die Anlage eines Geldbetrages thematisiert wird und zumindest
den Umständen zu entnehmen ist, dass die Bank ihre Sachkunde im Interesse des Kunden ein-
bringen will. Die Tatsache, dass ein Beratungsgespräch stattfindet, führt stets zur Annahme,
dass ein Beratungsvertrag abgeschlossen wurde. Dabei ist es unerheblich, ob die Initiative für
das Gespräch von dem Kunden oder dem Bankmitarbeiter ausgeht.[1178] Die Hürden für die Annahme eines Beratungsvertrages sind folglich sehr niedrig.

2. Abgrenzung zur Anlagevermittlung

Eine fundierte Beratung schuldet jedoch nicht, wer gegenüber dem Bankkunden lediglich als   3
Anlagevermittler für eine bestimmte Kapitalanlage auftritt und damit offenkundig keine inte-
ressenwahrende Beratungsleistung gegenüber dem Bankkunden erbringen will. Bei einem Anlagevermittler kann der Bankkunde erkennen, dass dieser allein aus eigenem Provisionsinte-
resse den Vertrieb einer bestimmten Kapitalanlage anstrebt und erkennbar werbende
Aussagen hinsichtlich des infrage stehenden Anlageobjekts macht, die gerade nicht auf die individuellen Verhältnisse des Bankkunden zugeschnitten sind. Der Anlagevermittler schuldet
daher keine unabhängige Beratungsleistung, ähnlich einem Verkäufer ist er jedoch zur richtigen und vollständigen Information über diejenigen Umstände verpflichtet, die für den Anlage-
entschluss von Bedeutung sind.[1179] Weil es bei der Abgrenzung zwischen Anlageberatung und
Anlagevermittlung allein auf das äußere Erscheinungsbild ankommt (und nicht etwa darauf,
ob der „Berater" eine Provision für das für ihn empfohlene Anlageobjekt erhält), können
Bankmitarbeiter fast ausnahmslos als Anlageberater qualifiziert werden. Bei anderen Finanz-
dienstleistern bedarf es demgegenüber einer umfassenden Prüfung der Umstände des Einzelfalls. Mithin schulden Bankberater ihren Kunden regelmäßig nicht nur die Weitergabe sach-
dienlicher Informationen, sondern auch deren rechtliche und wirtschaftliche Bewertung auf
Basis der persönlichen Verhältnisse des Bankkunden.

Hinweis: 4
Liegt ausnahmsweise kein Auskunfts- bzw. Beratervertrag vor, muss geprüft werden, ob eine vertrags-
ähnliche Sonderverbindung besteht, da sich Schadensersatzansprüche aus culpa in contrahendo
(§§ 311 II, III, 241 II i.V.m. §§ 280 ff) ergeben können. Das hierfür notwendige Vertrauensverhältnis
besteht schon beim ersten Kontakt, selbst wenn die Geschäftsverbindung danach abbrechen sollte.

[1174] *Von Heymann/Edelmann*, Handbuch des Kapitalanlagerechts § 4 Rn. 10 ff.
[1175] *Von Heymann/Edelmann*, Handbuch des Kapitalanlagerechts § 4 Rn. 7.
[1176] BGH WM 1987, 495.
[1177] *Von Heymann/Edelmann*, Handbuch des Kapitalanlagerechts § 4 Rn. 13.
[1178] BGHZ 100, 117, 118 f.; 123, 126, 128; BGH WM 2005, 69.
[1179] BGH NJW-RR 1993, 1114 f.; OLG Düsseldorf OLGR Düsseldorf 1997, 159, 160; OLG Stuttgart
OLGR Stuttgart 2001, 183 ff.; OLG Schleswig OLGR Schleswig 1998, 1 f.; BGH WM 2000, 426 ff.

3. Widerrufsrecht

5   Die Anlageberatung und der sich anschließende Erwerb eines Anlageobjektes können in Form des Fernabsatzes nach §§ 312 b ff. BGB erfolgen. In § 312 b I 2 BGB werden ausdrücklich Finanzdienstleistung im Zusammenhang mit einer Geldanlage genannt. Sofern also der Erwerb des Anlageobjekts „unter ausschließlicher Verwendung von Fernkommunikationsmitteln" im Sinne des § 312b II BGB erfolgt und der Bankkunde ein Verbraucher ist, hat die Bank die besonderen Informationspflichten nach § 312 c BGB zu beachten. Demgegenüber hat der Bankkunde in diesem Zusammenhang regelmäßig kein Widerrufsrecht nach §§ 312 d I 1, 355 BGB. Denn erstens ist das Widerrufsrecht gemäß § 312 d IV Nr. 6 BGB ausgeschlossen, wenn der Preis des Anlageobjektes auf dem Finanzmarkt Schwankungen unterliegt, auf die der Unternehmer, hier also die Bank, keinen Einfluss hat und die innerhalb der Widerrufsfrist auftreten können, insbesondere Dienstleistungen im Zusammenhang mit Aktien und anderen handelbaren Wertpapieren, Devisen, Derivaten oder Geldmarktinstrumenten. Zweitens erlischt das Widerrufsrecht gemäß § 312 d III Nr. 1 BGB bei einer Finanzdienstleistung, wenn der Vertrag von beiden Seiten auf ausdrücklichen Wunsch des Verbrauchers vollständig erfüllt ist, bevor der Verbraucher sein Widerrufsrecht ausgeübt hat; sowohl der der Beratungsleistung zu Grunde liegende Beratungsvertrag als auch das sich anschließende Erwerbsgeschäft werden sofort erfüllt bzw. umgehend vollzogen, so dass es für den Bankkunden in der Regel keinen Zeitraum gibt, in dem er realistischerweise von seinem Widerrufsrecht Gebrauch machen kann.

4. Durchführung des Beratungsvertrages

6   **a) Keine Garantiehaftung.** Ausgangspunkt für die rechtliche Beurteilung der Frage, ob sich ein Anleger bei der beratenden Bank schadlos halten kann, wenn sich die empfohlene Anlage unerfreulich entwickelt hat, muss die Frage sein, für welche Umstände im Zusammenhang mit der Anlage die beratende Bank in der Form eine Gewähr übernommen hat, die eine Schadensersatzpflicht auslösen kann. Anzusetzen ist hier bei den Aussagen, die die Bank im Rahmen der Beratung gegenüber ihrem Kunden gemacht hat. In aller Regel äußert sich die Bank in solchen Gesprächen nicht dahingehend, dass sie eine Garantie dafür abgibt, wie sich die empfohlene Anlage entwickelt. Demzufolge gibt es auch nur in den seltensten Fällen Anhaltspunkte für eine Garantiehaftung der Bank, wenn sich das Anlageobjekt anders als erwartet entwickelt hat. Die Haftung für eine bestimmte Kursentwicklung scheidet daher in aller Regel aus.[1180] Die Aussagen der Banken in den Beratungsgesprächen dienen in der Regel vielmehr der Beratung des Kunden in Bezug auf das in Augenschein genommene Anlageobjekt und enthalten Bewertungen, auf deren Grundlage der Anleger eine eigene Anlageentscheidung treffen soll.

7   **b) Anleger- und objektgerechte Beratung.** Zu den zivilrechtlich zu beachtenden Verhaltensregeln der Banken im Rahmen der Anlageberatung hatte der BGH bereits in seiner Bond-Entscheidung vom 6.7.1993 grundlegende Aussagen getroffen, die bis heute unverändert gültig sind.[1181] Demnach muss die Anlageberatung anleger- und objektgerecht sein. In der ständigen Rechtsprechung werden diese Kernpflichten auch mit der Formulierung konkretisiert, dass die Anlageberatung mit der erforderlichen Sachkenntnis, Sorgfalt und Gewissenhaftigkeit im Interesse des Kunden zu erbringen ist.

8   *aa) Anlegergerechte Beratung.* Eine solche sachkundige, sorgfältige und gewissenhafte Beratung erfordert – im Rahmen der Pflicht anlegergerecht zu beraten – zunächst, dass die Bank sich Kenntnisse von ihrem Kunden verschafft. Hierzu hat der Kundenberater der Bank insbesondere die Anlageziele, die persönlichen Verhältnisse, den Anlagehorizont und die Anlageerfahrung des Kunden zu erfragen. Auch aufsichtsrechtlich sind diese Pflichten mittlerweile in § 31 I Nr. 1 WpHG und in § 31 IV 1 WpHG verankert worden.

9   Besonderes Augenmerk hat der Anlageberater im Rahmen der Erfüllung der Pflicht zur anlegergerechten Beratung auf die **Anlageziele** des Kunden zu legen. In Anlehnung an die Klassifizierung möglicher Anlageziele in den sogenannten Wertpapiererhebungsbögen der Banken werden Kunden oftmals folgenden Anlagezielen zugeordnet: konservativer (sicherheitsorien-

---

[1180] BGH WM 2006, 851, 852.
[1181] BGH WM 1993, 1455.

tierter) Anleger, begrenzt risikobereiter (wachstumsorientierter) Anleger, spekulativer (speku-
lationsorientierter) Anleger.[1182]

> **Praxistipp:**
> Ob ein Anlageobjekt der Risikoklasse zuzuordnen ist, die der Anleger als akzeptabel angegeben hat,   10
> lässt sich häufig zwar nur über ein Sachverständigengutachten ermitteln. Allerdings findet man auf
> den Internetseiten verschiedener Banken Hinweise darauf, ob eine Aktie oder ein Fonds begrenztes
> Risikopotential aufweist oder als spekulative Anlage zu werten ist. Gelegentlich treffen auch Oberge-
> richte weitreichende Aussagen zur Risikoklasse bestimmter Gruppen von Wertpapieren, die über
> den Einzelfall hinaus Geltung beanspruchen können. Besonders hervorzuheben ist hier etwa die
> Aussage des BGH, wonach alle Werte des Neuen Marktes der Frankfurter Wertpapierbörse seit De-
> zember 1998 als spekulative Anlageobjekte zu werten sind.[1183]

Ein Verstoß gegen die Pflicht zur anlegergerechten Beratung liegt bereits vor, wenn die Bank   11
bei der Beratung einen der genannten individuellen Belange des Kunden außer Acht lässt.

bb) Objektgerechte Beratung. Im Rahmen der Aufklärungspflicht zur objektgerechten Bera-   12
tung muss die Bank ihrem Kunden das ins Auge gefasste Anlageobjekt näher erläutern; sie
trifft eine umfassende Informationspflicht, d.h. dem Anleger müssen grundsätzlich alle Informationen mitgeteilt werden, die für die Anlageentscheidung wesentliche Bedeutung haben.
Die Bank muss insbesondere die **wesentlichen Merkmale des Anlageobjekts und dessen Risiken** erläutern, wobei sowohl allgemeine Risiken als auch spezielle Risiken anzusprechen sind.
Zur ersten Gruppe zählen die allgemeine konjunkturelle Lage und die Entwicklung des Marktes (z.B. Aktienmarkt, Rentenmarkt), zur zweiten Gruppe gehören das Kursrisiko, das Zinsri-
siko, ggf. das Währungsrisiko und die individuellen Risiken des Anlageobjekts.[1184]
Die Einzelheiten der diesbezüglichen Aufklärungspflicht hängen in zweierlei Hinsicht stark   13
von den Umständen des Einzelfalls ab. Zum einen weisen verschiedene Anlageobjekte wesentlich unterschiedliche Risikomomente auf. Beispielsweise muss hinsichtlich der Aktien eines
deutschen Unternehmens in besonderem Maße auf das Kursschwankungsrisiko des Aktien-
marktes insgesamt und auf die etwaigen Unwägbarkeiten des Geschäftsmodells des Unternehmens hingewiesen werden, während etwa bei einer US-Dollar-Anleihe in erster Linie das
Wechselkursrisiko erläutert werden muss. Zum anderen muss sich die Bank auch im Rahmen
der objektgerechten Beratung an dem individuellen Informationsbedürfnis des Kunden orientieren. Ein Kunde, von dem die Bank weiß, dass er bereits seit Jahren Erfahrung am Aktienmarkt hat, bedarf keiner Aufklärung mehr darüber, welches die typischen Risiken einer Anlage
in Aktien sind.[1185] Auch wenn der Bankkunde erklärt, dass er ein bestimmtes Anlageobjekt
erwerben wolle, und keine diesbezügliche Beratung wünscht, verringert sich der Pflichtenumfang der Bank entsprechend, weil die Bank gerade nicht die Pflicht hat, den Kunden vor sich
selbst zu schützen.[1186]
Selbstverständlich müssen die mitgeteilten Informationen wahr und vollständig sein. Auf-   14
sichtsrechtlich wurde eine entsprechende Informationspflicht in § 31 III 1 WpHG aufgenommen. Es gibt zwischenzeitlich eine kaum noch zu überschauende Rechtsprechung zu den Aufklärungspflichten im Rahmen der objektgerechten Beratung. Die wichtigsten Beispiele
spezifischer Aufklärungspflichten, denen Bankberater nachzukommen haben, sind nachfolgend dargestellt:

[1182] *Ellenberger/Schäfer*, Fehlgeschlagene Wertpapieranlagen S. 269, 277.
[1183] BGH NJW 2004, 2967, 2968. Grundlage für diese Einstufung war dabei der Wertpapiererhebungsbogen der beklagten Bank, in dem spekulatives Anlageverhalten als „*offensive Nutzung der Marktchancen bei
entsprechend hoher Risikotoleranz*" qualifiziert wurde. Auch von der Republik Argentinien ausgegebene Anleihen entsprechen nach Auffassung des OLG Frankfurt (Urt. v. 15.12.2004 – 23 U 281/03) aufgrund ihrer hohen
Risikopotentials nicht den Zielen eines Anlegers mit mittlerer Risikobereitschaft.
[1184] BGHZ 123, 126, 129.
[1185] Selbstverständlich kann aber die Bank auch bei einem erfahrenen Kunden nicht die Kenntnis hinsichtlich aller bestehenden Risiken von Anlageobjekten voraussetzen, vielmehr muss sie sich vorab über die konkreten Erfahrungen des Kunden informieren. Im Übrigen setzt selbst die Kenntnis typischer Risiken einer Anlageform voraus, dass der Kunde insoweit ausreichend tiefgehende Erfahrungen gesammelt hat. Denn die
Vorinvestition in ein bestimmtes Anlageobjekt führt nicht zwangsläufig dazu, dass der Kunde dessen Risiken
kennt und im Hinblick auf seine eigene Situation richtig beurteilen kann.
[1186] *Ellenberger/Schäfer*, Fehlgeschlagene Wertpapieranlagen S. 1, 15 f. : Allein die Tatsache, dass ein konkreter Auftrag zum Erwerb eines bestimmten Anlageobjekts erteilt wird, schließt den Aufklärungsbedarf des
Kunden, dem die Bank nachkommen muss, jedoch nicht aus.

15   (1) Objektgerechte Beratung bei Aktien. Bei Aktien ist auf das Risiko starker Kursschwankungen und das – bei Standardaktien regelmäßig nicht gegebene – Bonitätsrisiko hinzuweisen. Umfangreiche Hinweispflichten bestehen bei NASDAQ-gehandelten Aktien. Bei Penny Stocks, die im amerikanischen oder kanadischen außerbörslichen Markt gehandelt werden, bestehen ebenfalls strengere Aufklärungspflichten. Denn es besteht bei diesen Werten eine signifikante Spanne zwischen Kauf- und Verkaufskurs, die erhebliche Verlustrisiken in sich bergen. Weiterhin sind aufgrund der Marktenge bei diesen Penny Stocks erhebliche Kursmanipulationen möglich, da diese Werte häufig nur durch einen einzelnen Broker vertrieben werden und der Marketmaker Kursfestsetzungen vornehmen kann, ohne dass diesen konkrete Abschlüsse zugrunde liegen.

16   (2) Objektgerechte Beratung bei Investmentzertifikaten. Bei Investmentzertifikaten hat eine Information des Anlegers über das Kursrisiko, die Anlagestrategie des Fondsmanagements sowie die Zusammensetzung des Fondsvermögens zu erfolgen. Ferner sind über die teilweise erheblichen Verwaltungskosten des Investmentfonds, Ausgabeaufschläge oder Rücknahmeabschläge zu informieren.

17   (3) Objektgerechte Beratung bei Schuldverschreibungen. Bei Schuldverschreibungen ist über das Bonitätsrisiko aufzuklären. Bei Industrieanleihen ist auf das Fehlen eines externen Ratings zumindest gegenüber einem sicherheitsorientierten Anleger hinzuweisen. Im Rahmen der Erläuterung des Bonitätsrisikos ist auch der Unterschied zu öffentlichen Emittenten mit hoher Bonität (Bund, öffentliche Körperschaften und Anstalten) zu verdeutlichen. Bei Auslandsanleihen ist ferner das Fremdwährungsrisiko erläutert werden. Daneben ist bei Auslandsanleihen auf das erhöhte Risiko unzureichender gerichtlicher Durchsetzungsmöglichkeiten hinzuweisen.

18   (4) Objektgerechte Beratung bei Finanzinnovationen. Bei Finanzinnovationen wird allgemein ein gesteigerter Aufklärungsbedarf des Bankkunden angenommen. Dies gilt insbesondere für Produkte wie Swaps, strukturierte Finanzprodukte, synthetische Anleihen, Derivate wie Caps, Collars, Floars oder Forward Rate Agreements. Dasselbe gilt für herkömmliche Finanzprodukte, die modifiziert wurden und gesteigerten Risiken unterliegen, wie Anleihen mit wahlweisem Rückzahlungsrecht des Emittenten in Aktien. Bei der Beratung über diese Produkte ist generell davon auszugehen, dass die Mehrzahl der Beratungssuchenden aufgrund des geringen Alters dieser Produkte keine Kenntnisse über bzw. Erfahrungen mit diesen Finanzprodukte hat. Der Berater wird daher auf die mit diesen neuen Finanzprodukten verbundenen Produktrisiken hinzuweisen haben.

19   (5) Objektgerechte Beratung bei Geldanlage in Lebensversicherungen. Wer sich bei seiner Kapitalanlage beraten lässt, wird gelegentlich auch Lebensversicherungen als Anlageobjekte in Betracht ziehen. Dies gilt in besonderem Maße in den Fällen, in denen die Finanzierung einer Immobilie im Raum steht und sich die Frage stellt, ob die Finanzierung über ein Annuitätendarlehen erfolgen oder ein Darlehen mit Tilgungsfreistellung und endfälliger Tilgung durch das in einer Lebensversicherung erwirtschaftete Kapital gewählt werden soll. Die Anlageform der Lebensversicherung mit anderen Anlageobjekten zu vergleichen, gestaltet sich stets sehr schwierig, weil dort die bislang überwiegend nicht offen gelegten Kostenkomponenten, die gesetzlich vorgeschriebene Garantieverzinsung und der üblicherweise ebenfalls angegebene prognostizierte Zins zu berücksichtigen sind. In den Fällen der Baufinanzierung ist zudem zu beachten, dass die Darlehenszinsen häufig steuerlich relevante Kosten sind;[1187] da die Zinsen aufgrund der Tilgungsaussetzung beim Lebensversicherungsmodell in absoluten Beträgen höher sind, erhöht sich regelmäßig ein solcher Steuervorteil.[1188]

20   Um diese komplexen Zusammenhänge darstellen zu können, muss der Berater erheblichen Aufwand betreiben, um der Pflicht zur objektgerechten Beratung gerecht zu werden. Die Rechtsprechung hat in diesem Zusammenhang einige Grundsätze für die korrekte Anlageberatung und den Nachweis eines Beratungsfehlers aufgestellt, die der BGH in einer neueren Entscheidung folgendermaßen zusammengefasst hat: „Wer aufgrund eines Beratungsvertrages zu

---

[1187] Wenn die Immobilie vermietet werden soll, entstehen Einkünfte aus Vermietung und Verpachtung nach § 2 I 1 Nr. 6, § 21 EStG, bei denen die Finanzierungskosten Werbungskosten i.S.d. § 9 EStG sind.
[1188] So trivial es klingt, muss doch darauf hingewiesen werden, dass die Steuervorteile für einen steuerlich absetzbaren Betrag nie die volle Höhe dieses Betrages erreichen kann, weil es keinen Steuersatz von 100 % gibt.

richtiger und vollständiger Information hinsichtlich der für eine Finanzierung wesentlichen tatsächlichen Umstände verpflichtet ist, muss den anderen Teil über die mit der Kombination von Festkredit und als Tilgungsersatz dienender Kapitallebensversicherung verbundenen spezifischen Nachteile und Risiken aufklären, wenn sie sich für den Kreditnehmer ungünstiger darstellt als ein marktübliches Tilgungsdarlehen".[1189] Die Darlegung eines Beratungsfehlers erfordert dabei „einen Vergleich der Konditionen der zur Finanzierung abgeschlossenen Verträge mit den Bedingungen eines marktüblichen, durch eine Belastung des zu erwerbenden Wohnungseigentums gesicherten Tilgungsdarlehens. Dabei sind die Vor- und Nachteile der jeweiligen Finanzierungsmodelle zu berücksichtigen, insbesondere die Zinsaufwendungen einschließlich etwaiger Zinsrisiken, die – garantierten und prognostizierten – Erträge der Lebensversicherung, die steuerlichen Auswirkungen der Finanzierungsmodelle (Abzugsfähigkeit der Versicherungsprämien, Verlustabzug der Zinsen), die Nebenkosten der jeweiligen Verträge und die bei einem Annuitätendarlehen für eine von der Bank geforderte Absicherung des Todesfallrisikos möglicherweise zusätzlich anfallenden Kosten."[1190] Wenn sich die Kombination aus Festkredit und Lebensversicherung unter Berücksichtigung der sich für den Erwerber ergebenden monatlichen Belastungen im Gesamtvergleich deutlich ungünstiger darstellt als die Abwicklung über ein Annuitätendarlehen, liegt eine fehlerhafte Beratung vor, sofern auf diese Divergenz nicht vorab deutlich hingewiesen wurde. Zur Vorbereitung einer Auseinandersetzung mit dem Berater muss also dessen Rentabilitätsberechnung im Einzelnen nachvollzogen und auf Konsistenz überprüft werden. Unabhängig davon kann eine zum Schadensersatz verpflichtende Falschberatung gegeben sein, wenn der Berater die beim Lebensversicherungsmodell innewohnenden Risiken verharmlost hat, etwa die lediglich prognostizierte Rendite einer Lebensversicherung als sicher dargestellt oder das Risiko, dass die Ablaufleistung deutlich geringer als in der Prognose ausfallen kann, verharmlost.

c) Nachforschungs-, Informationspflichten, Hinweis auf kritische Pressestimmen. Wegen der 21 wirtschaftlichen Bedeutung und der Risiken einer Anlageentscheidung trifft die Bank zugleich eine Nachforschungspflicht, deren Umfang von den Umständen des Einzelfalles abhängt. So darf beispielsweise ein Institut die ihm zu Beratungszwecken überlassenen Prospekte nicht ungeprüft übernehmen, sondern muss sie auf Plausibilität prüfen. Notfalls muss der Hinweis erteilt werden, dass gesicherte Informationen nicht zur Verfügung stehen. Im Einzelfall kann auch eine Offenbarungspflicht der Bank bestehen. So darf ein Berater ihm bekannte Bedenken nicht zurückhalten.[1191] Bei der Inanspruchnahme persönlichen Vertrauens in besonderem Maße trifft den Anlegeberater zudem eine erhöhte Sorgfaltspflicht. Dem Kunden dürfen nur solche Auskünfte gegeben werden, von deren Richtigkeit, Vollständigkeit und Zuverlässigkeit sich die Bank aufgrund eigener sorgfältiger Prüfung überzeugt hat.

Im Rahmen der Pflicht zur objektgerechten Beratung hat die Bank alle wesentlichen Infor- 22 mationen über das betreffende Anlageobjekt mitzuteilen. Zu den das Anlageobjekt betreffenden Angaben gehören nicht nur die unmittelbare Ausstattung der Anlageobjekte und die damit unmittelbar einhergehenden Risiken. Damit sich der Bankkunde ein zutreffendes und umfassendes Bild von dem Anlageobjekt machen kann, bedarf es auch der Hinweise auf etwaige Negativberichterstattung in den Medien. Davon ist der BGH bereits in der Bond-Entscheidung vom 6.7.1993 ausgegangen.[1192] Zwischenzeitlich hat der BGH dies jedenfalls für den am Erwerbsgeschäft unmittelbar beteiligten Emittenten bestätigt.[1193] Der II. und III. Zivilsenat des BGH haben in zwei Entscheidungen ferner erkennen lassen, dass das Außerachtlassen von Informationen in anerkannten Brancheninformationsdiensten grundsätzlich eine Aufklärungspflichtverletzung begründen kann.[1194] Dagegen muss sich ein Kreditinstitut nach Auffassung des XI. Zivilsenats keine Kenntnis von Publikationen in Brancheninformationsdiensten verschaffen. Erlangt es jedoch Kenntnis von solchen Veröffentlichungen, muss es diese bei der Prüfung des Anlageobjekts berücksichtigen.[1195] An einer allgemeinen Pflicht zur Auswertung vorhandener Veröffentlichungen in der Wirtschaftspresse hat der XI. Zivilsenat jedoch festgehalten. Soweit einer solchen Nachforschungspflicht entgegengehalten wird, dass dies einen un-

---

[1189] Vgl. BGH WM 2005, 69, 71; BGH WM 1990, 918.
[1190] BGH WM 2005, 69, 71.
[1191] *Von Heymann/Edelmann*, Handbuch des Kapitalanlagerechts § 4 Rn. 31.
[1192] Vgl. BGHZ 123, 126 ff.
[1193] Vgl. BGH, Urt. v. 18.4.2005- II ZR 197/04, S. 8 ff.
[1194] BGH WM 2006, 668, 670; BGH Urt. v. 18.4.2005 – II ZR 197/04.
[1195] BGH ZIP 2008, 2208, 2210; Kritisch hierzu *Rotter*, BB 2008, 2648 f.

angemessenen Pflichtenumfang begründen würde, ist darauf hinzuweisen, dass zum einen Banken für ihre Anlageberater ein Informationssystem schaffen können, das den Rechercheaufwand gering hält. Zum anderen würde die Verneinung einer Nachforschungspflicht diejenigen Anlageberater erheblich benachteiligen, die sich im Interesse ihrer Kunden um eine möglichst flächendeckende Auswertung der Medien bemühen und infolge einer größeren Kenntnis der Medien in jedem Fall zu warnenden Hinweisen verpflichtet wären.[1196] Ungeachtet der Frage, ob der beratenden Bank kritische Pressestimmen bekannt sind, hat sie demnach die Pflicht, ihren Kunden im Beratungsgespräch auf eine negative Berichterstattung hinzuweisen. Auch ein expliziter Hinweis, dass sie keine Gewähr dafür übernimmt, dass es negative Berichterstattung gibt, entlastet sie in dieser Hinsicht nicht. In verschiedenen OLG-Entscheidungen wird die Hinweispflicht sogar auf negative Analystenberichte ausgedehnt.[1197]

23   **d) Beratung bei Interessenkonflikten.** Der Bankberater hat den Kunden auf Zuwendungen hinzuweisen, die er von dritter Seite etwa bei erfolgreichem Verkauf des Anlageobjektes erhält. Die Bank gefährde mit der Entgegennahme solcher Zahlungen das Kundeninteresse, weshalb sie zur Offenlegung dieser Zahlungen, auch „Kick-backs" oder „Provisionsrückvergütungen" genannt, verpflichtet sei.[1198] Erst mit der Aufklärung des Kunden werde dieser in die Lage versetzt, das Umsatzinteresse der Bank selbst einzuschätzen und zu beurteilen, ob die beratende Bank ihm einen bestimmten Titel nur deswegen empfiehlt, weil sie selbst daran verdient. Aufsichtsrechtliche Regelungen hierzu finden sich seit 1.11.2007 in §§ 33 I 2 Nr. 3 WpHG, 13 WpDVerOV.

24   **e) Ausschluss der Beratungshaftung.** *aa) Discount-Broker.* Discount-Broker sind Wertpapierdienstleistungsunternehmen, die sich unter ausdrücklicher Ablehnung jeglicher Anlageberatung und mit reduzierter Aufklärung zu günstigen Preisen ausschließlich an gut informierte und erfahrene Anleger wenden. Eine Beratungspflicht ist in diesem Vertragsverhältnis ausgeschlossen und kann nur – ausdrücklich oder stillschweigend – durch besondere Vereinbarung begründet werden. Etwas anderes gilt dann, wenn ein Mitarbeiter des Discount-Brokers einen Kunden, der Beratung wünscht, dann doch berät. Die Aufklärungspflichten von Discount-Brokern sind nach der Rechtsprechung auf die Überlassung standardisierter Informationsschriften (z.B. Basisinformationen über Vermögensanlagen in Wertpapieren) beschränkt. Der Discount-Broker muss von seinen Kunden Informationen über ihre Erfahrungen mit Wertpapiergeschäften einholen. Auf der Grundlage dieser Angaben muss er den Kunden in eine Risikoklasse einteilen und dafür sorgen, dass ein Anleger, der ein gefährlicheres Geschäft schließen will, als es seiner Einstufung entspricht, dieses erst nach dem Hinweis auf das höhere Risiko und einer standardisierten Aufklärung über die Produkte der höheren Risikoklasse vornehmen kann. Zu weiterer Aufklärung oder gar Beratung ist die Bank nicht verpflichtet, denn der Anleger erklärt mit dem Abschluss eines Vertrages über Discount-Brokerage konkludent, dass er auf weitergehende Aufklärung verzichtet. Über all diese Besonderheiten des Discount-Brokerage muss die Bank den Kunden vor Vertragsschluss aufklären.

25   *bb) Offenbare Unkenntnis der Bank.* Ist eine Bank nicht in der Lage, einem Kunden Auskünfte über eine von diesem gewünschte Kapitalanlage zu erteilen, darf sie sich darauf beschränken, dem Kunden mitzuteilen, dass sie mangels fehlender oder unzureichender Sachkenntnis keine Auskunft erteilen kann. Will der Kunde das Geschäft unter diesen Vorgaben dennoch abschließen, ist die Bank nicht verpflichtet, den Geschäftsabschluss abzulehnen, sondern darf das Geschäft abschließen.

26   *cc) Kreditfinanzierte Wertpapiergeschäfte.* Grundsätzlich ist eine Bank nicht dazu verpflichtet, einen Kunden über die Risiken der Verwendung eines Kredits aufzuklären. Das gilt auch dann, wenn der Kunde den Kredit zur Wertpapierspekulation nutzen will. Etwas anderes gilt aber nach der Rechtsprechung des BGH dann, wenn im Einzelfall ein besonderes Aufklärungs- und Schutzbedürfnis des Kunden besteht und dieser nach Treu und Glauben einen Hinweis der Bank erwarten kann. Dies gilt dann, wenn die Bank einen **besonderen Gefährdungstatbestand** gesetzt hat oder über einen **relevanten Wissensvorsprung** im Hinblick auf die vom Kunden gewünschten Geschäfte verfügt. Der BGH hat einem Kunden, der einen Betrag in Höhe von DM 80.000,00 in Standardwerten anlegen wollte, wegen der Verletzung von Aufklärungs- und Be-

---

[1196] Vgl. dazu die Rechtsprechungsnachweise bei *Assmann* ZIP 2002, 637, 640 f.
[1197] OLG Koblenz, Urt. v. 30.11.2004 – U 241/04; OLG Düsseldorf, Urt. v. 30.3.2004-I-4 U 137/03.
[1198] BGH WM 2007, 487.

ratungspflichten Schadensersatz zugesprochen, dem unter Herunterspielung des Risikos der Wertpapierspekulation auf Kredit angeraten worden war, wenn er richtig Geld verdienen wolle, müsse er ein größeres, kreditfinanziertes Engagement eingehen. Der Anlageberater der Bank hatte hierbei das Risiko eines kreditfinanzierten Aktienerwerbes als theoretisch heruntergespielt und nicht darauf hingewiesen, dass aufgrund der im Kreditvertrag vorgesehenen Investition in festverzinsliche Wertpapiere und deutsche Standardwerte, sowie hohen Kreditzinsen nur unter ganz besonders günstigen Bedingungen eine Gewinnchance bestand, Verluste hingegen bei steigenden Kreditzinsen und stagnierenden oder fallenden Kursen zwingende Folge waren.[1199] Bei einem erfahrenen Anleger hat der Bundesgerichtshof hingegen eine Pflicht zur Aufklärung über die Risiken der Wertpapierspekulation auf Kredit verneint, obwohl das Angebot zur Kreditaufnahme und die Empfehlung zum Erwerb von Optionsscheinen von der Bank ausgegangen war.

dd) Execution-Only. Wird dem Anleger bei Aufnahme der Geschäftsbeziehung durch das 27
Wertpapierdienstleistungsunternehmen erklärt, sich nur an erfahrene Kunde zu richten und nur zur Übersendung von Informationsmaterial bereit zu sein, entfällt eine individualisierte Beratung und Aufklärung. So erklärt ein Anleger, der in Kenntnis dessen gezielte Orders ohne ausdrückliches Aufklärungsverlangen erteilt, stillschweigend, keine weiteren Informationen zu benötigen[1200].

5. Pflichtverletzung, Verschulden und Mitverschulden

Hat der Anlageberater seine Beratungspflichten verletzt, so wird grundsätzlich das Ver- 28
schulden des Beratungspflichtigen indiziert. Nur wenn besondere Umstände vorliegen, aus denen sich ausnahmsweise ergibt, dass trotz Beratungsfehler kein Verschulden vorliegt, muss das Verschulden im Einzelfall geprüft werden. In der Praxis häufiger muss die Frage des Mitverschuldens gem. § 254 BGB geprüft werden. Die Rechtsprechung nimmt jedoch nur in seltenen Fällen ein Mitverschulden des Bankkunden an. Der BGH hat ein Mitverschulden in einem Einzelfall bejaht, bei dem dem Kunden eine Rendite von 50 % für ein Darlehen mit einer Laufzeit von gut drei Wochen versprochen wurde, um eine Finanzierungslücke von DM 50.000 hinsichtlich eines Geschäftes von 22 Mio. US-$ zu schließen.[1201] Ein Mitverschulden wurde jedoch selbst bei extrem hohen Renditen von der obergerichtlichen Rechtsprechung abgelehnt. So wurde ein Mitverschulden des Anlegers bei dem Versprechen eines vierteljährlichen Zinses von 30,5 % für ein an eine GmbH vermitteltes Darlehen verneint.[1202] Auch eine Rendite von 28 % pro Jahr mit Wertpapieren erstklassiger Bonität (AAA-Rating) begründet kein den Schadensersatzanspruch minderndes Mitverschulden.[1203]

Banken wenden gegen einen Schadensersatzanspruch wegen fehlerhafter Anlageberatung 29
häufig ein, dass der Bankkunde den eingetretenen Schaden jedenfalls teilweise selbst zu verantworten habe, weil er nach Kenntnis von der fehlerhaften Beratung das Anlageobjekt hätte veräußern müssen und so eine Verringerung des Schadens erreicht hätte. Mit diesem Einwand wollen beratende Banken verhindern, dass sie das volle Kursverlustrisiko trifft. In diesem Zusammenhang ist eine pauschale Aussage allerdings verfehlt. Es kommt auf die Umstände des Einzelfalls an, ob man dem Bankkunden im Rahmen des § 254 BGB ein zu berücksichtigendes Mitverschulden anlasten kann. Wenn etwa die Bank von sich aus den Kunden darauf aufmerksam macht, dass ihr bei der ursprünglichen Beratung ein Fehler unterlaufen ist, und ihm nunmehr empfiehlt, das Anlageobjekt zu verkaufen, etwa weil es nicht zu seinen Anlagezielen passt, erscheint es sachgerecht, dem Bankkunden ab diesem Zeitpunkt das volle Kursverlustrisiko aufzubürden, wenn er sich der Empfehlung widersetzt. Wenn der Bankkunde hingegen selbst beginnt, daran zu zweifeln, dass er zutreffend beraten worden ist, ist die Statuierung einer Pflicht zum sofortigen Verkauf nicht angemessen, weil noch immer die Bank einen Informationsvorsprung hat und sich der Bankkunde nie sicher sein kann, ob der Verkauf nunmehr vernünftig ist. Im Ergebnis ist dem Bankkunden zu empfehlen, die beratende Bank unverzüglich davon zu unterrichten, dass er nunmehr von einer fehlerhaften Anlageberatung ausgeht; gleichzeitig sollte er der Bank anbieten, das Anlageobjekt zurückzugeben. Auf diese Weise ist

---

[1199] *Assmann/Schneider/Koller* § 31 WpHG Rn. 165.
[1200] *MünchKomm/Oetker* § 249 BGB Rn. 440.
[1201] BGH WM 1990, 1554, 1555.
[1202] OLG Karlsruhe, WM 1992, 1101, 1103.
[1203] OLG Hamm, WM 1993, 241.

die Bank in der Pflicht, dem Kunden die aktuelle Einschätzung hinsichtlich der Sachdienlichkeit eines Verkaufs mitzuteilen. Um den Schaden zu minimieren, kann die Bank in Absprache mit dem Kunden das Wertpapier verkaufen.

30   Hinsichtlich eines Haftungsausschlusses in AGB ist zu beachten, dass dieser – auch für fahrlässiges Verhalten – insoweit unwirksam wäre, als die Beratungspflicht beim Beratungsvertrag eine unabdingbare Hauptleistungspflicht im Sinne des § 307 II Nr. 2 BGB darstellt.[1204]

6. Kausalität

31   Die Verletzung der Pflichten aus dem Beratungsvertrag muss kausal für die Entscheidung des Bankkunden geworden sein, die Kapitalanlage zu erwerben. Folglich muss etwa die unrichtige Angabe oder der unterlassene Hinweis den Anleger zum Erwerb einer Anlage bestimmt haben, die er nicht getätigt hätte, wenn er zutreffend informiert oder beraten worden wäre.[1205]

7. Schaden

32   In Fällen der Beratungshaftung besteht der Schaden regelmäßig bereits im Erwerb des empfohlenen Anlageobjektes, weil die Anlage als solche unabhängig vom Vorliegen eines konkreten Vermögensschadens nicht den Interessen des Bankkunden entspricht.[1206] Die konkrete Kursentwicklung des Anlageobjektes ist daher in diesem Zusammenhang ohne Belang. Ein entsprechender Schadenersatzanspruch ist deshalb auf das negative Interesse gerichtet mit der Folge, dass die beratende Bank den Kunden so zu stellen hat, wie er ohne den abgeschlossenen Vertrag stünde. Der Schadenersatzanspruch richtet sich damit auf die Befreiung von dem abgeschlossenen Vertrag und auf Ersatz der im Zusammenhang damit getätigten Aufwendungen.[1207]

33   Im Klageantrag ist darauf zu achten, dass der Anspruch nur Zug um Zug geltend gemacht werden kann, sofern der Anleger noch Inhaber der Anlage ist. Wird der Anspruch nämlich auf die vollständige Rückabwicklung des Erwerbs des Anlageobjekts gerichtet, so stellt dies die Naturalrestitution im Sinne des § 249 I 1 BGB dar. Da ein Schaden bereits in dem Erwerb der Kapitalanlage liegt, kann der Anleger sogar bei objektiver Werthaltigkeit von Leistung und Gegenleistung seinen Vermögensschaden in Form der für seine Zwecke ungeeigneten Kapitalanlage erleiden. Neben einem Kursverlust der Wertpapiere kann er somit auch Naturalrestitution in Form der Erstattung des gezahlten Kaufpreises gegen Übertragung der erworbenen Wertpapiere verlangen. Sind die Wertpapiere hingegen zwischenzeitlich veräußert worden, wird der Veräußerungspreis auf den Anspruch auf Rückzahlung des Kaufpreises angerechnet.[1208]

Hinweis:

34   Im Klageantrag ist unbedingt darauf zu achten, dass etwaige Vorteile, die sich der Kläger anrechnen lassen muss, zum Beispiel Zinszahlungen aus der erworbenen Anlage, oder bei Veräußerung der Anlage der Veräußerungserlös, nicht bereits von der Hauptforderung abgezogen werden, sondern valutagerecht erst zu dem Zeitpunkt in den Antrag eingestellt werden, in dem sie dem Anleger zugeflossen sind. Nur so profitiert der Anleger gemäß § 367 I BGB davon, dass etwaige Vorteile zunächst auf die Zinsen der Alternativanlage, die der Anleger bei korrekter Beratung erworben hätte, angerechnet werden und erst anschließend auf die Hauptforderung. Weiterhin wird auch nur durch einen solchen Antrag die dem Anleger zustehende Naturalrestitution Gegenstand der Klage.

8. Verjährung der Ansprüche nach § 37a WpHG

35   Verjährungsrechtlich gibt es für die Schadensersatzansprüche wegen fehlerhafter Anlageberatung eine Spezialvorschrift. Nach § 37 a WpHG verjähren Schadensersatzansprüche wegen Verletzung der Pflicht zur Information und wegen fehlerhafter Beratung im Zusammenhang mit einer Wertpapierdienstleistung oder Wertpapiernebendienstleistung in drei Jahren von

---

[1204] BGH WM 2000, 426, 429.
[1205] BGH WM 1990, 920; siehe hierzu unten, § 14 Rn. 45.
[1206] BGH NJW 2005, 1579 ff. m.w.N.
[1207] BGH WM 2007, 487.
[1208] *Einsele*, Bank- und Kapitalmarktrecht § 8 Rn. 43.

dem Zeitpunkt an, in dem der Anspruch entstanden ist. Mit Entscheidung vom 18.3.2005 hat der BGH ausgeführt, dass diese Verjährungsvorschrift sowohl vertragliche als auch deliktische Schadensersatzansprüche, die in diesem Zusammenhang in Betracht kommen können, erfasst. Ausgenommen hiervon sind jedoch deliktische Ansprüche, denen eine vorsätzliche Pflichtverletzung zugrunde liegt. Hier gilt die Regelverjährung nach § 195 BGB.[1209] Für den Beginn der Dreijahresfrist kommt es allein darauf an, wann die auf die Pflichtverletzung zurückzuführende Anlageentscheidung des Kunden ausgeführt wurde, weil sich bereits zu diesem Zeitpunkt der Schaden realisiert hat; auf die spätere Entwicklung des Anlageobjekt kommt es nicht an.[1210] In der vorgenannten Entscheidung hat der BGH außerdem der Auffassung eine Absage erteilt, wonach auf die Ansprüche wegen fehlerhafter Anlageberatung die Grundsätze der Sekundärverjährung zu übertragen seien, die bei der Rechtsanwalts- und Steuerberaterhaftung gelten.[1211]

9. Anspruchsgrundlagen

a) Vertragliche Grundlage einer Haftung. Ein Schadensersatzanspruch wegen Verletzung der   36
Pflicht zur anleger- und objektgerechten Beratung kann sich aus § 280 I BGB i.V.m. dem Beratungs-, Kommissions- oder Kaufvertrag (beim Festpreisgeschäft) ergeben. Eine Haftung der Bank für unvollständige oder unrichtige Informationen oder wegen Verletzung einer gebotenen Nachforschungspflicht kann aus Vertrag, Quasi-Vertrag oder aus unerlaubter Handlung (i.V.m. der Verletzung von Schutzgesetzen) resultieren.

b) Haftung nach §§ 311 II, III, 241 II i.V.m. §§ 280 ff. BGB. Aufgrund entgegengebrachten   37
Vertrauens können sich für Anlageberater und -vermittler Aufklärungspflichten, Beratungs- und Prüfungspflichten über Risiken und sonstige wesentliche Umstände ergeben. Dies setzt voraus, dass in zurechenbarer Weise ein Vertrauenstatbestand geschaffen worden ist, worauf sich der Kunde berechtigterweise verlassen durfte[1212].

c) Haftung nach §§ 823 II BGB i.V.m. 31 WpHG bzw. nach § 826 BGB. Neben der rein ver-   38
traglichen Haftung für fehlerhafte Anlageberatung wird in der Literatur diskutiert, ob die §§ 31 ff. WpHG alter und neuer Fassung Schutzgesetze zugunsten der individuellen Bankkunden sind und bei einer fehlerhaften Anlageberatung daher auch eine Haftung nach §§ 823 II BGB i.V.m. 31 WpHG in Betracht kommt.[1213] Der Bundesgerichtshof hat zwar wiederholt die Frage des Schutzgesetzcharakters offengelassen, jedoch jüngst bezüglich der alten Fassung des § 31 I Nr. 2 WpHG den Schutzgesetzcharakter verneint.[1214] Hinsichtlich der neuen Fassung der §§ 31 ff. WpHG ist diese Rechtsfrage weiterhin streitig.[1215]

Zwar sind die §§ 31 ff. WpHG überwiegend öffentlich-rechtlicher Natur, denn sie regeln das   39
öffentliche Aufsichtsrecht. Dies steht der Qualifikation als Schutzgesetz jedoch nicht entgegen, denn entscheidend ist, ob die betreffende Norm Individualschutz bezweckt oder nicht. Vor dem Hintergrund, dass der Finanzausschuss des Bundestags als Zweck der Einführung der §§ 31 ff. WpHG u.a. die Verbesserung des Anlegerschutzes aufgeführt hat, wird man solche als Schutzgesetze einordnen können. Ein solcher deliktischer Schadensersatzanspruch stünde regelmäßig in Anspruchskonkurrenz zur quasivertraglichen bzw. vertraglichen Haftung aus dem Beratungsvertrag; praktisch bedeutsame Unterschiede zwischen einer solchen deliktischen Haftung und der vertraglichen Haftung sind in diesem speziellen Zusammenhang nicht ersichtlich. Im Hinblick auf die Frage des Verjährungsbeginns nach § 199 BGB oder § 37 a WpHG erlangt die Einordnung jedoch erhebliche praktische Bedeutung. Wird der Anleger vorsätzlich geschädigt, kommt zudem ein Anspruch aus § 826 BGB in Betracht. Vorsatz liegt bereits vor, wenn der Anlageberater Kenntnis von der Unrichtigkeit seiner Information hatte[1216].

[1209] BGHZ 162, 306 ff.; auch der Gesetzgeber hat sich in diesem Zusammenhang für eine Sonderbehandlung vorsätzlicher Verstöße ausgesprochen, vgl. BT-Drs. 13/8933, S. 97.
[1210] BGHZ 162, 306 ff.
[1211] BGHZ 162, 306 ff.
[1212] *Von Heymann/Edelmann*, Handbuch des Kapitalanlagerechts § 4 Rn. 94.
[1213] *Hopt* ZHR 159 (1995), 135, 160 (zu § 32 WpHG); offengelassen von BGHZ 162, 306 ff.
[1214] BGH WM 2007, 487.
[1215] *Schäfer* WM 2007, 1872 ff.
[1216] *Einsele*, Bank- und Kapitalmarktrecht § 8 Rn. 42.

10. Darlegungs- und Beweislast

40   Im Rahmen eines Mandates, das eine fehlerhafte Anlageberatung zum Gegenstand hat, benötigt der Rechtsanwalt regelmäßig Informationen darüber, ob und wie die Bank den Ablauf des Beratungsgesprächs dokumentiert hat. Insoweit muss sich der Rechtsanwalt für seinen Mandanten an die Bank wenden und um die Herausgabe einer Kopie des Wertpapiererhebungsbogens bitten, wenn nicht der Bankkunde bereits zuvor eine solche Kopie erhalten hat. Hier entbrennt häufig bereits in der außergerichtlichen Auseinandersetzung ein Streit darüber, inwieweit die Bank verpflichtet ist, Informationen über den Wertpapiererhebungsbogen an den Kunden herauszugeben. Da es zivilrechtlich keine Pflicht zur Dokumentation des Abschlusses eines Beratungsvertrages und deren Inhalts gibt,[1217] ist es auch sehr fraglich, ob eine Pflicht der Bank besteht, den Wertpapiererhebungsbogen herauszugeben. Inwieweit sich aus § 810 BGB ein Anspruch herleiten lässt, einen Wertpapiererhebungsbogen einzusehen, muss im Einzelfall geklärt werden. Dagegen ergeben sich etwaige aufsichtsrechtliche Dokumentationspflichten im Zusammenhang mit einer Anlageberatung aus §§ 31 IV 2, 34 I WpHG, 14 VI WpDVerOV. Aus einer etwaigen Verletzung aufsichtsrechtlicher Dokumentationspflichten kann ein Kunde aber keine Schadenersatzansprüche ableiten.

41   Nach den allgemeinen prozessualen Regeln der Beweislastverteilung, die grundsätzlich auch im Bankvertragsrecht gelten, trifft denjenigen, der einen Anspruch geltend macht, die Darlegungs- und Beweislast für das Vorliegen sämtlicher Anspruchsvoraussetzungen.[1218] Folglich hat in einem Gerichtsverfahren grundsätzlich der Anleger die für ihn günstigen Tatsachen darzulegen und zu beweisen. Im Rahmen der Geltendmachung eines Schadensersatzanspruchs wegen fehlerhafter Anlageberatung muss er deshalb neben der unzureichenden Aufklärung bzw. Beratung auch den kausalen Schaden[1219] darlegen und beweisen. Die Rechtsprechung des BGH stellt an die Substanziierung des klägerischen Vortrags hohe Anforderungen. Hinreichender Vortrag zur Darlegung einer Aufklärungspflichtverletzung erfordert insbesondere konkreten Vortrag zu Wissensstand, Risikobereitschaft und Anlageziel des Klägers.[1220] In diesem Zusammenhang ist auch der WpHG-Erhebungsbogen von entscheidender beweisrechtlicher Bedeutung. So wird man die vom geschädigten Anleger gemachten Angaben nach § 416 ZPO als zutreffend ansehen müssen, da vermutet wird, dass der Kunde die im Bogen niedergelegten Angaben auch so gemacht hat. Hat er diese nicht geprüft, handelt er auf eigenes Risiko.

Praxistipp:

42   Bei der Einschätzung der Erfolgsaussichten muss der WpHG-Erhebungsbogen unbedingt berücksichtigt werden.

43   Die typischen Schwierigkeiten bei der Führung des Negativbeweises (unzureichende Aufklärung) werden von der Rechtsprechung durch die Statuierung einer sekundären Darlegungslast für die Bank abgemildert. Die an sich nicht darlegungs- und beweisbelastete Bank muss deshalb die Behauptung der fehlerhaften Beratung substantiiert bestreiten und darlegen, wie im Einzelnen beraten bzw. aufgeklärt worden ist. Das substanziierte Bestreiten seitens der Bank hat also in der Form zu erfolgen, dass sie konkret darlegt, wann, wo und wie die gebotene Aufklärung und Beratung vorgenommen wurde.[1221] Dem geschädigten Anleger obliegt dann der Nachweis, dass die Darstellung der Bank nicht zutrifft.

Praxistipp:

44   Es ist nicht ratsam, bereits bei einem verfahrenseinleitenden Schriftsatz detailliert darauf hinzuweisen, welche Einzelheiten bei einer korrekten Beratung hätten mitgeteilt werden müssen, zumal eine solch ausführliche Erläuterung einer Negativtatsache rechtlich nicht geboten ist.[1222]

[1217] BGH WM 2006, 567.
[1218] *Assies/Beule/Heise/Strube*, Handbuch des Fachanwalts: Bank und Kapitalmarktrecht Kapitel 7 Rn. 214.
[1219] *MünchKomm/Oetker* § 249 BGB Rn. 440.
[1220] BGHZ 126, 217, 225; BGH WM 2000, 1685, 1686; BGH NJW 2000, 3558.
[1221] BGH NJW 1996, 2570; NJW 1995, 2841, 2842; NJW 1996, 2571; NJW 2001, 64, 65; BGHZ 101, 49, 55; BGH NJW 1997, 1201; NJW 1990, 3151, 3152; st. Rspr.
[1222] Etwas anderes kann gelten, wenn sich aus einem Prospekt, der im Beratungsgespräch ebenfalls übergeben und thematisiert wurde, Risikohinweise ergeben. In diesem Fall kann der Anleger schon zu Beginn des Prozesses gehalten sein darzulegen, ob und inwieweit die Risiken im Prospekt verharmlost wurden; vgl. dazu OLG Celle, Urt. v. 6.4.2006 – 11 U 191/05.

Der geschädigte Kläger muss weiterhin darlegen, dass die Bank als Aufklärungspflichtige   45
durch die fehlerhafte Beratung seine Anlageentscheidung **kausal** verursacht hat. Diese wäre
unterblieben, wenn er zutreffend beraten und aufgeklärt worden wäre. Der hypothetische
Kausalverlauf im Falle einer korrekten Beratung ist in der Regel sehr schwer zu beweisen. Um
den geschädigten Anleger nicht von vornherein seiner Rechtsschutzmöglichkeiten zu enthe-
ben, hat die Rechtsprechung die **Vermutung des aufklärungsrichtigen Verhaltens** entwickelt,
weil nach der Lebenserfahrung davon auszugehen ist, dass die in einem wesentlichen Punkt
unvollständige Aufklärung, insbesondere über Risiken des Anlageobjekts, ursächlich für die
Anlageentscheidung war.[1223] Zwar wurde diese Vermutung von der Rechtsprechung für die
Fälle entwickelt, in denen eine Aufklärungspflicht verletzt wurde. Jedoch gilt dies nicht nur,
soweit dem Anleger unter Verstoß gegen die Pflicht zur objektgerechten Beratung wesentliche
Informationen über das Anlageobjekt nicht oder falsch mitgeteilt werden, sondern auch bei
Verstößen gegen die Pflicht zur anlegergerechten Beratung, wenn eine Anlageempfehlung also
die wesentlichen Belange des Bankkunden nicht berücksichtigt.[1224] Danach obliegt es regelmäßig der Bank, diese Vermutung zu widerlegen; sie muss mindestens Indizien vortragen, die eindeutig gegen diese Vermutung sprechen. Diese anlegerfreundliche Vermutung greift jedoch
nur, wenn es lediglich eine bestimmte Möglichkeit aufklärungsrichtigen Verhaltens gibt. Wenn
hingegen eine ordnungsgemäße Beratung beim Bankkunden einen Entscheidungskonflikt ausgelöst hätte, weil es in der konkreten Situation des Kunden nicht nur eine, sondern mehrere
vernünftige Handlungsalternativen gab, trägt der Bankkunde die volle Darlegungs- und Beweislast dafür, dass er sich im Falle einer ordnungsgemäßen Beratung gerade für die Alternative entschieden hätte, die nicht zu dem Schadenseintritt – dem Erwerb des Anlageobjekts –
geführt hätte.[1225] Der Vermutung aufklärungsrichtigen Verhaltens steht dabei nicht bereits
entgegen, dass der Anleger trotz zwischenzeitlich entstandener Verluste an der Anlage festhält.[1226] Gleiches gilt, wenn die Bank nach dem Schadenseintritt die korrekte Beratungsleistung nachholt und der Bankkunde sein Anlageverhalten nicht ändert, denn er steht einem solchen nachträglichen Hinweis unter dem Eindruck des bereits getätigten Erwerbsgeschäfts
nicht mehr unvoreingenommen gegenüber, so dass Schlussfolgerungen hinsichtlich eines Verhaltens vor dem Erwerb nicht möglich sind.[1227] Weil der Schaden bereits durch den Erwerb
des Anlageobjektes eingetreten ist, ist es im Rahmen der Kausalität unbeachtlich, ob sich das
Risiko, über das der Bankkunde nicht aufgeklärt worden ist, später bei der Kursentwicklung
tatsächlich verwirklicht.[1228] Festzuhalten ist, dass im Grundsatz die Bank, die eine vertragliche
Aufklärungs- oder Beratungspflicht verletzt, die Beweislast dafür trägt, dass der Schaden beim
Kunden auch bei pflichtgemäßem Verhalten eingetreten wäre, der geschädigte Kunde mithin
den Rat auch trotz Aufklärung nicht befolgt hätte.

Aus besonderen Umständen des Einzelfalls kann sich ergeben, dass die Bank bereits von An-   46
fang an die Darlegungs- und Beweislast für das Vorliegen einer korrekten Beratung zu tragen
hat. Dies gilt etwa, wenn sich aus der **schriftlichen Dokumentation des Beratungsgesprächs**
Hinweise darauf ableiten lassen, dass etwa eine unvollständige Risikoaufklärung vorgenommen wurde oder, dass die persönlichen Verhältnisse des Bankkunden falsch evaluiert wurden.[1229] Ob es der Bank beweisrechtlich zum Nachteil gereicht, dass sie im Einzelfall ein Beratungsgespräch nicht anhand eines Wertpapiererhebungsbogens dokumentiert hat, war lange
Zeit umstritten. Mit Urteil vom 24.1.2006 hat der BGH entschieden, dass Banken keine zivilrechtliche Pflicht oder Obliegenheit zur schriftlichen Dokumentation der Erfüllung ihrer Bera-
tungs- und Aufklärungspflichten gegenüber Anlegern haben.[1230] Zwar ergibt sich aus den
Richtlinien des Bundesaufsichtsamtes für den Wertpapierhandel gem. § 35 II WpHG vom
26.5.1997 bzw. gem. § 35 VI WpHG vom 9.5.2000, dass Banken ihre Beratungsgespräche

---

[1223] BGH WM 2005, 69, 72; BGH WM 2000, 426, 429; BGH WM 1999, 1276, 1280; Saarländisches
OLG Urt. v. 14.1.2003 – 7 U 278/02 – 63; *Palandt/Heinrichs* § 282 BGB Rn. 15.

[1224] BGH NJW 1984, 1688; BGH NJW 1990, 1907,1909; BGH ZIP 2002, 1289; BGH WM 2006, 1288.

[1225] BGHZ 124, 151, 161; 160, 58 ff.; BGH WM 1998, 1527, 1529; NJW 2004, 2967, 2969; Urt. v.
24.1.2006 – XI ZR 405/04.

[1226] BGHZ 160, 58 ff.; BGH WM 1992, 770,773; NJW 2004, 2967, 2968.

[1227] BGHZ 160, 58 ff.; BGH WM 1993, 1497, 1458.

[1228] BGH WM 1990, 1276, 1280; OLG Karlsruhe OLGR Karlsruhe 2000, 17, 18; Saarländisches OLG,
Urt. v. 14.1.2003 – 7 U 278/02 – 63 – ; BGHZ 123, 106, 113; BGH WM 1995, 344, 347.

[1229] Vgl. Saarländisches OLG, Urt. v. 14.1.2003 – 7 U 278/02 – 63 – ; Schleswigholsteinisches OLG MDR
1997, 130 ff.; *Baumbach/Lauterbach/Albers/Hartmann* Anh. § 286 ZPO Rn. 37.

[1230] Vgl. BGH Urt. v. 24.1.2006 – XI ZR 320/04 – ZIP 2006, 504 ff.

schriftlich dokumentieren müssen. Diese rein aufsichtsrechtlichen Vorgaben wirken sich jedoch nicht zugunsten des einzelnen Bankkunden aus.[1231] Die Ausführungen des BGH sind ein
deutlicher Fingerzeig, dass das Fehlen eines Wertpapiererhebungsbogens nicht grundsätzlich
zu Lasten der Bank gewertet werden darf. Gleichwohl kann sich wiederum aus den Umständen des Einzelfalls ergeben, dass die unterlassene, aber ohne erheblichen Aufwand mögliche
schriftliche Dokumentation eine unzureichende Aufklärung oder Beratung impliziert.[1232]

47   Sofern ein Wertpapiererhebungsbogen vorhanden ist, muss dessen Beweiswert je nach Fallgestaltung sehr unterschiedlich beurteilt werden. Ein vom Kunden unterzeichneter Erhebungs-
bogen wird in der Regel jedenfalls als Indiz dafür gewertet, dass das Beratungsgespräch den
dokumentierten Inhalt hatte; der Bankkunde ist aber in der Lage, Indizien vorzutragen und zu
beweisen, die belegen, dass die Angaben im Wertpapiererhebungsbogen unzutreffend sind.[1233]
Zu beachten ist, dass der Anleger sich nach Treu und Glauben nicht auf daraus resultierende
Beratungsmängel berufen kann, wenn er zuvor keine oder unvollständige Angaben gemacht
hat[1234].

48   Soweit für die empfohlene Anlage ein **Verkaufsprospekt** existiert, hat die Frage, ob der Prospekt übergeben wurde, auch Auswirkungen auf die beweisrechtliche Situation. Unabhängig
davon, ob die fehlende Aushändigung des Prospektes zu eigenständigen Schadensersatzansprüchen führt, spricht der erste Anschein gegen eine ordnungsgemäße Aufklärung, wenn feststeht, dass der Prospekt nicht übergeben wurde und dem Anleger auch nicht anderweitig bekannt war. Wenn in Streit steht, ob der Prospekt übergeben wurde, trägt die Bank die
Beweislast dafür, dass der Prospekt übergeben wurde.[1235]

[1231] Aus § 34 I WpHG selbst ergibt sich eine Dokumentationspflicht hinsichtlich der inhaltlichen Aufklärung in einem Anlageberatungsgespräch schon deshalb nicht, weil dort nur der Geschäftsabschluss als solcher
und damit in Zusammenhang stehende Weisungen des Bankkunden genannt werden. Eine anlegerschützende
Dokumentationspflicht könnte nur das Bundesfinanzministerium durch Erlass einer Rechtsverordnung nach
§ 34 II WpHG statuieren; eine solche Rechtsverordnung ist bislang jedoch nicht erlassen worden, BGH ZIP
2006, 504 ff.

[1232] Vgl. dazu Schleswigholsteinisches OLG MDR 1997, 130 f ; *Schwennicke* WM 1998, 1101, 1109.

[1233] LG Dortmund, Urt. v. 26.8.2004 – 2 O 135/03.

[1234] *Roth*, Handbuch des Kapitalanlagerechts § 11 Rn. 50.

[1235] OLG Hamm, Urt. v. 26.3.2003 – 8 U 170/02.

§ 15 Vermögensverwaltung

Übersicht

I. Ausgangssituation

Zahlreiche Banken bieten Kunden mit Vermögen einer bestimmten Höhe die professionelle 1
Verwaltung desselben an. Die vertraglichen Ausgestaltungsmöglichkeiten sind dabei äußerst
vielfältig und können der vermögensverwaltenden Bank einen mehr oder weniger großen Er-
messenspielraum einräumen. Eine typische Fallgestaltung, mit der ein Rechtsanwalt in diesem
Bereich konfrontiert wird, kann – vereinfacht – wie folgt aussehen:

Ein Anleger kommt in den Genuss einer größeren Vermögenssumme, z. B. durch den Ver- 2
kauf einer Immobilie oder eine Erbschaft, und wendet sich wegen der Anlage des zur Verfügung stehenden Betrags an eine Bank. Er teilt dieser mit, dass er sich bislang mit Fragen der
Geldanlage nicht beschäftigt habe und nunmehr gedenke, seinen Lebensunterhalt aus dem zur
Verfügung stehenden Vermögen zu bestreiten. Die Bank bietet ihm daraufhin einen Vermögensverwaltungsvertrag an, mit dem die Auswahl der Anlageformen und -zeitpunkte vollständig in das Ermessen der Bank gestellt wird. Der Bank wird insoweit die Vollmacht eingeräumt,
nach freiem Ermessen das Kundenvermögen zu verwalten. Zusätzlich wählt der Kunde anschließend zwischen verschiedenen Varianten auf Empfehlung der Bank die Festlegung einer
Aktien- bzw. Rentenbandbreite zwischen 50 und 100 %. Hierzu wird dem Kunden mitgeteilt,
dass die Bank dank ihrer ausgezeichneten Research-Möglichkeiten umgehend reagieren
könne, falls die Entwicklung an den Kapitalmärkten ein solches Handeln gebiete. Insoweit
müsse sich der Kunde keine Gedanken machen. Nach Übertragung des zu verwaltenden Vermögens auf die Bank erhält der Anleger in halbjährlichem Turnus einen Bericht über die Entwicklung seines Vermögens. Hierum kümmert er sich jedoch nicht weiter, er wähnt sein Geld
bei der Bank in guten Händen. Als er nach etwa 18 Monaten den dritten Bericht seines Vermögensverwalters in Händen hält, stellt er mit Schrecken fest, dass mehr als 50 % des von ihm
übertragenen Vermögens nicht mehr vorhanden sind. Nach Kündigung des Vermögensverwaltungsvertrages möchte der Anleger die entstandenen Verluste ersetzt bekommen.

Praxistipp:

3   Zur Vermeidung unangenehmer Überraschungen empfiehlt es sich für den Anleger, den beabsichtigten Vermögensverwaltungsvertrag bereits vor Abschluss in juristischer Hinsicht sorgfältig prüfen zu lassen, um späteren Auseinandersetzungen soweit wie möglich aus dem Weg gehen zu können.

II. Rechtliche Grundlagen

1. Gegenstand des Vermögensverwaltungsvertrags

4   Bei einem entgeltlichen **Vermögensverwaltungsvertrag** handelt es sich um einen Geschäftsbesorgungsvertrag mit Dienstleistungscharakter im Sinne der §§ 675, 611 BGB, denn der Vermögensverwalter hat nicht für den Erfolg (Mehrung des Vermögens) einzustehen, sondern für die sachgerechte Durchführung des Vertrages.[1236] Abzugrenzen ist der Vermögensverwaltungsvertrag insoweit von reinen Depotverträgen und Vermögensbetreuungsverträgen, in deren Rahmen der Bank die Dispositionsbefugnis über das Vermögen des Kunden fehlt.

5   Im Rahmen eines üblichen **Depotvertrages** obliegen der Bank keine Überwachungspflichten hinsichtlich des Kundendepots. Eine Hinweispflicht z. B. auf eine negative Entwicklung des Gesamtdepots oder einzelner Wertpapiere existiert somit nicht.[1237]

6   Weitergehend sind die Pflichten der Bank im Rahmen eines **Vermögensbetreuungsvertrages.** Hier versorgt die Bank den Kunden laufend mit Informationen über den Kapitalmarkt und unterbreitet konkrete Vorschläge für die Vermögensanlage bzw. Umschichtung des Depots.[1238] Die Entscheidungsbefugnis über den Erwerb oder Verkauf der empfohlenen Wertpapiere verbleibt jedoch bei dem Vermögensinhaber. Im Gegensatz zum reinen Depotvertrag beinhaltet die Vermögensbetreuung damit eine auf Dauer ausgestaltete laufende Verpflichtung der Bank zur Überwachung des Kundenvermögens.[1239]

2. Haftungsgrundlagen

7   Die vom Vermögensverwalter zu vertretende Schlechtleistungen seiner Verwaltungspflicht ist grundsätzlich nach den Regeln der Haftung für **positive Vertragsverletzung** gemäß §§ 280 Abs. 1 S. 1, 249 ff. BGB zu bewerten.[1240]

8   Soweit in Ausnahmefällen kein eigenständiger Beratungsvertrag vor Abschluss des Vermögensverwaltungsvertrages zustande gekommen ist, ist für die vorvertraglichen Pflichten auf das Rechtsinstitut der **culpa in contrahendo** (§§ 311 II, 280 I 1, 249 ff. BGB) zurückzugreifen.[1241]

9   Schließlich unterfällt die Vermögensverwaltung gemäß § 2 III Nr. 7 WpHG dem Aufsichtsrecht, wenn sie sich auf Finanzinstrumente im Sinne des § 2 II b WpHG bezieht. Die in den §§ 31 ff. WpHG geregelten aufsichtsrechtlichen Pflichten finden damit auch auf die Vermögensverwaltung Anwendung.[1242] Vor der Änderung des WpHG zum 1.11.2007 wurden die §§ 31, 32 a.F. WpHG überwiegend als **Schutzgesetze im Sinne des § 823 II BGB** angesehen, der damit auch bei Pflichtverletzungen in der Vermögensverwaltung Anwendung finden sollte.[1243] Nachdem der BGH diese Frage zunächst ausdrücklich offen gelassen hatte[1244], hat er zuletzt die Einordnung von § 31 I Nr. 2 WpHG a.F.[1245] sowie von § 32 II Nr. 1 WpHG a.F.[1246] als

[1236] BGH NJW 1998, 449; *Schäfer*, Handbuch des Kapitalanlagerechts § 23 Rn. 11; *Balzer*, Vermögensverwaltung durch Kreditinstitute S. 42f. m. w. N.
[1237] BGH NJW 2005, 1113; OLG Celle WM 1997, 1801; OLG München WM 1997, 1802.
[1238] *Balzer*, Vermögensverwaltung durch Kreditinstitute S. 17, m.w.N., der hierfür den Begriff „Vermögensberatung" verwendet.
[1239] *Balzer*, Vermögensverwaltung durch Kreditinstitute S. 18.
[1240] *Schäfer*, Handbuch des Kapitalanlagerechts § 23 Rn. 52.
[1241] OLG Düsseldorf MDR 2004, 387; *Balzer*, Vermögensverwaltung durch Kreditinstitute S. 52; *Schäfer* ZBB 2000, 150, 151, der die Interessen des Vermögensinhabers in dieser Phase durch die Rechtsfigur der c.i.c. grundsätzlich ausreichend geschützt sieht.
[1242] *Schäfer/Müller*, Haftung für fehlerhafte Wertpapierdienstleistungen Rn. 226f.
[1243] LG Frankfurt/M. BKR 2004, 242; *Schäfer/Müller*, Haftung für fehlerhafte Wertpapierdienstleistungen Rn. 33 m.w.N.; *Schödermeier* WM 1995, 2053, 2054.
[1244] BGH WM 2004, 1872, 1874 f; BGH WM 2004, 24, 26.
[1245] BGH WM 2007, 487.
[1246] BGH BKR 2008, 294, 295.

Schutzgesetz im Sinne von § 823 II BGB verneint. Eine eindeutige Einordnung der Neuregelungen der §§ 31 ff. WpHG ist derzeit noch nicht feststellbar.[1247]

Schließlich kann dem Anleger gegen den Vermögensverwalter auch ein Anspruch aus der 10 Anspruchsgrundlage des § 823 II BGB i. V. m. § 266 StGB erwachsen. Die Treuebruchsvariante des § 266 StGB setzt die Pflicht, fremde Vermögensinteressen wahrzunehmen, voraus. Eine solche inhaltlich qualifizierte Pflicht ist ohne Zweifel bei Vermögensverwaltungsverträgen gegeben, wie überhaupt Vermögensverwalter als treupflichtig angesehen werden.[1248]

III. Pflichten des Vermögensverwalters

1. Allgemeines

Hinsichtlich des Umfangs der Pflichten des Vermögensverwalters lassen sich zunächst die zu 11 den Pflichten im Rahmen der Anlageberatung entwickelten Kriterien auf die Beratung im Vorfeld vor Abschluss des Vermögensverwaltungsvertrages übertragen.[1249] Dies bedeutet, dass der Vermögensverwalter aufgrund eines eigenständigen Beratungsvertrages verpflichtet ist, den Kunden **bei Abschluss des Vermögensverwaltungsvertrages**, insbesondere bei der Auswahl der Anlagerichtlinien, anleger- und objektgerecht zu beraten.[1250]

Daneben schuldet der Vermögensverwalter dem Anleger die **ordnungsgemäße und fachge-** 12 **rechte Verwaltung des anvertrauten Vermögens.** Die Missachtung der daraus abgeleiteten Einzelpflichten des Vermögensverwalters führt ebenfalls zu einer Schadensersatzhaftung.

2. Pflichten bei der Anbahnung des Vermögensverwaltungsvertrags

Zunächst bedarf es in der Klage einer Schilderung, wie es zum Abschluss des Vermögensver- 13 waltungsvertrages kam. Insoweit muss dargestellt werden, inwieweit der später abgeschlossene Vertrag die von dem Kunden genannten Anlageziele und seine Risikobereitschaft berücksichtigt und dass eine umfassende Aufklärung des Kunden über die im Rahmen der Vermögensverwaltung möglichen Anlageobjekte bzw. deren Wirkungsweisen und Risiken nicht stattgefunden hat.

a) **Anlegergerechte Beratung.** In der Klageschrift sind zunächst die Anlageziele, die Kenntnisse 14 und Erfahrungen des Anlegers mit den in Frage kommenden Anlageprodukten sowie seine Vermögensverhältnisse darzustellen. Denn der Vermögensverwalter genügt seiner Pflicht zur anlegergerechten Beratung in diesem Zusammenhang nur, wenn anschließend Anlagerichtlinien vereinbart werden, die auf die persönlichen Verhältnisse des Kunden zugeschnitten sind.[1251]

aa) *Anlageziele.* Die Anlageziele des Kunden bestimmen die Pflichten des Vermögensverwal- 15 ters bei der später durchzuführenden Verwaltung des Vermögens.[1252] Die zu Beginn geschilderte Ausgangssituation stellt einen in der Praxis am häufigsten vorkommenden Fälle dar: Mit der Übertragung des Vermögens auf einen Vermögensverwalter will der Kunde die Versorgung im Alter sichern oder sogar schon von dem vorhandenen Vermögen bzw. den daraus zu erwirtschaftenden Erträgen seinen Lebensunterhalt finanzieren. Die Motivation zum Abschluss der Vermögensverwaltung (= Absicherung) indiziert damit gleichzeitig die Risikobereitschaft des Kunden (= Sicherheit), die in der Praxis in der Regel in drei Kategorien (konservativ/sicherheitsorientiert, risikobewusst und spekulativ) eingeteilt wird.[1253] Entscheidend für den Erfolg des Klageverfahrens gegen den Vermögensverwalter ist an dieser Stelle, dass der entsprechende Vortrag die Anlageziele und die Risikobereitschaft des Kunden unzweifelhaft zum Ausdruck

---

[1247] *Schäfer* WM 2007, 1872 ff.
[1248] *Schönke/Schröder/Lenckner/Perron* § 266 StGB Rn. 25.
[1249] *Balzer,* Finanzbetrieb 2000, 499, 500; *Lang,* a.a.O. § 22 Rn. 3.
[1250] *Balzer,* Vermögensverwaltung durch Kreditinstitute S. 51; *Gaßner/Escher* WM 1997, 93, 96; a.A. OLG Düsseldorf MDR 2004, 387; *Schäfer* ZBB 2000, 150, 151, die jeweils auf die Rechtsfigur der c.i.c. zurückgreifen.
[1251] *Balzer,* Vermögensverwaltung durch Kreditinstitute S. 83; *Gaßner/Escher* WM 1997, 93, 97.
[1252] *Schödermeier* WM 1995, 2053, 2056.
[1253] Weitere Unterteilungen dieser Grundeinteilung sind möglich, z. B. „begrenzt risikobereit", „ausgewogen" oder „dynamisch".

bringt. Der Vortrag in der Klageschrift sollte insoweit durch entsprechende Zeugenaussagen sowie eine evtl. vorhandene Dokumentation gestützt werden können.

Praxistipp:

16   Bei der Vorbereitung ist darauf zu achten, ob Schreiben des Kunden bzw. Bestätigungen der Bank existieren, in denen auf solche Anlageziele (Altersvorsorge, Absicherung der Familie, Finanzierung des Lebensunterhalts etc.) Bezug genommen wird.

17   Die häufigsten Pflichtverletzungen resultieren in diesem Zusammenhang aus der Empfehlung einer zu stark risikobehafteten Vermögensverwaltung, die den vom Kunden genannten Anlagezielen nicht Rechnung trägt. Ist dem Vermögensverwalter bekannt, dass der Kunde mit dem anzulegenden Vermögen seinen Lebensunterhalt finanzieren möchte, muss die Beratung auf eine Vermögensverwaltungsvariante gerichtet sein, die nahezu ausschließlich in festverzinsliche Wertpapiere und/oder ähnlich sichere Anlageformen investiert. Insoweit ist der Vermögensverwalter verpflichtet darzustellen, welche Rendite mit einer festverzinslichen Anlage erreicht werden kann und welche Erträge sich damit gegebenenfalls unter teilweisem Verzehr des Vermögens in dem genannten Zeitraum voraussichtlich erzielen lassen.[1254] Verfügt der Anleger über keine Erfahrung mit Wertpapiergeschäften und stuft er sich als „begrenzt risikobereit" ein, stellt die Empfehlung einer sich an spekulativ eingestellte Anleger richtenden Variante einer Fonds-Vermögensverwaltung in diesem Zusammenhang eine Verletzung der Pflicht zur anlegergerechten Beratung des Kunden dar.[1255]

18   *bb) Anlagerichtlinien.* Die vom Vermögensverwalter ermittelten Anlageziele, Kenntnisse, Erfahrungen und Vermögensverhältnisse des Kunden müssen auch in die Empfehlung und anschließende Vereinbarung bestimmter Anlagerichtlinien für die durchzuführende Vermögensverwaltung einfließen. Der vom Anleger mandatierte Rechtsanwalt steht in diesem Zusammenhang nicht selten vor dem Problem, dass sich die Vereinbarung von Anlagerichtlinien in der Festlegung von pauschalen Risikoklassen (z. B. konservativ, risikobewusst oder spekulativ) erschöpft. Diese Begriffe sind jedoch weder gesetzlich normiert noch exakt definiert, so dass es in solchen Fällen der Auslegung gem. §§ 133, 157 BGB bedarf, wie diese Begriffe einzuordnen sind.[1256]

19   Daneben lassen sich in der Praxis zum Teil auch sehr detaillierte Anlagerichtlinien in Vermögensverwaltungsverträgen finden, an die sich der Vermögensverwalter bei Vertragsdurchführung halten muss. Wie im Beispielsfall aufgeführt, ist die Festlegung von Anlagegrenzen für bestimmte Anlageformen eine verbreitete Variante zur konkreten Ausgestaltung von Anlagerichtlinien.[1257] Für die Bestimmung des Inhalts vereinbarter Anlagerichtlinien im Vermögensverwaltungsvertrag kommt es zudem auf die exakte Formulierung an. Werden in diesem Zusammenhang „Soll" – Bestimmungen verwendet, ist damit keine unbedingte Verpflichtung anzunehmen, wenn der Vermögensverwalter im Prozess darlegen und beweisen kann, dass eine Abweichung ausnahmsweise zulässig war.[1258] Anlagerichtlinien sind auch mündlich vereinbar. So ist die mündlich getroffene Abrede zwischen dem Kunden und dem Vermögensverwalter, dass das eingesetzte Vermögen erhalten bleiben muss, für den Vermögensverwalter auch ohne schriftliche Fixierung bindend.[1259]

20   Sind keine Anlagerichtlinien vereinbart worden, ist die Verwaltung des Kundenvermögens in das freie **Ermessen des Vermögensverwalters** gestellt, wobei der Vermögensverwalter sich am Kundeninteresse sowie an etwaigen Einzelweisungen des Kunden zu orientieren hat.[1260] Damit ist klargestellt, dass der Handlungsspielraum des Vermögensverwalters in diesen Fällen keinesfalls grenzenlos ist. In diesen Fällen findet vielmehr der Grundsatz Anwendung, dass eine professionelle Vermögensverwaltung vernünftigerweise nicht ausschließlich auf hochris-

---

[1254] OLG Köln WM 1997, 570, 574.

[1255] OLG Nürnberg Urteil vom 13.10.2003, Az.: 8 U 399/03.

[1256] *Balzer* WM 2000, 441, 446; *Lang,* a.a.O. § 23 Rn. 33.

[1257] *Balzer* WM 2000, 441, 446, der eine solche Festlegung ausdrücklich empfiehlt; hierzu auch *Schödermeier* WM 1995, 2053, 2057.

[1258] OLG Frankfurt Urteil vom 3.8.2006, Az.: 16 U 83/06 (eine unbedingte Verpflichtung sieht das Gericht nur dann als gegeben an, wenn eine Formulierung dahingehend gewählt wird, „dass der entsprechende Anteil am Depot nicht überschritten werden *darf*").

[1259] OLG Bremen Urteil vom 26.5.2004, Az.: 1 U 5/04(a).

[1260] *Lang,* Informationspflichten bei Wertpapierdienstleistungen § 23 Rn. 29.

kante Geschäfte setzt, sondern auf eine angemessene Mischung mit konservativen Anlageformen wie Aktien und festverzinslichen Wertpapieren Wert legt.[1261]

> **Praxistipp:**
> Eine Verpflichtung zur Vereinbarung von Anlagerichtlinien besteht nicht.[1262] Sowohl Kunde als auch   **21**
> Vermögensverwalter sollten zur eigenen Absicherung solche Festlegungen jedoch grundsätzlich, am
> besten schriftlich, treffen.

b) Objektgerechte Beratung. Die objektgerechte Beratung soll dem Anleger eine Entscheidung   **22** darüber ermöglichen, welche Anlagerichtlinien seinen Bedürfnissen am besten entsprechen.[1263] Erst nach erfolgter Aufklärung kann der Kunde z. B. entscheiden, ob er bestimmte Anlagen oder Anlageformen explizit aufgenommen oder ausgeschlossen haben möchte. Die Aufklärungsintensität hängt davon ab, wie sehr sich die vom Vermögensverwalter ins Auge gefassten Anlageformen bereits konkretisiert haben und welche Erfahrungen beim Kunden hierzu vorhanden sind.

aa) Aufklärung über allgemeine Risiken. Hat der Vermögensverwalter im Rahmen seiner Er-   **23** kundigungspflicht festgestellt, dass der Kunde über keine Erfahrungen und Kenntnisse im Wertpapierbereich verfügt, ist er im Rahmen der objektgerechten Beratung bei Abschluss des Vertrages bzw. bei Vereinbarung von Anlagerichtlinien verpflichtet, den Kunden über die grundsätzlichen Risiken einer Anlage in Wertpapieren zu unterrichten. Daher sind in solchen Fällen dem Kunden zunächst die Mechanismen und Entwicklungen des Börsenmarktes ebenso zu erläutern, wie die allgemeine Konjunkturlage.[1264]

bb) Aufklärung über spezielle Risiken. Darüber hinaus ist die Aufklärung des Kunden über   **24** die Besonderheiten und Risiken **spezieller Anlageformen** erforderlich, in die das Vermögen im Rahmen der Vermögensverwaltung investiert werden soll.[1265] Dies trifft z. B. auf Finanztermingeschäfte im Besonderen zu, aber auch die Wirkungsweise der verschiedenen Formen der Anlage in Zertifikaten oder in Aktienanleihen bedarf der ausführlichen Erläuterung, wenn in diese Anlagearten investiert werden soll und wenn der Kunde nicht über Erfahrungen mit diesen Anlageformen verfügt.

Die Anlage in **bestimmte Branchen** (z. B. Technologie, Medien, Biotechnologie) oder **Regio-**   **25** **nen** (Asien, Südamerika) ist ebenfalls mit Besonderheiten verbunden, über die der Kunde aufzuklären ist. So wurde seitens der Rechtsprechung insbesondere für den sog. „Neuen Markt" der Frankfurter Wertpapierbörse festgestellt, dass auf die besonders hohen Kursrisiken dort gehandelter Wertpapiere hinzuweisen sei.[1266] Der BGH geht davon aus, dass solche als „spekulativ" einzuordnenden Wertpapiere für einen Anleger selbst dann nicht erworben werden dürfen, wenn dieser sich selbst als „risikobewusst" einstuft.[1267] Der BGH hat eine solche Abweichung zwischen tatsächlichem Risiko der Papiere und Risikobereitschaft des Kunden sogar im Bereich des Online-Brokerage, in dessen Rahmen der Kunde ohne jede Beratung Wertpapiere kaufen und verkaufen kann, für relevant gehalten, so dass diese Entscheidung erst Recht im Bereich der Anlageberatung und Vermögensverwaltung beachtet werden muss. Eine solche besondere Aufklärungspflicht lässt sich damit grundsätzlich für sämtliche Wertpapiere und/ oder Marktsegmente herleiten, für die noch keine langjährigen Erfahrungswerte bestehen.

Auch über die Besonderheiten des Handels an der US-amerikanischen Computerbörse NAS-   **26** DAQ ist der Kunde aufzuklären, falls der Vermögensverwalter an diesem Markt investieren möchte.[1268]

Eine besondere Aufklärung vor Abschluss des Vertrages ist auch erforderlich, wenn Wertpa-   **27** piere erworben werden sollen, die gemäß der sogenannten „Regulation S" nach US-Aktien-

---

[1261] BGH WM 1994, 834, 836; OLG Düsseldorf WM 2006, 1576f., wonach der Umfang der konservativen Wertpapiere 80 % des Gesamtdepots ausmachen sollte.
[1262] *Schäfer*, Handbuch des Kapitalanlagerechts § 23 Rn. 25; *Balzer*, a.a.O., S. 83; *Lang*, a.a.O., § 23 Rn. 29 m.w.N.
[1263] *Balzer*, Vermögensverwaltung durch Kreditinstitute S. 84; *Gaßner/Escher* WM 1997, 93, 97.
[1264] *Lang*, a.a.O. § 10 Rn. 49.
[1265] BGH WM 2002, 913, 914, wonach die Aufklärung spätestens vor Vollzug der Anlageentscheidung zu erfolgen hat.
[1266] OLG Hamm Urteil vom 10.3.2003, Az.: 31 U 125/02; *Helmschrott/Waßmer* WM 1999, 1853, 1863.
[1267] BGH WM 2004, 1774, 1777.
[1268] BGH WM 2002, 913f.

recht emittiert wurden. Solche Wertpapiere unterliegen einer Sperrfrist, innerhalb der im Emissionsland praktisch kein Markt für diese Wertpapiere existiert. Hierbei besteht für den Anleger das Risiko, dass er bei ohnehin spekulativen Aktien auf negative Nachrichten nicht mit einem Verkauf reagieren kann. Über die Risiken ist der Vermögensverwaltungskunde **schriftlich** aufzuklären.[1269]

28   *cc) Aufklärung über Interessenkonflikte.* Neben der Aufklärung über bestimmte Anlageformen ist ein besonderes Augenmerk darauf zu richten, ob der Kunde vom Vermögensverwalter über bestehende Interessenkonflikte aufgeklärt worden ist. In der Vermögensverwaltung treten Interessenkonflikte verstärkt auf, „weil das Korrektiv einer von Fall zu Fall getroffenen, autonomen Entscheidung des Kunden fehlt"[1270]. Entscheidend ist, dass der Kunde den Grad seiner Gefährdung erkennen muss.[1271]

29   Die Aufklärung des Kunden stellt an dieser Stelle eine Möglichkeit der Konfliktvermeidung dar. Stattdessen kann der Vermögensverwalter auch von dem beabsichtigten Geschäft Abstand nehmen, wenn hierzu im Einzelfall nicht sogar eine Pflicht besteht.[1272] Im Bereich der durch Banken vorgenommenen Vermögensverwaltung kann ein Interessenkonflikt insbesondere dann bestehen, wenn die Bank auch als verantwortliche Emittentin von Wertpapieren, z. B. bei Börsengängen, Kapitalerhöhungen oder auch der Ausgabe von Zertifikaten oder Aktienanleihen auftritt. Das Bankeninteresse am Absatz solcher Wertpapiere liegt auf der Hand.[1273]

30   Auch bei Orientierung an der Rechtssprechung des BGH[1274] zu sog. „Kick-Back"-Zahlungen, lässt sich feststellen, dass eine ähnliche Gefährdungslage für die Kundeninteressen besteht, da ein Anreiz vorhanden ist, den Kauf solcher Wertpapiere zu forcieren, an deren Emission die Bank beteiligt ist. Dies widerspricht jedoch der Vorgabe des § 31 I Nr. 1 und 2 WpHG, wonach Wertpapierdienstleistungen – und damit auch die Vermögensverwaltung – sich am Kundeninteresse zu orientieren haben und Interessenkonflikte soweit wie möglich vermieden werden müssen. Demgemäß entspricht es nicht dem Interesse eines Vermögensverwaltungskunden, wenn z. B. Wertpapiere ge- und verkauft werden, um die Kurse für sich oder Dritte in eine bestimmte Richtung zu lenken[1275] oder wenn personelle Verflechtungen mit dem Unternehmen bestehen, das Emittent der erworbenen Wertpapiere ist.[1276]

31   Konsequenterweise werden die Interessen des Vermögensverwaltungskunden daher nur dann gewahrt, wenn er darauf hingewiesen wird, dass die Bank auch solche Wertpapiere erwirbt, an deren Emission sie selbst beteiligt ist.[1277] Zur Vermeidung solcher Interessenkonflikte regeln einige Banken in ihren Vermögensverwaltungsverträgen, dass eine Zeichnung von Wertpapieren im Rahmen einer von der Investmentsparte der Bank oder mit dieser verbundenen Gesellschaften durchgeführten Übernahme einer Emission nur nach vorheriger Absprache mit dem Vermögensinhaber im Einzelfall ausgeführt werden darf.

Praxistipp:

32   Im Internet lässt sich leicht recherchieren, welche Banken welches Unternehmen an die Börse begleitet haben. Die ebenfalls veröffentlichten Verkaufsprospekte geben zudem oftmals Hinweise darauf, ob sich eine Bank für einen gewissen Zeitraum nach dem Börsengang zur Kurspflege verpflichtet hat.

[1269] LG Frankfurt/Main Urteil vom 19.12.2003, Az.: 2/21 O 485/02 (rechtskräftig); OLG Düsseldorf OLGR 2002, 69f. für gewerbliche Anlagevermittler (bestätigt durch Nichtannahmebeschluss, BGH ZIP 2001, 2276, 2277).
[1270] , *Assmann/Schneider/Koller* § 31 WpHG Rn. 85.
[1271] *Assmann/Schneider/Koller* § 31 WpHG Rn. 44.
[1272] *Balzer* FINANZ BETRIEB 2000, 499, 501.
[1273] *Assmann/Schneider/Koller* § 31 WpHG Rn. 73.
[1274] BGH WM 2007, 487f.; BGH WM 2001, 297 f.
[1275] LG Düsseldorf Urteil vom 26.7.2005, Az.: 7 O 293/04.
[1276] OLG Düsseldorf Urteil vom 31.1.2008, Az.: 6 U 21/07; OLG Köln Urteil vom 22.1.1999, Az.: 20 U 40/98.
[1277] *Lenenbach*, Kapitalmarkt- und Börsenrecht S. 417/418; *Assmann/Schneider/Koller* § 31 WpHG Rn. 72 sieht weitergehend sogar dann einen Interessenkonflikt, wenn das Wertpapierdienstleistungsunternehmen zugleich als sog. „Market-Maker" fungiert. Als Market-Maker, Marktpfleger oder auch Markmacher bezeichnet man einen Makler, dessen Hauptaufgabe in der Veröffentlichung verbindlicher An- („bid") und Verkaufskurse („ask") börsennotierter Handelsgegenstände besteht.

3. Pflichten im Rahmen der Vertragsdurchführung

a) **Beachtung von Anlagerichtlinien.** Bei den mit dem Kunden vereinbarten Anlagerichtlinien 33 handelt es sich um Weisungen im Sinne des § 665 BGB, die für den Vermögensverwalter verbindlich sind.[1278]

Je detaillierter die Anlagerichtlinien sind, umso leichter lässt sich ein Verstoß feststellen und 34 in der Regel auch beweisen. Dies ist z. B. dann der Fall, wenn vorgesehen ist, dass generell nur deutsche Aktientitel erworben werden dürfen. Der Erwerb ausländischer Werte stellt dann eine leicht beweisbare Pflichtverletzung dar. Ebenso verhält es sich, wie im Ausgangsfall, mit der Missachtung klar definierter Anlagegrenzen. Deren Nichteinhaltung ist durch die dem Kunden zugegangenen Depotübersichten bzw. Wertpapierabrechnungen relativ einfach darstellbar und beweisbar.

Keine Pflichtverletzung ist in diesem Zusammenhang dann gegeben, wenn der Vermögens- 35 verwalter z. B. Schreiben vorlegen kann, in denen der Kunde seine Zufriedenheit mit der (pflichtwidrig durchgeführten) Vermögensverwaltung ausgedrückt hat.[1279]

Schwieriger gestaltet sich die Darstellung einer Pflichtverletzung an diesem Punkt dann, 36 wenn sich die Festlegung der Anlagerichtlinien in der Bezeichnung von Risikoprofilen des Kunden (z. B. konservativ/sicherheitsorientiert, risikobewusst und spekulativ) erschöpft. In der Regel wird die Behauptung, ein bestimmtes Wertpapier entspreche nicht der vorgegebenen Risikostufe, nur durch Sachverständigenbeweis zu untermauern sein.

> **Praxistipp:**
> Hilfreiche Indizien können an dieser Stelle veröffentliche Kauf – oder Verkaufsempfehlungen liefern, 37
> da diese häufig kennzeichnen, ob es sich um ein spekulatives oder konservatives Investment handelt.
> Ein besonderes Augenmerk sollte dabei solchen Empfehlungen gelten, die von der beklagten Bank
> selbst herausgegeben worden sind.

Ebenso auslegungsbedürftig ist die häufig in Vermögensverwaltungsverträgen zu findende 38 Vereinbarung, dass nur oder größtenteils „**Standardwerte**" für das Depot des Kunden erworben werden dürfen.[1280] Danach sind Standardwerte nach dem üblichen Verständnis im Bank- und Börsenwesen umsatzstarke Aktien von substanzstarken, großen, international bekannten und weltweit bedeutenden Unternehmen, deren Kursentwicklung regelmäßig auch in die Berechnung der wichtigsten Aktienindizes an den Hauptbörsen eingeht.[1281] In anderen Entscheidungen hierzu wurde diese Auslegung nicht abstrakt, sondern anhand des Gesamtzusammenhangs des streitgegenständlichen Vertrages vorgenommen. Bei einem Vertrag, der eine grundsätzlich konservative Anlagepolitik vorsieht und zudem die Festlegung enthält, dass nur 30 % des Portfolios in Aktien investiert werden dürfen, dürfen daher ebenfalls nur Aktienwerte mit sehr guter Bonität und geringen Risiken ausgewählt werden.[1282] In der Regel liegt bei einer solchen Vereinbarung ein Verstoß dann vor, wenn für das Depot des Kunden z. B. Neuemissionen von jungen Unternehmen gezeichnet werden, da diese weder unter Bonitätsgesichtspunkten noch unter Berücksichtigung der Aufnahme in einen der großen Indizes (DAX 30, EUROSTOXX 50 oder DOWJONES) als „Standardwert" angesehen werden können.

b) **Diversifikation.** Je unspezifischer die in den Anlagerichtlinien festgelegten Vorgaben des 39 Kunden sind, umso mehr ist der Vermögensverwalter verpflichtet, das mit der Vermögensanlage verbundene Risiko durch Risikostreuung in größtmöglichem Umfang zu reduzieren.[1283] In diesem Rahmen ist auf eine angemessene Mischung riskanter Anlagen mit konservativen Anlageformen zu achten.[1284] Probleme bereitet in der Praxis immer wieder die Festlegung der

---

[1278] *Balzer*, Vermögensverwaltung durch Kreditinstitute S. 81 u. 101 ff.
[1279] BGH WM 2002, 1177.
[1280] Im Einzelnen kann hier noch eine zusätzliche Differenzierung zwischen dem Erwerb deutscher und internationaler Standardwerte getroffen werden.
[1281] OLG München Urteil vom 31.5.2005, Az.: 5 U 4741/03 (wo allerdings zutreffend darauf hingewiesen wird, dass umgekehrt nicht alle Aktien, die in einem Aktienindex enthalten sind auch als Standardwerte anzusehen sind); nachfolgend LG München I Urteil vom 1.12.2005, Az.: 22 O 12277/05.
[1282] LG München I WM 1999, 179, 180.
[1283] *Balzer*, Vermögensverwaltung durch Kreditinstitute S. 107.
[1284] BGH WM 1994, S. 834, 836; OLG Düsseldorf WM 2006, 1576f.; OLG Frankfurt WM 1996, 665, 668.

noch tolerierbaren Quoten für einzelne Anlageformen, wenn diese im Vertrag nicht festgehalten worden sind. Zur Bestimmung sind vor allem die Anlageziele und die Risikoneigung heranzuziehen. So ist bei einer **geringen** Risikoneigung als maximaler Schwellenwert für Risikoanlagen wie z.B. Optionsscheine eine Höhe von 10 % des verwalteten Vermögens als angemessen zu betrachten.[1285] Auch die Anlage des Vermögens in nur einen oder wenige Werte entspricht nicht dem Erfordernis der Risikostreuung.

40   **c) Überwachungs- und Reaktionspflichten.** Der Kunde, der sein Vermögen einem Vermögensverwalter überlässt, will die Entwicklung eines Depots nicht selbst überwachen und schließt den Vermögensverwaltungsvertrag gerade im Vertrauen auf schnelle und professionelle Reaktionsmöglichkeiten des Verwalters ab. Der Vermögensverwalter hat deshalb eine ständige Überwachungspflicht, die in eine Handlungspflicht übergeht, wenn einzelne im Depot enthaltene Wertpapiere aufgrund ihrer Entwicklung nicht mehr den vereinbarten Anlagerichtlinien entsprechen oder andere Werte die Erreichung des Anlageziels besser gewährleisten.[1286] Der Vermögensverwalter kann daher auch verpflichtet sein, den Kursverlust eines Wertpapiers durch rechtzeitigen Verkauf zu minimieren. Strittig ist dabei die Bestimmung des für den Verkauf erforderlichen Zeitpunkts, von dem auch die Berechnung des konkreten Schadens abhängt. Auch an der Frage nach den Grundlagen, auf denen der Vermögensverwalter seine Verkaufsentscheidungen treffen muss, entzündet sich immer wieder Streit.

41   *aa) Verlustgrenzen.* Bei der Bestimmung, ob der eingetretene Verlust erheblich genug ist, um eine Verkaufspflicht auszulösen, ist die vereinbarte Risikostruktur des angelegten Vermögens zu berücksichtigen, da der Anleger bei einer konservativen Anlagepolitik naturgemäß nicht mit größeren Verlusten rechnet, während dies im Rahmen einer risikoreichen Variante der Vermögensverwaltung seitens des Anlegers eher einkalkuliert werden muss.[1287] Einen allgemeinen Rechtssatz, wonach der Vermögensverwalter bei einer bestimmten Kursentwicklung verpflichtet ist, einen Wert zu verkaufen, erkennt die Rechtsprechung nicht an.[1288] Entspricht in einem solchen Fall die Anlage nicht mehr den vorgegebenen Anlagerichtlinien, ist bei Erreichen der festgelegten Grenze nicht nur eine Benachrichtigung des Kunden, sondern der sofortige Verkauf der fraglichen Anlage angezeigt.

42   Eine Orientierung an pauschalen Verlustgrenzen, die einen Verkauf nach sich ziehen müssen, ist daher nur dann möglich, wenn der Vertrag diesbezüglich konkrete Regelungen enthält. Ist dies – was die Regel ist – nicht der Fall, empfiehlt sich eine Ausrichtung daran, wann eine Benachrichtigung des Anlegers über den eingetreten Verlust angezeigt ist.[1289]

43   *bb) Entscheidungsgrundlagen.* Ein Vermögensverwalter muss sich mit den Fundamentaldaten eines Unternehmens, dessen Wertpapiere sich im Kundendepot befinden, auseinandersetzen. In diesem Zusammenhang ist er zu einer Auswertung der zum jeweiligen Wert zugänglichen Analystenmeinungen und Presseberichterstattung verpflichtet. Werden z. B. bei einem Unternehmen finanzielle Schwierigkeiten offenbar, muss der Vermögensverwalter prüfen, ob die im Rahmen des Erwerbs des Wertpapiers von ihm vorgenommene Risikoanalyse noch Gültigkeit hat oder aber angepasst werden muss, mit der Folge, dass das Papier unter Umständen nicht mehr zu den vom Kunden vorgegebenen Anlagerichtlinien passt und daher veräußert werden muss.

44   Umstritten ist, ob ein Vermögensverwalter auch mit Hilfe der sog. „Charttechnik" arbeiten muss, um seinen Pflichten in diesem Zusammenhang nachzukommen. Anzunehmen ist, dass keine Verletzung der Verpflichtung zur produktiven Vermögensverwaltung vorliegen dürfte, wenn sich ein Handlungssignal (z. B. Verkaufssignal) **allein** auf die Erkenntnisse der Charttechnik stützen lässt, fundamentale Daten ein solches Ergebnis jedoch nicht rechtfertigen.[1290] Im Umkehrschluss ist allerdings von einer Handlungsverpflichtung auszugehen, wenn aufgrund der Auswertung der Fundamentaldaten eines Wertpapiers ein Verkauf angezeigt erscheint und **zusätzlich** dieses Ergebnis durch eine Chartanalyse gestützt werden kann.

[1285] *Balzer*, Vermögensverwaltung durch Kreditinstitute S. 108.
[1286] *Schäfer*, Handbuch des Kapitalanlagerechts § 23 Rn. 29; *Balzer*, Vermögensverwaltung durch Kreditinstitute S. 104; *Lang*, a.a.O. § 24 Rn. 26.
[1287] *Schäfer*, Handbuch des Kapitalanlagerechts § 23 Rn. 38; *Kienle*, Bankrechts-Handbuch § 111 Rn 25.
[1288] OLG Köln WM 2007, 1067, 1068.
[1289] Siehe hierzu unten Rn. 48 ff.
[1290] BGH BKR 2008, 83, 85; LG Freiburg WM 2004, 124,126; zustimmend *Balzer*, Anm. zu LG Freiburg EWiR 2004, 215, 216.

Praxistipp:
Es empfiehlt sich, entsprechende Charts direkt in die Klageschrift bzw. nachfolgende Schriftsätze ein- 45
zubauen, um den vorgeworfenen Pflichtenverstoß anschaulich zu machen. Mit Hilfe der mittlerweile über das Internet frei zugänglichen Analysetools lassen sich in solche Chartdarstellungen ohne
weiteres integrieren.

In diesem Zusammenhang wird von Vermögensverwaltungskunden häufig auch der Vor- 46
wurf erhoben, der Vermögensverwalter habe es unterlassen, mit sog. „Stopp-Loss"-Ordern[1291]
zu arbeiten. Insoweit besteht allerdings die Gefahr, dass beim Einsatz von „Stopp-Loss"-Mar-
ken ein kurzzeitiges Unterschreiten dieser Marke keinen langfristigen Trend wiedergibt und so
nur unnötige und zudem mit Kosten verbundene Transaktionen ausgelöst werden. Dies wiederum würde dem Kundeninteresse widersprechen.

Aus diesem Grund sollte dem Einsatz eines solchen Absicherungsinstruments im Rahmen 47
einer Vermögensverwaltung nur eine untergeordnete Bedeutung zukommen, zumal der Vermögensverwalter bereits zur laufenden Beobachtung der Vermögenswerte verpflichtet ist.
Nach richtiger Ansicht stellt daher das Unterlassen des Vermögensverwalters, „Stopp-Loss"-
Marken im technischen Sinn zu setzen, bei einer langfristigen Anlagestrategie keinen Pflicht-
verstoß dar.[1292]

d) Information und Rechenschaft. Eine zum Schadensersatz führende Pflichtverletzung kann 48
auch darin bestehen, dass der Vermögensverwalter seiner sich aus den §§ 666, 675 BGB ergebenden Benachrichtigungs- und Rechenschaftspflicht gegenüber dem Anleger nicht nachkommt. Diese Verpflichtung stellt das notwendige Korrektiv zu dem dem Vermögensverwalter
eingeräumten weiten Ermessen dar.[1293] Danach hat die vermögensverwaltende Bank den Kunden unaufgefordert vom Eintritt von Buchverlusten zu unterrichten.[1294] Da die Benachrichtigung den Vermögensinhaber in die Lage versetzen soll, seinerseits auf eingetretene Verluste zu
reagieren (falls dies der Vermögensverwalter noch nicht getan hat), hat die Benachrichtigung
grundsätzlich unverzüglich nach Erreichen der Verlustgrenze zu erfolgen.[1295] Aufsichtsrechtlich verankert ist diese unverzügliche Berichtpflicht nunmehr in den § 31 VIII WpHG i.V.m.
§§ 9 V, 8 VI WpDVerOV, soweit entsprechende Schwellenwerte zwischen Kunden und Vermögensverwalter vereinbart sind. Dabei ist die Benachrichtigungspflicht nicht auf bereits reali-
sierte Verluste beschränkt, sondern sie besteht auch dann, wenn es sich um bloße Buchverlust
handelt.[1296] Die Pflichten zur Benachrichtigung über den eingetreten Verlust und zum Verkauf
können somit parallel laufen.[1297] Denkbar ist allerdings auch, dass zunächst eine Benachrichtigungspflicht besteht und erst ab einem höheren Verlust eine eigenständige Verkaufspflicht des
Vermögensverwalters.

Umstritten ist in diesem Zusammenhang, ob dabei auf die Entwicklung des Gesamtportfo- 49
lios oder auf einzelne Anlagen abzustellen ist. Auch die Definition der Erheblichkeit des Verlustes, bei der die Benachrichtigungspflicht ausgelöst werden soll, bereitet oftmals Schwierigkeiten.

aa) Gesamt- oder Einzelbetrachtung. Zunächst ist hierzu zu prüfen, ob der Vermögensver- 50
waltungsvertrag entsprechende Regelungen enthält. Standardverträge sehen zum Teil vor, dass
eine gesonderte Benachrichtigung des Kunden zu erfolgen hat, wenn das Gesamtdepot einen
Wertverlust von mehr als 10 % (in der konservativen Variante) bzw. von mehr als 20 % (bei
den risikoreicheren Varianten) bezogen auf die letzte übermittelte Depotübersicht zu verzeichnen hatte.

[1291] Unter einer „Stopp-Loss"-Order versteht man einen Verkaufsauftrag, der nicht unmittelbar, sondern
dann ausgeführt werden soll, wenn der Kurs ein zuvor festgelegtes Mindestniveau unterschreitet. Daneben
kann auch die Gültigkeitsdauer eines solchen Auftrags zeitlich begrenzt werden.
[1292] BGH BKR 2008, 83, 85; LG Freiburg WM 2004, 124,126; offen gelassen noch in BGH WM 2002,
913, 915: Danach kann das Setzen einer „Stopp-Loss"-Order im konkreten Einzelfall auch im Rahmen einer
Vermögensverwaltung geboten sein.
[1293] BGH WM 1994, 834, 836; *Schäfer* WM 1995, 1009, 1011.
[1294] *Gaßner/Escher* WM 1997, 93, 100; *Schäfer* WM 1995, 1009, 1011.
[1295] BGH WM 1994, 834, 836; *Schäfer* WM 1995, 1009, 1012; *Kienle*, Bankrechts-Handbuch § 111
Rn. 25.
[1296] *Welter/Lang/Balzer*, a.a.O. Kap. 9 Rn. 9.52.
[1297] Siehe hierzu oben, § 3 III. 3. c) aa).

51   In einem solchen Fall hatte zunächst das LG Freiburg[1298] entschieden, dass über eine solchermaßen bestehende vertragliche Regelung hinaus keine Benachrichtigungspflicht bei Wertverlusten in einzelnen Aktien aus §§ 666, 675 BGB bestehe, da mit dem mehr als 20 %igen Wertverlust einer einzelnen Aktie nicht zwangsläufig eine Gefährdung der Gesamt-Vermögensinteressen des Kunden verbunden sei. Den Vorrang einer solchen individualvertraglichen Regelung hat nachfolgend auch der BGH hervorgehoben und dementsprechend die Frage, ob für die Frage der Verlusterheblichkeit eine Gesamt- oder Einzelbetrachtung vorzunehmen ist, nicht entscheiden müssen.[1299]

52   Darüber hinaus hat sich das LG Stuttgart[1300] – ohne ausdrückliche vertragliche Regelung – für eine Gesamtbetrachtung des Portfolios entschieden und eine Einzelbetrachtung nur dann für denkbar erklärt, wenn eine Einzelanlage aus sachfremden Erwägungen erfolgt oder nicht von den vereinbarten Anlagerichtlinien gedeckt gewesen sei. Der Ansicht des LG Stuttgart ist nicht zuzustimmen. Denn auch bei prozentual gesehen geringen oder gar keinen Verlusten des Gesamtvermögens kann der Vermögensinhaber bezüglich der massiv in die Verlustzone geratenen Einzelpositionen ein Interesse haben, die Anlagestrategie zu überdenken. Nur so ist auch gewährleistet, dass der Kunde die Möglichkeit erhält, durch verbindliche Weisungen Verkäufe einzelner Posten vornehmen zu können.

53   Fehlen im Vermögensverwaltungsvertrag konkrete Regelungen zur Benachrichtigungspflicht, wird diese damit bereits dann ausgelöst, wenn sich in einzelnen Werten ein erheblicher Verlust ergibt.

54   *bb) Erheblichkeit des Verlustes.* Wie bei der Frage, ob ein Verkauf einer Position angezeigt ist, ist auch an dieser Stelle für die Bestimmung der Erheblichkeit entscheidend, wie die vereinbarte Risikostruktur des Kundenvermögens aussieht. Es ist also eine Abstufung vorzunehmen, je nachdem, wie risikoreich die gewählte Variante der Vermögensverwaltung gestaltet ist. Erneut verbietet sich eine pauschale Festlegung von Verlustgrenzen, die eine Benachrichtigungspflicht nach sich ziehen muss. Maßgeblich muss sein, wann bei verständiger Würdigung der Anlegerinteressen eine Benachrichtigung angezeigt ist, um dem Anleger die Möglichkeit der Reaktion zu geben.[1301] Bei einer Strategie mit überdurchschnittlich hohen Risiken ist der Vermögensverwalter verpflichtet, den Kunden jedenfalls dann zu benachrichtigen, wenn der (Buch-) Verlust 25 % des eingesetzten Kapitals von DM 2 Mio. überschreitet.[1302] Teilweise wird diskutiert, Verluste von 5 % im Rahmen einer sehr konservativen, auf Rentenwerte ausgerichteten Anlage als erheblich anzusehen, während diese Schwelle bei einer Anlage in Standardaktien erst bei 15 % überschritten sein soll.[1303]

55   *cc) Form der Benachrichtigung.* Die unverzügliche Benachrichtigung des Anlegers kann grundsätzlich schriftlich oder mündlich erfolgen und muss dem Anleger die Höhe des eingetretenen Verlustes unmissverständlich vor Augen führen.[1304] Die regelmäßige Übersendung von Depotauszügen reicht hierfür nicht aus, da dem Anleger im Rahmen der Vermögensverwaltung keine Verpflichtung obliegt, diese Depotauszüge laufend zu überprüfen.[1305]

Praxistipp:

56   Es empfiehlt sich, auch zu diesem Punkt klare Regelungen im Vorfeld zu treffen, d. h. im Vertrag festzulegen, wann und auf welche Weise eine gesonderte Information zu erfolgen hat. Insbesondere sollte festgelegt werden, dass eine Benachrichtigungspflicht schon bei Buchverlusten in Einzelwerten besteht.

---

57   *e) Insbesondere: Churning.* Als „Churning" wird der durch das Interesse des Kunden nicht gerechtfertigte häufige Umschlag eines Anlagekontos bezeichnet, durch den sich der Broker

---

[1298] LG Freiburg WM 2004, 124,126; zustimmend *Balzer*, Anm. zu LG Freiburg EWiR 2004, 215, 216.
[1299] BGH BKR 2008, 83, 85.
[1300] LG Stuttgart WM 1997, 163.
[1301] *Balzer*, Vermögensverwaltung durch Kreditinstitute S. 126.
[1302] *Balzer*, Anm. zu LG Kiel EWiR 2006, 135, der in einem solchen Fall einer hochspekulativen Depotausrichtung darüber hinausgehend die Grenze unabhängig von der Höhe des eingesetzten Vermögens die Grenze bei 20 % ansetzt (s. a. Fn. 67).
[1303] *Schäfer* WM 1995, 1009, 1011; *Welter/Lang/Balzer*, Handbuch der Informationspflichten im Bankverkehr Kap. 9 Rn. 9.56.
[1304] *Schäfer* WM 1995, 1009, 1012.
[1305] BGH NJW 1998, 449, 450; OLG Frankfurt WM 1996, 665, 668.

oder der Vermittler oder beide sich zu Lasten der Gewinnchancen des Kunden Provisionsein-nahmen verschaffen.[1306] Im Rahmen der Vermögensverwaltung kann die Häufigkeit der Transaktionen einen Vertragsverstoß darstellen, da die damit verbundene Provisionserzie-lungsabsicht des Verwalters dem Kundeninteresse zuwider läuft. „Churning" kann schließlich insoweit auch eine vorsätzliche sittenwidrige Schädigung gem. § 826 BGB darstellen. Feste Grenzwerte, ab denen ein zum Schadensersatz verpflichtendes „Churning" vorliegt, hat die Rechtsprechung bislang nicht festgelegt. Zuletzt hat der BGH eine solche pauschale Festle-gung abgelehnt, da die Feststellung, ab wann hierbei gegen die Kundeninteressen verstoßen werde, maßgeblich von den Umständen des Einzelfalles und hierbei vor allem von der Motiva-tion der Handelnden abhänge.[1307] Letztendlich wird in einem Prozess zur Klärung dieser Frage ein Sachverständigengutachten einzuholen sein.

IV. Kausalität

Wie bei der fehlerhaften Anlageberatung ist davon auszugehen, dass eine Pflichtverletzung   58
im Rahmen der Beratung zum Abschluss Vermögensverwaltungsvertrages für den Eintritt des Schadens kausal war, weil sich der Anleger bei richtiger Aufklärung entsprechend dieser Auf-klärung verhalten hätte.[1308] Es wird somit davon ausgegangen, dass der Anleger bei ordnungs-gemäßer Aufklärung den Vertrag nicht abgeschlossen oder zumindest andere Anlagerichtli-nien vereinbart hätte. Auch Verstöße gegen vereinbarte Anlagerichtlinien oder unterlassene Verkäufe bzw. Benachrichtigungen des Kunden sind in der Regel kausal für den daraus ent-standenen Schaden. Allerdings hat sich der den Kunden vertretende Rechtsanwalt an dieser Stelle regelmäßig mit der Frage des rechtmäßigen Alternativverhaltens des Vermögensverwal-ters auseinanderzusetzen. Denn dem Vermögensverwalter ist die Berufung darauf erlaubt, dass der Schaden auch bei ordnungsgemäßer Anlage des Kundenvermögens eingetreten wäre.[1309] Die Beweislast dafür, dass der Schaden auch bei einer behaupteten erlaubten Alternativanlage eingetreten wäre, liegt beim Vermögensverwalter.[1310]

V. Verschulden

Der Vermögensverwalter haftet im Falle der Verletzung seiner (vor-)vertraglich begründeten   59
Aufklärungs- oder Beratungspflicht sowie seiner Pflichten aus dem Geschäftsbesorgungsver-trag, die er mit der Sorgfalt eines ordentlichen Kaufmanns erfüllen muss, für Vorsatz und Fahr-lässigkeit. Dabei haftet die Bank für Angestellte, die als Verhandlungs- oder Erfüllungsgehilfen tätig geworden sind, nach § 278 BGB. Zur näheren Bestimmung des erforderlichen Sorgfalts-maßstabes sind auch die aufsichtsrechtlichen Konkretisierungen in den §§ 31 ff. WpHG he-ranzuziehen. Die Haftung des Vermögensverwalters kann hinsichtlich der wesentlichen Hauptpflichten weder ausgeschlossen noch auf Vorsatz und grobe Fahrlässigkeit beschränkt werden. Eine derartige Klausel in Vermögensverwaltungsverträgen ist nach § 307 Abs. 1 BGB unwirksam, da sie den Kunden entgegen den Geboten von Treu und Glauben unangemessen benachteiligt.[1311]

VI. Schadensumfang

1. Allgemeines

Bei nicht pflichtgemäßer Vermögensverwaltung ist gem. § 249 S. 1 BGB der Zustand herzu-   60
stellen, der ohne Eintritt des zum Ersatz verpflichtenden Umstandes bestehen würde. Der

---

[1306] BGH NJW-RR 2000, 51; BGH NJW 1995, 1225, 1226 m.w.N.
[1307] BGH Urteil vom 13.7.2004, Az.: VI ZR 136/03; siehe auch LG Düsseldorf Urteil v. 18.9.1986; 9 O 76/86 (201 Transaktionen in zwölf Tagen); LG Frankfurt Urteil v. 15.7.1985; 2/21 O 14/85 (103 Transaktionen in zwei Monaten).
[1308] BGH WM 1993, 1457; OLG Düsseldorf WM 1996, 1082, 1088.
[1309] *Schäfer*, Handbuch des Kapitalanlagerechts § 23 Rn. 57.
[1310] BGH WM 2005, 270; *Balzer*, Vermögensverwaltung durch Kreditinstitute S. 169.
[1311] OLG Köln WM 1997, 570, 573; OLG Frankfurt WM 1996, 665, 668; OLG Düsseldorf WM 1991, 94, 96.

durch die Pflichtverletzung kausal herbeigeführte Schaden ist damit als konkrete Vermögens-minderung festzustellen.[1312]

61   Die Bestimmung des konkreten Schadens – und damit auch die Fassung des Klageantrags – hängt zunächst davon ab, ob dem Vermögensverwalter Pflichtverletzungen bereits in der Vertragsanbahnung vorgeworfen werden können oder ob es um Verletzung von Pflichten im Rahmen der Durchführung des Vertrages geht. Des Weiteren ist zu berücksichtigen, ob der Vermögensverwaltungsvertrag noch besteht bzw. ob sich die streitgegenständlichen Wertpapiere noch im Depot des Kunden befinden.

62   Zum Schadensersatz gehört daneben gemäß § 252 BGB der entgangene Gewinn. Hiernach ist dem Anleger bei eingesetztem Eigenkapital nicht nur der Kaufpreis zu erstatten, sondern auch der Schaden, der sich typischerweise daraus ergibt, dass Eigenkapital bei größeren Anlagebeträgen erfahrungsgemäß nicht ungenutzt geblieben, sondern zu einem allgemein üblichen Zinssatz angelegt worden wäre.[1313]

2. Pflichtverletzungen bei der Geschäftsanbahnung

63   Im Falle einer Falschberatung vor Abschluss des Vertrags mit der Folge, dass der Kunde den Vertrag bei ordnungsgemäßer Aufklärung nicht abgeschlossen hätte, ist der Kunde so zu stellen, als habe er den Vermögensverwaltungsvertrag nicht abgeschlossen (negatives Interesse). Der Schaden lässt sich somit ermitteln, ohne dass es auf Verluste aus den einzelnen durchgeführten Anlagegeschäften ankommt.[1314] Im Falle eines noch bestehenden Vertrages hat daher eine Zug-um-Zug-Rückabwicklung zu erfolgen, nach Auflösung der Auflösung des Depots ein Ausgleich des gesamten Verlustbetrags.

3. Pflichtverletzungen bei der Durchführung des Vertrages

64   Ist es im Rahmen der Vertragsdurchführung zu unsachgemäßen und damit pflichtwidrigen Anlageentscheidungen des Vermögensverwalters gekommen, ist wiederum umstritten, ob eine Einzel- oder Gesamtbetrachtung vorzunehmen ist. In der Praxis wird von den beklagten Vermögensverwaltern immer wieder angeführt, dass nur eine Gesamtbetrachtung des Portfolios korrekt sei. [1315] Diese Betrachtungsweise ist jedoch abzulehnen, da es hierdurch zu einer Saldierung von schuldhaft herbeigeführten Schäden in Einzelpositionen mit Gewinnen, die aufgrund pflichtgemäßer Geschäfte eingetreten sind, kommen würde. Dies bedeutet aber eine unzulässige Vermengung von pflichtwidrigem und pflichtgemäßem Verhalten.[1316] Der pflichtwidrige Ankauf eines Wertpapiers ist daher isoliert zu betrachten.[1317] Eine Gesamtbetrachtung ist nur in solchen Fällen zulässig, bei denen pflichtwidrig durchgeführte Transaktionen zu Gewinnen geführt haben. Hier ist eine Saldierung der insoweit entstandenen Gewinne und Verluste zulässig, so dass der Kunde dann nur einen verbleibenden Verlust geltend machen kann.[1318]

65   Konkret ist im Falle eines pflichtwidrig (z. B. entgegen der vereinbarten Anlagerichtlinien) erworbenen und noch im Depot befindlichen Wertpapiers der Klageantrag auf Zug-um-Zug-Rückabwicklung der fraglichen Transaktionen zu richten bzw. auf Erstattung der Differenz im Falle bereits erfolgter Veräußerungen mit Verlust.

4. Mitverschulden

66   Auf der anderen Seite ist häufig eine Auseinandersetzung mit dem Einwand des Mitverschuldens gemäß § 254 BGB erforderlich. Zumeist wird seitens des Vermögensverwalter darauf verwiesen, dass der Kunde regelmäßig über die Wertentwicklung des Depots unterrichtet worden sei, auf die daraus ersichtlichen Kursverluste jedoch weder mit einer Weisung zum Verkauf von Wertpapieren oder in sonst irgendeiner Weise reagiert habe. Dem ist entgegenzu-

---

[1312] *Schäfer*, Handbuch des Kapitalanlagerechts § 23 Rn 58.
[1313] BGH WM 1992, 143.
[1314] OLG Düsseldorf Urteil v. 15.7.2003, Az.: 24 U 16/03; LG Hamburg Urteil v. 23.3.2004, Az.: 321 O 337/03.
[1315] So auch LG Stuttgart WM 1997, 163.
[1316] *Schäfer*, Handbuch des Kapitalanlagerechts § 23 Rn 58; *Balzer*, Vermögensverwaltung durch Kreditinstitute, S. 166.
[1317] OLG Bamberg BKR 2002, 185, 186; LG München I WM 1999, 179.
[1318] OLG Köln ZIP 2007, 1598.

halten, dass aus fehlenden Einwendungen nicht auf ein Einverständnis mit den getroffenen Entscheidungen geschlossen werden kann, da der Kunde nicht verpflichtet ist, die überlassenen Depotauszüge fortlaufend zu kontrollieren.[1319]

> **Praxistipp:**
> Im Rahmen einer gerichtlichen Auseinandersetzung ist darauf zu achten, ob der Vermögensverwalter   **67**
> zu dieser Frage überhaupt substantiiert vorträgt. Der für die Frage des Mitverschuldens beweisbelastete Vermögensverwalter muss detailliert vortragen und unter Beweis stellen, dass z.B. ein Verkauf einer bestimmten Depotposition an einem bestimmten Tag möglich war und welcher Erlös hierfür hätte erzielt werden können.

Ein Mitverschulden des Kunden im Rahmen von Vermögensverwaltungsverträgen ist wie   **68** bei der fehlerhaften Anlageberatung somit nur ausnahmsweise anzunehmen. So wird ein Mitverschulden dann anzunehmen sein, wenn dem Anleger etwaige Pflichtverstöße des Verwalters bekannt waren, er hiergegen jedoch nicht eingeschritten ist.[1320]

5. Vorteilsausgleichung

Schließlich muss im Rahmen der Schadensberechnung seitens des Vermögensverwalters mit **69** dem Einwand gerechnet werden, der Kunde müsse sich erzielte Vorteile anrechnen lassen. Lässt sich eine Vorteilsausgleichung für erhaltene Zinszahlungen oder Dividenden aus einem pflichtwidrig erworbenen Wertpapier noch unproblematisch annehmen, gestaltet sich die Situation schwieriger, wenn der Vermögensverwalter Gewinne verrechnen möchte. Auch in diesem Zusammenhang kommt eine Verrechnung der geltend gemachten Verluste mit Gewinnen aus Geschäften, die vertragskonform durchgeführt wurden, nicht in Betracht, da dies einer unzulässige Vermengung von pflichtwidrigem und pflichtgemäßem Verhalten gleichkäme.[1321] Ein pauschales Abstellen auf ein positiv erzieltes Gesamtergebnis der Vermögensverwaltung kommt daher nicht in Betracht. Allerdings muss sich der Kunde bei der Schadensberechnung solche Gewinne entgegenhalten lassen, die mit ebenfalls vertragswidrigen Geschäften erzielt worden sind.[1322] Sollten z. B. Nebenwerte abredewidrig erworben worden sein, obwohl der Vertrag nur den Erwerb von Standardwerten vorsah, müssen bei der Schadensberechnung die mit Nebenwerten erzielten Gewinne damit berücksichtigt werden.

Die Konstellation ähnelt der Situation nach der Ausführung von Börsentermingeschäften **70** trotz fehlender, früher gem. § 53 I bzw. II BörsG a.F. erforderlicher Börsentermingeschäftsfähigkeit. Die Rechtsprechung hat unter Hinweis auf den Grundsatz von Treu und Glauben gemäß § 242 BGB entschieden, dass die Gewinne und Verluste aus solchen Börsentermingeschäften zu verrechnen sind, der Kunde unter Einbehalt der Gewinne also nicht allein die Verluste geltend machen könne.[1323]

VII. Verjährung

Gemäß § 37a WpHG verjähren Schadensersatzansprüche wegen der Verletzung von Infor-   **71** mations- und Beratungspflichten im Zusammenhang mit der Erbringung einer Wertpapierdienstleistung oder Wertpapiernebendienstleistung in drei Jahren von dem Zeitpunkt an, in dem der Anspruch entstanden ist, wobei als Entstehungszeitpunkt der Erwerb der fraglichen Anlage maßgeblich ist.[1324] Dieser Grundsatz findet auch bei Vermögensverwaltungsverträgen Anwendung, soweit die Verletzung von Informations- oder Beratungspflichten im Zusammenhang mit dem Abschluss des Vertrages in Streit steht.[1325] Der Schaden entsteht in diesem Fall mit Abschluss des nachteiligen Vertrages.[1326] Liegt dagegen eine vertragswidrige Durchfüh-

---

[1319] BGH NJW 1998, 449, 450; OLG Frankfurt WM 1996, 665, 668; OLG Düsseldorf WM 1991, 94, 96.
[1320] *Schäfer*, Handbuch des Kapitalanlagerechts § 23 Rn. 55.
[1321] *Schäfer*, Handbuch des Kapitalanlagerechts § 23 Rn 58; *Balzer*, a.a.O., S. 166.
[1322] OLG Köln WM 2007, 1067, 1068.
[1323] OLG Düsseldorf WM 1988, 1404, 1406.
[1324] BGH WM 2005, 929, 930.
[1325] OLG Köln WM 2006, 2130, 2131; OLG Frankfurt BKR 2005, 501, 502.
[1326] *Assmann/Schneider/Koller*, § 37a WpHG Rn. 13; a.A. OLG Frankfurt BKR 2005, 501, 502, wonach der Lauf der Verjährungsfrist erst mit dem ersten Erwerb eines Wertpapiers beginnt.

rung der Verwaltung vor, findet § 37a WpHG keine Anwendung, da diese Vorschrift bereits dem Wortlaut nach nur die Verletzung einer Informations- oder Beratungspflicht umfasst.[1327] Die Geltendmachung von Schäden aus einer pflichtwidrig durchgeführten Vermögensverwaltung unterliegt daher der Regelverjährung von drei Jahren gemäß §§ 195, 199 BGB.

VIII. Darlegungs- und Beweislast

72   Der Anleger, der einen Schadensersatzanspruch gegen einen Vermögensverwalter wegen Pflichtverletzungen geltend macht, hat grundsätzlich die Voraussetzungen für diesen Anspruch darzulegen und zu beweisen.[1328] Es ist daher Sache des Kunden, vorzutragen und unter Beweis zu stellen, dass er vor Abschluss des eigentlichen Vermögensverwaltungsvertrages fehlerhaft beraten oder aufgeklärt wurde, dass Anlagerichtlinien überhaupt vereinbart wurden und um welche es sich handelt, und dass der Vermögensverwalter die vereinbarten Anlagerichtlinien nicht beachtet hat. Demgegenüber trägt der Vermögensverwalter grundsätzlich die Beweislast dafür, dass der Schaden auch bei ordnungsgemäßen Verhalten eingetreten wäre.[1329] Trägt der Anleger hinsichtlich einzelner Wertpapierarten oder spezieller Wertpapiere eine unterlassene Risikoaufklärung vor Abschluss des Vermögensverwaltungsvertrages vor, hat der aufklärungspflichtige Vermögensverwalter diesen Vorwurf substantiiert zu bestreiten und detailliert darzulegen, auf welche Art und Weise die Risikoaufklärung vorgenommen wurde.[1330] Der pauschale Hinweis von Seiten des Vermögensverwalters, der Anleger sei über die mit der Anlage verbundenen Risiken umfassend aufgeklärt worden, genügt diesen Anforderungen nicht. Ein besonderes Augenmerk sollte der Rechtsanwalt des Kunden auf Unterlagen richten, die dem Anleger vor Abschluss des Vertrages oder im Laufe der Vermögensverwaltung übergeben worden sind. Sind dem Anleger z. B. anpreisende Wertpapierempfehlungen schriftlich überlassen worden und enthalten diese keinerlei Risikohinweis, obliegt dem Vermögensverwalter die Beweislast dafür, dass ausführliche Informationen mündlich erteilt worden sind.[1331]

73   Wird die vertragswidrige Durchführung der Vermögensverwaltung gerügt, z. B. der Vorwurf eines verzögerten oder unterlassenen Verkaufs von Wertpapieren, trifft den Anleger ebenfalls die volle Darlegungs- und Beweislast für die Pflichtverletzung. Der Vermögensverwalter ist insoweit aufgrund der ihn treffenden sekundären Darlegungslast nicht gehalten, interne Berichte und Entscheidungsabläufe offen zu legen und zu begründen, warum bestimmte Anlageentscheidungen getroffen wurden.[1332] Somit ist es auch in diesen Fällen Aufgabe des Anlegers, in einer Klage zunächst darzulegen, aus welchen Gründen konkrete Anlageentscheidungen des Vermögensverwalters angesichts öffentlich zugänglicher Informationen als pflichtwidrig anzusehen sind.

IX. Rechtsschutzversicherung

74   Im Vorfeld eines aus einem Vermögensverwaltungsvertrages zu führenden Rechtsstreits kommt es immer wieder zu Auseinandersetzungen mit der Rechtsschutzversicherung des Mandanten über deren Eintrittspflicht bzw. die Anwendbarkeit von Ausschlussklauseln.

75   Hier ist zunächst zu prüfen, welche ARB dem Versicherungsverhältnis zugrunde liegen. Denn bei neueren Verträgen, denen zumindest die ARB 2004 zugrunde liegen, besteht i. d. R. gem. § 3 Abs. 2 f ARB kein Rechtsschutz für die Wahrnehmung rechtlicher Interessen im Zusammenhang mit der Anschaffung, der Inhaberschaft sowie der Veräußerung von Wertpapieren im Sinne des Wertpapierhandelsgesetzes, Bezugsrechten oder von Anteilen, die eine Beteili-

---

[1327] OLG Düsseldorf WM 2006, 1576, 1577.

[1328] *Lang,* a.a.O. § 25 Rn. 11.

[1329] *Schäfer,* Handbuch des Kapitalanlagerechts § 23 Rn 59; *Lang,* a.a.O., § 25 Rn. 10.

[1330] BGH WM 2005, 571; OLG Düsseldorf Urteil vom 2.4.2004, Az.: 17 U 185/03; OLG Nürnberg Urteil vom 13.10.2003, Az.: 8 U 399/03; OLG Stuttgart OLGR Stuttgart 2001, 83; LG Hamburg Urteil vom 23.3.2004, Az.: 321 O 337/03; *Lang,* a.a.O. § 25 Rn. 12; *Sprockhoff* WM 2005, 1739, 1745 f.

[1331] Saarländisches OLG Urteil v. 14.1.2003, 7 U 278/02.

[1332] BGH BKR 2008, 83, 85, der auch eine zivilprozessuale Pflicht zur Vorlage von Researchberichten und Protokollen aus Anlageausschusssitzungen der beklagten Bank ablehnte; zustimmend *Lang/Eberhardt* in einer Anmerkung zu dieser Entscheidung, BKR 2008, 86.

gung an dem Ergebnis eines Unternehmens gewähren sollen.[1333] Unter Geltung dieser ARB ist damit eine Eintrittspflicht der Rechtsschutzversicherung ausgeschlossen.

Soweit in dem Versicherungsvertrag ältere ARB gelten, stellt sich die Situation anders dar. 76
Hierzu hat das OLG Karlsruhe klargestellt, das die Formen der Geldanlage in Rentengenussscheinen, Aktien oder entsprechenden Fonds nach allgemeinem Sprachverständnis nicht zu den Termin- bzw. Spekulationsgeschäften zählen.[1334] Nach Ansicht des OLG Karlsruhe ist die Anlage in Aktien-, Renten- oder vergleichbaren Werten sowohl vom Wortsinn als auch aus dem Gesamtzusammenhang nicht im Sinne des in § 3 Abs. 2 f ARB 94 genannten „Spekulationsgeschäfts" zu verstehen.

Daneben kommt es immer wieder vor, dass Rechtsschutzversicherer Kostenschutz für Kla- 77
geverfahren aus einer fehlgeschlagenen Vermögensverwaltung unter Hinweis auf den in § 25 II 2 ARB normierten Risikoausschluss bei einem volumenmäßig hohen verwalteten Vermögen ablehnen. Die Versicherer sind insoweit der Ansicht, dass gerade bei einem hohen Volumen auch im Rahmen einer privaten Vermögensverwaltung eine selbständige bzw. freiberufliche Tätigkeit des Vermögensverwaltungskunden anzunehmen sei.

Unter dem in § 25 I 2 ARB verwendeten Begriff der selbständigen und freiberuflichen Tätig- 78
keit ist die eines Gewerbetreibenden oder freiberuflich Tätigen im Sinne des § 24 I 1 ARB zu verstehen. Bei der privaten Vermögensverwaltung kann eine selbständige Tätigkeit erst angenommen werden, wenn sie berufsmäßig betrieben wird. Das ist der Fall, wenn ihr Umfang einen planmäßigen Geschäftsbetrieb erfordert, wie die Unterhaltung eines Büros oder einer Organisation zur Durchführung der Geschäfte. Bei der Prüfung, ob eine private Vermögensverwaltung als selbständige Tätigkeit anzusehen ist, kommt es daher allein darauf an, ob für die eigene Vermögensverwaltung ein planmäßiger Geschäftsbetrieb erforderlich ist.[1335] Ergänzend kann gegen die Argumentation einer Rechtsschutzversicherung insoweit auch die Ansicht des BFH herangezogen werden, der für die private Vermögensverwaltung hohe Umsätze oder eine Kreditfinanzierung als nicht ungewöhnlich ansieht und für eine gewerbliche Tätigkeit erst dann Raum sieht, wenn unmittelbar mit anderen Marktteilnehmern und nicht über die depotführende Bank gehandelt wird.[1336]

[1333] Einige Versicherer haben diesen Ausschluss bereits mit den ARB 2002 eingeführt.
[1334] OLG Karlsruhe Urteil vom 20.11.2003, Az.: 12 U 77/03.
[1335] BGH NJW 1992, 3242 f.; OLG Bamberg NJW-RR 1994, 1507.
[1336] BFH Urteil vom 30.7.2003, X R 7/99.

§ 16 Geheimhaltungspflichten des Kreditinstituts

Übersicht

I. Rechtliche Grundlagen

1   Die Verpflichtung der Kreditinstitute, Informationen über die Vermögensverhältnisse ihrer Kunden nicht an Dritte weiterzugeben, folgt insbesondere aus dem gesetzlich nicht normierten **Bankgeheimnis**. Daneben ergibt sich auch aus dem **Datenschutzrecht** eine gesetzliche Geheimhaltungsverpflichtung der Bank, die mit dem „klassischen" Bankgeheimnis nicht zu verwechseln ist. Die Weitergabe von Informationen durch die Bank an Dritte muss daher im Einzelfall sowohl mit den Schranken des Bankgeheimnisses als auch mit Datenschutzrecht vereinbar sein, wenn der Anwendungsbereich beider Rechtsinstitute eröffnet ist.[1337] Ein Gleichlauf der Erlaubnistatbestände ist dabei nicht zwingend.[1338] Ist im Einzelfall der Anwendungsbereich des Datenschutzrechts eröffnet, herrscht gegenüber dem Bankgeheimnis Anspruchskonkurrenz.[1339] Der Schutz des Bankgeheimnisses reicht allerdings weiter, da der Anwendungsbereich des Datenschutzrechts gegenüber dem des Bankgeheimnisses Einschränkungen unterliegt.

1. Bankgeheimnis

2   **a) Rechtsgrundlage.** Das Bankgeheimnis wird seiner jeweiligen Schutzfunktion entsprechend aus dem Verfassungsrecht oder aus dem Zivilrecht abgeleitet. Der Schutz vor Zugriffen staatlicher Stellen auf Informationen, die den Bankkunden betreffen, folgt aus dem allgemeinen Persönlichkeitsrecht bzw. dem Recht auf informationelle Selbstbestimmung gemäß Art. 2 I GG. Das Recht der Bank, Auskünfte gegenüber staatlichen Institutionen gegebenenfalls zu verweigern, lässt sich aus der Garantie der Berufsausübungsfreiheit gemäß Art. 12 I GG stützen.[1340]

[1337] *Ebenroth/Boujong/Joost/Grundmann* HGB BankR I Rn. 152.
[1338] Vgl. *Ebenroth/Boujong/Joost/Grundmann* HGB BankR I Rn. 153.
[1339] Vgl. BGH ZIP 2007, 619, 622.
[1340] *Assies/Beule/Heise/Riestelhuber*, Handbuch des Fachanwalts Bank- und Kapitalmarktrecht Kap. 4 Rn. 1702.

Als zivilrechtliche Grundlage des Bankgeheimnisses dient regelmäßig ein allgemeiner Bank- 3 vertrag[1341] bzw. ein gesetzliches Schuldverhältnis[1342] oder eine vertragliche Nebenpflicht des Kreditinstituts aus einem bestehenden Vertragsverhältnis (z.B. Giro- oder Darlehensvertrag).[1343] Darüber hinaus ergibt sich eine explizite rechtsgeschäftliche Verpflichtung des Kreditinstituts zur Geheimhaltung aus Nr. 2 I AGB-Banken. Danach ist die Bank zur Verschwiegenheit über alle kundenbezogenen Tatsachen und Wertungen verpflichtet, von denen sie Kenntnis erlangt. Demgegenüber enthalten die AGB-SPK keine ausdrückliche Verschwiegenheitsverpflichtung.

b) Umfang. Unter das Bankgeheimnis fallen Informationen über den Kunden der Bank, gleich 4 ob es sich um eine **natürliche Person, Personengesellschaft oder juristische Person** handelt. Erfasst werden **Tatsachen** sowie **Werturteile**, die auf den der Bank im Rahmen der Geschäftsverbindung zugänglichen Tatsachen beruhen.[1344] Das Bankgeheimnis erstreckt sich nicht nur auf **Vermögensangelegenheiten**, sondern auch auf **private Umstände** des Kunden wie Erbfälle oder Scheidungen.[1345] Allerdings müssen die fraglichen Tatsachen der Bank aus Anlass der Geschäftsverbindung bekannt geworden sein, d.h. es muss ein innerer Zusammenhang zwischen der Kenntniserlangung der fraglichen Informationen durch die Bank und der Geschäftsverbindung gegeben sein.[1346] Die Geheimhaltungspflicht besteht bereits im Stadium der Vertragsanbahnung und auch nach Vertragsbeendigung[1347] sowie unabhängig von der Wirksamkeit der Vertragsbeziehung.[1348] Sie ist gegenüber allen Dritten, z.B. Ehegatten, zu beachten. Auch gegenüber den Erben eines verstorbenen Kunden oder einem Betreuer sind persönlichkeitsbezogene Geheimnisse zu wahren.[1349] Soweit das Bankgeheimnis reicht, bestimmt der Kunde als Geheimnisherr, welche Tatsachen geheimzuhalten sind. Gegebenenfalls ist auf den mutmaßlichen Willen des Kunden abzustellen.

c) Grenzen. Das Kreditinstitut ist insoweit nicht an das Bankgeheimnis gebunden, als der 5 Kunde in die Weitergabe der Informationen **eingewilligt** hat. Ferner findet das Bankgeheimnis seine Grenzen in **straf-, zivil- oder steuerrechtlichen Vorschriften** sowie im Gesichtspunkt der Nothilfe.[1350] Darüber hinaus können auch der Grundsatz von Treu und Glauben sowie die Vorschriften des BDSG die Datenweitergabe rechtfertigen.[1351] Kollisionen zwischen dem Bankgeheimnis und den Aufklärungs- und Auskunftspflichten gegenüber anderen Kunden sind durch Interessen- und Güterabwägung zu lösen.[1352] So kann das Kreditinstitut z.B. gegenüber Kunden, die mit dem Kreditnehmer der Bank im Geschäftsverkehr stehen, zur Aufklärung über die Konkursreife des Kreditnehmers verpflichtet sein.[1353]

Einschränkungen des Bankgeheimnisses können sich insbesondere aus der Teilnahme am 6 Zahlungsverkehr ergeben. So ist die bezogene Bank grundsätzlich berechtigt, dem Scheckinhaber Auskünfte über den Aussteller eines nicht eingelösten Schecks aufgrund einer sich aus der Teilnahme am Scheckverkehr ergebenden stillschweigenden Ermächtigung des Ausstellers zu erteilen, soweit dies zur Durchsetzung der scheckrechtlichen Ansprüche erforderlich ist. Eine entgegenstehende Weisung des Ausstellers wäre aufgrund widersprüchlichen Verhaltens unbeachtlich.[1354] Umgekehrt darf ein Kreditinstitut dem Scheckaussteller Auskunft über die Person des Scheckeinreichers erteilen.[1355]

[1341] Einen allgemeinen Bankvertrag grundsätzlich ablehnend allerdings BGH NJW 2002, 3695 ff.
[1342] *Nobbe* WM 2005, 1537, 1539 f.
[1343] BGHZ 95, 362, 365.
[1344] *Bruchner*, Bankrechts-Handbuch I § 39 Rn. 8.
[1345] *Bruchner*, Bankrechts-Handbuch I § 39 Rn. 8.
[1346] BGH ZIP 2006, 317, 320.
[1347] OLG Köln WM 1993, 289.
[1348] *Nobbe* WM 2005, 1537, 1539.
[1349] Zum Auskunftsanspruch des Erben gegenüber dem Kreditinstitut siehe unten, § 18 Rn. 2.
[1350] *Bruchner*, Bankrechts-Handbuch I § 39 Rn. 39.
[1351] *Schwintowski/Schäfer* Bankrecht § 3 Rn. 66.
[1352] BGHZ 107, 104, 109.
[1353] BGH ZIP 1991, 90, 91.
[1354] *Bruchner*, Bankrechts-Handbuch I § 39 Rn. 20.
[1355] Vgl. BGH WM 1997, 1202, 1203.

2. Datenschutzrecht

7   Datenschutzrechtliche Informationsschranken ergeben sich aus § 4 I BDSG. In den Anwendungsbereich des BDSG fällt die Verarbeitung, insbesondere die Übermittlung (§ 3 IV BDSG) personenbezogener Daten durch ein Kreditinstitut, wenn der betroffene Kunde eine **natürliche Person** ist (§ 3 I BDSG). Geschützt sind gemäß § 3 I BDSG Einzelangaben über persönliche und sachliche Verhältnisse des Kunden. Die Übermittlung von **Wertungen**, die nicht unmittelbar personenbezogene Daten sind, jedoch auf personenbezogenen Daten im Sinne der §§ 1 II Nr. 3, 3 I, 27 BDSG beruhen, fallen nach h.M. ebenfalls in den Anwendungsbereich des BDSG.[1356] Ist dieser eröffnet, ist die Verarbeitung, insbesondere Übermittlung von personenbezogenen Daten an Dritte nur zulässig, wenn der Kunde eingewilligt hat (§ 4a BDSG) oder eine Rechtsvorschrift die Verarbeitung erlaubt.

8   Den für die bankrechtliche Geschäftsbeziehung bedeutsamsten Erlaubnistatbestand bildet § 28 BDSG. Danach ist eine Übermittlung von personenbezogenen Daten u.a. zulässig, wenn die Übermittlung zur Wahrung berechtigter Interessen des **Kreditinstituts** erforderlich ist, und kein Grund zu der Annahme besteht, dass das schutzwürdige Interesse des Kunden am Ausschluss der Übermittlung überwiegt (§ 28 I 1 Nr. 2 BDSG). Berechtigte Interessen eines **Dritten** rechtfertigen die Übermittlung gemäß § 28 II Nr. 1 BDSG. Allerdings begründet in diesem Fall gemäß § 28 II a.E. BDSG bereits das Bestehen eines Interesses des Kunden am Ausschluss der Übermittlung die Rechtswidrigkeit der Übermittlung. Auf eine Abwägung, insbesondere ein Überwiegen des Kundeninteresses, kommt es nach dem Wortlaut von Abs. 2 anders als in Abs. 1 nicht an.

3. Sonstige Interessenwahrungspflichten

9   Neben den dargestellten Geheimhaltungtatbeständen können Kreditinstitute aufgrund weiterer Tatbestände verpflichtet sein, Äußerungen über ihre Kunden zu unterlassen. So ergibt sich aus § 241 II BGB eine allgemeine **Interessenwahrungs-, Schutz- und Loyalitätspflicht** gegenüber dem Kunden.[1357] Danach begründet z.B. bereits eine Gefährdung der Kreditwürdigkeit des Kunden durch wahre Tatsachenäußerungen, Werturteile oder Meinungsäußerungen eine Vertragspflichtverletzung der Bank.[1358] Dies gilt gerade dann, wenn die fraglichen Informationen nicht dem Bankgeheimnis unterfallen, weil die Bank ihre Kenntnis nicht aufgrund bzw. im Rahmen der Geschäftsverbindung erlangt hat.[1359]

10   Aus § 241 II BGB folgt auch die Pflicht des Kreditinstituts, die Verbreitung **unwahrer Tatsachen** über den Kunden zu unterlassen. § 824 BGB beinhaltet darüber hinaus eine spezielle Regelung, die es der Bank verbietet, unwahre Tatsachen zu behaupten oder zu verbreiten, die geeignet sind, den Kredit des Kunden zu gefährden oder sonstige Nachteile für dessen Erwerb oder Fortkommen herbeizuführen.

4. Ansprüche des Kunden

11   a) **Unterlassungsansprüche.** Bei drohender Weitergabe von Informationen steht dem Kunden ein Unterlassungsanspruch zu,[1360] der auf §§ 1004 I, 823 I und das allgemeine Persönlichkeitsrecht[1361] oder auf Vertrag[1362] gestützt werden kann. Den Unterlassungsanspruch kann der Kunde durch einstweilige Verfügung gemäß § 935 ZPO sichern lassen.

12   b) **Berichtigung, Löschung.** Übermittelt die Bank unzulässigerweise Informationen an eine Auskunftei, die dort anschließend mit dem Ziel der Auskunftserteilung gespeichert werden, und sind die Informationen **unrichtig**, steht dem Kunden gegenüber der Bank ein Berichtigungsanspruch gemäß § 35 I BDSG zu. Daneben kann er gemäß § 35 II, III BDSG unmittelbar gegenüber der Auskunftei Löschung bzw. Sperrung verlangen. Außerhalb des Anwendungsbe-

---

[1356] *Ebenroth/Boujong/Joost/Grundmann* HGB BankR I Rn. 166; *Canaris,* Großkomm. HGB, Bankvertragsrecht I Rn. 73 a.
[1357] BGH ZIP 2006, 317, 320.
[1358] BGH ZIP 2006, 317, 320.
[1359] Vgl. BGH ZIP 2006, 317, 320 f.
[1360] *Bruchner*, Bankrechts-Handbuch I § 39 Rn. 117; *Schwintowski/Schäfer,* Bankrecht § 3 Rn. 47.
[1361] AG Elmshorn NJW 2005, 2404.
[1362] Vgl. BGH NJW 1995, 1284, 1285; *MünchKomm/Emmerich* § 241 BGB Rn. 12.

reichs des BDSG beruhen diese Ansprüche auf §§ 1004, 823 I BGB i.V.m. dem allgemeinen Persönlichkeitsrecht.[1363] Ob tatsächlich Daten an Dritte übermittelt wurden, kann durch die Geltendmachung des Auskunftsanspruchs gemäß § 34 BDSG gegenüber der Auskunftei festgestellt werden, der sich auch auf die Herkunft der Daten bezieht (§ 34 I Nr. 1 BDSG).

c) **Schadensersatzansprüche.** Schadensersatzansprüche gegen die Bank können sowohl aus einer unzulässigen als auch aus einer unrichtigen Übermittlung von Kundeninformationen resultieren. Ein Anspruch kann zunächst auf die Verletzung (vor-)vertraglicher Nebenpflichten gestützt werden (§§ 280, 241 II, 311 II BGB).[1364] Darüber hinaus kommen deliktische Schadensersatzansprüche, z.B. bei einer Verletzung des allgemeinen Persönlichkeitsrechts oder des Rechts am eingerichteten und ausgeübten Gewerbebetrieb[1365], gemäß § 823 I BGB in Betracht. Ferner können deliktische Ansprüche auf § 823 II BGB i.V.m. mit den Vorschriften des BDSG, insbesondere § 28 BDSG oder auch auf § 824 BGB beruhen. Bei öffentlich-rechtlichen Kreditinstituten ist ferner § 203 StGB Schutzgesetz i.S.v. § 823 II BGB. Demgegenüber bildet das Bankgeheimnis nach h.M. kein sonstiges Recht i.S.v. § 823 I BGB.[1366] **13**

Dem **Umfang** nach haftet das Kreditinstitut gemäß der Differenzhypothese für den Schaden, der sich im Vergleich zur hypothetischen Situation des Kunden ohne die inkriminierten Äußerungen ergibt, § 249 BGB, soweit der Schaden auf der pflichtwidrigen Informationspreisgabe bzw. Äußerung beruht. **14**

> **Hinweis:**
> Ein etwaiger Schaden des Kunden ist zumeist immaterieller Natur, so dass gemäß § 253 I BGB regelmäßig kein Geldersatz verlangt werden kann. Vermögensschäden des Kunden, die auf eine Verletzung des Bankgeheimnisses zurückgeführt werden können, bilden demgegenüber die Ausnahme. **15**

d) **Sonstige Sanktionen.** Die rechtswidrige Verletzung von Geheimhaltungspflichten berechtigt den Kunden gemäß Nr. 18 II AGB-Banken bzw. Nr. 26 II AGB-SPK zur **außerordentlichen Kündigung** der Geschäftsbeziehung. **16**

II. Einzelprobleme

1. Mitteilungen des Kreditinstituts an die SCHUFA

a) **Vereinbarkeit mit Datenschutzrecht.** Die Übermittlung so genannter Positivdaten an die SCHUFA[1367] ist grundsätzlich durch die im Bankverkehr verwendete SCHUFA-Klausel gedeckt. Indem der Kunde die SCHUFA-Klausel bei Vertragsabschluss unterzeichnet, erteilt er eine Einwilligung im Sinne von §§ 4, 4a BDSG in die Übermittlung dieser Daten an die SCHUFA. Bei den **Positivdaten** handelt es sich z.B. um Informationen über die Eröffnung eines Girokontos, den Abschluss eines Kreditvertrags, die Rückzahlung der Darlehensvaluta oder die Übernahme einer Bürgschaft. **17**

Demgegenüber ist die Übermittlung von Informationen über nichtvertragsgemäßes Verhalten des Kunden (**Negativdaten**) **nicht** durch die SCHUFA-Klausel gedeckt. Insoweit nimmt die im Bankverkehr verwendete SCHUFA-Klausel lediglich auf die Interessenabwägung nach datenschutzrechtlichen Vorschriften Bezug, da eine pauschale Einwilligung in die Übermittlung sämtlicher Daten nicht mit § 307 BGB vereinbar wäre.[1368] Ob die Übermittlung zulässig ist, hängt daher von der Einschlägigkeit eines datenschutzrechtlichen Erlaubnistatbestandes (z.B. § 28 BDSG) ab. **18**

Von einem berechtigten Interesse der Bank gemäß § 28 I 1 Nr. 2 BDSG an der Übermittlung von Negativdaten an die SCHUFA ist grundsätzlich auszugehen, da der Informationsaustausch zwischen Bank und SCHUFA auf Gegenseitigkeit beruht.[1369] Soll das im Interesse der Kreditinstitute eingerichtete Informationssystem funktionsfähig sein, müssen diese grundsätz- **19**

[1363] Vgl. OLG Düsseldorf NJW 2005, 2401, 2402.
[1364] BGH ZIP 2006, 317, 310.
[1365] BGH ZIP 2006, 317, 321, 330.
[1366] *Baumbach/Hopt* HGB BankGesch A/9.
[1367] Zur Funktionsweise der SCHUFA siehe z.B. *Bruchner*, Bankrechts-Handbuch I § 41 Rn. 1 ff.; *Kamlah* MMR 1999, 395 f. Siehe auch www.schufa.de.
[1368] BGH NJW 1986, 46, 47, zu § 9 AGBG a.F.
[1369] Vgl. *Bruchner*, Bankrechts-Handbuch I § 41 Rn. 15.

lich zur Informationsübermittlung befugt sein. Dies gilt vor allem für sogenannte harte Negativmerkmale (Zwangsvollstreckung, eidesstattliche Versicherung, Insolvenz). Demgegenüber begründen die negativen Auswirkungen der SCHUFA-Mitteilung grundsätzlich kein überwiegendes Interesse des Kunden am Ausschluss der Übermittlung. Von einem überwiegenden Interesse des Kunden am Verbot der Übermittlung ist in der Regel jedoch dann auszugehen, wenn er den Vorwurf nichtvertragsgemäßen Verhaltens substanziiert bestreitet. In diesem Fall muss zunächst die Berechtigung des Einwandes – notfalls gerichtlich – geklärt werden.[1370] Dem Kreditinstitut ist es dagegen verwehrt, den Kunden durch Drohung mit der SCHUFA-Mitteilung zu Handlungen zu bewegen, zu denen dieser rechtlich nicht verpflichtet ist. Weder die Einwilligung noch ein gesetzlicher Erlaubnistatbestand können im Übrigen die **Übermittlung unrichtiger Daten** an die SCHUFA rechtfertigen.[1371]

20 Da die Übermittlung von Negativdaten nur aufgrund gesetzlicher Erlaubnistatbestände zulässig ist, hat ein **Widerruf** der in Form der SCHUFA-Klausel erteilten Einwilligung keine Bedeutung für deren Zulässigkeit. Ein Widerruf kann sich lediglich auf die Zulässigkeit der Übermittlung von Positivdaten auswirken, zumal die Übermittlung von Positivdaten nach überwiegender Auffassung nicht durch § 28 I 1 Nr. 2 BDSG gedeckt ist.[1372]

21 **b) Vereinbarkeit mit dem Bankgeheimnis.** SCHUFA-Mitteilungen müssen darüber hinaus auch mit dem Bankgeheimnis vereinbar sein. Diesbezüglich befreit die in der Bankpraxis übliche SCHUFA-Klausel das Kreditinstitut ebenfalls, wenn die Übermittlung aufgrund der vom Kunden erteilten Einwilligung bzw. aufgrund eines datenschutzrechtlichen Erlaubnistatbestandes zulässig ist. Da die Befreiung insbesondere auf die bei der Übermittlung von Negativdaten erforderliche datenschutzrechtliche Abwägung Bezug nimmt, ist auch die Befreiung vom Bankgeheimnis mit § 307 BGB vereinbar.[1373]

2. Bankauskünfte

22 Bankauskünfte dienen dem Geschäftspartner eines Kunden zur Information über dessen Kreditwürdigkeit. Sie enthalten grundsätzlich keine konkreten Tatsachen, insbesondere keine Aussagen über Kontostände oder die Höhe von Kreditinanspruchnahmen, sondern Werturteile über die Bonität, die finanziellen Verhältnisse oder die Kontoführung des Kunden, Nr. 2 II AGB-Banken bzw. Nr. 3 I AGB-SPK.

23 Gemäß Nr. 2 III 1 AGB-Banken bzw. Nr. 3 II 1 AGB-SPK ist die Bank befugt, über **juristische Personen** sowie im Handelsregister eingetragene **Kaufleute** Bankauskünfte zu erteilen, sofern sich die Anfrage auf ihre geschäftliche Tätigkeit bezieht. Der betreffende Kunde kann jedoch eine anders lautende Weisung erteilen, die von der Bank zu beachten ist, Nr. 2 III 2 AGB-Banken bzw. Nr. 3 II 1 AGB-SPK. Dagegen müssen Privatkunden und andere Vereinigungen der Bankauskunft im Einzelfall ausdrücklich zugestimmt haben, Nr. 2 III 3 AGB-Banken bzw. Nr. 3 II 2 AGB-SPK. Generell darf die Auskunft nur erteilt werden, wenn der Empfänger ein **berechtigtes Interesse** glaubhaft dargelegt hat und kein Grund zu der Annahme besteht, dass **schutzwürdige Belange des Kunden** entgegenstehen (vgl. Nr. 2 III 4 AGB-Banken und Nr. 3 II 3 AGB-SPK).

24 Das Bankgeheimnis wird durch Nr. 2 III AGB-Banken bzw. Nr. 3 II AGB-SPK vertraglich eingeschränkt. Die Einschränkung ist – insbesondere im Hinblick auf § 310 I 2 2. HS BGB – nach überwiegender Auffassung mit der AGB-rechtlichen Inhaltskontrolle vereinbar,[1374] zumal die Kunden ausdrücklich durch eine Weisung die Erteilung von Auskünften verhindern können. Datenschutzrechtlich kann die grundsätzliche Auskunftsbefugnis der Bank gemäß Nr. 2 III 1 AGB-Banken bzw. Nr. 3 II 1 AGB-SPK nur problematisch sein, soweit der Anwendungsbereich des BDSG eröffnet ist. Da das BDSG auf juristische Personen nicht anwendbar ist, bestehen insoweit keine datenschutzrechtlichen Bedenken. Soweit sich die Bankauskunft auf Einzelkaufleute bezieht, müssen die Voraussetzungen der §§ 2 II, III, 27 BDSG erfüllt sein.

[1370] Vgl. *Kloepfer/Kutzschbach* MMR 1998, 650, 654; AG Elmshorn NJW 2005, 2404, 2405.
[1371] OLG Düsseldorf NJW 2005, 2401.
[1372] *Roßnagel,* Handbuch Datenschutzrecht 4.6 Rn. 43; *Bruchner,* Bankrechts-Handbuch I § 41 Rn. 15; a.A. *Kamlah* MMR 1999, 395, 398.
[1373] Vgl. BGH NJW 1986, 46, 47, zu § 9 AGBG a.F.; *Canaris,* Großkomm. HGB, Bankvertragsrecht I Rn. 74 c.
[1374] *Bunte,* Bankrechts-Handbuch I § 7 Rn. 18; *Ebenroth/Boujong/Joost/Grundmann* HGB BankR I Rn. 172.

Ein **berechtigtes Interesse des Anfragenden** ist insbesondere dann gegeben, wenn ihn die er- 25
betene Auskunft vor einem ihm sonst drohenden Schaden im Geschäftsverkehr bewahren
soll.[1375] **Schutzwürdige Belange des Kunden** sind vor allem dann zu beachten, wenn die Auskünfte ein negatives Licht auf seine Bonität werfen. Allerdings schließt dies die Übermittlung
negativer Merkmale nicht generell aus. Insbesondere ist zu berücksichtigen, dass eine Übermittlung vom Betroffenen regelmäßig hinzunehmen ist, wenn sich dieser dem berechtigten
Aufklärungsverlangen des Dritten nicht entziehen darf,[1376] z.B. weil der Kunde gegenüber
Dritten besonderes Vertrauen in seine Kreditwürdigkeit in Anspruch nehmen will. Zwecks Ermittlung und Gewichtung etwaiger kollidierender Interessen hat die Bank gegebenenfalls
Rücksprache mit ihrem Kunden zu halten. Letztlich hat die Bank aufgrund einer **Abwägung**
der ermittelten Interessen über die Bankauskunft zu entscheiden.

3. Abtretung von Darlehensforderungen

Seit einigen Jahren verkaufen Kreditinstitute in großem Umfang Forderungen aus – meist 26
notleidenden – Darlehen an Investoren. Ziel dieser Transaktionen ist neben der Verringerung
des Verwaltungsaufwandes vor allem eine Bilanzbereinigung und eine Reduzierung der für Ri-
sikokredite vorzuhaltenden Eigenmittel.[1377] Die Durchführungswege reichen von einer Übertragung des gesamten Darlehens über die Abtretung einzelner Darlehensforderungen bis hin
zu einer bloßen Unterbeteiligung des Investors.[1378]

Die Abtretung eines Darlehensrückzahlungsanspruchs setzt eine Einigung des Kreditinsti- 27
tuts mit dem Zessionar über die essentialia negotii und damit gemäß § 402 BGB grundsätzlich
voraus, dass die Bank dem Forderungskäufer Informationen über den Kunden mitteilt, die
grundsätzlich dem Bankgeheimnis, meist auch dem Datenschutzrecht unterliegen (Name des
Schuldners, Forderungshöhe etc.). Damit stellt sich die Frage, ob die Abtretung nur unter Verstoß gegen das Bankgeheimnis möglich ist oder ein Verstoß gegen das Bankgeheimnis anlässlich der Abtretung sogar zur Unwirksamkeit der Abtretung führt.

Der BGH hat im Anschluss an eine umfangreiche Diskussion in der Literatur nunmehr ent- 28
schieden, dass sich weder aus dem Bankgeheimnis noch aus dem Datenschutzrecht ein dinglich
wirkendes Abtretungsverbot ableiten lässt, das zur Unwirksamkeit einer Abtretung von Darlehensforderungen führen würde.[1379] Allenfalls könne sich ein Schadensersatzanspruch des Kreditnehmers aus § 280 I BGB i.V.m. § 241 II BGB ergeben, der die Wirksamkeit des dinglichen
Verfügungsgeschäft nicht berühre.[1380]

Nach überwiegender Auffassung in der Literatur ist ein solcher Anspruch jedoch ausge- 29
schlossen, wenn die Leistungsbeziehung zwischen Bank und Kreditnehmer aufgrund einer **Vertragsverletzung** des Letzteren, z.B. bei Zahlungsverzug oder der nicht erfüllten Verpflichtung
zur Verstärkung von Sicherheiten, gestört ist.[1381] Begründet wird dies mit den immanenten
Grenzen des Bankgeheimnisses bzw. mit dem Grundsatz von Treu und Glauben. Der Einwand
des Kreditnehmers, die Vorgehensweise der Bank beinhalte einen Verstoß gegen das Bankgeheimnis, sei angesichts des eigenen vertragswidrigen Verhaltens rechtsmissbräuchlich.[1382]

War der Kreditnehmer dagegen **vertragstreu**, bildet die Übermittlung von qualifizierten In- 30
formationen eine Verletzung des Bankgeheimnisses, die Schadensersatzansprüche gegen das
Kreditinstitut auslösen kann.[1383] Regelmäßig wird es jedoch an einem Vermögensschaden fehlen, dessen Ersatz der Kreditnehmer verlangen könnte.[1384] Aufgrund seiner Verpflichtung zur
Naturalrestitution müsste das Kreditinstitut allerdings gegebenenfalls eine Rückübertragung
der betreffenden Forderung herbeiführen.

> **Hinweis:**
> In der Öffentlichkeit sind die geschilderten Forderungstransaktionen aufgrund des aggressiven Vor- 31
> gehens einzelner Aufkäufer gegen die betroffenen Kreditnehmer in ein negatives Licht geraten. Aus

---

[1375] *Bruchner*, Bankrechts-Handbuch I § 40 Rn. 20.
[1376] BGH ZIP 1986, 220, 222.
[1377] Siehe *Hofmann/Walter* WM 2004, 1566 ff.; *Kristen/Kreppel* BKR 2005, 123.
[1378] Siehe den Überblick bei *Kristen/Kreppel* BKR 2005, 123, 124 ff.
[1379] BGH ZIP 2007, 619, 620 ff.
[1380] BGH ZIP 2007, 619, 621.
[1381] *Nobbe* WM 2005, 1537, 1547.
[1382] *Nobbe* WM 2005, 1537, 1547.
[1383] *Nobbe* WM 2005, 1537, 1547.
[1384] Vgl. *Bütter/Aigner* BB 2007, 798, 799.

Sicht des Darlehensnehmers ist allerdings die Frage zu stellen, ob der Abtretung angesichts des in vielen Fällen zerrütteten Verhältnisses zum Kreditinstitut nicht sogar etwas Positives abzugewinnen ist. Da der Zessionar für die Darlehensforderung meist einen Preis gezahlt hat, der mehr oder weniger deutlich unter dem Nennwert der Darlehensforderung liegt, kann insoweit Spielraum für eine Neuregelung des Engagements oder gar einen Verzicht des Aufkäufers auf einen Teil des Rückzahlungsanspruchs vorhanden sein. Diesen Spielraum sollte der den Bankkunden vertretende Rechtsanwalt ausloten und gegebenenfalls nutzbar machen. Zu beachten ist im Übrigen, dass dem Erwerber der Forderung nicht mehr Rechte gegenüber dem Schuldner zustehen als dem übertragenden Kreditinstitut, weshalb aus der Abtretung nicht zwangsläufig eine Schlechterstellung des Darlehensschuldners folgt.

4. Strafrechtliche Ermittlungen

32   Das Bankgeheimnis besteht auch gegenüber dem Staat. Seine Rechtsgrundlage findet es insoweit im allgemeinen Persönlichkeitsrecht bzw. im Recht des Kunden auf informationelle Selbstbestimmung. Allerdings gilt das Bankgeheimnis auch dem Staat gegenüber nicht schrankenlos.

33   Gemäß § 161 a StPO sind Mitarbeiter und Organe eines Kreditinstituts gegenüber der Staatsanwaltschaft verpflichtet, auf Ladung zu erscheinen und als Zeugen auszusagen. Aussageverweigerungsrechte bestehen nach Maßgabe der §§ 53 bis 55 StPO. Das **Bankgeheimnis** gibt **kein Recht zur Zeugnisverweigerung**, weshalb Mitarbeiter eines Kreditinstituts grundsätzlich zur Aussage gegenüber der Staatsanwaltschaft verpflichtet sind. Eine polizeiliche Ladung kann demgegenüber keine Auskunftspflicht begründen.

34   Ferner können Staatsanwaltschaft und Polizei gemäß §§ 94 II, 98 StPO Geschäftsunterlagen des Kreditinstituts einschließlich Datenträgern **beschlagnahmen**. Ausgenommen sind Informationen zu Anderkonten bzw. Depots, die für Angehörige der rechts-, steuer- und wirtschaftsberatenden Berufe gemäß §§ 53, 53a, § 102 AO unterhalten werden, da sich diese ihrerseits auf ein Aussageverweigerungsrecht gemäß dieser Vorschriften stützen können.

5. Steuerrecht

35   Eine Verpflichtung des Kreditinstituts gegenüber den Finanzbehörden zur Auskunft, die eine Durchbrechung des Bankgeheimnisses beinhaltet, ergibt sich aus § 93 AO. Die Bank hat dem Finanzamt demnach Auskünfte zu erteilen, die zur Feststellung eines für die Besteuerung erheblichen Sachverhalts erforderlich sind. Das Auskunftsersuchen muss inhaltlich hinreichend bestimmt sein, d.h. substantiierte Angaben über den Grund des Auskunftsersuchens beinhalten. Insbesondere muss das Ersuchen der Finanzbehörden den Bezug der Anfrage zur Besteuerung des Kunden deutlich werden lassen. Es müssen Anhaltspunkte dafür vorliegen, dass der Sachverhalt, auf den sich die Anfrage bezieht, steuerlich erhebliche Tatbestandsmerkmale erfüllt. Der Versuch der Finanzbehörden, mittels eines Auskunftsersuchens einen Überblick über die Vermögensverhältnisse des Kunden zu erlangen, um die Vollstreckung von Steuerschulden zu erleichtern, ist durch § 93 AO nicht gedeckt.

36   Gemäß § 30 a I AO haben die Finanzbehörden bei der Sachverhaltsermittlung auf das besondere Vertrauensverhältnis zwischen Bank und Kunde Rücksicht zu nehmen. Abs. 2 dieser Vorschrift stellt ferner nochmals ausdrücklich klar, dass die Finanzbehörden keine Mitteilungen der Kreditinstitute über Konten zum Zweck der allgemeinen Überwachung verlangen dürfen. Schließlich dürfen Guthabenkonten und Depots, bei denen im Rahmen der Errichtung eine Legitimationsprüfung vorgenommen wurde, im Rahmen einer Außenprüfung nicht im Hinblick auf eine ordnungsgemäße Versteuerung überprüft werden (§ 30 a III AO).

37   Im Fall des Todes eines Kunden sind die Kreditinstitute gemäß § 33 ErbStG grundsätzlich verpflichtet, innerhalb eines Monats nach Bekanntwerden des Todes des Kunden Vermögensgegenstände und Forderungen des Erblassers gegen die Bank beim zuständigen Erbschaftssteuerfinanzamt anzuzeigen. Darüber hinaus ergeben sich aus § 45 d EStG Auskunftspflichten der Bank, die eine über den Sparerfreibetrag hinausgehende Inanspruchnahme von Freistellungsaufträgen verhindern sollen.

6. Zeugnisverweigerungsrecht der Bank

Wie schon im strafrechtlichen Ermittlungsverfahrens sind Bankmitarbeiter im **Strafprozess** 38
nicht zur Zeugnisverweigerung berechtigt, da das Bankgeheimnis nicht unter die §§ 53 ff.
StPO fällt. Dagegen dürfen sie sich im **Zivilprozess** nach allgemeiner Auffassung gemäß §§ 383
I Nr. 6, 384 Nr. 3 ZPO auf das Bankgeheimnis berufen und das Zeugnis verweigern.[1385] Aufgrund der Verpflichtung zur Wahrung des Bankgeheimnisses sind die Bank bzw. ihre Mitarbeiter daher gegenüber ihren Kunden verpflichtet, von ihrem Zeugnisverweigerungsrecht Gebrauch zu machen, sofern der Kunde die Bank nicht von ihrer Schweigepflicht entbunden hat.
Kraft Verweisung gelten die §§ 383, 384 ZPO auch im Arbeitsgerichtsprozess (§ 46 II ArbGG),
im Insolvenzverfahren (§ 4 InsO), im FGG-Verfahren (§ 15 FGG) sowie im verwaltungsgerichtlichen (§ 98 VwGO) und im Sozialgerichtsverfahren (§ 118 I SGG).

7. Drittschuldnererklärung und Bankgeheimnis

Liegt eine wirksame Pfändung vor, bildet die Pflicht der Bank zur Abgabe der Drittschuld- 39
nererklärung gemäß § 840 ZPO eine gesetzliche Rechtfertigung zur Durchbrechung des Bankgeheimnisses.[1386] Im Übrigen muss die Auskunft der Bank in dem durch § 840 I Nr. 1 bis 3
ZPO vorgegebenen Rahmen halten.

III. Vorgehensweise des Rechtsanwalts

Der von seinem Mandanten mit dem Vorwurf einer Verletzung von Geheimhaltungspflich- 40
ten durch ein Kreditinstitut konfrontierte Rechtsanwalt hat zunächst zu ermitteln, welche
konkreten Informationen weitergegeben worden sein sollen. Anschließend ist zu prüfen, ob
diese jeweils unter einen Geheimhaltungstatbestand, z.B. das Bankgeheimnis oder § 4 I BDSG,
fallen. Ist dies der Fall, muss geklärt werden, ob die Weitergabe im Einzelfall gerechtfertigt war
bzw. ist. Unabhängig vom Geheimnistatbestand ist dies immer dann der Fall, wenn der Kunde
in die Weitergabe der Informationen eingewilligt hat. Hierbei ist zu beachten, dass im Einzelfall eine konkludente Einwilligung vorliegen kann, deren Widerruf wegen Rechtsmissbrauchs
als unbeachtlich zu qualifizieren sein kann (z.B. durch Teilnahme am Scheckverkehr).

Die Rechtmäßigkeit der Übermittlung ist für jede Information gesondert zu prüfen. So ist 41
es denkbar, dass die Mitteilung einer Kreditkündigung an die SCHUFA rechtmäßig ist. Demgegenüber kann die Weigerung des Kunden, die Darlehensvaluta zurückzuzahlen, wegen der
Aufrechnung mit einer Gegenforderung ebenfalls gerechtfertigt sein, so dass eine Mitteilung
an die SCHUFA nur in Bezug auf die Kündigung, nicht jedoch im Hinblick auf die Weigerung
der Rückzahlung erfolgen darf.

[1385] *Bruchner*, Bankrechts-Handbuch I § 39 Rn. 106.
[1386] *Zöller/Stöber* § 840 ZPO Rn. 4.

§ 17 Pfändung von Kontoforderungen und anderen Vermögenswerten des Kunden

Übersicht

I. Ausgangssituation

1   Von einer Pfändung seiner Vermögenswerte bei der Bank erlangt der Kunde grundsätzlich dadurch Kenntnis, dass ihm der von seinem Gläubiger beantragte Pfändungsbeschluss des Vollstreckungsgerichts zugestellt wurde. Möglicherweise ist der Kunde aber auch bereits vor der Zustellung von der Bank über die Pfändung informiert worden, da die Zustellung des Beschlusses an die Bank der Zustellung an den Kunden zeitlich vorausgeht (vgl. § 829 II 2 ZPO). Spätestens dann, wenn der Kunde über Vermögenswerte verfügen möchte, die von der Pfändung erfasst werden, verweigert das Kreditinstitut entsprechend dem Pfändungsbeschluss solche Maßnahmen, so dass der Kunde auf diese Weise von der Pfändung erfährt.

II. Rechtliche Grundlagen

2   Die Pfändung und Überweisung von Zahlungsansprüchen des Kunden gegen die Bank erfolgt grundsätzlich nach Maßgabe der §§ 828 ff. ZPO. Für den Erlass des Pfändungsbeschlusses, der die Beschlagnahme der Forderung bewirkt, und des Überweisungsbeschlusses, der der Verwertung der gepfändeten Forderung durch den vollstreckenden Gläubiger dient, ist das Vollstreckungsgericht zuständig (§ 828 I ZPO). Der Pfändungsbeschluss beinhaltet das an die Bank gerichtete **Verbot**, an den Kunden **zu zahlen** (§ 829 I 1 ZPO). Demgegenüber kommt dem gleichzeitig an den Kunden zu richtenden Verbot, sich einer Verfügung über die Forderung zu enthalten (§ 829 I 2 ZPO), keine wesentliche Bedeutung zu.[1387] Der Überweisungsbeschluss führt unmittelbar zu einer Befriedigung des Gläubigers, wenn sich dieser – praktisch selten – die gepfändete Forderung an Erfüllungs statt (§ 835 II, I 2. Alt. ZPO, § 364 I BGB) überweisen lässt. In der Regel beantragt der Gläubiger die Überweisung zur Einziehung (§ 835 I 1. Alt. ZPO), so dass die Befriedigung erst mit der Zahlung durch die Bank an den Pfändungsgläubiger erfolgt.

[1387] Vgl. *Zöller/Stöber* § 829 ZPO Rn 7.

Der Pfändungs- und Überweisungsbeschluss muss der Bank **zugestellt** werden (§ 829 I 3
1 ZPO). Mit der Zustellung des Beschlusses an die Bank wird die Pfändung wirksam
(§ 829 III ZPO). Anschließend muss der Beschluss gemeinsam mit einer Abschrift der entsprechenden Zustellungsurkunde auch dem Kunden zugestellt werden (§ 829 II 2 ZPO). Diese Zustellung an den Kunden als Schuldner bildet keine Wirksamkeitsvoraussetzung der Pfändung
bzw. Überweisung, sondern dient allein dem Zweck, den Schuldner über die Pfändung zu informieren, so dass dieser sich gegen die Vollstreckung wehren kann.

Gemäß § 840 ZPO ist die Bank dem Gläubiger u.a. zur **Auskunft** (sog. Drittschuldnererklä- 4
rung) über den Bestand der Forderung sowie Vollstreckungsmaßnahmen anderer Gläubiger
verpflichtet, wenn sie vom Gläubiger hierzu aufgefordert wird.[1388] Im Rahmen der Auskunft
informiert die Bank den Gläubiger z.B. über bereits bestehende vorrangige Pfändungspfand-
rechte oder die Ausübung ihres eigenen AGB-Pfandrechts.

Vor der Zustellung des Pfändungsbeschlusses an die Bank darf der Kunde nicht angehört 5
werden (§ 834 ZPO), da dieser keine Gelegenheit zur Vereitelung der Zwangsvollstreckung
erhalten soll. Beantragt der Gläubiger die Überweisung der Forderung des Kunden gegen die
Bank, darf letztere an den Gläubiger jedoch erst leisten, nachdem eine **zweiwöchige Frist** abgelaufen ist, wenn es sich bei dem Kunden um eine natürliche Person handelt (§ 835 III 2 ZPO).
Die Frist beginnt am Tag der Zustellung des Überweisungsbeschlusses an die Bank zu laufen.
Zweck dieser Vorschrift ist es, dem Kunden die Einleitung von **Vollstreckungsschutzmaßnah-
men**, z.B. die Berufung auf Pfändungsbeschränkungen, zu ermöglichen. Nach Ablauf dieser
Frist ist die Bank berechtigt, Zahlung an den Gläubiger zu leisten.

Der Vollstreckung bestimmter öffentlich-rechtlicher, insbesondere **Steuerschulden** liegen 6
nicht (unmittelbar) die § 828 ff. ZPO, sondern die §§ 309 ff. AO zugrunde. In diesem Fall ist
die Vollstreckungsbehörde gemäß § 309 I AO zum Erlass einer Pfändungsverfügung berechtigt. Statt von einer Überweisung ist in § 314 AO von der Einziehung die Rede. Ansonsten ist
das Verfahren mit der Vollstreckung gemäß §§ 828 ff. ZPO weitgehend identisch. Teilweise
verweist die Abgabenordnung sogar ausdrücklich auf die Vollstreckungsvorschriften der Zivilprozessordnung. So sieht § 319 AO die Unpfändbarkeit von Forderungen vor und nimmt
insoweit auf die §§ 850 bis 852 ZPO Bezug. Auch die gemäß § 835 III 2 ZPO einzuhaltende
zweiwöchige Wartefrist bei Pfändung von Kontoguthaben natürlicher Personen gilt gemäß
§ 314 III AO entsprechend. Zu beachten ist, dass § 309 II 3 AO keine förmliche Zustellung der
Pfändungsverfügung an den Kunden vorsieht, sondern lediglich von einer Mitteilung spricht.

III. Abwehrmaßnahmen

Dem Kunden können im Einzelfall verschiedene Verteidigungsmittel offenstehen. Erstreckt 7
sich die Pfändung auf ein Girokonto, besitzt die Berufung auf **gesetzliche Pfändungsschutzvorschriften** die größte praktische Relevanz.[1389] Dabei ist grundsätzlich zwischen den Pfändungs-
schutzregelungen gemäß §§ 850 ff. ZPO und gemäß §§ 55, 56 SGB I zu unterscheiden. Die
Abgrenzung der Anwendungsbereiche der verschiedenen Pfändungsschutzvorschriften kann
gerade im Hinblick auf die teilweise unterschiedlichen Rechtsfolgen im Einzelfall Schwierigkeiten bereiten.[1390]

Neben bzw. statt der Berufung auf den gesetzlichen Pfändungsschutz kann die Ergreifung 8
vollstreckungsrechtlicher Rechtsbehelfe (Vollstreckungsabwehrklage, Vollstreckungserinnerung etc.) sinnvoll sein, z.B. wenn der Gläubiger bereits vollständig befriedigt ist.

IV. Einzelprobleme

1. Kenntniserlangung des Kunden

Die frühzeitige Kenntniserlangung des Kunden von einer Kontopfändung ist von besonderer 9
Bedeutung, da ihm nur eine beschränkte Zeit bleibt, sich beim Vollstreckungsgericht auf die
gesetzlichen Pfändungsbeschränkungen zu berufen und eine teilweise Aufhebung der Pfän-

---

[1388] Zur Vereinbarkeit dieser Pflicht mit dem Bankgeheimnis siehe oben, § 16 Rn. 39.
[1389] Siehe dazu unten, Rn. 31 ff.
[1390] Ausführlich hierzu *Stöber*, Forderungspfändung Rn. 976 ff. und Rn. 1313 ff.

dung geltend zu machen. Vor einer solchen Abwehrmaßnahme sind die Pfändungsbeschränkungen weder vom Vollstreckungsgericht noch von der Bank zu prüfen bzw. zu beachten.

10   Eine vollstreckungsrechtliche Pflicht der Bank, den Kunden über die Pfändung und/oder den Überweisungsbeschluss sowie die etwaige Geltung der zwei Wochenfrist gemäß § 835 Abs. III 2 ZPO bzw. möglichen Pfändungsschutz gem. § 850 a ff. ZPO zu informieren, besteht nicht. Auch im Überweisungsbeschluss selbst, der dem Kunden zuzustellen ist (§§ 835 Abs. III 1, 829 Abs. II 2 ZPO), muss kein entsprechender Hinweis erfolgen.[1391]

11   Die Zustellung des Pfändungs- und des Überweisungsbeschlusses an den Kunden bildet für diesen somit die einzige gesetzlich vorgesehene Möglichkeit, von der Vollstreckungsmaßnahme Kenntnis zu erlangen. Verzögert sich die Zustellung der Beschlüsse an den Kunden, erfährt dieser von der Pfändung unter Umständen erst, nachdem die zweiwöchige Frist zur Ergreifung von Abwehrmaßnahmen (§ 835 Abs. II 2 ZPO), die mit der Zustellung des Beschlusses an das Kreditinstitut zu laufen beginnt, fast oder sogar vollständig verstrichen ist.

2. Bestimmtheit der zu pfändenden Forderung

12   a) **Inhaltliche Anforderungen an den Pfändungsbeschluss.** Der Pfändungsbeschluss muss die zu pfändende Forderung so bestimmt bezeichnen, dass sie von anderen unterschieden werden kann und eine Verwechslung ausgeschlossen ist.[1392] Das Rechtsverhältnis, aus dem die Forderung hergeleitet wird, muss wenigstens in Umrissen angegeben werden.[1393] Ungenauigkeiten sind unschädlich, sofern für die Bank, den Kunden und Dritte – insbesondere weitere Gläubiger des Kunden – keine vernünftigen Zweifel bestehen, welche konkrete Forderung gemeint ist.[1394] Unzulässig ist die globale Pfändung sämtlicher Forderungen des Drittschuldners gegen einen Schuldner aus „jedem Rechtsgrunde" oder „aus Verträgen oder sonstigen Rechtsgründen".[1395] Dagegen widerspricht die **katalogartige Bezeichnung** einzelner Guthabenarten und rechtlich qualifizierter Ansprüche (aus Kontokorrent, Sparkonto, Wertpapierverrechnungskonto etc.) nicht dem Bestimmtheitsgebot.[1396] Ein gattungsmäßig bestimmtes Guthaben (Festgeldkonto) unterliegt der Pfändung jedoch nur, wenn es vom entsprechenden Gattungskatalog seiner Art nach zweifelsfrei erfasst wird.[1397] Zwecks Vermeidung von Such- bzw. Verdachtspfändungen soll nach h.M. die Angabe der kontoführenden **Filiale** erforderlich sein, um die Bestimmtheit der Pfändung sicherzustellen.[1398] Die Angabe der **Kontonummer** ist dagegen **keine** Bedingung für die Wirksamkeit der Pfändung, wenn die Forderung ansonsten hinreichend bestimmt ist,[1399] so dass die fehlende Angabe für sich genommen nicht die Inanspruchnahme vollstreckungsrechtlicher Rechtsbehelfe rechtfertigt. Sofern nur Forderungen unter Bezugnahme auf eine bestimmte Kontonummer gepfändet werden, beschränkt sich die Pfändung auf die aus dieser Kontobeziehung erwachsenden Ansprüche.[1400] Werden im Pfändungsbeschluss verschiedene Forderungsarten katalogartig hinreichend bestimmt bezeichnet, kann aus der Angabe einer Kontonummer nicht geschlossen werden, dass nur das Guthaben auf diesem Konto gepfändet werden soll, wenn die Auslegung des Beschlusses ergibt, dass möglichst sämtliche Ansprüche des Kunden gegen die Bank erfasst werden sollen.[1401]

13   b) **Rechtsbehelfe.** Hinsichtlich der Rechtsbehelfe des Kunden ist zu unterscheiden: Ergibt die Prüfung des konkreten Pfändungs- und Überweisungsbeschlusses, dass dieser insgesamt zu unbestimmt ist (Pfändung von Forderungen aus „jedem Rechtsgrunde"), ist der Pfändungsbeschluss unwirksam.[1402] Dem vor Erlass des Pfändungs- und Überweisungsbeschlusses nicht angehörten Kunden steht nach h.M. zunächst die Erinnerung gemäß § 766 ZPO zum Vollstreckungsgericht, gegen die anschließende Entscheidung des Vollstreckungsgerichts die sofortige

---

[1391] *Zöller/Stöber* § 835 ZPO Rn. 10.
[1392] *Brox/Walker*, Zwangsvollstreckungsrecht Rn. 605.
[1393] BGH NJW 2001, 2976.
[1394] OLG Köln WM 1999, 2156.
[1395] OLG Karlsruhe NJW 1998, 549.
[1396] OLG Köln WM 1999, 2156; im Ergebnis auch OLG Karlsruhe NJW-RR 1998, 990, 991.
[1397] OLG Karlsruhe NJW-RR 1998, 990, 991; a.A. OLG Köln WM 1999, 2156.
[1398] Str., siehe *Canaris*, Großkomm. HGB, Bankvertragsrecht I Rn. 186 und *Lwowski/Bitter*, Bankrechts-Handbuch I § 33 Rn. 9, jeweils m.w.N.
[1399] BGH WM 1982, 816, 818 f.
[1400] BGH NJW 2001, 2976, 2977.
[1401] BGH NJW 1988, 2543, 2544 f.
[1402] *Zöller/Stöber* § 829 ZPO Rn. 23.

Beschwerde gemäß § 793 ZPO zu.[1403] Wurde der Schuldner entgegen § 834 ZPO vor Erlass des Pfändungs- und Überweisungsbeschlusses angehört, z.B. weil der Gläubiger dies so wollte, ist sofortige Beschwerde gemäß § 793 ZPO einzulegen.[1404] Die zweiwöchige Notfrist gemäß § 569 I 1 ZPO beginnt in diesem Fall mit der Zustellung des Beschlusses an den Kunden gemäß § 829 II 2 ZPO.[1405]

Verweigert die Bank demgegenüber die Verfügung des Kunden über ein Konto, das von dem **14** ausreichend bestimmten Pfändungsbeschluss nicht umfasst ist, hat der Kunde insoweit gegenüber der Bank einen Anspruch auf Zahlung, den er notfalls gerichtlich geltend machen kann. Dies gilt auch dann, wenn die Bank das streitgegenständliche Guthaben bereits rechtsirrtümlich an den Gläubiger ausgezahlt hat, weil der Gläubiger unter Berufung auf seine (angeblich) aus dem Überweisungsbeschluss folgende Verwertungsbefugnis die Auszahlung verlangt hat. Vollstreckungsrechtliche Rechtsbehelfe scheiden in diesem Fall dagegen aus.

3. Pfändbare Forderungen und Rechte

a) Guthaben auf Girokonten:

> **Fall „Pfändung von Girokontoguthaben"**
>
> Der B-Bank wird am 3.5. ein von G beantragter Pfändungs- und Überweisungsbeschluss in Bezug **15** auf ein Girokonto des K zugestellt. An diesem Tag weist das Konto einen Soll-Saldo von 200,00 Euro auf. Am 4.5. geht eine Überweisung zugunsten des K in Höhe von 1.000 Euro ein. Am 5.5. belastet die Bank das Konto wegen einer Barabhebung des K in Höhe von 2000 Euro. Am gleichen Tag erfolgt eine weitere Gutschrift in Höhe von 500 Euro (Verkauf von Wertpapieren). Am 30.6., dem Ende der vereinbarten Kontokorrentperiode, weist das Konto einen Soll-Saldo von 1.500 Euro auf.

Aufgrund der Vielzahl unterschiedlicher Ansprüche, die dem Kunden aus einer Kontokorrentabrede und einem Girovertrag zustehen,[1406] bedarf die Frage, inwieweit die Verfügungsrechte des Kunden über das Konto durch die Pfändung beschränkt werden, gegebenenfalls einer genauen Prüfung. Daher ist zunächst zu klären, welche Ansprüche des Kunden in Bezug auf das Konto vom Pfändungsbeschluss erfasst werden. Ist der Pfändungsbeschluss insoweit unvollständig, kann der Kunde nicht erfasste Verfügungsansprüche gegenüber der Bank geltend machen. **16**

Der Systematik des Kontokorrents entsprechend ist zunächst eine Forderung des Kunden **17** pfändbar, die sich am Ende der vereinbarten Kontokorrentperiode (i.d.R. Quartalsabschluss) nach Verrechnung sämtlicher Ansprüche ergeben kann. Da die Wirksamkeit einer Pfändung am Tag der Zustellung des Pfändungsbeschlusses an die Bank in aller Regel nicht mit dem Ende der Verrechnungsperiode zusammenfällt, handelt es sich insoweit um einen **zukünftigen Anspruch** des Kunden **aus der Kontokorrentabrede.** Die Pfändung erstreckt sich auf diesen Anspruch nur, sofern sie vom Gläubiger ausdrücklich beantragt wurde und der Antrag dem Bestimmtheitsgebot gerecht wird.[1407] Pfändbar sind insoweit sämtliche Abschlusssalden zum Ende zukünftiger Kontokorrentperioden, nicht nur der erste auf die Pfändung folgende Abschlusssaldo.[1408]

Abweichend hiervon ist gemäß § 357 HGB ferner der so genannte **Zustellungssaldo**, d.h. **18** der Saldo pfändbar, der sich bei Verrechnung aller in das Kontokorrent eingestellten Forderungen am Tag der Zustellung ergibt. Insoweit sieht das Gesetz eine Ausnahme vom Grundsatz der periodischen Verrechnung (§ 355 I HGB) vor.[1409] Ist ein Guthaben zum Zeitpunkt der Zustellung nicht vorhanden, geht die Pfändung gegenwärtiger Forderungen ins Leere. Eine nachträgliche Erhöhung des Guthabens kommt dem Gläubiger bei bloßer Pfändung des Zustellungssaldos nicht zugute. Die Pfändung des Zustellungssaldos und der zukünftigen Abschlusssalden (sog. Doppelpfändung) hindern jedoch nicht die Auszahlung zukünftiger Tagessalden an den Kunden, die vor dem Ende der Kontokorrentperiode entstehen, bis zur Bildung

---

[1403] *Zöller/Stöber* § 829 ZPO Rn. 29.
[1404] *Zöller/Stöber* § 829 ZPO Rn. 31.
[1405] *Zöller/Stöber* § 829 ZPO Rn. 31.
[1406] Siehe hierzu bereits oben, § 4 Rn. 3 ff.
[1407] BGHZ 80, 172, 181.
[1408] BGHZ 80, 172, 178 f.
[1409] BGHZ 80, 172, 177 f.

des Abschlusssaldos durch Belastungsbuchungen (Auszahlungen) jedoch dem Zugriff des Gläubigers entzogen werden können.[1410]

19   Pfändbar ist aber auch der **Anspruch** des Kunden **aus** dem mit der Bank geschlossenen **Girovertrag** auf Auszahlung des gegenwärtigen Tagessaldos oder zukünftiger Tagessalden. Die Vorschriften über das Kontokorrent stehen dem nicht entgegen.[1411] Auch insoweit ist im Hinblick auf das Bestimmtheitsgebot zu beachten, dass der Gläubiger die Pfändung dieser Ansprüche ausdrücklich beantragt haben muss,[1412] da sie nicht aus der Kontokorrentabrede folgen. Bei der Ermittlung des Tagessaldos ist auf das Buchungsdatum, nicht auf die Wertstellung abzustellen, da die Buchung für den Auszahlungsanspruch entscheidend ist, während die Wertstellung nur für die Zinsberechnung bedeutsam ist.[1413]

20   Dagegen ist eine in das Kontokorrent eingestellte Einzelforderung des Kunden gegen die Bank gemäß § 357 HGB nicht pfändbar, da diese mit der Einstellung in die laufende Rechnung ihre Selbständigkeit verliert.[1414] Zudem kann der Gläubiger Verfügungen des Schuldners, die den Sollsaldo erhöhen, grundsätzlich nicht unterbinden, wenn diesen lediglich eine geduldete Überziehung zugrunde liegt, die keine (pfändbaren) Ansprüche des Kunden gegen die Bank auf Auszahlung eines Kredits begründet.[1415] Der Anspruch des Kunden auf Gutschrift eingehender Beträge hat nur zur Folge, dass diese tatsächlich gutgeschrieben, d.h. in das Kontokorrent eingestellt werden müssen, so dass der Gläubigerzugriff wegen der hiermit verbundenen Lähmung der Forderung ausgeschlossen ist.[1416] Der Gläubiger kann in diesen Fällen Verfügungen des Kunden auch nicht durch Pfändung des Anspruchs auf Durchführung von Überweisungen verhindern, da dieser Anspruch grundsätzlich nur bei Vorliegen eines Guthabens oder einer Kreditlinie besteht.[1417]

21   Im Ergebnis bedeutet dies, dass die Bank nach einer Pfändung zu Auszahlungen an den Kunden zwar weiterhin berechtigt ist, sofern diese nicht zu Lasten eines bereits gepfändeten Anspruchs auf Auszahlung des Tagesguthabens oder eines gepfändeten Dispositionskredits geht; da diesen Zahlungen jedoch zwangsläufig keine (pfändbaren) Ansprüche des Kunden zugrunde liegen, steht diesem kein Rechtsanspruch gegen die Bank auf Auszahlung zu.

Zum Fall „Pfändung von Girokontoguthaben"

22   Die Pfändung von Ansprüchen aus dem Kontokorrent ging jeweils ins Leere. Dies gilt sowohl für den Zustellungssaldo, da am Tag der Zustellung kein Guthaben vorhanden war, als auch für den Periodenabschlusssaldo am 30.6., da dieser ebenfalls negativ war. Dagegen unterlag einer Pfändung zukünftiger Ansprüche des K aus dem Girovertrag das am 4.5. aufgrund des Zahlungseingangs vom gleichen Tag entstandene Guthaben von 800 Euro. Die Gutschrift von 500 Euro am 5.5. war nicht pfändbar, da sie durch Einstellung in das Kontokorrent ihre Selbständigkeit verloren hatte. Der Tagessaldo am 5.5. war wiederum negativ, weil am gleichen Tag eine Belastungsbuchung in Höhe von 2.000 Euro erfolgte.

b) Kreditlinien, insbesondere Dispositionskredite:

Fall „Pfändung eines Dispositionskredits"

23   Die Bank räumt K am 18.5. einen Dispositionskredit in Höhe von 10.000 Euro ein. Am 20.5. wird der Bank ein Pfändungs- und Überweisungsbeschluss in Höhe von 5.000 Euro zugestellt, der u.a. gegenwärtige und zukünftige Kreditauszahlungsansprüche erfasst. Das Konto weist an diesem Tag einen Sollsaldo in Höhe von 800 Euro auf. Am 22.5. erteilt K der Bank einen Überweisungsauftrag in Höhe von 2.000 Euro.

24   Die Pfändung von Dispositionskrediten ist möglich, sobald und soweit der Kunde den Kredit durch entsprechende Verfügung (Verlangen nach Barauszahlung, Ausstellung einer Überweisung) **abruft**.[1418] Zu beachten ist dabei wiederum, dass der Pfändungsbeschluss die zu

---

[1410] *Lwowski/Bitter,* Bankrechts-Handbuch I § 33 Rn. 24.
[1411] BGHZ 84, 371, 375 ff.
[1412] Vgl. BGHZ 80, 172, 179 f.
[1413] OLG Frankfurt WM 1994, 684, 686.
[1414] Vgl. BGHZ 80, 172, 177.
[1415] Vgl. BGHZ 93, 315, 324 f. = NJW 1985, 1218, 1219; *Ebenroth/Boujong/Joost/Grundmann* § 357 HGB Rn. 10, m.w.N.
[1416] BGHZ 93, 315, 323.
[1417] BGHZ 93, 315, 323 f.
[1418] BGH ZIP 2001, 825.

pfändenden Kreditlinien hinreichend bestimmt bezeichnet. Eine Ausnahme gilt dann, wenn die Bank dem Kunden den Kredit **zweckgebunden** gewährt hat und die Zweckbindung treuhänderische Qualität erreicht.[1419] Vor Abruf durch den Kunden besteht ein Anspruch auf Auszahlung der Kreditsumme dagegen nicht, da zunächst nur ein Krediteröffnungsvertrag existiert, der dem Kunden lediglich das Recht einräumt, den Kredit abzurufen.[1420] Der Gläubiger kann den Kunden auch nicht durch Pfändung und Ausübung des Abrufrechts zur Begründung einer neuen Verbindlichkeit zwingen.[1421]

Zum Fall „Pfändung eines Dispositionskredits"

Die Pfändung gegenwärtiger Kreditauszahlungsansprüche geht ins Leere, da am 20.5. ein pfändbarer   25
Anspruch mangels Abruf des Kredits durch K noch nicht besteht. Ein Abruf in Höhe von 2.000 Euro erfolgte allerdings am 22.5. Mit Erteilung des Auftrags entsteht der Auszahlungsanspruch des K gegen die Bank, so dass die seit 20.5. wirksame Pfändung zukünftiger Kreditauszahlungsansprüche den nunmehr entstandenen Auszahlungsanspruch des Kunden in Höhe von 2.000 Euro erfasst. In Höhe dieses Betrags ist die Bank zur Zahlung an den Gläubiger verpflichtet, da das Auszahlungsverlangen des K der Auszahlung durch die Bank zeitlich vorausgeht und daher insoweit eine pfändbare Forderung entstanden ist.[1422]

---

c) Pfändung von Spareinlagen. Bei der Pfändung einer Spareinlage handelt es sich um die   26
Pfändung einer Geldforderung gemäß § 829 ZPO, für die die gleichen Grundsätze gelten wie bei der Pfändung von Girokontoguthaben. Bei **Sparbüchern** besteht jedoch die Besonderheit, dass das Kreditinstitut gemäß § 808 II 1 BGB nur gegen Vorlage der Sparurkunde (Sparbuch) zur Auszahlung verpflichtet ist. Der Gläubiger muss daher gemäß § 836 III 1 ZPO zusätzlich die Einziehung der Sparurkunde betreiben und die Herausgabe an sich anordnen lassen. Ist die Sparurkunde nicht mehr auffindbar, muss sie der Gläubiger zunächst im Wege des gerichtlichen Aufgebotsverfahrens für kraftlos erklären lassen, § 808 II 2 BGB.[1423]

d) Pfändung von Wertpapieren. Die Pfändung von **Inhaberpapieren** wie Inhaberaktien oder   27
-schuldverschreibungen erfolgt grundsätzlich gemäß §§ 808, 809 ZPO mit der Inbesitznahme durch den Gerichtsvollzieher. Letztere erfordert zunächst eine Pfändung des Herausgabeanspruchs des Kunden gegen die Bank sowie die Anordnung der Herausgabe durch das Kreditinstitut. Bei der Sonderverwahrung bleibt der Kunde als Pfändungsschuldner Eigentümer der Wertpapiere, so dass der Herausgabeanspruch gemäß §§ 846 ff. ZPO pfändbar ist. Bei Sammelverwahrung steht dem Kunden Bruchteilseigentum am Sammelbestand zu, das gemäß § 857 ZPO gepfändet werden kann. Das Pfandrecht erstreckt sich auch auf den Fruchtanteil, d.h. Dividenden und Zinsen.[1424] Bei **Orderpapieren** wie Namensaktien oder Orderschuldverschreibungen erfolgt die Pfändung gemäß § 831 ZPO in gleicher Weise.

e) Pfändung sonstiger Rechte. Der Pfändung unterliegt der schuldrechtliche Anspruch eines   28
Sicherungsgebers auf **Rückgewähr** der dem Kreditinstitut zur Verfügung gestellten **Kreditsicherheit**. Die Pfändung des Rückgewähranspruchs bezüglich einer zugunsten der Bank bestellten Grundschuld geht allerdings ins Leere, wenn dieser bereits an einen nachrangigen Grundschuldgläubiger abgetreten wurde.

Pfändbar ist der Anspruch aus einem mit dem Kreditinstitut geschlossenen Verwahrungs-   29
vertrag gemäß § 688 ff. BGB auf Herausgabe von **Verwahrstücken**.

Die Pfändung des **Inhalts eines** vom Kunden beim Kreditinstitut unterhaltenen **Schließfa-**   30
ches erfolgt grundsätzlich gemäß §§ 808 ff. ZPO. Der Zugriff des Gerichtsvollziehers auf den Inhalt setzt jedoch die Erlangung des Zugangs zum Schließfach voraus. Sofern der Kunde diesen nicht freiwillig ermöglicht, muss der Gläubiger zunächst den Anspruch des Kunden auf **Zugang zum Schließfach** aus dem Mietvertrag mit der Bank sowie den Anspruch auf **Mitwirkung der Bank bei der Öffnung** pfänden und überweisen lassen. Das Schließfach kann dann gewaltsam geöffnet werden. Infolge der Pfändung des Zutrittsrechts darf dem Kunden der Zugang zum Schließfach nicht mehr gestattet werden.

[1419] BGH ZIP 2001, 825, 826.
[1420] BGH WM 2004, 517, 518.
[1421] BGH WM 2004, 517, 518 f.
[1422] Vgl. BGH ZIP 2001, 825 f.
[1423] *Bitter*, Bankrechts-Handbuch I § 33 Rn. 94.
[1424] *Stöber*, Forderungspfändung Rn. 1787g.

4. Pfändungsschutz

31 a) **Inhaltliche Voraussetzungen.** *aa) Pfändungsschutz gemäß §§ 850 ff. ZPO.* Die gemäß §§ 850 ff. ZPO Pfändungsschutz genießenden Forderungen erlöschen regelmäßig, wenn sie durch Überweisung auf ein Konto des Berechtigten erfüllt werden. An die Stelle der erloschenen unpfändbaren Forderung tritt grundsätzlich ein Auszahlungsanspruch des Berechtigten gegen das Kreditinstitut. Ein partieller Schutz von Konten, auf die Löhne und Gehälter sowie bestimmte Renten (insbesondere Unterhalt) fließen, folgt aus **§ 850 k ZPO**.[1425] Sofern Zahlungen, die auf gemäß §§ 850 bis 850 b ZPO unpfändbare Ansprüche[1426] geleistet werden, auf ein Bankkonto des Vollstreckungsschuldners fließen, kann dieser gemäß § 850 k I ZPO **beim Vollstreckungsgericht** die **Aufhebung der Pfändung** der entsprechenden Guthaben **beantragen**, soweit das Kontoguthaben dem der Pfändung nicht unterworfenen Teil der unpfändbaren Forderung entspricht. Bis zur Aufhebung der Pfändung durch das Vollstreckungsgericht kann der Kontoinhaber keine Rechte bezüglich des von der Pfändung erfassten Vermögenswertes geltend machen. In seinem Beschluss hat das Vollstreckungsgericht den Betrag zu bezeichnen, in dessen Höhe die Pfändung des Guthabens aufgehoben wird.[1427] Freizugeben ist jedoch nur der Teil des unpfändbaren Betrags, der dem Verhältnis des Zeitraums zwischen Pfändung (= Zustellung des Pfändungsbeschlusses) und nächster Zahlung zur Zeitspanne zwischen Zahlung und nächster Zahlung entspricht.[1428]

32 Wurde über einen der geschützten Gutschrift entsprechenden Betrag bereits verfügt, ist dennoch Pfändungsschutz gemäß § 850 k ZPO zu gewähren.[1429] Das Konto muss nicht ausschließlich der Verbuchung dieser Zahlungen dienen. Die geschützten Zahlungseingänge gelangen grundsätzlich als letzte zur Verrechnung, so dass diese im Zweifel noch im Saldo enthalten sind.[1430]

33 *bb) Pfändungsschutz gemäß § 55 SGB I.* Gemäß § 55 SGB I ist das Guthaben, das durch die Überweisung von **Sozialleistungen** auf das Konto des Kunden entsteht, für die Dauer von sieben Tagen unpfändbar, wobei es auf die Kenntnis des Kontoinhabers vom Zeitpunkt der Gutschrift nicht ankommt. Bei der Fristberechnung ist der Tag der Gutschrift gemäß § 187 I BGB nicht mitzurechnen. Gemäß § 55 II SGB I muss der **Kunde** gegenüber der Bank gegebenenfalls **nachweisen**, dass das Guthaben von der Pfändung nicht erfasst ist. Leistet die Bank während der siebentägigen Frist Zahlung an den Gläubiger, ist dies dem Kunden gegenüber unwirksam, § 55 III SGB I. Leistet die Bank während der Frist an den Kunden, wird dieser Betrag auf den pfändungsfreien Teil angerechnet, § 55 II 2 SGB I.[1431] Auf einen die geschützte Sozialleistung übersteigenden Teil des Guthabens erstreckt sich der Pfändungsschutz des § 55 SGB I nicht. Guthaben, die aufgrund laufender Geldleistungen gemäß § 55 I SGB I entstehen, sind auch **nach Ablauf der siebentägigen Frist** insoweit unpfändbar, als ihr Betrag dem unpfändbaren Teil der Leistungen für die Zeit von der Pfändung bis zum nächsten Zahlungstermin entspricht, § 55 IV SGB I. Der Schutz greift dann jedoch nicht mehr automatisch, sondern muss vom Kontoinhaber beim Vollstreckungsgericht im Wege der **Vollstreckungserinnerung** gemäß § 766 ZPO geltend gemacht werden.[1432]

34 b) **Rechtsbehelfe.** Der Ablauf der zweiwöchigen Frist gemäß § 835 III 2 ZPO steht der Berufung auf den Pfändungsschutz nicht entgegen, da diese nur eine Wartepflicht der Bank begründet und verhindern soll, dass der Kunde vor vollendete Tatsachen gestellt wird. Sofern sich die Pfändung auf zukünftige Guthaben erstreckt, denen zukünftige Eingänge geschützter Zahlungen zugrunde liegen, kann Pfändungsschutz vorweg beantragt werden.[1433] Zahlt die Bank vor

---

[1425] Zur Übertragbarkeit der Vorschriften über den Pfändungsschutz auf die Verrechnung von Zahlungseingängen mit Forderungen der Bank siehe oben, § 4 Rn. 42 ff.
[1426] Rechtsfragen zu Inhalt und Umfang der geschützten Ansprüche sind nicht spezifisch bankrechtlicher Natur, weshalb diesbezüglich auf die allgemeine vollstreckungsrechtliche Literatur verwiesen wird.
[1427] *Stöber*, Forderungspfändung Rn. 1288.
[1428] *Stöber*, Forderungspfändung Rn. 1290.
[1429] *Zöller/Stöber* § 850 k ZPO Rn. 3.
[1430] *Canaris*, Großkomm. HGB, Bankvertragsrecht I Rn. 195.
[1431] *Canaris*, Großkomm. HGB, Bankvertragsrecht I Rn. 198.
[1432] LG Braunschweig RPfleger 1998, 297.
[1433] *Zöller/Stöber* § 850 k ZPO Rn. 4.

Ablauf der Frist des § 835 III 2 ZPO an den Gläubiger, ist dies dem Kunden gegenüber wirksam, wenn das Guthaben nicht dem Pfändungsschutz gemäß § 850 k ZPO unterlag.[1434]

5. Pfändung von Gemeinschaftskonten

a) Oder-Konto. Bei einem Oder-Konto[1435] haben die Kontoinhaber (z.B. Ehegatten) mit der 35 Bank vereinbart, dass die Inhaber nicht nur gemeinschaftlich, sondern unabhängig voneinander über das Konto verfügen dürfen, weshalb sie Gesamtgläubiger i.S.v. § 428 BGB sind.[1436] Der Auszahlungsanspruch eines Mitinhabers ist daher der Pfändung unterworfen,[1437] und zwar in voller Höhe.[1438]

Sehr umstritten ist allerdings, ob das Kreditinstitut einem Mitinhaber, der nicht Pfändungs- 36 schuldner ist, schon vor der Überweisung an den Pfändungsgläubiger die Pfändung entgegenhalten kann.[1439] Der BGH hat für einen Fall der Gesamtgläubigerschaft entschieden, dass der Drittschuldner eine Pfändung bei einem der Gesamtgläubiger dadurch ins Leere laufen lassen kann, dass er an den anderen Gläubiger zahlt,[1440] die Frage für ein Oder-Konto jedoch ausdrücklich offengelassen.[1441] Nach anderer Auffassung ist bereits in der Zustellung des Pfändungs- und Überweisungsbeschlusses ein Zahlungsverlangen des Pfändungsgläubigers zu sehen, weshalb der Anspruch des Pfändungsgläubigers nach dem Prioritätsprinzip einem späteren Auszahlungsbegehren eines Mitinhabers vorgeht.[1442] Für den letztgenannten Fall ist wiederum umstritten, ob einem Mitinhaber die Drittwiderspruchsklage gemäß § 771 ZPO zustehen soll.[1443]

b) Und-Konto. Bei Und-Konten kann die Bank mit befreiender Wirkung nur an sämtliche 37 Kontoinhaber gemeinschaftlich leisten. Eine Pfändung des Auszahlungsanspruchs gegen sie setzt daher grundsätzlich einen Titel sowie einen Pfändungs- und Überweisungsbeschluss gegen alle Mitinhaber voraus.[1444]

Existiert nur ein Titel gegen einen Mitinhaber, richtet sich die Vollstreckung grundsätzlich 38 nach dem zwischen den Mitinhabern bestehenden Rechtsverhältnis. Hierbei kann es sich entweder um eine Bruchteilsgemeinschaft oder um eine Gesamthand handeln.[1445] Je nachdem muss die Vollstreckung in den ideellen Bruchteil bzw. in den Anteil des von der Pfändung betroffenen Mitinhabers am Gesamthandsvermögen (vgl. § 859 I ZPO) sowie in den Auseinandersetzungsanspruch erfolgen.[1446] Nach überwiegender, jedoch sehr umstrittener Auffassung ist in diesem Fall nicht das Kreditinstitut, sondern der Mitinhaber Drittschuldner.[1447]

Praxistipp:

Wegen der unsicheren Rechtslage wird üblicherweise empfohlen, den Pfändungs- und Überwei- 39 sungsbeschluss bei einer Vollstreckung in den Anteil des Schuldners an einem Und-Konto sowohl den Mitinhabern als auch dem Kreditinstitut zuzustellen.[1448]

[1434] *Canaris*, Großkomm. HGB, Bankvertragsrecht I Rn. 201.
[1435] Siehe *Gernhuber* WM 1997, 645 ff.
[1436] BGHZ 95, 185, 187.
[1437] BGHZ 93, 315,320 f.
[1438] OLG Koblenz WM 1990, 1532, 1534.
[1439] Vgl. *Hüffer/van Look*, Rechtsfragen zum Bankkonto Rn. 155 f.; *Hadding*, Bankrechts-Handbuch I § 35 Rn. 15.
[1440] BGH NJW 1979, 2038, 2039.
[1441] BGHZ 93, 315, 321.
[1442] *Lwowski/Bitter*, Bankrechts-Handbuch I § 33 Rn. 78.
[1443] Bejahend OLG Koblenz WM 1990, 1532, 1535; a.A. z.B. *Lwowski/Bitter*, Bankrechts-Handbuch I § 33 Rn. 80.
[1444] *Hadding*, Bankrechts-Handbuch I § 35 Rn. 24.
[1445] Vgl. *MünchKomm/K. Schmidt* § 741 BGB Rn. 54.
[1446] *Hadding*, Bankrechts-Handbuch I § 35 Rn. 24.
[1447] Vgl. *Hüffer/van Look*, Rechtsfragen zum Bankkonto Rn. 183.
[1448] *MünchKomm/K. Schmidt*, § 741 BGB Rn. 56; *Lwowski/Bitter*, Bankrechts-Handbuch I § 33 Rn. 76.

§ 18 Rechtsprobleme beim Tod des Kunden

Übersicht

I. Allgemeines

1 Anwaltlicher Rat im Fall des Todes eines Bankkunden ist mitunter dann gefragt, wenn (vermeintliche) Erben auf die bei einem Kreditinstitut unterhaltenen Vermögenswerte des Erblassers zugreifen wollen. Im Vordergrund der Beratung stehen dabei in der Regel Fragen nach der Verfügungsbefugnis des Mandanten oder Dritter über Konten und Depots des Erblassers sowie Fragen der Legitimation gegenüber der Bank.

II. Rechtlicher Hintergrund

2 Gemäß §§ 1922, 1967 BGB gehen das Vermögen und die rechtlichen Verpflichtungen des Erblassers im Wege der Gesamtrechtsnachfolge auf den bzw. die Erben über. Die vom Kunden zu Lebzeiten mit dem Kreditinstitut geschlossenen Giro- und Depotverträge bleiben gemäß §§ 675 I, 672 S. 1 BGB über dessen Tod hinaus wirksam. Mit dem Tod des Kunden treten dessen Erben somit auch in die Vertragsbeziehungen mit der Bank ein. Ihnen stehen daher z.B. die Ansprüche gemäß § 676 f BGB aus dem Girovertrag, u.a. auf Auszahlung von Kontoguthaben, zu. Gleiches gilt für den gerade im Erbfall bedeutsamen, aus dem Rechtsverhältnis mit der Bank resultierenden Anspruch auf **Auskunft** gemäß §§ 675, 666 BGB.

3 **Überweisungsaufträge**, die der Kunde vor seinem Tod erteilt hat, sind grundsätzlich auszuführen, da der mit der Bank geschlossene Überweisungsvertrag (§ 676 a BGB) fortbesteht, so dass das Kreditinstitut weiterhin zur Ausführung verpflichtet ist.[1449] Der Überweisungsvertrag kann von den Erben allerdings gemäß § 676a IV BGB gekündigt werden. Freilich werden die Kündigungsfristen nach dieser Vorschrift regelmäßig verstrichen sein, bis sich der Erbe bzw. die Erben im erforderlichen Umfang legitimiert haben.

4 Auch **Daueraufträge**, die der Kunde vor seinem Tod erteilt hat, erlöschen gemäß § 672 BGB im Zweifel nicht, sondern müssen vom Kreditinstitut weiterhin ausgeführt werden. Im Einzelfall kann sich jedoch aus dem Zweck des Dauerauftrags ergeben, dass dieser mit dem Tod des Kunden enden soll (z.B. Prämienzahlung für Lebensversicherung).[1450] Ebenso wenig erlöschen die vom Kunden erteilten Einziehungsermächtigungen bzw. Abbuchungsaufträge für **Lastschriften**. Auch ein zwischen Erblasser und Bank geschlossener Scheckvertrag bleibt gemäß §§ 675 I, 672 BGB wirksam,[1451] weshalb vom Erblasser ausgestellte Schecks grundsätzlich einzulösen sind.

[1449] Vgl. *Grundmann* WM 2000, 2275.
[1450] *Schebesta/Kalkbrenner,* Bankprobleme bei Tod eines Kunden Rn. 363.
[1451] *Canaris,* Großkomm. HGB, Bankvertragsrecht I Rn. 817.

III. Einzelprobleme

1. Berechtigte

Aus den dargelegten allgemeinen rechtlichen Erwägungen folgt, dass grundsätzlich nur der   5
Erbe Ansprüche gegenüber der Bank aus der vom Erblasser unterhaltenen Geschäftsverbindung geltend machen kann. Erben mehrere Personen, wird der Nachlass gemäß § 2032 I BGB gemeinschaftliches Vermögen der Erben. Bis zur Erbauseinandersetzung steht den Erben daher nur eine gemeinschaftliche Verfügungsbefugnis in Bezug auf die zum Nachlass gehörenden Rechtspositionen gegenüber der Bank zu (§ 2039 BGB). Die Bank kann folgerichtig Leistungen mit befreiender Wirkung nur an die Erben gemeinschaftlich erbringen. Einzelne Erben können vom Kreditinstitut Auskünfte über den Umfang der Kontoverbindung, vorhandene Guthaben etc. nur an alle Erben gemeinschaftlich verlangen. Dritten, insbesondere **Pflichtteilsberechtigten**, steht kein eigener Auskunftsanspruch gegenüber dem Kreditinstitut zu.[1452]

2. Legitimation des Erben gegenüber dem Kreditinstitut

Nach dem Tod eines Kunden muss sich das Kreditinstitut zunächst Gewissheit über die Person des bzw. der Erben verschaffen, weil es Leistungen mit befreiender Wirkung nur an die   6
tatsächlich Berechtigten erbringen kann. Ansonsten ist das Kreditinstitut aufgrund des Bankgeheimnisses gegenüber Dritten, die nicht Rechtsnachfolger des Kunden geworden sind, zum Stillschweigen verpflichtet.

Unterläuft der Bank im Rahmen der Legitimationsprüfung ein Fehler, der zu Verfügungen   7
nicht legitimierter Dritter (z.B. zu einer Kontoabhebung) führt, können die Erben ihrerseits erneut Erbringung der Leistung verlangen, da die Bank mangels wirksamer Weisung des bzw. der Berechtigten (Erben) an einen Nichtberechtigten gezahlt hat.[1453]

Die einzige dem deutschen Recht bekannte Möglichkeit eines formalisierten Erbnachweises   8
ist der **Erbschein**.[1454] Gemäß § 2367 BGB kann die Bank an denjenigen, der in einem Erbschein als Erbe bezeichnet ist, mit befreiender Wirkung Leistungen aus der Vertragsbeziehung mit dem Erblasser erbringen. Leistet die Bank gegen Vorlage des Erbscheins, geht das Risiko, dass dieser nicht den tatsächlichen Erben ausweist, weil z.B. ein jüngeres Testament eine andere Erbfolge bestimmt, nicht zu Lasten der Bank. Ist der Bank ausnahmsweise positiv bekannt, dass der Erbschein unrichtig oder der als Erbe Ausgewiesene zur Rückgabe des Erbscheins verpflichtet ist (§§ 2361 f. BGB), kann sie sich nicht auf den öffentlichen Glauben des Erbscheins berufen.[1455]

Der Erbe ist gegenüber der Bank allerdings nicht von Gesetzes wegen verpflichtet, sein Erb-   9
recht durch einen Erbschein nachzuweisen.[1456] Vielmehr kann der Nachweis in der Regel durch ein eröffnetes öffentliches Testament geführt werden. Nur dann, wenn konkrete Zweifel an der Richtigkeit des eröffneten Testaments bestehen, kann das Kreditinstitut auf der Vorlage eines Erbscheins beharren.[1457] Eine Verpflichtung zur Vorlage eines Erbscheins kann sich jedoch aus Nr. 5 der AGB-Banken ergeben.[1458] Diese mit dem Erblasser zu dessen Lebzeiten getroffene Vereinbarung ist Bestandteil des Rechtsverhältnisses, in das die Erben mit dem Tod des Erblassers eintreten, weshalb die Erben bezüglich der dort normierten Legitimationsanforderungen gebunden sind.[1459] Aufgrund dieser Regelung kann die Bank nach dem Tod eines Kunden zur Klärung der Verfügungsberechtigung von denjenigen Personen, die Rechte aus der Geschäftsverbindung mit dem Erblasser geltend machen, die Vorlage eines Erbscheins oder eines Testamentsvollstreckerzeugnisses oder weiterer erforderlicher Unterlagen verlangen. Ein Anspruch darauf, dass sich das Kreditinstitut mit einem eröffneten Testament zufrieden gibt, besteht danach nicht. Lässt das Kreditinstitut Verfügungen des (angeblichen) Erben zu, ohne die in Nr. 5 AGB-Banken angegebenen Bedingungen einzuhalten, trägt die Bank das Risiko,

---

[1452] BGH ZIP 1989, 490, 491.
[1453] Siehe hierzu oben, § 4 Rn. 25 ff.
[1454] *Starke* NJW 2005, 3184, 3185.
[1455] *MünchKomm/Mayer* § 2366 BGB Rn. 26 ff.
[1456] BGH NJW 2005, 2779, 2780.
[1457] BGH NJW 2005, 2779, 2780.
[1458] Siehe BGH NJW 2005, 2779, 2780.
[1459] *Schröder/Meyer* NJW 2006, 3252, 3253.

im Einzelfall an einen Nichtberechtigten zu zahlen. Lediglich dann, wenn der mit der Vorlage des Erbscheins verbundene Aufwand außer Verhältnis zum Risiko einer erneuten Zahlung an den tatsächlichen Erben steht, kann das Beharren der Bank auf einem Erbschein rechtsmissbräuchlich sein.[1460]

10   Umgekehrt ist die Bank gemäß Nr. 5 AGB-Banken grundsätzlich berechtigt, auf die Vorlage eines Erbscheins zu verzichten und sich mit einer Ausfertigung bzw. beglaubigten Abschrift der letztwilligen Verfügung sowie der dazugehörigen Eröffnungsniederschrift zu begnügen, um mit befreiender Wirkung an den bzw. die entsprechend Legitimierten zu zahlen. Soweit die Klausel die Anforderungen an den Nachweis der Erbenstellung gegenüber § 2367 BGB reduziert, ist sie nach h.M. mit AGB-Recht vereinbar, weil das Risiko eines erst später auffindbaren Testaments aus der Risikosphäre des Erblassers stammt.[1461] In der Praxis machen Banken von der durch Nr. 5 AGB-Banken eingeräumten Möglichkeit zum Verzicht auf einen Erbschein jedoch oftmals keinen Gebrauch, weil sie das Risiko einer falschen Auslegung des Testaments tragen und die Eröffnung des Testaments keine Gewähr für dessen Wirksamkeit bietet.[1462]

3. Vollmachten

11   Aus der Sicht beratungsbedürftiger Erben kann sich auch die Frage nach der Wirksamkeit etwaiger vom Erblasser erteilter Vollmachten für einzelne Konten bzw. die gesamte Kontoverbindung stellen, wenn der Bevollmächtigte nach dem Tod des Erblassers weiterhin Verfügungen über das Konto des Erblassers getroffen hat. Auch hier ist zu prüfen, ob das Kreditinstitut mit befreiender Wirkung auf die Weisung des Bevollmächtigten hin geleistet hat.

12   Gemäß § 168 S. 1 BGB bestimmt sich das Erlöschen der Vollmacht nach dem der Erteilung der Vollmacht zugrunde liegenden Rechtsverhältnis zwischen dem Vollmachtgeber (Erblasser) und dem Bevollmächtigten. Dies gilt jedoch nur, soweit das Erlöschen nicht in der Vollmacht selbst geregelt ist.[1463] Die in der Praxis verwendeten Vollmachtsformulare der Kreditinstitute sehen in der Regel ausdrücklich vor, dass die **Vollmacht nicht** mit dem Tod des Vollmachtgebers **erlischt**, so dass der Bevollmächtigte nunmehr als rechtsgeschäftlicher Vertreter der Erben weiterhin zur Verfügung berechtigt ist. Die Grenze ist insoweit durch die Grundsätze des Missbrauchs der Vertretungsmacht gezogen.[1464]

13   Beinhaltet die Vollmacht selbst keine entsprechende Klarstellung, z.B. Befristung, ist auf das zugrunde liegende Rechtsverhältnis abzustellen. Hierbei handelt es sich üblicherweise entweder um einen unentgeltlichen Auftrag gemäß §§ 662 ff. BGB oder um einen Geschäftsbesorgungsvertrag gemäß § 675 BGB. Gemäß § 672 S. 1 BGB (ggf. i.V.m. § 675 I BGB) erlischt der Auftrag im Zweifel nicht mit dem Tod des verstorbenen Kunden, weshalb gemäß § 168 S. 1 BGB auch die Vollmacht gegenüber der Bank Gültigkeit behält. Allerdings hat das OLG Hamm entschieden, dass **Vorsorgevollmachten** bei Fehlen einer ausdrücklichen Regelung im Zweifel nur zu Lebzeiten des Erblassers gelten sollen, da der Vollmachtszweck mit dem Tod des Vollmachtgebers wegfalle.[1465]

14   Ergibt sich aus der Vollmacht – gegebenenfalls durch Auslegung –, dass der Bevollmächtigte weiterhin vertretungsbefugt ist, übt dieser die Vertretungsmacht für bzw. gegen die Erben aus, wobei sich die Folgen seines Handelns auf den Nachlass beschränken.[1466] Die Bank ist daher verpflichtet, den Wünschen des Bevollmächtigten auch nach dem Tod des Kunden zu entsprechen. Die Weigerung des Kreditinstituts, Weisungen des wirksam Bevollmächtigten auszuführen, bildet eine Verletzung von Pflichten aus dem auf die Erben übergegangenen Rechtsverhältnis, die im Einzelfall Schadensersatzansprüche gemäß § 280 BGB auslösen kann. Wollen die Erben eine weitere Vertretung durch den Bevollmächtigten verhindern, sind sie gehalten, die Vollmacht zu widerrufen.

[1460] *Schebesta/Kalkbrenner*, Bankprobleme beim Tod eines Kunden Rn. 592.
[1461] OLG Celle, WM 1998, 82, 83; *Schröder/Meyer* NJW 2006, 3252, 3254; a.A. *Starke* NJW 2005, 3184, 3186 f.
[1462] Vgl. *Schröder/Meyer* NJW 2006, 3252, 3254.
[1463] *Palandt/Heinrichs* § 168 BGB Rn. 1.
[1464] Siehe *Palandt/Heinrichs* § 164 BGB Rn. 13 f.
[1465] OLG Hamm WM 2003, 2066.
[1466] *MünchKomm/Schramm* § 168 BGB Rn. 30.

4. Gemeinschaftskonten

Verstirbt einer von mehreren Inhabern eines Gemeinschaftskontos, rücken die Erben nach 15
den oben dargestellten Rechtsgrundsätzen in die Rechtsstellung des Erblassers ein. Die Befug-
nisse eines Erben bzw. der Erbengemeinschaft hängen von der ursprünglichen Vereinbarung
zwischen Kreditinstitut und Mitinhabern des Kontos ab. Beim **Oder-Konto** können die Erben
nur gemeinschaftlich, allerdings ohne Mitwirkung der anderen Mitinhaber über das Konto
verfügen. Die Einzelverfügungsbefugnis ist gegebenenfalls von einem Mitinhaber zu widerrufen, wobei auch insoweit mehrere Erben den Widerruf nur gemeinschaftlich erklären können,
wenn nicht einzelnen Miterben aufgrund der Formulargestaltung in den Kontoverträgen zum
Gemeinschaftskonto ein Widerrufsrecht eingeräumt wird. Beim **Und-Konto** sind die Erbengemeinschaft und die anderen Mitinhaber nur gemeinschaftlich verfügungsbefugt.

5. Verträge zugunsten Dritter auf den Todesfall

Immer wieder werden von Bankkunden Verträge mit der Bank zugunsten Dritter auf den 16
Todesfall abgeschlossen. Aufgrund eines sogenannten echten Vertrags zugunsten Dritter zwischen Kunde und Bank, der in der Bankpraxis aufgrund der Formulargestaltung der Kreditinstitute die Regel bildet, erhält der Begünstigte im Fall des Todes des Kunden (vgl. § 331 I BGB)
das Recht, von der Bank die im Vertrag bestimmte Leistung zu verlangen. Nach ständiger
Rechtsprechung des BGH fällt der Vermögenswert, der Gegenstand des Vertrags zugunsten
Dritter ist, nicht in den Nachlass und ist daher dem Zugriff der Erben entzogen.[1467] Bis zu seinem Tod kann der Kunde nach den in der Bankpraxis üblichen vertraglichen Vereinbarungen
weiterhin uneingeschränkt über die vom Vertrag zugunsten Dritter erfassten Konten verfügen.

Der **Umfang der Berechtigung** des Begünstigten ist im Todesfall anhand des Vertrags zu- 17
gunsten Dritter und der dort bezeichneten Kontoansprüche zu ermitteln. Deren Bestimmung
kann im Einzelfall Schwierigkeiten bereiten, z.B. wenn sich der Vertrag zugunsten Dritter auf
„sämtliche Sparkonten" bezieht, ohne klarzustellen, ob nur die zum Zeitpunkt des Vertragsschlusses vorhandenen oder auch später eröffnete Sparkonten erfasst werden sollen. Grundsätzlich ist gemäß §§ 133, 157 BGB durch Auslegung zu ermitteln, welche Vermögenswerte
vom Vertrag zugunsten Dritter erfasst werden sollen. Maßgeblich ist dabei der Empfängerhorizont der Parteien des Vertrags zugunsten Dritter, so dass Aussagen des Erblassers gegenüber
seinem Ansprechpartner in der Bank bedeutsam sein können.

Von dem Vertrag zwischen Bank und Kunde (Deckungsverhältnis) ist die Rechtsbeziehung 18
zwischen dem Kunden und dem Begünstigten (Valutaverhältnis) zu unterscheiden, aus der sich
der Rechtsgrund für die Zuwendung an letzteren ergibt. Die Wirksamkeit des Valutaverhältnisses ist Voraussetzung dafür, dass der Begünstigte die Leistung der Bank, auf die der Dritte –
einen wirksamen Vertrag zugunsten Dritter vorausgesetzt – gegenüber der Bank einen Anspruch hat, im Verhältnis zu den Erben des Kunden behalten darf.[1468]

> **Hinweis:**
> Im Fall des Todes des Kunden ist für das Kreditinstitut allein die Wirksamkeit des Vertrags zugunsten 19
> Dritter, d.h. des Deckungsverhältnisses, maßgeblich. Für die Berechtigung des Begünstigten gegen-
> über der Bank ist die Wirksamkeit des Valutaverhältnisses ohne Bedeutung.

In der Praxis handelt es sich bei dem Valutaverhältnis regelmäßig um einen Schenkungsver- 20
trag. Die für den Schenkungsvertrag erforderlichen Willenserklärungen können bereits zu
Lebzeiten des Kunden abgegeben werden, wenn der Begünstigte vom Kunden über den Vertragsschluss informiert wird und gegenüber dem zuwendenden Kunden eine Annahme der
Schenkung – in der Praxis auf dem Formular des Vertrags zugunsten Dritter – erklärt. Die für
den Schenkungsvertrag erforderlichen Willenserklärungen können aber auch noch nach dem
Tod des Kunden abgegeben werden, indem die Bank dem Begünstigten aufgrund eines zu Lebzeiten erteilten Auftrags des Erblassers neben der Nachricht der Begünstigung auch das Schen-
kungsangebot des Erblassers übermittelt.[1469] Ein solcher Auftrag des Kunden an die Bank ist
ebenfalls regelmäßig in den Vertragsformularen der Kreditinstitute enthalten. Sowohl die Wil-

---

[1467] BGH NJW 1984, 480, 481.
[1468] Vgl. BGH NJW 1993, 2171, 2173; *Palandt/Heinrichs* § 331 BGB Rn. 4.
[1469] *Palandt/Heinrichs* § 331 BGB Rn. 5.

lenserklärung des Kunden als auch der Auftrag an die Bank bleiben gemäß §§ 130 II, 153 BGB nach seinem Tod wirksam.

21   Zu beachten ist, dass der Schenkungsvertrag aufgrund der Nichtigkeit der Willenserklärung des Schenkenden mangels Wahrung der notariellen Form gemäß § 518 I 1 BGB zunächst nicht wirksam zustande kommt. Der Begünstigte erwirbt den Anspruch gegen die Bank aus dem Vertrag zugunsten Dritter jedoch mit dem Tod des Kunden, so dass der **Formmangel** des Schenkungsvertrags gemäß § 518 II BGB durch Bewirkung der Leistung **geheilt** wird.[1470] Sofern die für den Schenkungsvertrag erforderlichen Willenserklärungen nicht schon zu Lebzeiten des Kunden abgegeben wurden und der Schenkungsvertrag somit bereits zum Zeitpunkt des Todes des Kunden wirksam geworden ist, können die Erben des Kunden nach dessen Tod grundsätzlich den von der Bank zu übermittelnden Antrag des Erblassers auf Abschluss des Schenkungsvertrags gemäß § 130 I 2 BGB bis zu dessen Zugang beim Dritten **widerrufen** und so das Zustandekommen des Schenkungsvertrags unterbinden.[1471] Der Kunde kann dies zu Lebzeiten nach h.M. verhindern, indem er einen Verzicht auf sein Recht zum Widerruf des Schenkungsangebots erklärt, an den auch die Erben gebunden sind.[1472] Dagegen hat der BGH den formularmäßigen Ausschluss des Widerrufsrechts der Erben allein für unzulässig und insoweit eine Beteiligung der Erben für erforderlich gehalten.[1473]

> **Hinweis:**
22 > Kommt es nach dem Tod eines Kunden zwischen dessen Erben und dem Begünstigten aus einem Vertrag zugunsten Dritter zum Streit über die Wirksamkeit des Vertrags zugunsten Dritter (Geschäftsfähigkeit des Erblassers zum Zeitpunkt des Vertragsschlusses!) oder über dessen Reichweite (erfasste Vermögenswerte), hat das Kreditinstitut regelmäßig die Möglichkeit, die entsprechenden Vermögenswerte gemäß § 372 S. 2 BGB zu hinterlegen und sich auf diese Weise den von beiden Seiten geltend gemachten Forderungen zu entziehen.

[1470] BGHZ 41, 95, 97.
[1471] Vgl. BGH NJW 1984, 480, 481.
[1472] Vgl. BGH WM 1976, 1130, 1132.
[1473] BGH WM 1976, 1130, 1132.

§ 19 Das bankrechtliche Mandat

I. Das Kreditinstitut als Gegner

Mit dem Kreditinstitut steht dem Rechtsanwalt des Bankkunden regelmäßig ein Gegner ge- **1** genüber, der eine professionelle Bearbeitung von Rechtsstreitigkeiten insbesondere im außergerichtlichen Stadium gewährleistet. So ist z.B. eine Reaktion der Bank innerhalb einer vom Rechtsanwalt gesetzten angemessenen Bearbeitungsfrist, die mit zwei bis drei Wochen veranschlagt werden sollte, selbstverständlich.

Da auf Seiten der Kreditinstitute häufig von einer Beratung durch spezialisierte Rechtsabtei- **2** lungen auszugehen ist, die über Erfahrung bei der Einschätzung der tatsächlichen und der rechtlichen Risiken des Falls verfügen, besteht schon aus ökonomischen Gründen oftmals die grundsätzliche Bereitschaft der Bank, Rechtsstreitigkeiten bei unklarer Sach- oder Rechtslage durch einen außergerichtlichen **Vergleich** zu beenden. Der den Bankkunden vertretende Rechtsanwalt sollte sich dies zu Nutze machen, indem er nur mit sachlich und rechtlich fundierten Schreiben an das betroffene Kreditinstitut herantritt. Ein besonders aggressives Auftreten gegenüber dem Kreditinstitut wird dagegen regelmäßig nicht geeignet sein, dem Mandanten Vorteile zu verschaffen, sondern vereinzelt die Gefahr bergen, auf Seiten des Kreditinstituts emotional begründeten Widerstand auszulösen. Dies gilt umso mehr, als der den Kunden vertretende Rechtsanwalt bei der Sachverhaltsaufklärung des Öfteren auf die Mithilfe der Bank angewiesen ist, weil der Kunde nicht mehr über bedeutsame Unterlagen verfügt.

Sofern sich die Rolle der Bank im Streitfall auf diejenige eines Intermediärs beschränkt (z.B. **3** im Zahlungsverkehr, bei Nachlassfällen, Kontopfändungen etc.) sollte sich der den Bankkunden vertretende Rechtsanwalt bewusst sein, dass die Bereitschaft einer Bank, sich gegen Vorwürfe des Kunden zu verteidigen, die ihre Ursache tatsächlich im Verhältnis des Kunden zu einem Dritten (Überweisungsempfänger, Miterbe, getrennt lebender Ehegatte, Pfändungsgläubiger etc.) haben, besonders ausgeprägt ist.

Ferner versteht es sich von selbst, dass die Bewertung der rechtlichen Risiken von Bank zu **4** Bank ebenso unterschiedlich ausfallen kann wie die Bereitschaft, grundsätzliche Rechtsfragen gerichtlich klären zu lassen. In Fällen, in denen die entscheidungserheblichen Rechtsfragen noch nicht höchstrichterlich entschieden sind, ist die Vorgehensweise des Kreditinstituts daher meist auch nicht leichter zu prognostizieren als die des Anspruchsgegners in Streitigkeiten außerhalb des Bankrechts.

II. Planung der Mandatsbearbeitung

1. Aufarbeitung des Streitstoffs

5 Auch auf dem Gebiet des Bankrechts ist eine umfassende Aufarbeitung des Streitstoffs selbstverständliche Voraussetzung für eine sorgfältige Mandatsbearbeitung. In tatsächlicher Hinsicht hat der Rechtsanwalt Gegenstand und Hintergründe des Konflikts, z.B. die Umstände eines Vertragsschlusses, der Ablauf eines Phishing-Vorgangs oder eines Beratungsgesprächs, zu ermitteln. Es versteht sich von selbst, dass vorhandene schriftliche Dokumente wie Schriftverkehr, das dem Mandanten übergebene Informationsmaterial (z.B. Prospekte), der Durchschlag einer Beratungsdokumentation oder Kontoauszüge auszuwerten sind.

6 Liegen dem Kunden für die Aufarbeitung des Sachverhalts erforderliche Vertragsdokumente nicht (mehr) vor, kann ihm gemäß § 810 BGB ein **Anspruch** gegen die Bank **auf Gestattung von Einsicht in eine Originalurkunde** zustehen. Voraussetzung ist, dass Anhaltspunkte existieren, aus denen der Zusammenhang zwischen Urkundeninhalt und einem wahrscheinlichen Anspruch des Kunden abgeleitet werden kann.[1474] Diese müssen gegenüber der Bank dargelegt werden, da sonst von einer unzulässigen Ausforschung auszugehen ist.[1475] Der Anspruch kann nicht durch Übersendung von Kopien erfüllt werden.

> **Praxistipp:**
>
> 7 In der Regel genügt dem Zweck der Sachverhaltsaufklärung die Übersendung einer Kopie der Urkunde. Im Hinblick auf den mit der Gestattung der Einsichtnahme verbundenen Aufwand wird das Kreditinstitut spätestens nach Verweis der Kundenseite auf seinen Anspruch gemäß § 810 BGB zur Übersendung von Kopien – gegebenenfalls gegen Kostenerstattung – bereit sein. Verweigert die Bank die Übersendung von Kopien, hat sie die Anfertigung von Abschriften anlässlich der Einsichtnahme seitens des Kunden in der Regel hinzunehmen.[1476]

8 § 810 BGB gewährt kein Recht auf Anfertigung bestimmter Urkunden. Gegebenenfalls ist zu prüfen, ob dem Kunden gegen das Kreditinstitut aufgrund des in Rede stehenden Rechtsverhältnisses gemäß §§ 257, 258 BGB ein Anspruch auf Auskunft oder Rechenschaft zusteht, was z.B. beim Girovertrag als Geschäftsbesorgungsvertrag der Fall ist.

9 In rechtlicher Hinsicht sind neben den einschlägigen **zivilrechtlichen Vorschriften** die verwendeten **Formularverträge**, die **Allgemeinen Geschäftsbedingungen** des betreffenden Kreditinstituts sowie gegebenenfalls **Sonderbedingungen** zu den Bankgeschäften, die Gegenstand des Konflikts zwischen Bank und Kunde bilden, zu prüfen. Insbesondere in den AGB und den Sonderbedingungen haben Teile der Rechtsbeziehung zwischen Kunde und Bank oftmals eine Ausgestaltung erfahren, die nicht gesetzlich geregelt sind. Nicht zuletzt hat eine Auswertung der einschlägigen Rechtsprechung zu erfolgen, da diese einzelne Bereiche des Bankrechts, z.B. das Recht des Zahlungsverkehrs oder der Anlageberatung, entscheidend geprägt hat.

> **Praxistipp:**
>
> 10 Der den Kunden vertretende Rechtsanwalt sollte sich sämtliche noch vorhandene Unterlagen des Kunden aushändigen lassen. Die Relevanz einzelner Dokumente wird von den Mandanten oft unterschätzt. So ist z. B. auch anerkannt, dass ein die Geschäftstätigkeit beschreibender Prospekt bei Abschluss eines Vertrages mit der Bank Vertragsbestandteil werden kann. Ein solcher Prospekt muss insoweit bei der Beurteilung der vertraglichen Pflichten eines Vermögensverwalters berücksichtigt werden.[1477]

11 Auch wenn der Bankkunde aus **bankaufsichtsrechtlichen Rechtsvorschriften** wie denen des Kreditwesengesetzes (KWG) regelmäßig keine eigenen Rechte gegenüber der Bank ableiten kann, sollte der den Kunden beratende Rechtsanwalt diese mit ins Kalkül ziehen und drastische Verstöße, die auf einen Organisationsmangel innerhalb des Kreditinstituts hinweisen, gegebenenfalls schon im außergerichtlichen Schriftverkehr, jedoch sachlich und ohne Drohgebärden rügen.

[1474] *Palandt/Sprau* § 810 BGB Rn. 2.
[1475] *Palandt/Sprau* § 810 BGB Rn. 2.
[1476] *Palandt/Sprau* § 810 BGB Rn. 1.
[1477] OLG Frankfurt WM 1996, 665, 668.

2. Ermittlung des richtigen Anspruchsgegners

Aus Sicht des Kunden nicht zu unterschätzen ist die **Ermittlung des richtigen Anspruchsgeg-** 12 **ners.** Gerade bei komplexeren Bankgeschäften mit mehreren Beteiligten (z.B. im Zahlungsverkehr oder bei der Kreditsicherung, insbesondere bei mehreren Sicherungsgebern oder weiteren Gläubigern des Kreditnehmers) ist sorgfältig zu prüfen, welche Firma überhaupt passivlegitimiert ist. Hierbei ist zu beachten, dass die Ausgliederung einzelner Geschäftsbereiche durch die großen Kreditinstitute auf Tochtergesellschaften dazu geführt hat, dass einzelne Geschäftsbereiche, z.B. das Privatkundengeschäft, nicht in jedem Fall unmittelbar von der jeweils bekannten börsennotierten Konzernmutter betrieben werden. Eine mit dem Ziel der Verjährungshemmung erhobene Klage gegen die falsche Konzerngesellschaft kann für den Kunden – und seinen Rechtsanwalt – fatale Folgen haben.

3. Verjährungsfragen

a) **Allgemeines.** Mit der Verkürzung der Regelverjährungsfrist durch das SMG auf drei Jahre 13 (§ 195 BGB) haben Maßnahmen des Rechtsanwalts zur rechtzeitigen Verjährungshemmung sowohl aus Kunden-, als auch aus Bankensicht erheblich an praktischer Bedeutung gewonnen.

Die verkürzte Frist gemäß § 199 I Nr. 1 BGB n.F. beginnt allerdings erst, wenn der **Anspruch** 14 **entstanden** und der Gläubiger von den anspruchsbegründenden Umständen und der Person des Schuldners **Kenntnis** erlangt oder grob fahrlässig keine Kenntnis hat. Zudem trägt der jeweilige Anspruchsgegner die Darlegungs- und Beweislast dafür, dass der Anspruchsteller Kenntnis der genannten Umstände hatte,[1478] da es sich insoweit um die Voraussetzungen der von ihm erhobenen Einrede handelt. Da die maßgeblichen Umstände aus der Sphäre des Gläubigers stammen, muss dieser jedoch im Rahmen der sekundären Beweislast an der Sachaufklärung mitwirken,[1479] weshalb er sich nicht auf ein bloßes Bestreiten des gegnerischen Vortrags beschränken darf. Erste Erfahrungen mit dem neuen Verjährungsrecht zeigen jedoch, dass der Bankkunde aufgrund der nicht immer klaren Umstände der Kenntniserlangung einem nicht unerheblichen Druck im Rahmen etwaiger Vergleichsverhandlungen ausgesetzt ist, der durch frühzeitige Maßnahmen der Verjährungshemmung verringert werden kann.

Für **Altansprüche,** die bereits vor dem Inkrafttreten des SMG zum 1.1.2002 entstanden 15 sind, hat der BGH mittlerweile klargestellt, dass diese gemäß Art. 229 § 6 I, III EGBGB nicht generell spätestens drei Jahre nach dem Inkrafttreten des SMG, d.h. mit Ablauf des 31.12.2004 verjährt sind, sondern dass der Verjährungsbeginn auch in den Übergangsfällen von den subjektiven Voraussetzungen des § 199 I Nr. 1 BGB abhängt.[1480] Bei dem gemäß Art. 229 § 6 V EGBGB erforderlichen Vergleich der Verjährungsfristen ist der nach altem Recht zu ermittelnden Verjährungsfrist die gemäß §§ 195, 199 BGB n.F. zu ermittelnde Verjährungsfrist gegenüberzustellen. Zu beachten ist zudem, dass Zinsansprüche sowie Bereicherungsansprüche des Kunden auf Rückzahlung zuviel gezahlter Zinsen nach altem Verjährungsrecht einer vierjährigen Verjährungsfrist unterlagen.[1481] Soweit solche Ansprüche zum 1.1.2002 bereits verjährt waren, hat die Neuregelung des Verjährungsrechts hieran nichts geändert.

Zu beachten ist ferner, dass Ansprüche eines Kunden gegen ein **Wertpapierdienstleistungs-** 16 **unternehmen** auf Schadensersatz wegen der Verletzung von Informations- oder Beratungspflichten im Zusammenhang mit einer Wertpapierdienstleistung innerhalb von drei Jahren ab Entstehung des Anspruchs verjähren, § 37a WpHG.[1482] Der Schadensersatzanspruch entsteht dabei mit dem Erwerb der empfohlenen Wertpapiere.[1483] Die Verjährungsvorschrift des § 37a WpHG gilt ferner auch für fahrlässige Verletzung deliktischer Pflichten (§ 823 II BGB i.V.m. Schutzgesetzen des WpHG). Entsprechende Ansprüche können daher **unterjährig** verjähren.

Schließlich sind von den gesetzlichen Verjährungsregelungen abweichende **Verjährungsver-** 17 **einbarungen** in einzelnen Verträgen zu beachten. In den Vertragsformularen der Kreditinstitute findet sich teilweise eine gemäß § 202 I BGB zulässige Verlängerung von Verjährungsfris-

---

[1478] BGH ZIP 2007, 624, 628.
[1479] *Palandt/Heinrichs* § 199 BGB Rn. 46.
[1480] BGH ZIP 2007, 624, 626 ff.
[1481] Siehe oben, § 10 Rn. 196.
[1482] Siehe hierzu oben, § 14 Rn. 35.
[1483] BGH ZIP 2005, 802, 803.

ten für Ansprüche der Bank gegen den Kunden bzw. Bürgen. Der Inhaltskontrolle gemäß § 307 BGB hält eine solche Verlängerung stand, sofern sie sich im Rahmen des Angemessenen bewegt.[1484]

18   Für die Bestimmung der Verjährung von Ansprüchen der Bank gegen den Kunden von besonderer praktischer Bedeutung ist die Regelung des **Neubeginns der Verjährung** in § 212 BGB, wenn der Kunde den Anspruch z.B. durch Abschlagszahlung auf die Schuld anerkannt hat.[1485]

19   **b) Aufrechnung mit verjährten Ansprüchen.** Sofern sich der Kunde gegenüber Ansprüchen des Kreditinstituts, z.B. auf Rückzahlung eines Darlehens, durch Aufrechnung mit einem Schadensersatzanspruch verteidigt, steht dem die Verjährung des Schadensersatzanspruchs gemäß § 215 BGB nicht entgegen, wenn der Schadensersatzanspruch noch nicht verjährt war, als sich die beiden Forderungen erstmals aufrechenbar gegenüber standen. Allerdings ist zu beachten, dass der Kunde gemäß Nr. 4 AGB-Banken bzw. Nr. 11 I AGB-SPK gegen Forderungen der Bank nur dann aufrechnen darf, wenn seine Forderung unbestritten oder rechtskräftig festgestellt wurde. Die Regelung nutzt damit den von § 309 Nr. 3 BGB eingeräumten Spielraum aus, da ein Aufrechnungsverbot in AGB lediglich dann unwirksam ist, wenn sie dem Vertragspartner verbietet, mit einer unbestrittenen oder rechtskräftigen Forderung aufzurechnen.

20   Beruft sich das Kreditinstitut auf dieses Aufrechnungsverbot, ist eine Geltendmachung des verjährten Anspruchs gänzlich ausgeschlossen. Das Aufrechnungsverbot ist daher vor allem dann zu beachten, wenn sich der Kunde gegen eine Klage des Kreditinstituts mit der Aufrechnung verteidigt, sein Gegenanspruch jedoch im Laufe des Prozesses zu verjähren droht, zumal die Prozessaufrechnung keine verjährungshemmende Wirkung hat. Sofern sich das Kreditinstitut daher nicht freiwillig auf einen Einredeverzicht einlässt, muss der vom Kunden mandatierte Rechtsanwalt gegebenenfalls auf die Notwendigkeit verjährungshemmender Maßnahmen, z.B. durch Klageerhebung, sowie das entsprechende Verjährungsrisiko hinweisen.

21   **c) Bewirkung der Verjährungshemmung.** Die Verjährung eines Anspruchs wird in der Praxis vor allem[1486] durch Zustellung einer **Klage** oder eines **Mahnbescheids** gemäß § 204 I Nr. 1, 3 BGB, § 253 ZPO gehemmt, durch die der Anspruch rechtshängig wird. Die Beantragung eines Mahnbescheids ist jedoch oftmals mit Schwierigkeiten, z.B. der gemäß § 690 I Nr. 3 ZPO erforderlichen Bezeichnung des Anspruchs unter bestimmter Angabe der verlangten Leistung im Mahnbescheidsformular, verbunden, die ein Ausweichen auf andere Möglichkeiten der Verjährungshemmung dringend anraten lassen, da eine unzureichende Bezeichnung den Eintritt der Verjährungshemmung hindert.[1487]

22   Da die Herstellung der Rechtshängigkeit regelmäßig als Beitrag zur Verschärfung des Streits empfunden wird, bietet die **Vereinbarung eines zeitlich beschränkten Verzichts auf die Einrede der Verjährung** durch die Bank eine vorzugswürdige Möglichkeit der Verjährungshemmung, die sich gerade dann aufdrängt, wenn sowohl Bank als auch Kunde grundsätzlich zu einem außergerichtlichen Vergleich bereit sind, dessen Details jedoch noch ausgehandelt werden müssen. Der den Kunden vertretende Rechtsanwalt kann hier gegebenenfalls unter Verweis auf die weitere Möglichkeit der Einleitung eines Schlichtungs- oder Ombudsmannverfahrens auch telefonische Überzeugungsarbeit bei den verantwortlichen Ansprechpartnern auf Seiten des Kreditinstituts leisten.

23   Des Weiteren kann auch die Einleitung eines **Schlichtungs- oder Ombudsmannverfahrens**[1488] eine Hemmung der Verjährung bewirken, ohne dass das Kreditinstitut hieran mitwirken müsste. Abgesehen davon, dass die Rechtsfolge der Verjährungshemmung in einzelnen Schlichtungsordnungen ausdrücklich geregelt ist, folgt sie aus § 204 I Nr. 4 2. Alt. BGB (Veranlassung der Bekanntgabe eines Güteantrags bei einer sonstigen Gütestelle, die Streitbeilegungen betreibt).

Hinweis:

24   Bei der Einleitung eines Ombudsmannverfahrens zwecks Verjährungshemmung ist zu beachten, dass der Antrag beim „richtigen" Ombudsmann gestellt wird, da die verschiedenen Bankenverbände

---

[1484] *Palandt/Heinrichs* § 202 BGB Rn. 13.
[1485] Siehe hierzu bereits oben, § 10 Rn. 193.
[1486] Die einzelnen Hemmungstatbestände ergeben sich aus § 204 BGB.
[1487] Vgl. *Zöller/Vollkommer* § 693 ZPO Rn. 3a f.
[1488] Zum Ombudsmannverfahren siehe unten, Rn. 32 ff.

eigene Ombudsmannverfahren mit zum Teil unterschiedlichen Verfahrensvoraussetzungen geschaffen haben. Der Rechtsanwalt sollte sich ferner unbedingt die Verfahrensordnung des zuständigen Ombudsmanns verschaffen und sich dort über die Antragsmodalitäten informieren, um Fehler bei der Antragstellung zu vermeiden, die eine wirksame Verjährungshemmung verhindern könnten.

Schließlich hemmt auch die Anbringung eines Güteantrags bei einer von einer **Landesjustiz-** 25
verwaltung eingerichteten oder anerkannten Gütestelle die Verjährung, § 204 I Nr. 4 1. Alt.
BGB. Hierzu zählt insbesondere die Öffentliche Rechtsauskunft- und Vergleichsstelle der
Freien und Hansestadt Hamburg (ÖRA),[1489] die unabhängig vom Sitz des Kreditinstituts oder
des Kunden eingeschaltet werden kann. Der Güteantrag ist hier jedoch mit Kosten verbunden,
die zusätzlich zu möglichen weiteren Gerichtskosten anfallen.

d) Verbesserung der Beweisposition. Stützt sich der vom Kunden geltend zu machende An- 26
spruch auf mündliche Äußerungen von Mitarbeitern des Kreditinstituts, befindet er sich als
Anspruchsteller, der nach allgemeinen Grundsätzen die anspruchsbegründenden Tatsachen zu
beweisen hat, regelmäßig in einer ungünstigen Position. Häufig waren bei dem fraglichen Gespräch keine dritten Personen anwesend, die insoweit als Zeugen benannt werden könnten.
Zudem hat der BGH entschieden, dass das Kreditinstitut weder vertraglich noch nach den
Vorschriften des WpHG zur Anfertigung einer Beratungsdokumentation verpflichtet ist, deren
Nichtvorlage durch die Bank eine Umkehr der Beweislast oder Beweiserleichterungen zugunsten des Kunden rechtfertigen würde.[1490]

Sofern der Kunde als Kläger auftritt, bliebe ihm nur die Möglichkeit, den erforderlichen Be- 27
weis durch seine Einvernahme als Partei zu führen. Dabei wird jedoch die Parteieinvernahme
gemäß §§ 447 ZPO regelmäßig schon am Widerstand der beklagten Bank scheitern. Die Parteieinvernahme gemäß § 448 ZPO steht – wie auch die Parteieinvernahme gemäß § 447 ZPO –
im Ermessen des Gerichts und ist darüber hinaus erst dann zulässig, wenn nach dem Ergebnis
der Verhandlung bereits eine gewisse Wahrscheinlichkeit für die Richtigkeit der streitgegenständlichen Behauptung spricht.[1491] Eine Reduzierung des gerichtlichen Ermessens hin zu einer Verpflichtung zur Durchführung der Parteieinvernahme aus Gründen der Waffengleichheit wird darüber hinaus vielfach abgelehnt bzw. nur unter einschränkenden Bedingungen
zugelassen.[1492]

Über diese rechtlichen und tatsächlichen Unsicherheiten kann im Einzelfall eine **Abtretung** 28
des geltend zu machenden Anspruchs zur **Verschaffung der Zeugenstellung** für den betreffenden Kunden hinweg helfen, worauf der BGH ausdrücklich hingewiesen hat.[1493] Der Rechtsanwalt sollte den von ihm vertretenen Kunden daher auf diese Möglichkeit hinweisen und gegebenenfalls eine Abtretung der geltend zu machenden Ansprüche an eine Vertrauensperson
empfehlen.[1494] Neben einer etwaigen Abtretungsvereinbarung sollte dabei eine Treuhandvereinbarung zwischen dem Kunden und der als Kläger fungierenden Vertrauensperson geschlossen werden, die die Rechtsbeziehungen im Innenverhältnis, insbesondere die Kostentragung,
regelt. Eine vom Rechtsanwalt empfohlene Abtretung wird im Übrigen regelmäßig auch von
einer Rechtsschutzversicherung akzeptiert, die eine Deckungszusage für eine gerichtliche Geltendmachung der Ansprüche des Kunden erteilt hat.

Zweifellos dürfen die Chancen einer solchen Anspruchsabtretung nicht überbewertet wer- 29
den, da einerseits der Beweiswert einer Zeugenaussage des geschädigten Kunden eingeschränkt sein kann und bei einer gegenteiligen Zeugenaussage eines Mitarbeiters des zu verklagenden Kreditinstituts häufig von einem non liquet auszugehen sein wird, das nach
allgemeinen Grundsätzen eine Klageabweisung nach sich zieht. Andererseits ist der Beweiswert grundsätzlich nicht geringer als derjenige einer Zeugenaussage von Mitarbeitern des Kreditinstituts. Darüber hinaus bildet die Verschaffung der Zeugenstellung durch Anspruchsabtretung dem Kunden oftmals die einzige Möglichkeit, überhaupt Zugang zur Beweisaufnahme

---

[1489] Vgl. BGHZ 123, 337.
[1490] BGH WM 2006, 567,568 f.
[1491] *Zöller/Greger*, § 448 ZPO Rn. 2.
[1492] Vgl. z.B. *Zöller/Greger* § 448 ZPO Rn. 2a und § 141 ZPO Rn. 1, der zunächst eine Anhörung der sich
in Beweisnot befindenden Partei gemäß § 141 ZPO für erforderlich hält und die Parteieinvernahme gemäß
§ 448 ZPO erst dann zulassen will, wenn sich aus der Anhörung die erforderliche Anfangswahrscheinlichkeit
für den zu beweisenden Umstand ergibt.
[1493] BGH WM 2006, 567, 569.
[1494] *Rotter*, Ad-hoc-Publizität § 18 Rn. 12ff.

zu erlangen, wenn er für die zu beweisenden Vorgänge keine anderen Personen benennen kann und Mitarbeiter des Kreditinstituts aus naheliegenden Gründen nicht als Zeugen benannt werden sollen. Da zudem nicht ausgeschlossen werden kann, dass sich die Zeugenaussage eines als Zeuge zu hörenden Bankmitarbeiters als nur beschränkt glaubwürdig entpuppt, kann die Anspruchsabtretung ein wichtiger Baustein für eine erfolgreiche Anspruchsdurchsetzung sein.

III. Außergerichtliche Streitbeilegung

1. Verhandlungen mit dem Kreditinstitut

30   Ist ein Fehlverhalten eines Kreditinstituts nicht ohne Weiteres von der Hand zu weisen, ist in der Praxis häufig eine ausgeprägte Bereitschaft der betreffenden Bank zu außergerichtlichen Vergleichsverhandlungen festzustellen. Dies gilt vor allem, wenn die Aufarbeitung des Streitstoffs mit erheblichem Aufwand verbunden ist. Dem Kreditinstitut wird der Abschluss eines Vergleichs des Öfteren dadurch erleichtert, dass es gegen den Schadensfall zumindest teilweise versichert ist (z.B. beim Missbrauch von Zahlungskarten). Gegebenenfalls sollte die Bereitschaft der Kundenseite zu einer außergerichtlichen Einigung im Rahmen des außergerichtlichen Schriftverkehrs frühzeitig signalisiert werden, wenn eine Einigung für den vom Rechtsanwalt vertretenen Bankkunden tatsächlich in Frage kommt.

31   Gerade bei umfangreicheren Streitigkeiten zeigt die Erfahrung, dass der Vorschlag der Kundenseite, die Streitpunkte im Rahmen eines Telefonats oder gar eines persönlichen Gesprächs unter Mitwirkung der jeweiligen Rechtsbeistände zu erörtern, nicht nur auf Zustimmung des Kreditinstituts stößt, sondern auch geeignet ist, den Streitgegenstand zu konkretisieren und Emotionen der Beteiligten einzudämmen, die einer gütlichen Einigung im Wege stehen können.

2. Schlichtungs- und Ombudsmannverfahren

32   Neben direkten Verhandlungen mit dem Kreditinstitut besteht auch bei bankrechtlichen Streitigkeiten die Möglichkeit, Dritte zum Zweck der Streitschlichtung in die Verhandlungen einzubeziehen. Neben der ohne Weiteres möglichen Einschaltung eines vertrauenswürdigen neutralen Dritten, insbesondere eines Mediators, existieren im Bereich des Bankrechts spezielle Institutionen, die unter bestimmten Umständen die Möglichkeit zur Durchführung eines Schlichtungs- bzw. Ombudsmannverfahrens eröffnen. Diese bieten neben einer feststehenden Verfahrensordnung auch den Vorteil der Verjährungshemmung während der Verfahrensdauer. Bei den verschiedenen Bankenverbänden (u.a. Bundesverband deutscher Banken[1495], Bundesverband Öffentlicher Banken Deutschlands, Bundesverband der deutschen Volks- und Raiffeisenbanken[1496]) sind entsprechende Beschwerdestellen eingerichtet, bei denen die Kunden von Kreditinstituten, die einem entsprechenden Verfahren angeschlossen sind, eine schriftliche Beschwerde vorbringen können. Folgende Institutionen bieten unter anderem Schlichtungs- und Ombudsmannverfahren an:
- Bundesverband der deutschen Banken (BdB)[1497]
- Bundesverband der Volks- und Raiffeisenbanken (BVR)[1498]
- Bundesverband Öffentlicher Banken Deutschlands (VÖB)[1499]
- die regionalen Sparkassen- und Giroverbände
- Verband der Privaten Bausparkassen[1500]
- Schlichtungsstelle der Deutschen Bundesbank[1501].

Praxistipp:
33   Die Einleitung eines Schlichtungs- bzw. Ombudsmannverfahrens bietet eine kurzfristige und kostengünstige bzw. kostenfreie Möglichkeit zur Herbeiführung der Verjährungshemmung.[1502]

[1495] Vgl. www.bankenverband.de/ombudsmann.
[1496] www.bvr.de.
[1497] www.bankenombudsmann.de.
[1498] www.bvr.de.
[1499] www.voeb.de/de/ueber_uns/ombudsmann.
[1500] www.bausparkassen.de.
[1501] www.bundesbank.de/schlichtungsstelle/schlichtungsstelle.
[1502] Siehe dazu oben, Rn. 23 f.

Der Ablauf des Ombudsmannverfahrens richtet sich nach der jeweils einschlägigen **Verfah-** 34 **rensordnung**.[1503] Diese regelt zunächst die Bedingungen, unter denen eine Schlichtung durch den Ombudsmann herbeigeführt werden kann und die – je nach Institution – unterschiedlich ausgestaltet sind. Während das Schlichtungsverfahren des Bundesverbandes deutscher Banken (BdB) und des Bundes Öffentlicher Banken Deutschlands (VÖB) – bis auf wenige Ausnahmen – nur von **Verbrauchern** in Anspruch genommen werden kann, weist die Verfahrensordnung des Bundesverbandes der Volks- und Raiffeisenbanken (BVR) keine solche Beschränkung auf. Ferner gelten Beschränkungen für Rechtsstreitigkeiten, die bereits bei einem Gericht anhängig waren.

Wird ein Schlichtungsverfahren durch einen Antrag des Kunden eingeleitet, prüft der 35 Ombudsmann zunächst die Zulässigkeit der Beschwerde und leitet diese anschließend zwecks Stellungnahmemöglichkeit an die betroffene Bank weiter. Eine Beweisaufnahme ist nicht vorgesehen, weshalb bei streitigem Sachverhalt ein Schlichtungsspruch nicht ergeht. Ein Schlichtungsspruch ist **für den Kunden** als Beschwerdeführer **nicht verbindlich**, so dass ihm gegebenenfalls die Möglichkeit einer anschließenden Klage offen steht. Nach der Verfahrensordnung des BdB ist der Schlichtungsspruch dagegen für das Kreditinstitut verbindlich, wenn der Beschwerdewert 5.000,00 Euro nicht überschreitet.[1504] Der Schlichtungsspruch des Ombudsmanns des BVR und des VÖB bindet dagegen weder den Kunden, noch die betroffene Bank.[1505]

Ferner bietet die **Deutsche Bundesbank** ein Schlichtungsverfahren mit bankrechtlichem Be- 36 zug an, das seine Rechtsgrundlage in § 14 UKlaG hat. Die Schlichtungsstelle befasst sich nur mit Beschwerden, die Bezug zum Überweisungsverkehr, zum Missbrauch von Zahlungskarten und zum Fernabsatz von Finanzdienstleistungen haben. Beschwerden zum Überweisungsverkehr und zu Zahlungskarten können auch von Geschäftskunden einer Bank erhoben werden. Der Schlichter unterbreitet gegebenenfalls einen Vergleichsvorschlag, der von beiden Seiten angenommen werden muss, um verbindlich zu werden.

Ein – kostenpflichtiges – Schlichtungsverfahren kann ferner bei der Öffentlichen Rechtsaus- 37 kunft- und Vergleichsstelle der Freien und Hansestadt Hamburg (ÖRA) durchgeführt werden.[1506] Dieses ist nicht auf bankrechtliche Streitigkeiten zugeschnitten, bietet jedoch spezifische Vorteile. So gibt es keine qualitative Beschränkung des Schlichtungsverfahrens auf Verbraucher, weshalb es auch von **gewerblichen Bankkunden** eingeleitet werden kann, die nach der Verfahrensordnung eines Ombudsmannverfahrens nicht Beschwerdeführer sein können. Beim Kunden stößt es regelmäßig auf größere Akzeptanz, weil es als staatliche Stelle absolute Neutralität für sich in Anspruch nehmen kann. Eine Besonderheit dieses Verfahrens besteht schließlich darin, dass sich das betroffene Kreditinstitut dem Schlichtungsverfahren nicht im Vorhinein unterworfen haben muss. Erfahrungsgemäß ist daher aber die Bereitschaft des Beschwerdegegners, sich auf das Schlichtungsverfahren einzulassen, nicht sehr ausgeprägt. Selbstverständlich kann auch eine andere von einer Landesjustizverwaltung anerkannte Schlichtungsstelle bemüht werden.

IV. Gerichtliches Verfahren

1. Wahl der Verfahrensart

Scheitert ein außergerichtlicher Einigungsversuch, bleibt dem Kunden zur Durchsetzung sei- 38 ner Rechtsposition nur das gerichtliche Verfahren. Die Durchführung eines Mahnverfahrens gemäß §§ 688 ZPO ff. aufgrund von Zahlungsansprüchen gegen das Kreditinstitut wird dabei wegen des in aller Regel zu erwartenden Widerspruchs der Bank gegen einen Mahnbescheid nicht zu dem angestrebten Vollstreckungstitel führen. Die Einleitung des Mahnverfahrens erscheint daher allenfalls bei einfach gelagerten Sachverhalten und einfacher Anspruchsberechnung zwecks kurzfristiger Herbeiführung der Verjährungshemmung erwägenswert, wobei der ausreichenden Individualisierung des geltend gemachten Anspruchs im Mahnantrag essentielle Bedeutung für die Herbeiführung der verjährungshemmenden Wirkung zukommt.[1507]

[1503] Diese kann über den Internetauftritt des jeweiligen Verbandes abgerufen werden.
[1504] Stand der Verfahrensordnung: Januar 2006.
[1505] Stand der Verfahrensordnung: Januar 2007.
[1506] Vgl. BGHZ 123, 337.
[1507] Siehe oben, Rn. 21.

39　Für das Verfahren vor den ordentlichen Gerichten gelten grundsätzlich keine Besonderheiten gegenüber dem herkömmlichen Zivilprozess. Die Einführung des **Kapitalanlegermusterverfahrens** durch das KapMuG spielt bei Klagen gegen Kreditinstitute keine Rolle, sofern der Streit in der vertraglichen Kundenbeziehung wurzelt. Selbst dann, wenn die Korrektheit einer Anlageberatung durch das Kreditinstitut Gegenstand des Streits zwischen Kunde und Bank ist, bezieht sich diese auf individuelle Vorgänge zwischen Kunde und Bank, die nicht in den Anwendungsbereich des § 1 I KapMuG fallen, der die Geltendmachung eines Schadensersatzanspruchs wegen falscher, irreführender oder unterlassener öffentlicher Kapitalmarktinformationen oder eines Erfüllungsanspruchs aus einem Vertrag voraussetzt, der auf einem Angebot nach dem WpÜG beruht.

40　Keine bankrechtlichen Besonderheiten bestehen beim **vorläufigen Rechtsschutz**, den der Bankkunde gemäß §§ 916 ff. ZPO in Anspruch nehmen kann.

2. Klageerhebung

41　**a) Örtliche Zuständigkeit des anzurufenden Gerichts.** Bei einer gegen ein Kreditinstitut gerichteten Klage ist allgemeiner Gerichtsstand i.S.v. § 12 ZPO der Ort, an dem das Kreditinstitut seinen **Sitz** hat, sofern es sich bei dem Kreditinstitut um eine juristische Person des privaten (AG, Genossenschaft) oder öffentlichen Rechts (Sparkassen und Landesbanken) handelt, § 17 I 1 ZPO. Ferner fallen auch Personengesellschaften unter § 17 I 1 ZPO, so dass sich der allgemeine Gerichtsstand von Privatbanken in der Rechtsform der KG oder OHG ebenfalls an deren Sitz befindet.[1508]

42　Daneben existiert gemäß § 21 ZPO ein besonderer Gerichtsstand an dem Ort, an dem die Bank eine **Niederlassung** unterhält, wenn die Klage Bezug zum Geschäftsbetrieb der Niederlassung hat. Die Niederlassung muss selbständig, d.h. aus eigener Entscheidung zum Geschäftsabschluss und Handeln berechtigt sein,[1509] was bei einer Filiale einer bundesweit agierenden Großbank nach h.M. der Fall ist.[1510]

> **Praxistipp:**
>
> 43　Für die Wahl (§ 35 ZPO) des Gerichtsstands der Niederlassung spricht oftmals, dass dieser mit dem Wohnort des Klägers identisch ist oder in dessen Nähe liegt. Bei den Landgerichten in Städten, in denen zahlreiche Großbanken über einen Sitz verfügen (z.B. München, Frankfurt), bestehen oftmals Spezialzuständigkeiten einzelner Kammern für das Bankrecht, die eine erhöhte bankrechtliche Kompetenz gewährleisten. Die Einrichtung solcher Zuständigkeiten kann dem Geschäftsverteilungsplan des entsprechenden Gerichts entnommen werden. Dies sollte bei der Ausübung des Wahlrechts zwischen mehreren Gerichtsständen jedenfalls dann mitberücksichtigt werden, wenn die Wahl des Gerichtsstandes der Niederlassung keinen Entfernungsvorteil bietet.

44　Ein weiterer besonderer Gerichtsstand besteht gemäß § 29 ZPO am **Erfüllungsort**. Dieser ist für jede Verpflichtung gesondert zu ermitteln, so dass es keinen allgemeinen bankrechtlichen Erfüllungsort gibt.[1511] Abzustellen ist primär auf die Natur des jeweiligen Schuldverhältnisses, sofern ein Leistungsort nicht ausdrücklich bestimmt wurde, § 269 I BGB. Im Zweifel ist gemäß § 269 I BGB der Wohnsitz des Schuldners, d.h. bei einer Zahlungsklage gegen die Bank der Sitz des Kreditinstituts maßgeblich.[1512] Nebenpflichten wie die zur Erfüllung von Ansprüchen auf Auskunft und Rechnungslegung sind grundsätzlich am Ort der Hauptleistungspflicht zu erfüllen.[1513] Die Verpflichtungen der Filialbanken sind regelmäßig am Ort der Niederlassung zu erfüllen, so dass die Primärleistungspflichten des Kreditinstituts wie der Anspruch des Kreditnehmers auf Darlehensgewährung bei dem Gericht am Ort der Niederlassung einzuklagen sind.[1514] Dies gilt auch für die Erfüllung reiner Geldschulden der Bank (z.B. Auszahlungsanspruch aus Giro- oder Sparkonto), da diese grundsätzlich eine qualifizierte Schickschuld bilden (§ 270 I BGB), bei der der Gerichtsstand am Sitz des Schuldners maßgeblich ist.[1515] Bei

---

[1508] *Zöller/Vollkommer*, § 17 ZPO Rn. 5.
[1509] BGH NJW 1987, 3081, 3082.
[1510] Vgl. *Zöller/Vollkommer* § 21 ZPO Rn. 8; *Baumbach/Lauterbach/Albers/Hartmann* § 21 ZPO Rn. 9.
[1511] *Thomas/Putzo/Hüßtege* § 29 ZPO Rn. 5.
[1512] *Musielak/Heinrich* § 29 ZPO Rn. 19.
[1513] *Musielak/Heinrich* § 29 ZPO Rn. 16.
[1514] Vgl. OLG Dresden ZIP 2001, 1531.
[1515] *Palandt/Heinrichs* § 270 BGB Rn. 1.

Schadensersatzansprüchen ist nach h.M. wiederum der Erfüllungsort der verletzten Primärleistungspflicht maßgeblich.[1516] Gleiches gilt für Schadensersatzansprüche aus der Verletzung von Nebenpflichten. Bei einer Verletzung von Aufklärungs- und Beratungspflichten durch das Kreditinstitut ist Erfüllungsort daher ebenfalls die Niederlassung der Bank.[1517]

> **Hinweis:**
> Für die Geltendmachung von Ansprüchen gegen ein Kreditinstitut wird sich aus § 29 ZPO regelmä- **45**
> ßig kein Gerichtsstand am Wohnort des Kunden ergeben.

Im Einzelfall kommt schließlich der besondere Gerichtsstand für **Haustürgeschäfte** gemäß **46** § 29 c ZPO in Betracht. Die Norm erfasst sämtliche Klagen, mit denen Ansprüche geltend gemacht werden, die auf einem Haustürgeschäft im Sinne von § 312 BGB bzw. § 1 I HWiG a.F. beruhen.[1518] Eingeschlossen sind somit Ansprüche wegen Schlechterfüllung, wegen Verschuldens bei Vertragsverhandlungen sowie aus Delikt, wenn dem konkreten Vorwurf ein Haustürgeschäft zugrunde lag.[1519]

Zu beachten ist ferner der besondere Gerichtsstand bei **unerlaubten Handlungen** gemäß **47** § 32 ZPO. Dieser kann vom Bankkunden gewählt werden, wenn er Ansprüche auf deliktischer Grundlage, insbesondere gemäß § 823 II BGB i.V.m. einem Schutzgesetz geltend macht.

Für **Scheckklagen** und **Wechselklagen** normieren §§ 605a, 603 ZPO einen besonderen Gerichtsstand am Zahlungsort. **48**

Für Klagen der Bank gegen den Kunden gilt das Vorstehende entsprechend. Allgemeiner Gerichtsstand ist daher der Wohnsitz bzw. Sitz des Kunden gemäß §§ 13, 17 ZPO. Der sich aus **49** § 29 ZPO ergebende besondere Gerichtsstand des Erfüllungsorts befindet sich regelmäßig ebenfalls am Wohnsitz bzw. Sitz des Kunden. Dies gilt insbesondere für den Fall der gerichtlichen Geltendmachung des Darlehensrückzahlungsanspruchs der Bank.[1520] Nr. 6 II der AGB-Banken enthält allerdings eine **Vereinbarung** über einen zusätzlichen Gerichtsstand am Ort der kontoführenden Stelle für Klagen der Bank gegen Kunden, die **juristische Personen des öffentlichen Rechts** oder **Kaufleute** sind. Ferner muss die streitige Geschäftsbeziehung dem Betrieb des Handelsgewerbes des Kunden zuzurechnen sein, wofür gemäß § 344 HGB eine Vermutung spricht. Die Vereinbarung ist mit § 38 ZPO vereinbar und wegen der Üblichkeit im kaufmännischen Verkehr weder überraschend i.S.v. § 305c I BGB noch unangemessen i.S.v. § 307 BGB.[1521]

b) Geschäftsverteilung und funktionale Zuständigkeit. Fällt der Rechtsstreit in die sachliche **50** Zuständigkeit der Landgerichte, kann gemäß § 94 GVG die Zuständigkeit einer beim Gericht gebildeten **Kammer für Handelssachen** eröffnet sein. Da das Kreditinstitut in aller Regel eingetragener Kaufmann ist oder als juristische Person des öffentlichen Rechts nicht eingetragen zu werden braucht, ist die Zuständigkeit einer Kammer für Handelssachen grundsätzlich gegeben, wenn das dem Rechtsstreit zugrunde liegende Geschäft für beide Teile zum Zeitpunkt des Vertragsschlusses[1522] ein Handelsgeschäft war, § 95 I Nr. 1 GVG, § 343 HGB. Bei bankrechtlichen Rechtsstreitigkeiten ist auf Seiten des Kreditinstituts immer von einem Handelsgeschäft auszugehen. Ist der **Bankkunde Kaufmann**, spricht gemäß § 344 HGB eine Vermutung dafür, dass das Bankgeschäft auch für ihn ein Handelsgeschäft bildet, so dass die Zuständigkeit der Kammer für Handelssachen eröffnet wäre. Ferner fallen wechsel- und scheckrechtliche Streitigkeiten gemäß § 95 I Nr. 2 und 3 GVG in den Zuständigkeitsbereich der Kammern für Handelssachen.

Gemäß § 96 GVG wird der Rechtsstreit nur dann vor der Kammer für Handelssachen verhandelt, wenn der Kläger dies **in der Klageschrift beantragt** hat. Der Antrag kann nach Ein- **51** gang der Klageschrift beim Gericht nicht mehr nachgeholt und nicht mehr zurückgenommen werden.[1523] Gemäß § 98 I 1 GVG kann jedoch das beklagte Kreditinstitut vor der Zivilkammer die Verweisung des Rechtsstreits an die Kammer für Handelssachen beantragen.

[1516] *Zöller/Vollkommer* § 29 ZPO Rn. 25, Stichwort „Schadensersatz".
[1517] Vgl. *Zöller/Vollkommer* § 29 ZPO Rn. 25, Stichwort „Schadensersatz".
[1518] *Zöller/Vollkommer* § 29 c ZPO Rn. 4.
[1519] *Zöller/Vollkommer* § 29 c ZPO Rn. 4.
[1520] *Musielak/Heinrich* § 29 ZPO Rn. 22.
[1521] *Musielak/Heinrich* § 38 ZPO Rn. 12.
[1522] *Zöller/Gummer* § 95 GVG Rn. 5.
[1523] *Zöller/Gummer* § 96 GVG Rn. 1.

52   Gemäß § 348 I 2 Nr. 2 b) ZPO werden bankrechtliche Rechtsstreitigkeiten beim Landgericht grundsätzlich vor der Kammer verhandelt. Allerdings kann die Zivilkammer den Rechtsstreit gemäß § 348a I ZPO durch Beschluss auf eines ihrer Mitglieder übertragen, wenn die Sache keine besonderen Schwierigkeiten tatsächlicher oder rechtlicher Art aufweist, keine grundsätzliche Bedeutung hat und nicht bereits im Haupttermin zur Hauptsache verhandelt wurde. Ergeben sich später aus einer wesentlichen Änderung der Prozesslage besondere tatsächliche oder rechtliche Schwierigkeiten oder die grundsätzliche Bedeutung der Rechtssache, hat der Einzelrichter den Rechtsstreit der Zivilkammer zur Entscheidung über die Übernahme vorzulegen. Gleiches gilt, wenn beide Parteien übereinstimmend die Übernahme durch die Kammer beantragen, § 348a II 1 ZPO.

53   Wurde die Zuständigkeit einer Kammer für Handelssachen begründet, hat deren Vorsitzender gemäß § 349 ZPO den Rechtsstreit soweit vorzubereiten, dass er in einer mündlichen Verhandlung von der Kammer erledigt werden kann. Abgesehen von der Begründung der Einzelzuständigkeit des Vorsitzenden für die in § 349 II ZPO genannten Verfahrenshandlungen kann der Vorsitzende gemäß § 349 III ZPO den gesamten Rechtsstreit nur im Einverständnis mit beiden Parteien an Stelle der Kammer entscheiden.

54   **c) Klageanträge.** Verallgemeinernde Aussagen zu Klageanträgen verbieten sich aufgrund der Vielzahl denkbarer Fallgestaltungen im Bereich des Bankrechts. Einzelne Hinweise zu bankrechtlichen Besonderheiten, z.B. bei der Kontokorrentklage, finden sich in den jeweiligen Kapiteln, die sich mit den speziellen Rechtsfragen befassen.

55   Hingewiesen sei lediglich darauf, dass bei der Geltendmachung von Zinsen auf die Hauptforderung der Zinssatz in aller Regel gemäß § 288 I 2 BGB zu bestimmen ist und 5 Prozentpunkte über dem Basiszinssatz beträgt. Selbst dann, wenn es sich beim Kunden um einen Unternehmer handelt, scheitert die Anwendung des § 288 II BGB mit dem Zinssatz von 8 Prozentpunkten über dem Basiszinssatz regelmäßig daran, dass die geltend gemachte Hauptleistung keine Entgeltforderung im Sinne dieser Vorschrift ist.

Sachverzeichnis

Fettgedruckte Zahlen bezeichnen die Paragraphen, magere die Randnummern